사회변동과 한국 가족법

나남
nanam

김성숙

고려대 법과대학 법학사, 고려대 대학원 법학석사
고려대 대학원 법학박사, 일본 동경대 객원연구원.
한국가족법학회 이사, 숭실대 법학연구소 소장,
가족관련 학술단체협의회 기획운영위원,
숭실대 법과대학 학장, 한국가족법학회 회장,
법무부 정책자문위원, 서울 가정법원 가사조정위원,
국무총리 행정심판위원회 위원 역임.

현재 숭실대 법과대학 교수, 아세아 여성법학연구회 이사
대한가정복지법률상담원 이사 및 상담위원, 한국가족법학회 고문.

주요 저서 및 역서로 《구약가족법》(숭실대 출판부), 《생활과 법률》(삼영사),
《혼인의 기원》(나남) 등.

나남신서 · 1345

사회변동과 한국 가족법

2008년 9월 8일 발행
2009년 9월 5일 2쇄

저자_ 김성숙
발행자_ 趙相浩
발행처_ (주) 나남
주소_ 413-756 경기도 파주시 교하읍
출판도시 518-4
전화_ 031) 955-4600 (代)
FAX_ 031) 955-4555
등록_ 제 1-71호(79. 5. 12)
홈페이지_ www.nanam.net
전자우편_ post@nanam.net

ISBN 978-89-300-8345-4
ISBN 978-89-300-8001-9 (세트)
책값은 뒤표지에 있습니다.

나남신서 1345

사회변동과 한국 가족법

김 성 숙

나남
nanam

Social Changes and the Family Law in Korea

by

Kim, Seong Sook

nanam

머리말

민법전, 그 중에서도 가족법전에 손때를 묻힌 지도 어느새 40여 년이 흘러갔다.

지난 세월 동안 나름의 열의와 학문적 양식을 가지고 한국 가족법 규정들을 전향적으로 검토하면서 때로는 개정을, 때로는 폐지를, 때로는 새로운 규정의 신설을 주장했다.

이 한 편 한 편의 논문들은 시대의 변화와 이에 대한 법률규정의 대응과정을 살펴보는 항적 같은 것이다.

1960년 민법전 시행으로 우리는 처음으로 통일되고 체계적인 가족법전을 갖게 되었다. 해방된 지 15년, 건국 후 10년이 흐른 뒤였다. 이 최초의 성문 가족법전은 그러나 출생과 동시에 개정요구에 직면하게 된 '태생적 불구' 상태의 법률이었다.

조선시대의 종법제를 바탕으로 하여 일본민법의 세 차례에 걸친 의용으로 근대적 가족법체계를 수용한 토대 위에서 성립한 법률이었기 때문이다.

이 최초의 한국 가족법은 부계혈통 계속주의, 동성불취, 가취혼, 위가(爲家) 양자 등 구관습에 근거한 규정들이 꿋꿋이 서서 가족관계를 전근대적 퇴영의 시대로 이끌고 있었다. 여기에 일본식의 호주제도가 끼어들고 또한 가족의 독립, 혼인의 자유, 남녀평등, 부부평등 같은 근대적 가족법의 가치들이 함께 혼재된 그러한 규범이었다. 그 체계는 근대법의 외형을 갖추었으나 그 내용을 들여다보면 근대와 전근대의 가치와 이념이 충돌을 거듭하고 있었다. 실제로 어떤 규정을 두고 유림들이 팔을 걷어붙이는가 하면 어떤 규정을 두고는 여성들이 들고 일어나 개정하라고 언성을 높이기도 하였다.

1977년, 1990년, 2005년, 2007년 네 차례에 걸친 한국 가족법의 대폭적 개정은 전통규범으로서의 가치에 매달리던 규정들이 현대를 사는 이들의 새로운 이념체계로 개선되는 과정이었다. 전근대적 구관에서 근대적 가족규범으로, 다시 한 발 나아가 현대적 가족법 이념을 상당부분 실현하는 수준으로 질적 변화가 이루어진 것이다.

이러한 변화의 동인은 무엇이고 그 동력은 어디에서 온 것일까.

말할 것도 없이 사회의 변화 때문이다. 한국 가족법이 시행된 후 반세기, 더 거슬러 올라가 구한말과 일제 식민통치 기간까지를 아우르는 한 세기 동안은 '격변'이라는 말로밖에는 표현이 불가능한 시대였다. 한국사회의 이러한 변동은 일차적으로 가족사회에 영향을 미치지 않을 수 없었고 그것은 가족관계, 혼인관계, 친자관계, 친족관계, 상속법 등 한국 가족법 전반에 필연적 변화를 가져올 수밖에 없었다. 한국 가족법은 이러한 진통과 투쟁의 과정을 통하여 우리 사회의 변화를 그 규정 속에 담은 것은 사실이다. 그러나 아직도 그 체계나 내용에는 변화하고 있는 현실을 수용하지 못한 부분이 있는 것 또한 부인할 수 없다. 특히 가족관계에서 독신가족, 편부모가족, 미혼모가족, 복합가족, 노인가족 등 새로운 개념의 가족을 보호해야 할 필요성이 절실해졌다. 또한 새로운 형태의 혼인으로 등장한 동성혼(同性婚)과 법률혼 외의 동거관계를 혼인으로 인정할 것인가도 문제가 된다. 생명공학의 발달로 출생하게 된 인공수정자의 친생추정을 비롯한 여러 가지 법률적 문제와 혼외자 보호를 위한 부(父)의 지정문제 등은 친자법에서 새롭게 나타나는 현상이다. 통일을 대비한 남북간 가족법 정비의 필요성 등도 한국 가족법이 어떠한 형태로든지 수용하지 않을 수 없는 것들이다. 앞으로 많은 연구, 검토를 거쳐 해결해야 할 중요한 과제라고 생각된다.

이 책은 한국 가족법 규범 중에서 구조적 문제가 있거나 시대의 변화에 뒤떨어져 규범으로서의 효용성에 결함을 내포한 규정들에 대하여 개정, 폐지, 신설 등 입법론적 제안을 한 논문들을 중심으로 하여 18편의 논문을 모은 것이다.

지난 26년 동안에 쓴 논문들이므로 더러는 현행법 해석이 아닌, 구법에 대한 사적(史的) 자료로서의 의미를 갖는 것도 포함되어 있다. 따라서 읽는 이들의 편의를 위하여 각주로 각 논문의 발표연도를 표시하였고 내용이 개정된 논문들은 맺는말 다음에 〈후기〉를 붙여 변경된 내용을 참고할 수 있도록 하였다.

이 책은 필자 자신에게는 한국 가족법과 함께한 시간들을 가결산하는 의미를 지닌다. 비록 학문적 성과가 미미한 것일지라도 후학들이 이 책을 꾸준히 사랑해주었으면 하는 바람을 감히 가져본다.

이 책의 원고를 꼼꼼히 읽고 출판을 감행하신 나남출판 조상호 사장님의 배려와 방순영 부장님, 신승윤 과장님의 수고에 깊은 감사를 드린다. 숭실대의 윤혜란 박사, 백온유, 이문용 두 제자와 창원대 오창석 교수의 도움에도 많은 고마움을 전한다.

그리고 26년 동안 숭실대에서 애송이 신입생을 맞고 그들이 당당하게 사회로 나가는 것을 지켜보면서 벚꽃, 철쭉, 능소화, 녹음, 단풍, 흰 눈과 채플의 파이프 오르간 소리로 한 해 한 해를 마무리 하게 하신 풍성하신 하나님의 은총에 깊은 감사를 드린다.

2008년 8월 말

원형잔디가 보이는 연구실에서

김 성 숙

나남신서 · 1345

사회변동과 한국 가족법

차 례

제1장

민법상 약혼제도의 재검토

I. 머리말

약혼이란 장래의 혼인을 약속하는 당사자 사이의 신분적 합의를 말한다. 당사자 사이에 체결된 혼인의 합의라는 점에서, 종래 남녀 양가의 주혼자가 당사자를 위하여 혼인을 약속했던 관습상의 정혼과는 구별된다.

약혼은 고대 법제에서도 나타난 제도이지만[1] 오늘날 대부분의 국가에서 행해지는 약혼법은 고대법에서처럼 일종의 친족적 신분을 발생시킬 정도로 강력한 것은 아니다. 합의의 효력을 인정한다고 할지라도 그것의 강제이행을 허용하지 않으며 다만 부당하게 합의를 파기한 경우 손해배상책임을 발생시키는 것에 지나지 않는다.

약혼을 명문으로 규정하는 입법례로서는 독일민법(제 1297조 내지 제 1302조), 스위스민법(제 90조 내지 제 95조), 대만민법(제 972조 내지 제 977조), 이태리민법(제 80조 내지 제 81조), 포르투갈민법(제 24조), 스페인민법(제 43조

---

* 이 논문은 〈가족법의 제문제〉(법무부, 1984), 법무부자료 제 55집에 게재된 것임.

1) 약혼을 고대 로마법에서는 Sponsalia(현승종, 《로마법원론》, 253면), 고대 히브리법에서는 Behtroth(구약성서, 신명기 20;7 기타), 고대 중국법제에서는 정혼(仁井田 陞, 《支那身分法史》, 637면)이라 하였다. 이들 법제에서는 약혼자간에 준혼적 신분관계로서의 효과를 부여하였다.

내지 제44조), 오스트리아민법, 타일랜드민법 등이 있다. 이밖에 프랑스, 영국, 미국, 스웨덴, 일본 등의 국가에서는 학설 및 판례법상으로 인정하고 있다.

우리 민법은 약혼에 관하여 제800조 내지 제806조에 걸쳐 7개의 규정을 두고 있다. 현행 민법전 시행 이래 약혼관계 규정 중 일부 조항에 대해서는 해석상 이견이 있으며, 또 일부 규정에 대해서는 입법론적으로 보아 미비점이 지적되기도 하였다. 즉, 약혼의 자유를 규정한 제800조, 약혼연령에 관한 제801조, 약혼성립에 있어서 불요식주의, 약혼해제사유를 규정한 제804조 중 1호, 3호, 6호의 개정문제, 약혼의 부당파기로 인한 손해배상청구권의 소멸시기, 약혼해제의 경우 예물반환에 관한 문제 등이 그것이다.

이 논문에서는 해석상 논란이 있는 규정과, 조문의 개정 또는 신설이 필요한 규정들에 관하여 구체적으로 검토해보고자 한다.

II. 재검토되어야 할 사항

1. 약혼의 자유에 관한 제800조

민법 제800조는 "성년에 달한 자는 자유로 약혼할 수 있다"고 규정하여 약혼의 자유를 선언하고 있다. 그러나 이 규정은 민법 제801조의 약혼연령 규정과 관련하여 해석상 논란이 있었다. 즉, 제801조는 미성년자가 약혼하는 경우 부모 또는 후견인의 동의를 얻도록 하면서, 그 후단에서 제808조를 준용하도록 규정하고 있는데 이 규정은 1977년 12월 가족법 개정 이전에 특히 문제가 되었다. 그것은 준용되는 제808조 제1항 전단의 규정이 남자 27세, 여자 23세 미만인 자가 혼인할 때는 부모의 동의를 얻도록 하였기 때문에 이 규정이 약혼에도 준용되어야 하는가 라는 점이다. 만약 제808조 1항의 규정이 약혼의 성립에도 준용된다면 남자 27세, 여자 23세 미만인 자가 약혼할 때에도 부모의 동의를 얻어야 하고, 그렇게 되면 성년자는 자유로 약혼할 수 있다는 제 800조 규정은 사실상 의미를 상실하게 되어 공문화된다는 해석이 가능하게 된다.

처음에는 다수의 학자들이 이러한 해석태도를 취하여 제 800조는 사실상 불필요한 규정이라고 하였다.[2] 그러나 그후 해석이 달라져 약혼에 있어서는 제 800조가 대전제가 되는 것이기 때문에 제 808조 1항 전단은 준용되지 않는다[3]고 하였고, 또 각국의 입법례에 비추어보더라도 준용할 필요는 없다는 견지에서 그 준용은 제한됨이 타당하다[4]는 견해를 취하였다. 뿐만 아니라 민사법학회에서도 민법 제 801조 후단의 준용규정은 “808조 2항과 4항을 준용한다”로 개정해야 한다는 수정안을 내놓기도 하였다. 1977년 12월 가족법의 일부 개정에서 제 808조 1항의 규정을 “미성년자가 혼인할 때에만 부모의 동의를 얻도록” 개정함으로써 제 800조와 제 801조 후단, 그리고 제 808조 1항 간 해석상 문제되었던 점은 논란의 여지가 없게 되었다.

그러나 제 800조의 성년자의 약혼자유규정은 제 801조 미성년자의 약혼에 있어서의 동의규정, 그리고 제 802조의 금치산자의 약혼에 있어서의 동의규정과 관련시켜볼 때 불필요하고 무의미하다[5]고 보는 견해가 있다. 이 견해는 미성년자인 경우는 물론 금치산자의 경우 동의가 있어야만 약혼할 수 있다는 제 801조와 제 802조의 규정만에 의해서도 금치산자 아닌 성년자는 자유로 약혼할 수 있게 되므로 구태여 성년자는 자유로 약혼할 수 있다는 제 800조의 규정을 두어야 할 필요가 없다는 취지에서 나온 것이라고 생각된다. 혼인의 경우에도 혼인자유를 선언한 규정 없이 제 808조 1항과 3항의 규정만으로 성년자인 한 금치산자가 아니라면 자유롭게 혼인할 수 있기 때문에 일단 이러한 견해의 타당성을 인정할 수 있다.

---

2) 김주수 · 김용한, 《신친족상속법》, 법문사, 1963, 129면; 이근식 · 한봉희, 《신친족상속법》, 일조각, 1969, 85면.

3) 김주수, 《친족상속법》, 법문사, 1968, 96면.

4) 정광현, 《한국가족법연구》, 서울대학교출판부, 1967, 523~4면; 장경학, 《신고친족상속법》, 서울고시학원, 1963, 85면.

5) 김용한, 《친족상속법론》, 박영사, 1981, 150면.

그러나 "성년에 달한 자는 자유로 약혼할 수 있다"는 제 800조 규정은 위에서 본 바와 같은 형식적 의미 외에 연혁적 의미를 포함한다고 생각된다. 즉, 이 규정은 종래 관습법상 정혼을 비롯한 혼인규범이 당사자의 의사에 의해서가 아니고 주혼자의 의사에 의하여 결정되었던 사실로부터 이제는 당사자가 아닌 한 부모를 비롯한 어떠한 자의 간섭도 전적으로 배제한다는 의미가 내포된 것이다. 또한 약혼은 당사자의 합의에 의하여 성립되며 합의 외에 다른 어떠한 형식이 필요치 않은 불요식행위라는 의미까지도 포함하고 있다는 점에서 볼 때 이 규정은 그 자체로서 의미를 가지며 따라서 불필요한 규정은 아닌 것이다. 특히 외국의 입법례가 약혼은 남녀 당사자의 자유로운 의사에 의하여 성립한다는 규정을 두고 있는 것(대만민법 제 972조, 스위스민법 제 90조 1항)과 비교해볼 때 우리 민법 제 800조의 규정은 이러한 규정을 대체하는 의미까지도 갖는다고 볼 수 있을 것이다.

2. 약혼연령의 문제

민법은 약혼연령(제 801조 전단)과 혼인연령(제 808조)을 동일하게 남자 만 18세, 여자 만 16세로 규정하고 있다.

그러나 약혼연령을 혼인연령과 동일하게 규정하고 있는 것에 대해서, 약혼은 혼인에 선행되는 행위이며 또한 종래의 관습법에도 반한다는 이유로 부당하다[6]고 주장하는 견해가 있다. 이 견해에 의하면 현행법 규정이 우선 관습법에 반한다는 것이다. 즉, 조선시대의 의혼연령은 남녀 13세이고 허혼연령은 남자 15세, 여자 14세로서[7] 의혼연령과 혼인연령 간에는 차이가 있었다. 구민법 시대에도 관습법 규범으로서의 의혼연령인 13세를 곧 약혼연령으로 삼았으며 혼인연령은 일본민법을 의용하여 남자 만 17세, 여자 만 15세로 하였으므로(제 756조) 양자간에 차이가 인정되었다는 것이다. 또한 약혼은 장래의 혼인에 관한 것이므로 혼인연령에 미달한 자라도 유효하게 약혼

---

6) 정광현, 《신친족상속법요론》, 법문사, 1962, 147면.

7) 《經國大典》, 禮典 婚嫁條.

할 수 있는 것이며 이러한 사실은 사실혼에 관한 조선 고등법원 판결을 통해서도 추론되기 때문에 약혼연령은 혼인연령보다 낮아야 한다[8] 고 주장한다.

약혼연령 규정에 관한 논란은 이미 현행 민법전의 제정과정에서도 나타난 바 있다. 즉, 정부안 제 794조의 약혼연령과 제 801조의 혼인연령이 동일하다는 점에 대해서는 약혼연령은 혼인연령보다 한 살씩 낮추어서 하는 것이 실질상 약혼의 효과를 거두는 데 편리하며 약혼 당사자들의 법률상 보호가 가능하다[9] 는 의견이 국회심의과정에서 대두되었다. 또한 약혼은 혼인보다 선행되므로 약혼적령기를 혼인적령기와 동일하게 규정하는 것은 조리상 부당하며 우리의 관례에도 반하므로 혼인연령은 약혼연령보다 한 살씩 높여 양자간에 차이를 두는 것이 타당하다[10] 는 수정안이 제출되기도 하였다.

이상에서 주장한 바와 같이 약혼이 혼인에 선행되는 행위이기 때문에 약혼연령은 혼인연령보다 낮아야 하며 그러한 이유로 종래의 관습법을 무시한 현행법 규정이 부당하다는 견해에는 찬성하기 어렵다. 그것은 종래의 정혼이나 혼인은 당사자 의사와는 관계없이 주혼자의 의사에 의하여 결정되었던 것[11] 임에 반하여 현행법상 약혼이나 혼인은 당사자의 의사가 절대적인 것이므로 양자를 같은 혼인규범으로서 비교할 수 없기 때문이다. 구민법상 약혼이 인정되었느냐 여부에 관해서도 상반된 견해[12] 가 있기 때문에 약혼을 인정하고 관습법상의 약혼연령을 곧 당시의 약혼연령으로 삼아 혼인연령과의 차이를 인정한다고 하는 견해만에 의해서 현행법상의 규정이 종래의 혼인규범에 반하는 것이라고 단정하기는 어렵다. 또한 현행법상 약혼연령과 혼인연령을 동일하게 규정한 것은, 종래의 정혼과는 달리 약혼이 혼인에 반드시 선행되어야 하는 제도는 아니라는 전제에 서는 것이므로 약혼연령이 혼인연령

8) 정광현, 《한국친족상속법강의(상)》, 위성문화사, 1956, 292면.

9) 정광현, 전게서, 1967, 부록편(친족상속법입법자료), 448면.

10) 상게서, 452면.

11) 김완섭, 《한국혼인고》, 고려대학교출판부, 1975, 63면.

12) 약혼제도를 부인하는 견해에 관해서는 藤田東三, 《朝鮮婚姻法》, 60면; 약혼제도를 인정하는 견해에 관해서는 吉武 繁, 《朝鮮親族相續法要論》, 148면, 정광현, 전게서, 1956, 288면.

보다 낮아야 할 필요는 없는 것이다. 만일 연령의 차이를 인정한다면 약혼한 후 혼인하기까지 기다려야 하는 대혼기간(待婚期間)이라는 문제도 발생할 수 있기 때문에 그러한 제도를 두어 혼인의 자유를 제한할 이유는 없을 것이다. 인구정책적 견지에서 보더라도 약혼연령이 지금보다 낮아져야 한다는 것은 불필요한 일이 될 것이다. 오히려 약혼연령이 높다는 것은 자신이 신분행위의 주체가 된다는 점에서 볼 때 판단에 도움을 줄 수 있을 것이다.

외국 입법례로서 대만민법은 약혼연령과 혼인연령을 각각 다르게 규정하고 있다. 즉, 약혼연령은 남자 만 17세, 여자 만 15세(제 973조), 혼인연령은 남자 만 18세, 여자 만 16세(제 980조)로 규정하여 양자간에 1년의 차이를 두고 있다. 타일랜드 경우는 약혼연령과 혼인연령이 동일하게 17세이다(민상법전 제 1436호, 제 1448호). 그밖에 약혼을 명문으로 규정하고 있는 국가에서도 혼인연령만을 규정하고 있으므로 혼인연령에 미달한 자의 약혼은 인정된다고 볼 수 있다. 다만 스위스민법은 미성년자는 법정대리인의 동의가 없으면 약혼에 의하여 의무를 부담하지 아니한다(제 90조 2항)고 하여 약혼 그 자체로서는 유효하지만 미성년인 자의 경솔한 약혼에 대하여 무거운 책임을 지우지 않으려고 한다.

3. 혼인의 실질적 성립요건이 약혼의 경우에도 적용될 수 있는가 여부

현행법은 약혼의 실질적 성립요건으로 약혼연령(제 801조)과 동의규정(제 802조) 외에 별다른 요건을 규정하고 있지 아니하다. 그러나 약혼은 혼인을 전제로 하기 때문에 혼인장애가 있는 자들 사이의 약혼을 인정할 수는 없다. 따라서 혼인의 실질적 성립요건으로서의 동성혼 등의 금지(제 809조), 중혼금지(제 810조), 재혼금지 기간(제 811조) 등의 규정은 약혼의 성립에도 적용되는가 하는 문제가 생길 수 있다.[13]

여기에 관한 학자들의 견해는 대체로 일치한다.

혼인장애가 되는 근친간의 약혼은 불능을 목적으로 하는 것이므로 무효이

---

13) 김용한, "약혼해제의 효과", 〈사법행정〉(1963. 12), 27면.

다. 즉, 제 809조에 의한 동성동본인 혈족간, 남계혈족의 배우자, 부의 혈족 및 기타 8촌 이내의 인척이거나 인척이었던 자간의 약혼은 무효라고 본다. 배우자 있는 자와 약혼(제 810조)도 성립될 수 없고 이러한 약혼의 효력은 무효[14]라고 해석한다. 다만 당사자의 일방 또는 쌍방이 법률상 또는 사실상 혼인하고 있는 경우에 그 해소 후에 혼인하기로 합의하였다면 당해 사정이 사회질서에 반하지 않는 한, 약혼의 효력을 인정해도 좋다[15]는 견해가 있다.

그러나 재혼금지기간(제 811조) 규정은 약혼성립에 지장을 주지 않는다고 해석된다. 즉, 재혼금지기간 내에 약혼하였을지라도 그 장애가 제거된 때에 혼인하자는 확실한 합의가 있으면 유효한 약혼이 될 수 있다[16]고 본다. 왜냐하면 약혼은 장래의 혼인의 합의에 불과하며 혼인으로서의 실체가 따르지 않기 때문이다. 이와 같이 학자들의 공통된 견해는 제 811조를 제외한 제 809조와 제 810조의 혼인의 실질적 성립요건에 관한 규정이 약혼의 성립에도 적용된다고 본다.

외국의 입법례도 유사한 해석태도를 보이고 있다.

대만민법은 약혼의 성립요건에 관한 규정이 없는 경우 일반법리에 의하여 판단한다. 즉, 근친금혼규정(제 983조)과 중혼금지규정(제 985조)은 약혼에 준용되어 무효라고 해석한다. 재혼금지기간(제 987조) 내의 여자의 약혼은 혼인의 약속에 불과한 것이라면 재혼금지기간의 규정에 위배되지 않은 것으로 보아 유효하다. 따라서 결혼기일을 대혼기간 내로 정하였기 때문에 당사자 일방이 그 결혼기일을 거절한다고 하여도 그것은 약혼해제사유인, 고의로 혼기를 위반한 사유(제 976조 1항 2호)에는 해당되지 않는다[17]고 본다.

독일민법도 약혼의 실질적 성립요건을 규정하고 있지 아니하다. 다만 혼인금지규정에 의한 혼인장애사유는 약혼의 성립에도 적용되어 약혼의 효력

---

14) 정광현, 전게서, 1962, 148면; 김용한, 전게서, 150~1면; 김주수, 《친족상속법》, 법문사, 1982, 87면.

15) 김주수, 전게서, 1982, 87면.

16) 정광현, 전게서, 1962, 148면; 김용한, 전게서, 150면.

17) 陳棋炎, 《民法親屬》, 三民書局, 1973, 60~3면.

에 영향을 미친다고 해석한다. 즉, 근친혼의 금지(혼인법 제4조, 7조)나 중혼의 금지(혼인법 제5조) 등의 사유는 약혼의 효력에 영향을 준다. 그러나 시간의 경과 등으로 제거될 수 있는 사유인 혼인적령(혼인법 제1조 1항), 재혼금지기간(전혼 해소 후 10개월, 혼인법 제8조 1항) 등은 약혼자간에 장애의 제거를 고려에 넣을 수 있고 그 고려에 의해서 약혼을 하였다면 그 약혼의 효력을 인정할 수 있다.[18]

일본의 경우는 약혼에 관한 규정 없이 판례, 학설에 의하여 약혼이 인정되고 있다. 여기에서도 혼인적령 기타 민법이 혼인의 실질적 성립요건으로서 규정하는 것 중 중혼금지(제732조), 근친혼금지(제734조 내지 제736조) 등은 약혼에도 유추적용되어 이러한 약혼은 무효라고 해석한다. 즉, 기간의 경과에 의하여 치유될 수 없는 혼인장애는 동시에 약혼장애가 될 수 있다. 다만 혼인금지기간(제733조)에 위반한 약혼은 혼인체결 시기가 전혼 해소 후 6개월 이상을 경과한 때라면 물론 유효하다. 시간의 경과에 의하여 장애사유가 되지 않는 혼인적령이나 재혼금지기간 등의 규정은 장애제거 후 혼인하자는 합의가 있는 경우 약혼의 성립에 지장을 주지 않는다[19]고 해석한다.

이상에서 살펴본 바와 같이 우리나라를 비롯하여 약혼을 명문으로 규정하는 국가에서도 약혼의 실질적 성립요건에 관하여 자세한 규정을 두고 있지 아니하다. 대부분의 국가에서 혼인의 성립요건을 약혼에도 적용하지만 근친혼금지규정이나 중혼금지규정 등은 절대적으로 적용되는 것으로 하고 혼인적령이나 재혼기간금지규정은 장애사유 제거 후에 혼인하자는 합의가 있는 경우에는 적용되지 않는다고 해석한다. 이 문제에 관해서는 해석상 다툼이 없으므로 명문의 규정이 없다고 하여 그러한 규정을 신설할 필요는 없으리라고 생각한다. 외국의 입법례를 참고해볼 때도 그러하다.

---

18) Erman, *Handkommentar zum Bürgerichen Gesetzbuch*, II, Sechste Auflage, s. 610.

19) 中川善之助, 《新訂親族法(上)》, 青林書院, 1967, 151~2면; 久貴忠彦・右近健男 共著, 《親族(民法講議) 7》, 有斐閣, 1977, 65면.

4. 약혼성립에서의 불요식주의에 관한 검토

민법은 약혼성립에 있어서 당사자의 합의 외에 다른 어떠한 체결형식을 규정하고 있지 아니하다. 당사자의 합의만 있으면 약혼은 성립하고 그외에는 특별한 형식이 요구되지 않는다. 다만 실제적 관행으로 약혼 시에 시계나 반지 같은 약혼예물이 교환되거나 지방에 따라서는 고유한 의식이 행하여지는 경우도 있지만 이것은 약혼성립의 증거가 될 뿐 약혼의 성립요건은 아닌 것이다. 따라서 의식이 없다고 하여 약혼의 효력이 발생하지 않는 것은 아니다.

그러나 법적으로 보호되어야 할 약혼에 어떠한 형식도 부여하지 않음으로 인하여 사기약혼이나 위증 또는 상당한 기간이 경과한 후의 무의식적 오술의 원인이 될 수 있다[20] 고 보아 약혼성립에 있어서의 불요식주의가 과연 타당한가 라는 문제가 제기될 수 있다. 가정의례준칙은 약혼의 경우 당사자의 호적등본과 건강진단서를 첨부한 약혼서를 교환함으로써(가정의례준칙 제5조) 약혼의 증거가 될 수 있도록 하였고 관행상 행하여지는 약혼식도 따로 거행하지 않도록 하고 있다. 그러나 이 준칙에 따른 약혼서의 교환은 법적 구속력을 갖는 것이 아니고 또 실제로 잘 이행되지 않기 때문에 약혼성립과는 무관하다.

약혼을 명문으로 규정하는 외국법제에서도 약혼의 성립에 당사자 합의 외에 별도의 형식을 요구하지 않는다(대만민법 제972조, 스위스민법 제90조 1항). 대만에서도 민법상 약혼은 불요식행위로서 혼서 등이 필요치 않지만 실제의 관행으로 "빙재"(聘財)를 수수하는 경우가 많고 중개인의 소개 등이 있으나 이것은 법률상 요건은 아니다.[21] 독일민법에서도 약혼은 당사자의 합의 외에 다른 형식이 필요치 않은 불요식계약으로 해석한다.[22] 일본의 경우도 약혼은 낙성적(諾性的)이어서 아무런 방식도 필요치 아니하다. 지방에 따라

20) 김주수, 전게서, 1982, 88면; 이근식 · 한봉희, 전게서, 85면.

21) 陳棋炎, 前揭書, 62면.

22) Erman, a.a.O., s. 609.

관습으로 특수한 약혼증거문서를 교환하거나 또한 특수한 의식을 행하기도 하지만, 이것은 약혼의 성립을 확증하는 역할을 하는 것에 지나지 않는다. 이러한 것이 없다고 해서 약혼의 성립을 부인할 수는 없다.[23] 그러나 타일랜드의 경우 약혼은 남자 당사자로부터 여자 당사자에 대하여 약혼의 증거 및 혼인이 행하여지는 보증으로서 "Khongman"이라는 약혼예물을 수수한 때 비로소 유효로 된다고 함으로써, 예물수수를 약혼의 형식적 성립요건으로 하고 있다.[24]

이상에서 고찰한 바와 같이 우리나라를 비롯한 대부분의 입법례가 약혼을 불요식의 낙성계약으로 인정하고 있다. 약혼은 장래의 혼인의 약속에 불과한 것으로서 반드시 혼인에 선행되어야 하는 제도는 아니며, 약혼이 성립된 경우라 할지라도 그 이행, 즉 혼인의 체결이 강제되는 것은 아니라는(제 803조) 등의 근대적 약혼법 원리가 전제되기 때문이다. 이러한 원리를 무시하여 약혼의 성립에 어떠한 형식적 요건을 요구한다면 그러한 형식을 구비하여야 한다는 것 때문에 약혼의 체결이 자유롭지 못할 것이고, 해소 시에도 그러한 결과가 될 것이다. 따라서 약혼에 어떠한 형식적 요건을 규정할 필요는 없지만 합의의 효력을 부인하는 경우가 생길 수도 있을 것이다. 그러나 약혼 시에 대부분의 사람들이 약혼예물을 교환하거나 약혼식을 거행함으로써 약혼의 증거를 남기는 것이 일반적 관행이기 때문에[25] 그러한 위험성은 염려할 정도가 아니라고 생각한다. 대부분의 국가가 형식적 요건을 법정하지 아니하고 증거의 역할을 관행에 맡기는 것도 이러한 이유에 기인한다고 본다.

---

23) 中川善之助, 前揭書, 152면.

24) Vicha Mahakun, *Law Concerning Marriage and Divorce*, Bangkok, Thailand, p. 33.

25) 김주수, "혼인에 대한 법의식의 실증적 고찰", 〈법학〉(서울대학교), 4권, 109면.

5. 약혼해소사유 중 일부의 개정문제

약혼은 강제이행을 청구할 수 없는 것이므로(제 803조) 정당한 사유가 있는 한 언제든지 해제할 수 있다. 민법은 해제사유로서 제 804조의 1호에서 8호까지의 사유를 열거하고 있다. 그 중 1호의 사유, 즉 "약혼 후 자격정지 이상의 형의 선고를 받은 때"에 관해서는 종래 해석상 이견이 제기되었으며, 3호의 "성병, 폐질, 기타 불치의 악질이 있는 때", 6호의 "약혼 후 2년 이상 그 생사가 불명한 때" 등의 사유는 오늘날의 사회실정에 적합하지 아니하다는 이유로 개정이 논의된 바 있다.

외국 입법례로서 대만민법은 약혼해제의 구체적 사유를 제 976조 1항 1호에서 9호까지 열거하고 있다. 독일민법과 스위스민법은 "… 중대한 사유에 기하여 약혼을 해제한 때"(독민 제 1298조 3호), 또는 "… 중대한 이유 없이 약혼을 파기하거나"(스위스민법 제 92조)라고 규정함으로써 해제사유를 구체적으로 예시하지 아니하고 추상적으로 규정하고 있다. 독일민법에서 약혼을 해제할 수 있는 중대한 사유란 학설과 판례에 의하면 다음과 같은 것이 될 수 있다. 즉, 약혼의 계속과 장래의 혼인을 기대할 수 없게 하는 사실, 약혼자의 행위나 성격, 외부적 사건 등이 문제될 수 있다. 예컨대, 불성실, 심한 과오, 사기, 제 119조(착오) 및 제 123조(강박 및 사기)에 의한 취소를 정당화하는 사유, 질병 등은 약혼을 해제할 수 있는 중대한 사유가 된다.[26] 일본민법에 약혼을 파기할 수 있는 정당한 사유로서는 상대방에게 혐오할 만한 유전성 질환이나 성병을 갖는 경우, 성교불능, 정신병자, 행방불명 등 장래에 부부생활을 원만히 할 수 없는 사유라고 해석한다. 약혼해제의 사유는 사실혼파기의 정당사유보다 범위가 더 넓다는 것이 판례에 의하여 인정되고 있다.[27]

우리 민법의 약혼해제사유 중 문제점이 지적된 규정은 다음과 같다.

---

26) Erman, a.a.O., ss. 612~4.

27) 久貴忠彦・右近健男 共著, 前揭書, 66면.

1) 제804조의 1호

약혼 당사자 중 일방이 "약혼 후 자격정지 이상의 형의 선고를 받은 때"는 상대방은 그 약혼을 해제할 수 있다. 그러나 이 규정에서의 형의 선고를 형의 확정으로 해석하는 것이 타당하다[28]는 견해가 있다. 즉, 약혼도 신분법상의 계약이므로 형의 확정을 기다리지 않고 언도만 있다고 하여 상대방에게 일방적 해제권을 부여하는 것은 타당하지 않다는 것이다. 또한 이혼에 있어서도 파렴치죄를 범한 경우 그 형이 확정된 때 이혼청구권을 부여하였고 또다른 입법례도 형의 선고만으로 약혼해제권을 부여하지 않으므로 이 규정을 문언해석하고 싶지 아니하다고 주장한다.

이에 대하여 민법규정대로 형의 선고만으로 약혼의 해제가 가능하다[29]는 견해도 있다. 이 견해에 의하면 약혼해제사유와 이혼원인을 동일시할 수 없는 것이며 만일 형의 언도만으로 파혼할 수 없다면 그것은 약혼자유의 취지에 어긋난다는 것이다. 또한 형의 선고만으로 파혼했더라도 나중에 항소심이나 상고심에서 무죄확정된 후 다시 약혼할 수 있으며, 형의 확정까지는 상당한 기간이 경과하므로 여자의 경우 혼기를 잃기 쉽다는 이유 등으로 형의 선고만으로 약혼을 해제할 수 있다고 해석하는 것이 타당하다고 한다.

외국 입법례로서는 대만민법 제976조 1항 8호의 규정이 "도형의 선고를 받은 때"라고 하여 형의 선고만으로 약혼을 해제할 수 있도록 하고 있다.

약혼관계는 혼인관계와는 다른 것이므로 해제의 범위도 이혼의 경우보다는 넓게 인정되어야 하며 장래 행복한 혼인으로서의 가능성이 없는 경우는 해제를 인정하는 것이 합리적일 것이다. 민법에 규정된 약혼해제사유를 지나치게 엄격하게 해석함으로써 약혼관계를 부당하게 구속할 필요는 없다고 생각한다.

---

28) 이희배, "신민법·신분법 중의 해석상의 문제점", 〈고시계〉(1960. 1), 51면.
29) 정광현, 전게서, 1967, 524면; 김주수, 전게서, 1982, 89면.

2) 제 804조 3호

당사자 일방에게 "성병, 폐병 기타 불치의 악질이 있는 때"는 약혼을 해제할 수 있다. 이와 같이 3호는 불치의 악질로서 성병과 폐병을 예시하고 있으나 폐결핵의 경우는 현대의학으로 완치할 수 있는 질병이기 때문에 이것을 삭제하고 치유불가능한 정신병을 예시하는 것으로 개정하자는 논의가 있다.[30] 이 주장에 의하면 정신병자는 대개 금치산 선고를 받는 경우가 많고 따라서 2호의 사유에 해당되겠지만 그렇지 않은 경우를 생각한다면 정신병을 여기에 예시하는 것이 적당하다는 것이다.

입법례로서 대만민법은 질병으로 인하여 약혼을 해제할 수 있는 경우를 두 종류로 나누어 규정하고 있다. 즉, 제 976조 1항 4호는 "중대한 불치의 병이 있는 때"라고 하여 질병의 종류를 불문하고 객관적으로 보아 현대의학으로 치유불가능한 질병을 모두 여기에 포함시켜 파혼할 수 있는 것으로 한다. 그리고 5호에서는 "화류병 기타 악질자"라고 하여 화류병을 악질의 하나로 예시하고 있는데 이 규정은 사회적으로 악질이라고 인정되는 일체의 질병을 의미한다. 의학적으로 불치의 정도에 이르지 않는 병이라고 할지라도 이러한 질병이 있다는 사실만에 의하여 약혼을 해제할 수 있게 된다. 여기에는 화류병 외에 폐병, 정신병, 불능인도 등의 질병이 포함된다.[31]

일본의 경우도 성병, 정신병, 유전성병환을, 독일민법에서도 질병을 약혼해제사유로 한다는 것은 전술한 바와 같다.

우리 민법 제 804조 3호의 규정은 대만민법 제 976조 1항 4호의 "중대한 불치의 병이 있는 때"에 가깝다고 볼 수 있다. 불치의 악질을 약혼해제사유로 인정한다면 불치가 아닌 질병은 여기에 해당되지 않는다는 것은 분명하다. 따라서 폐병은 예시규정에서 삭제하고 그 대신 불치의 정신병을 예시하여야 할 것이며 유전성 질환도 치유불가능한 질병이라고 인정하므로 이러한

---

30) 정광현, 전게서, 1962, 149면; 범여성가족법개정추진회, 《민법 제 4편 친족 · 제 5편 상속개정법안 및 이유서》, 1974, 19면.

31) 陳棋炎, 前揭書, 68~9면.

질병도 불치의 악질로서 예시될 수 있을 것이다.

3) 제804조 6호

약혼 당사자 일방이 "약혼 후 2년 이상 생사가 불명한 때"는 약혼을 해제할 수 있다. 즉, 생존이나 사망의 사실이 불확실한 상태가 2년 이상 계속되면 파혼할 수 있게 된다. 그러나 약혼 후 2년 이상의 생사불명은 너무 기간이 길기 때문에 1년으로 줄이는 것이 합리적이라는 견해[32]가 있다.

약혼자의 생사불명기간을 단축시켜야 한다는 주장은 1984년 4월의 민법의 일부 개정에 있어서 제27조 2항의 특별실종기간을 3년에서 1년으로 단축시켰던 취지와 무관한 것은 아니라고 생각한다. 교통과 통신의 발달은 생존이나 사망사실에 대한 정보를 빠르고 정확하게 전할 수 있게 되었으므로, 약혼자로서 특별한 신분관계를 발생시키지 않는 약혼관계를 2년씩이나 불확정한 상태로 둔다는 것은 불필요하게 긴 기간이 될 것이다. 생사불명기간을 2년 이상으로 규정하여 합리적 이유 없이 약혼자를 구속했던 이 기간은 1년으로 개정하여 단축시키는 것이 타당하다고 생각된다. 대만민법의 경우도 제976조 1항 3호에 "생사불명이 된 지 만 1년이 지난 때"는 약혼을 해제할 수 있다고 규정하고 있다.

4) 제804조 1호에서 8호까지의 순서를 재조정할 필요성

제804조에 의한 약혼해제사유의 순서는 다음과 같이 규정되어 있다. 즉, 제1호, 약혼 후 자격정지 이상의 형의 선고를 받는 때, 제2호, 약혼 후 금치산 또는 한정치산의 선고를 받은 때, 제3호, 성병, 폐병 기타 불치의 악질이 있는 때, 제4호, 약혼 후 타인과 약혼 또는 혼인한 때, 제5호, 약혼 후 타인과 간음한 때, 제6호, 약혼 후 2년 이상 그 생사가 불명한 때, 제7호, 정당한 이유 없이 혼인을 거절하거나 그 시기를 지연한 때, 제8호, 기

32) 범여성가족법개정추진회, 전게서, 19면.

타 중대한 사유가 있는 때라는 순서로 되어 있다.

이러한 순서는 어떠한 기준에 의한 것이라고 보기 어렵다. 당사자의 귀책사유에 기인한 중요한 원인을 처음에 규정한다든지 또는 귀책사유에 기인하지 않은 원인을 처음에 둔다든지 하는 등의 배열기준이 없다는 것이다. 학자에 따라서는 특히 중요한 사유를 1호로 전환시키는 것이 타당하다[33]고 주장하기도 한다. 이 견해에 의하면 7호에 규정된 "정당한 이유 없이 혼인을 거절하거나 그 시기를 지연한 때"라는 사유는 파혼사유로서 가장 적절한 사유라고 볼 수 있으므로 이 7호를 1호로 전환시키자는 것이다.

약혼해제사유를 어떠한 순서로 배열하든지 간에 효과에 차이가 없음은 말할 필요도 없다. 다만 조문의 격식이나 체계상 어떠한 기준에 의하여 해제사유가 나열되어야 할 필요성은 있는 것이다. 그러기 위해서는 당사자의 귀책사유에 기인한 중요한 사유부터 규정하는 것이 바람직할 것이다. 그러한 기준에서 본다면 현행 각호의 배열순서를 다음과 같이 재조정하는 것이 합리적이라고 생각한다. 즉, 약혼 후 타인과 약혼 또는 혼인한 때(1호), 약혼 후 타인과 간음한 때(2호), 정당한 이유 없이 혼인을 거절하거나 그 시기를 지연한 때(3호), 성병, 폐병 기타 불치의 악질이 있는 때(4호), 약혼 후 2년 이상 그 생사가 불명한 때(5호), 약혼 후 자격정지 이상의 형의 선고를 받은 때(6호), 약혼 후 금치산 또는 한정치산의 선고를 받은 때(7호), 기타 중대한 사유가 있는 때(8호)의 순서로 1호부터 8호까지 배열될 수 있을 것이다.

입법례로서 대만민법 제976조가 당사자의 귀책사유에 기인한 원인들을 1호 또는 2호의 사유로 규정하고 있다. 즉, 1호 약혼을 체결한 후 타인과 다시 약혼을 체결하거나 또는 결혼한 때, 2호 고의로 결혼의 기일을 위반한 때, 3호 생사불명이 된 지 만 1년이 지난 때, 4호 중대한 불치의 악질이 있는 때, 5호 화류병 또는 기타의 악질이 있는 때, 6호 약혼체결 후 폐잔자로 된 때, 7호 약혼체결 후 타인과 간음한 때, 8호 약혼체결 후 도형의 선고를 받은 때, 9호 기타 중대한 사유가 있는 때 등의 순서로 되어 있다.

---

33) 정광현, 전게서, 1967, 375면.

6. 약혼의 부당파기로 인한 손해배상청구권의 소멸기간의 설치

민법은 약혼의 부당파기로 인한 손해배상청구권에 관하여 제806조의 규정만을 두고 있다. 제1항은 당사자 일방으로 하여금 과실 있는 상대방에게 손해배상을 청구할 수 있도록 하고, 제2항은 손해배상에는 재산상, 정신상 고통에 대한 책임도 포함된다는 것을 규정하며, 제3항은 정신상 고통에 대한 배상청구권은 당사자 사이에 이미 그 배상에 관한 계약이 성립되었거나 소를 제기한 후가 아니면 양도 또는 승계할 수 없도록 규정하고 있다. 그러나 이러한 경우 손해배상청구권의 소멸기간의 규정이 없기 때문에 청구권의 행사시기는 손해배상책임의 성질을 어떻게 보느냐에 따라 달라질 수 있게 된다. 약혼의 부당파기로 인한 손해배상책임의 성질은 불법행위로 보는 견해와 채무불이행으로 보는 견해가 있다.

먼저 불법행위로서 구성하는 견해[34]는 약혼을 비법률적 약속으로 본다. 즉, 약혼은 일종의 사회적, 도덕적 의무에 불과한 것이므로 약혼 당사자 중의 일방이 부당하게 이를 파기한 경우 이에 대한 손해배상책임과 약간의 사회적 채무로서의 효과를 제외한다면 친족법상 아무런 지위나 신분적 효과가 발생하지 않는다. 또한 약혼을 법률관계로서 인정한다는 것은 혼인의 자유를 구속하는 것이며, 비록 약혼을 이유로 혼인을 강제할 수 없으며 부당하게 파기하는 경우 손해배상책임을 인정하다고 할지라도 그 본질에는 변함이 없다. 뿐만 아니라 그 부당파기가 위법성을 띠는 경우에는 불법행위로 다루어야만 스스로 약혼을 파기하는 행위를 하면서 상대방이 혼인을 요구한다면 응하겠다고 주장하는 자에 대한 책임의 부과도 가능한 것이다. 그리고 불법행위로 구성하는 편이 손해배상청구권의 소멸시효가 단기가 되며 따라서 법률관계도 빨리 안정될 수 있다고 한다.

이에 대하여 약혼의 부당파기에 대한 손해배상책임의 성질을 일종의 채무불이행으로 보는 견해[35]도 있다. 즉, 약혼은 신분적 합의에 의한 계약이며

---

34) 高梨公之, "約婚의 破棄", 《家族法大系》, 有斐閣, 1959, 10~1면.
35) 김용한, 전게논문, 30면.

따라서 약혼의 부당파기는 계약위반이 되기 때문이라고 한다. 일반적으로 채무불이행의 책임이 인정되기 위해서는 위법성이 필요한데 특히 약혼의 경우와 같이 약혼상 생기는 의무는 내용이 양당사자의 성실한 행위를 요구하는 것과 같이 윤리적 색채가 강한 것에 관해서는 그 책임의 유무를 판단하는데 있어서 그 위반성의 유무가 중요성을 띠는 것은 당연하다. 또한 약혼에 관해서 명문규정을 두고 있는 우리 민법의 해석으로서는 약혼을 순수한 사회적 의미에 있어서의 계약에 지나지 않는다는 비법률적 구속으로 보는 전제에서 출발한 불법행위설을 찬성할 수 없다고 한다.

이상에서 살펴본 바와 같이 손해배상책임의 성질에 관하여 학설이 대립된다. 만일 불법행위책임으로 본다면 그 주관적 요건인 가해자의 고의, 과실에 대한 입증책임은 원칙적으로 피해자에게 있게 되며, 손해배상청구권은 불법행위일로부터 10년, 손해 및 가해자를 안 날로부터 3년이 경과하면 소멸될 수 있다(제 766조). 그러나 채무불이행책임으로 본다면 가해자가 스스로 귀책사유 없음을 입증해야 하고 손해배상청구권은 10년의 시효로서 소멸될 수 있을 것이다(제 162조 1항).

외국 입법례의 경우 독일, 스위스, 대만민법 등은 약혼해제의 효과로서 손해배상에 관하여 우리 민법보다 상세하게 규정하고 있다.

독일민법은 제 1298조 내지 1302조에 걸쳐 약혼해제의 경우 손해배상책임과 그 청구권의 소멸기간을 규정한다. 독일에서 손해배상책임의 성질은 판례에 의하면 불법행위에 의한 것이 아니고 계약의무나 미리 정해진 보호의무에 기한다고 하는, 다시 말하면 계약불이행책임으로 본다. 그러나 제 1298조의 채무불이행책임 외에 제 823조의 불법행위요건을 갖추는 경우는 불법행위로 인한 손해배상청구권이 발생할 수도 있다[36] 고 본다. 독일민법은 배상책임을, 일방이 부당하게 약혼을 해제한 경우(제 1298조 1항), 중대한 사유에 기하여 해제한 경우(제 1298조 3항), 해제원인을 부여한 것을 이유로 하는 손해배상(제 1299조), 그리고 악평이 없는 배우자가 동거를 허용한 경우의 위자료청구권(제 1300조) 등으로 나누어 규정하고 있다. 이들 규정 중 특히 제

---

36) Erman, a.a.O., ss. 614~5.

1300조는 기본법 제3조 2항에 정해진 남녀동권에 반하는 것으로서 효력이 상실된 것이 아닌가 하는 논의가 있지만, 그것은 남녀의 성의 차이에서 유래된 차별에 지나지 않으므로 유효하다[37] 고 해석한다. 이상의 규정에 의하여 인정되는 손해배상청구는 약혼이 해제된 때로부터 2년의 시효에 의하여 소멸한다(제1302조).

스위스민법은 약혼해제의 경우 손해배상책임에 관하여, 중대한 이유 없이 또는 일방에게 책임 있는 사유로 해제한 경우의 책임(제92조)과 자기책임사유 없이 파기당한 일방에 대한 위자료청구권(제93조)을 인정하고 있다. 청구권의 소멸기간은 독일민법과는 달리 약혼해제 후 1년이 경과함으로써 소멸한다(제95조)고 규정하고 있다.

대만민법은 법정원인이 있는 경우의 배상책임(제977조)과, 법정원인이 없는 경우의 배상책임(제978~979조)을 나누어 규정하고 있으나 우리 민법에서와 같이 청구권의 행사시기에 관한 규정이 없다. 다만 해석상 민법 제197조(불법행위)의 규정을 유추적용하여 권리침해 시로부터 10년, 손해 및 손해배상인을 안 때로부터 2년을 경과하면 소멸한다[38] 고 본다.

약혼해제의 경우 손해배상책임의 성질을 채무불이행으로 보는 견해를 취하는 경우에도 채무불이행으로 인한 손해배상청구권의 소멸기간이 10년이기 때문에 신분관계사건을 그토록 오랫동안 불안정한 상태로 둔다는 것은 불합리하다고 하며, 소멸기간만을 생각한다면 오히려 불법행위책임설을 취하는 편이 타당하다[39] 고 한다.

이와 같이 약혼해제의 경우 손해배상의 성질을 어떻게 보느냐에 관하여 통설도 없고 판례에 의하여 이러한 청구권의 소멸기간이 확립된 것 같지도 아니하다. 그렇다고 하여 신분관계로 인한 청구권의 행사기간을 불확정한 상태로 두어서도 안 될 것이다.

민법은 신분관계에 관하여 단기간의 소멸기간을 규정해놓고 있다. 외국

---

37) 山田 晟·村上淳一 編, 《ドイツ法講議》, 青林書院新社, 1974, 234면.

38) 陳棋炎, 前揭書, 74면.

39) 김용한, 전게논문, 52면.

입법례를 참조하여 볼 때 약혼해제로 인한 손해배상청구권의 소멸기간을 1년 혹은 2년으로 규정하는 것이 바람직하다고 생각된다.

7. 약혼예물반환 문제

1) 약혼예물반환 규정의 신설

우리나라의 경우 약혼을 하면서 반지나 시계 등의 물건을 예물로 교환하여 약혼성립의 징표로 삼는 것이 일반적 관행으로 되어 있다. 민법은 약혼에 관한 규정은 두고 있으면서도 약혼해제의 경우 이러한 예물의 반환문제에 관하여는 아무런 규정이 없다. 다만 해석상 반환책임을 인정할 뿐이다. 그러나 종래의 관습에 의하면 약혼이 합의로 해제된 경우 수수된 약혼예물은 반환하도록 되어 있다.[40]

외국 입법례로서 스위스민법 제94조, 독일민법 제1301조는 예물반환에 관한 명문규정을 두고 있으며, 이에 관한 규정이 없는 대만민법이나 또는 일본에서도 해석상 거의 동일한 태도를 보이고 있다.

우리나라의 학자들은 대부분 약혼예물의 법적 성질에 관하여 혼인의 불성립을 해제조건으로 하는 증여[41]라는 견해를 취한다. 즉, 혼인의 성립을 예정한 증여이며 혼인이 성립하지 않으면 주지 않을 증여라고 보는 것이다. 따라서 혼인의 불성립이 확정된 때는 약혼자는 서로 교환한 예물을 부당이득반환 법리에 따라 청구할 수 있다고 해석한다. 다만 약혼의 해제가 누구의 귀책사유에 의한 것이냐에 따라 반환범위가 달라질 수 있을 것이다. 즉, 약혼 당사자 일방의 귀책사유로 인하여 약혼이 파기된 경우 무책 당사자에게는 반환청구가 인정되지만 동시에 자기가 받은 물건에 대한 반환의무는 없다. 반면 유책 당사자는 자기가 받은 물건에 대한 반환의무는 있으나 증

40) 조선고등법원, 《민사판결집》, 22권, 1935, 344면.

41) 정광현, 전게서, 1962, 294면; 김용한, 전게서, 1981, 154면; 김주수, 전게서, 1982, 91면.

여한 물건에 대한 반환청구권은 없다. 당사자 쌍방의 책임 있는 사유로 해소된 경우에는 주된 책임자는 반환을 청구할 수 없으나 반환의무는 있는 것이며 양자의 책임이 동등한 경우 과실상계의 원리를 준용하여 반환범위를 결정하여야 한다.[42] 혼인이 성립된 경우는 해제조건이 성취불능이므로 예물 기타 증여물의 반환문제는 생기지 않는다. 다만 혼인성립 후 극히 단기간 내에 이혼하는 경우 혼인불성립의 경우에 준하여 유책자에게는 반환의무를, 무책자에게는 반환청구를 허용하는 것이 타당하다[43]는 해석도 있다.

독일민법 제1301조에 의하면 혼인체결을 중지한 때는 각 약혼자는 부당이득반환에 관한 규정에 따라 상대방에게 증여하거나 약혼의 징표로서 공여한 물건의 반환을 청구할 수 있다. 그러나 판례에 의하면, 신의칙에 반하여 혼인성립을 방해한 자로부터의 반환청구는 인정될 수 없다[44]고 한다.

스위스민법 제94조 1항은 약혼자가 상호간에 교부한 선물은 약혼이 해제되면 반환을 청구할 수 있다고 하며, 2항은 선물이 잔존하지 아니한 경우에는 부당이득에 관한 규정에 의하여 처리한다고 규정하고 있다.

대만민법의 경우는 약혼예물반환에 관한 규정이 없다. 여기에서도 약혼예물인 "빙재"(聘財)의 교환은 약혼성립의 요건은 아니라고 하며 반환문제는 판례에 의하여 해결한다. 즉, 약혼의 무효나 취소, 당사자의 약혼해제 등으로 인하여 약혼이 불성립되는 경우 그 증여는 혼인불성립을 해제조건으로 하므로 부당이득규정에 의하여 받은바 이익을 증여인에게 반환하여야 한다.[45]

일본에서도 판례나 학설에 의하면 "결납"(結納)은 혼인의 불성립을 해제조건으로 하는 증여라고 보고 해제조건의 성취 또는 목적이 달성되지 않은 때는 부당이득법리에 따라 반환하지 않으면 안 된다고 한다. 일방 당사자에게 과실이 있는 경우의 약혼파기는 무책자만 반환청구권을 가지고 반환의무는 부담하지 않으며, 유책자는 권리남용 혹은 공평의 원리를 이유로 하여

---

42) 김주수, 상게서, 91면; 김용한, 전게논문, 31면.

43) 정광현, 전게서, 1962, 294면.

44) 山田 晟·村上淳一 編, 前揭書, 235면.

45) 陳棋炎, 前揭書, 74면.

받은 물건은 반환하되 자기가 준 물건의 반환은 구할 수 없는 것으로 된다.[46] 쌍방의 과실이 있는 경우라면 과실상계 원리에 준하여 반환범위를 결정할 수 있을 것이다.[47]

우리 민법도 이상의 입법례와 해석 등을 참조하여 약혼해제의 경우 예물의 반환을 청구할 수 있는 규정을 명문화하는 것이 필요하다고 생각한다.

2) 당사자의 책임 없는 사유에 의하여 해제된 경우의 반환범위

우리의 관습법은 당사자 일방의 사망으로 인하여 약혼이 자연히 해소된 경우 약혼자에게 보낸 선폐금(先弊金)의 반환청구를 인정하였다.[48] 이에 대하여 일방의 사망의 경우에까지 예물반환청구를 인정한다는 것은 너무 가혹하다는 이유로 반환청구를 부인하는 것이 타당하다는 견해가 있다.[49] 반면에 여기에 대한 규정이 없기 때문에 관습법을 존중해서라도 반환청구권을 인정하는 것이 타당하다[50]는 견해도 있다.

독일민법 제1301조 단서에 의하면 약혼이 당사자 일방의 사망으로 인하여 해소된 때는 그 반환을 청구할 수 없는 것으로 규정한다. 스위스민법 제94조 3항에 의하면 약혼이 당사자 일방의 사망으로 인하여 해소된 경우에 쌍방은 반환청구를 할 수 없다. 독일이나 스위스민법이 반환청구를 부인함에 반하여 대만이나 일본의 경우는 반환청구가 인정된다고 본다. 즉, 대만에서는 판례에 의하여 증여인이나 수증인이 사망한 경우 증여인이나 그 승계인은 증여를 취소할 수 없으나 증여물의 반환은 청구할 수 있다.[51] 일본의 경우도 명문은 없지만 학설은 특별한 약정이 없이 당사자 일방의 사망에

---

46) 久貴忠彦 · 右近健男 共著, 前揭書, 67면.

47) 中川善之助, 前揭書, 157면.

48) 〈司法協會質疑應答集〉, 1935, 212면.

49) 정광현, 전게서, 1962, 300면.

50) 김용한, 전게논문, 31면; 김주수, 전게서, 1982, 91면.

51) 陳棋炎, 前揭書, 74면.

의해서 약혼이 해소된 경우 반환청구권은 발생한다고 추정한다.[52)]

우리 사회에서 약혼자 일방의 사망으로 인하여 약혼이 파기된 경우 약혼의 징표로서 수수한 물건을 감정적으로 불길하게 여겨 반환하고자 하는 의식이 일반적인 것이라 할 수 있다. 또한 관습법도 이를 인정하였다는 점에서 우리 민법도 당사자 일방의 사망에 의한 약혼해소의 경우 반환청구권을 인정하는 규정을 두는 것이 합리적이라고 생각한다.

3) 약혼예물반환에 관한 청구권의 소멸기간

독일민법은 제1302조에서, 약혼해제로 인한 손해배상청구권의 소멸시효기간과 마찬가지로 예물반환청구권도 2년의 시효로 인하여 소멸한다고 규정한다. 스위스민법은 제95조에서 약혼으로부터 발생한 청구권은 약혼해소 후 1년이 경과함으로써 소멸시효에 걸린다고 규정하고 있기 때문에 예물반환청구도 1년의 시효로 소멸하게 된다.

우리 민법도 예물반환청구권을 인정하는 경우 1년 혹은 2년이라는 단기간의 청구권의 소멸기간을 규정하여야 할 것이다. 아울러 예물반환청구는 가사심판법의 법정사항으로 하되, 현재 약혼해제로 인한 손해배상청구가 병류의 조정사항으로 된 것과의 균형상 조정사항으로 하는 것이 합리적일 것이다.

III. 맺는말

이상에서 민법전 제정 이후 지금까지 약혼관계규정에 관하여 학설상 견해의 대립이 있거나, 입법론적으로 개정 또는 조문의 신설 등이 필요한 것으로 지적되었던 문제들을 가능한 한 망라하여 검토해보았다.

가족법 개정논의와 관련하여 사견이지만, 다음의 사항들을 입법론으로서 제안하고자 한다.

---

52) 中川善之助, 前揭書, 157면.

첫째, 개정이 필요한 조문은 다음과 같다.

① 제 804조의 약혼해제사유 중, 3호의 "폐병"을 삭제하고 불치의 악질로서 "정신병" 또는 "유전성 질환"을 예시할 것.

② 제 804조 6호의 "2년 이상"의 생사불명기간을 "1년 이상"으로 개정할 것.

③ 제 804조 각호의 사유를 다음과 같은 순서로 재조정할 것. "4호, 5호, 7호, 3호, 6호, 1호, 2호, 8호".

둘째, 신설되어야 할 조문은 다음과 같다.

① 제 807조의 약혼해제로 인한 손해배상청구권 규정에 있어서 "청구권의 소멸기간"에 관한 조문을 신설할 것.

② 약혼해제의 경우 "약혼예물반환청구권" 규정을 신설하고, 아울러 "당사자 일방의 사망으로 인한 해제의 경우 반환책임"에 관한 규정과 "반환청구권의 소멸기간"에 관한 규정을 신설할 것.

〈후 기〉

1. 1990. 1. 13 개정에 의하여

제 804조 3호는 "성병, 불치의 정신병 기타 불치의 악질이 있는 때", 제 804조 6호는 "약혼 후 1년 이상 생사가 불명한 때"로 변경되었다.

2. 1990. 12. 31 가사심판법이 가사소송법으로 개정되었고, 약혼예물반환 문제는 가사소송법 제 2조 1항 (3) 다류사건 1호에 "약혼해제로 인한 손해배상청구 및 원상회복"으로 규정되어 있다.

3. 2007. 12. 21 개정에 의하여

제 801조는 "만 18세가 된 사람은 약혼할 수 있다"로 변경되어 남녀의 약혼연령은 동일한 것으로 되었다.

제2장

혼인의 무효와 취소규정의 정비를 위한 검토

I. 머리말

혼인성립에 있어서 그 형식적 요건이나 실질적 요건을 위반한 경우, 그 효과를 어떻게 규정하는가는 각 국가에 따라 다르다. 나라에 따라서는 이러한 경우 모두 무효혼으로 하는 경우도 있고 모두 취소혼으로 하는 경우도 있으며, 또한 무효 또는 취소로 나누어 이원적으로 규정하기도 한다.

이와 같이 나라마다 무효, 취소를 규정함에 있어서 다양한 형태를 취하는 것은 기본적으로 혼인법에 특수한 연혁적 요인, 즉 기독교의 혼인 비해소주의에 기인하는 것이라고 볼 수 있다. 그러나 현대에 와서 각 국가가 갖는 혼인에 대한 정책적 고려 또는 전통적 인식 내지 가치관의 변화도 여러 가지 형태의 혼인무효의 규정을 갖게 하는 요인으로서 작용한다고 생각된다.

혼인의 무효 또는 취소를 각각 규정하는 입법례는 혼인성립의 하자가 중한 정도에 따라 무효 또는 취소로 그 원인을 분류하고 그 효과도 예외는 있지만 무효에는 소급효를, 취소에는 불소급효를 인정한다. 한편 무효의 효력만을 인정하거나 또는 취소의 효력만을 인정하는 입법례에서도 하자의 정도

* 이 논문은 〈가족법연구〉(한국가족법학회, 2004), 제 18권 2호(통권 제 22호)에 게재된 것임.

에 따라 절대적 무효, 상대적 무효로 분류하기도 한다. 그러나 그렇게 분류한 경우일지라도 그 효력에는 차이가 없으며 모두 불소급효를 인정함으로써 자녀 등을 보호하려고 하는 것이 대체적 입법추세라고 할 수 있다.

우리 민법은 혼인의 성립요건 위반에 대하여 혼인의 무효, 또는 혼인의 취소라는 이원적 분류를 하고 있다. 그러나 무효혼에 관해서는 무효원인과 그 효과로서 손해배상책임만을 규정하기 때문에 그 주장방법과 효과에 관한 해석상 논란이 있다. 취소혼에 있어서도 그 원인, 청구권자, 소멸기간 등을 규정하고 있으나 이들 규정은 일목요연하게 체계적으로 규정되어 있지 않다. 입법의 불비로 볼 수 있는 부분도 있고 아울러 개정이 필요한 부분도 있다.

이 논문에서는 혼인무효, 취소에 관한 일반적 해석론보다는 보완 또는 개정이 필요한 규정을 중심으로 하여 이들을 입법론적으로 고찰하고자 한다. 따라서 현행민법이 중심이 되지만 2004년 개정안에 나와 있는 혼인의 무효, 취소규정 중 이 논의와 관련 있는 규정들을 함께 검토하려고 한다.

II. 혼인무효규정의 정비

1. 무효원인의 검토(제815조 2호, 3호)

혼인의 무효에 관하여 현행법 제815조는 다음과 같이 그 원인을 규정한다. 즉, 제1호, 당사자간에 혼인의 합의가 없는 때, 제2호, 당사자간에 직계혈족, 8촌 이내의 방계혈족 및 그 배우자인 친족관계가 있거나 있었던 때, 제3호, 당사자간에 직계인척, 부(夫)의 8촌 이내의 혈족인 인척관계가 있거나 있었던 때이다.

이 중 제2호와 제3호는 제809조 1항의 동성혼 등 근친간 금혼범위와 관련하여 다음과 같은 문제점들이 있다.

첫째, 제809조 제1항은 혈족간 금혼범위에 관한 규정이지만 부계혈족간 금혼만 규정할 뿐 모계혈족간 금혼범위는 규정하지 않았다. 그러나 효력규정인 제 815조 2호에서는 8촌 이내의 방계혈족간 혼인을 금지한다고 하여 모계혈족간 혼인도 금혼범위에 포함되는 것으로 하였다. 이것은 입법체계상 불비라고 볼 수 있다. 혼인의 성립요건에는 규정하지 않으면서 그 요건을 위반한 경우의 효과를 규정한 효력규정에서만 8촌 이내의 모계혈족간 혼인을 무효라고 규정하는 것은 체계상 문제가 되기 때문이다. 이것은 또한 제 809조 1항에서 부계혈족간 금혼범위를 규정했기 때문에 제 815조 2호의 방계혈족도 부계의 방계혈족만을 의미하는 것으로 해석될 수도 있다. 그러나 방계혈족은 부계혈족만을 의미하는 것은 아니므로 이러한 해석은 타당하지 않다.

둘째, 금혼범위에 해당하는 혈족으로서 직계혈족간, 방계혈족으로서는 8촌 이내의 부계(父系)혈족과 8촌 이내의 모계혈족간, 인척으로서는 직계인척간, 부(夫)의 8촌 이내의 부계(父系)혈족 또는 8촌 이내의 모계혈족, 그리고 8촌 이내의 부계(父系), 모계혈족의 배우자간의 혼인을 금지하고 이들의 혼인을 무효로 한다.

이러한 제 815조 제 2호, 제 3호의 규정은 근친혼을 엄금하는 의미라고는 하지만 현실적으로 금혼범위가 지나치게 광범위하다는 점[1], 부계혈족과 모계혈족이 모두 포함되는 현행민법의 체계로 볼 때 무효혼의 범위가 지나치게 넓게 규정되어 타당성이 없다는 점[2], 그리고 근친간 무효혼의 범위 중 인척간 무효혼의 범위가 너무 넓다[3]는 등의 비난이 있었다.

셋째, "혈족 또는 인척으로서 친족관계나 인척관계가 있거나 있었던 때"라는 규정과 관련하여 해석상의 문제도 있다. 즉, 친족범위규정인 제 777조와 관련하여 제 815조 2호, 3호에서 규정하는 친족관계를 해석함에 있어서, 1990년 민법 일부 개정 전에는 친족범위가 혈족은 부계(父系) 8촌, 모계는 4촌으로 규정되어 있으므로(제 777조 1호, 2호), 8촌 이내의 방계혈족으로서 친

1) 김주수, 《친족상속법》, 법문사, 2002, 126면; 김용한, 《신친족상속법론》, 박영사, 2002, 120면; 이근식 · 한봉희, 《신친족상속법》, 일조각, 1969, 103면.
2) 이경희, 《가족법》, 법원사, 2004, 63면.
3) 박병호, 《가족법》, 한국방송통신대학, 1994, 81면.

족관계는 부계혈족에 한하는 것이고 모계는 4촌으로 해석해야 한다고 하였다. 또한 인척관계를 해석함에 있어서도 동일하게 부(夫)의 8촌 이내의 혈족으로서 인척은 제777조 3호, 4호에 의하여 부(夫)의 부계(父系)혈족은 8촌 이내, 부(夫)의 모계혈족은 4촌 이내로 제한하여 해석하였다.[4)]

그러나 1990년 민법 일부 개정에 의하여 제777조 친족범위를 8촌 이내의 혈족, 4촌 이내의 인척, 배우자로 변경하였다. 따라서 제815조 2호 중 "8촌 이내의 방계혈족의 해석"은 부계와 모계가 동일하게 8촌으로 해석되고, 3호의 "부(夫)의 8촌 이내의 혈족"으로서 인척도 부(夫)의 8촌 이내의 부계(父系)혈족과 8촌 이내의 모계혈족으로 해석되는 데 있어서 이견이 없게 되었다. 다만 제815조 2호의 "8촌 이내의 방계혈족의 배우자인 친족관계가 있거나 있었던 때", 3호의 "부(夫)의 8촌 이내의 혈족인 인척관계가 있거나 있었던 때"의 인척은 문리적으로 해석하자면 8촌까지를 의미하는 것이 되지만 제777조 2호에 의하면 인척은 4촌까지를 친족으로 인정하고 있기 때문에 이 부분의 해석은 문제될 수 있다.

이에 대하여, 현행법 제777조 2호에 의하여 인척간 금혼범위는 4촌 이내로 축소된다고 해석하는 견해[5)]가 있는 반면 1990년 개정 전의 해석과 마찬가지로 직계혈족, 8촌 이내의 방계혈족은 부계(父系)혈족만으로 해석하고 모계혈족간은 관습상 친족으로 인정하였던 4촌 이내만 금혼범위에 해당하는 것으로, 또한 인척간 금혼범위의 해석에서도 부(夫)의 8촌 이내의 혈족에는 부계(父系)혈족만 해당하는 것으로 보아, 인척간 무효혼의 범위는 혈족간 무효혼의 범위보다 좁게 해석해야 한다[6)]는 견해가 있다.

넷째, 제809조와 관련하여 이 규정 중 무효가 되는 범위는 혼인무효에 관한 제815조 2호, 3호가 규정하고 이외의 취소가 되는 혼인은 제816조 1호에 규정하고 있다. 즉, 제809조 중 무효가 되는 범위는 제815조 2호, 3호에서 구체적으로 열거하지만 그밖에 취소가 되는 혼인의 범위에 관하여 제816

4) 김주수, 《주석 친족상속법》, 법문사, 1984, 149면.
5) 김주수, 《주석 민법(친족 1)》, 한국사법행정학회, 2002, 287면.
6) 배경숙·최금숙, 《친족상속법 강의》, 제일법규, 2000, 79~80면.

조 1호는 구체적으로 열거하지 않고 "혼인이 제 807조 내지 제 811조에 위반한 때"라고 함으로써 제 809조 위반의 경우는 무효원인인 동시에 취소원인이 된다고 규정하고 있는 것이다. 따라서 제 809조 중 취소가 되는 부분은 해석에 의할 수밖에 없다는 점[7]에서 문제가 된다.

제 809조 1항의 동성금혼에 관한 규정은 1997. 7. 16 (95 헌가 6내지13결정) 헌법불합치 결정으로 인하여 1999. 1. 1부터 실효된 가운데, 제 815조 2호는 2004년 현재까지 동성근친간 금혼범위에 관한 기준으로서 역할을 하고 있다.

2004년 6월, 17대 국회에 제출된 개정안에는 근친금혼범위에 관한 제 809조를 비롯한 혼인의 무효에 관한 제 815조가 포함되어 있다. 우선 제 809조는 "근친혼 금지"라는 표제로 변경되었으며 1항은 혈족간(8촌 이내), 2항은 인척간(6촌 이내의 혈족의 배우자, 배우자의 6촌 이내의 혈족, 배우자의 4촌 이내의 혈족의 배우자인 인척이거나 인척이었던 자), 3항은 6촌 이내의 양부모계의 혈족과 4촌 이내의 양부모계의 인척간 혼인을 금지하고 있다.

이 개정안은 금혼친을 혈족, 인척, 양친자 간으로 나누어 각각 "항"으로 규정하고 촌수도 명확히 표시함으로써 종래 해석상 불분명하였던 체계의 문제는 일단 분명히 한 것으로 볼 수 있다.

또한 개정안은 제 809조의 금혼규정과 관련하여 효력규정인 제 815조를 다음과 같이 개정하였다. 즉, 2호는 제 809조 제 1항의 규정에 위반한 때, 3호는 당사자간에 직계인척 관계가 있거나 있었던 때, 4호는 당사자간에 양부모계의 직계혈족 관계가 있었던 때는 무효라고 규정한다. 개정안 제 815조는 근친간 금혼범위규정인 제 809조에 대한 효력규정으로서 체계를 갖추었다는 점은 다소 개선된 것으로 볼 수 있다.

그러나 다음과 같은 점은 문제점으로 지적될 수 있다. 즉, 제 815조 2호는 제 809조 1항의 규정인 8촌 이내의 부계(父系) 혈족과 8촌 이내의 모계혈족간의 혼인의 효력을 무효로 한다고 규정한다. 이것은 제 809조 1항 자체가 혈족간 금혼범위를 광범위하게 규정한 것에 따른 것이지만 부계(父系)는 물론

---

7) 김주수, 전게서, 2002, 126면.

8촌 이내의 모계혈족간 혼인까지 무효로 한 것은 혼인의 자유와 개인의 행복추구권 등을 무시하고 지나치게 광범위한 금혼범위를 인정한다는 점에서 현행법에 대한 비난과 동일하게 비난받게 될 소지가 있다.

또한 구법에서와 마찬가지로 혼인취소원인과 관련하여 무효와 취소원인을 각각 조문으로 명확히 표시하여 구별하지 않고 있다는 점을 지적할 수 있다. 즉, 제815조 2호는 "제809조 1항에 위반한 때"라고 하여 명확하게 조문은 표시하여 무효사유로 규정하고 있지만, 제815조 3호는 제809조 2항의 인척관계 중 "직계인척"만을, 제815조 4호는 제809조 3항의 양부모계의 혈족과 인척 중 "직계혈족간"의 혼인만을 무효로 한다고 규정한다. 그렇기 때문에 혼인취소원인을 규정한 개정안 제816조 1호는 "… 제807조 내지 제809조(제815조의 규정에 의하여 혼인의 무효사유에 해당하는 경우를 제외한다. 이하 제817조 및 제820조에서 같다) 또는 …"이라고 하여 제809조 중 무효가 되는 경우를 제외한 기타의 친족간 혼인이 취소사유라는 것을 조문에서 이와 같이 부연하여 설명할 수밖에 없는 것이다.

혼인성립요건을 위반한 경우 그 효력을 무효와 취소로 이원적으로 규정한 입법례는 근친혼범위를 위반한 혼인에 대하여 각 조문별로 무효 또는 취소를 규정할 뿐, 하나의 조문이나 하나의 항에서 무효 또는 취소의 효과가 발생하는 것으로 규정하지 않는다. 일본민법은 친족간 금혼범위에 관하여 제734조 혈족간 근친혼의 제한, 제735조는 직계인척간 금혼, 제736조는 양친자 관계의 금혼을 각각 다른 조문으로 규정하고, 이를 위반한 경우는 제744조에서 모두 혼인취소사유로 규정한다. 대만민법은 제983조에서 근친금혼범위를 3개의 항으로 나누어 규정하지만 이를 위반한 경우는 제988조에서 모두 무효로 규정한다. 중국혼인법은 다른 사회주의국가와는 달리 혼인무효와 취소를 나누어 규정하며 제7조 1항에서 직계혈족과 3친등 이내의 방계혈족간 혼인을 금지하고 이를 위반한 경우 제10조에서 이를 무효로 인정한다.

따라서 제809조와 제815조, 그리고 제816조와 관련하여 위와 같은 문제점을 해소하기 위해서는 다음과 같은 방향으로 개정하는 것이 바람직하다고 생각한다.

우선 금혼범위규정인 개정안 제809조는 보다 합리적이고 현실적인 범위에서 혈족과 인척[8] 간의 금혼범위를 축소하여 규정하는 것으로 수정, 개정하여야 할 것이다. 즉, 제809조 1항에는 무효가 되는 근친혼의 범위로서, 축소된 범위의 혈족간, 직계인척간, 그리고 양부모계의 직계혈족간의 금혼만을 규정하고, 2항에는 취소가 되는 근친혼의 범위로서, 합리적 범위로 조정된 인척간(양부모계를 포함한) 금혼을 규정하는 방향으로 개정되어야 할 것이다.

그리고 혼인무효규정인 제815조 2호에서는 제809조 1항에 위반한 경우만을 무효원인으로 규정하고 혼인취소규정인 제816조 1호는 취소원인으로서 제809조 2항에 위반한 경우, 즉 "제807조 내지 제809조 2항 …"으로 규정한다면, 개정안처럼 "무효로 되는 경우를 제외하고 취소로 한다" 등의 부연설명은 필요없게 될 것이다. 따라서 무효와 취소의 원인을 구별하는 데 있어서 명확한 조문에 의하여 구별할 수 있기 때문에 종전처럼 하나의 조문에서 무효와 취소를 구별해서 해석해야 하는 어려움도 해소될 수 있을 것이다.

2. 무효의 주장방법

민법은 혼인의 취소에 관하여는 소에 의할 것을 명문으로 규정하면서 무효에 관해서는 아무런 규정이 없다. 따라서 혼인무효가 당연무효인가 형성무효인가에 관하여는 학설이 나뉜다.

당연무효설은 일반원칙에 따라 무효확인의 소를 제기할 수 있고 그러한 판결이 없더라도 이해관계인은 다른 소송에서(예컨대 상속회복청구의 소 〔제999조〕 등) 혼인의 무효를 주장할 수 있다고 한다.

우리나라의 경우 당연무효설이 다수설이다. 즉, 가사소송법이 인정하는 무효의 소는 확인의 소이며(제2조 1항 가류사건1호), 이 소를 제기하면(가사소송법 제23조) 가사소송법절차에 의하여 판결하여 대세적 효력을 주지만 그와

8) 윤진수, "혼인성립에 관한 민법의 개정방향", 〈가족법 연구〉(한국가족법학회, 2001), 제15권 1호, 88~91면.

는 별도로 일반법칙에 따라서 개개의 소송에서 선결문제로서 주장하는 것도 금하는 것은 아니라고 해석하는 것이 민법규정에 맞는 것이라고 본다[9]는 것이다. 또한 민법이 무효에 관해서는 규정이 없고, 당사자가 알지 못하는 중이거나 전혀 동서 사실도 없거나 사망, 행방불명된 자 사이에 신고된 경우에 먼저 소에 의하여 무효로 하는 것이 적당하지 않으므로 당연무효설이 타당하다[10]고 주장한다. 판례도 "신분관계에 관하여는 민법이나 가사소송법 등이 구체적 소송유형을 규정하고 있는 경우가 많으나 소송유형이 따로 규정된 경우가 아니더라도 신분관계의 존부를 즉시 확정할 이익이 있는 경우라면 확인의 소를 제기할 수 있다"[11]고 한다.

그러나 소송법학자들에 의하면 혼인무효는 형성무효, 즉 형성의 소로 인정한다.[12] 즉, 새로운 법률관계의 발생이나 기존의 법률관계를 변경·소멸시키는 형성의 소 중에서 가사소송은 실체법상의 법률관계의 변동을 목적으로 하는 소로서 실체법상 형성의 소에 해당된다. 형성의 소의 대상인 법률관계는 소의 제기와 판결의 확정에 의해서만 변동의 효과가 생기므로 판결확정 전까지는 누구나 그 법률관계를 존중하여야 한다. 비록 혼인무효사유가 있다 하여도 소를 제기하여 무효선언의 판결이 없는 이상 아무도 항변으로

9) 김주수, 전게서, 2002, 126~7면.

10) 박병호, 전게서, 82면, 배경숙·최금숙, 전게서, 81면; 이근식·한봉희, 전게서, 102면; 김용한, 전게서, 171면.

11) 대법원, 1993. 7. 16, 92므372.

12) 원래 혼인무효를 선언에 의하여 인정한 것은 중세 교회법이 혼인 비해소주의를 취하면서 부부간의 이혼을 합법화시키기 위한 미봉책에서 연유한 역사적 연혁을 갖는다. 즉, 중세교회는 중혼과 근친혼을 무효로 인정하면서 사실상 이혼의 효과를 생기게 하였다. 무효는 종교재판소에 의한 선언으로 효력이 발생하였으며 근세에 들어와서도 기독교국가의 혼인무효는 당연무효가 아니고 법원의 선고에 의하여 무효의 효과가 발생하였다. 다만 관할재판소가 종교재판소로부터 민사재판소로 옮겨졌다는 것만 다르다. 스위스나 프랑스 기타 국가의 민법이 법원에 의한 혼인무효판결에 의하여 무효로 인정하는 것은 소송법학상의 이론적 요청에 의한 점도 있지만 근본적인 것은 역사적 연혁 때문이다(中川善之助, 《新訂親族法》, 青林書院新社, 1967, 184~5면).

그 무효를 주장할 수 없으며, 다른 소송의 선결문제로서도 유효한 것으로 취급되어야 한다. 그리고 혼인무효의 효력은 소급적으로 권리변동을 시키는 소급적 형성의 소로 인정한다[13]는 것이다.

이 설에 찬성하는 견해도 있다. 즉, 원래 부부 또는 친자관계는 사회질서의 기초를 구성하는 중요한 기본적 신분관계이므로 이러한 신분관계는 획일적으로 취급하여야 할 공익상의 필요가 있다고 보기 때문이라는 것[14]이다. 또한 당연무효로 본다면 혼인신고의 존재는 혼인이 존재한다는 사실상의 추정효과만 가질 뿐 신고가 혼인을 성립시킨다는 의미가 없어지고, 뿐만 아니라 혼인의 유효, 무효가 소송 없이 상대적으로 결정되어 당사자 자신은 혼인무효를 주장하지 않는데 제 3자가 자기의 재산적 이익을 위하여 혼인의 무효를 주장할 수 있게 되어 타당하지 않으므로 소송을 통한 판결에 의하여 확정된다고 보아야 한다[15]는 것이다.

혼인무효를 당연무효로 해석상 인정하는 국가는 한국을 비롯한 일본, 대만의 경우[16]가 있다. 일본의 경우 우리나라와 같이 민법에 무효의 주장방법에 관한 명문이 없고 인사소송법에서 무효의 소를 인정하기 때문에 무효를 주장하는 방법에 관하여 논란이 있다. 여기에서도 당연무효설이 다수설[17]이고 판례[18]의 입장이다. 다만 당연무효라고 하는 것이 권리관계의 안정을 해친다는 점에는 유의해야 하며 민법해석에서도 혼인무효원인을 규정한 제742조 규정은 좁고 엄격하게 해석해야 한다[19]는 견해가 있다.

그러나 스위스민법 제 104조, 독일민법 제 1313조 1항, 프랑스민법 제 180

---

13) 이시윤, 《신민사소송법》, 박영사, 2002, 170~3면; 송상현, 《민사소송법》, 박영사, 2004, 262~3면.

14) 정광현, 《신친족상속법 요론》, 법문사, 1962, 517~8면.

15) 이경희, 전게서, 67면.

16) 董世芳, 《民法概要》, 三民書局, 1984, 425면.

17) 青木 博, 《家族法要論》, 博文社, 1994, 67면; 我妻 榮, 《親族法》, 法律學全集 23, 有斐閣, 1994, 55면.

18) 最高裁判所, 1959. 7. 3, 〈最高裁判所民事判例集〉, 13권 7호, 905면.

19) 中川善之助, 前揭書, 186~7면.

조, 러시아 신가족법은 제 27조에서 혼인무효 확인은 법원이 한다고 규정한다. 혼인무효에 관하여 교회법적인 연혁이 없는 북한혼인법 제 13조 2항, 중국혼인법 제 10조도 무효인정은 법원의 선고에 의한다고 규정하고 있다.

현행법상 부부관계 또는 친자관계 등의 신분관계의 효력은 민법 또는 가사소송법 등에서 소에 의하여 형성 또는 확인하도록 규정되어 있다. 그런데 혼인무효의 주장방법에 관해서는 민법에 규정이 없기 때문에 당연무효로 해석하고 필요한 경우 확인의 소를 제기할 수 있다고 하는 것은, 우선 혼인관계의 안정이라고 하는 점에서 문제가 있다고 생각한다. 확인의 소는 당사자는 물론 제 3자라도 자신에게 확인의 이익이 있는 한 제기할 수 있기 때문이다. 또한 실제로 혼인무효의 소는 당사자의 합의에 의한 유효한 혼인임에도 불구하고 이혼하는 대신 미혼의 신분을 회복하기 위한 편법으로 쌍방합의하에 제기되는 경우도 있을 수 있기 때문이다.[20]

혼인무효의 소는 단지 혼인관계의 존재, 부존재의 확인을 요구하는 소로서의 성질보다는 현재의 혼인관계라는 신분관계를 소멸시키는 성격이 큰 것이고 그것은 또한 대세적 효력을 갖게 되는 것이다. 따라서 무엇보다도 신분관계의 안정이라는 가족법의 기본원칙을 유지하기 위해서는 혼인무효는 판결에 의하여 비로소 무효의 효력이 인정되는 것으로 하되 그 효력은 혼인 시로 소급시키는, 소급적인 형성의 소로 해석할 수 있도록 하는 것이 바람직하다고 생각한다.

따라서 민법에 명문으로 혼인무효의 소를 규정하고 제소권자, 제소기한, 혼인무효의 효력 등을 규정할 필요가 있을 것이다.

입법론으로서 제 815조의 2를 신설하여 "혼인무효의 소"로 하고 제 1항 "혼인무효는 당사자, 이해관계인, 검사[21]가 혼인 후 1년 이내[22] 이를 청구할

---

20) 서울가정법원, "가사무효사건의 심리강화", 《가사재판 자료집》, 1991, 98면.

21) 가사소송법 제 23조는 당사자 및 그 법정대리인 또는 4촌 이내의 친족을 제소권자로 규정하고 있다. 스위스민법은 제소권자로서 이해관계인(제 106조), 프랑스민법은 배우자, 이해관계인 또는 검사(제 184조)를 규정하고 있다.

22) 스위스민법에는 중혼의 경우 제소기한의 제한이 없다(제 105조). 프랑스민법은 혼인일로부터 1년 이내로 규정한다(제 190조의 1).

수 있다"고 규정할 수 있을 것이다.

3. 혼인무효의 효력의 발생시기와 혼외 자 문제

우리 민법은 혼인무효의 효력 발생시기에 관하여 명문의 규정이 없다. 다만 해석상 무효인 혼인으로부터는 아무런 효과도 발생하지 않는다[23]고 한다. 혼인무효의 소급적 효력을 인정하고 있는 것이다. 따라서 혼인 당사자간은 물론 제 3자에 대한 관계에서도 혼인으로서의 효과가 생기지 않으므로 무효혼에 의한 상속 등 권리변동은 무효인 것이며 무효혼에서 출생한 자는 혼인 외의 자가 된다(제 855조 1항 후단). 다만 이러한 자에 대한 출생신고는 인지신고로서의 효력이 있고(호적법 제 62조) 가정법원은 이러한 자의 친권자결정에 관하여 이혼과 혼인취소의 경우와 같이 부모가 협의하도록 권고한다(가사소송법 제 25조). 혼인무효의 효력으로서 민법은 과실 있는 상대방에 대한 손해배상청구권만을 인정한다(제 825조에 의한 제 806조 준용).

그러나 혼인무효의 효과로서 무효혼에서 출생한 자는 혼인 외의 자가 됨으로써 여러 가지 사회적, 법률적으로 불이익을 입게 된다. 이에 대하여 혼외자 보호라는 견지에서 취소의 경우와 같이 그 효과를 이혼에 준하게 하는 입법적 조치가 필요하다는 의견[24]이 있다. 또한 무효혼이라 할지라도 실질적 부부공동체를 형성하고 있었던 경우에는 재산분할청구도 인정해야 할 것이라는 견해[25]도 있다.

혼인무효의 효력을 이와 같이 소급적으로 인정할 것인가 아니면 장래에 향해서만 인정하는 불소급적인 것으로 할 것인가는 입법례에 따라 다르다.

일본의 경우 혼인무효의 효과는 소급적이며, 형성의 소(형성무효)를 취하는 경우에도 혼인무효의 효과를 소급적으로 인정한다. 따라서 무효혼에서 출생한 자는 비적출자가 되는 것이고[26] 이것은 어쩔 수 없는 것으로 인정한다.

---

23) 김주수, 전게서, 2002, 128면; 박병호, 전게서, 83면 등.

24) 이근식 · 한봉희, 전게서, 103면.

25) 이경희, 전게서, 68면.

다만 부부공동생활로 인한 부부간 협력, 부조 혹은 재산관계에 관해서는 이혼규정 준용 등에 의한 해결방법을 제시하는 견해[27]도 있다. 대만의 경우도 소급적 효력을 인정하며 따라서 무효혼에서 출생한 자는 혼인 외의 자로 인정된다.[28] 다만 과실 있는 상대방에 대하여 취소의 경우와 같이 손해배상청구권을 인정한다(제 999조).

북한의 경우는 무효로 인정된 혼인은 처음부터 이루어지지 않는 것으로 한다고 하여 소급적 무효를 인정한다. 그러나 자녀의 경우 혼인 중의 자로서 신분에는 변동이 없으며, 양육문제는 가족법 제 22조와 제 23조에 의하여 해결한다고 규정한다.[29] 중국의 경우도 소급적 무효를 규정하지만(제 12조), 무효혼에서 출생한 자녀에 대해서는 혼인법상 친자관계규정을 적용한다고 규정한다. 러시아 신가족법도 혼인은 등록된 날로부터 무효가 된다(제 27조) 고 하여 소급적 무효를 인정하지만 혼인에 의하여 출생하거나 혼인무효로 인정된 날로부터 300일 이내에 출생한 자녀의 이익에 대하여는 어떠한 영향도 미치지 않는다고 규정한다(제 30조 3항).

한편 스위스민법은 혼인무효의 효력을 불소급적으로 인정한다(제 109조). 즉, 무효선언에 의하여 비로소 무효의 효력이 장래에 향하여 발생하게 되므로 무효판결이 있기까지는 유효한 혼인으로 인정된다(1항). 무효선언을 하게 되면 이혼에 관한 규정을 부부 및 자녀에게 준용함으로써(2항) 부부는 물론 특히 자녀의 신분을 혼인 중의 자로서 보호한다. 프랑스민법도 혼인무효 효력을 불소급적으로 인정한다(제 201조). 물론 당사자의 선의, 악의에 따라 혼인무효의 효력을 불소급적으로 또는 소급적으로 인정하지만 대부분 악의의 입증이 어렵기 때문에 소급적 무효는 인정하기가 어렵다고 한다. 따라서 쌍방이 선의가 아닌 경우라도 자녀에 대하여는 혼인 중의 자로서 효력이 생기

---

26) 我妻 榮, 前揭書, 62면.

27) 青木 博, 前揭書, 69면.

28) 史尙寬,《親屬法論》, 自行出版, 1964, 182면.

29) 북한가족법 제 22조는 "이혼의 경우 자의 양육자 결정, 3세 미만의 경우 모의 양육 책임", 제 23조는 "양육하지 않는 부 또는 모의 양육비 지급 책임"을 규정한다.

고(제 202조 1항), 친권행사는 이혼의 경우와 같이 법관의 판단에 의한다(제 202조 2항)고 규정한다.

위의 입법례에서 볼 수 있듯이 혼인무효의 효력을 국가에 따라서 소급적으로 또는 불소급적으로 인정하고 있지만 불소급으로 인정하는 경우는 물론 소급효를 인정하는 대부분의 국가들도 부부 및 특별히 자녀의 지위를 이혼의 경우와 동일하게 혼인 중의 자로서 신분을 상실하지 않도록 규정한다.[30]

우리 민법의 경우 혼인무효의 효력 발생시기에 관하여 명문의 규정이 없고 제 855조 1항 후단 등의 조문에 의한 유추해석에 의하여 소급적 효력을 인정하고 있다. 다만 무효효력으로서 배우자 간에 손해배상청구권을 인정하는 규정(제 825조)을 두고 있을 뿐이다. 그러나 많은 외국 입법례는 혼인무효의 효력 발생시기에 관하여 명문의 규정을 두고 있을 뿐만 아니라 혼인무효의 효력으로서 부부 및 특별히 자녀에 관한 여러 가지 규정을 두고 있다. 즉, 혼인무효의 효력을 소급적으로 규정하는 나라에서는 자녀보호를 위한 예외규정을, 불소급적으로 규정하는 나라는 자녀의 보호에 관한 당연한 규정을 두고 있는 것이다.

우리 민법도 혼인무효의 효력은 소급하여 발생한다는 것과 그 효력으로서 부부의 재산관계 및 자녀의 신분보장을 위한 규정을 둘 필요가 있다. 입법론으로서 전술(무효의 주장방법) 한 것처럼 제 815조의 2를 신설하고 1항과 2항의 규정 다음에 3항을 두고 소급효에 대한 예외규정으로서 특별히 자녀보호를 위하여 "무효혼에서 출생한 자에 대하여는 이혼의 규정을 준용한다"고 규정할 필요가 있을 것이다.

---

30) 혼인의 무효만을 규정하는 입법례는 절대적 무효와 상대적 무효를 조문에 의하거나 해석에 의하여 구분한다. 절대적 무효의 경우 제소기한이 없거나 취소권자 등에서 상대적 무효와 구별된다. 그러나 이것은 성립요건의 하자의 경중에 의한 것일 뿐 무효의 효력으로서 자녀의 신분 및 양육문제 등에 관한 효과에는 차이가 없다.

III. 혼인취소규정의 정비

민법은 제816조에서 제825조에 걸쳐 혼인의 취소는 "일정한 취소사유"가 있는 경우에 "법정된 취소권자"가 취소청구를 할 수 있으며 일정한 기간 내에 취소청구를 하지 않거나 특정한 사유가 있으면 "취소청구권이 소멸"된다고 규정한다. 즉, 혼인취소에 관하여 취소원인, 취소청구권자, 취소청구권의 소멸이라는 체계로 규정하고 있으나 조문에 따라서는 취소권자 규정이나 소멸기간이 없기 때문에 해석에 의하여 보충되고 있는 경우가 있다. 따라서 이러한 문제와 더불어 혼인취소사유에 관한 제816조 2호, 혼인취소효력에 관한 제824조, 그리고 개정안 제824조의 2 등의 문제점을 검토해보고 입법론적 해결방안을 모색해보고자 한다.

1. 혼인취소사유

1) 제816조 1호

(1) 혼인적령(제807조)에 위반한 경우

혼인적령규정인 제807조를 위반한 경우 취소사유가 된다(제816조 1호). 이 경우 취소권자는 "당사자 또는 그 법정대리인"이지만(제817조 전단), 언제까지 취소청구를 하지 않으면 취소청구권이 소멸되는가에 관한 규정은 없다. 이에 대하여 당사자의 연령이 혼인적령에 달하였을 때는 동의 없는 혼인의 취소에 관한 제819조를 유추적용하여 취소청구권이 소멸하고 또 혼인 중 포태한 때에는 혼인적령 도달 전이라도 취소청구를 할 수 없다[31]고 본다. 또한 취소청구권 행사의 소멸기간에 관하여 명문이 없는 것은 입법의 불비로 보고 제819조를 유추적용해야 한다는 견해[32]가 있다.

---

31) 김주수, 전게서, 2002, 129면.

32) 김용한, 전게서, 121면; 박병호, 전게서, 83면; 배경숙·최금숙, 전게서, 84면; 이경희, 전게서, 65면.

이와 같이 혼인적령미달자의 취소청구권의 소멸기간에 관한 명문이 없는 것은, 모든 취소사유에 관하여 소멸기간 규정을 둔 다른 규정의 경우와 비교해볼 때 명백한 입법의 불비라고 볼 수 있다. 개정안 제 819조에도 이 부분은 보완되어 있지 아니하며, 동의 없는 혼인에 있어서 종래 "성년에 달한 후"를 "20세에 달한 후"로 변경하였을 뿐이다.

따라서 제 819조를 유추적용해야 한다면 다음과 같이 제 819조를 수정함으로써 취소청구권의 소멸에 관한 명문규정을 두어야 할 것이다. 즉, 현행 규정 제 819조 "동의 없는 혼인의 취소청구권의 소멸"이라는 표제를, 연령위반혼인의 경우 취소청구권자를 규정한 제 817조의 표제처럼 "연령위반혼 등의 취소청구권의 소멸"로 변경하고 본문에는 제 807조를 포함하여 "제 807조에 위반한 혼인은 그 당사자가 혼인적령에 달하거나 혼인 중 포태한 때, 제 808조에 위반한 혼인은 당사자가 성년(개정안은 20세)에 달한 후 또는… 혼인 중 포태한 때에는 그 취소를 청구하지 못한다"로 개정하는 것이다.

이러한 경우 제 819조를 유추적용하더라도 당사자가 혼인적령에 달하였다고 하여 바로 취소를 청구할 수 없다고 할 것이 아니라 혼인적령에 달한 후 3월이 경과하여야 취소청구를 할 수 없다고 하여야 한다[33]는 견해가 있다. 당사자가 혼인적령에 달한 후 3개월의 유예기간을 주고 이 기간 동안 취소할 것인지에 관하여 숙려하고, 취소하려면 3개월 안에 취소청구를 하도록 하는 취지와 같은 것으로 생각된다.[34]

그러나 적령위반혼은 시간의 경과만으로 치유가 가능한 혼인이라는 점 또

---

33) 윤진수, 전게논문, 97면.

34) 유예기간을 규정한 입법례로서 프랑스민법 제 185조 1항은 "배우자 쌍방 또는 일방이 혼인연령에 도달한 때부터 6월이 경과한 때에는 혼인무효의 소의 대상이 되지 않는다"는 규정과 일본민법 제 745조 1항 "제 732조 규정에 위반한 혼인은 부적령자가 적령에 도달한 때는 그 취소를 청구할 수 없다. 2항, 부적령자가 적령에 달한 후 3개월간은 그 혼인의 취소를 청구할 수 없다. 단 적령에 달한 후에 추인을 한 때에는 그러하지 아니하다"는 규정이 있다. 적령에 달한 후 본인의 추인을 인정한 것은 유예기간을 단축시키는 것이 되고 그것은 동시에 취소청구권의 소멸기간을 단축시키는 것을 의미한다고 볼 수 있다.

한 현실적으로 당사자는 혼인의 취소보다는 취소권의 소멸기간의 단축이 더 유익한 것으로 용인될 수 있다는 점에서 유예기간을 규정하지 않더라도 무리는 없을 것으로 생각된다.

(2) 제809조에 위반한 경우

혼인이 제809조에 위반한 경우 제816조 1호에 의하여 혼인취소사유가 된다. 이것은 현행법이나 개정안이나 동일하다. 그러나 개정안은 취소사유규정 중 특히 제809조에 관하여 "… 제809조(제815조의 규정에 의하여 혼인의 무효사유에 해당하는 경우를 제외한다. 이하 제817조 및 제820조에서 같다) …"라고 규정한다. 개정안이 제809조를 근친혼금지 규정으로 변경하고 그 내용을 개정한 것에 관하여는 무효혼 중 무효원인에서 기술한 바와 같다.

또한 혼인무효사유인 제815조 2호, 3호에 관한 고찰에서 지적한 바와 같이 제809조 중 1항과 2항, 3항 중 일부는 무효이고 그 이외의 근친간 혼인은 제816조 1호의 취소사유에 해당한다고 규정하고 있다. 따라서 제809조 중 무효가 되는 경우를 제외하면 취소혼이 되는 범위는 인척으로서 "6촌 이내의 혈족의 배우자", "배우자의 6촌 이내의 혈족", "배우자의 4촌 이내의 혈족의 배우자"와 양친자 관계에서는 양친자간을 제외한 "6촌 이내의 양부, 양모의 혈족", 그리고 "4촌 이내의 양부, 양모의 인척간"이 포함되는 것으로 해석할 수 있다.

이와 같이 근친혼 등의 금지에 있어서 혼인의 무효와 취소사유를 법조문이 명확히 구별해주지 못하고 해석에 의하도록 하는 것은 현행법과 마찬가지로 개정법이 갖는 문제점이라 할 수 있다. 개정안 제816조 1호가 "… 제809조(제815조 규정에 의하여 혼인의 무효사유에 해당하는 경우를 제외한다. …, 이하 제817조 및 제820조에서 같다) …"라고 부연하여 설명하는 것은 무효, 취소사유규정의 불명확성을 증명하는 것이라 볼 수 있다. 이러한 문제는 단지 취소사유만이 아니고 제809조에 위반한 경우 취소청구권자를 규정하는 제817조와 제809조에 위반한 경우 취소청구권의 소멸에 관한 규정인 제820조에서 똑같이 발생하기 때문에 이러한 부연설명이 또한 필요하게 되는 것이다.

따라서 근친혼금지 규정에 위반한 혼인의 효력을 무효와 취소로 구분하여 규정하고자 한다면 처음부터 각각의 조문으로 나누어 규정하든지 아니면 하나의 조문에서 각각의 항으로 규정하는 것이 바람직할 것이다. 즉, 현행법이나 개정안처럼 제 809조 하나의 조문만으로 근친금혼범위를 규정하고자 한다면 무효인 경우와 취소인 경우를 각각 하나 또는 두 개의 항으로, 예컨대 제 809조 1항은 무효인 근친간 금혼범위를, 2항은 취소인 근친간 금혼범위를 규정하고, 무효사유로서 제 809조 1항을, 취소사유로서 제 809조 2항을 각각 명시해준다면 무효와 취소사유의 구분이 명확해질 것이고 따라서 제 816조 1호에서 제 809조를 굳이 부연하여 설명할 필요도 없게 될 것이다(전술한 무효원인의 검토 참조). 또한 그렇게 된다면 관련규정인 제 817조와 제 820조에서도 "… 제 809조 2항에 위반한 경우 …"로 개정되어야 할 것이다.

2) 제 816조 2호와 제 822조

혼인취소사유에 관하여 제 816조 2호는 혼인 당시 당사자 일방에 부부생활을 계속할 수 없는 악질 기타 중대한 사유 있음을 알지 못한 때에는 취소할 수 있다고 규정한다. 이 규정에는 두 가지 문제가 있다. 하나는 이 규정이 제 816조 2호에서 취소사유로 규정되고 취소청구권의 소멸기간도 제 822조에 규정되어 있으나 취소권자는 명문으로 규정되어 있지 않은 점이다. 다른 하나는 이 규정 자체를 취소사유로 할 필요가 있는가 하는 점이다.

(1) 취소청구권자

"악질 등 사유에 의한 혼인취소청구권 소멸"에 관한 제 822조는 "제 816조 제 2호의 규정에 해당하는 사유 있는 혼인은 상대방이 그 사유 있음을 안 날로부터 6월을 경과한 때에는 그 취소를 청구하지 못한다"고 규정한다. 이 규정에는 악질 등의 사유에 의한 경우 그 취소청구권의 소멸기간은 상대방이 그 사유 있음을 안 날로부터 6월을 경과한 때라고 규정되어 있지만 청구권자에 관해서는 명문의 규정이 없다. 따라서 취소청구권자는 상대방에 국한한다고 보는 견해가 많다. 즉, 당사자가 취소청구권자가 된다[35] 고 해석하는 것이다. 이 경우 당사자가 취소청구권자가 되는 것이 합리적일 것이고 그렇다면 "당사자"가 취소를 청구할 수 있다는 것을 명문화할 필요가 있다. 제 822조는 "제 816조 제 2호의 규정에 해당하는 사유 있는 혼인은 당사자가 그 취소를 청구할 수 있으며 상대방이 그 사유 있음을 안 날로부터 6월을 경과한 때에는 청구하지 못한다"로 개정하는 것이 취소규정의 체계상 필요하기 때문이다.

(2) 규정의 타당성

제 816조 2호는 "혼인 당시 당사자 일방에게 부부생활을 계속할 수 없는 악질 기타 중대한 사유"가 있는 때에 혼인취소사유가 된다고 규정한다. 이 규정은 상대적 혼인취소사유라고 할 수 있으며 "기타 중대한 사유"는 약혼해제사유 중 "기타 중대한 사유"(제 804조 8호) 와 이혼사유 중 "기타 혼인을 계속하기 어려운 중대한 사유"(제 840조 6호) 와 비교할 때 상대적 원인이라는 점은 동일하다.

그러나 부부생활을 계속할 수 없는 중대한 사유가 무엇인가에 관하여는 이견이 있다. 즉, 위의 제 804조 8호와 제 840조 6호가 참고가 될 것이지만[36] 혼인을 계속하기 어려운 중대한 사유보다는 부부생활을 계속할 수 없는 중대한 사유가 문리적으로 보아 엄격히 제한되어 해석되어야 한다[37] 는 견해가 있는 반면 재판상 이혼사유는 혼인취소사유보다 더 심각한 정도이어야 하므로 혼인취소는 할 수 있어도 재판상 이혼은 인정되지 않는 경우도 있을 수 있다[38] 는 견해도 있다.

또한 이 규정 자체가 혼인취소사유로서 무의미하다[39] 고 보는 견해가 있

---

35) 김주수, 전게서, 2002, 132면; 박병호, 전게서, 84면; 이경희, 전게서, 66면; 배경숙·최금숙, 전게서, 88면.

36) 박병호, 전게서, 84면.

37) 김주수, 전게 《주석 민법》, 371면.

38) 배경숙·최금숙, 전게서, 89면.

다. 즉, 혼인취소사유인 "악질 기타 중대한 사유"를 이혼원인인 "기타 혼인을 계속하기 어려운 중대한 사유"(제 840조 6호)와 비교해보면, 제 816조 2호는 제 840조 6호의 이혼원인에 포괄될 수 있으며, 청구권자도 다 같이 당사자로 제한되어 있고(제 822조, 제 840조), 취소의 효력이나 이혼의 효력도 다 같이 장래에 미친다는 점(제 824조)에서 제 816조 2호는 무의미한 규정이라는 것이다. 다만 제척기간이 취소청구는 사실을 안 날로부터 6월이고(제 822조), 이혼청구는 사유를 안 날로부터 6월, 그 사유 있은 날로부터 2년으로 되어 있다는(제 842조) 차이점을 인정한다. 그러나 제 842조의 제척기간 규정은 파탄주의 이혼의 본질에 반하므로[40] 중대한 사유가 존재하는 한 제척기간에 구애됨이 없이 이혼을 청구할 수 있다는 주장에 의한다면 중대한 사유를 안 날로부터 6월이 경과하면 취소할 수는 없지만 이혼을 청구할 수 있다는 점이 다르다고 할 수 있다. 따라서 제 816조 2호에 의한 혼인취소사유는 제 840조 6호에 의한 이혼청구권이 제 842조 후단, 즉 그 사유 있은 날로부터 2년을 경과하면 소멸한다는 범위에서만 존재의의를 갖는다고 본다. 결국 제 816조 2호의 취소규정은 제 840조 6호와 제 842조 전단에 의하여 이혼을 청구할 수 있는 범위 내에서는 의미가 없는 규정이라는 것이다.

입법론으로서 제 816조 2항과 제 822조를 폐지하는 것이 옳다고 보는 견해도 있다. 즉, 이 규정은 일종의 착오를 원인으로 하는 취소사유로서 인정되는 것이고 따라서 상대방의 동일성이나 혼인성립 여부 자체에 관한 것이면 무효라고 보아야 할 것이고 그외의 착오를 가지고 취소할 수 있게 한다면 이는 부당하다고 본다[41]는 것이다. 또한 혼인의 취소는 혼인성립의 부정이 아니고 혼인계속의 부정인 점에서 이혼과 같으므로 입법론으로서는 이혼으로 통일하는 것이 바람직하다는 견해[42]도 있다.

---

39) 김주수, 전게 《주석 민법》, 371~2면.

40) 이근식, "민법 제 842조는 삭제되어야 한다", 〈법전월보〉(1966. 1), 18권, 3~5면.

41) 윤진수, 전게논문, 96면; 독일민법 제 1314조 2항 2호, 착오는 당사자가 혼인성립 당시 혼인성립에 관한 것이라는 것을 몰랐을 때만 혼인취소사유가 된다.

42) 박병호, 전게서, 86면.

우리 민법 제816조 2호와 같이 "악질 기타 사유"를 혼인취소사유로 규정하는 입법례는 없는 것으로 보인다. 다만 중국혼인법 제10조 3항이 혼인무효사유로서 "혼인 전에 의학상 결혼에 부적절한 질병이 있는 환자로서 혼인 후에도 치유되지 않는 때"라고 규정하고 있다.

혼인취소는 혼인성립요건에 하자가 있는 경우에 인정되는 것이고 취소사유 중에는 연령위반, 중혼 등 공익적 취소사유가 있으나 제816조 2호는 사익적 취소사유에 불과하다. 그리고 상대방이 이를 알고도 6월을 경과하면 그 취소청구권은 소멸하고 따라서 그 혼인은 유효하게 된다. 악질 등 중대한 사유가 혼인 중 계속된다면 결국은 협의이혼을 하거나 제840조 6호에 의하여 이혼을 청구하게 될 것이다.

결국 제816조 2호의 혼인취소사유는 취소청구권의 소멸기간이 6개월에 불과하여 취소하지 못한 채 혼인생활을 하게 되는 경우가 실제도 많게 된다는 점, 이혼청구사유와 유사한 사유이고, 실제로 이 사유를 원인으로 하여 이혼청구가 가능하다는 점, 그리고 취소의 청구절차(가사소송법 제2조 1항 가) (2) 나류사건 2호와 3호)와 취소의 효과(제824조, 개정안 제824조의 2)도 이혼과 다르지 않다는 점에서 제816조 2호는 제840조 6호에 흡수될 수 있는 것으로 볼 수 있다. 따라서 혼인취소사유에서 이를 삭제하여도 무리가 없을 것으로 생각된다. 만일 이 규정을 삭제한다면 관련규정인 제822조도 삭제되어야 할 것이다.

3) 제816조 3호와 제823조

제816조 3호는 사기 또는 강박으로 인하여 혼인의 의사를 표시한 때는 취소할 수 있도록 규정하고 있다. 이와 관련하여 제823조는 "사기를 안 날 또는 강박을 면한 날로부터 3월을 경과하면 그 취소권은 소멸"한다고 규정한다. 그러나 제823조에는 취소청구권자에 관한 규정이 없으므로 해석상 취소권자는 사기나 강박을 당한 당사자로 보고 있다.[43]

---

43) 김주수, 전게서, 2002, 133면; 박병호, 전게서, 84면; 배경숙·최금숙, 전게서,

제 816조 3호가 사기, 강박에 의한 혼인을 취소사유로 규정하면서 제 823조에 취소청구권자에 관한 규정이 없는 것은 명백한 입법의 불비라고 보아야 할 것이고 제 822조와 마찬가지로 혼인취소규정의 체계상 취소권자를 명문으로 규정해야 할 필요가 있다. 일본민법 제 747조 2항[44]과 대만민법 제 997조도 사기나 협박에 의한 혼인의 경우 "혼인당사자"가 취소를 청구할 수 있다고 규정한다(그밖에 중국혼인법 제 11조, 스위스민법 제 107조 3항, 4항).

따라서 제 823조는 "사기 또는 강박으로 인한 혼인은 당사자가 사기를 안 날…"로 개정하는 것이 바람직할 것이다.

2. 혼인취소의 효력

1) 중혼(제 810조)의 경우

민법은 혼인에 있어서 일부일처제를 취하고 있음으로 배우자 있는 자는 다시 혼인할 수 없도록 제 810조에 규정하고 있다. 이 규정을 위반하면 중혼이 되고 중혼한 경우에는 제 816조 1호에 의하여 혼인취소사유가 된다. 그리고 중혼은 후혼에 대해서는 제 818조 전단의 규정에 의하여 당사자, 직계존속, 8촌 이내의 방계혈족(개정안은 4촌 이내의 방계혈족), 검사가 취소를 청구할 수 있다. 그러나 취소청구권 소멸기간에 관한 규정은 없으므로 중혼이 존재하는 한 취소권은 소멸하지 않는다고 볼 수 있다. 이것은 중혼의 반사회성, 반윤리성이 다른 혼인취소사유에 비하여 무거운 것으로 보는 입법자의 의도 때문이라[45]고 보기도 한다.

그러나 중혼이 존재하는 한 취소권이 소멸하지 않는다는 해석에 대하여

90면.

44) 일본민법 제 747조 2항은 "전항의 취소권은 당사자가 사기를 발견하거나 강박을 면한 후 3개월을 경과하거나 추인을 한 때에는 소멸한다"고 하여 취소권자가 당사자임을 명문으로 규정하고 있다.

45) 이경희, 전게서, 64면.

판례는 중혼성립 후 10여 년 동안 취소권을 행사하지 않고 있다가 나중에 취소청구를 한 것은 권리 본래의 사회적 목적을 벗어난 것으로서 권리남용에 해당한다고 판시[46] 함으로써 취소권 행사에는 시간적 제약이 있음을 보여주고 있다.

문제가 되는 것은 우선 중혼을 혼인취소사유로 하는 것이 과연 타당한가라는 점이다. 중혼이 존재하는 한 취소청구권은 언제라도 행사할 수 있다고 하지만 대법원 판례처럼 상당한 기간이 지난 경우에는 인용되지 않을 수도 있다. 또한 중혼 후 당사자나 그 배우자 등 청구권자가 곧바로 후혼에 대하여 취소청구를 하지 않고 전혼이 해소되기를 기다린다든지, 어느 일방에 혼인을 취소할 수 있는 사유(제816조)가 있으나 취소되지 못하는 동안이라든지, 또한 후혼을 계속할 의사로 취소청구를 하지 않거나 검사 기타 다른 청구인들도 취소청구를 하지 않고 있는 동안에는 전혼과 후혼이 동시에 존재하게 된다. 이렇게 되면 일시적으로, 경우에 따라서는 장기간 중혼이 존재하게 되고 이러한 상태는 일부일처제도의 취지에 반하게 되는 것이다.

또한 중혼 당사자 일방이 사망한 경우 혼인취소를 인정할 실익이 있는가 하는 것도 문제가 될 수 있다. 판례는 중혼 당사자가 혼인취소 전에 사망한 경우 전혼 배우자는 생존하는 후혼 당사자를 상대로 중혼의 취소를 청구할 이익이 있다고 인정한다. 그것은 중혼자가 사망한 후에라도 그 사망에 의하여 중혼으로 인하여 형성된 신분관계가 소멸하는 것은 아니기 때문이라고[47] 한다. 이에 대하여, 친족관계의 종료라는 것은 혼인의 취소에 따르는 부수적인 것에 불과함에도 친족관계의 종료라는 효과만을 취하여 후혼의 취소를 인정하는 것이 필요한가[48] 라는 의문을 제기하는 견해가 있다.

그리고 혼인취소의 불소급효로 인하여 다음과 같은 문제가 생길 수도 있다. 즉, 중혼 배우자 사망 후 중혼을 취소한 경우에도 후혼 배우자에게는 상속권이 인정된다는 것이다. 민법 제824조는 혼인취소의 효력은 기왕에 소급

46) 대법원, 1993. 8. 24, 92므907.

47) 대법원, 1991. 12. 10, 91므535; 1986. 6. 24, 86므9.

48) 윤진수, 전게논문, 98면.

하지 아니한다고 규정하고 있을 뿐 재산상속 등에 관하여 소급효를 인정할 별도의 규정이 없으므로 배우자로서 재산을 상속받은 후 그 혼인이 취소되었더라도 상속관계가 소급하여 무효로 되거나 법률상 원인 없이 취득한 것이라고 볼 수 없다[49]는 것이다. 이에 대하여, 중혼을 당연무효로 하지 않고 취소될 때까지 후혼도 일단 유효한 것으로 보기 때문에 중혼 배우자 일방이 취소권을 행사하지 않고 사망하면 전혼, 후혼 배우자 일방은 모두 다 상속인이 되고 또한 전혼 배우자는 중혼 당사자인 배우자 일방의 사망 후에 후혼에 대하여 취소권을 행사하더라도 취소에는 소급효가 없으므로 후혼 배우자 일방이 갖는 상속권에는 영향이 없다고 해석함으로써 판례의 태도에 동조하는 견해[50]가 있다.

한편 이러한 해석에 대하여 당사자 사망 후 혼인이 취소된 때에는 그 사망 시에 혼인은 소멸한 것으로 보는 것이 타당하며 이러한 해석에 의한다면 후혼 배우자 일방은 배우자로서 상속권을 갖지 않았던 것으로 되고, 전혼 배우자 일방만이 배우자로서 상속한다[51]고 해석하는 견해가 있다. 이러한 해석에 의하면 후혼 배우자에게 상속권이 있다는 결론을 막을 수 있지만 여기에 대해서는 입법론적 해결이 필요하다[52]고 보는 견해도 있다.

중혼을 취소사유로 인정하는 입법례는 혼인무효와 취소를 이원적으로 규정한 일본민법 제 732조, 제 744조를 비롯한 대만민법 제 992조가 있다. 중국 혼인법은 무효와 취소를 각각 규정하지만, 중혼을 혼인무효규정인 제 10조 1항에서 규정하고 중혼죄를 형사처벌한다(형법 제 180조). 영국법도 혼인의 무효와 취소를 각각 규정하고 있으며 중혼은 혼인무효사유(MCA 1973, 11조 4항)에 해당한다. 혼인무효사유만을 규정하는 입법례에서는 스위스민법이 제소기한의 제한 없는 무효(절대적 무효)사유로서 제 105조 1항에서 중혼을 규정하며, 프랑스민법 제 147조, 제 184조에서 중혼을 무효사유로 규정한다.

---

49) 대법원, 1996. 12. 23, 95다48308.

50) 박병호, 전게서, 332면.

51) 곽윤직, 《상속법》, 박영사, 1997, 167~8면.

52) 윤진수, 전게논문, 99면.

독일민법의 종전의 무효사유 중 중혼규정인 제1306조(현재는 취소사유로서 제1314조 1항), 북한가족법 제13조, 러시아 신가족법 제14조 등의 규정이 있다.

일본의 경우 중혼을 취소혼으로 규정하는 것에 관하여 다음과 같은 견해들이 있다. 즉, 부부 일방이 다른 사람과 중혼을 한다면 중혼인 관계는 취소하지 않는 한 후혼도 유효한 것으로 존속하는 것이 되고, 중혼한 배우자 일방은 법률상 동시에 전혼과 후혼의 배우자로서 지위를 갖게 된다. 또한 취소하여도 취소의 효과로서 소급효를 인정하지 않기 때문에 이미 발생한 중혼상태는 법률상 시인되는 것으로 되고 만다. 이와 같이 중혼상태를 법률상 시인하는 것은 일부일처혼의 이상에서 보면 바람직하지 않다.[53] 중혼과 같이 공서양속에 반하는 혼인도 취소혼으로 인정하는 한 취소될 때까지는 유효로 존재한다는 것은 어쩔 수 없는 일이라고 본다.[54]

한편 중혼을 무효사유로 인정해야 한다는 주장도 있다. 즉, 전혼에 관해서는 이혼원인이 있고 후혼에 관해서는 취소원인이 있어도 관계당사자가 방치하면 중혼상태가 존속하게 된다. 검사에게 취소권을 인정하는 것도 그러한 경우를 고려한 것이지만 실제 문제로서 검사가 중혼상태의 존재를 알기는 어렵다. 뿐만 아니라 혼인의 취소는 소급효가 없으므로 후혼이 취소되어도 그때까지의 중혼상태를 시인하는 것으로 되기 때문에 무효로 해야 한다[55]는 것이다. 그러나 무효로 인정하는 경우 중혼이라고 하는 이미 발생해버린 사실을 없었던 것으로 돌릴 수 없다는 점, 또한 무효의 효과와 관련하여 그간의 출생자를 적출자로 본다든지 또는 부가 인지한 자로 본다든지 하는 예외를 인정해야 한다는 점에서 본다면 중혼을 무효로 인정하는 것이 타당한가[56]라는 의문을 제기하는 견해도 있다.

우리나라의 구관습은 중혼을 무효로 인정하였다. 즉, 정식으로 혼인한 배

---

53) 青山道夫 編集, 《注釋民法(20) 親族(1)》, 有斐閣, 1966, 203면.

54) 久貴忠彦, 《親族法・相續法 100》, 學陽書房, 1986, 50면.

55) 我妻 榮, 前揭書, 23면.

56) 青山道夫 編集, 前揭書, 203면.

우자 일방이 그 혼인이 계속되는 동안에 이중으로 다른 남자나 여자와 혼인을 한 때에는 범죄라고 하여 처벌하고 그 혼인이 당연무효가 되는 것은 일반의 관습으로서, 이혼하지 않는 동안은 정당하게 혼인한 것이라고 볼 수 없다[57]고 하였다. 또한 중혼을 공서양속에 반하는 혼인으로 보아 혼인무효사유로 인정해야 한다는 견해[58]도 있다.

중혼은 다음과 같은 점에서 혼인무효사유로 규정할 필요가 있다고 본다. 즉, 혼인은 그 성립에 있어서 상대방 선택의 범위를 제한받으며 공시성이 요청되고 혼인관계의 형태를 일부일처로 한정하는 등 본질적으로 자유롭지 못한 것이다. 그리고 이러한 제한들을 혼인의 중요한 성립요건으로 하기 때문에 여기에 위반하는 경우에는 혼인에 관한 공익 또는 공서양속에 위반하는 것으로 인정되는 것이다. 따라서 중혼은 일부일처제라는 혼인관계의 형태를 위반한 경우로서 혼인성립요건 위반의 하자가 무거운 것으로 볼 수 있다는 점, 무효로 규정하고 여기에 소급효를 인정함으로써 취소혼의 불소급적 효력에서 발생하는 문제점을 해소할 수 있다는 점, 혼인제도의 근간인 일부일처제를 유지할 수 있다는 점, 그리고 우리의 구민법이 이를 인정하였던 연혁도 고려될 수 있고, 실제로 중혼을 무효원인으로 규정하면서 소급효를 인정하는 입법례[59]도 있다는 점 등을 들 수 있다.

이와 같이 중혼을 무효원인으로 규정할 경우 혼인무효의 소, 제소권자, 제소기한, 판결에 의한 무효인정과 소급효, 그리고 자녀의 보호[60]등에 관해서는 혼인무효에서 제안한 바와 같은 규정이 적용될 수 있을 것이다.

---

57) 조선고등법원, 1921. 12. 6, 《조선고등법원 판결록》, 8권, 510면(《친족상속에 관한 구관습》, 법원행정처, 1985, 148면).

58) 정범석, "혼인무효에 관한 연구", 〈교수논단〉(건국대학교, 1974), 30면.

59) 중국 혼인법 제 10조 1항.

60) 중혼의 효력을 소급적 무효로 인정하지만 자녀보호를 위해 예외적 규정을 둔 입법례로서 북한가족법 제 14조, 중국혼인법 제 12조, 러시아 신가족법 제 30조 3항 등이 있다.

2) 혼인취소의 효력(제824조)과 자녀의 보호 문제

혼인취소의 효력은 기왕에 소급하지 않는다고 규정한다(제824조). 혼인취소에 있어서는 불소급적 효력을 인정하는 것이다. 취소혼이라 할지라도 당사자는 사실상 부부생활을 하는 것이 일반적이므로 처음부터 혼인이 성립하지 않는다고 보는 것이 적당하지 않고 그렇기 때문에 소급효를 인정하지 않는 것이다.[61] 판례도 혼인취소의 소급효가 인정되지 않는 것은 취소 이전의 혼인의 사실성을 부인할 수 없기 때문[62]이라고 한다.

이와 같이 혼인취소의 효력은 불소급적이라는 점에서 이혼과 유사하다. 다만 그 성질에 있어서 이혼의 경우는 본질적인 것으로, 취소의 경우는 편의적인 것으로 볼 뿐이다. 따라서 혼인취소의 불소급적 효력 때문에 취소 전 혼인에서 출생한 자는 혼인 중의 자로 인정되며, 혼인성립 후 취소 전에 포태한 자는 취소 후에 출생하더라도 혼인 중의 출생자로서 인정된다(제844조). 그러나 이와 같이 혼인 중의 자로서의 자녀의 신분에는 변동이 없지만 이들의 양육문제 등에 관하여 민법은 아무런 규정도 두고 있지 않다는 점이 문제점으로 지적된다. 다만 가사소송법에서 자녀의 양육책임과 면접교섭권에 관하여 규정하고 있으며(제2조 1항 마류 3호), 가정법원은 혼인취소청구를 인용할 때 미성년자의 친권을 행사할 자에 관하여 미리 협의하도록 권고하여야 한다고 규정한다(제26조).

이러한 문제점을 개선하기 위하여 개정안은 제824조의 2를 신설하였다. 즉, 자의 양육책임에 관한 제837조와 면접교섭에 관한 제837조의 2를 혼인취소의 경우에 준용하도록 규정하고 있다. 그리고 제909조 5항을 신설하여 혼인취소 시에 가정법원은 직권으로 친권자를 정한다고 규정한다.

그러나 혼인무효의 효력에서 기술한 바와 같이 혼인취소의 효과에서도 자녀보호를 위하여 개정안 제824조의 2의 규정을 "취소혼에서 출생한 자에게는 이혼의 규정을 준용한다"로 수정, 개정할 필요가 있을 것이다. 그렇게 되

---

61) 김주수, 전게 《주석 민법》, 383면.

62) 대법원, 1996. 12. 23, 95다48308.

면 개정안처럼 양육, 친권문제 등을 각각 다른 조문으로 하여 별개의 것으로 규정할 필요가 없게 될 것이다.

3) 손해배상책임(제 825조)과 재산분할 문제

혼인취소의 경우에도 무효의 경우와 같이 과실 있는 상대방에 대하여 손해배상책임을 인정한 제 806조의 규정이 준용된다(제 825조). 특히 혼인취소의 경우 그 효력으로서 재산분할청구권에 관하여 민법은 규정하고 있지 않으나, 그 권리의 성질로 보아 혼인취소의 경우에도 유추적용되어야 할 필요성은 큰 것이다. 다만 가사소송법은 제 2조 1항 마류사건 4호에서 이를 인정함으로써 민법의 불비를 보완하고 있다.

이에 대하여 혼인취소의 경우 민법이 재산분할청구권 규정의 준용을 명문화하지 않은 것은 입법의 미비임으로 민법개정 시 이를 반영해야 할 것이고 따라서 제 825조를 개정하여 제 839조의 2를 준용하도록 하는 것이 좋다는 견해[63]가 있다. 이번 개정안에는 재산분할청구에 관한 제 839조의 2의 준용에 관한 규정이 없다.

일본민법은 우리 민법처럼 혼인 취소의 효력을 불소급적으로 인정하고 있기 때문에 혼인 취소의 경우 이혼에 관한 규정을 준용한다고 제 748조가 명문으로 규정하고 있다. 따라서 이혼 후의 자녀의 감호에 관한 제 766조, 재산분할에 관한 제 768조 등 제 766조에서부터 제 769조까지의 이혼의 효과를 혼인취소의 경우에 준용하도록 하고 있다.[64] 또한 혼인취소의 효과로서 당사자의 선·악의에 따른 부당이득반환 범위를 제 748조 2항과 3항에서 규정하고 있다.[65] 일본의 경우 혼인취소효력은 소급되지 않지만 재산상의 효력

63) 배경숙·최금숙, 전게서, 94면.

64) 그러나 재산관계조정에 관한 제 748조 2항, 3항의 규정이 있기 때문에 재산분할규정(제 768조)은 적용되지 않는 것으로 해석하기도 한다. 만약 이 규정이 준용된다면 손해배상 내지 재산청산에 가까운 해결이 될 것이라는 견해가 있다. 다만 재산분할 중에 포함된 이혼 후의 부양에 해당하는 부분은 혼인취소의 경우에는 인정될 수 없다고 본다(鈴木祿弥, 《親族法講義》, 創文社, 1992, 23면).

은 제748조 2항, 3항에 의하여 실질적으로 소급시키고 있기 때문에 이러한 범위에서는 소급된다고 할 수 있다.[66]

혼인무효만을 규정한 입법례에서도 무효선언의 효력으로서 이혼에 관한 규정을 부부 및 자녀에게 준용하도록 규정한다(스위스민법 제109조 2항, 프랑스민법 제201조, 제202조, 북한가족법 제14조, 러시아 신가족법 제30조는 공동취득재산의 분할, 선의의 배우자의 부양의 청구 등을 규정한다).

우리 민법의 경우 혼인무효의 효력에서와 마찬가지로 혼인취소의 경우에도 그 효과에 관한 규정이 지나치게 간단하여 외국 입법례처럼 취소혼에서 발생하는 부부 및 자녀에 관한 효과를 규정하고 있지 않다. 이제 겨우 개정안이 제824조의 2를 신설하여 전술한 바와 같이 자녀의 양육문제에 관한 사항만을 명문화하고 있을 뿐이다.

이와 더불어 부부 재산처리에 관한 규정도 필요하게 될 것이다. 이에 대하여 제824조 2항에서 민법 제29조 2항을 준용하거나 혹은 일본민법 제748조 2항, 3항과 같은 내용을 제825조 2항과 3항으로 신설하자는 의견[67]이 있다. 앞으로 이 부분에 관한 보다 심도 있는 연구와 입법론적 고찰이 필요하다고 생각된다. 다만 현실적으로 부부간의 재산분할 문제는 이미 가사소송법에서 인정하고 있다는 점에서 재산분할규정만이라도 민법에서 이를 명문화할 필요가 있다고 본다. 현행법 제825조가 혼인의 무효, 취소의 효

---

65) 일본민법 제748조 2항, "혼인 당시 그 취소원인이 있는 것을 알지 못했던 당사자가 혼인에 의해서 재산을 취득한 때에는 현존이익의 한도 내에서 반환을 하지 않으면 안 된다. 3항, 혼인 당시 그 취소원인이 있는 것을 알았던 당사자는 혼인에 의해서 얻은 이익의 전부를 반환하지 않으면 안 된다. 그러나 상대방이 선의인 때에는 그에 대해 손해를 배상할 책임이 있다". 이 규정은, 이혼과 취소는 본질이 다르기 때문에 이혼의 경우에는 문제될 수 없고, 혼인취소의 경우에만 인정되는 것이며 취소원인이 공익적인 경우는 물론 사기·강박의 경우에도 인정되지만 특히 강박의 경우는 강박당한 자가 그 사실을 알고 있는 이른바 악의자가 된다는 것은 문제가 있다고 본다(青木 博, 前掲書, 71면).

66) 岡垣 學·川井 健 編, 《特別法講座⑩ 親族·相續》, ぎょうせい, 1988, 68면.

67) 박종용, "혼인취소의 효과", 〈가족법연구〉(한국가족법학회, 2003), 제17권 2호, 21면.

과로서 손해배상청구를 규정하고 있고 또한 혼인무효의 경우에도 사실상 부부관계가 계속되면 그동안 축적된 공동재산이 존재할 수 있기 때문에 재산분할 문제가 발생할 수 있다. 이런 관점에서 제 825조를 "준용규정"이라는 표제하에 "제 806조와 제 839조의 2의 규정은 혼인의 무효 또는 취소의 경우에 준용한다"로 개정한다면 무효, 취소혼에서 발생하는 부부간의 협력재산처리 문제는 해결될 수 있을 것이다.

IV. 맺는말

이상에서 혼인의 무효, 취소규정과 관련된 문제점들을 현행법과 개정안을 아울러 검토해보았다. 이러한 검토는 혼인의 무효, 취소규정의 문제점을 제시하는 기초자료로서의 의미를 갖는 것으로서 앞으로 더 깊은 연구가 필요할 것으로 생각된다.

입법론적 검토가 필요한 사항을 정리하면 다음과 같다.

1. 제 809조 1항에는 무효가 되는 근친혼의 범위를, 제 2항에는 취소가 되는 근친혼의 범위를 규정하고 제 815조 2호에는 제 809조 1항에 위반한 경우를, 제 816조 1호에는 제 809조 2항에 위반한 경우를 규정한다. 그리고 제 817조 및 제 820조도 제 809조 2항을 위반한 경우로 개정한다.
2. 제 815조의 2를 신설하여 "혼인무효의 소"로 규정하고, 1항에는 무효청구, 당사자, 제소기한을, 2항에는 무효효력으로서 소급효를, 3항에는 자녀에 대한 이혼규정의 준용을 규정한다.
3. 제 819조를 "연령위반혼 등의 취소청구권의 소멸"로 하고, 그 내용 중에 "제 807조에 위반한 혼인은 당사자가 혼인연령에 달하거나 혼인 중 포태한 때 …"를 포함하는 것으로 개정한다.
4. 제 822조와 제 823조의 취소청구권자로서의 "당사자"를 명문으로 규정한다.

5. 제 816조 2호에 대한 혼인취소사유로서의 타당성 검토.
6. 제 810조를 혼인취소사유가 아닌, 무효사유로 인정하는 것에 관한 타당성 검토.
7. 개정안 제 824조의 2를 "취소혼에서 출생한 자에게는 이혼의 규정을 준용한다"로 수정, 개정한다.
8. 제 825조 "준용규정"으로 하여 "제 806조와 제 839조의 2(재산분할청구권)의 규정은 혼인의 무효, 취소의 경우에 준용한다"로 개정한다.

〈후 기〉

2005. 3. 31 가족법 개정에 의하여 혼인무효와 취소규정 중 일부가 삭제, 개정, 신설되었고 관련규정인 제 809조가 개정되었다.

1. 제 809조는 "동성혼 등의 금혼규정"에서 "근친혼 등의 금지규정"으로 개정되어, 제 1항은 혈족간 금혼, 제 2항은 인척간 금혼, 제 3항은 양친자의 혈족간, 인척간 금혼을 규정하고 있다.
2. 제 815조는 혼인무효사유 중 2, 3호를 개정하고 4호를 신설하였다. 즉, 제 2호 "혼인이 제 809조 제 1항의 규정을 위반한 때", 제 3호 "당사자간에 직계인척 관계가 있거나 있었던 때", 제 4호 "당사자간에 양부모계의 직계혈족 관계가 있었던 때".
3. 제 816조는 혼인취소사유 중 제 1호를 "혼인이 제 807조 내지 제 809조(제 815조 규정에 의하여 혼인의 무효사유에 해당하는 경우를 제외한다. 이하 제 817조 및 제 829조에서 같다) 또는 제 810조의 규정에 위반한 때"로 개정하였다.
4. 제 817조에서는 "… 제 809조 규정에 위반한 때에는 … 4촌 이내의 방계혈족 …"이라고 하여 친족으로서 취소청구권자의 범위를 축소 개정하였다.
5. 제 818조는 "… 중혼 등의 취소청구권자"에서 "중혼의 취소청구권자"로, "… 8촌 이내의 방계혈족 …"을 "4촌 이내의 방계혈족"으로 개정하였다.
6. 제 819조는 "… 당사자가 성년에 달한 후"를 "… 당사자가 20세에 달한

후"로 개정하였다.

7. 제 829조는 "동성혼 등에 대한 취소청구권의 소멸"에서 "근친혼 등의 취소청구권 소멸"로, "… 혼인 중 자를 출생한 때 …"를 "혼인 중 포태한 때 …"로 개정하였다.
8. 혼인취소사유 중 제 811조 "재혼금지기간"을 삭제하고 이와 관련하여 제 813조, 제 816조, 제 818조 등에서 제 811조를 삭제하였으며 제 821조는 조문 자체가 삭제되었다.
9. "혼인취소와 자의 양육 등"에 관한 제 824조의 2가 신설되어 제 837조 및 제 837조의 2를 준용하도록 규정하고 있다.

제3장

부부계약취소권 규정의 검토

I. 머리말

민법 제828조는 "부부간의 계약은 혼인 중 언제든지 부부 일방이 이를 취소할 수 있다. 그러나 제3자의 권리를 해하지 못한다"고 규정하고 있다. 이른바 부부간의 계약취소권 규정이다. 이 규정은 원래 처의 무능력을 전제로 한 규정으로서, 법률상 부부에게 평등한 능력이 인정된 현재 대부분의 국가는 부부간의 계약을 타인간의 계약과 동일하게 취급하고 있다. 다만 프랑스가 부부간의 증여계약을 취소할 수 있도록 하고 있으며 일본은 프랑스의 경우보다 범위를 더 확대하여 부부간의 모든 계약에 관하여 취소를 인정하고 있다. 우리 민법 제828조는 사실상 일본민법 제754조를 그대로 도입한 것으로서 일본민법과 같은 내용으로 부부간의 계약취소권을 규정하고 있다.

그러나 이 규정은 해석에서 또한 실제 적용에서 많은 문제점을 노정함으로써 유명무실하다는 비판을 받았다. 일본의 경우 1996년 민법개정시안에는 이 규정이 삭제되어 있다. 우리는 2005년 3월 민법이 개정되었지만 이 규정은 그대로 존치되고 있다. 장차 이 규정은 개정 내지 삭제되어야 할 것이므

* 이 논문은 〈가족법연구〉(한국가족법학회, 1996), 제10호에 게재된 것으로서 2005년 약간의 수정을 한 것임.

로 그 문제점을 다시 부각시킴으로써 개정의 필요성을 강조하고자 한다. 이 논문에서는 동일한 조문과 입법이유를 가지고 유사한 해석과 판례를 내놓고 있는 한국과 일본의 학설 · 판례를 중심으로 하여 부부간의 계약취소권의 내용과 문제점을 검토하고자 한다.

II. 부부계약취소권의 의의 및 입법이유

1. 의 의

민법 제828조는 "부부간의 계약은 혼인 중 언제든지 부부 일방이 이를 취소할 수 있다. 그러나 제3자의 권리를 해하지 못한다"고 규정하고 있다. 일반적으로 매매나 임대차 같은 계약은 일단 성립한 후에는 일정한 취소원인 예컨대 행위무능력, 사기 · 강박 등이 존재하든지 해제원인이 존재하지 않으면 취소한다든지 해제하는 것이 불가능하다. 당사자가 그 의사를 변경하였다고 하더라도 취소나 해제는 인정되지 않는다.

민법은 부부간의 계약에 한하여 혼인 중 언제라도 부부 중 일방이 취소할 수 있도록 예외적으로 규정하고 있다. 이 규정은 부부간에 체결된 계약은 혼인 중 계약 전반에 걸쳐서 무한정하게 취소권을 인정하고 있으며 그 계약에는 아직 이행기가 도래하지 않는 것에서부터 이행완료된 것까지 포함된다.[1] 부부가 혼인 중 체결한 계약에 한해서 취소권의 대상이 된다는 것과 혼인 중 계약이라면 계약의 종류나 이행의 유무에 관계없이 또한 아무런 이유도 필요없이 일방적으로 취소할 수 있다는 것을 의미한다. 취소라고 하는 것의 실질은 계약의 의사표시에 대한 이유 없는 일방적 철회라고 할 수 있다.[2]

1) 小野幸二 編, 《親族法 · 相續法》, 法學書院, 1992, 26면.

2) 岡垣學 · 川井 健 編, 《逐條民法特別法講座(10) 親族 · 相續》, ぎようせい, 1988, 85면.

따라서 부부간에 매매계약이나 증여계약이 체결되고 그 계약이 이행된 후에도 혼인 중이라면 언제든지 취소할 수 있게 되는 것이다. 그러나 이 취소권의 효과는 소급적인 것이므로, 그 목적물이 제 3자에게 양도된 후에 취소하게 되면 제 3자의 권리를 현저하게 해치게 된다. 즉, 이 취소권은 부부간의 특수한 사정 때문에 인정된 것이므로 취소의 효과를 제 3자에게까지 확장하는 것은 거래의 안전을 해치게 된다. 그러므로 이 취소권은 제 3자의 권리를 해하지 못한다는 단서의 규정을 두고 있다.[3]

또한 이 취소권은 혼인 중 언제든지 부부 일방이 이를 행사할 수 있다. 여기에서 혼인 중이란 형식적으로는 물론 실질적으로도 원만한 혼인관계가 계속되는 상태를 의미하는 것이라고 한국과 일본의 판례는 해석하고 있다.[4] 따라서 혼인이 파탄된 상태이거나 혼인해소 후에는 취소할 수 없게 된다.

2. 입법이유

부부계약취소권의 입법이유에 대해서는 신민법 제정 당시의 입법이유서가 없기 때문에 확실한 것은 알 수 없다. 다만 이 규정의 심의과정을 통하여 그 취지를 참작할 수 있을 뿐이다. 1957년 정부안 제 821조는 "부부간의 계약은 혼인 중 언제든지 부부 일방이 이를 취소할 수 있다. 그러나 제 3자의 권리를 해하지 못한다"고 규정하였다.

이에 대하여 정일형 의원의 수정안은 다음과 같은 이유로 부부간의 계약취소권에 관한 제 821조를 삭제할 것을 제안하고 있다.

즉, ① 부부간의 계약취소권은 혼인이 해소된 후에는 소멸되므로 실효가 없을 뿐만 아니라 처의 무능력제도가 폐지되고 남녀의 평등과 남녀의 인격능력의 완전한 독립을 인정하는 한 여사한 특별규정을 인정할 필요가 없다. 오직 민법총칙상의 사기·강박·착오의 규정에 의하여 혼인 후에도 취소할

3) 久貴忠彦 編著, 《親族法·相續法 100講》, 學陽書房, 1986, 42면.

4) 대법원, 1979. 10. 30, 79다1334; 1993. 11. 26, 93다40072; 日本最高裁判所, 1967. 2. 2, 〈最高裁判所民事判例集〉, 21권 1호, 88면.

수 있으므로 이것으로 족하다.

② 그뿐만 아니라 경제권이 처보다 부에게 있는 현금의 사회상태하에서는 처가 이 규정을 이용하기보다 부가 악용할 가능성이 다분히 포함된 것은 종래의 판례가 보여주고 있는 바이다. 따라서 실제로는 처를 보호하는 규정이라기보다 부를 보호하는 규정의 역할을 하고 있다. 부부간에도 계약은 준수함이 가할 것이며 취소하여도 무방하다고 하는 것은 오히려 신의에 반하며 일반조리에도 적합하지 않다.

이와 같은 수정안에 대하여 법제사법위원장(장경근 의원)의 설명은 다음과 같다.

> 개정안 제821조는 "부부간의 계약은 혼인 중 언제든지 부부의 일방이 이를 취소할 수 있다. 그러나 선의의 제3자의 권리를 해하지 못한다"고 규정하고 있습니다. 여기에 대해서 법제사법위원회의 수정안은 자구수정이 있습니다. 그 단서 중에서 "선의의"를 삭제하자는 것입니다. 그것은 왜 그런고 하니 부부간의 계약의 취소는 부부간의 계약이라는 점만을 그 이유로 해서 이것을 취소할 수 있는 것으로 하자는 것입니다. 그렇기 때문에 제3자가 선의냐 악의냐 구별할 이유가 없습니다. 그렇기 때문에 "선의의"를 지우자는 것입니다. 그런데 저 정일형 의원의 수정안은 제821조 자체를 아주 전부 전문삭제하자는 것입니다. 그것은 무엇인고 하니 부부간에 계약한 것이라도 부부 이혼이라든지 그외에도 강제이행을 청구할 수 있다 하는 것인데 이것은 좀 대단히 곤란할 것이라고 생각이 됩니다. 부부간의 정의로서 한 것을 말이지요, 이것을 강제이행한다는 것은 그 부부간의 정의를 무엇하는 의미에서 확보하는 의미에 있어서 곤란합니다. 타국의 입법례도 다 있는 것입니다. 그래서 법제사법위원회로서 제821조 정부원안이 옳다고 생각하고 다못 "선의의"라는 것만 삭제하자는 주장이올시다.

그리고 표결을 통하여 제821조에 관한 정일형 의원의 수정안은 재석 102인 중 가에 3표를 얻어서 미결되고 법제사법위원회의 수정안은 자구수정 정도로서 "선의의"라는 말을 빼자는 것이었는데 재석 105인 중 가에 59표를

얻어 가결되었다.[5]

민법 제 828조는 이상과 같은 입법과정을 거친 것으로서 이것을 인정하는 근거 내지 이유에 관하여 학자들은 다음과 같이 설명하고 있다.

첫째, 부부 사이의 계약은 의사결정의 자유가 흠결되어 진의에 의하지 아니하고 계약을 체결하는 경우가 많으므로 이에 대해서 완전한 효과를 인정하는 것은 타당하지 않다는 점, 둘째, 부부 사이의 계약에 구속력을 인정하여 재판상 그 이행의 강제를 허용한다면 가정의 평화를 저해하게 되므로 계약의 이행은 부부 사이의 도의성과 애정에 일임하고 이것을 법률문제로 삼지 않는 것이 좋다[6]는 것이다.

이러한 입법이유에 대하여 판례도 같은 태도를 취하고 있다. 즉, 조선고등법원은 "부부 사이의 계약은 자유로운 의사로 체결하는 일이 적기 때문에 부부관계가 존속하는 동안은 부부의 일방이 언제든지 이를 취소할 수 있는 것으로 하는 것은 다만 조리에 합당하다고 할 뿐만 아니라 조선의 관습에서도 시인하는 바이다"[7]라고 판시하였다.

일본의 경우 부부간의 계약취소권에 관한 규정인 제 754조는 구민법 제 792조와 같은 내용으로서 구민법 제 792조는 프랑스민법의 부부간의 매매금지(제 1595조)[8], 증여의 취소(제 1096조) 규정을 모방하면서 그 적용범위를 계약 전반에 확장한 것이다.[9] 제 792조의 입법이유에 관하여 일본민법수정안 이유서는 "본래 부부 사이의 관계는 매우 친밀하므로 계약을 체결한다고 하더라도 타인과 계약을 체결하는 것과 같은 의사는 없다고 볼 수 있다. 또

---

5) 정광현, 《한국가족법연구》, 서울대학교출판부, 1967, 부록편(친족상속법 입법자료), 122면.

6) 이근식, "부부간의 계약취소권", 〈고시연구〉(1984. 1), 70면; 김주수, 《친족상속법》, 법문사, 2002, 145면; 김용한, 《친족상속법론》, 박영사, 2003, 133면; 정광현, 《신친족상속법요론》, 법문사, 1962, 170면.

7) 朝鮮高等法院, 1921. 3. 18, 法院行政處 편, 《朝鮮親族慣習法類集》, 177~8면.

8) 부부간 매매금지규정인 프랑스민법 제 1595조는 1985년 12월 23일 개정에 의하여 삭제되었다.

9) 青山道夫 編集, 《註釋民法 20》, 有斐閣, 1964, 348면.

부부 사이에서는 서로 일시적인 애정에 의해서 또는 강박에 의해서 계약을 체결하게 되므로 완전히 자유의사에 의해서 계약이 체결되었다고 할 수는 없다. 따라서 타인 사이의 계약과는 동일시할 수 없는 사정이 있으므로 부부 사이에 체결된 계약은 혼인 중 언제라도 이를 취소할 수 있다"[10] 고 설명한다. 즉, 부부간의 계약에 있어서 진의의 확보가 곤란하다는 것과 또한 부부간에 행해진 계약의 이행은 당사자의 애정이나 선의에 맡기는 것이 타당하며 여기에 법적 구속력을 부여하는 것은 가정의 평화를 해치는 결과가 된다고 하는 것이 이 규정의 입법이유라고 보고 있다.[11]

따라서 한국과 일본의 부부간 계약취소권 규정의 입법이유는 거의 동일한 것으로 볼 수 있다.

III. 외국 입법례

부부간의 계약을 보통의 계약과 같이 취급하는 국가로서는 독일과 영미국가, 그리고 중국과 대만 등이 있다. 부부간의 계약에 특별한 효과를 부여하여 일반적으로 취소권을 인정하는 국가는 일본이며 증여계약에 한하여 취소권을 인정하는 국가는 프랑스이다.

1. 보통의 계약과 같이 취급하는 국가

1) 독 일

독일의 경우 부부간의 계약에 관하여 민법은 특별한 규정을 두고 있지 않다. 일반규정에 따라 부부간의 증여계약은 다른 보통의 증여계약과 동일하

---

10) 有地 亨, "夫婦間の 契約取消權", 〈判例タイムズ〉(1991), 747호, 69면.

11) 小野幸二 編, 前揭書, 26면; 我妻 榮 · 有地 亨 著, 遠藤 浩 補訂, 《民法3 親族法 · 相續法》, 一粒社, 1994, 80~1면; 青山道夫 編集, 前揭書, 348면.

게 취급되고 있다. 다만 독일민법은 증여를 요식행위로 규정(제 518조)하고 있으므로 증여계약이 유효하기 위해서는 서면에 의한 계약체결이 필요하다. 따라서 부부간의 계약도 서면에 의하여 성립되면 완전히 유효한 것이 되므로 부부 일방이 이를 취소하지 못한다. 부부간의 증여계약이 이행되지 못할 경우 일반적 채무불이행의 경우와 같이 소구와 강제집행이 가능하다.

2) 영국과 미국

영국에서는 1935년 Married Women and Tortfeasors Act 등의 제정과 판례법을 통하여 처는 독립된 인격자로서 재산을 소유·처분할 수 있는 등 모든 면에서 부부가 평등한 능력자로 인정받게 되었다.[12] 미국에서는 19세기 말과 20세기 초의 Married Women's Act, 14차 개정헌법의 평등보호조항, 많은 주의 개정헌법에서의 평등권, 주와 연방의 민권법률, 그리고 수많은 법원의 판결 등의 상호작용에 의하여 주소·거소의 선택, 재산관리 등의 문제에서 성적 불평등 관습을 제거하고 또한 이들을 무효로 하였다.[13]

영미법에 의하면 부부는 혼인 중 개인적·경제적 문제들에 관하여 사적인 계약체결이 가능하며 이에 대하여 국가는 중립을 지키고 성적 평등을 증진시키며, 개인의 자유를 존중한다. 비경제적 목적으로 부부 상호간에 계약을 체결하는 경우, 계약법은 혼인의 지속, 어린이의 수와 공개 법칙, 부부의 의무 또는 가정 내에서의 노동과 의사결정권의 분배에 관한 계약의 이행을 강제하지 않는다.

법은 공공정책적 이유에서 모든 약속을 계약으로 보지 않는다. 어떤 약속들은 계약으로 볼 만한 가치가 있을 만큼 중요하지 않을 수도 있고 또한 모든 약속을 법적으로 강요하는 데에는 비용이 들기 때문이다. 부부간의 합의는 그 대표적 예로서 부부가 동거하면서 체결한 계약은 법률상 효과의사가

---

12) Bromley·Lowe, *Family Law*, Butterworth & Co Ltd, 1987, p. 127.

13) M. A. Glendon, *The Transformation of Family Law*, The University of Chicago, 1989, p. 94.

없는 단순한 가정 내의 합의에 불과한 경우가 많기 때문에 소구나 강제집행이 허용되지 않으며, 다만 그 합의 당시에 합의에 관하여 법적 효과를 부여할 것을 의도하였다는 것을 나타내는 증거가 있을 때에만 유효한 것으로 본다. 그러나 이 경우 취소권은 인정되지 않는다. 이것은 국가가 부부간의 계약의 이행을 강제하기 위하여 비용을 쓰기보다는 사회질서를 유지하기 위하여 필요한 곳에 비용을 지출해야 한다는 데 근거하고 있다.[14]

3) 중 국

중국헌법은 제48조에서 남녀평등원칙을 규정하고 있으며, 혼인법도 이 원칙에 따라 "부부의 가정 내에서의 지위는 평등하다"고 규정한다(제9조). 이것은 부부관계 및 가정 내의 부부 상호간의 지위에 관한 원칙적 규정이다. 그러므로 부부는 신분상 · 재산상으로도 평등하고 또한 부양 권리의무에 관해서도 평등한 지위를 갖는다. 따라서 부부간의 계약체결이나 그 취소에 관한 특별한 규정은 없다.[15]

2. 특별한 효과를 부여하는 국가

1) 일 본

일본민법 제754조는 "부부간의 계약은 혼인 중 언제든지 부부 일방이 이를 취소할 수 있다. 그러나 제3자의 권리를 해하지 못한다"고 규정하고 있다. 부부간의 계약은 다른 일반계약과는 달리 혼인 중에는 언제든지 이를 취소할 수 있다고 함으로써 부부간의 계약에 특별한 효과를 부여하고 있다. 이 규정은 부부간의 계약에 구속력을 주어 재판상 그 이행을 강제하는 것은 가정의 평화를 해치게 되므로 계약의 이행은 부부간의 도의에 맡기는 것이

---

14) Ibid., p. 139.

15) 野村好弘 · 淺野直人, 《中國民法の研究》, 學陽書房, 1987, 356면.

타당하다[16] 고 보는 것 등에 그 입법취지가 있다.

2) 프랑스

프랑스의 경우 "모든 사람은 법률에 의하여 무능력이라고 선언되어 있지 않는 한 계약을 체결할 수 있다"는 민법 제1123조의 규정에 의하여 원칙적으로 부부는 서로 계약을 체결할 수 있다. 다만 혼인 중에 체결한 부부간의 증여계약은 언제나 이를 취소할 수 있다(민법 제1096조 1항). 즉, 부부간의 계약은 유효하지만 증여가 생전행위인 경우에 한하여 취소할 수 있는 것으로 규정하고 있다. 그러나 출생을 이유로 해서는 취소할 수 없다(제1096조 2항). 부부간 증여에 관해서는 제1091조에서 제1100조에 걸쳐 특별규정을 두고 있으므로 부부가 혼인 중에 행한 증여는 이들 규정에 의하여 규제된다.

부부간의 증여는 제1096조 1항에 의하여 증여한 부부 일방의 단독 의사표시만으로 언제나 취소할 수 있다. 증여의 타당성과 합목적성에 비추어 사후변경이 인정되어야 한다는 데 그 근거를 두고 있다.

취소권은 일신전속권이므로 증여자의 상속인이나 채권자는 취소권을 행사할 수 없다(제1166조). 취소는 명시적·묵시적으로 할 수 있으며 소송이라는 방법에 의하지 않고도 소유권이 회복된다.

프랑스민법 제1595조는 원칙규정인 제1123조에 대한 예외로서 일정한 경우 외에는 부부간의 매매계약을 금지하고 있었다. 이것은 권리의 남용에 의해서 부부 일방의 사익이 침해되는 것을 방지하는 동시에 가장매매에 의해서 제1096조의 원칙이 이탈될 염려가 있다는 등의 이유에 의해서였다.[17] 그러나 이 규정은 1985년 12월 23일 개정에 의하여 삭제되었다.

---

16) 高木多喜男, 《條解民法Ⅲ》, 三省堂, 1981, 78면.

17) 이근식, 전게논문, 69면.

IV. 계약취소권의 내용

민법 제828조는 "부부간의 계약은 혼인 중 언제든지 부부 일방이 이를 취소할 수 있다. 그러나 제3자의 권리를 해하지 못한다"고 규정하고 있다. 이 규정의 내용은 다음과 같다.

1. 부부간의 계약

부부간의 계약이라 함은 혼인성립 후 그 해소 전에 부부 사이에서 체결된 계약을 말한다. 따라서 혼인성립 전에 혼인하려는 남녀간에 체결된 부부재산계약(제829조)과 혼인관계가 파탄된 상태에서 이혼을 전제로 체결된 재산분할계약(제839조의 2)은 민법 제828조에서 말하는 부부간의 계약이라 할 수 없다.

부부간에 체결된 계약이라면 그 종류와 내용은 묻지 않는다. 유상계약이거나 무상계약 또는 증여계약, 매매, 소비대차, 교부, 위임 등 어떤 계약이라도 체결할 수 있다. 재산 이외의 권리발생 원인에 의한 권리관계에 대해서는 제828조의 적용이 없다.[18] 일본민법도 우리 민법과 마찬가지로 취소할 수 있는 계약의 종류에 아무런 제한을 두고 있지 않다(제754조). 그러므로 부부가 자신들의 공동생활에 있어서 필요한 여러 종류의 계약을 체결할 수 있다. 예컨대 가사·양육의 협력문제, 혼인생활에 필요한 비용의 부담, 공동생활에서 취득한 재산의 보전, 부부가 사업을 하는 경우 이득과 손해의 분배, 별거하는 경우의 부양 정도, 부부의 주거를 건축하기 위한 자신의 토지제공 문제, 부동산의 증여, 처의 지참재산을 부의 사업을 돕기 위하여 부에게 매각하는 문제 등 상호간에 법률상 독립된 인격자로서 합의에 의하여 자유롭게 계약을 체결할 수 있다.[19]

부부는 법률상 부부를 말한다. 즉, 법률상 부부간의 계약이어야 한다. 따라

---

18) 김주수, 《주석 민법 친족I》, 사법행정학회, 2002, 499면.

19) 二宮周平, 《家族法改正を考える》, 日本評論社, 1993, 98면.

서 사실혼 부부나 약혼 당사자는 포함되지 않는다고 볼 수 있다. 사실혼 부부에게 이 규정을 적용하는 경우 이는 권리남용으로 처리하면 된다는 견해[20]가 있으며 또한 부부간의 계약취소권 자체의 타당성 여부가 입법론적으로 비판의 대상이 되고 있으므로 사실혼 부부 사이의 계약취소권은 인정하지 않는 것이 좋을 것이라는 견해[21]도 있다.

2. 취소권의 행사

1) 혼인 중 취소의 의미

부부간에 행하여진 계약에 관해서 혼인계속 중 부부 일방으로부터 언제라도 임의로 취소할 수 있다는 이 규정은 일견하여 부부는 약속을 지키지 않아도 좋다고 하는 것으로 보일 수 있지만 결코 그러한 의미는 아니다. 민법은 본질적으로 재판규범으로서 기능을 가지고 있으며, 재판상의 법적 판단(그 판단의 결과는 국가권력을 통해서 강제적으로 실현된다)에 적당한 사항을 규정하고 있기 때문이다.

부부간의 계약도 일단 채권·채무의 관계를 발생시키지만 그들이 혼인 공동체생활의 계속을 전제로 하는 한 법원의 개입이 오히려 좋지 않다고 하는 의미에 있어서 민법의 대상으로부터 제외된다는 의미에 불과한 것이다. 즉, 이 규정에서 "취소할 수 있다"라는 것은 재판에 의한 법적 보장의 범위 외에 놓는다는 취지이고 바꾸어 말하면 이른바 소권의 거부에 지나지 않는다. 소권의 거부라고 하는 것은 원고의 청구를 정당시하지 않는다고 하는 적극적 거절을 의미하지만 부부계약취소권에서는 단지 계약 당사자간의 밀접한 공동생활관계 때문에 계약내용의 실현을 위하여 법원이 개입하는 것이 좋지 않다고 하는 정도의 소극적 회유의 의미에 지나지 않는다[22]고 볼 수 있다. 이

---

20) 박병호, 《가족법》, 한국방송통신대학교, 1994, 91~2면.

21) 이근식, 전게논문, 64면.

22) 田中 實, 《親族法論》, 成文堂, 1979, 79~80면.

런 의미에서 이 규정의 적용을 받는 것은 "혼인의 계속 중"에 한정된다. 이와 같이 취소권의 행사를 혼인 중에 한정하고 있는 것은 한편으로 취소의 기회를 적게 하기 위한 것과 이혼 후의 남용을 염려하기 때문[23]이기도 하다.

그러나 부부간의 계약은 혼인 중 언제든지 취소할 수 있다고 하여 그 취소권을 무제한으로 인정할 것인지는 의문이다. 판례는 혼인 중이라는 의미를 제한적으로 해석하고 있다. 즉, 제 828조의 혼인 중이란 "형식적으로는 물론 실질적으로도 원만한 혼인관계가 계속되고 있는 상태를 말한다"고 판시하여 혼인이 파탄된 경우에 취소권의 행사를 제한하고 있다.

(1) 대법원은 1979년 판결에서 혼인 중이라는 의미를 다음과 같이 해석하고 있다.

사실관계 : X(부)와 Y(처)는 1928년 혼인한 부부로서, 혼인한 지 19년 되던 해인 1947년 소외 A로부터 203평의 대지를 구입하여 그 위에 집을 지어 소유하여 왔는데 1952년경부터 X가 소외 B와 부첩관계를 맺고 그와 동거하면서 Y와 별거하게 되자 위 대지와 건물의 관리를 Y에게 맡기게 되었고 Y는 대지와 건물의 임대수익금으로 생계를 유지하다가 X와 B 사이에 자식이 늘어가자 Y는 1962년 X의 의사에 반하여 위 대지와 건물을 자기명의로 소유권 이전등기를 마쳤다. 이 사실을 뒤늦게 안 X는 Y의 명의의 소유권 이전등기를 유효한 것으로 추인하되 Y는 위 대지와 건물이 X의 소유임을 인정하고 선량한 관리자로서 관리만 하고 다른 사람에게 처분하지 않기로 하며 X 또한 Y의 승낙 없이는 다른 사람에게 처분하지 않기로 하는 내용의 약정을 하였다. 그러나 그후 1965년 X는 경제적으로 궁박해지자 Y로부터 몇 차례 생활비를 받아 쓴 일이 있으며, Y로부터 1만 원을 지급받으면서 "X는 향후 10년 이내에는 집에 들어오지 못한다. X는 Y의 재산(대지와 건물)에 대해 추호도 참여하지 못한다"라는 내용의 각서를 작성하여 Y에게 교부한 바 있다. 1970년 도시계획으로 집이 철거되고 203평의 대지가 3필지로 분할되자 Y는 82평의 대지 위에 Y의

23) 青山道夫 編集, 前揭書, 350면.

> 명의로 건축허가를 얻어 그의 자금으로 3층 건물을 신축하였다. X는 Y의 소유권 이전등기의 추인사실은 Y에 대한 명의신탁이라고 주장하면서 명의신탁 해지를 원인으로 한 소유권 이전등기 절차의 이행을 청구하였다. 이에 대해 Y는 X가 1만 원을 지급받으면서 교부한 각서에 의해 이 사건 대지를 양도받았으므로 명의신탁은 종료되었다고 항변하였으며, X는 양도행위를 취소하기에 이르렀다.

이에 대하여 서울고등법원은 이 사건 대지(원고는 시가 500만 원이라고 주장함)에 관한 원·피고 사이의 명의신탁관계는 원고 X가 피고 Y로부터 1만 원을 지급받으면서 교부한 각서를 통해 적법히 해소되고, 이때 양도계약이 성립되었으며, "민법 제828조에 의하면 부부간의 계약은 혼인 중 언제든지 부부의 일방이 이를 취소할 수 있도록 되어 있으나, 위 규정의 입법취지가 원만한 혼인관계의 계속적 유지를 도모하기 위한 것이라는 점에 비추어보면 부부간의 계약취소는 정상적인 부부관계를 전제로 하여서만이 용인된다 할 것이므로 부부관계가 파탄에 빠진 경우에는 특별한 사정이 없는 한 부부간의 계약을 취소하여도 그 효과가 발생하지 아니한다고 하였다 할 것인바, 원고가 약 26, 7년 전부터 소외 B와 동거하여 그 사이에 4남매의 자녀까지 두고 있으면서 그때부터 계속 피고와는 별거상태에 있어 원·피고 사이는 그 부부관계가 오래전부터 사실상 파탄상태에 빠졌다는 사실은 앞에서 인정한 바와 같고, (중략), 설사 원고가 위 양도계약을 취소하였다 하여도 그 효과가 발생하지 않는다고 할 것이므로 원고의 위 항변 역시 이유 없다"고 판시하였다.

대법원은, "민법 제828조에 부부간의 계약은 혼인 중 언제든지 부부의 일방이 이를 취소할 수 있다고 규정하고 있음은 소론과 같으나 여기에서 혼인 중이라 함은 단지 형식적으로 혼인관계가 계속되고 있는 상태를 가리켜 뜻하는 것이 아니라 형식적으로는 물론 실질적으로도 원만한 혼인관계가 계속되고 있는 상태를 가리켜 뜻한다고 풀이함에 상당하다고 할 것인바, 따라서 혼인관계가 비록 형식적으로는 계속되고 있다고 하더라도 실질적으로는 파탄에 이른 상태에 있는 경우라면 위 규정에 의한 부부간의 계약은 이를 취소할 수 없다고 해석함이 상당하다고 할 것이다"라고 판시[24] 하였다.

(2) 대법원은 1993년 판결에서도 같은 태도를 유지하고 있다. 즉, 다음과 같은 사건에 있어서 혼인 중이란 형식적으로는 물론 실질적으로도 원만한 혼인관계가 계속되고 있음을 의미하기 때문에 혼인관계가 실질적으로 파탄된 경우에는 제 828조에 의한 계약의 취소는 할 수 없다고 하였다.

> 사실관계 : X(처)와 Y(부)는 1970년 혼인신고를 마친 부부인데 1991년 X는 Y를 상대로 이혼소송을 제기한 다음 Y를 간통·폭력 등의 죄로 고소하여 Y는 구속되었다. 수감 중 Y는 X가 자신과 이혼하지 않을 것을 조건으로 하여 Y의 소유의 이 사건 부동산에 관하여 2분의 1의 지분을 X에게 이전하기로 약정하였다. 이와 같은 합의를 한 후 X는 간통죄 고소를 취하하였고 이혼소송도 취하하였다. 그후 X는 Y를 다시 폭행죄로 고소하였고 Y는 X를 상대로 이혼소송을 제기하여 1심에 계류 중이다. 따라서 Y는 X에게 위 약정을 이행하지 아니하였으므로 X는 Y에게 위 약정을 원인으로 한 소유권 이전등기 절차를 이행하라는 청구를 하였고 X의 청구는 인용되었다(청주지방법원 충주지원 1992. 12. 11선고, 92가합299판결). 그러나 Y는 X가 가정생활에 충실할 것을 조건으로 위 약정을 하였음에도 불구하고 Y에게 싸움을 건 다음 이를 과장하여 Y를 다시 고소하는 등 Y와의 혼인관계를 파탄에 이르게 하였으므로 위 약정은 X의 조건 불이행으로 실효되었다는 것, 그리고 위 약정은 부부간의 계약이므로 1992. 6. 29자 준비서면의 송달에 의하여 이를 취소한다는 이유로 항소하였다.

이에 대하여 대전고등법원은 "위 약정은 X가 Y와의 이혼하지 아니할 것을 조건으로 한 것이었는데 X가 이미 제기하였던 이혼소송을 취하한 이후에 도리어 Y가 X를 상대로 이혼소송을 제기한 이상 Y의 위 주장을 이유 없다

24) 대법원, 1979. 10. 30, 79다1344.

할 것이다", "위 약정이 부부 사이의 계약인 점 및 Y가 위 약정 이후에 X를 상대로 제기한 이혼소송이 제 1심법원에 계류 중이나 X·Y 사이의 혼인관계가 존속 중임은 앞서 본 바와 같다. 그러나 X·Y 사이에 형식적으로 혼인관계가 존속 중이라 하더라도 그것이 실질적으로 파탄상태에 이르러 있는 이상 Y로서는 민법 제 828조의 규정에 의한 계약취소권을 행사할 수 없다 할 것이므로 Y의 주장은 이유 없다. 따라서 X의 이 사건 청구는 이유 있어 이를 인용할 것인바 이와 결론을 같이한 원판결은 정당하고 Y의 항소는 이유 없으므로 기각한다"고 판결하였다.[25]

대법원은 부부간 계약의 취소라는 Y의 주장에 대하여 "민법 제 828조는 부부간의 계약은 혼인 중 언제든지 부부 일방이 이를 취소할 수 있다고 규정하고 있는바 여기에서 혼인 중이라 함은 단지 형식적으로는 물론 실질적으로도 원만한 혼인관계가 계속되고 있는 상태를 뜻한다고 보아야 할 것이다. 따라서 혼인관계가 비록 형식적으로 계속되고 있다 하더라도 실질적으로 파탄에 이른 상태라면 위 규정에 의한 계약의 취소는 이를 할 수 없는 것이다. 원심이 적법하게 확정한 바에 의하면 원고와 피고 사이에는 법률상 부부로서 형식적인 혼인관계를 존속하고 있으나 원심 판시같이 실질적으로 혼인을 더 이상 계속할 수 없는 파탄상태에 이르렀던 것이므로 피고는 위 법조에 의한 계약취소권을 행사할 수 없는 것이다"라고 하여 Y의 상고를 기각하였다.[26]

이와 같이 대법원은 계약취소권의 행사 시에 혼인관계가 형식적으로는 물론 실질적으로 존속할 것을 요건으로 하고 있으므로 실질적으로는 혼인관계가 파탄에 빠진 경우에는 취소권을 인정하지 않는다.

부부재산계약은 그 계약이 혼인성립 후 해소 전에 체결된 것이어야 하고 그 취소는 혼인 중에만 가능한 것이어야 한다. 그러나 두 개의 판례에 나타난 것처럼 계약이 실질적으로 혼인관계가 파탄된 상태에서 체결된 것인가에 관하여는 문제삼지 않는 것으로 보인다. 1979년 판례의 경우처럼 취소 당시

---

25) 대전고등법원, 1993. 7. 20, 93나485.

26) 대법원, 1993. 11. 26, 93다40072.

에 혼인관계가 파탄된 상태이기 때문에 취소권을 행사할 수 없다는 것을 요건으로 한다면 결과적으로 계약이 혼인관계가 원만한 때 체결되었느냐 여부는 문제되지 않을 것이다.

그러나 1993년의 판례에서처럼 부부가 이혼하지 않을 것을 조건으로 계약을 체결한 경우가 아니고, 부부관계가 파탄된 상태에서 이혼을 전제로 계약을 체결하였다면 취소권 행사 시에 부부관계가 파탄되어 있다는 이유만으로 취소권의 행사를 부인해서는 안 될 것이다. 왜냐하면 1991년 이후 재산분할청구권이 인정되고 따라서 혼인관계가 파탄된 상태에서 이혼을 전제로 체결한 재산계약은 이혼의 효과로서 인정되는 재산분할계약으로 보아야 할 것이며 이에 관해서는 원만한 혼인관계를 전제로 하는 제 828조의 규정이 적용될 수 없다고 보아야 하기 때문이다. 부부간의 계약이란 이혼을 전제로 체결한 계약이 아닌 것으로 보아야 할 것이며, 따라서 판례가 의미하는 "혼인 중"이란 그 취소권의 행사 시에 혼인관계가 형식적으로도 실질적으로도 원만해야 한다는 것을 뜻한다고 할 것이다.

일본의 경우 최고재판소는 1958년 판결에서 이혼의 조건으로 부가 처에게 서면으로 재산을 증여하였는데 이혼서 제출 직전에 부가 취소의 의사표시를 한 사건에 관하여 혼인이 파탄된 때의 계약이기 때문에 취소를 인정할 수 없다고 하였다.[27] 또한 1967년 판결에서 부부 사이는 악화된 상태이지만 부는 자가 없는 처의 노후의 위안과 생활보장을 위하여 부동산을 증여한다는 각서를 작성하여 일부는 이행하였지만 일부는 다른 사람에게 양도하였기 때문에 나머지 부동산에 대하여 처가 부에게 소유권 이전등기 절차를 밟도록 하는 소를 제기한 사건에 관하여 다음과 같이 판시하였다.

> "민법 제 754조에서 말하는 혼인 중이라는 것은 단순히 형식적으로 혼인이 계속되고 있는 것만이 아니고 형식적으로는 물론 실질적으로도 계속되고 있는 것을 말한다고 해석해야 하기 때문에 혼인이 실질적으로도 파탄되고 있는 경우에는 그것이 형식적으로 계속되고 있다고 하여도 동조의

27) 最高裁判所, 1958. 2. 6, 〈最高裁判所民事判例集〉, 12권, 414면.

규정에 의하여 부부간의 계약을 취소하는 것이 허락되지 않는 것으로 해석하는 것이 상당하다."[28]

위와 같은 최고재판소 판결에 의하면 이혼을 조건으로 하는 계약인 한 계약 시에 혼인관계가 파탄되어 있다는 이유로 계약취소권의 행사가 허락되지 않으며 나아가 행사 시에 파탄된 경우에도 취소권을 행사할 수 없는 것으로 하고 있다. 따라서 이혼을 전제로 하는 계약이 아닌 한 계약취소권의 행사는 그 행사 당시에 혼인관계가 파탄되어 있지 않은 경우에 허락되는 것으로 인정되었기 때문에 제 754조의 적용의 요건으로서 계약취소권 행사 시에 있어서 혼인관계가 원만히 계속되어야 한다는 것이 부가된 것[29]으로 보고 있다.

계약취소권은 부부관계가 양호한 때에는 문제가 되지 않는다. 그러한 경우 상호신뢰와 애정으로 계약이 체결되었기 때문에 불합리한 점이 있다면 상호이해하에 취소할 수 있다. 취소권 행사의 문제는 부부간에 분쟁이 있고 신뢰와 애정만으로는 처리될 수 없는 경우에 비로소 나타나게 된다. 이 경우 취소권의 행사를 인정하면 불합리한 결과를 인정하게 되는 경우가 많기 때문이다. 예컨대 처에게 별거 중의 생활비를 지불하는 약정, 불화를 해소하기 위해서 부가 처에게 산림을 증여하는 계약 등에서 나중에 부가 일방적으로 계약을 취소하고 생활비 지급을 거절한다든지 산림의 회수를 청구하는 경우[30] 등이다.

따라서 한국과 일본의 판례가 "혼인 중"이라는 의미를 혼인이 형식적으로는 물론 실질적으로도 계속되는 것을 말한다고 제한적으로 해석함으로써 혼인이 실질적으로 파탄된 경우에는 부부간의 계약취소권의 행사를 인정하지 않는 것은 위의 사례와 같은 경우에는 타당성이 있다고 할 수 있다.

---

28) 最高裁判所, 1967. 2. 2, 〈最高裁判所民事判例集〉, 21권 1호, 88면.

29) 有地 亨, 前揭論文, 70면.

30) 二宮周平, 前揭書, 100~1면.

2) 취소권의 행사기간

부부간의 계약취소권은 혼인 중 존속하는 것이기 때문에 혼인 중 언제든지 행사할 수 있다. 즉, 혼인 중이면 그 계약을 체결한 날로부터 10년이 지나도 취소할 수 있다. 다시 말하면 이 취소권은 추인할 수 있는 날로부터 3년, 법률행위를 한 날로부터 10년 내에 행사하지 않더라도 소멸하지 않는다고 볼 수 있다(민법 제146조).[31] 왜냐하면 민법총칙에 규정된 취소의 이론은 행위자의 무능력 또는 의사표시의 하자 및 착오를 이유로 하는 경우에 한하여 적용된다고 보아야 하므로 부부간의 계약과 같이 민법상의 법률행위로서 완전히 유효한 법률행위를 특별한 이유로 실효시키는 경우에는 민법총칙의 취소의 이론은 적용될 여지가 없다고 보아야 하기 때문이다. 따라서 부부간의 계약은 계약체결 후 10년이 경과하더라도 혼인계속 중에는 언제든지 취소할 수 있다고 볼 수 있다. 그러나 혼인해소 후에는 취소할 수 없으며 혼인 중이라도 너무 장기간이 경과된 경우의 취소는 권리남용이 될 수도 있다.[32]

또한 부부간의 계약의 취소는 영업허락의 취소(민법 제8조 2항), 민법 제7조의 동의와 허락의 취소, 사해행위의 취소(민법 제406조의 1항) 등과 같이 민법상 법률행위로서 완전히 유효한 법률행위를 특별한 이유로 실효시키는 경우이므로 이 취소는 추인의 문제(민법 제143조 이하)는 발생하지 않는다[33]고 보는 것이 타당하다.

---

31) 이근식, 전게논문, 64면; 中川善之助, 《新訂親族法》, 青林書院新社, 1967, 232면.

32) 박병호, 전게서, 92면.

33) 이근식, 전게논문, 64면.

3) 계약취소권과 소멸시효와의 관계

취소권의 행사는 혼인 중 언제든지 할 수 있으며 시효에 걸리지 않는다.[34] 다만 부부간의 계약취소권에 대하여 "부부 일방이 다른 일방에 대하여 가지는 권리는 혼인관계가 종료한 때로부터 6월 내에는 소멸시효가 완성하지 않는다"는 민법 제 180조 2항(일본민법 제 159조의 2)의 소멸시효정지에 관한 규정이 적용되는가 하는 문제에 관하여는 이견이 있다. 즉, 혼인의 해소로 말미암아 계약취소권이 소멸하는 것은 시효가 아니므로 시효정지에 관한 규정은 적용될 여지가 없다는 설[35]과 시효정지에 관한 규정이 당연히 적용된다는 설[36]이 대립되고 있다. 부부간의 계약취소권은 혼인 계속 중에는 언제든지 부부 일방이 취소할 수 있으며 혼인 해소 후에는 취소할 수 없게 되는데 이것은 시효가 아니므로 시효정지에 관한 민법 제 180조 2항의 규정은 부부간의 계약취소권에는 그 적용이 없다고 보는 설[37]이 타당하다고 생각된다.

한편 부부간에 체결된 계약의 이행을 청구하는 권리에 관해서는 혼인관계가 종료한 날로부터 6월 내에는 시효가 완성하지 않으므로 부부간의 계약이 취소되지 아니하고 혼인관계가 종료된 때로부터 6월 내에 그 이행이 청구된 때에는 상대방은 그 청구를 이행하여야 한다. 따라서 상대방은 이 청구가 있는 때에는 혼인이 해소된 후이므로 계약을 취소할 수도 없고 그렇다고 시효의 주장도 할 수 없게 된다[38]고 보아야 할 것이다.

---

34) 遠藤 浩・川井 健 外 編集, 《民法(8)親族》, 有斐閣双書, 1989, 85면.

35) 中川善之助, 前掲書, 232면.

36) 中川善之助 編, 註釋親族法(上), 有斐閣, 1957, 186면.

37) 이근식, 전게논문, 65면; 김주수, 전게서, 2002, 500면; 박병호, 전게서, 92면.

38) 이근식, 전게논문, 65면; 박병호, 전게서, 92면; 中川善之助 編, 前掲書, 1957, 187면.

4) 계약취소권과 계약체결상의 흠결

부부간의 계약취소권의 경우 개개의 계약에 있어서 계약체결상의 흠결을 필요로 하지 않는다. 민법총칙에서 정하는 무효·취소원인이 있으면 그것에 대해서는 민법총칙의 규정이 적용된다. 즉, 부부간의 계약이더라도 사기·강박, 착오 등의 취소원인이 있는 때에는 민법총칙 규정에 의하여 취소할 수 있다. 이 경우의 취소권은 부부 사이의 계약이기 때문이 아니고 사기·강박이라는 하자나 착오를 이유로 발생하는 것이므로 혼인계속 중에만 행사할 수 있고 혼인해소 후에는 행사할 수 없는 성질의 것이 아니다. 따라서 이 경우의 취소권은 민법 제146조의 적용을 받아 추인할 수 있는 날로부터 3년, 법률행위를 한 날로부터 10년 내에 행사하지 아니하면 소멸하게 된다. 그러나 이 경우 시효정지에 관한 제180조 2항의 규정이 적용되느냐에 관하여는 이견이 있다. 즉, 민법 제180조 2항의 규정이 이러한 경우에도 적용되어 혼인관계가 종료한 날로부터 6월 내에는 시효가 완성하지 않게 된다는 견해[39]와 민법 제146조에 규정된 10년은 제척기간이며 시효가 아니므로 정지가 있을 수 없다[40]는 견해가 있다. 취소권은 형성권이므로 제146조에 규정된 기간은 제척기간으로 볼 수 있고 따라서 시효가 아니기 때문에 시효정지 규정이 적용되지 않는다는 견해가 타당하다고 생각된다.

5) 취소방법

취소권의 행사에 관해서는 별다른 제한이나 방식의 규정은 없다. 취소는 일반규정에 따라 부부 일방으로부터 타방에 대한 의사표시로 하여야 한다(민법 제142조). 이 취소의 의사표시는 특별히 재판상 행사를 요구하는 경우 외에는 소 기타 특별한 방식에 의할 필요가 없다. 또한 취소의 의사표시는

---

39) 이근식, 상게논문, 66면.

40) 김주수, 전게서, 2002, 501면; 이승우, "부부간의 계약취소권", 〈법조〉(1985. 6), 제34권, 36면; 中川善之助, 前揭書, 1967, 232면.

명시적이어야 하는 것은 아니며 의사표시 해석의 결과 취소라고 인정할 수 있는 행위가 있으면 된다. 따라서 등기말소청구, 증서의 반환청구, 손해배상청구 등과 같이 취소의 효과를 바로 주장하는 경우에는 묵시적 취소의 의사표시가 있는 것으로 인정할 수 있다.[41] 취소권은 계약의 이행 전뿐만 아니라 일부 또는 전부의 이행 후에도 행사할 수 있다. 그러나 입법취지에 비추어 취소권의 포기는 인정되지 않는다[42]고 보아야 한다.

6) 계약취소권의 남용

계약취소권은 남용될 우려가 있다. 일반적으로 원만한 부부간에 계약을 체결하거나 그 계약을 취소하는 경우 합의에 의하여 행하여지므로 일방적 취소권을 인정하는 것은 거의 무의미하다. 따라서 제 828조에 의하여 취소할 수 있는 것은 원만한 부부간에 행하여진 계약에 한하며 계약의 취소시기도 부부관계가 원만한 상태에 있는 동안에 한정된다. 그러나 특히 문제가 되는 것은 부부관계가 파탄된 경우에 행하여진 계약의 취소이다. 이에 관하여 계약의 취소는 정상적 부부관계를 전제로 해서만 인정되기 때문에 이미 파탄에 빠져 이혼할 것을 양해하고 있거나 이혼소송 중에는 특별한 사정이 없는 한 취소하더라도 효과가 생기지 않는다고 보아야 하고 만약 취소한다면 그것은 곧 권리남용이 된다[43]고 본다.

우리 판례도 이러한 태도를 취하고 있다. 즉, 부가 첩을 두었고 처는 이혼 후의 생활비에 충당하기 위하여 맞벌이로 얻은 재산의 반액에 상당하는 토지의 분여를 얻었는데 이혼소송 중에 그 분여계약을 부가 취소한 경우 이것은 권리남용으로 무효라고 판시한 조선고등법원의 판결[44]이 그것이다. 그

41) 곽윤직, 《민법총칙》, 박영사, 1993, 518면; 이영준, 《민법총칙》, 박영사, 1995, 677면.

42) 박병호, 전게서, 92면; 青山道夫 編集, 前掲書, 350면.

43) 이근식, 전게논문, 74면; 박병호 · 이흥재, 《가족법》, 한국방송통신대학교출판부, 1985, 99면.

44) 朝鮮高等法院, 1936. 3. 13, 《司法協會雜誌》, 제 15권 4호, 79면.

밖에 대법원 판결도 "… 혼인관계가 비록 형식적으로 계속되고 있다고 하더라도 부부간의 계약은 이를 취소할 수 없다고 해석함이 상당하다고 할 것이다"[45] 라고 하여 혼인이 실질적으로 파탄된 경우 취소권의 행사는 일종의 권리남용으로 보아 취소권을 인정하지 않는다. 이와 같이 혼인 중 체결한 계약을 혼인이 실질적으로 파탄된 상태에서 취소한다면 그것은 구체적 경우에 있어서 권리남용이 될 수 있는 여지가 적지 않다.

일본의 경우 처음에 대심원은, 부가 처에게 재산의 분여를 약속하고 처에게 협의이혼 신고서에 서명시키고 나서 그 신고서를 제출하기 전에 그 계약을 취소한 사건에 관하여 혼인계속 중에 취소한 것이므로 유효하다는 판결[46] 을 내렸다. 그러나 이 판결은 대단히 형식논리적 판결이었기 때문에 그 후 판례의 태도는 변경되었다. 즉, 부가 처 이외의 여자와 동거하기 때문에 친족의 협의에 따라 그 소유부동산을 처에게 양도했다가 나중에 부부간의 계약이므로 이를 취소한다고 하여 처에게 소유권 이전을 청구한 사건에 관하여 다음과 같이 판결하였다. 즉, "부부간의 계약은 혼인 중 언제든지 취소할 수 있지만 이 계약의 취소는 정당한 부부관계를 전제로 할 때에만 용인될 수 있는 것으로서 부부관계가 이미 파탄에 빠져 있는 경우에는 부부 일방이 그 상대방에게 손해를 가하는 것만을 목적으로 하여 부부 사이의 계약을 취소한다는 것은 취소권의 남용으로서 그 취소의 효과가 생기지 않는다"고 하는 원심판결을 지지하였다. 그리고 이 취소는 "손해를 가하는 것만을 목적으로 하는 권리남용이라고 하여 위 취소는 그 효력이 발생하지 않는다고 판시한 것은 반드시 부당하다고 할 수 없을 뿐만 아니라 위 계약은 부부관계가 원만치 못하고 파탄에 빠진 상태에 있는 동안 친족의 협의를 거친 것으로서 이를 취소할 수 없다고 해석함이 상당하다"고 판시하였다.[47] 이 판결은 권리남용이라는 법리와 부부관계가 파탄에 빠진 상태에서 행한 계약이라고 하

---

45) 대법원, 1979. 10. 30, 79다1344; 1993. 11. 26, 93다40072.

46) 大審院判決, 1932. 10. 13, 〈法學〉, 2권 6호, 703면; 1934. 2. 17, 〈法學〉, 3권 9호, 1063면.

47) 大審院判決, 1944. 10. 5, 〈大審院民事判例集〉, 23권, 57면.

는 두 개의 이유를 들어 계약을 취소할 수 없다고 판시한 것이다.

또한 부가 이혼의 조건으로 처에게 건물을 증여하였는데 이혼신고 직전에 부가 증여를 취소한다는 의사표시를 하였기 때문에 처가 증여계약에 기한 건물소유권 이전등기 청구의 소를 제기한 사건에 대하여 원심은 부의 취소권 행사를 권리남용이라고 판결하였다. 최고재판소는 다음과 같이 판시하였다.

> "위와 같이 부부관계가 파탄에 빠져 있는 경우에 행하여진 부부간의 증여는 이것을 취소할 수 없다고 해석하는 것은 원판결이 판시한 바이기 때문에 원심이 적법하게 확정한 사실에 관하여 당사자의 주장을 기다리지 않고 민법 제754조를 적용하지 않는다는 의미의 판시를 한 것도 정당하다고 할 수 있다. 또한 원심은 본건 증여의 취소는 권리남용으로서 허락되지 않는다고 판시하고 있지만 이것은 단지 본건에 관해서 민법 제754조를 적용할 수 없다는 것을 보충적으로 설명하는 것에 지나지 않기 때문에 이 판시를 가지고 원판결의 전기 판단을 위법하다고 하는 근거로 볼 수는 없다."[48]

이 판결은 부부관계가 파탄에 빠진 상태에서 이혼을 조건으로 행한 증여는 재산분여계약으로 보아 제754조 부부계약취소권을 적용하지 않으며, 따라서 권리남용 법리는 여기에 대한 보충적 설명에 지나지 않는다고 하고 있다.

이와 같이 일본의 경우 재산분여청구권(민법 제768조)과 관련하여 이것을 인정하고 있는 현행법에서 이혼을 전제로 한 모든 계약을 구법에서와 같이 단순하게 "부부관계가 이미 파탄에 빠져 있는 경우의 계약"으로서 취급할 것인가, 그리고 이러한 경우 권리남용 법리를 적용할 필요가 있는가 하는 논의가 대두되었다. 다시 말하면 혼인이 파탄되었기 때문에 행하여진 증여는 어떠한 명목에도 불구하고 실질상 재산분여에 지나지 않기 때문에 본조에서 말하는 부부간의 계약과 법률상 전적으로 이질적인 것으로 해석하여야 한다는 것이다. 그러한 한도에서 부부관계가 이미 파탄된 경우에 본조의 적용을

48) 最高裁判所, 1958. 3. 6, 〈最高裁判所民事判例集〉, 12권 3호, 414면.

제한하거나 또는 그러한 경우의 증여를 재산분여청구권과 같은 성질의 것으로 판정한 판례[49]는 지지를 받고 있다.

즉, 이혼의 조건으로 재산분여계약을 체결한 부가 이혼서 제출 후 그 증여계약을 이행하지 않고 오히려 민법 제550조의 서면에 의하지 않는 증여라 하여 그 계약을 취소한 사건에 대하여 "동 증여계약은 이혼과 불가분의 관계에서 체결된 것으로서 이혼협의의 일조항이라고 할 수 있는 것이므로 단순한 증여와는 다를 뿐만 아니라 처는 민법 제768조의 재산분여청구권을 가진 자이므로 본건 계약은 재산분여청구권에 바탕을 둔 계약과 같은 성질의 것이라 할 수 있는바 단순한 증여에 관한 민법 제550조의 규정은 그 적용이 없는 것으로 해함이 상당하다"고 판시함으로써 이혼의 합의와 불가분의 관계에서 체결된 재산분여계약은 재산분여청구권에 바탕을 둔 계약이라고 보고 계약취소권을 부정하였다. 따라서 그러한 경우는 취소권 자체가 성립하지 않기 때문에 권리남용의 법리는 적용되지 않는다[50]고 보고 있다.

혼인 중 체결한 계약에 대하여 혼인이 실질적으로 파탄된 상태에서 상대방에게 손해를 가하려는 목적을 가지고 취소권을 행사한다면 그것은 곧 권리남용이 될 수 있다는 판례의 입장은 한국과 일본, 양국이 유사하다고 볼 수 있다. 그러나 이혼을 전제로 한 계약의 경우 한국에서는 아직 판례가 없으나, 이러한 경우 부부계약취소권 규정을 적용할 수 없으며 또한 권리남용 법리가 적용될 여지가 없다고 해석할 수 있을 것이다.

3. 제3자의 보호

민법 제828조의 단서는 "…. 그러나 제3자의 권리를 해하지 못한다"고 규정한다. 이와 같은 제3자 보호규정은 계약체결 후 취소 전에, 계약에 의하여 부부간에 이전된 권리에 기하여 정당한 권리를 취득한 자가 취소의 소급효로 인하여 생각지 못한 손해를 입는 것을 방지하고 이러한 자를 보호하기

49) 最高裁判所, 1952. 5. 6.

50) 青山道夫 編集, 前揭書, 353면.

위한 규정이다.[51)]

부부간의 계약을 취소하게 되면 취소의 효과는 소급하여 계약은 처음부터 무효인 것으로 본다(민법 제141조). 따라서 부부간의 계약이 취소되면 취소된 계약으로 인하여 생긴 채무가 아직 이행되지 않는 경우 이행할 필요가 없게 되고 이미 이행된 것은 부당이득의 반환의무가 생기며 전득자 등의 제3자에 대하여도 그 반환을 청구할 수 있게 된다.[52)] 그러나 이렇게 되면 제3자에게 불측의 손해를 줄 염려가 있다. 그러므로 민법은 취소의 소급효로 인하여 제3자에게 끼칠 손해를 방지하기 위하여 단서규정을 두어 소급효를 제한하고 있다. 예컨대 처가 부로부터 증여받은 부동산을 다시 제3자에게 양도한 때에는 부가 혼인 중에 이 증여계약을 취소하더라도 제3자에게 그 부동산의 반환을 청구할 수 없게 된다. 여기에서 제3자란 부부 이외의 자를 가리키는 것으로서 소유권이나 지상권 등의 권리를 취득한 자를 말한다. 이 규정에서의 취소는 부부간의 계약이라는 것만을 이유로 하기 때문에 제3자의 선의·악의는 불문한다.

다만 제3자는 취소권이 행사되기 이전에 이해관계가 생긴 자에 한정되며 취소권이 행사된 후의 제3자에 대한 관계는 본조에 의하지 않고 일반원칙에 의한다.[53)] 그러나 부부간의 계약의 취소가 채권자 사해의 목적을 위하여 행하여진 경우에는 민법 제406조의 적용을 받게 된다. 제3자의 권리는 부부간의 계약에 의하여 취득된 배우자 일방의 권리에 기인한 제3자의 권리임은 의심할 여지가 없다. 그러나 제3자의 권리를 물권 또는 물권적 권리(압류채권과 또는 압류배당가입 채권자의 권리, 부동산 임대권)에 한하느냐 아니면 채권도 포함하느냐 하는 것이 문제이다. 일반채권자의 공동담보 보전권은 특별히 보호할 이유는 없으나 부부간의 계약에 의하여 취득한 권리에 대한 특정채권도 문제이다. 대체로 제3자의 권리보호 문제는 대항요건의 문제로서 해결되고 있다.[54)]

---

51) 久保木康晴, 《最新家族法》, 芦書房, 1989, 39면.

52) 遠藤 浩·川井 健 外 編集, 前掲書, 85면.

53) 青山道夫 編集, 前掲書, 353면.

이와 같이 제3자의 권리를 해칠 수 없다는 단서조항은 본문이 있기 때문에 필요한 것이 되고 이 규정은 오히려 단서 때문에 존재이유를 갖는다고 해석되고 있다.[55] 그러나 본문이 없다면 말할 것도 없이 단서는 필요하지 않게 될 것이며 단서는 결국은 대항요건 문제로 귀착될 것이다. 다시 말하면 이러한 권리변동의 문제는 당사자만이 아닌 제3자에 대해서도 권리의 대항요건 문제로서 일반원칙에 따라야 하는 것으로 볼 수 있다.

V. 부부계약취소권의 문제점

부부계약취소권은 특히 입법이유와 판례의 해석에 있어서 다음과 같은 점이 문제된다.

1. 입법이유

1) 부부간의 계약취소권을 인정하는 입법이유 중 하나는 부부 사이의 계약은 애정에 빠지거나 또는 위력에 눌려서 체결하는 등 의사결정의 자유가 없는 비진의 의사표시에 의하여 체결되는 경우가 많기 때문이라는 것이다. 부부 사이에서는 타인 사이와는 달라서 애정에 의한 의사표시가 행해지는 것이 보통이므로 애정에 빠져서 부부계약을 체결하는 경우가 많게 되고 따라서 이들의 관계를 이해관계가 날카롭게 대립되는 타인 사이의 계약과 동일하게 취급할 수가 없다는 것이다.

그러나 이러한 입법이유에 대하여는 다음과 같은 문제점이 제기되고 있다. 즉, 이 이론에 의한다면 친자 사이의 계약도 애정에 의한 의사표시에 의해서 성립한다는 점에서 부부 사이의 계약과 마찬가지로 이를 취소할 수 있다고 하여야 할 것이다. 그러나 민법은 친자 사이의 계약에 관해서는 아무런

54) 김주수, 전게서, 2002, 502~3면.

55) 青山道夫, 《家族法論》, 法律文化社, 1960, 99면.

특별규정을 두고 있지 않다. 부부 사이와 친자 사이에서 이루어진 계약의 효력에 차이를 두는 것은 부부 사이와 친자 사이는 그 애정의 성질이 다르다는 점에 있다. 또 친자는 대개 같은 가에 속해 있으므로 가의 재산이 타인에게 넘어갈 염려가 없으나 처는 타가에서 온 사람이므로 부부에게 계약취소권을 인정하지 않으면 가의 재산이 타인에게 넘어갈 염려가 있다는 점도 있다. 그러나 이것은 가족제도를 유지하고자 하는 낡은 사상에서 나온 것이므로 타당한 이유가 될 수 없다[56]고 본다.

계약취소권제도는 가산사상에 근거한 재산의 유지와 부부 사이에 근거한 여성의 보호에 그 존재이유가 있다고 하지만 오늘날과 같이 부부평등사상, 재산의 개인소유형태의 원칙이 확립되어 있음에도 불구하고 민법이 계약 전반에 걸쳐 이 규정을 적용하는 것은 문제가 있다. 특히 처가 정신적 내지 경제적으로 자립하고 있는 오늘날에는 더욱 그러하다.

또한 부부 사이의 계약이 부부 일방에 대한 위압에 의하여 행하여졌기 때문에 취소할 수 있다고 하지만 우리 민법은 부부평등원칙을 전제로 하여 부부관계를 규율하고 있으며 또한 그러한 방향으로 민법을 개정하여왔다.

일본의 경우도 부부평등을 원칙적으로 인정하고 헌법도 이 원칙을 규정하고 있으므로(헌법 제10조 1항) 현대법에서는 이와 같은 이유를 인정할 수 없다고 한다. 다만 처가 이른바 부권에 복종하였던 구법에서는 위압은 주로 부가 처에 대하여 가하는 것이므로 계약취소권은 부의 위압에 의해서 불리한 계약을 강제당한 처를 구제하기 위한 것이며 약자인 처를 보호하는 역할을 했던 것[57]이라고 보고 있다.

이와 같이 처를 보호한다고 하지만 취소권을 행사할 수 있는 것은 부부 쌍방이므로 부도 그것이 혼인 중에 체결된 계약이라는 이유로 이를 취소할 수 있다. 더욱이 취소권의 행사는 혼인 중에 한하므로 부의 위압에 의해서 계약을 강제당할 정도의 처라면 혼인 중에는 이를 취소할 용기는 없고 혼인 해소 후에 비로소 그 용기가 생기는 것이 보통인데 그때에는 이미 취소권을

---

56) 이근식, 전게논문, 72면.

57) 中川善之助, 前揭書, 1967, 232면.

행사할 수 없게 된다. 따라서 실력자인 부만이 계약을 취소할 수 있게 되어 계약취소권은 약자인 처를 보호하는 것같이 보이면서도 사실은 부의 우월성을 뒷받침하는 반대작용을 하고 있는 셈이 된다[58]는 많은 학자들의 견해는 일리 있는 것으로 볼 수 있다.

현대법이 독립·대등한 부부관계를 전제로 하는 한 부부간의 의사표시가 진의가 아니었다는 것을 전제로 하는 입장을 취하여 이와 같은 특별규정을 인정할 필요가 없을 것이다. 부부 사이라 할지라도 모든 법률관계는 자유의사에 의한 합리적 계약관계에 의해서 규율되어야 할 것이다.

2) 부부계약취소권을 인정하는 또 하나의 입법이유는 부부 사이의 계약의 이행은 부부의 애정과 도의에 맡겨두어야 하며 계약의 이행을 법정에서 다투게 되면 가정의 평화가 파괴된다는 점에 있다. 즉, 부부 일방이 계약을 취소하여 그 이행을 거절하는 한 다른 일방이 소에 의해서 그 이행을 강제하려고 하더라도 가정의 평화를 위하여 법원은 이에 관여해서는 안 된다는 것이다. 물론 부부 사이의 계약에 구속력을 인정하여 그 이행에 관해서 부부가 법정에서 다투는 것은 가정의 평화를 유지하는 행위는 아니다. 그러나 가정의 평화는 다만 계약의 이행을 강제하지 않음으로써 보존되는 것이 아니다. 소로서 계약의 이행을 다투지 않으면 안 될 단계에 이르러 취소권을 행사하였음에도 불구하고 이행을 거절하면 도리어 가정의 평화가 저해될 수 있다[59]는 문제도 발생할 수 있다.

이러한 입법취지를 관철하려고 한다면 모든 소의 제기를 부부간에서는 제한해야 할 것이다. 그러나 혼인 전에 체결한 부부재산계약을 혼인 중에 소구하는 것을 제한하지 않으면서 이미 이행한 계약을 취소해서 그 반환을 혼인 중에 청구할 수 있도록 하는 것은 기이한 일이라[60]고 볼 수도 있다.

---

58) 이근식, 전게논문, 133면; 이승우, 《가족법》, 한국방송통신대학교, 1991, 72면; 김용한, 전게서, 181면; 中川善之助, 前揭書, 1967, 323면.

59) 末川 博, 《新版 民法(下), ①》, 85면.

60) 我妻 榮·有地 亨著, 遠藤 浩 補訂, 前揭書, 94면.

또한 계약 이외의 원인에 의해서 생긴 채권 예컨대 부당이득반환청구권, 불법행위로 인한 손해배상청구권 등에 관해서도 혼인 중에는 똑같이 재판상의 강제를 피하여야 하겠지만 민법에는 이에 관하여 아무런 특별규정이 없다는 것이다. 따라서 부부간의 법적 강제를 피하려고 하는 것이라면 부부간의 계약을 자연채무 또는 도덕적 의무로서 처음부터 부부간의 신의에 맡기는 것이 타당할 것[61]이다 라는 견해도 있을 수 있다.

이상과 같은 입법이유는 부부간에서는 혼인 중 언제라도 계약을 취소할 수 있다고 하는 근거로서 충분하지 않는 것으로 볼 수 있다. 부부간의 계약이 강제된다든지 진의에 의하지 않고 행해졌기 때문이라고 한다면 그러한 경우에는 민법의 일반원칙에 따라 처리하면 될 것이고 또한 부부간의 계약에 법이 개입해서는 안 된다고 하는 것이라면 취소라고 하는 것도 사실은 인정해서는 안 되는 것[62]이라고 할 수 있다.

민법이 재산관계에서 처의 완전한 행위능력을 인정하고 있으면서 이와 같이 가정의 평화를 유지한다는 명목으로 부부간의 계약을 계약상 범위 외에 두는 것은 타당하지 못하다[63]는 주장과 독립대등한 부부관계가 헌법상으로도 인정된 현행법에서 일방의 의사표시가 다른 일방의 위압에 의한 비진의 의사표시임을 이유로 하는 취소권의 인정은 타당성을 잃고 있으며 혼인 중의 계약에 한해서만 강제이행을 허용해서는 안 된다는 특별한 이유를 발견할 수도 없다[64]는 주장 등은 일리가 있다고 생각된다.

3) 입법이유와 관련하여 제 828조의 해석에도 문제가 있다. 즉, 부부 사이의 계약은 의사결정의 자유가 없는 비진의 의사표시에 의하여 체결되는 경우가 많으므로 취소될 수 있다고 한다면, 만약 그 계약이 부부의 완전한

61) 小野幸二 編, 前掲書, 27면.
62) 有地 亨, 前掲論文, 69면.
63) 遠藤 浩·川井 健 外 編集, 前掲書, 85면.
64) 양수산, 《친족상속법》, 일신사, 1994, 234~5면; 박병호·이홍재, 전게서, 99면; 이근식, 전게논문, 75면.

자유의사에 의한 진의에 의한 것이 입증된 경우에는 이를 취소할 수 없다고 하여야 할 것이다. 그러나 민법 제828조의 문리해석에 의한다면 이러한 결과를 인정할 수 없게 된다[65]는 점도 문제점으로 지적될 수 있다.

또한 제828조는 계약취소권의 행사를 혼인 중에 한정하고 있기 때문에 부부 사이의 계약이 비진의 의사표시에 의한 것이 아니라면 혼인해소 후에도 이를 취소할 수 있어야 함에도 불구하고 혼인해소 후에는 이를 취소할 수 없게 된다. 계약을 취소하지 아니하고 혼인이 해소되는 경우 그것은 자유로운 의사에 의한 계약이었기 때문이라고 생각하여 혼인해소 후에 취소를 인정하지 않는다면 그것은 무리한 해석[66]이라고 볼 수 있다.

4) 일본의 경우 제754조의 연혁과 관련하여 다음과 같이 비판하고 있다. 즉, 로마법으로부터 프랑스민법에 계수된 부부간의 증여금지는 연혁적으로는 채권자에 대한 사해행위의 방지나 가산의 유지, 처의 재산의 보전 등 역사적 기능을 부여하였다고 볼 수 있다. 그러나 가산을 인정하지 않고 부부평등이 법제상 확립된 현대에서는 처의 재산의 보전이나 대외적 관계에 관해서 특히 부부이기 때문에 특칙을 설정할 필요가 없어졌다. 또 그러한 취소제도가 근대법에 잔존하는 것은 프랑스민법과 그 법계에 속하는 경우에 한한다. 따라서 프랑스민법을 모방하여 그 적용의 범위를 계약 전반에 확장한 것은 제 외국법례에 없는 광범위한 것이다. 이 규정은 프랑스민법을 막연히 모방한다고 하는 모방법제라는 이름을 남길 뿐 연혁적 계보 이외에 법규범으로서의 정당한 이유는 없는 규정이라[67]고 보고 있다.

이상에서 본 바와 같이 부부계약취소권 규정의 입법이유에 대하여 한국과 일본의 학자들은 많은 비판을 하고 있다. 가부장제 가족제도하에서 처의 법적 지위가 열악했을 때 특별히 처를 보호하는 규정을 둔다고 하는 입법취지는 그 당시에는 의미가 있었을 것이다. 그러나 현재는 그러한 취지를 갖는

---

65) 이근식, 전게논문, 71면; 김주수, 전게서, 2002, 506면.

66) 이근식, 상게논문, 71면.

67) 青山道夫 編集, 前揭書, 347~8면.

법규가 존치되어야 할 의미가 거의 사라지고 말았다. 그러므로 이 규정은 입법이유가 상실된 법규로서 의미 없이 존치되고 있다고 할 수 있다.

2. 판례의 해석

부부간의 계약취소권제도가 재판상 문제가 되는 것은 미이행의 계약에 관하여 부부 일방이 임의이행을 하려고 하지 않기 때문에 다른 일방이 그 이행을 청구하고 일방이 그 청구를 모면하기 위한 경우이다. 또한 이미 이행된 계약에 관하여 이행자가 다른 일방으로부터 그 급부물을 되찾으려고 하지만 다른 일방이 임의로 응하지 않기 때문에 이행자가 그 반환을 청구하는 경우가 이에 해당될 것이다. 어느 쪽이라 하여도 그러한 형태로 부부간에서 소송이 이루어진 상태가 되면 그 부부관계는 오늘날 사회통념을 전제로 할 때 파탄에 빠져 있다고 말할 수 있다. 그러한 경우 판례는 부부간 계약취소권의 행사시기를 혼인 중으로 한정하고 혼인 중의 의미를 형식적으로는 물론 실질적으로도 원만한 혼인관계가 계속되고 있는 상태를 가리킨다고 해석함으로써 실질적으로 파탄에 이른 경우에는 제 828조에 의한 부부간의 계약은 이를 취소할 수 없는 것으로 판단하고 있다.[68]

그러나 사실문제로서 부부 사이의 계약이 해소되고 이에 관한 다툼이 생기는 것은 이혼을 전제로 하거나 적어도 부부관계가 파탄에 빠져 있는 경우가 많을 것이다. 이러한 경우에 이 조문의 적용을 인정하지 않는다면 실제에 있어서 이 조문은 유명무실한 조문이 될 것이다.

또한 대법원의 판결과 같이 혼인 중의 의미를 제한적으로 해석하여 획일적 해석기준을 적용하는 경우에는 구체적 타당성을 잃는 경우도 있을 수 있다는 의견[69] 도 있다. 즉, 혼인할 때 가지고 온 재산을 혼인 후에 다른 일방의 소유로 이전한 경우에는 파탄되었을 때 오히려 이를 반환시키기 위하여

68) 대법원, 1979. 10. 30, 79다1344; 1993. 11. 26, 93다40072.

69) 김주수, 전게서, 2002, 507면; 이승우, 전게논문, 44면; 이수경, “부부간의 계약취소권”, 〈판례연구〉(서울지방변호사회, 1995), 제 8집, 198면.

계약취소권을 행사할 필요가 있다는 점, 부부 일방이 감언이설에 의하여 다른 일방으로부터 재산을 취득한 후에 자신이 혼인관계를 파탄시킨 경우, 부를 사랑한 처가 부에게 재산을 증여하였는데 부가 다른 여자와 부정한 관계를 맺고 그 여자에게 그 재산을 증여하려고 한 경우(이러한 경우에는 부부관계가 파탄되었다고 할 수 있다)에는 취소를 인정하여야 할 필요가 있다는 것이다. 이와 같은 경우에 취소를 인정하는 것이 타당하다면 대법원 판결이 인정하는 해석기준은 오히려 장애가 될 것이다.

이와 같이 볼 때 부부간의 계약취소권에 관해서는 그 규정이 존재하는 한 단지 일반명제에 의하여 외부에서 제한하는 것이 아니라 하나하나 구체적 사정에 따라 이에 맞도록 권리남용의 이론에 의하여 판단하는 것이 바람직하다는 것이다.

일본의 경우도 1944년[70], 1958년[71], 1967년[72] 판례 등에 의하여 부부간의 계약체결과 계약취소권의 행사는 체결 시와 행사 시에 혼인관계가 파탄되어 있지 않는 경우에 한하여 허용되는 것으로 인정되었다. 그러나 이와 같이 판례가 혼인 중이라는 의미를 좁게 해석하여 형식적으로는 물론 실질적으로도 혼인이 계속되고 있는 것을 의미한다고 함으로써 제754조가 실질적으로 공문화되는 것에 관하여 학설은 비판적이다. 예컨대 처가 부를 사랑하여 부에게 재산을 증여하였는데 부가 다른 여성에게 그 재산을 증여한 경우[73] 혹은 부부의 일방이 감언으로 다른 일방으로부터 재산을 취득한 후 자신이 혼인관계를 파탄시킨 경우[74] 등에서는 혼인관계가 파탄되어 있어도 오히려 계약취소권의 행사를 인정하지 않으면 안 된다고 주장한다.

---

70) 大審院判決, 1944. 10. 5, 〈大審院民事判例集〉, 23권, 579면(부부관계가 파탄에 빠져 있는 때에 가족간의 협의를 거친 계약은 취소할 수 없다).

71) 最高裁判所, 1958. 3. 6, 〈最高裁判所民事判例集〉, 12권 3호, 414면(부부관계가 파탄에 빠져 있는 때에 체결된 계약은 취소할 수 없다).

72) 最高裁判所, 1967. 2. 2, 〈最高裁判所民事判例集〉, 21권 1호, 88면(혼인이 실질적으로 파탄된 때에는 취소할 수 없다).

73) 國附 岡, "判例批評", 〈同知社法學〉, 19권 3호, 102면.

74) 平井宣雄, "判例批評", 〈法學協會雜誌〉, 89권 2호, 245면.

뿐만 아니라 1967년 판결에서 혼인이 실질적으로 계속되는 경우에 한하여 제 754조가 적용된다고 하는 일반명제에 대해서 오히려 그 구체적 기준을 명확히 할 필요가 있다는 학설[75] 혹은 개개의 구체적 사정에 대응하여 기초적 권리남용론으로 판단해야 한다는 학설[76], 혼인관계가 파탄된 경우 혼인파탄에 책임 있는 유책 배우자가 취소권을 행사하는 것은 신의칙 내지 권리남용 법리상 허용되지 않는다고 해석하는 학설[77] 등도 있다. 특히 혼인관계가 파탄된 경우에도 제 754조가 적용되는 것을 전제로 하여 일반원칙의 적용을 고려하는 입장[78]에 의하면 계약취소권의 행사가 신의에 반하는 때에는 신의칙 위반을 이유로 그 행사는 허락될 수 없다고 해석하게 된다.

한편 현행제도가 존재하고 있기 때문에 이 규정의 적용을 해석상 제한하려는 움직임도 있다.[79]

첫째, 계약취소권의 대상으로 된 계약을 제한하는 것이다. 예컨대 이 규정은 무엇보다도 결혼생활을 유지하기 위한 제도이기 때문에 이혼을 위한 증여 등은 성질상 본조의 적용 밖이고 그러한 증여는 취소할 수 없다. 또한 부양료, 부부간의 부조, 혼인비용의 부담의무나 일상가사에 관한 채무는 취소권의 대상으로 하지 않는다고 하는 것이다.

둘째, 혼인 중에 체결된 계약인 경우 혼인 중을 제한적으로 해석하는 것이다. 즉, 여기에서 말하는 혼인 중이라는 것은 단지 형식적으로 혼인을 계속하고 있는 것만이 아닌 실질적으로도 계속하고 있는 것을 요하므로 혼인파탄의 경우는 여기에 포함되지 않는 것으로 한다.

셋째, 정상적 관계에 있는 부부간에 체결된 계약은 정상적 관계에 있는 동안에만 취소할 수 있다는 것이다. 이 견해에 의하면 어떠한 경우에서도 혼인

---

75) 平井宣雄, 上掲論文, 250면.

76) 鍛治良堅, “婚姻關係の破綻と夫婦間の契約取消權”, 《家族法判例白選》(新版增補) 別冊ジュリスト, 40호, 49면.

77) 松鴨有起子, “婚姻關係の破綻と夫婦間の契約取消權”, 《家族法判例白選》(第3版) 別冊ジュリスト, 66호, 37면.

78) 松鴨有起子, 上掲論文, 37면.

79) 小野幸二 編, 前掲書, 27면.

파탄 시에는 계약은 취소할 수 없는 것으로 되고 실질적으로 제754조가 적용될 여지는 없는 것으로 된다. 판례도 이 견해에 따르는 것으로 해석한다.

넷째, 이 규정의 취소권은 혼인관계가 파탄에 빠져 있는 경우에 취소권의 행사를 일률적으로 제한하기 위한 것이 아니고 어디까지나 부당행사를 제한하려는 것이기 때문에 부부가 진의로서 계약한 경우에 상호이행하여야 하는 것을 전제로 하여 해석하여야 한다는 것이다. 따라서 권리남용 법리에 의한 취소권의 제한도 강력하게 주장되고 있다.

이와 같이 한국과 일본에서 부부계약취소권 규정은 법원에 의한 획일적 기준의 적용에 의하여 실제로 유명무실하게 되고 사문화되고 있다는 점이 문제점으로 지적되고 있다. 그럼에도 불구하고 이 규정을 존치시키면서 해석론에 의하여 운영의 묘를 살리려고 하는 것은 무의미하다고 생각한다.

이 규정의 본래 취지는 원만한 부부관계를 유지시키기 위한 것이지만 취소권을 행사할 필요가 있는 것은 파탄에 빠진 경우가 대부분이다. 법원은 이러한 경우 파탄에 빠진 상태라는 결과만을 인정하여 취소권을 부인할 뿐 누구의 책임에 의한 파탄인가에 관하여는 판단하지 않는 것 같다. 따라서 구체적 기준, 권리남용이론, 신의칙 등에 의한 취소권의 배제나 제한이라고 하는 해석론은 법원의 판단이 구체적인 것으로 변경되지 않는 한 의미를 갖지 못한다고 볼 수 있다. 적용해야 할 필요가 있는 경우에 적용될 수 없는 법규란 존치의 의미가 없는 것이며 이러한 규정에 대한 해석론이란 공론에 지나지 않을 가능성이 많다고 할 수 있기 때문이다.

VI. 입법론

한국의 학자들은 부부계약취소권 규정의 문제점과 관련하여, 독일민법이나 스위스민법처럼 이러한 규정을 두지 않는 편이 좋다[80]고 주장한다. 즉,

---

80) 김주수, 전게서, 2002, 507면; 양수산, 전게서, 234~5면; 박병호·이홍재, 전게서, 99면; 이근식, 전게논문, 75면.

부부간이라는 신의칙이 요구되는 관계에 있어서 일방의 임의에 의한 취소를 일부러 규정하는 것은 오히려 해롭기 때문에 이러한 규정은 필요치 않으며 부부간에 분쟁이 있다면 이것은 가정법원제도의 활용에 맡기는 것이 타당하다는 것이다. 또한 부부간의 계약이 일방의 위력이나 애정에 빠져서 체결된 것이라면 민법총칙의 사기 · 강박에 의한 취소의 규정을 적용하면 될 것이고 계약의 이행문제에 관해서는 다른 일반의 계약이행과 구별할 필요없이 계약법에 의하면 된다[81]고 한다.

일본의 경우 이 규정의 폐지에 관한 논의가 오랫동안 계속되어왔다.

전후에는 가제도의 폐지와 남녀평등의 견지에서 민법규정을 개정하지 않으면 안 되었기 때문에 부부 상호간에 취소권을 인정하는 이 제도는 당면의 개정대상으로 되지는 않고 그대로 남아 있었지만 이 규정의 존치에 대하여 반대의견이 많았다. 즉, 부부의 독립 · 평등을 원칙으로 하는 현행제도하에서 부부간의 계약이 진의에 기한 것이 아니라는 것을 전제로 하는 입장을 취할 수는 없기 때문이다. 또한 해석론적으로 보아도 진의성이 없기 때문에 일방적으로 취소할 수 있다고 한다면 진의에 기한 경우에는 취소할 수 없도록 해야 하지만 그러한 취지의 규정은 없고 또 진의에 기하지 않는 경우에는 결혼해소 후에도 이를 취소할 수 있어야 하지만 취소는 혼인 중에 한정된다고 하는 불합리한 점[82]이 있다는 것이다.

그 결과 1959년 법제심의회 신분법소위원회는 "가결정 및 유보사항"에서 "제754조는 본래는 부부간에 분쟁이 없을 때에는 필요없는 규정이고 부부간에 분쟁이 있을 경우 오히려 부당한 결과를 초래하기 때문에 본조를 삭제하는 것이 타당하다"고 하였다(가결정 및 유보사항 제9조).[83] 즉, 제754조에 의해서 부부간의 계약은 자유로이 취소할 수 있는 것으로 되어 있지만 이러한 규정에 합리성이 있는가에 관해서는 종전부터 문제가 되어왔기 때문에

---

81) 정광현, 전게서, 170면; 김주수, 전게서, 2002, 507면; 배경숙, "부부간의 계약과 취소권의 문제점", 〈법조〉(1970. 5), 19권 5호, 72면.

82) 二宮周平, 前揭書, 100면.

83) 有地 亨, 前揭論文, 69면.

"가결정 및 유보사항"에서 이 규정을 삭제하는 것으로 결정하였던 것이다.

그러나 이 규정은 계속 존치되었으며 1992년 혼인 및 이혼제도 개정심의에 관한 중간보고에서 다시 제 754조의 폐지가 주장되었다. 즉, 부부간의 계약도 취소제도일반(예컨대, 서면에 의하지 않은 증여를 취소하는 것이 가능한 제 550조)의 적용을 받는 것만으로 충분하고 현행 부부간의 계약취소권제도는 이혼을 사실상 상정해서 행한 부부간의 계약이 이유 없이 취소되는 등 폐해가 따르기 때문에 폐지해야 한다는 것이다.

이러한 중간보고의 의견에 동조하여 제 754조를 폐지해야 한다는 의견이 많았다. 그 이유로서 첫째, 현행제도는 부부 일방의 제멋대로인 행동을 방임하는 것으로 되어 폐해가 있다. 둘째, 혼인관계가 양호한 때에는 부부계약취소는 문제가 되지 않으나 혼인관계가 파탄된 경우에는 취소가 허락되지 않기 때문에[84] 결국 제 754조는 적용의 여지가 없는 규정이다. 셋째, 부부간의 계약이라고 하여도 통상의 계약보다 효력을 약하게 할 이유가 없다. 넷째, 이 제도는 부부간의 계약이 진의에 기하지 않는 경우가 있을 수 있다는 것을 전제로 하고 있지만 이러한 입법태도는 부부의 독립과 평등을 보장하는 현행 법제도에서는 채택될 수 없다. 다섯째, 부부간에서 위압이나 익애 등에 의하여 진의성에 의문이 있는 계약이 행해진 경우에는 그 효력은 민법총칙이나 계약법상 규정을 적용해야 하는 것이 상당하다는 이론적 이유도 부가되고 있다.

1994년 민법 개정시안은 부부간의 계약취소권제도를 폐지하는 것으로 되어 있다. 그 이유는 다음과 같다.[85]

첫째, 혼인관계가 파탄된 경우에 부부간의 계약은 실질적으로는 이혼 후의 재산분여의 선취로서의 의미를 갖는 것이므로 임의의 취소를 인정하는 것은 상대방 배우자 보호라는 면에서 볼 때 문제가 있다. 둘째, 현행 제 754조는 부부간의 증여계약의 취소권을 인정한 프랑스민법 제 1096조에 유래하

---

84) 最高裁判所, 1968. 2. 2, 〈最高裁判所民事判例集〉, 21권 1호, 88면.

85) 法務省民事局參事官室 編, 《婚姻制度等に關する民法改正要綱試案及び試案の說明》, 日本加除出版株式會社, 1994, 58면.

는 것인데 동법하에 있어서 이혼은 반드시 법원을 경유하여 행해지기 때문에 법원에 의하여 적정한 급부가 확보된다. 이에 반하여 일본에서는 이혼의 대부분이 법원의 관여가 없는 협의이혼이기 때문에 부부간의 계약취소권이 남용될 위험성이 있다. 셋째, 민법 제754조는 부부간에는 심사숙고하지 않고 계약이 체결될 수 있다고 하는 사정을 기초에 놓고 있는 것으로 생각되지만 동조를 삭제하여도 계약의 일반법리에 의하여 구제가 가능하다. 넷째, 민법 제754조는 판례에 의하여 실질적 수정을 받고 있기 때문에 그 존재의의를 상실하고 있다는 점 등이 폐지의 이유로 되었다.

1996년 개정시안에도 부부계약취소권 규정은 삭제하는 것으로 되어 있다.[86]

VII. 맺는말

이상에서 살펴본 바와 같이 한국에서는 학자들만이 부부계약취소권 규정을 삭제하자는 주장을 할 뿐 적극적으로 이를 삭제하는 방향으로 아직 개정이 이루어지고 있지 아니하다. 부부계약취소권 규정은 우선 그 입법취지에서 부부불평등을 전제로 하고 있다는 점, 약자인 처를 보호한다고 하나 사실상 부의 우월성을 뒷받침하고 있다는 점, 그리고 혼인 중의 계약에 한해서 강제이행을 허용하지 않는 것에 대한 특별하고 상당한 이유가 없다는 점 등을 문제점으로 지적할 수 있다.

또한 부부계약취소권 규정이 현실적으로 적용되는 경우, 판례는 혼인 중이라는 의미를 형식적, 실질적으로 원만한 혼인관계의 지속을 의미한다고 해석한다. 따라서 혼인관계가 파탄된 경우에는 취소권을 행사할 수 없게 되고 결국 이 규정은 적용될 기회가 없는 유명무실한 조문이 될 수밖에 없다. 또한 이러한 획일적 기준을 모든 경우에 적용함으로써 구체적 타당성을 상실

86) 法務省民事局參事官室, "民法の一部を 改正する法律案要綱について", 〈戶籍時報〉(1996), No. 457, 5면.

하게 된다는 점 등이 문제점으로 드러나고 있다.

부부계약취소권 규정은 이러한 문제점이 있기 때문에 부부평등의 실현이라는 입장에서 반드시 삭제되는 방향으로 개정되어야 할 것이다. 이 규정이 삭제된다고 하더라도 부부간의 계약이 어느 일방의 위압이나 익애 등에 의하여 체결됨으로써 발생하는 문제는 민법총칙이나 계약법에 의하여 해결될 수 있는 것이다.

법규만이 사회적, 경제적 약자인 처를 보호한다는 입법이유를 가지고 구태의연하게 존치되면서 변화하는 상황을 규율할 수 없다면 그 법규의 존재가치는 이미 상실한 것으로 볼 수 있다. 개정의 시기가 빠를수록 한국의 가족법은 변화하는 시대상황에 대처하는 적응력 있는 가족법으로서 자리매김을 할 수 있을 것이다.

제4장

약혼법과 이혼법의 정비를 위한 검토

I. 머리말

우리 민법은 혼인법 중 약혼에 관하여 제800조에서 806조에 걸쳐 총 7개의 조문을 두고 있다. 이 조문들 중 1990. 1. 13 민법개정에 의하여 제804조 약혼해제사유 중 3호와 6호가 개정되었을 뿐 그밖의 조문들은 1960. 1. 1 민법전 시행 당시와 변함이 없다. 다만 절차법으로서 가사소송법 제2조 1항 가, 가사소송사건 (3) 다류사건 1. 약혼해제로 인한 손해배상청구(제3자에 의한 청구 포함) 및 원상회복청구 규정을 두고 있다. 따라서 약혼예물반환청구권 규정이나 손해배상청구권의 소멸기간에 관한 규정 등을 민법에 명문화해야 할 것인지에 관하여 검토할 필요가 있다.

현행 이혼법은 1977년 개정에 의하여 협의이혼에 있어서 확인절차라는 과정을 신설하였으며 1990년 개정에 의하여 이혼의 효과로서 양육자규정인 제837조를 개정하였고 면접교섭권(제837조의 2)과 재산분할청구권(제839조의 2)을 신설하였다. 그러나 협의이혼에 있어서는 1977년 개정에도 불구하고 이혼율이 증가하고 있다는 점에 비추어 협의이혼을 제한하는 규정을 두어야

* 이 논문은 〈가족법연구〉(한국가족법학회, 2001), 제15권 1호(통권 제15호)에 게재된 것임.

할 필요가 있는지에 관하여 외국 입법례를 참고하여 검토할 필요가 있다. 또한 재판이혼에 있어서 파탄주의 이혼사유를 예시적으로 규정함에 있어서 이혼사유에 관한 검토의 필요성도 논의가 되어야 할 것이다. 이혼효과에 있어서도 이혼으로 인하여 불이익을 받게 되는 배우자 일방과 미성년자를 위한 규정, 즉 자의 양육규정, 그 중 특히 영유아를 포함한 취학 전 아동의 양육자 지정을 비롯한 양육비 문제, 재산분할청구제도 문제, 이혼 후 경제적 약자를 위한 부양료, 주거 문제 등이 검토되어야 할 것으로 생각된다.

이 논문에서는 현행 약혼법과 이혼법에 있어서 개정, 신설 등 정비가 필요하다고 생각되는 조문들을 중심으로 학설, 판례, 외국 입법례 등을 참고하여 검토하고자 한다.

II. 약혼법에서 검토되어야 할 사항

1. 약혼의 자유에 관한 제800조

민법 제800조는 "성년에 달한 자는 자유로 약혼할 수 있다"고 규정하여 약혼의 자유를 선언하고 있다. 이 규정에는, 종래 관습상 정혼을 비롯한 혼인규범이 당사자의 의사에 의해서가 아닌 주혼자의 의사에 의해서 결정되었던 사실에 비추어 이제는 당사자가 아닌 한 부모를 비롯한 어떠한 자의 간섭도 전적으로 배제한다는 연혁적 의미가 내포된 것이다.[1)]

그러나 민법 제800조의 성년자의 약혼자유규정은 제801조 미성년자 약혼에 있어서의 동의규정, 그리고 제802조의 금치산자의 약혼에 있어서의 동의규정과 관련시켜볼 때 불필요하고 무의미하다[2)]는 견해는 타당하다고 생각한다. 즉, 미성년자인 경우는 물론 금치산자인 경우 동의가 있어야만 약혼

---

1) 졸고, "민법상 약혼제도의 재검토", 〈가족법의 제문제〉(법무부, 1984), 법무부자료 제55집, 108면.

2) 김용한, 《친족상속법론》, 박영사, 1981, 150면.

할 수 있다는 제 801조와 제 802조의 규정만으로도 성년자는 자유로 약혼할 수 있게 되므로 구태여 성년자의 약혼자유에 관한 규정을 둘 필요가 없기 때문이다. 혼인의 경우에도 성년자의 혼인자유를 선언한 규정 없이 제 808조 1항과 3항의 규정만으로도 성년자인 한 금치산자가 아니라면 자유롭게 혼인할 수 있도록 하고 있다. 따라서 혼인법과의 균형상 약혼의 경우에도 이러한 규정을 둘 필요가 없다고 생각된다.

다만 제 800조가 약혼은 당사자의 합의에 의하여 성립되며 합의 외에 다른 어떠한 형식도 필요치 않는 불요식행위라는 의미까지를 내포하는 것이라면, 다른 입법례처럼 "약혼은 남녀 당사자의 자유로운 의사에 의하여 성립한다"(대만민법 제 972조) 또는 "약혼은 혼인의 약속에 의하여 성립한다"(스위스 민법 제 90조 1항)[3]는 등의 명문규정으로 대체함이 타당하다고 생각된다.

따라서 제 800조는 불필요한 규정으로서 삭제하든지 그렇지 않으면 규정의 성격을 보다 명확히 하기 위하여 약혼은 당사자의 자유의사만에 의하여 성립하는 불요식행위라는 의미의 규정으로 개정할 필요가 있다.

2. 약혼해제사유에 관한 제 804조 3호

약혼해제사유에 관한 제 804조 중 3호와 6호가 1990. 1. 13 개정되었다. 이 중 3호는 종래 "성병, 폐병 기타 불치의 악질이 있는 때"라고 하여 불치의 악질로서 성병, 폐병을 예시하였으나 개정법은 폐병 대신 불치의 정신병을 예시하고 있다. 1958년 민법제정 당시 폐병은 우리 국민의 건강을 위협하던 불치의 질병이었기 때문에 약혼해제사유가 되었으나 이제는 폐병은 치유가능한 질병이 되었다. 그러나 아직도 현대의학의 발달로도 치유할 수 없는 에이즈, 유전성 질환 등 많은 질병들이 있다. 그 중 불치의 정신병은 말 그대로 불치이기 때문에 약혼해제사유가 될 수 있다. 그러나 제 804조 3호는 "성병, 불치의 정신병 기타 불치의 악질이 있는 때"라고 규정하여 한 조문 안에 "불치"라는 용어를 두 번씩이나 반복 사용함으로써 세련되지 못한 조문

3) 이 논문에서 인용하는 스위스민법은 2000. 12. 28 시행법임.

이 되고 말았다.

불치의 질병에 대한 예시 없이 다만 "중대한 불치의 악질이 있는 때"[4] 라는 규정만으로도 현대의학으로 치유불가능한 질병이 있는 경우 이를 파혼사유로 하는 것이 타당하다고 생각된다. 그렇지 않으면 "불치의 성병, 정신병 기타 질병이 있는 때"라고 하여 "불치"라는 용어를 앞에 규정함으로써 불치의 질병을 예시하는 방법도 있을 것이다.

3. 약혼해제에 관한 804조 1호부터 8호까지의 순서 재조정

약혼해제사유에 관하여 구체적으로 규정하는 입법례(대만민법 제976조 1항 1호~9호)[5] 와 추상적으로 규정하는 입법례, 즉 중대한 사유에 기하여 약혼을 해제한 때(독일민법 제1298조 3항) 또는 중대한 이유 없이 약혼을 파기 한 때(스위스민법 제92조)와 같은 입법례가 있다.

우리 민법은 대만민법처럼 약혼해제사유를 구체적으로 규정하고 있다. 약혼해제에 관한 제804조는 다음과 같이 규정하고 있다.

1호, 약혼 후 자격정지 이상의 형의 신고를 받은 때
2호, 약혼 후 금치산 또는 한정치산의 선고를 받은 때
3호, 성병, 불치의 정신병 기타 불치의 악질이 있는 때
4호, 약혼 후 타인과 약혼 또는 혼인을 한 때
5호, 약혼 후 타인과 간음한 때
6호, 약혼 후 1년 이상 그 생사가 불명한 때

---

4) 陳棋炎, 《民法親屬》, 三民書局印行, 1973, 60~3면(대만민법 제976조 1항 4호).

5) 대만민법 제976조는 당사자의 귀책사유에 기인한 원인들을 1호 또는 2호의 사유로 규정하고 있다. 즉, 1호, 혼인을 체결한 후 타인과 다시 혼인을 체결하거나 또는 결혼한 때, 2호, 고의로 결혼의 기일을 위반한 때, 3호, 생사불명이 된 지 만 1년이 지난 때, 4호, 중대한 불치의 악질이 있는 때, 5호, 화류병 또는 기타의 악질이 있는 때, 6호, 약혼체결 후 불구자가 된 때, 7호, 약혼체결 후 타인과 간음한 때, 8호, 약혼체결 후 도형의 선고를 받은 때, 9호, 기타 중대한 사유가 있는 때 등의 순서로 되어 있다.

7호, 정당한 이유 없이 혼인을 거절하거나 그 시기를 지연한 때
8호, 기타 중대한 사유가 있는 때 등이 그것이다.

이러한 규정순서는 어떠한 기준에 의한 것이라고 보기 어렵다. 당사자의 귀책사유에 기인한 중요한 원인을 처음에 규정한다든지 하는 등의 배열기준이 없다는 것이다. 따라서 특히 중요한 사유를 1호로 전환시키는 것이 타당하다[6]는 주장도 있다. 즉, 현재 7호 규정인 "정당한 이유 없이 혼인을 거절하거나 그 시기를 지연하는 때"라는 사유는 약혼해제사유로서 가장 적절한 사유라고 볼 수 있으므로 7호를 1호로 전환시키는 것이 타당하다는 것이다.

물론 어떠한 순서로 배열하든지 간에 그 효과에 차이가 없음은 말할 필요도 없다. 그러나 조문의 격식이나 체제상 어떠한 기준에 의하여 해제사유가 나열되는 것이 바람직하다고 생각한다. 따라서 당사자의 귀책사유에 기인한 중요한 원인부터 처음에 규정하는 식의 순서로 현행 각호의 배열순서를 다음과 같이 재조정하는 것이 타당하지 않을까 생각된다.

1호, 약혼 후 타인과 약혼 또는 혼인한 때
2호, 약혼 후 타인과 간음한 때
3호, 정당한 이유 없이 혼인을 거절하거나 그 시기를 지연한 때
4호, 약혼 후 자격정지 이상의 형의 선고를 받은 때
5호, 성병, 불치의 정신병 기타 불치의 악질이 있는 때
6호, 약혼 후 금치산 또는 한정치산 선고를 받은 때
7호, 약혼 후 1년 이상 그 생사가 불명한 때
8호, 기타 중대한 사유가 있는 때로 배열할 수 있을 것이다.

4. 약혼의 부당파기로 인한 손해배상청구권의 소멸기간의 설치

민법은 약혼의 부당파기로 인한 손해배상청구권에 관하여 제 806조의 규정만을 두고 있다. 제 1항은 당사자 일방으로 하여금 과실 있는 상대방에게 손해배상을 청구할 수 있도록 하고, 제 2항은 손해배상에는 재산상 및 정신

---

6) 정광현, 《한국가족법연구》, 서울대학교출판부, 1967, 375면.

상 고통에 대한 책임도 포함된다는 것을 규정하며, 제 3항은 정신상 고통에 대한 손해배상청구권은 당사자 사이에 이미 그 배상에 관한 계약이 성립되었거나 소를 제기가 후가 아니면 양도 또는 승계할 수 없도록 규정하고 있다. 그리고 가사소송법 2조 1항 가, 가사소송사건 (3) 다류사건 1. 에서 약혼해제로 인한 손해배상청구 및 원상회복의 청구에 관하여 규정하고 있다. 그리고 제 806조 규정을 혼인취소(제 825조), 재판상 이혼(제 843조), 입양의 무효, 취소(제 897조), 재판상 파양(제 908조)에 준용하고 있다.

그러나 이러한 경우 손해배상청구권의 소멸기간은 규정하고 있지 않기 때문에 손해배상청구권의 행사시기는 손해배상책임의 성질을 어떻게 보느냐에 따라 달라질 수 있게 된다.

먼저 약혼의 부당파기로 인한 손해배상책임의 성질을 불법행위로서 구성하는 견해는 약혼을 비법률적 약속으로 본다.[7] 즉, 약혼은 일종의 사회적, 도덕적 의무에 불과한 것이므로 약혼 당사자 중의 일방이 부당하게 이를 파기한 경우 이에 대한 손해배상책임과 약간의 사회적 의무로서의 효과를 제외한다면 친족법상 아무런 지위나 신분적 효과가 발생하지 않는다. 또한 약혼을 법률행위로서 인정한다는 것은 혼인의 자유를 구속하는 것이며, 비록 약혼을 이유로 혼인을 강제할 수 없으며 부당하게 파기하는 경우 손해배상책임을 인정한다고 할지라도 그 본질에는 변함이 없다. 뿐만 아니라 그 부당파기가 위법성을 띠는 경우에는 불법행위로 다루어야만 스스로 약혼을 파기하는 행위를 하면서 상대방이 혼인을 요구하면 응하겠다고 주장하는 자에 대한 책임의 부과도 가능한 것이다. 그리고 불법행위로 구성하는 편이 손해배상청구권의 소멸시효가 단기가 되며 따라서 법률관계도 빨리 안정될 수 있다고 한다.

이에 대하여 약혼의 부당파기에 대한 손해배상책임의 성질을 일종의 채무불이행으로 보는 견해[8]도 있다. 즉, 약혼은 신분적 합의에 의한 계약이며 따라서 약혼의 부당파기는 계약위반이 되기 때문이라고 한다. 일반적으로 채무

---

7) 高利公之, "約婚の破棄", 《家族法大系 II》, 有斐閣, 1959, 10~11면.

8) 김용한, "약혼해제의 효과", 〈사법행정〉(1963. 12), 27면.

불이행의 책임이 인정되기 위해서는 위법성이 필요한데 특히 약혼의 경우와 같이 약혼에 의하여 생기는 의무의 내용이 양 당사자의 성실한 행위를 요구하는 것과 같이 윤리적 색채가 강한 것에 관해서는 그 책임의 유무를 판단하는 데 있어서 그 위반성의 유무가 중요성을 띠는 것은 당연하다고 보고 있다. 또한 약혼에 관해서 명문규정을 두고 있는 우리 민법의 해석으로서는 약혼을 순수한 사회적 의미에 있어서의 계약에 지나지 않는다는 비법률적 구속으로 보는 전제에서 출발한 불법행위설을 찬성할 수 없다고 한다.

이상에서 살펴본 바와 같이 손해배상책임의 성질에 관하여 학설이 대립된다. 만일 불법행위책임으로 본다면 그 주관적 요건인 가해자의 고의, 과실에 대한 입증책임은 원칙적으로 피해자에게 있게 되며 손해배상청구권은 손해 및 가해자를 안 날로부터 3년, 불법행위일로부터 10년이 경과하면 소멸될 수 있다(제 766조). 그러나 채무불이행책임으로 본다면 가해자가 스스로 귀책사유 없음을 입증해야 하고 손해배상청구권은 10년의 시효로서 소멸될 수 있을 것이다(제 162조 제 1항).

한편 약혼해제의 경우 손해배상책임의 성질을 채무불이행으로 보는 견해에 있어서도 채무불이행으로 인한 손해배상청구권의 소멸시효기간이 10년이기 때문에 신분관계요건을 그토록 오랫동안 불안정한 상태로 둔다는 것은 불합리하다고 본다. 따라서 소멸기간만을 생각한다면 오히려 불법행위책임을 취하는 편이 타당하다[9]고 한다. 대법원 판례는 사실혼부당파기에 관한 판결[10]에 있어서 당사자 일방은 과실 있는 상대방에 대하여 채무불이행으로 인한 손해배상을 청구할 수 있는 동시에 고의 또는 과실로 권리를 침해한 것이라 하여 불법행위로 인한 손해배상을 청구할 수 있도록 하고 있다. 다만 사실혼파기에 가담한 제 3자에 대하여는 불법행위로 인한 손해배상만을 청구할 수 있도록 하였다. 그리고 이 판례는 약혼해제에 관하여도 동일하게 해석, 적용되어야 할 것[11]이라고 한다.

---

9) 상게논문, 52면.

10) 대법원, 1970. 4. 28, 69므73.

11) 법원행정처, 《법원실무제요》, 1994, 513면.

약혼해제에 관한 손해배상청구 규정이 준용되는 재판상 이혼에 있어서 손해배상의 성질에 관하여도 불법행위설, 채무불이행설, 어느 쪽으로도 구성이 가능하다는 설 등이 있으나 통설은 불법행위책임으로 파악하고 있다.[12)] 판례도 "재판상 이혼에 있어서 위자료청구권은 상대방 배우자의 유책불법한 행위에 의하여 혼인관계가 파탄상태에 이르러 … 정신적 고통을 위로하기 위한 손해배상청구권으로서 …"[13)] 라고 함으로써 불법행위책임으로 보고 있다. 따라서 불법행위책임으로 본다면 소멸시효는 3년으로 볼 수 있다.[14)]

이와 같이 판례가 재판상 이혼에서 손해배상책임을 불법행위책임으로 구성한다면 준용규정인 약혼해제로 인한 손해배상책임도 불법행위책임으로 볼 수 있을 것이고 약혼해제로 인한 손해배상청구권의 소멸기간도 3년으로 해석될 수 있을 것이다. 그러나 신분관계로 인한 청구권의 행사기간이 장기간이 되는 것은 신분관계의 안정이라는 측면에서 볼 때 바람직하지 않기 때문에 민법은 다른 사항에 관한 신분관계 예컨대 친생부인 소(제 847조 1항(현재 효력정지규정)), 친생자관계존부확인 소(제 865조), 혼인취소(제 819조, 821조 기타), 이혼청구권(제 841조, 제 842조), 재산분할청구권(제 839조의 2) 등에 있어서 2년 미만의 단기간의 청구권의 소멸기간을 규정해놓고 있는 것이다.

외국 입법례의 경우 독일, 스위스, 대만민법 등은 약혼해제의 효과로서 손해배상에 관하여 우리 민법보다 훨씬 상세하게 규정하고 있다. 독일민법에서는 제 1298조 내지 제 1302조에 걸쳐 약혼해제의 경우 손해배상책임과 그 청구권의 소멸기간을 규정한다. 독일민법은 배상책임을 일방이 부당히 약혼을 해제한 경우(제 1298조 1항), 중대한 사유에 기하여 해제한 경우(제 1298조 3항), 해제에 원인을 준 것을 이유로 하는 손해배상(제 1299조) 등으로 나누어 규정하고 있다. 이상의 규정에 의하여 인정되고 있는 손해배상청구는 약혼이 해제된 때로부터 2년의 시효에 의하여 소멸한다(제 1302조) 고 되어 있다.

---

12) 상게서, 516면.

13) 대법원, 1993. 5. 27, 92므143.

14) 법원행정처, 전게서, 513면.

스위스민법에서도 약혼해제의 경우 약혼자 일방이 혼인의 체결을 목적으로 선의로 혼인을 준비한 경우에는 여러 가지 사항을 고려해서 그것이 부당하지 않은 때는 타방에 대하여 상당한 배상을 청구할 수 있다(제 92조). 그러나 청구권의 소멸시효는 독일민법과 달리 약혼해제 후 1년이 경과함으로써 소멸한다(제 93조)고 규정하고 있다.

대만민법은 법정원인이 있는 경우의 배상책임(제 977조)과 법정원인이 없는 경우의 배상책임(제 978~979조)을 나누어 규정하고 있다. 종래는 우리 민법과 같이 청구권의 행사시기에 관한 규정이 없었으나 1985년 제 979조의 2를 신설하여 손해배상청구권은 2년간 행사하지 않으면 소멸하는 것으로 규정하고 있다.

다른 나라의 입법례를 참조하여 우리 민법도 약혼해제로 인한 손해배상청구권에 관하여 1년 혹은 2년 정도의 단기간의 소멸기간을 명문으로 규정하는 것이 필요하다고 생각한다.

5. 약혼예물반환에 관한 문제

1) 약혼예물반환에 관한 규정의 신설

약혼의 경우 형식적 요건이 필요치 않으나 약혼 시 예물을 교환하여 약혼성립의 징표로 삼는 것이 우리 사회의 일반적 관행이다. 민법은 약혼에 관한 규정을 두고 있으면서 약혼해제의 경우 예물반환의 문제에 관해서는 아무런 규정을 두고 있지 아니하다. 다만 가사소송법 제 2조 1항 가, 가사소송사건 (3) 다류사건 1. 에서 약혼해제로 인한 손해배상청구 및 원상회복청구에 관한 규정을 두고 있다. 여기에 규정된 원상회복청구라는 것은 약혼성립의 징표 내지 수단으로서 상대방에게 교부한 금품 또는 상대방 점유하에 있는 자기소유물건의 반환을 의미한다[15]고 해석하고 있으므로 약혼예물반환 문제는 실체법이 아닌 가사소송법에 의하여 처리되고 있다. 가사소송법상 원상

15) 상게서, 514면.

회복청구는 당사자 사이의 청구에 한하여 인정되고 제 3자에 대한 청구는 허용되지 않는다.[16]

외국의 입법례로서 스위스민법 제 91조 1항은 "약혼자 상호간에 행한 증여는 약혼자 일방의 사망으로 약혼이 해소된 경우를 제외하고 그 반환을 청구할 수 있다", 제 2항은 "증여물이 잔존하지 아니한 경우에는 부당이득에 관한 규정에 의하여 처리한다"고 규정한다. 독일민법 제 1301조는 "혼인이 체결되지 않은 경우 약혼자 각각은 상대방에게 증여한 것 또는 약혼의 징표로서 급여한 것의 반환을 부당이득반환의 규정에 따라 청구할 수 있다"고 규정한다. 대만민법의 경우는 종래 약혼예물반환에 관한 규정이 없었기 때문에 약혼의 무효, 취소, 당사자의 약혼해제 등으로 인하여 혼인이 불성립한 경우 그 증여는 혼인불성립을 해제조건으로 하므로 부당이득규정에 의하여 받은바 이익을 증여인에게 반환하여야 한다[17]고 해석하여왔다. 그러나 1985년 가족법 개정으로 제 979조의 1을 신설하여 혼약을 체결하고 증여를 한 자는 혼약의 무효, 해제 또는 취소된 때 타방에 대하여 증여물의 반환을 청구할 수 있다고[18] 규정하고 있다.

우리 민법도 약혼예물반환규정은 없으나 약혼예물의 법적 성질에 관하여 학설[19]과 판례는 "혼인의 불성립을 해제조건으로 하는 증여와 유사한 것"으로 보고 있다. 즉, "약혼예물수수는 약혼의 성립을 증명하고 혼인이 성립한 경우 당사자 내지 양가의 정리를 두텁게 할 목적으로 수수되는 것으로서 혼인의 불성립을 해제조건으로 하는 증여와 유사한 성질을 가지므로"[20]라고 하여 혼인이 성립하지 않으면 주지 않을 증여라고 보고 있다. 따라서 혼인의 불성립이 확정된 때에는 약혼자는 서로 교환한 예물을 부당이득반환 법

---

16) 상게서, 515면.

17) 陳棋炎, 前揭書, 74면.

18) 林秀雄, "臺灣の家族法", 《世界の家族法》, 敬文堂, 1991, 235면.

19) 정광현, 《신친족상속법요론》, 법문사, 1962, 384면; 김용한, 전게서, 154면; 김주수, 《친족상속법》, 법문사, 1997, 106면 등.

20) 대법원, 1996. 5. 14, 96다5506.

리에 따라 청구할 수 있다고 해석한다.

다만 반환범위에 관하여는 당사자의 귀책사유 여부에 따라 다르다고 한다. 즉, 당사자 일방의 귀책사유로 인하여 약혼이 파기된 경우 무책 당사자에게 반환청구권이 인정되지만 동시에 자기가 받은 물건에 대한 반환의무는 없다. 반면 "약혼의 해제에 관하여 과실이 있는 유책자로서는 그가 제공한 약혼예물에 대하여 적극적으로 반환을 청구할 권리가 없다"[21] 고 한다. 그리고 쌍방유책인 경우 주된 책임자는 반환청구할 수 없으나 반환의무는 있는 것이며, 양자의 책임이 동등한 경우 과실상계의 원리를 준용하면서 반환범위를 결정하여야 한다[22] 고 한다. 외국 입법례의 경우 일본은 우리나라와 같은 입장을 취한다.[23]

그러나 이와 다른 해석을 하는 입법례도 있다. 독일민법은 제 1301조의 해석과 관련하여 약혼예물의 반환청구권은 일종의 특수한 부당이득반환청구권이기 때문에 제 1298조의 손해배상청구권과 달리 약혼 당사자의 과실여부에 좌우되지 않고 반환을 인정하는 것이 당연한 것으로 받아들여진다.[24] 대만의 경우도 수증자는 증여자가 약혼해제에 관해서 과실이 있다는 것을 이유로 하여 증여물의 반환을 거절할 수 없다[25] 고 한다. 스위스민법은 예물반환청구권은 약혼을 파기한 자의 책임여부를 묻지 않고 부당이득반환 규정에 따라 반환하여야 한다(제 91조 2항) 고 규정한다.

우리 민법도 이상의 외국 입법례를 참고하여 약혼해제의 경우 당사자는 부당이득반환에 관한 규정에 따라 약혼으로 인하여 증여한 예물 기타 물건 등의 반환을 청구할 수 있다고 명문으로 규정하는 것이 필요할 것이다. 이 경우 당사자의 유책여부에 관계없이 약혼예물의 반환청구를 인정하지만 독일민법 제 815조[26] 의 경우처럼 예외적으로 특별한 사정이 존재하는 경우,

21) 대법원, 1976. 12. 28, 76므41, 42.

22) 김주수, 전게서, 107면; 정광현, 전게서, 1962, 294면; 김용한, 전게논문, 31면.

23) 久貴忠彦・古近健男 共著, 《親族》, 有斐閣, 1997, 67면.

24) Herman Lange, *Sörgel/siebert*, BGB Komm(§1297~1921), 10Aufl, s. 26.

25) 林秀雄, 前揭論文, 237면.

예컨대 금품을 사취하거나 기타 부정한 목적을 위하여 약혼을 성립시키거나 약혼을 해제한 경우에는 신의성실의 원칙에 의하여 반환청구를 배제할 필요가 있을 것이다.[27]

2) 약혼 당사자 일방이 사망한 경우

우리 민법은 약혼 당사자 일방이 사망한 경우 약혼예물반환 문제에 관하여 규정하고 있지 아니하다. 우리 관습법은 당사자 일방의 사망으로 인하여 약혼이 자연히 해소된 경우 약혼자에게 보낸 선폐금의 반환청구를 인정하였다.[28] 그러나 일방의 사망의 경우에까지 예물반환청구를 인정한다는 것은 너무 가혹하다는 이유로 반환청구를 부인하는 것이 타당하다[29]는 견해가 있다. 반면에 여기에 대한 규정이 없기 때문에 관습법을 존중해서라도 반환청구권을 인정하는 것이 타당하다[30]는 견해도 있다.

독일민법 제1301조 단서에 의하면 약혼이 당사자 일방의 사망으로 인하여 해소된 때는 그 반환청구가 배제되는 것으로 규정한다. 스위스민법 제91조 1항도 약혼이 약혼자 일방의 사망으로 인하여 해소된 경우에 쌍방은 반환청구를 할 수 없다고 한다. 이러한 경우 독일이나 스위스민법이 반환청구를 부인함에 반하여 대만이나 일본의 경우는 반환청구가 인정된다고 본다. 즉, 대만민법에서는 판례에 의하여 증여인이나 수증인이 사망한 경우 증여인이나 그 승계인은 증여를 취소할 수 없으나 증여물의 반환은 청구할 수 있다[31]고 한다. 일본의 경우도 명문은 없지만 학설은 당사자 일방의 사망에

---

26) 독일민법 제815조는 "급부로서 의도한 결과의 불발생을 이유로 한 반환청구권은, 그 결과의 발생이 처음부터 가능하지 않았으며 또한 급부자가 이러한 사실을 알았던 경우, 혹은 급부자가 신의성실에 반하여 그 결과의 발생을 방해한 경우에는 배제된다"고 규정한다.

27) 오종근, "약혼예물의 반환에 관한 일고찰", 〈판례월보〉(1990), 232호, 27면.

28) 《사법협회질의응답집》, 1935, 212면.

29) 정광현, 전게서, 1962, 300면.

30) 김용한, 전게논문, 31면; 김주수, 전게서, 107면.

의하여 약혼이 해소된 경우 반환청구권은 발생한다[32]고 추정한다.

우리 민법의 경우도 당사자 일방의 사망에 의한 약혼해제의 경우 반환청구권을 인정하는 규정을 두는 것이 합리적이라고 생각한다. 만약 이러한 규정을 둔다면 반환청구의 상대방은 사망한 자의 지위를 상속하는 상속인이 되는 것으로 보아야 할 것이다.

3) 약혼예물반환청구권의 소멸기간

독일민법은 제1302조에서 약혼해제로 인한 손해배상청구권의 소멸기간과 마찬가지로 약혼예물반환청구권도 2년의 시효로 인하여 소멸한다고 규정한다. 스위스민법은 제93조에서 약혼으로부터 발생한 청구권 또는 증여물반환청구권은 2년간 행사하지 않은 경우 소멸한다고 규정한다. 대만민법 제979조의 2는 약혼해제의 경우 손해배상청구권이나 증여물반환청구권은 2년간 행사하지 않으면 소멸한다고 규정한다.

우리 민법도 약혼예물의 반환에 있어서 명확하게 청구권의 소멸기간을 밝혀둘 필요가 있으며, 가능한 한 다른 입법례처럼 단기간으로 설정하는 것이 바람직할 것이다. 만일 약혼해제로 인한 손해배상청구권의 소멸기간을 2년으로 규정한다면 약혼예물반환청구권의 소멸기간도 2년으로 규정하는 것이 타당하리라 생각된다.

---

31) 陳棋炎, 前掲書, 74면.

32) 中川善之助, 《新訂親族法》, 青林書院新社, 1968, 157면.

III. 이혼법에서 검토되어야 할 사항

1. 협의이혼

1) 협의이혼취소에 관한 제838조

금치산자의 경우 협의이혼에 있어서 부모 또는 후견인의 동의를 얻도록 하고 있지만(제835조) 협의이혼취소 규정에는 금치산자에 관한 규정이 없다. 이와 같이 금치산자가 부모 또는 후견인의 동의를 얻지 않고 협의이혼하는 경우 취소규정이 없기 때문에 이 신고가 수리된 이상 이혼은 계속해서 유효하다[33]고 보는 견해가 있는 반면 금치산자가 동의 없이 혼인한 경우 혼인을 취소할 수 있는 규정(제816조 1호)을 유추적용하여 취소할 수 있다[34]고 보는 견해가 있다. 이러한 규정이 없는 것은 입법의 불비로 볼 수 있기 때문에 금치산자가 동의권자의 동의 없이 협의이혼하는 경우는 그 협의이혼을 취소할 수 있는 규정을 예컨대 "제838조의 2" 등으로 신설하여야 할 것이다. 그리고 취소권의 소멸기간은 동의 없는 혼인의 취소청구권의 소멸기간인 제819조를 준용하는 것으로 규정하는 것이 금치산자의 다른 신분행위와의 균형상 타당할 것이다.

2) 협의이혼의 제한

통계청의 2000년 인구동태 연보에 따르면 2000년 한 해에 33만 4천 쌍이 결혼하고 12만 쌍이 이혼하는 것으로 나타나 있다. 하루 평균 915쌍이 결혼하고 329쌍이 이혼한 것으로 볼 수 있다. 인구 1,000명당 이혼건수는 2.5건으로 1980년 0.6건에 비하여 20년 동안 4배로 증가했으며 이는 일본 2.0건, 독일 2.3건, 캐나다 2.4건, 스위스 2.3건 등을 능가하는 수치인 것이다. 한

33) 김주수, 전게서, 194면.

34) 배경숙·최금숙, 《친족상속법 강의》, 제일법규, 2000, 135면.

편 1997년 26.6%였던 이혼율이 1998년 37.5%, 1999년 40%로 급증하고 있는 것으로 나타나 있다.

또한 1999년 하루 평균 113쌍이 재판상 이혼청구소송을 하였으며 346쌍이 협의이혼을 한 것으로 나타났다. 1999년 협의이혼은 12만 6,500건으로 1998년에 비하여 2.4%, 10년 전인 1989년 4만 8,694건에 비해 2.6배가량 늘었다. 1995년 재판이혼이 1만 4,371건임에 비하여 협의이혼은 5만 8,843건이었고 1997년 9만 3,200건으로서 1996년 7만 9,700건보다 16.9%, 1990년 4만 4,900명보다 2배 이상 늘었다.

이와 같은 이혼율의 증가에는 복합적 요인이 있겠지만 우리의 현행 협의이혼제도도 한몫을 하고 있다고 생각한다. 1977년 이전보다는 개선되었지만 경솔한 이혼을 방지하기 위한 장치인 현재의 이혼의사 확인제도하에서도 재판이혼에 비하여 대략 3배 이상 되는 협의이혼율은 우리의 협의이혼제도의 문제점을 나타내고 있는 것으로 볼 수 있다.

협의이혼은 당사자의 자유의사를 존중하고 배우자 쌍방이나 가정의 프라이버시를 존중한다는 점에서 장점이 많은 제도이지만 또한 일시적 불화 등에 의하여 경솔하게 이혼하기 쉽고 따라서 혼인질서의 혼란을 초래할 수 있는 단점도 있는 제도인 것이다. 협의이혼은 이혼제도가 파탄주의를 취하는 경우 더 바람직한 제도로 자리잡을 수 있는 것이며 실제로 협의이혼제도를 인정하는 국가가 증가하고 있는 것도 그러한 사실을 증명한다(후술). 또한 현대법은 이혼을 죄악시하기보다는 인간의 생명권, 생존권의 기초로 파악하고 있으며 이혼은 특별한 일도 아니고 불행한 일도 아니라는 인식이 확산되고 있는 것이 현실이기도 하다. 즉, 과거에는 이혼을 부부갈등의 마지막 해결책으로 생각했지만 현재는 부부갈등의 가장 손쉬운 해결책으로 생각하고 있으며 그 수단으로서 우리의 경우 협의이혼제도가 이용되고 있다는 데 문제가 있다고 생각한다. 따라서 이러한 인식을 바탕으로 하는 협의이혼율의 증가를 현대적 추세로 그냥 받아들일 것인지 아니면 이를 제한하는 장치를 둘 것인지 검토해볼 필요가 있다.

외국 입법례와 비교하여볼 때 우리나라와 같이 당사자의 자유의사에 의한 이혼합의만으로 성립하는 협의이혼제도는 없는 것으로 보인다. 법원에 의한 선고도 없으며 경제적 약자나 미성년 자녀에 대한 배려규정도 없는 등 법원이 후견적 기능을 하기 위해 관여하는 어떠한 제도적 장치도 없기 때문이다.

프랑스의 경우 협의이혼이 인정되지만(1975년) 우리나라와는 그 형태가 다르다. 즉, 부부 쌍방이 이혼에 관한 협의를 하더라도 부부 쌍방이 법원에 공동으로 이혼청구를 하여야 하며 이때에 이혼 후의 상황을 규정한 합의계획서를 제시하고 법관의 인준을 받아야 한다(민법 제230조 1항). 그러나 이혼에 합의하더라도 혼인 후 6월 이내에는 상호동의에 의한 이혼청구를 할 수 없도록 제한한다(제230조 3항). 배우자 쌍방이 계속해서 이혼의사를 견지한다면 3월의 숙고기간이 경과한 후 다시 재판청구를 하여야 한다(제231조 2항). 이 기간의 경과 후 부부 쌍방이 이혼의사가 있고 부부 각자가 자유로운 상태에서 이혼에 합의하였다고 인정되면 법관은 이혼을 선고하고, 법관은 이 판결에서 이혼 후의 상황을 규율하는 합의계획서를 인준한다. 합의계획서가 자녀 또는 배우자 일방의 이익보호에 불충분하다고 판단하는 경우에 법관은 이 계획서의 인준을 거부하고 이혼청구를 기각할 수 있다(제232조 1항, 2항).[35] 이와 같이 프랑스는 혼인 후 6개월 이내에는 협의이혼청구를 할 수 없게 하고 이혼신청을 했더라도 다시 3개월의 숙고기간을 경과하여야만 재청구를 할 수 있도록 하며 또한 이혼 후의 상황에 관한 합의계획서를 법원에서 인준해야만 협의이혼이 가능하게 되어 있다.

러시아 신가족법에 의하면 "부부 중 어떤 일방도 미성년 자녀를 갖지 아니하는 자들이 혼인해소에 관하여 서로 합의하는 경우에는 혼인은 신분등록기관에서도 해소된다"(제19조)라고 하여 협의이혼의 경우 미성년 자녀가 없는 것을 조건으로 한다. 협의이혼에 따르는 부부공동재산의 분할, 노동능력이 없고 부조를 필요로 하는 배우자에 대한 부양료 지급에 관한 분쟁, 부부 중 일방이 행위 무능력자로 인정되었거나 범죄행위로 3년 이상의 징역형이 선고된 배우자 사이에서 발생한 분쟁은 신분등록기관에서의 해소와 상관없이 법원이 심리한다(제20조).[36]

---

35) 명순구 역, 《프랑스 민법전 제1권 인》, 법문사, 2000, 151~3면.

중국혼인법[37]은 제 24조에서 협의이혼을 인정한다. 즉, 당사자 쌍방이 자발적으로 이혼을 원하면 혼인등기기관에 출두하여 이혼을 신청하고 혼인등기기관은 쌍방이 확실히 자발적으로 이혼을 원하고 있다는 것과 자녀와 재산문제에 관하여 적절한 처리를 하였는가를 확인하고 이혼증을 발급하여야 한다.

대만민법의 경우 "양원이혼"(兩願離婚)이라 하여 협의이혼을 인정하고 있으며 미성년자인 경우에만 법정대리인의 동의를 얻도록 하고 있다(제 1049조). 구법에서 협의이혼은 이혼계약서의 작성과 2인 이상의 증인의 서명만으로 성립하고 이혼의 등기는 요건이 아닌 단순한 증명방법에 지나지 않았지만 현행법은 구법의 요건 외에 이혼의 등기를 요건의 하나로 하고 있다(제 1050조).[38] 다만 협의이혼 후 미성년 자녀 감호에 관해서는 이를 부(父)가 맡고 다른 약정이 있으면 그 약정에 따른다(제 1051조)고 규정한다.

일본민법의 경우 협의이혼을 인정하고 있으며(제 763조~766조) 그 형식은 대체로 우리 민법의 경우와 같다. 다만 협의이혼성립의 형식적 요건으로서 이혼신고의 심사에 관한 규정에서 혼인신고와 같은 요건이 필요하며(제 739조 2항) 또한 부모가 협의이혼 시 협의로 부모 중 일방을 친권자로 정하여 한다는 제 819조 1항에 위반하지 않았다는 것을 인정한 후가 아니면 이를 수리할 수 없다고 규정한다(제 765조 1항). 따라서 이혼합의가 성립되어도 친권자에 관한 협의가 성립되지 않을 때는 협의에 가름하는 심판을 구하고(제 819조 5항) 그런 후가 아니면 이혼신고를 할 수 없다. 다만 친권자를 정하지 않은 이혼신고가 잘못 수리된 때는 친권자를 정하는 것은 이혼 그 자체의 내용으로 되는 것은 아니기 때문에 이혼의 효력은 인정된다(제 765조 2항). 그 경우에는 사후에 협의하든지 심판에 의해서 친권자를 정하지 않으면 안 된다.[39]

---

36) 금산법문화연구회 편, 《러시아 신가족법》, 세창출판사, 2000, 14~5면(러시아 신가족법은 1995. 12. 29 승인된 법전임).

37) 중국혼인법은 2001. 4. 28 제 9차 전국인민대표회의 수정안임.

38) 林秀雄, 前揭論文, 241면.

39) 我妻 榮, 《親族法》, 有斐閣, 1994, 136면.

스위스민법은 구법과 달리 협의이혼을 인정한다. 즉, 제 111조에서 배우자가 공동으로 이혼을 청구하고 필요한 증거서류와 자를 위한 공동신청을 포함한 이혼효과에 관해서 부부가 완전한 합의에 도달한 때는 법관은 부부 각각 개별적으로 또는 합동으로 그 의견을 청취한다. 법관은 이혼청구와 이혼합의가 자유로운 의사와 충분한 숙고에 의하여 이루어진 것이고 또 그 합의를 제가하는 것이 기대할 수 있다는 것을 확신할 것을 필요로 한다. 또한 최초의견을 청취한 후 적어도 2개월의 숙고기간이 경과한 후 양 당사자가 자신의 이혼의사와 이혼합의를 서면으로 확인하면 법관은 이혼을 선고한다고 규정한다. 이와 같이 스위스민법이 새롭게 협의이혼제도를 채택하였지만 이혼의사의 확인과 더불어 부부와 자를 위한 이혼효과에 관한 합의의 확인, 그리고 2개월 숙고기간 경과 후 다시 이혼의사 등에 관하여 서면으로 확인한 후 이혼선고를 하고 있다. 법원이 적극적으로 후견적 관여를 한다는 점에서 우리와는 다르다.

우리나라의 협의이혼제도는 당사자의 자유로운 의사만을 존중하고 법원은 단지 자유로운 의사의 존재여부만 확인하는 소극적 태도를 취하고 있다.[40] 그러나 다른 입법례처럼 법원이 이혼인정 여부를 결정하고 더불어 미성년 자녀나 이혼으로 불이익을 받는 배우자 일방을 위하여 보다 적극적으로 배려하는 후견적 관여를 해야 할 필요성에 관하여 검토해야 할 것이다.

협의이혼에 제한장치를 두어 이혼율의 증가를 둔화시킴으로써 이혼으로 인한 피해자를 구제하여야 할 필요가 있다면 다음과 같은 장치를 고려해볼 수 있을 것이다. 즉, 법원은 기본적으로 협의이혼의 인정여부에 관한 권한을 가져야 할 것이고, 그 기준은 현행법과 같이 이혼의사의 진정성을 심사할 뿐만 아니라 미성년 자녀와 이혼의 여러 효과를 정한 합의계획서 등을 심사하여 협의이혼을 선고하든지 기각할 수 있도록 하는 방법이 있을 수 있다. 또한 프랑스민법처럼 혼인 후 6월 이전에는 협의이혼 확인신청을 할 수

---

40) 대법원, 1987. 1. 20, 86므86, "협의이혼의사 확인절차는 확인 당시에 당사자들이 이혼할 의사를 가지고 있는가를 밝히는 데 그치는 것이고 …" "… 법원의 역할은 그들의 의사를 확인하여 증명하여주는 데 그치는 것이며 …."

없도록 하고 신청 후 3월의 숙고기간을 두고 숙고기간이 지난 후에 재확인 신청을 하는 경우 확인서를 받고 이혼신고를 할 수 있도록 하거나 또는 숙고기간이 만료되고 6월이 지나도록 재확인신청을 하지 않으면 확인신청이 실효되는 것으로 하는 방법도 있을 것이다.

또한 현행법대로 법원의 이혼의사 확인제도를 유지하면서 이혼의사 확인신청 시에 자녀문제와 재산문제 등 이혼의 여러 효과를 정한 합의서를 제출하도록 하고 이를 함께 심사하여 확인여부를 결정하는 방법도 있을 수 있다.

2. 재판이혼

민법은 재판상 이혼사유로서 상대적 이혼원인주의를 채용하여 개별적, 구체적 이혼사유를 예시하고 그밖에 혼인을 계속하기 어려운 중대한 사유가 있을 때 이혼을 인정하고 있다. 즉, 제 840조 제 1호 내지 5호 사유는 절대적, 구체적 이혼사유라 할 수 있으며 6호 사유는 상대적, 추상적 이혼사유라 할 수 있고 제 1호~5호의 사유는 혼인을 계속하기 어려운 중대한 사유라고 볼 수 있는 전형적인 것이므로 그 중 어느 사유에 해당되는 것이 인정되면 이혼청구가 인용되어야 한다.[41] 따라서 제 840조 제 1호~5호의 구체적 사유는 혼인을 계속하기 어려운 중대한 사유를 예시한 것으로 보아야 한다. 예시라는 것은 제 1호~5호의 사유의 하나에 해당하는 사실이 있으면 혼인을 계속하기 어려운 중대한 사유가 있다고 할 수 있다는 것이고, 또한 제 1호~5호에 직접 해당하지 않는 사유일지라도 혼인을 계속하기 어려운 중대한 사유가 있으면 6호에 규정하는 상대적 이혼원인이 있는 것으로 판단할 수 있다[42]는 것이다.

우리 민법은 이혼원인에 있어서 예시적 포괄주의를 취하고 있으므로 그

---

41) 김주수, 전게서, 187면.

42) 상게서, 197~8면; 김용한, 전게서, 194면; 김형배, 《친족상속》, 신조사, 1995, 139면. 그러나 유책주의에 목적주의를 가미하고 있다는 견해도 있다(정광현, 전게서, 1962, 184면; 이근식·한봉희, 《신친족가족법》, 일조각, 1969, 73면).

원인 중에는 당사자의 유책행위에 기인한 사유와 그렇지 않은 사유도 있을 수 있다. 즉, 부정, 유기, 학대 등은 이들이 유책행위이기 때문에 이혼원인으로 되는 것이 아니고 그러한 유책행위를 혼인파탄의 상징으로 보고 이들을 이혼원인으로 하는 것이다. 다시 말하면 간통이 유책행위이기 때문에 타방배우자에게 이혼청구권을 주는 것이 아니고 간통에 의해서 현존 혼인관계가 파탄되었다고 추정할 수 있기 때문에 타방에게 이혼청구권이 인정되는 것이다. 또한 배우자의 3년 이상의 생사불명이라는 제840조 5호 사유는 일본민법의 경우 무책이혼사유의 예시로 보고 있다(제770조 3호).

다음에서는 재판상 이혼원인규정과 관련하여 정비가 필요하다고 인정되는 규정들에 관하여 검토하고자 한다.

1) 이혼원인규정의 개정

(1) 제840조 1호의 배우자의 부정행위

이혼원인으로서 배우자의 부정행위에 관하여 학설, 판례는 배우자로서 정조의무에 충실치 못한 일체의 행위를 포함하며 이른바 "간통"보다 넓은 개념이라고 한다.[43]

일본민법의 경우[44], 우리와 같은 형식의 이혼원인으로서 "배우자의 부정행위"를 규정하고 있다(제770조). 그러나 이를 간통보다 넓은 개념으로 보는 설[45]과 간통에 국한한다고 보는 설[46]이 있다. 판례는 이혼원인으로서의 부정행위를 엄격히 제한하여 성행위의 존재를 확인 내지 추인하는 경우에만

---

43) 김주수, 전게서, 199면; 대법원, 1963. 3. 14, 63다54; 1992. 11. 10, 92므68.

44) 일본민법 제770조 1항 "부부 일방은 다음 경우에 한하여 이혼의 소를 제기할 수 있다." 1. 배우자의 부정한 행위, 2. 악의의 유기, 3. 3년 이상 생사불명, 4. 강도의 정신병에 걸려 회복의 기미가 없을 때, 5. 기타 혼인을 계속하기 어려운 중대한 사유, 2항 "재판소는 전항의 제1호 내지 4호의 사유가 있어도 일체의 사정을 고려하여 혼인의 계속을 상당하다고 인정하는 때에는 이혼청구를 기각할 수 있다."

45) 中川善之助, 前揭書, 300면.

46) 我妻 榮, 前揭書, 300면.

부정행위에 의한 이혼청구를 인정하고 있다.[47] 대만민법의 경우 파탄주의 이혼법을 도입하여 상대적 이혼원인을 규정하며[48] 절대적 이혼원인으로서 10개의 사유를 규정하는데 그 중 "간통"을 이혼사유로 규정하고 있다(제 1052조 2호). 그밖에 상대적 이혼원인으로서 중대한 사유가 있고 혼인을 유지하기 어려운 때는 부부 일방은 유책 배우자가 아닌 한 이혼을 청구할 수 있다. 이혼원인으로 예시한 사유는 11개 사유가 된다.

프랑스의 경우 현행법은 유책주의 이혼과 파탄주의 이혼을 함께 규정하고 있다.

1975년 개정 전 구민법(제 229~232조)은 이혼원인으로서 처의 간통, 부의 간통 등을 이혼사유로 하는 절대적 이혼원인을 규정하였으나 현행법은 유책주의 이혼을 인정하지만 한정적 유책주의를 버리고 일반적 유책주의로 전환하여 법관의 재량권의 범위를 확대하였다. 즉, 심각하고 반복적으로 혼인으로 인한 권리와 의무가 심각하게 침해되어 더 이상 공동생활을 할 수 없는 경우에 일방 배우자는 타방에게 귀속하는 과책을 이유로 이혼을 청구할 수 있다(제 242조). 그러므로 종래 절대적 이혼사유인 간통의 경우라 하더라도 그 사실 자체만으로 이혼원인이 되지 아니하고 더 이상 공동생활을 수인할 수 없다고 하는 제 242조에 정한 기준에 합치돼야만 이혼원인이 될 수 있다.

영국의 경우 Matrimonial Causes Act(1973) 제 1조는 이혼원인으로서 혼인이 회복하기 어려운 파탄상태에 있을 때라고 규정하고 제 2조는 그 파탄을 추단할 수 있는 사유로서 간통에 의한 동거곤란 등을 포함하는 5개의 사유를 예시하고 있다.[49] 중국의 경우 개정된 혼인법은(제 32조) 구법과 같이

---

47) 最高裁判所, 1983. 11. 15, 《家族法判例百選》, 1988, 32면.

48) 대만민법 제 1052조, 이혼청구사유 1. 중혼자, 2. 타인과 간통한 자, 3. 동거하기 어려운 학대, 4. 타방의 직계존속으로부터의 학대, 5. 악의의 유기, 6. 타방을 살해하려는 의도, 7. 불치의 악질, 8. 중대한 불치의 정신병, 9. 3년 이상의 생사불명, 10. 3년 이상의 징역에 처하거나 또는 불명예죄를 범하여 징역에 처하게 된 경우, 11. 이 10개의 사유 외에 중대한 사유가 있어 혼인을 계속하기 어려운 때 부부 일방은 이혼을 청구할 수 있다.

49) M.C.A. 제 2조 1항, 1. 간통, 2. 공동생활에 대한 기대를 상실하도록 하는 행

"감정이 확실하게 파탄되고 화해조정이 무효인 때" 재판이혼을 인정하지만 여기에 새롭게 감정이 확실하게 파탄한 것으로 추단할 수 있는 사유를 1호에서 7호까지 규정하고 있다. 그 중 2호는 일방의 중혼 또는 일부일처제 행위에 위반하는 행위를 들고 있으며 여기에는 물론 간통도 포함될 것이다.[50]

우리의 경우 현실적으로 성도덕에 관한 인식이 관대해지고 있고 여성의 사회활동이 점차 증가하는 상황에서 성적 교섭이 아닌 남녀간의 관계가 모두 이혼사유가 된다면 이혼율은 한정 없이 증가될 위험이 있다. 특히 배우자의 부정행위가 재판상 이혼청구원인으로서 항상 수위를 차지하며[51], 처의 부정행위를 이유로 하는 이혼청구가 1993년 42.6%, 1995년 52% 증가했다는 사실과[52] 처의 부정행위의 경우는 부의 경우와는 달리 대부분 이혼으로 직결된다는 사실 등은 부정행위의 개념을 간통에 국한시켜야 할 필요가 있음을 의미한다. 따라서 우리 민법도 이혼원인으로서 부정행위의 범위를 간통을 포함하는 넓은 개념으로 인정할 것이 아니고 이혼청구의 최저선을 유지하기 위하여 판례는 간통에 국한하는 개념으로 해석하여 적용할 필

위, 3. 2년 이상의 유기, 4. 합의에 의한 2년간의 별거, 5. 합의 없는 5년간의 별거를 규정한다.

50) 중국혼인법 제32조; 부부 일방이 이혼을 요구하는 경우 관련기관이 화해조정을 진행하거나 혹은 직접 인민법원에 이혼소송을 제기할 수 있다. 만일 감정이 이미 확실하게 파탄되고 화해조정이 무효인 때에는 마땅히 이혼을 허가하여야 한다.

다음에 열거한 정상의 하나가 있고 화해조정이 무효라면 감정이 확실하게 이미 파탄된 것으로 본다. ① 가정폭력을 휘두르거나 기타 행위로서 가족구성원을 학대, 유기, ② 일방의 중혼, 일부일처제 행위에 위반, ③ 도박, 마약 등 악습을 반복하고 고치지 않는 행위, ④ 형사소추로 인하여 부부감정을 엄중히 상하게 한 행위, ⑤ 의학상 결혼하지 말아야 할 병으로 판명된 병을 앓고 있는 것, ⑥ 감정의 불화로 별거하여 만 2년이 된 경우, ⑦ 기타 부부의 감정이 파탄에 이르게 된 정상 등이다. 일방이 실종선고를 받고 다른 일방이 이혼소송을 제기한 것은 당연히 이혼을 허가하여야 한다.

51) 1999년 재판상 이혼건수 4만 1,055건 중 부정행위를 이유로 하는 경우는 45%다.

52) 이 통계는 1996년 서울가정법원이 서울, 경기도 남양주시 등 7개 시군의 1995년 이혼사례 5천 건을 분석한 결과이다.

요가 있다. 더 나아가 제 840조 1항 부성한 행위를 "간통"으로 한정하여 개정하여야 할 것이다.

(2) 제 840조 2호 "악의의 유기"에 "일정 기간의 유기"를 규정할 필요성

재판이혼원인의 예시로서 "악의의 유기"를 결정함에 있어서 법관은 "악의"와 "유기"에 대한 판단이 있어야 할 것이고 그것은 내용상 일정 기간을 필요로 한다. 영국 M.C.A. 2조 1항 3호에 의하면 2년 이상 유기의 경우 혼인파탄을 추단한다. 우리의 경우 부부가 불화하여 일방이 집을 나가거나 또는 쫓겨나거나 하여 실제로 6개월만 헤어져 살면 자동이혼이 된다고 하는 잘못된 상식이 퍼져 있다. 따라서 악의의 유기인 경우 혼인파탄으로 인정할 수 있는 일정기간을 명문화해야 할 필요성에 관하여 검토해야 할 것이다.

(3) 제 840조 3호와 4호 "… 또는 그 직계존속으로부터 심히 부당한 대우를 받았을 때", "자기의 직계존속이 배우자로부터 심히 부당한 대우를 받았을 때"

이 규정들은 1958년 민법제정 당시 시부모 등과 공동생활을 하는 등 대가족제도에서 가정생활과 친족관계에 기인한 이혼사유로서 이른바 봉건적 가족제도의 유물이라고 할 수 있다.[53]

현대의 가족관계는 경제사정, 주거사정, 젊은 세대의 자유로운 독립생활을 선호하는 경향 등으로 인하여 대체로 부부와 미성년 가족으로 구성되는 핵가족제도가 일반적이라 할 수 있다. 따라서 시부모, 또는 장인장모와의 공동생활로 인한 가족관계의 긴밀도가 이전과 같지 않다는 점 또한 부부간의 혼인생활에 부모가 개입함으로써 자신들의 문제가 아닌 제 3자의 문제로 이혼할 수 있도록 하는 점 등은 이혼사유로서 타당하지 않다고 생각한다. 실제로 이러한 이혼사유를 규정한 입법례는 대만민법 제 1052조 4호밖에 없다.

현실적으로 시부모 자신들이 혼인한 자녀들과 함께 살려고 하지 않으며 경제적으로도 노후에 자녀들에게 의존하지 않고 독립적 생계를 유지하기 위하여 노력하며, 처부모의 경우 사위와의 관계가 이전보다 친밀, 돈독해지게

53) 김주수, 전게서, 206면; 김용한, 전게서, 194면.

되어 처부모에 대한 사위의 학대로 인한 이혼청구건수가 줄어들고 있는 세태[54] 등도 이를 이혼사유의 예시로 직접 규정할 필요가 없음을 말해준다.

따라서 이 규정은 삭제하고 이러한 사유로 도저히 혼인생활을 할 수 없는 경우는 제 6호의 사유에 해당되는 것으로 하여 이혼청구의 인용여부를 판단함이 타당하다고 생각된다.[55]

(4) 불치의 정신병, 별거 등을 6호의 예시로 규정할 필요성

우리 민법은 제 840조 6호에서 기타 혼인을 계속하기 어려운 중대한 사유라고 하여 상대적, 추상적 이혼원인을 규정하고 있지만 1호에서 5호에 해당하는 사유 외에 무엇이 여기에 해당하는가는 전적으로 법원의 판단에 달려 있고 우리는 판례에 의하여 그 사유를 알 수밖에 없다. 판례에 의하면 혼인을 계속하기 어려운 중대한 사유로서 불치의 정신병을 예시하고 있다.[56] 유책주의 입장에서 본다면 정신병은 이혼원인이 될 수 없는 것이지만 상대적 이혼원인을 취하는 입장에서는 무책의 이혼사유가 될 수 있다.

일본민법은 "배우자가 강도의 정신병에 걸려서 회복할 수 없을 때"라는 규정을 두어(제 770조 4호) 파탄주의 이혼원인의 예시로 하고 있으며 대만민법도 "중대한 불치의 정신병"을 규정하고(제 1052조 8호) 있다. 프랑스민법도 파탄주의 이혼규정에서 배우자의 정신능력이 6년 이상 심각하게 손상된 경우 이혼을 인정한다(제 238조).

한편 일정 기간의 별거도 혼인파탄의 실체라고 할 수 있으므로 외국 입법례는 일정 기간 이상의 별거를 파탄주의 이혼원인으로 하고 있다. 즉, 프랑스민법은 파탄주의 이혼규정에서 부부가 6년 이상 사실상 별거한 때, 공동생활의 파탄을 이유로 이혼청구를 할 수 있도록 하며(제 237조) 독일민법에서는

54) 1990년 4.5%, 1991년 3%, 1992년 2.5%, 1993년 2.5%, 1994년 2.4% 감소추세(법원행정처 통계(1995)).

55) 1989년 법무부 가족법 개정시안은 제 840조 3호 중 배우자의 직계존속으로부터 심히 부당한 대우를 받았을 때, 그리고 4호를 삭제하는 것으로 되어 있다.

56) 대법원, 1997. 3. 28, 96므608; 1995. 5. 26, 95므90.

혼인파탄의 추정으로서 1년 이상의 별거(제 1566조 1항), 합의 없는 경우 3년 이상의 별거(1566조 2항), 뉴욕 주의 경우(1967) 별거판결 후 2년 이상의 별거와 이혼에 대한 동의, 5년간의 별거(2조) 등을 규정하고 있다. 스위스민법은 재판상 이혼의 요건으로 최소한 4년 동안 별거할 것을 요구한다(제 114조). 그리고 4년의 기간이 경과하기 전에는 자신에게 책임 없는 중대한 이유로 혼인의 계속을 기대할 수 없을 때 이혼을 청구할 수 있다(제 115조). 중국혼인법도 감정의 확실한 파탄이라고 추단되는 사유 중 하나로 제 6호에 감정의 불화로 별거하여 만 2년이 경과한 경우를 규정하고 있다(제 32조).

우리 민법은 파탄주의 이혼법을 취하고 있고 그 예시사유로서 당사자의 유책사유뿐만 아니라 무책사유로서 3년 이상의 생사불명을 규정하고 있지만 이밖에 불치의 정신병을 명문으로 규정할 필요가 있다. 또한 우리 민법이 별거제도를 이혼과 병행하는 제도로서 취하고 있지 않는 한 일정기간의 별거를 이혼사유로 예시하는 것도 바람직할 것이다. 기타의 사유에 관하여 판례로만 인정하던 것 중의 일부를 이와 같이 명문화한다면 법적 안정성이나 재판의 예측가능성에 좀더 기여할 수 있게 될 것이다. 따라서 제 840조 4호를 삭제하고 그 대신 불치의 정신병, 2년 혹은 일정기간의 별거 등을 4호로 규정하는 것이 바람직하다고 생각한다.

(5) 파탄주의 이혼법에 제한조항 또는 가혹조항을 둘 필요성

파탄주의 이혼법을 인정하는 중국혼인법은 "이미 감정이 확실하게 파탄되어 조정하여도 효과가 없을 때는 이혼을 허가하여야 한다"고 규정한다(제 32조). 그러나 이러한 경우에도 현역군인의 배우자가 이혼을 신청하는 경우 군인의 동의를 얻어야 하고(제 33조), 여자가 임신기간 중이거나 분만 후 1년 이내 또는 임신중지 후 6개월 이내에는 남자는 이혼을 제기할 수 없도록 제한한다(제 34조). 다만 여자가 이혼을 제기하거나 또는 인민법원이 확실히 남자측의 이혼청구를 접수할 필요가 있다고 인정할 때는 이러한 제한이 없다.

러시아 신가족법은 부부 일방이 혼인해소에 동의하지 않는 경우 재판상 이혼사유로서 "부부의 공동생활과 가족의 유지가 더 이상 불가능함이 확정된 경우"(제 22조 1항) 라고 하여 일반적 파탄주의를 취하고 있다. 그러나 재판이혼청구의 제한사유로서 처가 임신하고 있는 동안 및 자녀의 출생 후 1년간은 남편은 이혼청구를 할 수 없도록 규정한다(제 17조).

프랑스민법은 파탄이혼의 유형으로서 두 가지 형식의 이혼을 규정한다. 즉, 6년 이상 사실상 별거(제 237조)와 배우자의 정신능력이 6년 이상 심각하게 손상된 경우(제 238조)이다. 그러나 파탄이혼의 제한요소로서 먼저 이혼을 청구한 자에게 소송비용(제 239조), 부양의무(제 281조 1항), 치료비용(제 281조 2항) 등을 부담하게 한다. 또한 이른바 가혹조항을 두어 "타방 배우자가 특히 자신의 연령과 혼인기간에 비추어 이혼이 자기에게 또는 자녀에게 물질적, 정신적으로 극히 가혹한 결과를 가져온다는 것을 입증한 때는 법관은 이혼청구를 기각한다"고 규정하며(제 240조 1항), "정신병으로 인한 경우 법관은 직권으로 이혼청구를 기각할 수 있다"(제 240조 2항) 고 하여 정신능력 손상으로 인한 파탄이혼의 경우 이혼청구를 기각할 수 있도록 하고 있다.

독일민법은 "혼인의 파탄"을 이혼원인으로 하고 생활공동체가 존재하지 않고 혼인의 유지를 기대할 수 없을 때 혼인의 파탄으로 추정한다(제 1565조). 그리고 혼인파탄의 추정으로서 제 1566조 1항, 2항에서 1년 이상 또는 3년 이상 별거하는 경우 이혼을 인정한다. 한편 가혹조항을 두어 혼인의 계속이 미성년자의 이익을 위하여 예외적으로 필요한 경우와 이혼이 그것을 거부하는 피신청인에게 특별한 이유에서 현저히 가혹하게 되어 신청인의 이해를 고려한다고 하더라도 혼인의 계속이 예외적으로 필요한 경우(제 1568조 1항) 에는 혼인의 실패가 확정된 경우라 하더라도 이혼을 허용하지 않는다.

영국의 경우 M. C. A. 제 2조 5항에서 규정한 5년간 별거를 혼인파탄의 증거사유로 추정하지만 피고에게 파멸적인 경제상태나 다른 어려움을 생기게 하지 않는 경우에만 이혼을 인정한다는 가혹조항(제 4조) 을 두어 이혼을 제한한다.[57]

일본민법도 제 770조 2항에서 전조 제 1호 내지 4호 사유가 있는 경우에도 일체의 사정을 고려해서 혼인의 계속을 상당하다고 인정하는 때는 이혼청구

57) S. M. Cretney, *Family Law*, Sweet & Maxwell Limited, 1997, p. 55.

를 기각할 수 있도록 규정하고 있다. 즉, 제770조 2항의 문리적 해석에 의하면 부정행위가 있다고 하여 곧바로 이혼청구가 인정되는 것은 아니고 이혼청구 기각사유의 존부가 문제가 된다는 것이다. 부정행위 사실이 존재한다고 하여도 혼인관계가 파탄되지 아니한 때는 그 사실은 이혼원인에 해당되지 않기 때문에 1호 해당 사실의 부존재로서 기각되지만 이것은 2항을 적용한 결과는 아닌 것이다. 2항의 적용이 있다는 것은 부정행위 사실이 존재하고 혼인관계가 파탄되어 있지만 아직 그 파탄의 정도가 가벼워서 혼인의 본질에 적합한 부부공동생활의 회복가능성이 있는 경우에 한정되며 이 회복가능성이 전혀 존재하지 않는 경우에는 2항을 적용하여 이혼청구를 기각하는 것은 허용되지 않는다고 해석된다. 2항을 적용해서 이혼청구를 기각하는가 여부는 전적으로 재판관의 자유재량에 달려 있지만 재판관의 주관적 혼인관에 의하여 혼인계속의 강제, 이혼 후의 당사자의 경제적 사정 등을 고려하는 것은 허락되지 않는다. 그러나 미성년자의 이익을 위한 경우에 한하여 청구를 기각한다고 해석하는 견해가 있다.[58]

파탄주의 이혼법을 채용하는 많은 입법례에서 볼 수 있는 것처럼 이혼의 문이 항상 열려 있는 만큼 상대방 배우자와 자녀의 보호라는 측면에서 최소한의 제한을 가하는 규정들이 인정되고 있다.

우리 민법은 여기에 관한 아무런 규정도 없다. 다만 해석상 제840조 1호~5호는 6호의 단순 예시이므로 이러한 이혼사유가 있어도 현실적으로 파탄유무를 제6호에 다시 비추어 이혼청구의 인용여부를 결정하여야 한다는 견해[59]와 이것은 법관의 재량권이 남용되거나 봉건적 법관의 가부장적 의식이 특히 여성의 인종을 강요할 우려가 있다[60]고 반대하는 견해가 있다.

종래 판례는 이혼사유 중 배우자 일방의 유책행위에 기인한 혼인파탄의 경우 유책당사자의 이혼청구를 인용하지 않음으로써 이혼을 제한하여왔다. 그러나 이것은 유책주의 이혼제도에 입각한 것으로서 단지 유책 당사자에

---

58) 西原 諄, “離婚原因として不貞行爲”, 《家族法判例百選》, 1988, 99호, 3면.
59) 이근식, “이혼원인에 있어서 유책주의와 파탄주의”, 《사회과학논집》, 1권, 71면.
60) 김주수, 전게서, 197면.

대한 징벌적 제한에 불과한 것이었으며 파탄주의 입장을 취하는 현행법상 재판상 이혼을 제한하는 어떠한 제도적 장치도 마련되어 있지 않다.

우리 민법도 다른 입법례처럼 이혼으로 인하여 배우자 일방과 자녀에게 심각한 정신적, 경제적 손실을 주는 경우 이들을 위하여 보다 적극적으로 이혼을 제한하는 제한규정 또는 가혹조항을 마련해야 할 필요성에 관하여 검토해볼 때라고 생각한다.

(6) 유책 배우자의 이혼청구권

유책주의 이혼법에서는 유책 배우자의 이혼청구가 배제되는 것이 일반적이지만 파탄주의 이혼법을 취하는 우리 민법은 이를 명문으로 규정하고 있지 않다. 파탄주의 이혼법에서는 혼인파탄의 사유가 당사자 일방의 유책행위에 기인한 것일지라도 파탄으로 인정되는 한 이혼청구가 배척될 수 없는 것이다. 그러나 유책 배우자의 이혼청구에 관하여 이를 허용하자는 적극설[61]과 전면적으로 배척하자는 소극설[62]이 있으며 이를 배척하되 제한적으로 인정하자는 제한설[63]이 있다. 제한설에 의하면 현실적으로 아직 유책 배우자가 남자인 경우가 많기 때문에 유책 배우자의 이혼청구를 인용한다면 비록 파탄주의에는 충실한 것이 되겠지만, 사실상 축출이혼을 합법화시키는 결과가 되고 이로 말미암아 이혼 후의 생활이 확실하게 보장되지 않는 현실에서 처는 가혹한 희생자가 될 것이기 때문에 현재의 윤리적인 면에서 용납될 수 없다고 본다. 다만 예외적으로 피청구인에게도 이혼의사가 있고 그 의사가 반소로 표시된 경우, 청구인의 행위와 혼인파탄 간에 인과관계가 없는 경우, 파탄책임의 비교로 인하여 책임이 경한 경우 등에 관하여 이혼청구를 인정하자는 것이다.

판례는 종래 유책 배우자의 이혼청구를 배척했으나[64] 1980년 이후에는

61) 김용한, "부정한 행위의 해석", 〈법조〉(1963), 12권 3호, 76면.

62) 정광현, 전게서, 1967, 801면.

63) 김주수, 전게서, 212~4면; 박병호, 《가족법》, 한국방송대학교, 1994, 120~5면.

64) 대법원, 1965. 9. 21, 65므37; 1971. 3. 23, 70므41; 1990. 3. 27, 88므238;

유책 배우자의 이혼청구를 원칙적으로 허용하지 않지만 예외적으로 "… 상대방에게도 혼인계속의사가 없고, … 오기나 보복적 감정에서 이혼에 불응하는 경우"는 이를 인용함이 상당하다고 판시하였고[65] 이러한 태도를 인용하는 경향이 1990년 이후의 판례에도 나타나고 있다.[66]

대만의 경우 유책 배우자가 아닌 한 이혼청구를 할 수 있다고 규정함으로써(제 1052조) 유책 배우자의 이혼청구를 인정하지 아니한다.

일본의 경우 명문의 규정은 없으며 종래 판결은 유책 배우자의 이혼청구를 부인했으나[67] 1987. 9. 2 최고재판소는 "… 유책 배우자로부터의 이혼청구가 당사자 및 미성숙한 자 등 모든 사정을 고려하여 이를 용인하는 것이 현저히 사회정의에 반하지 않는 경우 단지 유책 배우자로부터의 이혼청구라는 한 가지 이유만으로 허용되지 않는다고 할 수 없다"고 판결[68]하였고 이러한 태도는 계속 유지되는 것으로 보인다.

프랑스의 경우 유책이혼규정을 두고 있지만 유책 배우자의 이혼청구를 제 245조에서 명문으로 인정한다. 즉, 주동적으로 이혼을 청구한 배우자에게 유책사유가 있다 하더라도 이것이 이혼청구를 방해하는 것은 아니다. 이혼청구자의 유책은 타방 배우자에 의한 반소의 주장사유로 원용될 수 있으며 이 두 청구가 인용되는 경우 이때의 이혼은 공동유책이혼으로 된다(2항). 반소가 제기되지 않는다 하더라도 심리 결과 부부 쌍방의 과오가 인정된다면 당해 이혼은 쌍방유책이혼으로 할 수 있다(3항). 이와 같이 프랑스에서는 유책 배우자의 이혼청구가 전적으로 허용되며 다만 일방유책인가 아니면 쌍방유책인가에 따라 이혼의 효과에 차이를 둘 뿐이다.

우리나라도 유책 배우자에게 이혼청구권을 인정하자는 견해[69]가 있다.

기타.

65) 대법원, 1987. 4. 14, 86므28.

66) 대법원, 1987. 12. 8, 87므44; 1987. 9. 22, 86므87; 1990. 3. 27, 88므375; 1991. 12. 24, 91므528; 1994. 2. 25, 93므317; 1996. 6. 25, 94므741 기타.

67) 最高裁判所, 1952. 2. 19, 〈最高裁判所民事判例集〉, 6권 2호, 110면.

68) 最高裁判所, 1987. 9. 2, 〈最高裁判所民事判例集〉, 41권 6호, 1423면.

69) 이희배, "유책 배우자의 이혼청구 허용법리와 전망", 한국가족법학회 제 53회 월례

그것은 현행법이 이혼 배우자, 즉 처의 보호를 위하여 귀속불명 재산의 공유추정(제830조 2항), 재산분할제도(제839조의 2), 이혼모에게 친권인정(제909조 4항), 면접교섭권(제837조의 2) 등 제도적 뒷받침을 하고 있으며, 또한 "파탄된 혼인"은 혼인의 본질에 배치되므로 이를 허용하되 미성숙자의 이익을 위하여 부모의 혼인의 유지가 필요한 경우에만 그 이익에 부합할 때까지 이혼을 유예하는 방향으로 운영되어야 한다는 것이다.

유책주의 이혼법에서 유책 배우자에게 이혼청구를 인정하지 않는 것은 일종의 이혼제한제도인 것이며 이혼청구권의 남용방지, 이혼 피해자 보호라는 측면에서 볼 때는 긍정적 작용을 하는 것으로 볼 수 있다. 그러나 유책주의 이혼제도를 파탄주의와 더불어 규정하는 프랑스에 있어서도 유책 배우자의 이혼청구를 명문으로 규정하고 있다.

일방의 유책행위로 인하여 현존 혼인관계가 파탄되었다고 추단되고 파탄된 혼인관계를 유지할 실익이 없다는 파탄주의 입장에서 본다면 유책 배우자의 이혼청구권을 배척할 필요는 없을 것이다. 따라서 유책 배우자의 이혼청구권을 명문화할 필요성에 관하여 검토해볼 수는 있으나 파탄주의 이혼법을 취하는 현행 이혼제도하에서는 그럴 필요성이 없을 것으로 생각된다. 다만 판례에 의하여 점차적으로 이를 인정하는 방향으로 나아가되 외국 입법례를 참고하여 일방 배우자나 미성년자를 보호하기 위하여 보다 적극적인 태도로 이혼을 제한하는 규정을 두는 것이 타당할 것이다.

(7) 제척기간의 문제

① 민법 제841조의 규정

민법 제841조는 "부정으로 인한 배우자의 이혼청구권의 소멸"이라고 하여 "다른 일방이 사전동의나 사후용서를 할 때 또는 이를 안 날로부터 6월, 그 사유가 있은 날로부터 2년을 경과하면 이혼을 청구하지 못한다"고 규정한다. 이 중 배우자의 부정한 행위에 대하여 사전동의가 있는 경우 이혼청구

회 발표자료(2000. 3), 18~21면.

권을 발생시키지 않도록 한 취지는, 그 동의를 한 자는 그 사유의 발생으로 말미암아 자기의 배우자로서의 권리가 훼손되는 것을 미리 승인한 것이기 때문에 새삼스럽게 그 배우자를 상대로 이혼을 청구하도록 할 이유가 없다는 것이다.[70] 또한 사후용서란 부정한 행위에 대하여 그것을 문책하지 않는다는 감정의 표시이며 단순히 부정행위의 사실을 인식하고 그것을 간과하는 것으로는 안 되고 이것을 문책하지 않는다는 의사상태의 적극적 표백을 필요로 한다. 명시, 묵시를 묻지 않으며 부정한 행위를 한 부에 대하여 그 사실을 알면서 부부생활을 지속한 처와 같은 경우는 부의 부정한 행위를 용서한 것으로 보고 있다.[71]

대만민법은 제1053조에 우리와 같은 규정을 두고 있으나 일본민법을 비롯한 다른 입법례에는 제척기간 규정이 없는 것으로 보인다.

그러나 특별히 부정행위의 경우에만 사전동의, 사후용서 또는 안 날로부터 6월, 사유가 있는 날로부터 2년이라는 기간을 적용하여 이 기간이 지나면 이혼청구권이 소멸되도록 하는 것은 파탄주의 이혼법을 취하는 입장에서는 타당하지 않다는 점과, 또한 부정한 행위의 경우에만 제척기간을 규정하여 기타 예시사유와 구분해야 할 필요성이 없다는 점에서 이 규정은 삭제해도 무방하다고 생각된다.

② 민법 제840조의 2호의 경우

제840조 제2호의 악의의 유기, 제3호 배우자 등에 의한 부당한 대우 등은 혼인을 계속하기 어려운 중대한 사유에 포함될 수 있으므로 "혼인을 계속하기 어려운 중대한 사유"를 원인으로 하는 이혼청구권 행사기간에 관한 규정(제842조)에 의하여 다른 일방이 이를 안 날로부터 6월, 그 사유 있은 날로부터 2년을 경과하면 소멸된다고 해석함이 타당하다[72]는 견해가 있다. 그러나 2호나 3호에 관하여 이렇게 해석을 한다고 하더라도 후술한 바와 같

70) 김주수, 전게서, 201면.

71) 대법원, 1955. 7. 28, 4288 민상 214, 《판례총람》, 103면.

72) 정광현, 전게서, 1962, 188면.

은 이유에서 제척기간을 두는 것은 타당하지 않다고 보기 때문에 이러한 해석은 무의미하다고 볼 수 있다.

③ 민법 제842조의 규정

민법은 제840조 제6호의 적용에서 "… 이를 안 날로부터 6월, 그 사유 있은 날로부터 2년을 경과하면 이혼을 청구하지 못한다"(제842조) 라고 하여 단기제척기간을 두고 있다. 그러나 파탄주의 이혼법을 취하는 입장에서는 혼인생활공동체의 회복할 수 없는 파탄 그것 자체가 문제되므로 제척기간이 지났다고 하여 이혼을 허용하지 않는 것은 파탄주의 취지에 비추어볼 때 타당하지 못한 것이다.[73] 신분관계의 안정이라는 측면에서 단기간의 제척기간을 두는 것은 이해할 수 있으나 이혼원인으로서 파탄주의를 취하는 입장에서는 제842조의 제척기간 규정은 사실상 필요없는 규정이라고 볼 수 있다. 파탄주의를 취하는 다른 입법례는 제척기간을 두지 않는다. 따라서 제842조는 삭제하는 것이 바람직하다고 생각된다.

3. 이혼의 효과

1) 친자관계에 관한 효과

(1) 자의 양육에 관한 제837조 규정

① 양육자

민법은 제837조에서 이혼 후 미성년 자녀의 양육에 관한 사항은 부부가 협의로 정하고(1항) 협의가 되지 아니하거나 협의할 수 없는 경우 당사자의 청구에 의하여 가정법원이 그 자의 연령, 부모의 재산상황, 기타 사정을 참조하여 양육에 필요한 사항을 정하며 언제든지 그 사항을 변경 또는 다른 적당한 처분을 할 수 있다(2항) 고 규정한다.

---

73) 한봉희, 《비교혼인법》, 일조각, 1976, 74면.

이혼 후 양육자를 정하는 데 있어서 부모 중 한 사람을 정하는 경우가 보통이겠지만 제 3자를 양육자로 지정할 수 있다.[74] 부모가 자에 대한 공동친권자가 되는 것은 가능하겠지만 부모와 자의 공동생활이 파괴된 이혼의 경우 부모 공동양육은 사실상 가능하지 않을 것이다.

또한 양육자를 결정한 후 부모가 협의로 이를 변경하는 것은 가능하다. 당사자 협의로 또는 당사자의 청구에 의하여 법원이 정한 양육자 또는 양육에 관한 사항, 즉 양육방법 등이 부적당하여 자의 이익을 해치는 경우 언제든지 법원은 양육에 관한 사항을 변경 또는 다른 적당한 처분을 할 수 있다.[75]

민법 제 837조에 관하여 법무부(2000. 10. 17)와 최영희 의원 등이(2000. 11. 27) 개정안을 제출하였으며, 그 내용은 제 837조 2항의 "… 당사자의 청구 또는 직권 …"이라고 하여 당사자 청구 외에 "직권으로"라는 규정을 신설하는 것으로 되어있다. 이 규정의 문리적 해석에 의한다면 당사자의 청구 외에 직권으로 양육에 필요한 사항을 정하며 그 사항을 변경 또는 다른 적당한 처분을 할 수 있는 것으로 볼 수 있다.

러시아 신가족법은 재판이혼의 경우 미성년자가 부부 중 누구와 동거할 것인가 등에 관한 협정서를 제출하고, 협정이 없는 경우 또는 그 협정이 자녀 또는 일방 배우자의 권리를 해칠 것이 확실한 경우 법원은 동거부모, 부양료 액수 등에 관한 처분을 할 수 있다(제 24조 1, 2항)고 규정한다. 일본민법은 부모가 협의로 이혼하는 경우 자를 감호할 자 또는 감호에 필요한 사항은 부모가 협의로 정하고 협의가 이루어지지 않을 때, 협의할 수 없을 때는 가정법원이 이를 정한다(제 766조 1항). 자의 이익을 위하여 필요하다고 인정하는 때는 자를 감호하는 자를 변경하거나 기타 감호에 관하여 상당한 처분을 명할 수 있다(2항)고 규정한다. 대만민법은 협의이혼의 경우 별단의 약정이 없는 한 남편이 자를 감호해야 하고 재판이혼의 경우 원칙적으로 협의이혼의 규정을 적용하지만 법원은 자의 이익을 위하여 감호자를 선정할

---

74) 서울고등법원, 1994. 6. 7, 93르1022 · 93르1039.

75) 대법원결정, 1992. 12. 30, 92스17, 18; 1992. 1. 21, 91므689 등.

수 있다(제 1051조, 1055조)고 규정한다.

프랑스의 경우 이혼 후에도 부모에게 공동친권을 인정하고 있기 때문에(제 287조 1항) 양육에 관한 사항도 특별한 문제가 없으나 다만 자녀의 이익을 위하여 필요한 경우 부모 일방을 친권자로 지정하는 경우(제 287조 2항) 친권을 행사하지 않는 부 또는 모도 자녀의 양육, 교육에 관한 감호권은 보유한다(제 288조 1항)고 규정한다. 다만 자녀와 동거할 자에 관하여 부모간 합의가 없거나 이 합의가 자녀의 이익에 반한다고 판단되면 법관은 자녀와 상시적으로 동거할 자를 지정한다(제 287조 1항).

북한가족법은 이혼의 경우 자녀를 양육할 당사자는 자녀의 이익의 견지에서 당사자들이 합의하여 정한다. 합의가 이루어지지 않을 때는 법원이 정한다. 부득이한 사유가 없는 경우 3세 미만의 자녀는 어머니가 양육한다(제 22조)고 규정한다. 3세 미만의 자녀를 모가 양육한다는 규정은 우리도 참고할 만한 규정이라고 생각한다. 중국혼인법은 이혼 후 부모 중 누가 양육하더라도 여전히 부모 쌍방의 자녀이기 때문에 이혼 후에도 부모는 자녀에 대하여 부양과 교육의 권리의무를 가진다(제 36조 1항, 2항, 3항)고 규정한다. 또한 수유기간 중의 자녀는 모가 부양하며 수유기간 후의 자녀의 부양문제에 관하여 협의하되 분쟁이 발생하면 인민법원이 자녀의 권리, 이익, 쌍방의 구체적 상황에 근거하여 판결한다(제 36조 4항, 5항)고 규정한다.

대부분의 입법례는 이혼 후 양육에 관하여 부모의 협의를 존중하고 협의가 되지 않으면 법원이 후견적 관여를 하며 특별한 경우 법률로서 양육자를 지정하기도 한다. 현재 우리 사회의 실태는 이혼에 의하여 모든 구속으로부터의 해방만을 추구할 뿐 여기에 부수된 책임에 관한 의식수준은 높지 않다. 따라서 자녀문제도 이제는 서로 양육하지 않으려는 경향이 많고 무작정 헤어진 후 자식을 고아원 등 보육기관에 맡기는 사례가 많은 것이 현실이다. 특히 영유아의 경우 이로 인한 희생이 가장 크다고 볼 수 있다.

우리 민법도 양육자에 관한 현재의 규정 외에 영유아를 포함하는 취학 전 아동들에 관하여 특별한 사유가 없는 한 모에게 양육권을 주도록 명문으로 규정하는 방법을 검토해볼 필요가 있다. 인생의 모든 것이 결정된다는 시기의 영유아를 국가적 차원에서 보호한다는 점, 그렇게 하는 것이 모성본능에도 적합한 것이 된다는 점, 또한 서로 영유아의 양육을 미루는 부모에 대하여 책임을 부여한다는 점 등에서 이러한 규정이 필요하다고 생각한다.

② 양육비

양육에 관한 사항으로는 양육자의 지정, 양육과 교육에 필요한 거소지정, 징계, 자의 인도청구 등이 포함되지만 여기에 필요한 부담은 포함되지 않으므로 양육자가 부모의 일방인 때는 양육자가 아닌 다른 일방에 대하여, 양육자가 제 3자일 때는 부모 쌍방에 대하여 양육비를 청구할 수 있다.[76]

우리 민법에는 양육비 부담에 관한 직접적 규정이 없으나 외국 입법례는 다음과 같이 규정하고 있다.

프랑스민법은 친권을 행사하지 않는 부 또는 모는 자신 및 타방 배우자의 자력에 비례하여 자녀의 양육, 교육에 관한 비용을 분담하여야 한다(제 288조 1항)고 규정한다. 스위스민법은 재판관은 부모의 일방에게 친권을 주며 타방 부모에게 부양료를 지급할 의무를 부여한다. 성년에 달한 후에도 필요한 경우에는 부양료 지불의무가 부여된다(제 133조). 그리고 부양료에 관한 변경은 친자관계에 관한 규정에 따른다(제 134조 2항)고 규정한다. 북한가족법은 자녀를 양육하지 않는 당사자는 자녀를 양육하는 당사자에게 그가 노동할 나이에 이르기까지 양육비를 지불하여야 하며 양육비는 자녀수에 따라 월수입의 10~30% 범위 안에서 법원이 정한다(제 23조)고 규정한다. 중국혼인법은 이혼 후 일방이 부양하는 자녀에 대하여 다른 일방은 필요한 생활비와 교육비의 일부 또는 전부를 부담하여야 하고 부담비용의 규모, 부담기간은 쌍방협의에 의하여 정하되 협의가 이루어지지 아니할 때는 인민법원의 판결에 의한다(제 36조 6, 7항). 또한 양육비 등에 관한 판결을 이행하지 아

76) 대법원, 1992. 1. 21, 91므689, "실제로 양육을 담당하는 이혼한 모에게 전혀 수입이 없어 자녀들의 양육비를 분담할 형편이 못 되는 것이 아닌 이상 이혼한 부와 함께 모도 양육비의 일부를 부담하였다 하여도 경험칙과 논리칙에 어긋나는 것은 아니다."

니한 경우 인민법원이 법에 의하여 강제집행할 수 있다(제49조)고 규정한다. 러시아가족법은 자녀에 대한 부양료 지급방법, 금액 등에 관한 협정이 없거나 그 협정이 자녀의 권리를 해칠 것이 확실한 경우 부모 중 누구로부터 어느 정도 액수의 부양료가 자녀에게 지급되어야 하는가를 법원이 결정한다(제24조 1항, 2항)고 규정한다.

우리의 경우 이혼 후 자녀양육에 있어서 부양료가 지급되지 않는 등 양육비에 관한 분쟁이 많은 것이 현실이다. 한국가정법률상담소의 조사결과 양육비 지급판결을 받았음에도 양육비를 제대로 받지 못하는 비율이 61.3%로 나타났고 이 중 전혀 못 받은 사례도 15.4%나 되는 것으로 나타나 있다. 적정한 양육비의 산정, 양육비 지급을 확보하기 위한 과태료나 감치처분, 국가기관에 의한 강제집행 등의 법적 제재를 가하는 방법 등에 관한 연구가 있어야 할 것이다.[77] 우리 민법도 양육비에 관하여 보다 구체적인 규정, 즉, 양육비 부담자, 양육비 부담기간, 양육비 액수, 지급방법, 지급하지 않는 경우 강제방법 등에 관하여 명문의 규정을 두어야 할 것이다.

(2) 면접교섭권에 관한 제837조의 2

민법 제837조의 2는 "자를 직접 양육하지 아니하는 부모 중 일방은 면접교섭권을 가진다"(1항), "가정법원은 자의 복리를 위하여 필요한 때는 당사자의 청구에 의하여 면접교섭권을 제한하거나 배제할 수 있다"(2항)고 규정한다. 이 규정에 대하여 법무부 개정안과 의원 입법안은 2항의 당사자 청구 외에 "직권"이라는 용어를 신설하여 당사자의 청구 또는 직권으로 면접교섭권을 제한하거나 배제할 수 있다고 규정한다. 그러나 여기에서의 직권이라는 의미가 명백하지 않다. 왜냐하면 자녀의 이익에 합치되지 않는 면접교섭권을 제한, 배제하는 것은 법원의 직권으로 하는 것이지만 이러한 조치를 취하기 위해서는 당사자의 청구가 있어야 가능하기 때문이다.[78]

77) 영국의 경우 1991년 아동부조법을 제정하여 아동보호위원회를 두고 양육비의 산정, 심사, 양육비 청구, 징수 등의 임무를 수행하도록 하고 있다(東 和敏, 《イキリス家族法と子の保護》, 國際書院, 1996, 248~255면).

스위스민법에 의하면 법관은 친자관계의 효력에 관한 규정에 따라 면접교섭권을 정하고, 이를 정할 때 자의 복지를 위하여 중요한 모든 사정을 표준으로 하며 가능한 한 자의 의견을 고려하여야 한다(제 133조)고 규정한다. 중국혼인법은 이혼 후 자녀를 직접 부양하지 않는 부 또는 모는 자녀를 면접할 권리가 있고 일방은 협조할 의무가 있다(제 38조)고 규정한다. 독일민법은 신상감호가 귀속되지 않는 부모의 일방은 자와 개인적으로 교섭할 권한을 가진다. 신상감호가 귀속되지 않은 부모의 일방과 신상감호권자는 자와 다른 일방과의 관계를 침해하거나 또는 양육을 방해해서는 안 된다(제 1634조 1항)고 하는 규정을 비롯한 4개항의 조문을 가지고 있다. 프랑스민법은 친권을 행사하지 않은 부 또는 모의 방문권과 유숙권은 중대한 사유가 있는 경우에 한하여 거부된다. 그리고 친권 및 방문권의 행사방법 또는 자녀의 제 3자 위탁에 관한 임시적, 확정적 결정을 하기 전에 법관은 유자격자로 하여금 가정환경조사를 시행하도록 할 수 있다. 이것은 가족의 물질적, 정신적 상태, 자녀의 생활, 양육상태 및 자녀의 이익을 위하여 요구되는 조치에 관한 정보수집을 목적으로 한다(제 288조 2항, 제 287조의 2)고 규정한다.

우리 민법도 자를 양육하지 않은 일방과 양육권자는 자와 다른 일방과의 관계를 침해하거나 또는 양육을 방해해서는 안 된다는 주의조항을 둘 필요가 있다. 그러한 경우 제 837조의 2의 1항은 "자를 직접 양육하지 않은 부모 중 일방은 면접교섭권을 가지며 다른 일방은 이를 협조할(방해하지 아니할) 의무를 진다"로 개정할 수 있을 것이다.

(3) 친권자에 관한 규정

민법 제 909조는 이혼의 경우 협의나 재판이혼의 경우를 불문하고 친권자를 협의로 정하도록 규정하고 있다(제 4항). 그러나 법무부 개정안과 의원 입법안은 협의이혼의 경우 부모의 협의로 "친권자를 정하여야 하고 협의할 수 없거나 협의가 이루어지지 아니하는 경우에는 당사자는 가정법원에 그 지정

78) 프랑스민법 제 291조는 친권행사에 관한 결정의 변경 보충은 부부 일방, 친족원 또는 검사의 청구에 따라 할 수 있다고 규정한다.

을 청구하여야 한다"(제 909조 4항) 고 하며 "재판이혼의 경우에는 직권으로 정한다"(제 909조 5항) 고 되어 있다. 개정안에 의하면 협의이혼의 경우 친권자를 협의로 정할 수 없는 경우 반드시 가정법원에 그 지정을 청구해야 하며 재판이혼의 경우 종래와 달리 직권으로 정하도록 규정하고 있다.

프랑스민법은 이혼 후에도 친권은 부모가 공동으로 행사하는 것을 원칙으로 하며 자녀의 이익을 위하여 필요한 경우 부모 일방에게 친권을 행사할 수 있도록 한다(제 287조 1, 2항). 스위스민법의 경우 부모 일방에게 친권을 부여하고, 여기에 관하여 자의 의견을 고려하여야 하며 자의 양육비 등에 관하여 부모가 합의하여 공동신청하는 경우 부모 쌍방에게 친권을 공동행사하도록 할 수 있다(제 138조).

우리의 경우 개정안과 같이 법원이 직권으로 친권자를 지정할 경우 이에 대한 구체적 기준을 명시하는 것이 필요하다고 생각된다.

2) 재산적 효과에 관한 규정

(1) 재산분할청구권 (제 839조의 2)

우리 민법은 이혼의 재산적 효과로서 유책 배우자에 대한 손해배상청구권 규정(제 843조에 의한 806조 준용)[79] 과 재산분할규정(제 839조의 2) 을 두어 이혼 시 일방은 다른 일방에 대하여 혼인 중 협력재산에 대한 재산분할을 청구할 수 있고 여기에 관하여 협의가 되지 않는 경우 가정법원이 당사자의 청구에 의하여 분할액수와 방법을 정하도록 규정하고 있다.

우리 민법은 법정재산제로서 순수한 별산제를 취하고 있기 때문에(제 830조) 혼인 중 자기명의로 취득한 재산이 없는 전업주부에게는 금전으로 환가되는 재산이 없게 되고, 이혼 시에도 위자료청구권이 인정되지 않는다거나 상대방 배우자에게 재산이 없는 경우 필연적으로 경제적 어려움에 처하게 된다. 이러한 문제는 원칙적으로 혼인의 효과로서 부부재산제에서 다루어져

---

79) 프랑스민법 제 266조는 유책당사자에게 손해배상책임을 인정한다. 우리 민법의 손해배상책임에 관한 규정은 유책주의 이혼법에서의 이혼의 효과라고 볼 수 있다.

야 할 것이고 이혼 시 부부재산제 규정에 따라 해결되어야 하는 것이다(스위스민법 제120조). 그렇지 않으면 다른 외국법제처럼 혼인 중 취득재산에 대한 공유재산추정 규정(중국민법 제17조) 등을 두어 처의 가사노동에 대한 기여를 인정하고 이혼 시 분할비율도 규정하여야 할 것이다.

우리 민법은 이러한 제도를 갖추지 못한 상태에서 재산분할제도를 신설하였으며 이 제도에 의하여 현행 법정재산제인 별산제를 수정·보완하는 기능을 하도록 하고 있다. 그러나 이 제도의 운용에 있어서 부부간 협의가 성립되지 않는 경우가 많고 이 경우 부부 일방의 청구에 의하여 가정법원이 분할액수를 정하고 있다. 1991.1.1 이 제도 시행 이후 여기에 관한 많은 판례가 축적되어 있으며 대체로 법원은 처의 경우 기여도 등을 평가하여 혼인 중 취득재산 중 많게는 50% 또는 40%, 30% 등의 분할을 인정하고 있다.[80)]

우리와 같은 형식으로 유사한 내용을 규정한 일본민법의 경우, 재산분할의 액수를 법원의 판단에 맡길 것이 아니고 재산의 형성 및 유지에 대한 기여의 정도에 차이가 있다는 점이 밝혀지지 않으면 동일한 것으로 한다는 개정안이 상정되어 재산분할 시 혼인 중 취득 재산의 2분의 1을 원칙으로 분할하게 하는 근거가 되었다.[81)] 중국혼인법은 이혼 시 부부의 공동재산은 쌍방의 협의에 따라 처리하되, 협의가 이루어지지 않은 때 인민법원은 재산의 구체적 상황 및 여자와 자녀의 권리와 이익을 배려하는 원칙에 따라 판결한다(제39조). 러시아신가족법은 재판이혼의 경우 부부공동재산분할에 관한 협정을 제출하도록 하여 재산분할이 제3자의 이익을 해치는 경우 법원은 재산분할청구를 분리재판을 통하여 심리한다고 규정한다(제24조). 이러한 경우에 부부재산제에서 부부공동재산에 관한 규정은 하지만 그 분할에 관한 협의는 이혼 시에 하도록 한다.

부부공유재산제를 규정하는 제도에서도 이혼 시 분할비율을 정해놓은 경우와 그렇지 않는 법제가 있을 수 있고 후자의 경우 이혼 시 협의 또는 재판

80) 졸고, "청산적 재산분할의 산정기준", 〈가족법연구〉(한국가족법학회, 1994), 제8호 참조.

81) "民法の一部を改正する法律案要綱案(1996)", 〈ジエリスト〉, 1084호.

에 의한 분할이 가능하다. 우리 민법은 부부공동재산으로서 혼인 중 취득재산이라는 개념을 이혼 시 재산분할규정에 설정해놓음으로써 별산제가 중심이 되는 부부재산제의 문제점을 보충하고 있다. 우리 민법도 부부재산제도를 개정하여 부부재산제 중 공유 또는 공동재산규정에서 재산분할 문제를 다루어야 할 것이고 이혼의 재산적 효과로서는 위자료 문제 외에 이혼 후 부양료 문제 등을 다루어야 할 것이다.

(2) 이혼 후 부양료 문제

민법이 규정한 제839조의 2 재산분할청구제도는 혼인 중 취득재산의 청산이라는 성질과 더불어 이혼 후 경제력 없는 배우자에 대한 부양이라는 성질을 포함하고 있다.[82] 그러나 실제로 판례는 대부분 청산적 성질로서 재산의 분할을 인정하며 이 액수가 많거나 위자료나 양육비가 지급되는 경우 등에는 부양적 분할을 인정하지 않는 경향이 있다.[83]

러시아 신가족법의 경우 부부가 재판이혼을 한 경우 노동능력 없는 요부조 배우자의 부양료 지급방법 및 그 금액에 관한 협정을 제출할 수 있고, 만약 협정이 없거나 그 협정이 일방 배우자의 권리를 해칠 것이 확실한 경우 법원은 부양료를 청구할 수 있는 권리를 가진 일방 배우자의 청구에 따라 부양료 액수를 결정한다(제24조 1항, 2항). 중국혼인법은 이혼으로 부부간의 부양의무는 원칙적으로 소멸하지만 이혼으로 일방의 생활이 곤란한 경우 타방에게 경제적 부조를 할 의무가 부가되며 구체적 방법은 쌍방의 협의에 의하여 정하고 협의가 이루어지지 않을 때는 인민법원의 판결에 의한다(제42조)고 규정한다. 북한가족법은 이혼 후 부양의무에 관하여 직접 규정하지 않으나 이혼사건 심리절차에 관한 제24조는 “법원은 이혼 후 생활이 곤란하게 될 당사자를 위하여 상대방에게 상당한 기간 일정한 부양료를 지불하게 할 수 있다. 이혼 후 부양료 액수 및 그 지불기간을 결정함에 있어 법원은

---

82) 김주수, 전게서, 224~6면.

83) 졸고, “부양적 재산분할의 실태”, 〈법학논총〉(숭실대학교 법학연구소, 1996), 제9집 참조.

부양료 청구권자의 노동능력 상실 정도, 생활이 곤란하게 된 이유, 그 이유의 발생원인 및 당사자 쌍방의 재산상태를 고려하여야 한다"고 규정한다. 북한의 현행 민사소송법 제118조가 이혼사건을 심리할 경우 상대방 당사자의 부양문제도 함께 해결하도록 규정함에 비추어 이혼 후 부양의무가 여전히 인정되고 있다고 할 수 있다.

프랑스민법의 경우 이혼의 형태에 따라 재산적 효과가 다르다. 6년 이상의 별거로 인하여 이혼하는 파탄이혼의 경우 주동적으로 이혼을 청구한 배우자에게는 여전히 부양의무가 부여된다. 부양의무의 이행은 정기금의 형태로 행해질 수 있다(제281조). 스위스민법은 노령부양을 포함하여 일방 배우자가 부양을 스스로 책임질 수 없는 경우 타방 배우자에게 상당한 금액을 지불하도록 규정하며 금액의 최고한도와 기간의 결정에 관한 기준을 규정하고 있다(제125조).[84] 이밖에 제126조 이하에서 부양에 관한 상세한 내용을 규정하고 있다.

우리 민법도 이혼의 재산적 효과로서 이혼 후 생활이 궁핍하게 된 배우자를 위하여 부양료지급규정을 신설하는 방안을 검토해볼 필요가 있는 것으로 생각된다.

(3) 주거문제

가족의 주거로 사용되었던 장소가 일방 배우자의 고유재산이거나 또는 부부재산제의 청산에 의하여 타방 배우자의 개인재산에 속하게 되었다 하여 주거문제를 형식적으로 처리하게 되면 가족의 주거조건에 심각한 위험이 될 수 있다. 우리의 경우 판례에 의하면 주거로 사용되었던 부동산이라도 협력재산이라면 일방 배우자에게 소유권을 이전하든지 또는 몇 분의 1의 지분양도라든지 또는 매각하여 금전으로 분할하는 방식으로 처리되고 있다.[85] 그

84) 혼인 중 역할분담, 혼인기간, 혼인 중 생활 정도, 배우자의 연령과 건강, 배우자의 소득과 재산, 자를 위하여 필요한 부양의 범위와 기간, 직업교육과 부부수입의 예상치 및 부양료 청구권자의 취업을 위하여 추정되는 비용 등을 고려하도록 규정하고 있다.

부동산을 주거로 사용했던 가족들에 대한 배려는 전혀 하고 있지 않는 것이 현실이다.

프랑스민법은 일정한 경우에 종래 가족의 거주로 사용되었던 장소의 소유권자 아닌 타방 배우자에게 법관이 임차권을 부여할 수 있는 것으로 규정 하고 있다(제 285조). 즉, 자녀 중 1인 또는 수인에 대한 친권이 타방 배우자에게 있거나 또는 공동으로 친권을 행사하는 경우에 자녀 중 1인 또는 수인의 상시적 거소가 당해 장소인 경우에 법관은 임차기간을 정하며 이 기간은 가장 연소자인 자녀가 성년에 달할 때까지 갱신할 수 있다. 또한 당해 장소의 소유자인 배우자가 공동생활의 파탄을 이유로 청구한 이혼이 선고된 경우 임차권은 9년을 초과하지 않는 한도에서 부여되지만 이 기간은 새로운 결정에 의하여 연장될 수 있다. 임차권을 갖는 배우자가 재혼하거나 타인과 공연한 동거상태에 있는 경우에는 임차권을 상실한다. 또한 임차권이 부여되는 모든 경우에 정당한 새로운 상황이 발생하면 법관은 임대차 관계를 해지할 수 있다.

스위스민법은 개정법에서 가족의 주거에 관한 규정을 신설하여, 일방 배우자가 자를 위하여 또는 다른 중대한 사유로 가족의 주거에 거주해야 할 필요가 있는 때 그렇게 하는 것이 타방 배우자에게 공평하다고 인정되는 때에는 임대차계약에 기한 권리의무를 일방 배우자에게 부여할 수 있다. 그리고 타방 배우자는 임대차관계가 계약상 또는 법률상 소멸할 때까지 최장 2년간의 임대료에 대하여 연대하여 책임을 지게 하는 등의 규정을 두고 있다(제 12조).

중국혼인법도 개정법에서 이혼 후 일방의 생활이 곤란하다면 다른 일방은 마땅히 주택 등 개인재산 중 적당한 도움을 주어야 한다(제 42조)고 규정한다. 종래 단순히 경제적 부조의무에서 더 나아가 주택문제까지도 이혼 시 고려하여야 한다는 것을 법제화하였다.

위의 입법례에서 볼 수 있듯이 새로 개정된 대부분의 외국 이혼법들이 가족의 주거에 관한 문제를 규정하고 있다는 것은 이를 제도화할 필요성이 점차 증대하고 있음을 나타내는 것으로 볼 수 있다. 우리 민법의 경우도 이들

---

85) 졸고, "재산분할방법", 〈가족법연구〉(한국가족법학회, 1995), 제 9호 참조.

을 참고하여 이혼 후 미성년자를 양육할 책임 있는 자에 대하여 또는 중대한 사유가 있는 경우 배우자 일방의 주거문제에 관하여 우리의 실정에 적합한 규정을 명문화하는 방향으로 검토해야 할 것이다.

3) 준용규정인 843조

제 843조는 제 806조 약혼해제와 손해배상청구권 규정을 이혼의 경우에 준용한다. 약혼에 관한 규정에 만약 개정이 있다면 이 규정 역시 개정되어야 할 것이다.

IV. 맺는말

이상에서 살펴본 바와 같이 약혼법과 특히 이혼법에는 검토해야 할 많은 문제들이 있다. 이 논문은 이러한 문제점을 제시하는 기초자료로서의 의미를 갖는 것으로서 앞으로 더 깊은 연구가 필요할 것으로 생각된다.

입법론적 검토가 필요한 사항들을 정리하면 다음과 같다.

1. 약혼법에서 정비되어야 할 사항

1) 제 800조의 삭제 또는 개정

(1) 삭제하는 방안.

(2) 개정하는 방안.

"약혼은 남녀 당사자의 자유로운 의사에 의하여 성립한다"로 개정.

2) 제 804조 3호 개정

"중대한 불치의 악질이 있는 때"로 개정하거나,

"불치의 성병, 정신병 기타의 악질이 있는 때"로 개정하는 방안.

3) 제 804조 순서의 재조정

1호, 약혼 후 타인과 약혼 또는 혼인 한 때

2호, 약혼 후 타인과 간음한 때

3호, 정당한 이유 없이 혼인을 거절하거나 그 시기를 재연한 때

4호, 약혼 후 자격정지 이상의 형의 선고를 받은 때

5호, 성병, 불치의 정신병 기타 불치의 악질이 있는 때

6호, 약혼 후 금치산 또는 한정치산 선고를 받은 때

7호, 약혼 후 1년 이상 그 생사가 불명한 때

8호, 기타 중대한 사유가 있을 때

4) 제 806조 2 (약혼예물 등의 반환) 신설

I. 약혼이 해제된 때 당사자는 부당이득반환에 관한 규정에 따라 약혼으로 인하여 증여한 예물 기타 물건 등의 반환을 청구할 수 있다.

II. 약혼이 당사자 일방의 사망으로 인하여 해소된 때에도 제 1항과 같다.

5) 제 806조의 3 (청구권의 소멸) 신설

"제 806조 및 제 806의 2에 규정된 청구권은 약혼해제 후 2년을 경과함으로써 소멸한다."

2. 이혼법에서 정비되어야 할 사항

1) 협의이혼

(1) 협의이혼 취소에 관한 제 838조에서 금치산자에 관한 규정의 신설.

(2) 협의이혼의 제한방법이 필요한가에 관한 검토.

2) 재판이혼

(1) 이혼원인 규정의 개정

① 제 840조 1호의 배우자의 부정한 행위를 "간통"으로 개정.

② 제 840조 2호의 악의의 유기의 경우 유기로 인정할 만한 기간설정의

필요성.

③ 제 840조 3호와 4호 "… 그 직계존속으로부터 심히 부당한 대우를 받았을 때", "자기의 직계존속이 배우자로부터 심히 부당한 대우를 받았을 때" 사유의 삭제.

④ 제 840조 4호에 불치의 정신병, 별거 등 사유의 신설.

⑤ 이혼을 제한하는 제한조항 또는 가혹조항을 신설할 필요성.

⑥ 유책 배우자에게 이혼청구권을 인정할 것인가에 관한 검토.

⑦ 제 841조와 제 842조의 제척기간 규정을 두어야 할 필요성에 관한 검토.

(2) 이혼의 효과

① 자의 양육책임

- 이혼과 자의 양육책임에 관한 제 837조 규정 중 영유아를 포함한 취학 전 아동에 관한 양육자지정 규정을 명문화할 필요성.
- 양육비 부담자와 양육비 지급을 확보하기 위한 강제규정 등을 명문화할 필요성.
- 면접교섭권에 관한 837조의 2에 주의규정(협조의무)을 둘 필요성.
- 친권자를 법원이 직권으로 지정하는 데 있어서 구체적 기준을 명문화하여야 할 필요성.

② 재산적 효과

- 혼인의 재산적 효과로서 부부재산제를 개정하여 공유(공동)재산제도와 이혼 시의 분배비율, 분배방법 등을 규정하고 이혼 시에는 이 규정에 따라 해결하도록 함으로써 제 839조의 2를 삭제하는 방안의 검토.
- 이혼 후 생계가 곤란한 배우자 일방을 위한 부양료 규정을 신설할 필요성.
- 이혼 후 배우자 일방과 미성년자의 주거문제를 해결하기 위한 규정을 신설할 필요성.

〈후기〉

1. 2005. 3. 31 개정에 의하여, 이혼과 자의 양육책임에 관한 제837조의 2 항에서 "직권에 의하여" 양육에 필요한 사항을 정할 수 있도록 하였고, 면접교섭권에 관한 제837조의 2의 2항에서 "직권에 의하여" 면접교섭권의 제한, 배제가 가능하도록 개정되었다.

2. 2007. 12. 21 개정에 의하여

1) 약혼법 중 제801조의 약혼연령이 남녀 동일하게 만 18세로 개정되었다.
2) 제836조의 2로서 협의이혼절차에 관한 규정이 신설되었다.
3) 이혼과 자의 양육책임에 관한 제837조의 2항, 3항이 개정되었으며 4항, 5항, 6항이 신설되었고, 면접교섭권에 관한 제837조의 2의 1항이 개정되었다.
4) 제839조의 3으로 재산분할청구권 보전을 위한 사해행위취소권 규정을 신설하였다.
5) 이혼과 관련하여 친권자 규정인 제909조 4항을 개정하고 단서를 신설하였다.

제5장

재산분할제도의 내용

• 한국과 일본의 판례를 중심으로 •

I. 머리말

한국은 1991. 1. 1부터 재산분할제도를 시행하고 있다. 이 제도는 이혼 시, 혼인 중 부부가 협력하여 취득한 재산에 대하여 분할을 청구할 수 있는 권리를 인정하는 제도로서 1990. 1. 13 민법개정에 의하여 신설되었다.

일본은 1947년부터 재산분여제도를 시행하고 있으며 여기에 관한 학설과 판례의 축적이 많다. 한국에서도 재산분할제도에 관한 연구가 활발하고 또한 시행기간이 얼마 되지 않았음에도 불구하고 대법원의 판례를 비롯하여 적지 않은 판례가 나오고 있다.

이 논문에서는 재산분할청구권의 내용, 즉 재산분할청구권의 성질, 부부재산제와의 관계, 재산분할청구권의 행사 등에 관하여 한국과 일본의 학설과 판례를 중심으로 하여 비교·고찰하고자 한다. 이 논문에서 인용된 한국의 판례는 1991년부터 1993년에 걸쳐 공개된 서울가정법원 판례(34건), 수원, 인천 등 지방법원 판례(4건), 서울고등법원 판례(9건) 등 모두 47건이다.

---

* 이 논문은 〈법학논총〉(숭실대학교 법학연구소, 1995), 제 8집에 게재된 것임.

II. 의의 및 성질

1. 의 의

재산분할제도는 이혼 시에 부부 중 일방이 다른 일방에 대하여 혼인생활 중 부부가 협력하여 취득한 재산의 분할을 청구할 수 있는 제도를 말한다.

민법은 제839조의 2에서 "협의상 이혼한 자의 일방은 다른 일방에 대하여 재산분할을 청구할 수 있다(제1항). 제1항의 재산분할에 관하여 협의가 되지 아니하거나 협의할 수 없는 때에는 가정법원은 당사자의 청구에 의하여 당사자 쌍방의 협력으로 이룩한 재산의 액수 기타 사정을 참작하여 분할의 액수와 방법을 정한다(제2항). 제1항의 재산분할청구권은 이혼한 날로부터 2년을 경과한 때에는 소멸한다(제3항)"고 규정하고 있다.

우리 이혼법은 이혼 시 과실 있는 상대방에 대하여 재산상 손해에 대한 배상과 정신적 고통에 대한 배상을 청구할 수 있도록 규정하고 있다(제843조에 의한 제806조 준용). 그러나 실제로는 유책 배우자에 대하여 위자료 정도만을 청구하는 것에 불과하고 위자료 액수도 대단히 미미한 것이었기 때문에[1] 불행한 혼인생활에 예속되는 경우가 적지 않다는 점이 문제가 되었다.

또한 부부재산제도로서 순수한 별산제를 취하고 있다는 점도 이혼 시 부부의 재산관계를 확정하는 데 있어서 문제가 되었다. 별산제에 의하면 부부의 고유재산은 물론 혼인 중 자기 명의로 취득한 재산은 자기 재산으로 인정된다(제830조 1항). 이러한 제도는 형식적으로는 부부의 평등을 보장하지만 일반적으로 부가 경제활동을 하고 처는 가사노동에 종사하는 경우에는 실질적으로 불공평하게 된다. 즉, 부는 자기 명의의 수입을 갖는 데 반하여 처의

---

1) 재판상 이혼을 원인으로 위자료를 청구할 경우 보통 5백만 원에서 1천만 원의 위자료를 기대하는 것이 무난하다는 조사분석이 있다(이영수, "민사손해액산정기준의 조사분석", 《재판자료 8집》(1981), 97면), 또한 1988년을 기준으로 한 조사분석에 의하면 5백만 원 이상 5천만 원 미만까지 인용된 건수가 전체 74.4%를 차지하고 있다는 자료도 있다(한삼인, "이혼위자료 산정의 기준", 《가족법학 논총》, 박영사, 1991, 309면).

가사노동은 금전으로 환가되지 못함으로써 처는 가시적인 경제적 소득을 얻을 수 없게 되기 때문이다. 종래 판례도 경제적 기여가 아닌 가사노동에 의한 기여의 경우 가사노동은 경제적 가치가 인정되는 노동이 아니라는 이유로 재산의 명의가 부에게 있는 경우는 물론 처의 명의로 된 경우에도 부의 재산으로 인정하였다.[2] 이러한 이혼법의 규정과 부부재산제도상의 문제점 때문에 이혼 시 경제적, 사회적 약자인 처의 보호와 혼인 중 취득재산에 대한 공평한 분배라는 것이 필요하였다. 재산분할제도는 이러한 요구를 수용할 수 있는 제도인 것이다.

재산분할규정은 재판상 이혼에 준용되며(제 843조에 의한 제 839조의 2 준용) 혼인취소의 경우에도 적용된다(가사소송법 제 2조 1항 마류 4호). 또한 사실혼의 경우에도 확대적용된다.

일본은 재산분여제도를 취하고 있다. 이 제도는 이혼 시 부부 일방이 타방에게 혼인 중에 취득한 재산에 대하여 분여를 청구하는 것으로서 이혼에 의한 손해의 배상, 이혼 후의 부양과 더불어 이혼급부의 하나의 내용을 이루고 있다.[3] 일본민법 제 768조는 "협의상 이혼한 자의 일방은 상대방에 대하여 재산분여를 청구할 수 있다(제 1항). 전조의 규정에 의한 재산분여에 대해서는 당사자간에 협의가 되지 않는 때 또는 협의할 수 없는 때에는 당사자는 가정재판소에 대하여 협의에 대신하는 처분을 청구할 수 있다. 그러나 이혼 시부터 2년을 경과한 때에는 그러하지 아니하다(제 2항). 전항의 경우에 가정재판소는 당사자 쌍방이 그 협력에 의하여 취득한 재산의 액 기타 일체의 사정을 고려해서 분여여부와 함께 분여의 액 및 방법을 정한다(제 3항)"고 규정하고 있다. 일본의 경우 1947년 재산분여제도가 신설되기 전에는 불법행위의 법리에 의하여 이혼배우자를 구제하는 정도에 불과하였다.[4] 그러나 그것만으로는 이혼 배우자의 보호라는 점에서는 부족하였고 "개인의 존엄과 양성의 본질적 평등"이라는 헌법이념(헌법 제 24조)을 구체화하기 위해

---

2) 대법원, 1986. 9. 9, 85다카1337, 1338.
3) 我妻 榮, 《親族法(法律學全集)》, 有斐閣, 1961, 150면.
4) 阿部 撤, "財産分與", 《判例ユンメンタル-IV》, 251면.

서도 재산분여제도의 신설이 필요하였다.[5] 이 제도신설의 필요성은 한국 민법의 경우와 크게 다르지 아니하였다.

재산분여에 관한 일본민법 제768조의 규정은 재판상 이혼(제771조) 및 혼인취소(제749조)의 경우에도 준용된다. 내연해소(사실혼해소)의 경우에도 이혼의 경우에 준하여 재산분여를 청구할 수 있다고 보는 점 등은 한국과 같다. 그러나 한국의 "재산분할"과 일본의 "재산분여"는 용어의 표현이 다르다는 형식상 차이뿐만 아니고 내용에 있어서도 약간의 상이점이 있다. 일본에 있어서 재산분여는 부부의 협력재산의 청산과 이혼 후의 부양, 손해배상을 포함하는 포괄적 이혼급부를 내용으로 하는 것이므로[6] 한국의 재산분할제도보다 그 내용이 넓은 것으로 인정되기 때문이다.

2. 성질

1) 한국

한국 민법은 재산분할청구권에 관하여 제839조의 2라는 하나의 조문만 가지고 있으며 이 규정 또한 추상적으로 되어 있다. 뿐만 아니라 이 규정의 제안이유나 입법이유도 나타나 있는 바가 없으므로 이 규정의 성질을 어떻게 이해하여야 할 것인가에 관하여는 학설과 판례를 고찰할 수밖에 없다.

(1) 학설

재산분할청구권의 성질을 청산 및 부양으로 보는 것이 다수설이다. 즉, 재산분할청구권은 자기가 재산형성에 협력한 몫을 되돌려받는 것이며 또한 이혼 후의 부양료의 성격도 가지고 있는 것으로 본다. 청산적 요소와 부양적 요소가 복합된 성질의 것으로 해석한다.[7]

---

5) 中川 淳, "財産分割と慰藉料との關係", 《現代家族法 2》, 有斐閣, 1980, 315면.

6) 高野耕一, 《財産分與・家事調停の道》, 日本評論社, 1990, 148~9면.

7) 김주수, 《친족상속법》, 법문사, 1991, 225면; 김주수, "이혼 시의 재산분할청구

또한 법문상으로 보아도 이러한 해석이 가능하다고 본다. 즉, 혼인해소 시에 부부의 실질적 공동재산을 그 재산의 형성유지에 기여한 쌍방의 기여도에 따라 공평하게 분배하는 것이 청산적 재산분할이며 이것은 "당사자 쌍방의 협력으로 이룩한 재산"이라는 법문의 해석을 통하여 추론할 수 있다는 것이다. 따라서 청산적 성질을 재산분할제도의 중핵적 요소로 보고 있다.[8)]

또한 일반적으로 혼인이 해소되는 경우 부부 일방의 생활이 곤궁하게 될 우려가 있는 때에는 사회보장제도가 완전하지 않은 현실에서 다른 일방은 자기 재산상태가 허용하는 한 원조를 하여야 할 필요가 있다. 혼인이란 일평생의 결합으로서 부부는 서로 장래의 생활보장에 대한 기대를 갖게 되기 때문이다. 이혼 후의 부양은 이혼으로 상실하게 된 기대에 대한 보충으로서 혼인관계의 연속성 이른바 사후효로서 인정된다고 본다. 따라서 부양적 요소는 법문상 "기타의 사정으로" 참작되어야 할 것[9)]이라고 한다.

이밖에 청산설만을 주장하는 견해도 있다. 즉, 현행민법에서 이혼 시 무책배우자의 유책 배우자에 대한 위자료 내지 손해배상청구에 관한 별도의 규정(제 843조)을 두고 있으므로 신설된 재산분할청구권은 위자료나 부양료의 성질인 것이 아니고 혼인 중 배우자가 협력하여 이룩한 자기 지분재산의 분할청구라고 보는 것이 타당하다[10)]고 한다.

우리 민법은 부부재산제로서 별산제를 채택하고 있으므로 혼인 중 쌍방의 협력으로 이룩한 재산이라도 어느 일방의 명의로 된 것이 일반적 현실이다. 특히 처의 가사노동 등 무형의 협력에 의하여 형성, 유지된 경우일지라도 처

권", 〈판례월보〉, 253호, 20면; 한봉희, 《개정가족법론》, 대왕사, 1990, 35면.

8) 황우려, "개정민법상의 이혼", 〈인권과 정의〉(1992), 186권, 14면.

9) 정광현, 《가족법연구》, 서울대학교출판부, 1967, 부록편 7면(1950년 법전편찬위원회에서 편찬한 친족편요강 26항 "이혼한 자의 일방은 상대방에 대하여 상당한 생계를 유지함에 족한 재산의 분여를 청구할 수 있게 하고, 법원은 당사자 쌍방의 자력 기타 일체의 사정을 참작하여 분여여부, 분여액 및 방법을 정할 것으로 할 것"이라고 한 것으로 보아 입법목적에 이혼 후의 부양이라고 하는 목적도 포함된 것으로 볼 수 있다).

10) 고창현, "신설된 재산분할청구권", 《민사법학의 제문제》, 박영사, 1990, 13면.

에게 전혀 그 기여를 인정하지 않는 것은 전술한 대법원의 판례가 보여준 바와 같다. 그러나 혼인해소 시에 혼인 중 협력에 의하여 취득한 재산을 그 기여도에 따라 청산하여 분할하는 것은 당연한 것이고 형평에 맞는 일인 것이다. 따라서 재산분할청구권은 청산적 성질을 그 중심적인 것으로 한다고 보아야 할 것이다.

또한 재산분할청구권에는 부양적 성질도 포함된다고 보아야 한다. 이혼 후의 부양을 인정하는 법적 근거에 관해서는 사후효설[11], 정책적 의무설[12], 보상설 등으로 학설이 나뉘어져 있다. 이 중 사후효설을 주장하는 학자가 많다.[13] 그러나 "혼인 중의 역할분담과 관련하여 부부 일방이 자기 생활비용을 스스로 지불할 수 없는 경우에는 부부간에 있어서 불이익의 조정 내지 보상으로서 부양을 인정한다[14]거나 혼인생활에 기인하고 이혼 또는 혼인파탄에 의해서 현실화된 손실의 보상[15]"이라는 보상설이 있다. 혼인 중의 가동능력을 상실한 처의 불이익에 대한 보상으로서 소득능력을 회복하고 자립하기까지의 기간 동안 부양을 인정한다는 보상설의 입장이 합리적이라고 생각된다. 이러한 해석은 영미법상의 "사회복귀를 위한 Alimony"[16]와 같

---

11) 사후효설(事後效說) : 사람은 혼인에 의해서 종생의 생활의 안정과 향상을 도모하는 것이므로 파탄된 때에는 경제적으로 여유 있는 일방은 생활이 곤궁한 타방에 대해서 상당한 부양을 하는 것은 인도적 책무라고 할 수 있다. 그러한 의미에서 독일민법 학자의 이른바 혼인의 사후적 효과(*Nachwirkung*)라고 말할 수 있다(我妻 榮, 前揭書, 155면; 大津千明, 《離婚給付に關する實證的研究》, 日本評論社, 1990, 156면).

12) 정책적 의무설 : 이혼 후의 부양은 본래 국가가 배려해야 하지만 국가가 그 책무를 할 수 있을 때까지의 과도적인 것으로서 이것을 파악하고, 그 지불의무는 정책상 사인에게 부과된 의무라고 해석한다(久貴忠彦, 《親族法》, 日本評論社, 1984, 132~3면).

13) 김주수, 전게논문, 22면; 한봉희, 전게서, 35면; 황우려, 전게논문, 14면.

14) 本澤巳代子, 《破綻主意の採用の離婚給付》, 大阪府立大學, 1990, 167면.

15) 緒方直人, "財産分與請求權の本質", 有地 亨 編, 《現代家族法の諸問題》, 弘文堂, 1990, 252면.

16) M. A. Glendon, *Abortion and divorce in Western Law*, 1987, pp. 233~244.

은 해석이라고 할 수 있다. 이것은 종래 구미의 전통적인 이혼 후 부양, 즉 처의 생활을 사망까지 유지하도록 하는 정기금의 성격과는 다른 것이다.

이혼 후 부양에 관한 현대적 추세의 해석에 의한다면 재산분할로서의 부양이란 이혼 배우자가 자립할 수 있을 때까지의 잠정적, 일반적인 부양을 의미하게 된다. 따라서 부양의 내용은 이혼 직후 생계유지를 위한 생활원조 정도가 될 것이고 그 기간은 자활을 위하여 필요한 정도로서 대체로 3년 정도로[17] 보고 있다. 이혼 후의 부양은 특히 혼인계속 기간이 짧거나 협력재산이 적은 경우, 정신병, 행방불명 등으로 이혼하는 경우 공동재산의 청산이나 위자료 등에 의하더라도 이혼 후의 생활이 곤란한 경우 등에 적용여지가 많다. 재산분할청구권의 성질의 하나로서의 부양적 요소는 청산적 요소를 보충하는 보충적 성격을 갖는 것으로 이해될 수 있다.

재산분할청구권의 성질과 관련하여 여기에 위자료청구권도 포함되느냐에 관하여는 이견이 있다. 즉, 재산분할청구권에 위자료도 포함된다고 하는 견해에 의하면, 당사자는 구태여 재산분할과 위자료를 구분하여 주장, 입증하지 아니하여도 좋다[18]고 본다. 이 경우 소송절차상 편이하고 분쟁해결의 일회성이라는 장점이 있다고 한다. 이것은 재산분할청구권을 이혼급부의 일종으로 보는 입법례에서, 재산분할과 위자료를 함께 처리하는 실무관행에서 발생할 수 있는 문제라고 할 수 있다.

그러나 다수설은 재산분할청구와 위자료청구는 별개의 것이라고 본다. 즉, "재산분할청구권은 자기가 재산형성에 협력한 몫을 되돌려받는 것이며 그외에 이혼 후의 부양료의 성격도 가지고 있는 것이기 때문에 이혼에 대하여 과실이 있는 유책 배우자에 대한 손해배상청구권과는 법적으로 별개의 것이다. 뿐만 아니라 손해배상청구에 관하여는 민법에 별도의 규정을 두고 있기 때문이다"(제 843조) 라는 견해[19], "재산분할청구와 위자료는 그 성질을 달리하기 때문에 재산분할청구권에 위자료는 포함되지 않는다"는 견해[20], "현행법

17) 황우려, 전게논문, 26면.

18) 김영갑, "재산분할청구권", 〈사법론집〉, 22권, 20면.

19) 김주수, 전게논문, 20면.

이 재산분할제도를 인정한 이상 종래와 같은 포괄적인 위자료 개념은 더 이상 유지될 수 없다. 또한 포괄설에 따라 재산분할에 위자료도 흡수하여 이혼급부라는 사안의 일회적 해결을 꾀한다는 것도 양 청구권의 법적 성질(청산 및 부양, 손해배상), 소송형태(비송, 소송), 행사기간(2년, 3년) 등이 달라 어렵다 할 것이다. 따라서 별개의 청구권으로 병존하도록 하되 일정한 상관관계를 갖는 것이라는 정도로 파악하면 일응 족할 것이다"[21]는 견해 등이 있다.

재산분할청구권과 위자료청구권은 그 성질을 달리한다고 보는 다수설의 견해가 타당하다고 본다. 재산분할제도의 궁극적 목적이 이혼 배우자의 보호에 있다면 양 청구권을 별개의 것으로 보아 각각 청구할 수 있도록 하는 것이 당사자의 이익보호에 더 철저한 것이 될 수 있기 때문이다.

(2) 판 례

대법원을 비롯한 하급법원의 판례는 재산분할청구권의 성질에 관하여 청산적 성질과 부양적 성질을 함께 갖는 것으로 인정한다. 다만 두 개의 성질을 대등한 것으로 인정하지 않으며 혼인 중 협력하여 취득한 공동재산의 청산이라는 청산적 성질을 일차적인 것으로 보고, 부양적 성질은 보충적인 것으로 보고 있다.

법원은, 재산분할제도가 신설되기 이전에도 재산분할적 성격을 갖는 판결을 하였다.[22] 즉, 재산분할을 위한 요청이 있는 경우 이를 위자료나 부부공유재산 이론으로 보완하였던 것이다. 구법상 위자료란 그 중점이 이혼으로 인한 손해의 배상에 두어졌다 하더라도 실질적으로는 재산분할도 감안하여 책정되는 광범위한 개념이었다. 위자료의 요건인 "불법성"은 일반 불법행위에서와 같은 정도의 강한 의미를 갖는 것이 아니라 이혼으로 인한 장래의 불이익을 조정하는 개념에 불과한 것으로 보았다. 따라서 여기에는 이혼원

---

20) 유명자, "이혼급부", 《현대법학의 제문제》, 법서원, 1989, 379면.

21) 황우려, 전게논문, 15면.

22) 상게논문, 11~2면.

인으로 인한 정신적 고통에 대한 위자료뿐만 아니라 이혼 자체로 인한 정신적 고통에 대한 위자료를 포함하는 것이고, 나아가 상대방의 재산형성에 대한 내조의 공도 위자료액 산정의 참작사항으로 되어 실질에 있어서는 공동재산의 분할과 이혼 후 부양까지를 포함한 일체의 이혼급부를 위자료라는 명목으로 포괄하는 것이 실무례였다는 것이다.

재산분할제도가 신설된 이후 대법원은 이 제도의 성질에 관하여 "민법 제839조의 2에 규정된 재산분할제도는 부부가 혼인 중에 취득한 실질적인 공동재산을 청산 분배하는 것을 주된 목적으로 하는 것이므로…"[23] 라고 함으로써 청산적 요소를 일차적 성질로 보고 있다.

서울가정법원도 재산분할에서 청산적 요소를 일차적인 것으로 보며 부양적 요소는 이차적인 것으로 보고 있다. 즉, "이혼에 있어서 재산분할제도는 부부가 혼인 중에 가지고 있던 실질상 공동재산을 청산 분배하는 것을 주안으로 하면서 나아가 이혼 후에 있어서 일방 당사자의 생계유지를 꾀하는 것을 목적으로 하는 것이어서 상대방이 이혼에 대하여 유책자임을 요하지 아니하므로 재산분할 당시 당사자 쌍방의 기타의 사정을 참작하여…"[24] 라고 하였다. 이후에도 서울가정법원은 이혼에 있어서 "재산분할제도는 부부가 혼인 중 상호협력에 의하여 이룩한 공동재산의 청산과 이혼 후의 경제적으로 곤궁을 겪게 되는 당사자에 대한 부양을 목적으로 하는 것"이라는 일관된 입장을 보이고 있다.[25] 기타의 지방법원도 청산 및 부양이라는 전제하에 판결하고 있다.[26]

또한 재산분할청구권과 위자료와의 관계에 관하여 서울가정법원의 심리

23) 대법원, 1993. 5. 11, 93스6.

24) 서울가정법원, 1991. 5. 16, 90드62624.

25) 서울가정법원, 90드62600 · 90드63436; 90드63238; 90드74207; 90드74375; 90드56544; 91드12947; 91드6348; 91드20511; 91드60557; 91드36646 · 91드42238; 90드24912 · 90드39372; 91드1220; 91드4431; 91드20207.

26) 수원지방법원 가사부, 1992. 7. 16, 91드20386 · 91드20393; 청주지방법원 충주지원 가사부, 1993. 3. 9, 92드1969 · 92드1976; 인천지방법원 가사부, 1992. 4. 20, 91드12418.

관행[27]을 살펴보면 다음과 같다.

이혼 시의 재산분할에 대한 국민의 인식부족으로 구법 당시에 제기된 사건뿐만 아니라 현행법 이후에 제기된 사건에서조차 재산분할청구로의 소변경이나 병합이 활발하지 못하고 막연히 구법 이래의 위자료 개념에 따른 청구가 현재의 실정이라 할 수 있다. 따라서 구법 당시에 제기된 이혼청구와 위자료청구가 병합된 사건과 현행법하에서 제기되었으나 재산분할청구를 하지 아니한 채 이혼청구와 위자료청구만을 병합한 사건의 심리방법이 문제된다. 위자료만을 청구한 경우 "신법에 따라 위자료청구에 재산분할의 취지가 포함된지를 당사자에게 석명(釋明)을 구한 후 만약 재산분할의 취지가 포함되어 있다면 위자료와 재산분할을 따로 판단하고 그렇지 아니하다면 순수한 위자료에 대해서만 정액화하는 기준에 의하여 판단한다"는 입장이 타당하다고 한다. 당사자가 재산분할만을 청구하는 경우에는 위자료를 아울러 심판할 필요가 없다. 다만 당사자의 의사가 위자료를 포함하여 이혼급부의 모두를 구하는 취지라면 적절한 석명을 통하여 청구취지와 원인을 보충하게 한 후에 위자료청구를 분리하여 독립한 청구로서 심리판단하고 있다.

현재는 대부분의 경우 재산분할청구와 위자료청구를 별도로 하고 법원도 이를 각각 심리하고 있다. 다음 판례들의 경향이 그것이다.

> "위자료 청구와는 별도로 재산분할 청구를 하여 그것이 인정된 사실은 위자료액을 정하는 데(순수한 정신적 손해배상에 한정하도록) 참작한다."[28]
> "위자료청구와는 별도로 재산분할청구를 하고 있으므로 여기에서는 순수한 정신적 손해배상으로서 위자료만을 고려하기로 함…."[29]
> "… 특히 뒤에서 보는 바와 같이 원고가 따로 재산분할청구를 하고 있는 점 등 여러 사정을 참작하면 위자료 액수는 … 상당하다 할 것이다."[30]

---

27) 황우려, 전게논문, 15~6면.

28) 서울가정법원, 90드74207.

29) 서울가정법원, 1991. 8. 8, 90드63238; 1991. 9. 12, 90드74375; 1991. 12. 12, 91드36646 · 91드42238; 1992. 6. 18, 91드60557.

30) 인천지방법원 제2가사부, 1992. 4. 20, 91드12418.

"원고는 피고를 상대로 재산분할과는 별도로 위자료청구를 하고 있으므로 재산분할에서는 위자료적 요소를 고려하지 아니한다."[31)]

"피고는 원고에게 이를 금전으로 위자할 의무가 있다 할 것이고 또한 피고는 민법 제843조, 제839조의 2의 규정에 의하여 원·피고 사이의 혼인관계가 해소됨에 따른 재산분할을 청구할 수 있다 할 것이다."[32)]

"… 뒤에서 보는 바와 같이 원고의 재산분할청구가 일부 이유 있는 점 등 이 사건 변론에 나타난 모든 사정을 참작하면 위자료 액수는 금… 상당하다 할 것이고…."[33)]

이밖에 재산형성에 기여한 정도를 고려하여 위자료 액수를 산정하였다 하더라도 이러한 사정만으로는 재산분할청구권이 소멸하였다고 보기는 어렵다는 대법원의 결정[34)]을 비롯한 많은 판례가 이러한 입장을 취하고 있다.[35)]

재산분할 청구와 위자료를 병합청구하는 경우에도 다음과 같이 판시한다.

"재산분할 시 당사자 쌍방의 기타의 사정을 참작하여 그 분할의 액과 방법을 정한다고 하더라도 단지 상대방의 유책 불법행위에 의하여 이혼하게 됨으로써 정신적 고통을 당한 것에 대한 손해배상을 목적으로 하는 위자료청구권과는 반드시 그 성질을 같이하는 것이 아니라 할 것이므로 재판상 이혼하는 일방 당사자는 이혼에 따른 위자료와 재산분할을 함께 청구하는 것도 가능하다."[36)]

---

31) 서울가정법원, 1991. 6. 7, 89드58308.

32) 서울고등법원 제20민사부, 1993. 5. 21, 92드2325.

33) 서울고등법원 제20민사부, 1993. 9. 17, 93르883.

34) 대법원결정, 1994. 6. 29, 93스18.

35) 서울가정법원, 1991. 6. 7, 89드58308; 1991. 5. 16, 90드62624; 1991. 6. 5, 90드48598; 1991. 8. 8, 90드63238; 1991. 9. 19, 90드24912; 1992. 1. 9, 91드20207·91드41693; 1991. 5. 16, 91드1220; 1991. 11. 12, 91느4431; 1991. 11. 21, 91드6348; 1992. 8. 20, 91드54873; 1992. 10. 1, 92드22378; 수원지방법원 가사부, 1992. 7. 31, 91드20389·91드20393.

36) 서울가정법원, 1991. 5. 16, 90드62624.

이 판례도 역시 이혼 시 두 개의 청구를 함께 할 수 있으나 그 성질은 각각 상이하기 때문에 심리는 별개의 것으로 할 수 있는 것임을 나타낸다.

2) 일본

(1) 학설

일본 역시 재산분여에 관하여 제768조라는 추상적인 1개의 조문만을 가지고 있기 때문에 이 제도의 성질에 관하여 학설이 분분하였다.[37] 현재는 이 제도의 성질에 관하여 청산 및 부양적 요소가 포함된다는 사실에 별다른 논쟁이 없다.[38] 다만 위자료적 요소가 포함되느냐에 관하여는 학설의 대립이 있다.

먼저 포괄설[39]에 의하면 재산분여청구 중에는 청산적, 부양적 요소 외에 손해배상적 요소를 포함한다고 한다. 그 근거로서, 이 조문의 입법이유가 "부부가 헤어지는 경우에는 그 재산을 분할한다고 하는 사상과 그것으로부터 역시 부양료청구를 인정해야 하는 것 또는 이혼원인을 부여한 자에 대한 제재적인 위자의 의미를 갖는 것도 청구되어야 한다는 여러 가지 의미를 포함 …"[40] 하는 것으로 되어 있다는 점을 든다. 또한 조문의 체계로 보아서 민법 제768조 1항의 "재산분여"라는 것은 이혼하게 된 배우자의 불이익을 보상하는 것으로서 포괄적인 이혼급부의 별명에 지나지 않는다고 본다. 그리고 동조 3항의 "일체의 사정"은 위의 청산을 위한 참작사정으로서가 아니고

---

37) 淸算說(靑山道夫, 《身分法槪論》, 135면), 扶養說(有泉 亨, 《親族法》, 58면, 島津一郎, 《親族法》, 124면), 淸算 및 扶養說(中川善之助, 《註釋親族法》, 120면 이하), 淸算 및 扶養, 慰藉料說(谷久知平, 《親族法》, 96면 이하) 등이 있다.

38) 大津千明, 前揭書, 27면.

39) 包括說도 包括不可分說(川島武宜, "離婚慰藉料と財産分與と關係", 《損害賠償責任の硏究(上)》, 273면 이하)과 包括可分說(來栖三郎, "離婚による慰藉料請求が認められゐか", 〈法學協會雜誌〉, 74권 2호, 197면 이하)로 나뉜다.

40) 最高裁判所 事務總局, 〈民法改正に關すゐ國會關係資料〉, 487면.

위 제1항을 받아서 이혼에 따른 불이익의 공평한 보상을 위한 참작사정에 불과하기 때문에, 재산분여에 있어서 협력재산의 청산적 요소가 중핵이고 그밖에 이혼 후의 부양적 요소와 손해배상적 요소가 포함된다[41]고 주장한다. 이 학설은 종래의 다수설이었으며 해결의 일회성이라는 장점 때문에 판례도 이러한 입장을 취하는 경우가 많았다.

한정설[42]은 재산분여제도에 청산적, 부양적 요소는 포함되지만 손해배상적 요소는 포함되지 않는다는 입장이다. 이 설은 재산분여의 내용으로부터 이혼에 의한 손해배상의 요소는 배제되기 때문에 재산분여청구와 손해배상청구를 각각 별개의 독립된 권리로 취급하고 있다. 이 설은 초기에는 재산분여청구와 위자료청구는 별개의 것이라고 하는 광범한 관행에 의하여 재판실무에서는 우세하였다.

근래에는 실무에서 절충설의 입장을 취하는 경우가 많다. 즉, 절충설에 의하면[43] 재산분여청구권과 위자료청구권은 별개의 권리이기 때문에 어느 쪽 당사자가 일방만을 행사하는 것도 가능하고 양자를 동시에 또는 순차적으로 행사하는 것도 가능하다는 것이다. 그 반면 양자는 밀접한 관련이 있기 때문에 위자료의 요소를 재산분여 중에 포함해서 청구하는 것도 가능하다. 따라서 재산분여를 이미 받은 자로부터의 위자료청구의 가부 및 그 액수는 이미 행해진 재산분여에 위자료적 요소가 포함되어 있는가 어떤가 또는 그 정도가 어떠한가에 따라서 결정된다. 이 논리에 의한다면 일단 위자료를 받은 자로부터의 재산분여청구가 반드시 불가능한 것은 아닌 것으로 된다.

---

41) 高野耕一, 前揭書, 148~9면; 川道武宣, 前揭論文, 259면 이하.

42) 限定說도 限定相關說(中川善之助, 《新訂親族法》, 青林書院新社, 1967, 292면)과 限定獨立說(中川 淳, "財産分與制度の性質", 《家族法大系 Ⅲ》, 有斐閣, 1970, 49~50면)로 나누어진다.

43) 岡垣 學・川井 健 編, 《特別法講座(10) 親族・相續》, ぎょうせい, 1988, 133~4면.

(2) 판 례

① 포괄설의 입장을 취하는 판례는 다음과 같다.

> "… 점포 겸 주택과 차지권과를 청산, 부양 및 위자료를 고려해서 처에게 분여 …."[44]
>
> "… 재산분여가 청산, 손해배상, 부양의 3개의 내용을 포함하는 것을 고려하고 제반 사정을 감안하면 …."[45]
>
> "처가 이혼청구 인용에 대비해서 청구한 재산분여에 관해서는 제반 사정에 비추어 위자료적 재산분여는 500만 엔이 상당하고 … 또 부가 혼인비용을 분담하지 않는 것, 부의 주식취득에 대한 처의 공헌, 처의 이혼 후 생활에서 경제적 불안 등에 비추어 청산적, 부양적 분여는 2,500만 엔이 상당하기 때문에 합계 3천만 엔을 부는 분여하여야 한다."[46]

또한 재산분여를 청구하면서 위자료를 포함한 취지로 신청한 것도 있고 재산분여만을 청구하더라도 위자료를 포함해서 분여액을 산정하는 판결[47] 등이 있다. 이 판례들은 위자료는 불법행위에 의한 손해배상이지만 재산분여의 일부로서 부여되어도 좋은 것으로 보고 있다.

② 한정설의 입장을 취하는 판례 중에는 위자료는 재산분여와 별도로 청구되는 것이 많고 판결도 각각 판단하고 있다. 즉, 재산분여만 청구하면 재판소는 청산 및 부양의 성격을 갖는 재산분여만 명하지만[48] 나중에 불법행위에 기한 위자료청구가 가능하다. 불법행위에 기한 위자료만이 청구된 때 재판소는 청구자의 정신적 고통을 위자하는 액수를 산정하고 있으나[49] 그

---

44) 東京地方裁判所, 1982. 3. 30, 56-592.

45) 東京高等裁判所, 1979. 9. 25, 〈判例時報〉, 944호, 55면.

46) 東京地方裁判所, 1989. 4. 26, 1986(タ) 72; 1988(ワ) 16273.

47) 東京地方裁判所, 1984. 4. 4, 58-473, 〈判例タイムズ〉, 788호, 11면.

48) 東京地方裁判所, 1989. 9. 30.

49) 東京地方裁判所, 1989. 11. 21.

후에 재산분여를 청구하면 재판소는 청산 및 부양의 성격을 갖는 재산분여를 명하게 된다.[50] 재산분여와 불법행위에 기한 위자료가 동시에 청구되는 경우 재판소는 청산 및 부양의 성격을 갖는 재산분여와 불법행위에 기한 위자료를 각각 인정하고 있다.[51]

③ 절충적 견해를 취하는 최고재판소 판례가 있다. 즉, 1956. 2. 21 판례[52]와 1971. 7. 23 판례[53]가 그것이다. 이 판례들은 재산분여청구와 위자료청구는 서로 다른 권리라고 하는 한정설을 전제로 하면서 재산분여 중에 위자료를 포함한다고 하는 포괄설도 허용된다고 하였다. 따라서 실무상 청구수속으로서 위자료와 재산분여를 개별적으로 다른 시점에서 청구하는 방법, 재산분여로서 일괄청구하는 방법, 위자료와 재산분여를 병합청구하는 방법, 위자료는 지방재판소에, 재산분여는 가정재판소에 동시에 개별적으로 청구하는 방법 어느 쪽도 가능하다. 현재 소송에서는 위자료와 재산분여의 두 개의 청구가 대부분이지만 가정재판소의 판례에서는 위자료를 포함하여 판단하는 사례가 많다.[54] 실제로 재산분여만이 청구된 때 재판소는 청산 및 부양의 성격을 갖는 재산분여를 명하는 경우[55]와 청산, 부양 및 위자료의 성격을 갖는 재산분여를 명하는 경우[56]도 있다. 전자의 경우에는 나중에 불법행위에 기한 위자료의 청구가 가능하지만 후자의 경우에는 원칙적으로 할 수 없다.

---

50) 福岡家庭裁判所, 1969. 3. 13.

51) 東京地方裁判所, 1989. 7. 25.

52) 〈最高裁判所民事判例集〉, 10권 2호, 124면(그러나 이 판례는 포괄설을 입증하는 판례라고 보는 견해가 있다(高野耕一, 前揭書, 132면)).

53) 〈最高裁判所民事判例集〉, 25권 5호, 805면(그러나 이 판례는 한정설을 나타내는 판례라고 보는 견해도 있다(中川 淳, "判例評釋", 〈判例タイムズ〉, 270호, 78면)).

54) 松浦千譽, "離婚給付の算定基準と判例", 〈判例タイムズ〉, 747호, 129면.

55) 東京地方裁判所, 1989. 9. 30, 1987(タ) 298.

56) 東京地方裁判所, 1989. 4. 26, 1986(タ) 72; 1988(ワ) 16273.

III. 부부재산제와의 관계

1. 한 국

1) 학 설

재산분할제도는 일반적으로 부부재산제로서 규정하는 입법례[57]가 많으나 민법은 이를 이혼의 효과로서 규정하는 입법례(일본민법 제768조)에 따르고 있다. 민법은 부부재산제로서 별산제를 취하고 있기 때문에(제830조) 부부 각자의 고유재산과 특유재산을 제외한 공유재산은 귀속불명재산에 한정된다(제 830조 2항). 그러나 이 규정은 추정규정이기 때문에 재산법 원리에 따라서 일방의 단독소유가 증명되는 범위에서는 번복될 수 있다. 따라서 부부가 혼인 중에 취득한 재산은 귀속불명한 재산을 제외하고는 이를 공동재산으로 볼 수 있는 실정법상 근거는 없다. 별산제를 취하고 있는 한 부부간의 재산은 부부의 일방에 귀속되고 특별한 재산계약을 체결하지 않는 한 혼인에 의해서 재산이 공유로 되는 것은 아니다.

현행과 같은 입법체계하에서는 재산분할제도가 부부재산제와 어떠한 관계를 가지고 있는가, 부부재산제와 상관없이 재산분할제도만으로 법적 구성이 가능한 것인가 또는 현행 별산제는 재산분할제와의 관계에서 순수한 별산제를 그대로 유지하는가 그렇지 않으면 수정이론으로서 일부공유제로 보아야 하는가 등이 문제가 될 수 있다. 재산분할제도를 논하기 위해서는 부부재산제에 관한 논의가 당연히 전제되지 않으면 안 되는 이유이다.

재산분할제도와 부부별산제와의 관계에 대해서 이를 별산제에 대한 수정이론으로 보는 공유추정확대론[58]이 있다. 이 견해에 의하면 부부재산을 세 종류로 나누어 실질적 귀속관계를 결정한다. 즉, 제1종 재산은 명실공히 부

57) 독일민법 제1363~1364조, 프랑스민법 제1401조 이하, 미국의 경우 공유제를 취하는 캘리포니아 민법전 제146~147조.

58) 김주수, 전게서, 166~8면.

또는 처의 특유재산, 제 2종 재산은 부부 공동명의로 취득한 재산으로서 당연히 공유재산으로 되는 것과 기타 가재도구 등과 같이 제 830조 2항의 추정을 받아 그 구입자가 부부 일방이라 할지라도 명실공히 부부의 공유재산으로 되는 것, 그리고 제 3종 재산은 혼인 중 부부가 협력하여 매입한 주택 기타 부동산, 공동생활의 기금으로 된 예금 및 주식 등으로서 부부 일방의 명의로 되어 있더라도 내부적, 실질적인 공유재산으로 되는 것 등이다. 이혼 시는 이들 중 제 3종 재산이 분할대상재산이 된다고 본다. 따라서 제 830조 2항의 공유추정규정을 이 제 3종 재산에 관하여 실질 면에서 확대적용함으로써 혼인 중 부가 자기 명의로 취득하였던 부동산이라도 자신만이 그 취득비용을 부담하였다는 등 실질적으로도 단독소유라는 것을 증명하여 추정을 번복하지 않는 한 대내적으로는 부부공유로 추정된다는 것이다.

현행 재산분할제를 이른바 별산제와 분할제를 혼합한 형태(예컨대 연기된 공유제, *deferred sharing*)로 보는 견해[59]도 있다. 즉, 명실공히 부부공유재산 또는 공유추정재산 이외에 혼인 중에 부부의 각 일방이 그 명의로 취득, 축적한 재산은 타방의 협력에 의해서 비로소 얻을 수 있는 것이고, 다른 일방은 잠재적 지분을 갖는다고 생각되므로 혼인해소 시에는 잠재적 지분의 회수가 인정된다고 한다. 이에 따르면 혼인 중의 부의 수입에 대한 처의 협력은 혼인계속 중에는 재산의 귀속으로 직접 반영되지 않으나 혼인해소 시에는 재산분할로서 비로소 평가받게 된다는 것이다.

이 이론도 혼인 중에 취득한 재산은 협력재산으로서 이혼 시에 청산의 대상이 된다는 점에 있어서는 공유추정확대론과 크게 다르지 아니하다.

결국 현행과 같은 재산분할제도가 인정되고, 여기에서 협력재산의 분할을 규정하고 있는 한 부부재산제도를 더 이상 순수한 별산제로 보기는 어렵다고 생각된다. 따라서 분할대상재산으로서 공유로 추정되는 재산은 귀속불명재산에 한정되지 않고 명의가 분명하더라도 실질적으로 부부의 협력에 의하여 취득한 재산임이 증명되는 한 공유재산으로서 분할대상재산이 될 수 있다고 보아야 할 것이다.

---

59) 황우려, 전게논문, 20~1면.

이러한 경우 "협력재산"이라는 개념구성은 어떻게 하여야 할 것인가. 우선 일방 또는 쌍방이 금전적 대가를 수반하여 취득한 재산이라면 물론 협력재산이 될 수 있을 것이다. 그외에 금전적 대가를 수반하지 않는 정신적 협력이나 가사노동 등 무형의 협력이라는 기여에 의하여 취득한 재산도 협력재산으로 보아야 할 것이고 이를 분할대상재산으로 인정하여야 할 것이다.

2) 판 례

대법원은 1992년까지의 판례에서 특유재산규정을 "대가를 부담하여 취득한 것이 증명된 때에 한하여" 공유추정을 할 수 있다고 해석하였다.

즉, 1986년 판례에서 "처의 재산증식행위에 대하여는 대가성을 인정하지만 단순한 가사노동에 대하여는 대가성을 인정하지 않는다"[60] 고 하였다. 따라서 혼인 중에 취득한 재산이 일방의 명의로 된 경우 혼인생활에 협력하여 온 타방의 기여도(특히 처의 가사노동)가 잘 반영되지 않았다.

1990년 대법원은 제 830조 1항의 특유재산규정을 추정규정으로 보아 "부부 일방이 혼인 중에 자기명의로 취득한 재산은 그 명의자의 특유재산으로 추정되나 실질적으로 다른 일방 또는 쌍방이 그 재산의 대가를 부담하여 취득한 것이 증명된 때에는 특유재산의 추정은 번복되어 다른 일방의 소유이거나 쌍방의 공유로 보아야 하고…"[61] 라고 판시하였다. 그러나 이 판례는 "재산의 대가를 부담하여 취득한 것이 증명되는 경우"에 한하여 제한적인 경우에 특유재산추정이 번복되어 공유재산으로 인정된다고 함으로써 그 이전의 판례와 마찬가지로 가사노동을 "대가의 부담"에 포함시키지 않았다.

1992년 판례도 부부 일방이 혼인 중에 자기명의로 취득한 재산은 그 명의자의 특유재산으로 추정하지만 "실질적으로 다른 일방 또는 쌍방이 그 재산의 대가를 부담하여 취득한 것이 증명된 때에는 특유재산의 추정은 번복되어 다른 일방의 소유이거나 쌍방의 공유라고 보아야 할 것이지만 그 재산을

---

60) 대법원, 1986. 9. 9, 85다카1337・1338.

61) 대법원, 1990. 10. 23, 90다카5624.

취득함에 있어 상대방의 협력이 있었다거나 내조의 공이 있었다는 것만으로는 위 추정을 번복할 사유가 된다고 할 수 없다"[62] 고 하였다. 이 판례도 종전과 같이 "재산의 대가를 부담하여 취득한 것이 증명되는 때"에 한하여 특유재산의 공유추정이 가능한 것으로 보고 있으며 상대방의 협력이나 단순한 내조의 공은 공유추정을 할 정도의 대가의 부담으로 인정하지 않고 있다.

그러나 1993년 대법원은 다음과 같이 판시하여, 종래와 다른 태도를 보이고 있다.

> "… 처가 가사노동을 분담하는 등으로 내조를 함으로써 부의 재산의 유지 또는 증가에 기여하였다면 그와 같이 쌍방의 협력으로 이룩한 재산은 재산분할의 대상이 된다고 보아야 할 것이다. … 청구인이 상대방과 혼인한 후 1987년경까지 적어도 10년간은 가사노동을 하는 등으로 내조를 함으로써 위 신정동 … 및 … 등 2필의 대지와 건축자금으로 새마을금고에 예금한 금 … 원 등의 재산이 형성되는 데 기여하였다고 볼 수 있고 … 그와 같은 재산이 이룩되는 데 청구인이 기여한 바 전혀 없었다고 단정할 수는 없으므로 … ."[63]

이 판결은 처가 가사노동을 분담하는 등의 내조를 함으로써 부의 재산의 유지, 증가에 기여하였다면 그 재산이 비록 부 명의로 되어 있다 하더라도 부의 특유재산은 아니고 쌍방의 협력으로 이룩된 공유재산으로서 재산분할의 대상이 된다고 하였다. 이 판례에서는 협력재산의 개념에 가사노동에 의한 협력이 포함된다는 것을 분명히 밝히고 있다.

하급심에서는 재산분할제도가 신설되기 이전에 처의 가사노동의 대가성을 인정한 1988년 서울민사지방법원의 판결이 있다.

> "… 통상적인 가정에 있어서 가사에만 전념하는 처는 비록 스스로 적극적

---

62) 대법원, 1992. 12. 11, 92다21918.

63) 대법원, 1993. 5. 11, 93스6.

인 수입을 얻는 것은 아니지만 가계자금을 관리하고 가정을 꾸려나가기 위하여 정신적, 육체적인 근로를 하는 것이며 이러한 근로가 공동의 재산형성에 크게 기여하는 것이라고 할 것이니 남편만이 적극적 수입이 있다하여 혼인 후에 조성된 재산을 모두 남편의 소유라고 할 수는 없다 할 것이어서 …", "처의 이름으로 재산을 취득한 경우에는 그 재산취득을 위한 자금이 주로 남편의 수입에 의존하여 형성되었다는 이유만으로 그 재산을 남편만의 특유재산이라고 단정할 수는 없다 할 것이어서 결국 이 사건 부동산은 부부의 누구의 소유인지 분명하지 않기 때문에 원·피고의 공동소유로 추정될 수밖에 없다고 할 것이다."[64]

그러나 이 판결은 처의 가사노동 등의 협력이 재산형성에 기여한다는 점은 인정하지만 그것이 곧 협력재산을 형성하고 따라서 그러한 협력재산이기 때문에 공유재산이 되어 분할대상이 된다는 논리에는 접근하지 아니한다. 단지 귀속불명재산이기 때문에 공유추정을 할 수 있다는 정도에 그치고 있다.

재산분할제도가 신설된 이후 하급심은 가사노동의 대가성을 명백하게 인정하여 협력재산이라는 개념을 구성하고 있다. 다음과 같은 판결이 그것이다.

"이 사건 아파트는 비록 등기부 등에 그 외관상으로는 원고의 단독소유로 되어 있지만 그 매수경위, 유지 및 가치상승에 있어서 피고의 가정주부로서의 내조가 그 재산형성의 뒷받침이 되었다고 할 것이므로 이는 원·피고가 결혼 후 협력하여 이룩한 재산으로서 재산분할의 대상이 된다고 할 것이다."[65]

"위 아파트는 비록 등기부 등 그 외관에 있어서 피고의 단독소유로 되어 있지만… 13년여에 걸친 혼인생활을 통하여 가사노동을 하며 피고를 내조하여온 무형적 노력이 그 뒷받침이 되었다 할 것이므로 실질적으로는 원·피고가 결혼 후 협력하여 이룩한 공유재산으로서 재산분할의 대상으로…."[66]

---

64) 서울민사지방법원, 1988. 6. 9, 87가합3317.

65) 서울가정법원, 1991. 12. 12, 91드36646·91드42238.

"… 부동산과 두 개의 학원은 원고와 피고의 협력으로 이룩한 실질적 공유재산이라 할 것이므로 피고는 이 사건 이혼에 따라 원고에게 위 재산을 분할하여 줄 의무가 있다",[67] "청산적 재산분할을 함에 있어 그 대상으로 되는 재산은 부부가 혼인 중에 공동으로 형성한 실질적 공유재산에 한정되고 ….."[68]

이와 같이 판례는 종래 대가의 부담만을 협력으로 보던 태도에서 한 걸음 나아가 대가의 부담이라는 직접적, 유형적 기여는 물론 가정생활과 자녀의 양육이라는 간접적, 무형적 기여 모두를 협력의 형태로 인정하고 있다.[69] 따라서 이러한 형태의 기여에 의하여 이룩한 재산을 협력재산이라고 보고 협력재산은 곧 부부의 실질적 공유재산이라는 근거를 도출하고 있다. 협력재산으로 인정되는 한 비록 부부 일방의 명의로 되어 있더라도 특유재산추정은 할 수 없게 되는 것이다.

판례의 이론에 따른다면 재산분할제도의 적용에서 실질적 공유개념을 수용함으로써 우리의 부부재산제도는 더 이상 순수한 별산제라고 볼 수 없게 되었다. 재산분할제도는 부부재산제와의 관계에서 별산제의 성격에 실질적 공유제적 성격을 보충, 보완하는 기능을 갖는 것으로 규정지을 수 있다고 생각된다.

---

66) 서울가정법원, 1991. 9. 12, 90드74375.

67) 서울가정법원, 1991. 9. 18, 91드20979.

68) 서울가정법원, 1991. 11. 21, 91드6348.

69) 수원지방법원, 1992. 7. 31, 91드20236 · 91드20393; 인천지방법원 제 2가사부, 1992. 4. 30, 91드12418 기타.

2. 일 본

1) 학 설

일본민법도 재산분여제도를 부부재산제도로서 규정하지 않고 이혼의 효과로서 규정하고 있다(제 768조). 또한 부부재산제로서 별산제(제 762조)를 채택하고 있기 때문에 한국에서와 같은 문제가 제기될 수 있다.

부부재산제와의 관계에 대하여 재산분여제도는 별산제를 공유제로 수정한다는 학설과 별산제와 관계없이 독자적인 위치를 갖는다는 학설로 나누어진다. 전자는 공유제로의 수정이론에 의해서 재산분여의 대상이 되는 협력재산의 개념을 도출할 수 있다고 한다. 즉, 공유제로 해석함으로써 재산분여에 이것을 반영하려는 것이다. 후자는 재산법적 원리에 주안점을 두고 재산분여에서 경제적 불균형을 조정하려고 하는 것이며 그러한 의미에서 공평이라고 하는 고려사유를 도출하려고 한다는 것이다.

먼저 공유제설에도 소득공동제설, 잠재적 소득공동제설, 가계재산공유제설 등이 있다.

소득공동제설[70]은 부부재산제를 실질적 공유제로 보고 공유로 되는 재산이 청산의 대상으로 된다고 해석한다. 여기에서의 부부재산의 범위는 "공동생활에 필요한 가재, 가구 등"과 "명의는 부부 일방에 속하지만 실질적으로는 공유에 속하는 것"으로서 혼인 중에 부부가 협력해서 취득한 주택 기타 부동산, 공동생활의 기금이 되는 예금, 주식 등이 공유재산이 된다고 본다.

잠재적 소득공동제설[71]은 부부재산제를 잠재적 소득공동제라고 보고 이혼에 의해서 이것이 현재화하는 것이라고 해석한다. 즉, 현행법은 별산제와 소득공동제를 결합시킨 부부재산제이며, 이 규정의 연혁으로 보아도 제 762조와 제 768조를 합해서 부부재산제에 관한 규정이 되었다고 본다. 따라서

---

70) 我妻 榮, 前揭書, 102면; 加藤永一, "夫婦の財產關係について", 〈民商法雜誌〉, 46권 1호, 11면 이하.

71) 有地 亨, 《家族法論》, 法律文化社, 1990, 92면.

혼인계속 중을 전제로 해서 부부재산의 대외적 관계를 정한 것이 제762조이고 혼인해소 시에 대내적 부부재산의 귀속을 정한 것이 제768조로서 혼인 중 협력으로 취득한 재산은 부부간에 평등하게 청산된다고 한다.

가계재산공유제설[72]은 혼인비용의 분담으로서 가계에 편입된 재산 또는 수입은 특유재산의 성격을 상실하고 부부의 공유재산이 된다고 하는 해석이다. 혼인비용의 분담으로서 출연된 재산은 혼인 중 소비공동생활만으로 그 용도가 한정된 목적재산으로 변하고 그 잠재적 지분은 2분의 1이라고 보고 있다.

다음으로 별산제를 전제로 하여 부부재산제와 재산분여제도를 분리 해석하는 학설이 있다. 이 해석은 청산의 근거를 어디에서 구하는가에 따라서 몇 개의 견해로 나누어진다. 즉, 재산분여에 관해서 "이혼에 수반하는 당사자간의 재산적 제문제를 종합적으로 조정하는 기능을 갖는 것"이라고 보고 별산제에 의해서 생긴 불평등을 조정하는 제도로서 보는 견해[73], 배우자가 생산노동에 종사한 경우 이것을 이혼 시에 부당이득으로서 반환을 구한다고 하는 견해[74], 개별상황에 응해서 공유설, 고용계약설, 부당이득설에 의하여 가사노동을 평가함으로써 청산하여야 한다는 견해[75] 등이 있다.

2) 판 례

1959년 최고재판소는 부부 중 어느 쪽의 출연에 의해서 부동산 등이 구입되었는가가 고려되고 그 귀속이 정해진다고 하였다. 즉, "부부간의 합의로 부가 매입한 토지의 등기부상의 소유명의인을 처로 한 것만으로는 그 토지를 처의 특유재산으로 볼 수 없다. 부부간에서는 부동산이 누구의 명의로 되

72) 深谷松男, "夫婦の協力と夫婦財産關係", 〈金釋法學〉, 12권 1, 2호, 220면 이하.

73) 鈴木祿弥, 《親族法講義》, 倉文社, 1988, 32면 이하 및 71~2면.

74) 佐藤義彦, "離婚による財産分與", 太田武男 編, 《現代の離婚問題》, 有斐閣, 1970, 388면.

75) 高木積夫, "家事勞動の評價", 〈ジュリスト〉(1973), 531호, 96, 99면.

어 있더라도 부부 어느 쪽이 그 부동산을 취득하기 위한 대가를 출연하였느냐에 의해서 귀속이 정해지기 때문이다"[76] 라는 판결이 그것이다.

1973년과 1976년에는 각각 다음과 같이 판시함으로써, 대가를 출연한 것에 의해서 재산의 귀속이 정해지기 때문에 무형의 가사노동 등은 분여대상으로서의 협력재산형성에 기여한 것으로 평가될 수 없다고 하였다.

> "전업주부의 경우에 부의 급료와 차입금으로 구입한 부동산에 관해서 처는 구입자금이 된 급료의 축적에 내조의 공이 있다고 해도 자금의 일부를 부담하지 않는 때에는 명의인의 단독소유로 되고 부부의 공유재산으로 될 수 없다."[77]
>
> "제 762조 1항의 특유재산이라는 것은 명실공히 부부 일방의 소유에 속한다고 하는 의미에서, 혼인 중 자기 명의로 취득한 것에 관해서도 단지 명의가 자기의 것이라는 것만은 아니고 그것을 얻기 위한 사정이나 대가 등이 자기의 것인, 실질적으로도 자기 것이라는 것을 거증하지 않는 한 특유재산으로는 될 수 없다."[78]

한편 1971년 최고재판소의 판례[79] 는 "부부가 혼인 중에 취득한 실질적 공동재산을 청산 분배하는 것을 재산분여의 목적의 하나"로서 거론하고 있다. 즉, 부부가 협력해서 취득한 재산은 그 명의에 상관없이 실질적 공유재산으로서 청산의 대상임을 밝히고 있다. 또한 전업주부의 경우 내조의 공을 협력으로서 평가한 판례[80] 도 있다. 즉, "부가 혼인비용의 분담으로서 금전을 거출해서 그것을 가계비에 충당하고 잉여금이 생긴 때에는 그 거출 자체가 부부공동생활의 기초를 구성하는 목적으로 되는 것이기 때문에 잉여금은 거

---

76) 最高裁判所, 1959. 7. 14, 〈最高裁判所民事判例集〉, 13권 7호, 1023면.

77) 大阪高等裁判所, 1973. 4. 10, 〈判例時報〉, 710호, 61면.

78) 水戸地方裁判所, 1976. 2. 25, 〈判例タイムズ〉, 342호, 250면.

79) 最高裁判所, 1971. 7. 23.

80) 東京地方裁判所, 1971. 1. 8, 〈判例タイムズ〉, 261호, 312면; 同旨 東京地方裁判所, 1984. 7. 12.

출자의 특유재산인 성질을 상실하고 부부공동생활을 위하여 사용된 특별재산으로 된다고 해석하는 것이 제 762조 2항의 법의에 비추어 상당하고 그 잉여금으로 부동산 기타 재산이 취득되는 것과 그 명의가 부부의 일방에게 되어 있다고 하여도 부부공유재산으로 된다"고 하였다. 또한 "위 건물의 가액은 … 엔, 위 토지의 차지권 가액은 … 엔이라는 것이 인정된다. 위 자산은 … 피고의 혼인 중에 형성된 것이기 때문에 재산분여의 대상이 되는 것이다. 이밖에 소액의 예금과 생명보험금 등이 부부의 실질적 공유재산이기 때문에 재산분여로서는 … 엔이 상당하다"[81] 라고 하여 혼인 중 형성된 재산은 실질적 공유재산이 된다고 판단한다. 부부가 함께 가업에 종사한 경우 "가업의 수익을 가지고 구입한 부동산에 관해서 소유명의인은 부로 되어 있어도 부의 특유재산으로 하는 내용의 특단의 합의가 없는 이상 부부의 공유재산으로 된다"고 하는 판례[82] 도 있다. 이 경우는 부부의 공동수익에 의하여 형성된 재산이기 때문에 명의에 상관없이 공동재산으로 인정하고 있다.

종래 판례는 대가의 출연에 의해서 재산의 귀속을 결정함으로써 처의 내조의 공 등 가사노동을 재산형성에 대한 기여로 인정하지 아니하였고 결과적으로 처에게는 분여대상재산이 없는 것으로 인정되어왔다. 근래는 맞벌이 부부의 경우는 물론 전업주부의 경우에도 가사노동 등 무형의 협력을 기여로 인정함으로써 협력재산, 즉 실질적 공유재산의 개념을 도출하고 있다. 이와 같은 판례의 태도는 대체로 소득공동제의 학설에 따르는 것으로 보인다.

---

81) 東京高等裁判所, 1982. 2. 16, 〈判例時報〉, 1041호, 73면.

82) 大阪高等裁判所, 1982. 11. 20, 〈判例タイムズ〉, 489호, 65면.

IV. 재산분할청구권의 행사

1. 행사방법

1) 한 국

(1) 재산분할청구권의 행사방법은 당사자간의 협의 또는 재판상 청구이다 (제839조 2의 2항)

즉, 재산분할을 할 것인가의 여부와 그 액수, 방법은 우선 당사자가 협의하거나 조정에 의하여 정하게 된다(가사소송법 제2조 1항 마류 4호). 이 경우 협의시기, 방법, 내용에 관해서는 특별한 제한이 없다. 따라서 분할액수의 다소, 분할의 형식, 자녀의 양육비 관계, 위자료와 일괄 계산할 것인가에 관하여는 당사자의 의사에 의한다.

그러나 협의가 되지 않거나 협의할 수 없는 때에는 가정법원이 당사자의 청구에 의하여 "당사자 쌍방의 협력으로 이룩한 재산의 액수 기타 사정을 참작하여 분할의 액수와 방법을 정한다"(제839조의 2 제2항)는 기준에 의하여 심판하게 된다. 이 경우 재산분할에 관한 구체적 결정은 최종적으로는 법관의 재량에 의하게 된다.

(2) 당사자의 협의에 의한 경우 법원은 그 약정의 효력을 인정한다

다음과 같은 판례는 당사자간 재산분할에 관한 협의의 효력을 법원이 확인하거나 또는 그 전제하에 판결을 한 경우에 해당한다.

> "… 원·피고간에 이혼하기로 합의하면서 위 연립주택의 매매 등 모든 처분권한을 원고에게 위임하고 그 처분대금 중 … 원을 피고가 원고에게 지급하기로 약정하는 내용의 이혼각서를 작성한 사실이 인정되며 … 피고가 원고에게 금 … 원을 지급하기로 한 약정은 협의이혼이건 재판상 이혼이건 간에 그 혼인관계가 해소됨으로 인한 급부관계 일체를 위 금원을 지급함으로써 청산하기로 하는 내용의 약정이라 할 것이므로 원고의 재판상

이혼청구에 의하여 혼인관계가 해소된 이 사건에 있어서 피고는 원고에게 위 약정에 따라 금 … 원을 지급할 의무가 있다 ….”[83]

“분할대상재산은 별지목록 기재 … 가 되는바 한편 원·피고 간의 위 1992. 1. 6 합의는 피고가 재산분할과 위자료를 모두 합하여 원고에게 줄 재산의 정도를 약속한 것으로 보아야 할 것이므로 위와 같은 원·피고의 합의내용에 원고의 위 각 재산형성에 대한 기여도 등을 고려할 때 ….”[84]

그러나 “이혼에 합의하면서 위자료나 일체의 재산상 권리의 포기를 약정하였더라도 그것이 상대방이 청구인을 감금한 채로 폭행하면서 위 문서에 날인할 것을 강요하여 청구인이 부득이 이에 응하게 된 사실이 인정되는바 그렇다면 위 재산상의 권리를 포기하기로 한 의사표시는 강박상태에서 이루어진 것으로서 이를 유효하다고 할 수 없으므로 …”[85] 라는 판결은, 당사자간의 약정이 자유의사에 의한 것이 아닌 강박에 의한 의사표시인 경우에는 그 효력을 인정할 수 없음을 밝히고 있다.

(3) 재판상 청구

당사자간에 재산분할에 관한 협의가 이루어지지 않는 경우 대부분 재판상 청구에 의한 방법을 택한다. 즉, “위자료와는 별개로 재산분할청구를 하고 있으므로 살피건대 …”[86] 라는 등의 많은 판례는 이러한 사정을 말해준다.

---

83) 서울고등법원, 1993. 5. 21, 92르2325.

84) 서울가정법원, 1992. 10. 1, 92드22378.

85) 서울가정법원, 1991. 11. 12, 91느4431.

86) 서울가정법원, 1991. 6. 7, 89드58308; 1991. 5. 16, 90드62624; 1991. 5. 16, 91드1220; 1991. 11. 12, 91느4431; 서울지방법원 가사부, 1992. 7. 2, 91드20386·91드20393; 인천지방법원 제 2가사부, 1992. 4. 20, 91드12418; 서울고등법원, 1993. 9. 17, 93르833 등.

2) 일 본

(1) 일본의 경우도 재산분여청구는 협의 또는 재판상 청구에 의한다 (제768조 2항)

즉, 재산분여에 관하여 우선 당사자간의 협의에 의하고 협의가 되지 않는 때 또는 협의할 수 없을 때에는 가정재판소에 협의에 대신하는 처분을 청구할 수 있다. 따라서 협의의 형식이나 내용 등은 당사자의 자유의사에 의하여 결정되며 재판상 청구의 경우 법관의 재량의 여지가 많다는 점은 한국과 다르지 아니하다.

(2) 당사자간의 협의의 효력을 인정한 경우

"부부간에 부동산 23건을 처에게 준다고 하는 재산분여의 합의가 성립한 때 재판소는 이혼에 이르지 않았기 때문에 그 합의는 무효이지만 재산분여를 정하는 데 있어서 중요한 요소가 된다고 판시하고 22건의 부동산의 분여를 명하였다"[87]는 판례는 재산분여에 있어서 당사자간의 합의를 고려하고 있다.

"부부가 이혼 시에는 자산, 부채를 절반으로 하고 부동산에 관해서는 거택을 처가, 공장은 부가 취득하는 뜻의 공정증서를 작성하였다. 재판소는 처의 이혼청구를 인용하고 재산분여의 신청, 위자료청구에 관하여는 공정증서에 의하여 이미 협의가 정리되어 있다는 것을 이유로 각하, 기각하였다"[88]는 내용의 판례는 공정증서에 의하여 재산분여에 관한 당사자간의 합의가 이미 성립되었기 때문에 그 합의의 효력만을 인정할 뿐 그것 이상의 청구를 인용하지 않고 있다.

그러나 협의의 효력을 인정하지 않는 판례도 있다. 즉, 부가 이혼 시에는 처에게 건물과 차지권을 분여한다고 하는 서약서 수통을 썼기 때문에 그것을 분여해야 한다고 처가 주장하는 경우 재판소는 "서약서에는 내용에 일관

---

87) 東京地方裁判所, 1981. 1. 30, 50-175, 〈判例タイムズ〉, 788호, 20면.

88) 宮崎地方裁判所, 1983. 11. 29, 〈家庭裁判月報〉, 37권 5호, 81면.

성이 없고 이것을 의사표시로서 확정한 것으로 인정할 수 없다"[89] 고 하여 분여를 인정하지 않는 사례가 있다.

(3) 재판상 청구

재산분여의 신청(인소법 제15조 1항)은 협의가 성립되지 않는 때에 이혼청구(본소 또는 반소)에 부대해서 청구하는 경우가 대부분이다.[90] 또한 처가 이혼의 반소를 제기하지 아니하고 이혼을 다투거나 이혼이 인정된 경우에 대비한 예비적 신청을 하는 경우도 있다.[91]

2. 청구권자

1) 한 국

(1) 부부 일방의 청구

재산분할제도는 부부가 혼인 중 상호협력에 의하여 이룩한 공동재산의 청산과 이혼 후에 경제적으로 곤궁을 겪게 되는 당사자에 대한 부양을 그 목적으로 하고 있다. 따라서 이혼 시에, 혼인 중 협력하여 축적한 재산이 있는 한 부부 중 일방이 분할청구권자가 되는 것이 일반적이다. 대체로 처가 청구하는 경우가 많다.

재산분할 청구에는 혼인파탄의 책임여부가 문제되지 않기 때문에 혼인파탄에 책임이 있는 유책 배우자라 하더라도 분할청구가 가능하다. 그러나 분할청구권의 성질에 따라서 유책성 여부가 문제될 수 있다. 청산적 분할의 경우 협력재산이 있는 한 분할청구를 하는 것에는 문제는 없다. 그러나 부양적 분할의 경우에 유책여부와 전혀 관계없이 청구가 가능한 것인지는 확실하지

89) 東京地方裁判所, 1985. 8. 30, 57-510, 〈判例タイムズ〉, 788호, 20면.

90) 東京地方裁判所, 1987. 1. 28, 59-288; 1988. 2. 22, 62-292, 〈判例タイムズ〉, 788호, 12면; 高松高等裁判所, 1988. 10. 28, 〈家庭裁判月報〉, 41권 1호, 115면 기타.

91) 東京地方裁判所, 1988. 3. 25, 62-328, 〈判例タイムズ〉, 788호, 11면.

아니하다. 특히 우리의 판례가 청산적 분할과 부양적 분할을 명백히 구분하여 인정하고 있지 아니하기 때문에 더욱 그러하다.

또한 사실혼 배우자의 경우도 법률혼에 준하여 분할청구를 할 수 있다.

(2) 유책 배우자의 청구

대법원을 비롯한 하급심의 판례는 유책 배우자의 분할청구를 인정하고 있으며 분할청구의 성질에 따라 구별하여 판결하는 사례는 보이지 않는다.

> "혼인 중 쌍방이 협력하여 이룩한 재산이 있는 경우에는 혼인관계의 파탄에 대하여 책임이 있는 배우자라도 그 재산의 분할을 청구할 수 있음은 소론과 같지만, … 원심 결정이유에 의하여 원심은 청구인이 상대방과 협력하여 이룩한 재산이 없다는 이유로 청구인의 이 사건 재산분할청구를 기각한 것이지 소론과 같이 청구인이 유책 배우자라는 이유로 재산분할청구를 기각한 것이 아님이 분명하므로 …,"[92]
>
> "원 · 피고 사이의 혼인관계가 파탄에 이르게 된 데에는 피고(처)의 부정행위가 주된 원인이 되었다 할 터인데 … 그동안의 생활 정도, 당사자들의 나이, 직업, 수입 … 위 재산의 형성 및 유지에 쌍방이 협력한 정도 … 그밖에 이 사건 변론에 나타난 모든 사정을 참작하면 원고는 피고에게 재산분할로서 위 재산가액의 4분의 1인 … 원을 지급하는 것으로 정함이 상당하다."[93]
>
> "이 사건에서의 청구인과 같이 혼인관계의 파탄에 있어 책임이 있는 배우자라 하더라도 재산분할을 청구하는 데에는 아무런 지장이 없다 …."[94]

(3) 사실혼 배우자의 청구

사실혼의 경우도 혼인 중 협력하여 취득한 재산이 있는 경우 재산분할을 청구할 수 있다. 다음과 같은 판결은 사실혼 관계의 처가 위자료 및 재산분

---

92) 대법원, 1993. 5. 11, 93스6.

93) 서울고등법원, 1993. 9. 24, 92르2295 · 92르2301.

94) 서울가정법원, 1991. 11. 12, 91느4431; 1992. 12. 23, 92드38885 · 92드38892.

할을 청구한 것에 대하여 이를 인용한 사례이다.

> "… 상당의 재산은 비록 그 외관에 있어서 피고의 단독소유로 되어 있지만 원고가 위 사실혼 기간을 통하여 가사를 돌보면서도 식당의 종업원으로 일하여 얻은 수입을 보태어 생활함으로써 조금씩 돈을 모아온 노력이 뒷받침되어 그 재산이 형성·유지되었다 할 것이므로 민법 제839조의 2의 규정에 준하여 피고는 원고에게 이를 분할하여 줄 의무가 있다 …."[95]

2) 일 본

(1) 부부 일방의 청구

혼인 중의 협력재산이 있는 한 부부 일방이 재산분여를 청구할 수 있고 처가 청구자가 되는 것이 일반적인 경우라는 점[96]은 한국과 같다. 그러나 유책 배우자나 내연관계의 해소의 경우 청구에서는 일률적 해석에 의한 판결을 하고 있는 것 같지는 아니하다.

(2) 유책 배우자의 청구

유책 배우자의 경우 재산분여청구가 가능하지만 분여의 성질에 따라 달리 고려하고 있다. 즉, 유책성은 급부결정 시에 고려되어야 할 "일체의 사정" 중 하나의 요소라고 보지만 청산적 분할의 경우에는 책임과는 무관하다고 한다. 혼인생활공동체의 경제 면에서의 협력, 공헌, 기여, 유지의 분배인 재산분여의 청산적 요소에는 유책, 무책의 관념이 개입될 여지가 없기 때문이라는 것이다.[97]

"혼인파탄의 주된 원인은 자녀들의 아버지로서 또 공소인의 부로서의 피공소인의 입장을 무시하고 모멸한 공소인의 언동에 있다고 할 수 있다"고 하

95) 서울고등법원, 1993. 4. 23, 92르2370.

96) 그러나 부가 처에게 재산분여를 신청한 경우도 있다(東京地方裁判所, 1988. 4. 26, 62-340).

97) 松浦千譽, "有責配偶者の財産分與請求", 〈判例タイムズ〉, 747호, 134면.

여 공소인(처)의 위자료 청구는 인정하지 않았으나 재산분여로서 350만 엔을 인정하였다.[98] 그러나 부양적 요소의 분여에서 유책 배우자는 부양적 요소의 재산분여를 청구할 수 없다고 하는 것이 전통적 입장[99]이라고 한다. 실제 판례에서도 유책 배우자로부터의 부양료 청구를 인정하지 않는 경우가 많다.[100] 그러나 "배우자의 행위가 외형적으로 유책으로 보일지라도 그것이 정신적 질환의 영향 때문이라는 것이 인정되고 이혼 후에도 그 질환이 잔존하는 경우에는 적어도 부양적 의미의 재산분여를 인정해야 한다"[101]는 사례는 정신적 질환의 경우는 유책성을 문제삼지 않고 부양료 청구를 인정하고 있다. 부양적 요소의 재산분여청구에서는 상대방의 유책성은 필요요건은 아니지만 청구인의 유책성은 분여청구의 인정여부나 산정액 등에 적지 않은 영향을 미치는 것으로 보인다.

(3) 내연관계의 해소의 경우 종래 판례는 소수의 예를 제외하고는 재산분여의 규정을 적극적으로 적용하지 않는 경우가 많았다[102]

그러나 근래에는 내연관계의 해소 시에, 그것이 준혼적 성질을 갖는 것이고 또 재산분여가 혼인공동체의 해소에 수반하는 당사자간의 재산적 조정을 도모하는 제도라는 입장에 선다면 이 경우에도 당연히 준용되어야 한다[103]고 보는 견해가 많다. "… 퇴직금 중에서 112만 엔은 형태를 바꾸어 남아 있고 그 3분의 1을 포함하여 내연관계 중에 축적된 재산의 가치는 177만 엔이

98) 東京高等裁判所, 1996. 1. 29, 〈判例時報〉, 1195호, 112면; 그밖에 新潟家庭裁判所, 1967. 10. 25, 〈家庭裁判月報〉, 20권 5호, 120면; 福岡家庭裁判所, 1969. 6. 13, 〈家庭裁判月報〉, 21권 8호, 99면; 大阪高等裁判所, 1973. 4. 11, 〈家庭裁判月報〉, 25권 11호, 81면 기타.

99) 松浦千譽, 前掲論文, 134면.

100) 横兵地方裁判所川崎支部, 1971. 6. 7; 崎卓家庭裁判所, 1984. 9. 14.

101) 松山家庭裁判所, 1969. 2. 28, 〈家庭裁判月報〉, 21권 8호, 92면.

102) 石村善助, "內緣解消と財産分與", 《家族法大系II》, 有斐閣, 1959, 327면.

103) 木幡文德, "內緣の準婚的效果", 〈判例タイムズ〉, 747호, 158면; 鈴木眞次, 《離婚給付の決定基準》, 弘文堂, 1992, 27면.

고 처의 기여도는 4할이기 때문에 70만 엔이 청산의 성격을 갖는 재산분여로 된다"[104]는 판례 등이 있다.

3. 청구기간

1) 한 국

재산분할청구권은 이혼한 날로부터 2년을 경과한 때에는 소멸한다(제 839조의 2 제3항). 이 2년의 기간은 제척기간으로 보는 것이 다수설[105]이다. 그러나 시효로 보는 견해[106]도 있다.

청구기간에 관한 판례는 다음과 같다. 즉, 1991. 9. 7 이혼청구로 인하여 이혼이 확정되고 그후 이혼한 처가 재산분할을 청구하여 1993. 4. 15 심판을 받은 경우는 "이혼 이후 2년 이내에 재산분할청구권을 행사한 경우"에 해당된다고 하였다.[107] 또한 처가 가사소홀, 가출 등의 이유로 부가 이혼소송을 제기하여 1992. 6. 26 이혼판결을 받았으며 그후 이혼한 처가 부를 상대로 재산분할을 청구하여 1993. 10. 4 심판을 받은 사건[108]도 같은 경우에 해당된다.

현행민법 시행일 이전(1991. 1. 1)에 이혼한 부부 사이에도 재산분할청구권이 인정되는지에 관하여 민법은 특별한 규정을 두고 있지 아니하므로 문제가 된다. 판례는 이를 부인하고 있다.

"… 현행민법 시행일 이전에 이미 이혼하여 혼인관계가 해소된 당사자 사

---

104) 福岡家庭裁判所小倉支部, 1971. 8. 25, 〈家庭裁判月報〉, 25권 1호, 48면; 그밖에 廣島高等裁判所, 1963. 6. 19, 〈高等裁判所民事判例集〉, 16권 4호, 265면; 大阪高等裁判所, 1972. 4. 5, 〈家庭裁判月報〉, 35권 10호, 69면 등.

105) 김주수, 전게서, 228면; 황우려, 전게논문, 12면.

106) 조미경, "이혼과 위자료", 《가족법학논총》, 박영사, 1991, 293면.

107) 서울가정법원, 1993. 4. 15, 92느3175.

108) 서울가정법원, 1993. 10. 4, 93느2429.

이에 이혼의 효과로서 확정적으로 형성된 신분적, 재산적 법률관계의 효력은 이혼의 효력에 관한 현행민법 제839조의 2, 제843조가 새로 신설되었다고 하더라도 위 규정이 현행민법 부칙 제2조의 원칙에 따라 소급적용되지 않는 이상 아무런 영향을 받지 않는다고 할 것이므로 재산분할청구권은 현행민법 시행일 이후에 이혼한 부부에 한하여 인정된다고 보아야 한다."[109]

따라서 구법 시대에 이혼한 부부는 3년 이내에 이른바 포괄적 위자료 개념에 따른 위자료청구를 하면서 재산분할적 요소를 감안하도록 구하든가 구법 시대의 판례가 인정하는 범위 내에서 부부재산제도상의 명의신탁해지를 원인으로 한 지분이전등기를 구하고 나아가 공유물분할을 구하는 것이 가능할 뿐이다.[110] 이에 관하여 구법 시 부부상호간에도 예탁금에 대한 소유권을 주장할 수 있다는 판례가 있다.[111]

2) 일 본

재산분여에 관한 협의가 성립되지 않는 경우 협의에 갈음하는 처분을 가정재판소에 청구할 수 있으나 이혼 이후 2년 이내에 행사하여야 한다(제768조 2항 단서)는 점은 한국과 같다. 이 ·기간은 제척기간으로 해석되고 있다.[112] 이 기간 내에는 이혼한 당사자의 상속인으로부터의 청구 또는 상속인에 대한 청구도, 특히 부부재산의 청산에 관한 부분에서는 불가능한 것은 아닌 것[113]으로 보고 있다.

---

109) 서울가정법원, 1991. 11. 7, 91느5820.

110) 황우려, 전게논문, 13면.

111) 서울민사지방법원, 1991. 7. 23, 90가합49707.

112) 中川 淳, 前揭論文, 1970, 47면.

113) 岡垣 學·川井 楗 編, 前揭書, 133면.

V. 맺는말

이상에서 한국과 일본의 재산분할제도(재산분여제도)의 내용에 관하여 학설, 판례를 중심으로 비교·고찰해보았다.

먼저 양국 모두 이 제도에 관하여 용어의 차이만 있을 뿐 이혼 시 혼인 중 부부가 협력하여 취득한 재산에 대한 분할청구라고 인정하는 점에서는 동일하다. 그러나 성질에 관해서는 양국간에 차이가 있다.

즉, 한국의 다수설 및 판례는 이 제도의 성질에 관하여 청산 및 부양적 요소를 갖는다고 본다. 위자료와의 관계에서도 다수의 학설은 각각 별개의 성질을 갖는 청구권이라는 견해를 취하며 판례도 양자를 각각 별개의 것으로 심리하고 있다.

일본에서는 재산분여제도를 청산 및 부양, 손해배상적 요소 모두를 포함하는 넓은 의미의 이혼급부로 보고 있다. 따라서 재산분여청구만으로 위의 세 가지 요소의 청구가 가능할 수도 있으며 재산분여와 위자료청구를 동시에 또는 순차적으로 행사하는 것도 가능하다. 이와 같이 일본의 재산분여제도는 청산, 부양 및 위자료의 세 가지 요소를 포함하며 재산분여청구에 의해서 위자료청구가 가능하다는 점은 한국과 상이한 점이다.

부부재산제와의 관계에서 양국 모두 이 제도를 부부재산제로서 규정하지 아니하고 이혼의 효과로서 단 하나의 조문만으로 규정하는 점은 공통된다. 또한 부부재산제도로서 별산제를 취함으로써 재산분할(분여)제도와의 관계가 문제된다는 점도 같다고 볼 수 있다. 별산제와의 관계에서 어떠한 재산을 협력재산으로 볼 것인가에 관하여, 한국의 공유추정확대설, 별산제와 분할제의 혼합설은 각각 일본의 소득공동제설과 잠재적 소득공동제설에 가깝다. 이들 학설은 그 내용에서 큰 차이는 없다.

판례도 양국 모두 이러한 학설의 입장에 서 있는 것으로 보인다. 따라서 혼인 중 협력에 의해서 취득한 재산은 실질적 공동재산으로서 분할(분여) 대상이 된다는 점, 종래 대가의 수반(대가의 출연)만을 협력으로 인정하는 태도에서 벗어나 협력의 개념에 유형, 무형(가사노동 등)의 기여를 포함한다는 점,

결과적으로 재산분할제도(분여제도)는 별산제라는 부부재산제도에 공유적 성격을 보완하는 제도로서 기능하고 있다는 점 등은 양국에 공통된다고 볼 수 있다.

재산분할청구권의 행사방법도 협의나 재판상 청구에 의한다는 점, 청산적 분할에서 유책자의 분할청구권이 인정된다는 점, 사실혼에의 적용이 가능하다는 점, 이 청구권은 이혼한 날로부터 2년이 경과하면 소멸한다는 점, 이 기간을 제척기간으로 보는 것이 다수설이라는 점 등도 양국이 동일하다.

〈후 기〉

2007. 12. 21 법률 제8720호로 공포된 민법 일부개정법률에 의하여 재산분할에 관한 제839조의 3이 신설되었다.

즉, 재산분할청구권 보전을 위한 사해행위취소권 규정을 신설하여 제1항, “부부의 일방이 다른 일방의 재산분할청구권 행사를 해함을 알면서도 재산권을 목적으로 하는 법률행위를 한 때에는 다른 일방은 제406조 제1항을 준용하여 그 취소 및 원상회복을 가정법원에 청구할 수 있다”, 제2항, “제1항의 소는 제406조 제2항의 기간 내에 제기하여야 한다”고 규정하고 있다.

제6장

청산적 재산분할에서 분할대상재산의 범위

• 한국과 일본의 판례를 중심으로 •

I. 머리말

이 논문은 "한국과 일본의 재산분할제도의 비교연구: 판례를 중심으로"라는 논문의 일부이다. 위의 논문은 한국과 일본의 학설, 판례를 중심으로 한 재산분할제도의 내용, 판례에 나타난 청산적 재산분할과 부양적 분할의 실태, 재산분할의 방법 등이 주된 내용으로 되어 있다.

청산적 재산분할에 관해서는 다시 분할대상재산의 범위와 분할대상재산의 산정시기, 그리고 재산분할액수의 산정기준 등이 문제가 된다. 이런 내용 중 재산분할제도의 내용[1], 청산적 재산분할액수의 산정기준[2]은 이미 발표한 바 있다. 이 논문에서는 청산적 재산분할에서 분할대상재산의 범위와 산정시기만을 한국과 일본의 판례를 중심으로 하여 고찰하고자 한다.

이 논문에서 인용된 판례는 한국의 경우 1991년부터 1993년에 걸쳐 공개된 서울가정법원 판결(34건), 수원・인천 등 지방법원 판결(4건), 서울고등

---

* 이 논문은 〈안암법학〉(안암법학회, 1995), 제3집에 게재된 것임.

1) 〈법학논총〉(숭실대학교 법학연구소, 1995), 제8집 참조.

2) 〈가족법연구〉(한국가족법학회, 1994), 제8호 참조.

법원 판결(9건) 등 47건이다. 일본의 경우 1970년에서 1989년까지 동경지방재판소 이혼판결 408건을 분석한 자료를 주로 이용하였다.

II. 분할대상재산

재산분할제도는 부부재산관계의 청산이라는 성질을 가지고 있으므로 부부가 혼인 중 협력하여 취득한 재산이 있는 한 재산분할을 인정한다는 점에 관해서는 한국과 일본의 판례가 다르지 아니하다. 당사자간의 협의에 의한 분할이 아닌 부부 일방의 청구에 의하여 재산분할이 이루어진 경우 분할대상재산은 다음과 같다.

1. 혼인 중 협력에 의하여 취득한 재산

1) 한 국

분할대상이 되는 재산은 부부의 공동재산으로서 평가 시에 부부 쌍방의 협력으로 이룩한 전체로서의 재산이라 할 것이다. 비송사건인 재산분할청구의 성질상 일단 당사자의 청구범위 내에서 가정법원이 직권으로 대상을 확정, 평가하고 있다. 따라서 부부의 누구의 명의로 된 재산이든지 함께 심리한다.[3] 그러나 당사자가 분할대상재산에서 제외하는 경우에는 당사자의 의사에 따른다. "위 자산 역시 원고 자신의 경영능력에 피고의 내조의 공이 포함되어 형성된 것이므로 일응 청산적 분할의 대상이 된다고 보아야 할 것이지만 피고 자신도 명시적으로 재산분할의 청구대상에서 제외시켰으므로 청산적 재산분할의 대상에 포함시키지 아니하고 다만 부양적 재산분할의 액수를 정함에 있어서 참작하고…",[4] "아파트대금에 관하여는 재산분할을 청구

---

3) 황우려, "개정민법상의 이혼", 〈인권과 정의〉(1992), 186권, 22면.

4) 서울가정법원, 90드12667; 91드6515.

하지 아니하고(따라서 이는 위자료 액수를 정함에 있어 참작하였다)…"[5] 고 함으로써 협력재산이라 할지라도 당사자가 분할을 원치 않는 재산은 분할대상에서 제외됨을 밝히고 있다.

(1) 협력재산

판례에 의하면 협력재산은 주로 부동산, 즉 아파트, 주택(연립주택 포함), 토지 등이고 그밖에 예금 등 동산과 전세보증금이나 기타 보증금반환채권도 포함되어 있다. 이러한 재산들에 대해서는 분할의무가 있음을 밝히고 있다.

> "… 당사자 쌍방의 일체의 사정을 참작하여 분할의 액수와 방법을 정하여야 하는바 처가 가사노동을 분담하는 등으로 내조를 함으로써 부의 재산의 유지 또는 증가에 기여하였다면 그와 같이 쌍방의 협력으로 이룩된 재산은 재산분할의 대상이 된다."[6]

따라서 분할대상재산으로서 부동산의 경우는 다음과 같은 판례가 있다.

> "연립주택은 피청구인과 청구인의 협력으로 이룩한 재산이라고 보아야 할 것이므로 분할대상재산에 해당하니 청구인은 이 사건 이혼에 따라 피청구인에게 위 재산을 분할하여 줄 의무가 있다 할 것인바…."[7]
>
> "위 주택은 원·피고 혼인 중 쌍방의 협력에 의하여 취득한 재산으로 이혼에 즈음하여 명의자인 피고로부터 원고에게 분할되어야 할 것인바…."[8]
>
> "피고가 분할하여야 할 재산은 원고와 피고가 혼인 후 합심하여 형성한 재산인 위 아파트와…."[9]
>
> "원·피고가 이혼함에 있어 쌍방의 협력으로 이룩한 재산은 이 사건 부동

5) 서울가정법원, 90드74875; 91드32286.

6) 대법원, 1993. 5. 11, 93스6.

7) 서울고등법원, 1992. 2. 11, 90르1922·91르1246.

8) 서울가정법원, 1992. 7. 23, 90드81465.

9) 수원지방법원 가사부, 1991. 12. 3, 90드6741·90드188361.

> 산뿐 …. "[10]
>
> "이 사건 아파트는 … 원·피고가 결혼 후 협력하여 이룩한 재산으로서 재산분할대상이 된다고 할 것이다. "[11]

보증금반환채권으로서는 "전세보증금 반환채권은 원고와 피고의 협력으로 이룩한 재산이라 할 것이므로 피고는 이 사건 이혼에 따라 원고에게 위 재산을 분할하여 줄 의무가 있다"[12], "원·피고가 혼인 후 협력하여 형성한 재산의 위 전세보증금 …"[13] 등의 판례가 있다.

이밖에 예금도 협력재산에 포함된다. 즉, 혼인 중 취득한 재산 중의 일부가 예금의 형태로 되어 있다면 그 명의가 누구의 것이든 상관없이 공동재산이 되고 따라서 분할대상재산이 된다고 할 수 있다. "… 피고로부터 원고에게로 재산을 분할함에 있어서는 원고와 피고가 혼인 후 협력하여 형성한 재산인 위 반포동 아파트와 전세보증금 및 예금 등의 유형적인 재산 외에도 …"[14] 라고 함으로써 예금이 유형재산으로서 분할대상임을 밝히고 있다.

또한 협력재산을 매도한 경우 그 대금을 분할대상재산으로 인정한다. 다음과 같은 판례가 그것이다.

> "원고는 위 대지 및 주택을 소외 … 에게 매도하였으므로 이를 위 재산분할대상에서 제외하여야 한다고 주장하나 원고가 … 대지 및 주택을 처분하면서 … 위 근저당권의 채권최고액을 공제한 금액상당의 대금을 받았음은 위에서 인정한 바와 같고 … 위 대금상당의 재산은 위에서 인정한 바와 같이 원·피고의 공동노력에 의하여 형성된 재산으로서 원고에게 속하여져 있다고 보아야 할 것이며 따라서 위 재산분할대상에서 제외하여야 한다는 원고의 주장은 받아들이지 아니한다. "[15]

---

10) 서울가정법원, 1991. 6. 7, 89드58308.
11) 서울가정법원, 1991. 12. 12, 91드36646·91드42238; 1991. 9. 12, 90드74375.
12) 서울가정법원, 1991. 6. 5, 90드48598.
13) 서울가정법원, 1991. 5. 16, 90드62624.
14) 서울가정법원, 1991. 5. 16, 91드1220.

(2) 협력형태

판례는 협력의 형태로서 다음과 같은 경우를 들고 있다.

"이 사건 아파트는 비록 등기부 등에 그 외관상으로는 원고의 단독소유로 되어 있지만 그 매수경위, 유지 및 가치상승에 있어서 피고의 가정주부로서의 내조가 그 재산형성의 뒷받침이 되었다고 할 것이므로 이는 원·피고가 혼인 후 협력하여 이룩한 재산으로서 …"[16], "위 아파트는 비록 등기부 등에 그 외관으로 피고의 단독소유로 되어 있지만 위 각 재산의 취득, 유지 및 가치상승에서 원고가 매수대금의 일부를 마련하거나 13년여의 혼인생활을 통하여 가사노동을 하며 피고를 내조하여온 무형적 노력이 그 뒷받침이 되었다 할 것이므로 실질적으로는 원·피고가 혼인 후 협력하여 이룩한 공유재산으로서 …"[17] 라는 경우와 같이 재산이 비록 부의 명의로 되어 있다고 하더라도 재산의 취득, 유지, 가치상승에서 '가사노동'이라는 무형적 협력, "매수대금의 일부를 마련하였다"는 유형적 대가의 출연 등의 형태로 협력하였다면 실질적 공유재산으로 평가하고 있다.

그밖에 "친정의 원조"[18], "함께 경제활동을 하면서"[19], "부업을 하는"[20], 한편 "식당종업원으로 일하여 얻은 수입을 보태어"[21] 라는 유형적 협력과 "자식을 키우면서"[22], "처의 협조로 전문의 자격을 취득함으로써"[23] 라고 하여 무형적 협력도 협력의 하나의 형태로 보고 있다.

---

15) 서울고등법원, 1993. 9. 24, 92르2295·92르2301.

16) 서울가정법원, 1991. 12. 12, 91드36646·91드42238.

17) 서울가정법원, 1991. 9. 12, 90드74375.

18) 서울가정법원, 1991. 9. 19, 90드24912·90드39372; 1992. 6. 8, 91드60557; 1991. 8. 8, 90드63238.

19) 서울가정법원, 1992. 1. 9, 91드20207·91드41693.

20) 서울가정법원, 1991. 11. 12, 91드4431; 1992. 12. 23, 92드38885·92드38892; 서울고등법원, 1993. 9. 24, 92르2295·92르2301.

21) 서울고등법원, 1993. 4. 23, 92르2370.

22) 서울고등법원, 1993. 9. 24, 92르2295·92르2301; 1992. 4. 14, 91르3307; 서울가정법원, 1992. 12. 23, 92드38885·92드38892; 1992. 1. 9, 91드20207·91드41693.

23) 서울가정법원, 1991. 8. 8, 90드63238.

2) 일본

부부가 협력에 의하여 취득한 재산으로서 부동산, 동산, 예금, 보험금, 회원권 등이 판례에 나타나 있다.

혼인 중 부부가 토지 등 부동산을 취득하고 있는 경우 "부의 택지와 주택의 시가는 3,500만 엔이고 재산분여는 1,500만 엔이다"[24] 라고 하여 이를 분할재산으로 하고 있다. 또한 "부부가 중화요리점을 경영하고 있고 혼인 중 부 명의로 취득한 토지점포, 주택의 가치는 합계 1억 7천만 엔 이상이고, 재산분여는 8천만 엔이 상당하다"[25] 는 판례도 같은 경우이다.

동산의 경우 "부부가 봉제업을 하고 있고 혼인 중에 취득한 기계류의 가치는 250만 엔이다"[26], "처가 창업한 프로판가스판매업을 실질적 공유재산으로 인정하고 현금, 예금, 상품, 재료, 가스용기, 기계, 기구 등을 금전으로 평가하고 거래처 3,000호를 1호당 5,000엔으로 보고 영업권을 1,500만 엔으로 평가하였다"[27] 는 판례는 영업용 재산 외에 영업권도 청산의 대상임을 나타내고 있다.

예금도 협력재산으로 본다. "혼인 중 생활비를 처가 지불한 결과 부에게는 400만 엔의 예금이 가능했기 때문에 금 200만 엔의 분여를 명하였다"[28], "부가 준 급료에서 처가 5~600만 엔의 저금을 해놓고 있는 경우 그 반액인 금 250만 엔의 분여를 명하였다"[29] 는 판례가 그것이다.

협력재산으로부터 생긴 과실도 분할대상재산이다. 즉, "혼인 중 협력에 의하여 취득한 부동산으로부터 취득한 가임(家賃) 은 청산대상이다"[30] 라고

---

24) 東京地方裁判所, 1986. 5. 27, 60-286; 1987. 1. 28, 59-217, 〈判例 タイムズ〉, 788호, 11~2면.

25) 東京地方裁判所, 1987. 7. 10, 61-284.

26) 東京地方裁判所, 1987. 8. 24, 60-288.

27) 松山地方裁判所西條支部, 1975. 6. 30.

28) 東京地方裁判所, 1986. 5. 27, 58-284.

29) 東京地方裁判所, 1988. 2. 22, 69-292.

30) 高松高等裁判所, 1988. 10. 28, 〈家庭裁判月報〉, 41권 1호, 115면.

판결하고 있다. 보험금의 경우 생명보험계약이 체결되고 보험료가 지불되었으며 또 만기가 도래하여 보험금이 지불된 가운데 이혼한 경우에는 생명보험금은 청산대상재산이 된다. 즉, “부가 소화 53년 3월 9일 만기된 생명보험금 합계 14만 엔을 수령하였지만 당해 생명보험은 소화 23년에 계약되고 보험료는 만기까지 불입되어온 것이기 때문에 수취인 명의가 누구인가에 관계없이 전기 보험금은 부부공유의 재산으로서 재산분여의 대상이 된다”[31] 고 판시하였다.

그러나 생명보험료지불 중에 이혼한 경우에는 청산대상재산이 존재하지 않는 것으로 인정한다.[32] 손해보험금의 경우 혼인 중 교통사고 때문에 부가 받은 손해보험금은 부의 특유재산이 아니고 재산분여의 대상이라고 판단한다. “부가 보험금 3,295만 엔을 받았고 이것은 부의 특유재산으로서 재산분여의 대상이 되지 않는다고 주장하나 위 보험금 중 약 3,176만 엔은 자배책(自賠責) 보험으로부터 지불된 것이고 실질적으로 고려하면 혼인 중 부부생활의 원자(源資)로 되어야 하는 것이기 때문에 부의 주장은 상당하지 아니하다”[33] 는 판결이 그것이다.

또한 회원권도 협력재산으로 인정된다. “부가 혼인 중 형성한 재산인 골프회원권 3구좌 계 9,050만 엔 상당이고 그 가치의 4할인 3,600만 엔이 재산분여로서 상당하다”[34] 고 판시하였다.

2. 특유재산

명실공히 부부 각자의 특유재산으로서 혼인 전부터 부부 각자가 소유하고 있던 재산, 혼인 중 상속이나 증여 등에 의하여 취득한 재산, 장신구, 의류 등과 같이 사회통념상 각자의 전유물이라 보는 재산 등과 그로부터 증가재

31) 東京高等裁判所, 1982. 2. 16, 〈判例時報〉, 1041호, 73면.

32) 東京高等裁判所, 1986. 1. 29.

33) 大阪地方裁判所, 1987. 11. 16, 〈判例時報〉, 1273호, 2면.

34) 東京地方裁判所, 1988. 2. 24, 62-130, 〈判例 タイムズ〉, 788호, 13면.

산 또는 그것의 매각대금으로 취득한 재산은 원칙적으로 재산분할 시 분할 대상재산으로 되지 않는다.

일방의 특유재산이 만일 타방 배우자의 명의로 되어 있다면 대외적으로는 명의자의 특유재산으로 취급될 수 있으나 대내적으로는 명의신탁된 경우로서 신탁해지를 원인으로 한 법률효과를 논할 수 있을 것이다. 또한 각자가 관리, 사용, 수익을 하는 재산이므로 상대방이 점유 중이라면 소유권에 기한 반환청구를 할 수 있다.[35] 그러나 예외적으로 상대방의 특유재산이라 할지라도 그 유지, 증가에 기여하였다면 이는 재산분할의 대상이 된다. 이러한 점에서 한국과 일본이 같은 태도를 취하고 있다.

1) 한 국

(1) 원 칙

대법원은 "재판상 이혼을 청구하는 부부의 일방은 다른 일방에 대하여 민법 제843조, 제839조의 2의 규정에 의하여 당사자 쌍방의 협력으로 이룩한 재산의 분할을 청구할 수 있는바, 이 경우 부부 일방의 특유재산은 원칙적으로 분할의 대상이 되지 아니하나 …"[36] 고 하여 특유재산이 원칙적으로 분할대상재산이 아님을 밝히고 있다. 대법원 판결 이전에도 다음과 같은 하급심 판결은 이미 고유재산이나 그것의 매각에 의하여 취득한 재산은 분할대상재산이 아님을 밝히고 있다.

> "부부별산제를 취하고 있는 우리 부부재산제도의 기본이념상 부부 각자가 혼인 전부터 보유하고 있었거나 상속을 통하여 취득한 것과 같은 특유재산은 그 청산적 분할대상에서 제외됨이 원칙이라 할 것이나 ….."[37]
>
> "위 불광동 소재 대지 및 주택은 피고가 그 특유재산(혼전 소유재산)을 매

---

35) 황우려, 전게논문, 21면.

36) 대법원, 1993. 5. 25, 92므501.

37) 서울가정법원, 1991. 11. 21, 91드6348.

각한 대금으로 취득한 것이므로 원고가 그 형성 및 유지에 어떠한 기여를 하였다고 인정하기가 어려워 재산분할대상에 포함되지 않으므로….”[38)]

“별지목록 1, 2기재 각 부동산은 원고가 그 자금으로 취득하여 피고에게 명의신탁하였다가 그 소유명의를 회복한 것이거나 피고가 원고에게 증여한 것이라고 할 것이고 같은 목록 3기재 부동산은 원고의 특유재산인 교현동 ○ ○ 대지의 처분대금을 취득한 것으로서 어느 것이나 원고의 특유재산이라 할 것이므로 이들 각 부동산은 이혼에 따른 재산분할의 대상이 되지 아니한다.”[39)]

“선대의 재정적 도움으로 혼인 전에 취득한 대지 및 건물과 혼인 전부터 보유하던 전세보증금 중 일부는 그 취득에 기여한 바 없고 혼인기간 및 혼인재산 관리상황에 비추어 그 유지에 관하여도 기여한 바가 없다.”[40)]

또한 상속재산도 제외된다. 다음과 같은 사례가 있다.

“… 피고는 혼인하기 전 그 부의 사망으로 별지목록 제 1, 2기재 부동산을 상속하여 현재에 이르고 있는 사실이 인정되므로 위 재산은 피고의 특유재산이라 할 것이고 … 특별한 사정이 없는 한 원칙적으로 이혼에 따른 재산분할의 대상이 되지 않는 것인바….”[41)]

“경기도 용인군에 소재한 대지는 실질적으로는 피고가 상속받은 재산으로서 이를 재산분할의 대상에 포함시킬 수는 없다 할 것이다.”[42)]

증여재산인 경우도 “피고가 그 모로부터 증여받은 재산은 그 취득에 있어서 원고의 기여가 전혀 없었다고 할 것이므로 …”[43)] 라고 하여 재산분할의 대상에 포함시키지 않는다.

---

38) 서울가정법원, 1992. 10. 10, 92드22378.
39) 충주지방법원 가사부, 1993. 3. 9, 92드1976.
40) 서울가정법원, 1991. 5. 16, 90드62624.
41) 서울고등법원, 1993. 9. 17, 93르883.
42) 서울가정법원, 1991. 11. 12, 91느4431.
43) 서울가정법원, 1991. 6. 7, 89드58308.

(2) 예외

대법원은 "… 특유재산일지라도 다른 일방이 적극적으로 특유재산의 유지에 협력하여 감소를 방지하였다거나 증식에 협력하였다고 인정되는 경우에는 분할대상이 될 수 있고 …"[44] 라고 하여 특유재산에 대한 예외를 인정하고 있다. 부의 상속재산을 기초로 형성된 재산이라 하더라도 취득 및 유지에 처의 가사노동에 의한 기여가 있는 것으로 인정되는 경우에도 재산분할대상이 된다고 보고 있다. 다음과 같은 판례가 그것이다.

> "이 사건 재산분할의 대상이 된 원고소유의 부동산 등이 원고가 이미 처분한 상속재산을 기초로 형성된 것이라고 하더라도 결혼 이후 원고가 위 부동산 등을 취득하고 유지하는 등 피고의 헌신적인 가사노동이 직접, 간접으로 기여한 것으로 인정되므로 위 부동산 전부를 재산분할대상으로 보아야 한다 …."[45]
>
> "… 특유재산이라 할지라도 다른 일방이 적극적으로 그 특유재산의 유지에 협력하여 그 감소를 방지하였거나 그 증식에 협력하였다고 인정되는 경우에는 재산분할의 대상이 될 수 있는 것이고, 기록에 의하면 원고는 가사를 전담하는 외에 미국에서 가업으로 24시간 개점하는 잡화상 연쇄점을 경영할 당시 그 경리업무를 전담하면서 피고와 함께 위 잡화상 경영에 참여하여 가사비용의 조달에 협력한 사실을 인정할 수 있어 위 특유재산의 감소방지에 일정한 기여를 하였다고 할 수 있으므로 위 특유재산을 재산분할의 대상으로 삼은 원심의 판단은 정당한 것으로 수긍하고 …."[46]

이밖에도 다수의 하급심 판결이 있다. "원래 부부 일방의 특유재산은 다른 일방이 적극적으로 특유재산의 유지에 협력하여 감소를 방지하였다거나 증식에 협력하였다고 인정되는 등의 특별한 사정이 없는 한 원칙적으로 이혼에 따른 재산분할의 대상이 되지 않는 것인바 …"[47] 라고 하여 특유재산의

44) 대법원, 1993. 5. 25, 92므501.

45) 대법원, 1993. 6. 11, 92므1054 · 1061.

46) 대법원, 1994. 5. 13, 93므1020.

유지, 증식에 협력한 경우에 한하여 상대방의 특유재산도 예외적으로 분할대상재산이 됨을 밝히고 있다. "… 이러한 특유재산이라 하여도 그 특유재산에 관한 소유권을 갖지 아니한 배우자 일방의 적극적 협력에 의하여 그 재산이 유지 보존되고 그 가치의 감소가 방지되어왔음이 특히 인정될 수 있는 경우라면 그 협력, 기여 정도에 상응한 청산적 재산분할의 청구도 예외적으로 가능하다고 할 것인바 …"[48] 라는 이 판례는 예외에 관하여 더 명확한 표현을 하고 있다.

다음의 판례들은 이러한 예외적 경우를 적용하여 상대방의 특유재산을 분할하고 있다.

> "별지목록 기재 부동산은 주로 상대방이 부모로부터 물려받은 유산을 기초로 하여 취득된 것이기는 하나 청구인도 자식들을 키우는 등 가사에 조력하는 한편 상대방과 함께 쌀가게나 방앗간을 운영하는 등 위 부동산의 취득, 그 가치의 유지, 상승에 일조하였다 할 것이니 … 재산분할의 대상이 되는 실질적 공동재산이라 할 것인바 … ."[49]
>
> "이 사건 제 1부동산이 피고가 혼인 전부터 보유하던 과수원을 처분하여 혼인 전 취득한 특유재산이라 하여도 혼인 후 원고가 이곳에서 가사노동을 하고 외부적 활동을 통하여 수입을 획득하여옴으로써 그 부동산의 유지에 기여하여왔을 뿐만 아니라 그 부동산의 수리를 직접 비용부담을 하면서 수행, 타에 임대하는 등 독자적으로 위 부동산의 가치유지와 그 감소방지에 특히 노력하여왔음이 인정되므로 이 부동산은 이 사건 청산적 재산분할의 대상에 포함될 수 있다고 할 것이다. 따라서 피고의 특유재산이나 원고가 그 가치의 유지 및 감소방지에 기여한 점이 인정되므로 원고의 기여도를 10% 인정 … ."[50]

---

47) 서울고등법원, 1993. 9. 17, 93르883.

48) 서울가정법원, 1991. 11. 21, 91드6348.

49) 서울가정법원, 1993. 10. 4, 93느2429.

50) 서울가정법원, 1991. 11. 21, 91드6348.

그러나 다음과 같은 경우는 특유재산의 유지에 관한 기여를 부인한다. "원·피고가 혼인하기 전에 매수하여 그 (원고) 명의로 등기한 것이고 원·피고의 혼인기간이 1년 반 정도로서 극히 짧고 위 부동산의 유지에 기여하였다고 보기는 어렵다"[51]는 판례가 그러한 경우이다.

2) 일본

(1) 원칙

이혼 시 부부가 가진 재산 중 일방이 타방의 협력 없이 취득한 재산은 그의 고유재산이므로 청산대상이 될 수 있는 실질적 공유재산은 아니다.

배우자가 혼인 전부터 가진 재산이 혼인 중 매매 등에 의하여 다른 재산의 형태로 변하였더라도 그 재산은 청산의 대상은 아니다. "부가 혼인 전부터 가지고 있던 토지를 매각한 대금으로 구입한 토지, 건물"[52], "부동산 가액에서 혼전 저축으로부터 출연한 부분과 실가의 원조에 의한 Loan의 지불분이 제외된 경우"[53] 등의 판례는 이러한 것을 나타낸다.

상속재산의 경우도 "부(夫)가 부(父)로부터 상속한 재산은 재산분여의 대상이 아니다"[54]라고 판단하고 있다.

증여재산의 경우 "부(夫)의 신거(新居)는 부(夫)의 특유재산이다. 토지는 부의 부(父)가 부(夫)에게 증여한 것이고 건물의 Loan은 부의 모가 지불하고 있기 때문이다"[55]라는 판례가 있다.

특유재산의 매각 등에 의하여 취득된 재산도 특유재산이다. "부(夫)가 부(父)로부터 상속받은 재산을 매각해서 그 대금으로 구입한 부동산은 청산대상은 아니다"[56], "처의 지참금이 부동산의 구입대금의 일부에 충당된 때 부

51) 서울가정법원, 90드18697·78254.

52) 東京地方裁判所, 1986. 7. 11, 57-589; 1988. 11. 29, 63-585.

53) 東京地方裁判所, 1981. 10. 28, 54-269.

54) 東京地方裁判所, 1980. 6. 24; 1987.7.31, 〈判例 タイムズ〉, 785호, 13면.

55) 東京地方裁判所, 1988. 9. 7, 6-416.

56) 東京高等裁判所, 1982. 2. 16.

동산 가치의 일부는 청산대상에서 제외된다"[57] 는 판례가 그것이다.

(2) 예 외

고유재산의 유지에 기여한 경우, 즉 부 또는 처가 혼전에 취득한 재산은 청산대상은 아니지만 예외적으로 부의 고유재산의 유지에 처가 협력한 경우 그 기여가 평가되고 있다. 즉, "부의 부동산 유지에 처가 공헌한 것 등을 고려해서 처에게 2천만 엔의 분여를 명한 경우"[58], "회사가 부의 개인기업으로서 부가 혼인 전에 취득한 회사의 부동산 유지에 처가 상당히 협력한 것을 고려"[59] 한 판례가 있다.

한편 재산의 취득시기는 혼인 전이지만 취득을 위한 차입금의 변제가 혼인 후인 경우에도 재산분여의 대상이 된다. 즉, "부가 혼인 전에 토지, 건물을 취득하고 그것을 부부의 주거에 이용하였으나 그 대금 일부에 해당하는 차입금의 변제를 혼인 후에도 계속하였다는 사실은 재산분여의 산정에 고려되고 있다"[60] 는 판례가 그것이다.

3. 무형재산

청산대상으로서의 재산은 대체로 동산, 부동산 등 전통적 재산에 한정되어 있다. 그러나 이러한 유형적 재산 못지않게 직업상 지위에서 유래하는 소득능력 예컨대 연금이나 퇴직금에의 기대, 의사, 변호사 등 직업상의 지위를 얻기 위한 자격, 학위취득 등 이른바 무형재산(*New property*)[61] 도 중요하다. 이들을 청산적 분할의 대상에서 제외한다면 청산액수는 부부의 자력에 비해서 낮게 산정될 수밖에 없을 것이다. 이러한 무형재산을 청산대상으

57) 浦和地方裁判所, 1985. 9. 10.

58) 東京地方裁判所, 1987. 12. 18, 55-289.

59) 東京地方裁判所, 1989. 7. 25, 63-193.

60) 東京地方裁判所, 1988. 9. 26, 63-121.

61) M. A. Glendon, *The New Family and The New Property*, 1981, pp. 1~8.

로 한다는 점은 한국과 일본이 같으나 그 무형재산의 내용은 반드시 동일한 것은 아니다.

1) 한 국

(1) 퇴직금

퇴직금의 법적 성질을 통설과 같이 임금후불설로 본다면[62] 퇴직금은 부부의 혼인 중 재산의 일부가 되며, 부부 중 일방이 퇴직하여 이혼 당시에 이미 퇴직금을 수령하여 가지고 있는 경우 이를 청산의 대상으로 삼을 수 있을 것이다. 퇴직금으로 받은 돈을 가지고 주택을 구입한 경우 "처가 가사노동을 통한 내조로서 그 주택의 유지 등에 기여하였으므로 피고(처)의 기여도를 30%로 본다"[63]는 판례는 퇴직금을 수령한 경우는 분할대상재산임을 분명히 밝히는 판례라고 볼 수 있다. 또한 가까운 장래에 퇴직함으로써 퇴직금을 받을 수 있는 개연성이 높은 경우에도 혼인 중 취득재산으로 보아 재산분할대상에 포함될 수 있다고 본다.[64]

그러나 퇴직금청구권은 퇴직 시에 비로소 발생하는 것이므로 이혼 시 아직 회사에 재직 중이라면 퇴직금을 받을 권리는 일종의 기대권에 불과하고, 연령과 근로상황에 비추어 퇴직시기가 불확정적이기 때문에 그 권리가 발생할 개연성이 높다고 할 수 없다. 이러한 논리에 근거하여 "퇴직금 채권은 상대방의 연령이나 현재까지의 근무상황에 비추어 가까운 장래에 상대방이 퇴직함으로써 그 권리가 발생할 개연성이 높다고 할 수 없으므로 이를 재산분할의 대상에 포함시키는 것은 부적당하고(다만 재산분할의 액수를 정함에 있어 참작할 사유는 된다고 할 것이다)"[65]는 판례가 있다. 이 판례는 퇴직금 채권이

62) 이태운, "퇴직금제도", 《노동관계소송상의 제문제(하)》, 법원행정처. 1987, 재판자료 제40집, 477면.

63) 서울가정법원, 1991. 9. 19, 90드24912 · 90드39372.

64) 김주수, 《친족상속법》, 법문사, 1991, 226면.

65) 서울가정법원, 1991. 11. 12, 91느4431; 대법원, 1995. 5. 23, 94므1713 · 94므1720.

발생할 개연성이 낮기 때문에 단지 재산분할의 액수를 정함에 있어 참작사유가 되는 것에 불과하지만 만일 가까운 장래에 퇴직하여 그 권리가 발생할 개연성이 높은 경우라면 재산분할의 대상에 포함될 수 있다는 해석을 뒷받침하고 있다.

(2) 자격취득

"원고의 협조로 피고가 취득한 전문의 자격이라는 무형의 재산(또는 장래의 수입증가를 가져올 수 있게 하는 잠재적 재산)의 분배라는 청산적 요소, 결혼 후 현재까지 일정한 수입이 없던 원고가 향후 생활을 유지할 수 있도록 하는 부양적 요소를 모두 고려하여야 할 것이다"[66] 는 판례는 무형재산을 잠재적 재산과 같은 개념으로 보며 그 예시로서 전문의 자격취득을 들고 있다.

따라서 전문의 자격취득에 협조한 배우자 일방은 그로 인하여 청산적 재산분할을 받을 수 있음은 물론 사정에 따라서는 부양적 요소를 갖는 재산의 분할도 받을 수 있다. 그밖에 혼인 중에 대학을 졸업한 경우도 여기에 해당되는 것으로 고려한 판결이 있다.[67]

(3) 연금

연금은 본인의 노후 생활보장의 목적을 가진 것이므로 부양적 재산분할의 기초로 되는 재산으로 보아 부양적 재산분할의 액수를 정함에 있어 참작할 사유가 된다는 견해와 연금은 지급형태만 다른 것이므로 퇴직금과 동일하게 청산의 대상으로 인정해야 한다는 견해로 나누어져 있다.[68]

판례는 이혼 전에 퇴직하면서 퇴직금을 일시급 대신 퇴직연금의 형태로 받고 있던 사안에서 퇴직연금에 대하여 재산분할을 인정하고 있다.[69]

---

66) 서울가정법원, 1991. 5. 16; 91드1220.

67) 부산지방법원, 90드20433.

68) 황우려, 전게논문, 23면.

69) 부산지방법원, 90드22064, 92느1226.

2) 일본

(1) 퇴직금

퇴직금에 대하여 이미 수령한 경우와 장래 수령하게 되는 경우를 나누어 볼 수 있다.

이미 퇴직금을 수령한 경우에 "이는 청산대상으로서 부의 퇴직금 수취액이 208만 엔이라는 것이 고려되고 있다"[70]는 판결이 있고 "퇴직금을 수령한 경우 청산의 대상은 되지만, 그러나 부부의 별거기간이 길고 동거기간이 짧은 것을 고려하면 그 일부를 처에게 분여하는 것은 상당하지 않다"[71] 고 판단한 경우도 있다. 이 판례에 의하면 이미 퇴직금을 수령한 경우는 이를 청산의 대상으로 하지만 당해 부부의 결혼시기 등 결혼관계가 고려되고 있는 것으로 보인다. 따라서 부가 혼인 이전부터 근무하고 있는 경우에는 혼인기간에 상응하는 액수만을 실질상 공유재산으로 취급한다.[72]

장래 수령하게 되는 퇴직금의 경우 재산분여 결정 시에 이를 고려한 판결이 있다.

> "부가 혼인 중에 부동산을 취득한 것 이외에 부가 가까운 장래 근무처를 정년퇴직하여 그때 퇴직금을 받게 되는 것과 처의 이혼 후 생활이 불안하다는 것 등을 고려하여 부에게 1,500만 엔의 분여를 명령한 경우."[73]
> "2년 후에 정년퇴직 시에 부에게 지불되는 퇴직금 채권의 약 2분의 1에 해당하는 금 800만 엔을 원고인 처에게 분여하는 것이 상당하다."[74]

장래 지급받게 되는 퇴직금의 경우는 퇴직금 수령시기가 "가까운 장래"인 경우에 한하여 청산대상재산으로 인정하는 것으로 보인다.

---

70) 東京地方裁判所, 1987. 8. 31, 61-161.
71) 東京地方裁判所, 1987. 3. 30, 57-394.
72) 福岡家庭裁判所小食支部, 1971. 8. 25, 〈家庭裁判月報〉, 25권 1호, 48면.
73) 東京地方裁判所, 1986. 10. 13, 60-374.
74) 東京地方裁判所, 1987. 3. 31, 61-426.

그러나 청산의 대상으로 인정하지 않는 판결도 있다.

> "… 부가 장래 … 은급 및 퇴직수당을 반드시 지급받게 된다고 결정된 것은 아닐 뿐만 아니라 재산분여는 일체의 사정을 고려해서 정한다고 되어 있기 때문에 부가 은급 등을 지급받게 되는 기대권을 갖는다고 해서 일괄적으로 그 반액 내지 그것을 현재의 가치로 환산하여 가액상당의 금액을 즉시 분여하여야 할 근거는 없다."[75]

(2) 자격취득

혼인 중 형성된 직업상의 지위 또는 수입을 얻을 능력은 부양적 요소의 하나로서 고려되고 있는 경우가 있다. "부는 처의 금후의 인생에 관하여 경제적으로 곤란하지 않도록 배려를 해야 한다. 동시에 소화 41년 이후 처에 대하여 부양의무를 … 부담하지 않는 것을 감안하여 부는 처에 대하여 재산분여액을 … 엔으로 정한다. 부는 현재 개업의로서 의원을 경영 중이고 의학박사학위도 처와 동거 중에 취득한 것도 배려해서 그러하다"[76] 는 판례가 있다. 그러나 이를 청산적 분할의 대상으로 하는 판례는 보이지 않는다.

(3) 연 금

장래 급부되는 연금에 관해서 청산의 대상으로 보는 판결과 부양의 대상으로 보는 판결이 있다.

먼저 청산의 대상으로 보는 판결로서는 "부가 신문사에 28년간 근속한 것에 의해서 받게 된다고 볼 수 있는 연액 90만 엔의 후생연금에 관해서는 부부의 공동재산으로서 이혼 시에 재산분여의 대상이 되어야 하며 …"[77] 라는 사례가 있다. 또한 이혼 이전에 수급한 연금이 생활비로 소비되지 아니하고 어떠한 형태로든지 축적되어 있다면 청산의 대상으로 된다고 본다. 그러나

---

75) 長野地方裁判所, 1957. 12. 4, 〈下級裁判所民事判例集〉, 8권 12호, 12271면.
76) 大阪高等裁判所, 1978. 12. 28, 〈判例 タイムズ〉, 362호, 228면.
77) 東京地方裁判所, 1984. 12. 26.

이혼 후에 수급하기 시작한 연금은 일반적으로 청산의 대상으로 해석하지 않는다.[78] 부양의 대상으로 보는 판례는 부가 연금을 받기 시작한 후에 부부가 이혼한 경우 등이다. 즉, "부가 매년 200만 엔 이상의 퇴직연금을 받게 되는 것을 청산에 관한 사정으로서가 아니고 이혼 후 당사자의 생활기반의 확보에 관한 하나의 요소로서 고려한다"[79], "부가 수급하고 있는 국민연금 월 약 3만 엔이라는 것을 고려해서"[80] 라는 등 주로 부양의 성격을 갖는 재산분여를 인정하고 있다.

4. 채무

1) 한국

부부재산제로서 별산제를 취하고 있는 한 부부 일방의 채무를 타방이 부담할 수 없고 또한 쌍방의 채무를 이혼 시 어느 일방이 부담할 수도 없다. 부부 일방 또는 쌍방의 채무는 원칙적으로 청산의 대상이 될 수 없기 때문에 분할재산은 적극재산에서 소극재산을 공제한 잔여액이 대상이 된다. 다만 그 채무가 혼인 중 공동재산의 취득에 수반한 경우에는 그 채무 역시 재산분할의 대상이 된다고 본다.

대법원은 여기에 대하여 다음과 같이 판시하고 있다.

> "… 부부 일방이 혼인 중 제3자에게 부담한 채무는 일상가사에 관한 것 이외에는 원칙으로 그 개인의 채무로서 청산의 대상이 되지 않으나 그것이 공동재산의 형성에 수반하여 부담한 채무인 경우에는 청산의 대상이 된다고 보아야 할 것이다."[81]

---

78) 東京高等裁判所, 1986. 1. 29.

79) 東京高等裁判所, 1983. 9. 8, 〈判例時報〉, 109호, 106면.

80) 東京高等裁判所, 1988. 6. 7, 〈判例時報〉, 128호, 96면.

81) 대법원, 1993. 5. 25, 92므501; 1994. 12. 2, 94므1072.

따라서 재산분할의 대상이 되는 부동산에 근저당권으로 담보되는 은행 등의 융자금채무, 당해 부동산에 대한 보증금반환채무, 혼인생활비로 쓰기 위한 차용금과 같은 채무는 혼인 중 재산의 형성에 수반한 채무로서 청산의 대상이 된다.

적극재산에서 소극재산을 공제한 잔액이 분할대상재산이 된다고 보는 판례는 다음과 같다.

> "원심은 피고가 재산분할의 대상이 되는 건물의 건축자금의 조달 등으로 인하여 몇 천만 원 정도의 부채를 지고 있는 사실을 인정하였고, … 적극재산에서 부채를 공제하여 이를 분할의 대상으로 삼으면서 원고에게 적극재산의 총평가액의 5분의 1 정도에 해당하는 금 4천만 원의 지급을 명한 것으로 보이므로(부채를 공제하면 5분의 1이 넘는다) 위법하다고 할 수 없고 …."[82]
>
> "이 사건 제1, 2, 3부동산의 시가인 금 1,109,372,210원에서 근저당권의 피담보채무액 금 4,200만원, 보증금반환채무액 금 2억 3,800만원, 수리비 금 3,200만원을 각 공제한 나머지 금 약 797,372,210원의 재산은 모두 원·피고의 혼인생활기간 중에 쌍방의 협력으로 형성된 재산으로서 …."[83]
>
> "… 적극재산인 이 사건 아파트에서 소극재산인 이 아파트를 담보한 채무를 공제한 나머지 재산은 … 실질적으로는 원고와 피고가 혼인 중 쌍방의 협력으로 이룩한 공동재산이므로 …."[84]

한편 공동재산의 취득에 수반한 경우의 채무는 명백히 분할대상임을 밝히는 판례도 있다.

> "… 한편 위 연립주택에 대한 전세보증금반환채무는 모두 원·피고의 혼인생활 중 위 적극재산들의 구입에 수반하여 부담한 채무로서 역시 재산

82) 대법원, 1993. 5. 25, 92므501.

83) 서울고등법원, 1993. 9. 24, 92르1803.

84) 서울고등법원, 1993. 9. 17, 93르883.

분할의 대상이 된다."[85]

"… 위 부동산에 관한 임대차 보증금 반환채무 등은 청구인과 상대방이 혼인 중 쌍방의 협력으로 이룩한 적극, 소극재산으로서 모두 이혼으로 인한 재산분할의 대상이 된다 할 것이고 …."[86]

"… 원고의 기여도를 50%로 봄이 상당하다. 채무금 또한 같은 비율로 부담하여야 할 것이다. … 대출금 2백만 원의 채무는 … 가정공동생활을 위하여 사용되었다고 보아 동일한 비율로 공동부담하여야 할 것이다."[87]

따라서 전세보증금, 임대차보증금의 반환채무, 공동생활을 위하여 차용한 채무 등은 분할대상재산이 된다고 할 수 있다.

2) 일본

별산제하에서 부부 일방 또는 쌍방의 채무가 청산의 대상이 될 수 없다는 것은 한국과 같다. 따라서 부부의 채무가 청산대상인 재산으로부터 공제되고 있으며 재산분여의 대상인 재산은 혼인 중 형성된 적극재산으로부터 소극재산을 공제한 것[88]이라고 해석하고 있다.

"부부가 혼인 중 취득한 재산 3억 6,611만 엔으로부터 부의 채무 7,996만 엔을 공제하고 있다."[89]

"이혼 당시 상대방 명의로 가진 재산총액은 134만 엔이고 … 타방이 상기 사업에 의하여 생긴 60여만 엔의 … 채무를 부담하고 있기 때문에 전자로부터 후자를 뺀 잔액 약 74만 엔이 분할대상인 공동재산의 액이 된다."[90]

---

85) 서울가정법원, 1992. 8. 20, 91드54873.

86) 서울가정법원, 1993. 4. 15, 92느3175; 90드63238; 90드74207; 91드23893; 91드70974; 1992. 6. 24, 92드1456 등.

87) 서울가정법원, 1991. 9. 12, 90드74375.

88) 東京地方裁判所, 1981. 1. 30, 52-097.

89) 東京地方裁判所, 1987. 7. 29, 62-020.

그러나 "주택 Loan처럼 청산대상인 공동재산의 형성에 수반한 채무가 잔존한 경우에도 이것을 청산에서 공동재산으로부터 공제할 필요가 있다"[91] 고 한다. 즉, "주택지 및 주택의 가치로부터 주택 Loan의 잔액 및 근저당권 최고액의 8할을 공제하고 있다"[92] 는 판례와 부가 고용노동자, 처가 주부인 사안에서 가족의 주택가액으로부터 그것의 취득을 위한 채무액을 공제하여 잔액의 2분의 1을 처에게 분여한 판례 등이 있다.

5. 행 운

1) 한 국

특별한 사정에 의한 재산가치의 증가 같은 것을 행운으로 본다면 이것도 유형재산으로서 분할대상재산이 된다. 다음과 같은 판례는 통상적 개념을 뛰어넘는 재산가치의 증가분을 행운으로 보고 있으며 이 증가분은 공유재산으로서 분할대상으로 판단하고 있다.

> "혼인 후 협력하여 형성된 재산에는 물가앙등으로 인한 재산가치의 증가분과 같은 행운의 공동향유도 포함된다 할 것이므로 그 가액의 증가분 특히 제 3자로부터의 차금으로 취득한 부분의 가액증가분은 재산분할의 대상이 된다."[93]
> "이 사건 대지를 취득한 후 3년 반 정도의 기간 중에 통상의 물가상승률에는 비할 수 없는 무려 350% 상당의 부동산 가격의 급격한 상승으로 인한 재산형성과 같은 행운도 부부 쌍방에 공동향유케 함이 상당하다."[94]
> "부동산 가격의 급격한 상승으로 인한 재산형성과 같은 행운도 부부 쌍방

---

90) 大阪家政裁判所, 1966. 4. 12, 〈家庭裁判月報〉, 18권 11호, 60면.

91) 東京高等裁判所, 1986. 1. 29, 〈判例時報〉, 1185호, 112면.

92) 東京地方裁判所, 1987. 2. 24, 60-288.

93) 서울가정법원, 90드74207.

94) 서울가정법원, 1991. 9. 12, 90드74375; 1991. 11. 21, 6348.

에 공동향유케 함이 상당한 점에 비추어 …."[95]

6. 과거의 혼인생활비용

1) 한 국

부부의 공동생활비용은 특별한 약정이 없으면 부부가 공동으로 이를 부담하여야 한다(제 833조). 그러나 이혼하기까지 일방이 그 비용을 부담하지 않는 경우에는 그동안 지급되지 않는 생활비용분담금을 '기타 사정'의 하나로서 재산분할에 포함시켜 청산할 수 있다. 다만 혼인생활비용 분담금 청구권은 이혼에 의해서 당연히 소멸하는 것은 아니고 그후에도 별도로 청구할 수 있는 것이므로 장래 필요없는 분쟁의 방지를 위해서는 그 내역을 판결이유에서 명시할 필요가 있다[96] 고 한다.

이에 관하여는 "피고는 일정한 직업이 없이 가사에 종사하는 원고에게 남편으로서 생활비를 지급하여야 할 의무가 있음에도 불구하고 1990년 4월부터 이 사건 변론종결일에 가까운 1991년 7월까지 이를 이행하지 아니한 점이 참작되어야 한다"[97] 는 판례가 있다.

2) 일 본

일본의 경우는 재산분여의 액 및 방법을 정함에 있어 당사자 쌍방의 일체의 사정을 고려하여야 한다는 것이 명문화되어 있다(제 768조 3항). 따라서 혼인성립 중 과거의 혼인비용의 분담도 일체의 사정의 하나로서 재산분여에 포함시켜 청산할 수 있다[98] 고 본다. 그러므로 법원은 당사자 일방이 과다하

95) 서울가정법원, 1991. 12. 12, 91드36646; 91드42238; 91드722; 91드8328; 91드6348; 91드68278; 91드80094.

96) 황우려, 전게논문, 23면.

97) 서울가정법원, 90드63238; 91드20511.

98) 最高裁判所, 1978. 11. 14.

게 부담한 혼인비용의 청산을 위한 급부까지도 포함하여 재산분여의 액 및 방법을 정하는 것이 가능하다.

재산분여에서 산정요소의 하나로서 혼인비용을 지불하지 않은 사정을 고려한 판결이 있다. 즉, "혼인 중에 취득한 재산으로서 토지 2필이 있는 것 및 별거 후의 처의 생활비를 부가 지불하지 않은 것을 고려해서 재산분여로서 200만 엔이 상당하다고 인정"[99] 한 경우, "혼인 중 취득한 재산은 예금 720만 엔이고 이혼 후의 처의 생활불안이나 부가 혼인비용을 지불하지 않은 것을 고려하면 재산분여는 356만 엔이 상당하다"[100] 고 한 판례가 있다.

7. 별거 시 일방이 지참하고 나간 재산

1) 한 국

혼인 중 협력에 의하여 취득한 재산 중 일부를 일방이 별거 시에 가지고 나간 경우 그 재산은 분할대상재산에 해당되므로 그 일방의 재산분할액수를 정하는 데에 참작사유가 된다. 다음과 같은 판례가 그것이다.

> "원고는 피고와 혼인생활 중 피고의 사업과 원고의 내조를 통하여 형성된 현금 중 일부를 따로 떼어내어 원고명의로 저축 등을 하여 보관해옴과 아울러 그 자금 중 일부를 타인에게 대여하는 등 관리하였는데 피고와의 혼인관계가 사실상 파탄되게 된 이후인 … 이를 인출하였으므로 결국 원고가 이혼에 즈음하여 피고에 대하여 청산하여야 할 재산의 합계액은 … 이다. 이것은 원래 부부공동생활 중에 형성된 재산으로서 그 형성의 경위 등에 비추어 원고의 기여도 40% 범위 내에서만 원고의 기여분으로 인정되어야 할 것인데 원고가 그 전부를 예금인출 기타의 방법으로 원고의 일반재산에 혼입시킴으로써 그 중 피고의 기여분에 상당하는 부부에 관하여는 이 사건 재산분할의 과정에서 이익을 얻게 된다 할 것이므로 이 이익

99) 東京地方裁判所, 1982. 10. 28, 54-520.

100) 東京地方裁判所, 1989. 9. 25, 62-644.

을 앞서 인정된 이 사건 부동산에 대한 원고의 기여분에서 공제하여야 한다."[101]

2) 일본

처가 별거 시에 가지고 나간 재산도 재산분여대상 결정에서 고려된다. 즉, "처가 가출 시에 예금, 주식 등 5천만 엔 상당의 것을 가지고 나간 경우 그 중에는 부부가 공동해서 취득한 것이 적지 않기 때문에 재산분여를 인정할 필요가 없다"[102] 고 판단한 판례가 있다. 또한 "본래 처에게 분여해야 할 액(10억여 엔)으로부터 처가 가지고 나간 액(2억 엔)을 공제한 액(8억여 엔)의 분여를 명한 경우"[103], "재산분여 150만 엔, 위자료 300만 엔이 상당하지만 처는 예금 405만 엔을 가지고 나갔기 때문에 부는 위자료 50만 엔을 지불하라"[104] 는 판결 등이 있다.

8. 명의신탁된 재산

1) 한국

부부가 협력하여 취득한 재산이 부부 일방의 명의가 아닌 제3자 명의로 된 경우 그 재산의 실질을 중시하여 분할대상재산으로 인정하여야 할 것이다. 배우자 중 일방이 신탁자인 경우 명의신탁해지의 의사표시에 의하여 자신의 명의로 회복할 수 있으며 이 재산이 실질상 부부의 협력재산이라면 명의여하에 관계없이 분할대상재산이 된다. 대법원은 "… 다른 사람 명의로 명의신탁된 재산이라도 실질적으로 부부 중 일방의 소유에 속하는 한 재산분

---

101) 서울가정법원, 91드12947.
102) 東京地方裁判所, 1987. 1. 26, 61-525.
103) 東京地方裁判所, 1987. 7. 21, 60-469.
104) 東京地方裁判所, 1988. 3. 29, 62-558.

할의 대상이 되는 것이므로…"[105] 라고 하여 분할대상재산이 된다는 것을 밝히고 있다. 그밖에 하급심 판례도 이를 인정하고 있다.[106]

그러나 반대의 경우, 즉 실질적으로는 제 3자의 소유이고 단지 명의만 부부 중 일방에게 명의신탁된 경우에는 부부의 협력재산이라고 볼 수 없으므로 재산분할대상으로 인정하지 않는다. 판례는 "실질적으로 제 3자의 소유이고 단지 원고에게 편의상 명의신탁되어 있음에 불과하므로 원·피고의 협력에 의하여 취득한 재산이라고 할 수 없어 재산분할대상에서 제외한다"[107] 고 하여 이를 분명히 하고 있다.

2) 일 본

부부의 협력재산이 제 3자의 명의로 된 경우 재산의 실질을 중시하여 청산적 성격의 재산분여를 인정한 판례와 이를 부정한 판례가 있다.

재산분여를 인정하는 경우 그 재산이 부부 쌍방의 협력에 의하여 형성된 것이라면 법률상으로는 제 3자에게 속하는 재산이더라도 사실상 부부 일방이 지배하고 있거나 지배할 수 있는 재산, 또는 장래 부부 쌍방 또는 일방의 재산으로 될 가능성이 충분한 재산은 모두 상대방 배우자의 잠재적 재산으로서 그 가액을 가산하여 재산분여를 명할 수 있다[108] 고 해석하고 있다.

이러한 논리에 근거하여 재산분여를 인정한 판례로서는 "청산의 성격을 갖는 재산분여의 대상으로 된 재산은… 법률상 제 3자에 속하는 재산이지만 위 재산이 혼인 후 부부의 노동에 의해서 형성 또는 취득된 것이고 또 장래 부부의 쌍방 또는 일방의 재산으로 될 가능성이 충분한 재산도 포함되어 있다고 해석하는 것이 상당하다"[109], "위 회사는 원·피고의 혼인 후 부가 그

105) 대법원, 1993. 6. 11, 92므1054·1061.

106) 서울가정법원, 90드12667·91드6515; 서울고등법원, 91르2571.

107) 서울가정법원, 1992. 8. 20, 91드54873.

108) 家事審判硏究會 編集, 《判例家事審判法 제 2권》, 新日本法規出版株式會社, 1974, 1484면.

109) 熊本地方裁判所八代支部, 1977. 7. 5, 〈判例時報〉, 890호, 109면.

개인영업에 의하여 취득한 자금을 가지고 발족시킨 종전의 개인기업의 연장이고 부 자신이 실질상 관리처분권을 갖고 있다는 것이 인정되기 때문에 재산분여청구권에 관하여 판단하는 경우 부 자신의 영업과 동시하는 것이 상당하다"[110] 고 함으로써 부의 개인기업이 형식상 법인으로 된 경우에 법인의 재산을 청산의 대상으로 판결하고 있다.

재산분여를 부정한 판례로서는 "부부가 부의 양친과 동거하며 농업 등의 가업을 경영한 경우 부부의 노동의 성과가 때때로 부의 부명의로 축적되었으나 청산대상으로 인정하지 않았다"[111] 는 경우가 있다.

근래의 판례의 경향은 이러한 경우 재산의 실질을 중시하여 청산의 대상으로 인정하는 추세인 것으로 보인다.

III. 분할대상재산의 산정시기

재산분할은 보통 이혼 시에 이루어진다. 그러나 별거 등 부부관계가 파탄되고 현실적으로 재산분할이 이루어지기까지 상당한 시간이 소요되는 경우가 많기 때문에 그동안 물가변동이나 부부재산의 증감이 있는 경우 어느 시점을 기준으로 하여 재산분할의 대상을 확정할 것인가 하는 점이 문제된다.

1. 한국

부부의 공동재산의 청산에 관하여는 원칙적으로 쌍방의 협력이 기대되는 별거 시까지의 재산을 기준으로 판단하여야 한다[112] 는 견해와 원칙적으로 최종사실심리가 끝날 당시의 당사자 쌍방의 재산상태를 기준으로 하여야 하지만 사정에 따라서는 별거할 때와 이혼할 때가 될 수도 있다[113] 는 견해가

110) 大阪地方裁判所, 1973. 1. 30, 〈判例時報〉, 722호, 84면.

111) 富山家庭裁判所, 1965. 10. 22, 〈家庭裁判月報〉, 18권 4호, 96면.

112) 황우려, 전게논문, 17면.

있다. 또한 별거 후의 재산의 증감에 관하여는 그 이유도 고려하여야 하고 별거 후에 소비된 혼인비용도 고려하여야 하므로 별거 후 변론종결 시까지의 일체의 사정을 고려하여 사안에 따라 처리할 수밖에 없다[114]고 한다.

그밖에 부양적 분할에 관하여는 성질상 특별한 사정이 없는 한 사실심 변론종결 시를 기준으로 한다.

판례는 청산적 분할, 부양적 분할 양자 모두에서 분할재산의 산정시기를 변론종결 시까지로 보고 있다. 대법원은 다음과 같이 판시한다.

> "… 위 대지와 신축건물의 시가는 준공 당시인 1984년 5월 29일경에는 도합 금 50,034,960원, 이 사건 변론종결일에 가까운 1992년 5월 18일 현재에는 도합 금 203,298,600원쯤 되고, … 피고가 원고에게 지급하여야 할 재산분할액수를 피고가 보유하고 있는 적극재산의 총평가액의 5분의 1 정도에 해당하는 금 4천만 원으로 결정하였는바 … 위 대지와 신축건물은 원·피고 쌍방의 협력으로 이룩한 재산이라 할 것이고 …."[115]

그밖에 서울고등법원은 다음과 같이 판시하였다.

> "… 이 사건 변론종결 시 당시 위 한신아파트의 시가는 금 2억 3천만 원 정도이며, 그밖에 피고는 금 1,500만 원이 입금된 주택청약예금통장, 콘도회원권 2개와 … 승용차를 보유하고 있고 … 위 인정사실에 의하면 피고명의의 위 한신아파트, 원·피고명의의 예금채권, 콘도회원권, 승용차 등은 원고와 피고가 혼인 중 쌍방의 협력으로 이룩한 재산으로서 모두 이혼으로 인한 재산분할의 대상이 된다 할 것이다."[116]

또한 "이 사건 변론종결일 당시 이 사건 아파트의 시가는 금 7,500만 원

---

113) 김주수, "이혼 시의 재산분할청구권", 〈판례월보〉, 253호, 22면.

114) 황우려, 전게논문, 17면.

115) 대법원, 1993. 5. 25, 92므501.

116) 서울고등법원, 1994. 6. 7, 93르1022·1039.

정도이고… 그밖에 피담보채무액의 합계는 금 1,400만 원 정도이고… 위 인정사실에 의하면 적극재산인 이 사건 아파트에서 이 아파트를 담보로 한 채무를 공제한 나머지 재산은… 혼인 중 쌍방의 협력으로 이룩한 재산이므로 민법 제843조, 제839조의 2의 규정에 따라 이를 원고에게 분할하여 줄 의무가 있다"[117]는 판례 등은 청산적 분할에서의 산정시기를 밝히고 있다.

그밖에도 청산적 분할, 부양적 분할 양자에서 분할재산의 산정시기를 변론종결 시까지로 보는 판례가 있다.

> "… 위 아파트의 시가는 변론종결일 현재 2억 7천만 원 정도이고… 전세보증금은 2,500만 원이며, … 병원의 임대보증금은 500만 원인 사실 그밖에도 피고는 상당한 금액의 예금채권을 가지고 있으며… 년에 신고한 총수입은 122,821,348원인 사실을 인정할 수 있다. … 피고로부터 원고에게는 재산을 분할함에 있어서는… 유형적인 재산 외에도… 무형적 재산의 분배라는 청산적 요소, … 원고가 향후생활을 유지할 수 있도록 하는 부양적 요소를 모두 고려하여야 한다."[118]

"… 이 사건 주택의 이 사건 변론종결일 당시 시가는 금 3천만 원 정도이다"[119]는 판례를 비롯한 가정법원의 판례[120] 등이 있다.

2. 일본

일본의 경우 분할대상재산의 산정시기에 관하여 구두변론종결 시(재판 시)로 보는 견해와 별거 시로 보는 견해가 있다. 청산적 분할의 경우 별거시설에 의하면 청산의 대상은 부부가 그 협력에 의하여 얻은 재산이기 때문에 부부의 협력이 종료하는 별거 시의 재산이 기준으로 되어야 한다는 것이다. 특

117) 서울고등법원, 1993. 9. 17, 93르883.

118) 서울가정법원, 1991. 5. 16, 91드1220.

119) 서울고등법원, 1993. 4. 23, 92르2370.

120) 서울가정법원, 90드12667; 91드6515; 91드134452; 91드12947.

히 별거 후 재판 시까지에 재산이 은닉되거나 소비된 경우를 고려하면 재판 시설은 공평을 잃는 경우가 생기게 된다. 그러나 공동재산의 형성기간과 동거기간이 반드시 일치하지 않거나 별거시설을 취하여 그후의 변동을 일체 고려하지 않는 것도 불합리한 경우가 생길 수 있다는 문제점이 있다. 이에 반하여 재판시설은 청산은 이혼의 효과로서 이루어지는 것이기 때문에 원칙적으로 재판 시를 기준으로 하는 것이 상당하고 별거 후의 재산의 증감이나 그것에 대한 기여도는 '일체의 사정'으로서 고려하면 족하다는 것이다.[121]

그러나 부양적 분할과 이혼 위자료에 관해서는 그 판단내용으로서 판단 시의 당사자 쌍방의 자력이나 금후의 생활능력 등이 고려되기 때문에 재판 시를 기준으로 할 수는 없다[122]고 한다.

판례의 경우 재판 시를 기준으로 한 최고재판소의 판결을 비롯한 하급심의 판례[123]가 있으나 별거 시를 기준으로 하여 분할대상재산을 산정한 판례[124]도 있다. 따라서 일률적으로 별거 시 내지 재판 시로 고정할 것이 아니고 협력에 의해서 형성된 재산이 있는 한 일단 협력관계가 종료하는 별거 시를 기준으로 하되 공평이라고 하는 견지에서 사정에 따라 그후의 재산변동을 고려해서 타당한 해결을 도모하는 것이 상당하다[125]는 견해도 있다.

그러나 별거 후 취득재산은 청산재산으로 인정할 수 없다는 것이 최근 판례의 경향으로 보인다.

"청산적 재산분여에서는 원칙으로서 부부의 협력관계가 종료하는 별거 시

121) 大津千明, "財産分與の對象の範圍と判斷の基準時", 〈判例 タイムズ〉, 747호, 133면.

122) 人見康子, "判例批評", 《家族法判例百選》, 88면.

123) 最高裁判所, 1959. 2. 19, 〈最高裁判所民事裁判例集〉, 13권 2호, 174면; 大阪高等裁判所, 1974. 8. 5, 〈判例 タイムズ〉, 313호, 265면; 福岡高等裁判所, 1976. 11. 1, 〈家庭裁判月報〉, 29권 3호, 82면.

124) 長崎家庭裁判所佐世保支部, 1968. 1. 21, 〈家庭裁判月報〉, 20권 9호, 95면; 東京家庭裁判所, 1971. 1. 21, 〈家庭裁判月報〉, 23권, 77면; 東京地方裁判所, 1987. 3. 30.

125) 利谷信義, "判例批評", 〈法學協會誌〉, 77권 1호, 87면.

까지 부부가 혼인 중에 협력한 재산에 관하여 고려하면 족하다고 해석된다(다만 별거 후에 완성되었지만 착공은 별거 전에 한 건물에 관해서는 청산의 대상으로 보고 있다)."[126]

"부가 별거 후에 취득한 부동산을 청산의 대상에서 제외한 경우."[127]

IV. 맺는말

이상에서 청산적 재산분할의 대상이 되는 재산의 범위와 분할대상재산의 산정시기에 관하여 한국과 일본의 판례를 중심으로 비교 고찰해보았다.

재산분할(분여)제도는 양국 모두 부부재산관계의 청산이라는 성질을 갖는 것이므로 부부가 혼인 중 협력하여 취득한 재산이 있는 한 재산분할을 인정한다는 원칙은 기본적으로 동일하다.

우선 분할대상재산의 범위에 해당하는 것은 협력재산이다. 혼인 중 협력재산으로서 부동산(아파트, 주택, 토지 등), 예금 등 동산, 전세보증금 기타 보증금반환채무, 보험금, 회원권 등이 포함된다는 점은 양국이 동일하다.

특유재산의 경우 원칙적으로 청산적 분할대상에서 제외되지만 부부 일방의 특유재산에 대하여 다른 일방이 재산가치의 유지나 증식에 협력한 경우 예외적으로 분할대상재산이 된다고 보는 점도 양국이 다르지 아니하다.

무형재산으로서 퇴직금이나 연금에의 기대, 전문직 자격취득 등 이른바 무형재산을 분할대상재산으로 삼고 있는 점도 양국이 동일하다. 퇴직금에 대하여는 이미 혼인 중 수령한 경우와 장래 수령하게 되는 경우로 나누어 판단하는 점, 연금에 대해서도 부양의 대상으로 보는 경우와 청산의 대상으로 보는 경우로 나누어진다는 점은 양국이 동일하다. 다만 전문직 자격취득에 대하여 한국에서는 청산적 요소와 부양적 요소 모두를 고려하나 일본에서는 부양적 요소의 하나로서 고려되고 있다는 점은 서로 다르다.

---

126) 東京地方裁判所, 1986. 9. 26, 55-507, 〈判例 タイムズ〉, 788호, 13면.

127) 東京地方裁判所, 1987. 3. 30, 57-394, 〈判例 タイムズ〉, 788호, 13면.

채무의 경우 부부 일방 또는 쌍방의 채무가 분할대상이 될 수 없으며 따라서 청산대상재산에서 채무를 공제한 재산이 분할대상재산이 된다는 점은 양국이 동일하다. 그러나 공동재산의 형성에 수반한 채무의 경우 한국의 판례는 이를 분할대상재산으로 하고 있으나 일본에서는 이러한 채무를 공제한 잔액을 분할대상으로 하는 점은 양국이 다르다.

그밖에 과거의 혼인생활비용, 별거 시 일방이 지참하고 나간 재산, 그리고 제3자 명의로 명의신탁된 재산의 경우 그 실질이 부부의 협력재산이라면 청산의 대상으로 인정한다는 점도 양국이 동일하다. 다만 한국의 경우 부동산 시가폭등과 같은 특별한 사정에 의하여 재산가치가 증가된 경우 이것을 행운으로 명명하고 이를 유형재산으로서 분할대상재산으로 하고 있다는 점이 특이하다.

분할대상재산의 산정시기에 관하여는 양국 모두 학설의 대립이 있다. 한국의 판례는 청산적 분할, 부양적 분할 모두에서 변론종결 시까지의 재산을 분할대상재산으로 보고 있으나 일본의 경우는 청산적 분할에서 재판 시를 기준으로 한 판례와 별거 시를 기준으로 하여 분할재산을 산정한 판례가 있으며 부양적 분할의 경우는 재판 시를 기준으로 할 수 없다고 한다. 이 점은 양국이 같지 아니하다. 결국 청산적 재산분할의 대상이 되는 재산의 범위에 관해서는 한국과 일본이 대동소이하다고 할 수 있다.

제7장

청산적 재산분할액수의 산정기준

• 한국과 일본의 판례를 중심으로 •

I. 머리말

이 논문은 "한국과 일본의 재산분할제도 비교연구: 판례를 중심으로"라는 논문의 일부분이다. 위의 논문은 한국과 일본의 학설, 판례를 중심으로 재산분할제도의 내용, 판례에 나타난 청산적 재산분할과 부양적 분할의 실태, 재산분할의 방법 등이 주된 내용으로 되어 있다. 청산적 재산분할에서는 다시 분할대상재산의 범위, 분할대상재산의 산정시기 및 재산분할액수의 산정기준 등이 문제가 된다.

이 논문에서는 이 중 청산적 재산분할액수의 산정기준만을 한국과 일본의 판례를 중심으로 고찰하고자 한다. 학설을 중심으로 한 이론적 고찰은 선행연구인 재산분할제도의 내용[1]에서 다루고 있으므로 이 논문은 실태적 고찰에 국한하려고 한다. 이 논문에서 인용된 판례는 한국의 경우 1991년부터 1993년에 걸쳐 공개된 서울가정법원 판결(34건), 수원·인천 등 지방법원 판결(4건), 서울고등법원 판결(9건) 등 47건이다. 일본의 경우 1970년에서

* 이 논문은 〈가족법연구〉(한국가족법학회, 1994), 제8호에 게재된 것임.

1) 〈법학논총〉(숭실대학교 법학연구소, 1995), 제8집 참조.

1989년까지 동경지방재판소 이혼판결 408건을 분석한 자료를 이용하였다.

II. 청산적 재산분할액수의 산정기준

1. 청산기준으로서의 기여도

1) 한 국

판례는 재산분할을 결정하는 데 우선 분할대상재산을 확정하며 이 과정에서 재산의 취득, 형성, 수집에 관한 부부 각각의 기여도를 평가한다. 그런 다음 분할액수를 정하는 데에 위의 기여도를 비롯하여 혼인기간, 이혼에 이른 경위, 당사자의 연령, 쌍방의 재산상태, 이혼 후 쌍방의 생활능력, 가사노동의 대가, 재혼과 취직의 가능성, 혼인생활의 비용부담의 실태 등 제반사정을 고려한다.

> "재산분할의 액수에 관하여 보건대 혼인의 기간, 혼인 중의 생활 정도, 이혼에 이르게 된 경위, 당사자들의 나이, 직업, 수입, 재산상태, 혼인 중 재산형성에 대하여 쌍방이 협력한 정도, 이혼 후 생활능력 등 여러 사정을 고려하면 재산분할금액은 금 … 원으로 정함이 상당하다."[2)]
> "혼인의 계속기간, 이혼에 이른 경위, 처인 원고의 연령, 쌍방의 재산상태, 혼인 중 재산형성에 대한 원고의 협력 정도, 이혼 후 쌍방의 생활능력 등 기타 제반사정을 고려하면 피고는 …."[3)]
> "혼인기간, 이혼에 이르게 된 경위, 처인 피고의 연령, 쌍방의 재산상태, 혼인 중 재산형성에 대한 쌍방의 기여도, 이혼 후 쌍방의 생활능력, 분할대상인 재산의 성격, 피고의 현금지급능력 기타 이 사건 변론에 나타난 여러 사정을 고려하면 …."[4)]

---

2) 서울고등법원, 1992. 2. 11, 90르1922 · 91르1264; 1993. 9. 24, 92르1803.
3) 서울가정법원, 1991. 5. 16, 90드62624 · 90드66238 기타.

그러나 청산적 분할의 액수를 결정하는 데에 판례에 나타난 위와 같은 기준들은 일반적 기준에 불과한 것으로 보인다. 왜냐하면 혼인기간이 1년에서 5년의 경우에도 혼인기간이 11년에서 15년의 경우와 마찬가지로 2분의 1의 분할을 인정하고 있는 경우가 적지 않기 때문이다.

또한 이혼사유와 분할액수 사이에도 크게 상관관계가 없는 것 같다. 이혼사유는 대부분 부의 폭행, 학대 등 부당한 대우이고 처의 부정행위도 있으나 분할액수를 정하는 데 있어서는 크게 문제가 되지 않는 것으로 보인다.

쌍방의 재산상태에 관해서는 부부가 소유한 각각의 재산에 대하여 특유재산인가 공유재산인가를 평가한다. 특유재산은 물론 협력재산이 아닌 경우는 분할대상재산에서 제외한다.

이밖에 판례가 제시한 바와 같은 여러 가지 기준이 있으나 그 중 재산형성에 관한 협력상태나 협력 정도에 대한 평가인 기여도가 가장 중요한 기준이 되는 것으로 보인다. 따라서 재산형성에 대한 기여도를 중심으로 하여 그밖의 여러 가지 기준을 고려해서 분할액수를 정하는 것 같다. 즉, "위에 따라 원고의 기여분을 계산하면 6,369만 3,548원 정도인데 여기에 피고(부)가 사건 본인들에 대한 친권행사 및 양육을 하여야 하는 점, 그밖에 이 사건 기록에 나타난 원·피고의 연령과 혼인계속기간, 원·피고의 별거기간 및 경위 기타 제반사정을 종합 고려하면 피고는 청산적 재산분할로서 원고에게 금 5천만 원을 지급함이 상당하다 할 것이고…"[5] 라는 이 판례는 기여도에 따라 분할액수를 계산하고 있다. 다만 부가 자녀에 대한 친권자이고 양육자라는 점을 고려하여 계산된 액수보다 실제로 1천여만 원이 적은 액수를 지급하고 있다.

"기여도에 따라 산정된 분할액수는 약 9천만 원이나 되고 원고가 위 주택들에 대한 보증금반환채무로 적어도 1,300만 원을 부담하고 있는 점, 원고가 앞으로 위 주택에서 나오는 월세로 생활할 수밖에 없는 점을 고려하면 7천만 원으로 정한다"[6] 는 이 판례는 처에게 50%의 기여도를 인정하면 9천만 원을

4) 수원가정법원 가사부, 1992. 7. 16, 91드20386·91드20393.

5) 서울가정법원, 1991. 9. 12, 90드74375.

분할해야 하지만 위의 사정, 즉 부가 보증금반환 채무를 부담하고 있는 점, 월세금밖에는 생활대책이 없다는 점 등을 고려하여 2천만 원을 삭감하고 있다. 그밖에 "피고(처)의 기여분을 계산하면(기여도 40%) 2,960만 원 정도라고 할 것인데 이 사건기록에 나타난 원·피고의 연령과 혼인계속기간 원·피고의 별거기간 및 경위 등 제반사정을 종합 고려하면 원고는 청산적 재산분할로서 금 3천만 원을 지급함이 상당하다"[7]는 이 판례는 기여도에 따라 계산된 분할액수보다 위에 나타난 제반사정을 고려하여 오히려 40만 원을 더 지급하고 있다.

위의 판례들에서 나타난 바와 같이 청산의 기준은 재산형성에 대한 기여도를 중심으로 하지만 여기에 혼인기간 등 제반사정을 고려하여 재산분할의 액수를 정하는 것으로 볼 수 있다. 그러나 기여도가 곧 분할액수가 되는 것은 아니기 때문에 기여도에 따라 계산된 재산분할액수와 실제 지급액수가 서로 다를 수가 있다.

이와 같이 기여도가 분명히 표시되고 그것을 중심으로 분할액수를 결정하는 판례가 있는 반면 전혀 재산형성에 대한 기여도의 표시가 생략된 사례도 많다. 이 논문에 인용된 47건의 자료 중 약 26건의 경우 기여도 표시가 생략되어 있다. 이러한 경우는 재산취득에 대한 부부 각자의 기여와 판례에 나타난 것과 같은 여러 가지 사정을 참작하여 법원의 재량에 의하여 분할액수를 결정하는 것으로 볼 수 있다.

2) 일본

일본의 경우 재산분여를 실질적 공유재산의 청산, 이혼으로부터 생긴 손해의 배상, 이혼 후의 부양 등의 성질을 갖는 것으로 파악한다. 따라서 처의 가사노동을 충분히 평가하여 실질적 공유재산을 청산하고, 유책성이나 혼인기간 등 제반사정을 고려하여 이혼에 의한 손해를 배상하고 부양료를 정한

6) 서울가정법원, 1991. 9. 19, 90드24912·90드39372.

7) 서울가정법원, 1991. 12. 12, 91드36646·91드42238.

다고 하는 결정기준이 제시되고 있다.[8] 이러한 기준은 그후 판례의 기본적 골격이 되었다.

청산의 성격을 갖는 재산분여에 관해서는 부부의 협력에 의하여 취득한 재산(실질적 공유재산)을 부부의 기여도에 따라 분배한다고 하는 기준이 판례상 어느 정도 확립되어 있다. 여기에서의 기여도란 청산의 대상인 재산의 형성에 관한 공헌비율을 나타내는 것으로서 청산비율을 정하는 기준이 되고 있다.[9] 즉, 형평의 원칙에 기초하여 그 공헌도에 따라 기여분을 평가하여 청산한다는 것이다. 부부간에 기여는 가사노동 등의 통상적 기여와 생산활동에 의한 특별기여로 구분된다. 이와 더불어 혼인기간, 부부의 생활 정도, 가족수, 가사노동의 내용, 가업 등 생산활동에의 공헌정도, 수입비율 등을 고려대상으로 하여 형평의 관념에 적합하도록 각각의 재산 및 경제적 가치가 있는 기타의 것에 대한 기여비율, 기여분액을 정하고 있다.[10]

2. 기여도에 대한 판단

1) 한 국

재산형성에 대한 부부 각자의 기여에는 여러 가지 유형이 있을 수 있다.

먼저 재산취득을 위한 생산적 활동에 의한 기여나 금전의 거출 등 직접적이고 유형적인 기여를 들 수 있다. 다음의 판례는 직접적으로 생산활동에 종사하거나 부업, 친정에서의 자금차용 등을 기여로 판단하고 있다.

> "원고(처)는 생활력이 강하여 위 … 와 결혼한 후 장사나 사채놀이 등에 종사하여 재산을 증식하여온 사실이 인정되는 반면 …."[11]

---

8) 我妻 榮, 《親族法》, 有斐閣, 1961, 154, 160~1면.

9) 鈴木眞次, 《離婚給付の決定基準》, 弘文堂, 1992, 36면.

10) 松浦千譽, "離婚給付の清算基準と判例", 〈判例 タイムズ〉, 747호, 129면.

11) 대법원, 1992. 12. 11, 92다21982.

"피고(처)는 혼인기간 중 … 틈나는 대로 파출부, 과수원일 등 부업을 하여 그 소득을 보태는 외에 … 회계사 사무실 심부름, 은행송금 등 원고의 사업을 도와 원고의 재산취득에 기여한 바 있다."[12]

"친정의 자금융통이 있었으며 부가 사후에 이를 전액 변제하였다고 하더라도 위 자금차용으로 인하여 피고에게 재산취득의 기회가 부여된 것인 이상 이는 재산형성에 대한 기여로서 평가되어야 한다."[13]

"… 위와 같은 재산형성에 대한 협력 정도와 각 재산의 시가를 기초로 원고의 기여분을 계산하면 …."[14]

반면 가사노동, 생활비 절약에 의한 저축, 자녀양육 등은 간접적, 무형적, 소극적인 기여로 인정한다.

"약사자격이 있는 원고가 혼인생활을 위하여 전문적 약사로서의 경제적 활동을 자제하고 오로지 주부로서 내조에 전념한 것은 기여도로 인정된다."[15]

"청구인이 상대방과 혼인한 후 적어도 10년간은 가사노동을 하는 등 내조를 함으로써 위 … 대지와 … 원의 예금 등의 재산이 형성되는 데 기여하였다고 볼 수 있고 …."[16]

"피청구인은 시어머니를 모시고 자녀들을 양육하면서 청구인이 보내온 돈을 저축하여 … 에 있는 연립주택을 구입한 사실."[17]

"가정주부가 남편과 이혼할 때까지 가사에 충실하지 아니한 채 돈을 가지고 가출하여 낭비하면서 부정한 행위를 하였다고 하더라도 이와 같은 사정은 재산분할의 액수와 방법을 정함에 있어서 참작할 사유는 되지만 재산형

---

12) 수원지방법원 가사부, 1992. 7. 16, 91드20386 · 91드20393.

13) 서울가정법원, 1991. 8. 8, 90드63238; 1992. 6. 18, 91드60557; 1991. 5. 16, 91드1220.

14) 서울가정법원, 90드24912; 90드39372; 90드56544 등.

15) 서울가정법원, 1991. 8. 8, 90드63238.

16) 대법원, 1993. 5. 11, 93스6.

17) 서울고등법원, 1992. 2. 11, 90르1922 · 91르1264.

성에 기여하지 않았다고 단정할 수는 없다"[18] 는 대법원의 판례는 이 사건에서 10년간 가사노동을 하는 등 내조는 기여로 인정하지만 이혼할 때까지의 상황은 재산분할액수의 산정에 있어서 참작사유임을 밝히고 있다. 실제로 서울고등법원은 "원고가 … 년경부터 가사를 소홀히 하면서 생활비를 다소 낭비한 사실이 인정되는 점"[19] 을 재산분할액수를 정하는 데에 고려하고 있다.

2) 일 본

판례에 의하면 처의 기여의 구체적 내용은 대단히 광범위하게 해석되고 있다. 즉, 직접적으로 생산활동에 종사하는 경우와 전업주부와 같이 간접적으로 재산형성에 협력하는 것 등을 중심적인 기여로 본다. 이러한 본래의 의미의 기여 외에 부동산 구입 시 처가 지참금이나 자기 자금을 제공한 경우는 물론 친정으로부터의 원조나 친족에 의한 각종 협력[20] 등도 처의 기여의 형태로서 평가하고 있다.

그러나 다음과 같은 경우는 처의 기여를 전혀 인정하지 않는다. "피고인 처는 혼인 후 8년째에 성격신경증이 발병하여 이후 20여 년에 걸쳐 입퇴원을 반복하고 증상이 악화된 시기에는 거의 가사, 육아가 불가능하였으며 일방 원고는 피고의 치료를 위하여 할 수 있는 한 노력을 하고 경비를 지출했기 때문에 원고가 피고와의 혼인 중에 형성 취득한 재산 '공단분양주택과 예금' 중에 피고의 협력에 의하여 유지 축적된 재산이 존재한다는 것은 인정될 수 없다."[21] 이 판례는 처의 질병으로 인한 입퇴원, 가사, 육아의 불가능을 이유로 혼인 중 축적재산에 대한 처의 기여를 인정하지 않는다.

18) 대법원, 1993. 5. 11, 93스6.

19) 서울고등법원, 1993. 9. 24, 92르1803.

20) 廣島地方裁判所吳支部, 1958. 9. 22, 〈家庭裁判月報〉, 10권 11호, 59면(부친이 거택건축용 목재를 증여) ; 鳥取家庭裁判所, 1964. 3. 25, 〈家庭裁判月報〉, 16권 10호, 106면(누이가 자금을 대여) ; 新潟家庭裁判所, 1967. 11. 14, 〈家庭裁判月報〉, 20권 7호, 54면(처의 숙모가 자금원조) 등의 判例가 있다.

21) 東京地方裁判所, 1987. 9. 20, 61-181.

다음의 사례는 처의 일상적 협력에 의한 기여보다는 부의 능력에 의한 기여를 더 높게 평가하고 있다.

> "본건에서 일심 피고인 부가 전시한 것과 같은 다액의 자산을 갖기에 이른 것은 일심 원고(처)의 협력도 받았지만 일심 피고인 의사 내지 병원경영자로서 수완능력에 의한 경우가 많다는 것을 인정할 수 있기 때문에 처에게 부의 재산의 2분의 1을 주는 것은 타당하지 않다."[22]

한편 부부의 기여를 추상적으로 포착함으로써 청산비율에서 평등한 추정을 하는 판례가 있다.

> "공유재산에 관한 부부의 지분의 비율은 단지 쌍방의 수입 혹은 생활비 거출액의 비율에 의한 것만은 아니고 비경제적 노무제공, 정신적 기여 등 부부공동생활에서의 모든 요소를 고려하여 결정되어야 하는 것이고 따라서 특단의 사정이 없는 한 부부의 지분은 평등하다고 추정된다."[23]

이 심판의 항고심에서도 "각자의 취득비율은 수입금액뿐만 아니라 비금전적 협력을 종합해서 판단하여야 하는바 본건 기록에 의하면 항고인(부)과 상대방(처) 간에 공동생활 계속 중에 위 협력의 정도에 차이가 있다고는 인정될 수 없기 때문에 이들은 평등하다고 추정해야 한다"[24] 고 하였다. 이 판례는 기여도를 판단하는 데 비경제적 노무제공, 정신적 기여 등 비금전적 협력을 고려하고 있다.

---

22) 福岡高等裁判所, 1969. 12. 24, 〈判例時報〉, 595호, 69면.
23) 福井家庭裁判所, 1984. 10. 23, 〈家庭裁判月報〉, 38권 4호, 81면.
24) 名古屋高等裁判所金澤支部, 1985. 9. 5, 〈家庭裁判月報〉, 38권 4호, 76면.

III. 노동형태에 따른 청산비율

1. 전업주부형

1) 한 국

법원은 혼인 중 제반사정에 기한 기여도를 정하고 이것을 청산의 비율로 사용하고 있다. 먼저 판례는 구체적으로 기여도를 몇 %, 몇 분의 1 등으로 표시하고 있는 경우가 많다. 이것은 부부 각각의 협력의 평가라는 본래 의미에서의 기여의 비율이라기보다는 오히려 청산의 비율이라고 보아야 할 것이다. 따라서 청산대상재산의 가액을 인정한 후 재산분할을 청구한 자의 기여도를 여기에 곱해서 청산의 성격을 갖는 재산분할비율을 산정하고 있다.

이밖에 청산대상을 인정한 후에 처의 기여의 존재나 형태를 지적하는 것만으로 분할액을 정하기도 한다. 이러한 경우에는 청산대상재산의 가액과 분할액을 참작하여 기여도의 판정을 추측할 수 있다. 또한 재산이 많은 경우에는 각각의 재산에 대한 기여도를 각각 평가하고 그것을 합산하여 분할가액을 정하기도 한다.

판례에 의하면 특히 처의 경우 노동형태에 따라 기여도를 다르게 인정하고 있다. 전업주부의 경우 가사노동, 자녀양육, 생활비 절약에 의한 저축 등을 기본적 협력형태로 보고 이에 대하여 50%의 기여도를 인정한 경우가 적지 아니하다. 또한 가정생활을 하면서 보험회사 외판원, 파출부, 행상 등 부업을 함으로써 경제적 협력을 한 경우 50%의 기여를 인정한 경우도 있으나 40% 또는 30%의 기여만을 인정한 경우도 있다. 그밖에 부부가 함께 사업에 종사하는 가사협력형이나 맞벌이의 경우는 처의 수입 및 가사, 육아에 대한 공헌을 고려하여 기여도를 50%로 인정한 예가 많다.

그러나 위와 같은 기여도의 평가가 그대로 분할액수로 인정되지 않는 경우도 있다. 실제로 이혼 후 남편이 자녀를 양육하거나 처가 양육하면서 별도로 양육비를 받는 경우에는 기여도에 의한 분할액수보다 더 적은 액수의 분할을 인정한 사례가 적지 아니하다.

전업주부의 경우 판례에 나타나 있는 청산비율은 다음과 같다.

(1) 80%의 기여도를 인정하는 경우

"… 특단의 사정이 없는 한 재산형성에 대한 부부 각자의 협력정도를 기준으로 하여야 할 것인바 앞서 본 바와 같은 위 부동산 형성경위에 비추어 위 부동산에 대한 원고의 기여도는 5분의 4 정도로 봄이 상당하다"[25]는 이 사례는 친정에서 전세금 1천만 원과 생활비 보조, 부동산 취득에 5백만 원 보조 등 위 부동산의 매수 및 유지에 친정의 경제적 원조가 중심이 되었다는 점과 원고의 가정주부로서의 가사노동을 기여로 보아 80%의 분할을 인정한다.

다음의 경우는 개별재산에 대하여 각각 기여도를 평가한 경우이지만 일부재산에 대하여는 기여도를 70% 정도 인정하고 있다.

> "각 분할대상재산의 형성에 대한 원고의 기여도를 앞서 본 사실관계와 평가내용을 고려하여 산정하면 다음과 같다. … 종전의 보증금으로 충당한 금 3백만 원과 원고가 개인적으로 차용한 금원인 3백만 원으로 취득한 부분의 가액증가분은 원고의 친정에서 당초에 보태주었던 금 4백만 원이 주요 기초로 되었다던가, 원고가 개인적으로 차용한 금원으로 거의 원고의 투자분이라고 보아야 할 것인바 이에 대하여 피고는 위 돈의 증가에는 거의 기여한 바 없지만 그동안 어느 정도의 소득활동을 통하여 아파트의 유지에 기여하였다고 볼 것이므로 이러한 사정들을 고려할 때 이 부분에 대하여 원고의 기여도는 70% 정도로 봄이 상당하다."[26]

(2) 50%의 기여도를 인정한 경우

다음의 판례는 처에게 50%의 기여도를 인정한 사례다.

> "… 주택 ; 원고가 장모로부터 받은 집을 매각한 금원 630만 원에 융자금

25) 서울가정법원, 1992. 6. 18, 91드60557.

26) 서울가정법원, 1991. 9. 12, 90드74375.

등을 합하여 위 주택을 산 후 자신의 돈으로 이층을 증축하였고 또한 피고가 가사노동으로 가정과 주택을 유지한 것을 고려하면 피고의 기여도를 50%로 본다."[27]

"은행대출금 2천만 원 및 전세보증금 5백만 원으로 취득한 부분의 가액증가분은 분할대상인 아파트를 담보로 하여 제3자로부터 차용한 금원에서부터 부동산 가격의 급격한 앙등으로 인하여 재산가치가 증가한, 일종의 행운에 따른 재산의 증가로서 원·피고가 공동 향유토록 하여야 할 것이므로 원고의 기여도를 50% 정도로 봄이 상당하고 …."[28]

또한 기여도의 표시는 없으나 실제로 재산분할 시에 50%의 분할을 하는 경우도 있다. 다음의 판례는 3억의 부동산 중 50%인 1억 5천만 원의 분할을 인정한다.

"원고(처)가 경제적 원조, … 부의 폭행 등을 견디며 남편을 내조해온 노력, 원고는 조강지처로서 피고만을 의지하며 가사노동과 육아에만 전념해왔기 때문에 장래 생활보장책이 없어진 점 등을 고려할 때 재산분할액수는 금 1억 5천만 원으로 정함이 상당하다."[29]

(3) 40%의 기여도를 인정한 경우

다음의 판례는 처의 기여도를 40% 인정하여 1억 6천만 원의 재산을 분할한 판례[30]도 있다. 그밖에 개별재산에 대한 기여도를 각각 판단한 경우에도 40%의 기여를 인정하여 분할한 판례[31]가 있다.

"… 이 사건 아파트를 분양받고 그 계약금 및 중도금을 마련하기 위하여

---

27) 서울가정법원, 1991. 9. 19, 90드24912·90드39372 기타 89드58308; 90드74207.

28) 서울가정법원, 1991. 9. 12, 90드74375.

29) 서울가정법원, 1991. 5. 16, 91드1220.

30) 서울가정법원, 91드12947.

31) 서울가정법원, 1991. 8. 8, 90드63238.

금원을 차용함에 있어서 피고가 결정적 역할을 한 점, … 차용한 금원을 변제하는 과정에서 피고의 가사노동 및 알뜰한 살림살이가 큰 역할을 한 점, 부동산 가격의 급격한 상승으로 인한 재산형성과 같은 행운도 부부 쌍방에 공동 향유케 함이 상당한 점 등에 비추어 이 건 분할대상재산의 형성에 대한 피고의 기여도는 40%로 봄이 상당하다 할 것이다."[32]

(4) 약 33% 정도의 기여도를 인정한 경우

다음의 판례는 3분의 1의 분할을 인정한다.

"현재 이 사건 부동산 시가는 4,500만 원 정도인 사실을 인정할 수 있고 … 원고와 피고의 혼인계속기간, 이혼에 이른 경위, 당사자의 연령, 재산상태, 혼인 중 재산형성에 대한 원고의 협력 정도, 이혼 후 쌍방의 생활능력 등 기타 제반사정을 고려하면 이 사건 부동산 가액으로부터 위 채무액 합계금 1,600만 원을 공제한 잔액의 3분의 1가량인 금 1천만 원을 원고에게 지급함이 상당하다 할 것이다."[33]

"원·피고가 이룩한 재산인 위 아파트의 시가가 금 1억 6천만 원임이 인정되고 이를 담보로 은행으로부터 융자받은 채무 금 4천만 원이 있음은 위에서 본 바와 같으며 … 피고는 원고에게 재산분할로서 금 4천만 원을 지급함이 상당하다 할 것이다."[34]

"이 사건 부동산 및 개인택시의 시가 1억 8,520만 원에서 위 임대보증금반환채무 및 대여금반환채무를 합한 금 6,300만 원을 공제한 금액의 3분의 1에 약간 미달하는 금 4천만 원을 피고에게 지급하는 것이 상당하다고 할 것이다."[35]

그밖에도 3분의 1의 기여도를 인정하는 판례[36]가 있으나, 이상의 판례들

---

32) 서울가정법원, 1991. 12. 12, 91드36646·91드42238.

33) 서울가정법원, 1992. 6. 24, 91드70974·92드1456.

34) 서울가정법원, 1992. 4. 14, 91르3307.

35) 서울가정법원, 92드38885; 92드38892.

36) 서울가정법원, 90드12267; 91드6515; 90드24912·91드39372; 91드27949; 1992.

에서는 처의 기여도를 구체적으로 적시하고 있지는 아니하다.

(5) 30% 미만의 기여도를 인정한 경우

다음 사례는 총 1억 2천만 원 재산에서 3천만 원을 분할함으로써 약 25%의 청산비율이 된다.

> "원 · 피고가 이와 같이 서로 협력하여 이룩한 재산은 위 부동산(시가 1억 1천만 원)과 임차보증금 1,200만 원 채권뿐인 사실을 인정할 수 있고… 원 · 피고 쌍방의 협력으로 이룩한 재산의 액수, 위 부동산의 용도 및 이용상황, 이 사건 변론에 나타난 여러 사정을 참작하면 원고는 피고에게 재산분할로서 … 금 3천만 원을 지급할 의무가 있다."[37]

다음 판례는 기본적 재산이 증여재산인 특유재산인 점, 그리고 처가 가사를 소홀히 하면서 생활비를 낭비한 점을 분할액수를 정하는 데 고려한다.

> "… 근본적으로 피고(부)가 혼인 초 분가하면서 그 어머니로부터 받은 금원과 피고의 형으로부터 증여받은 토지 및 그 토지가 수용되어 지급받은 보상금을 기초로 하여 증식된 재산인 점, 원고가 … 가사를 소홀히 하면서 생활비를 다소 낭비한 사실이 인정되는 점, 현재 원고가 장녀 장남과 동거하고 있으며 미성년자인 차녀를 양육하고 있는 사실이 인정되는 점, 그 밖에 … 위 혼인생활의 기간, 그동안의 생활 정도, 위 혼인관계가 파탄에 이르게 된 경위, 당사자들의 나이, 직업, 수입, 재산상태, 위 재산의 형성 및 유지에 쌍방이 협력한 정도 등을 고려하면 … 재산분할대상인 위 약 금 7억 9,730여만 원의 재산 중 4분의 1 정도에 해당하는 금 2억 원을 지급하도록 함이 상당하다."[38]

---

6. 24, 91드70974 · 92드1456(기여도 표시는 생략되었으나 순자산의 3분의 1 정도를 지급함이 상당하다고 판시함).

37) 서울고등법원, 1992. 6. 16, 92르60 · 92르77.

38) 서울고등법원, 1993. 9. 24, 92르1803.

다음 사례는 약 1억 9천만 원 중 약 25%의 재산분할을 인정한다.

> "피고에게 분할하여야 할 재산은 원고와 피고가 혼인 후 합심하여 형성한 재산인 위 아파트(시가 1억 7,500만 원)와 전세보증금 반환금 1,200만 원 상당이라 할 것인바 … 그 액을 정함에 있어 혼인의 계속기간, 이혼에 이른 경위, 처인 피고의 연령, 쌍방의 재산상태, 혼인 중 재산형성에 대한 피고의 협력 정도, 이혼 후의 쌍방의 생활능력과 … 제반사정을 고려하면 재산분할로서 금 4천만 원을 피고에게 지급함이 상당하다 할 것이다."[39]

다음 판례는 적극재산 7,500만 원에서 소극재산 1,400여만 원을 제외한 6천만 원 중 약 25%인 1,500만 원의 분할을 인정한다.

> "피고가 지급할 액수는 쌍방의 협력으로 이룩한 적극, 소극재산 가액 및 원고가 이 사건 분할대상재산의 형성에 기여한 정도 등이 사건 변론에 나타난 모든 사정을 참작하면 금 1,500만 원으로 정함이 상당하다."[40]

(6) 개별재산에 대한 기여도를 각각 평가하여 분할액수를 정하는 경우

> "특단의 사정이 없는 한 재산형성에 대한 부부 각자의 협력 정도를 기준으로 하여야 할 것이므로 먼저 각 분할대상재산의 형성에 대한 원고의 기여도를 앞서 본 사실관계와 평가내용을 고려하여 산정하면 다음과 같다. … 아파트 ; 아파트 취득 시 친정의 차용금 지원, 약사로서 경제적 활동 자제, 주부로서 내조에 전념, 병원개업 시 상당 부분 친정에서 융통한 점을 원고의 기여도로서 평가 … 전세보증금반환 시 친정에서 차용금, 부동산 가격의 급격한 앙등으로 인한 재산가치의 증가분 … 등 이를 종합 고려할 때 원고의 기여도를 40%로 봄이 상당하다", "… 아파트 매도대금 ; 취득대금 중 원고의 친정에서 융통, 나중에 변제된 것으로 원고의 내조와 자금융통이라는 기여가 인정, 전세보증금을 제외한 나머지는 원 · 피고가

---

39) 수원지방법원 가사부, 1991. 12. 3, 90드6741 · 90드18836.

40) 서울고등법원, 1993. 9. 17, 93르883.

공동으로 벌어 저축한 돈에서 지급된 점을 참작하여 기여도를 45% 인정", "… 대지 ; 원고의 주부로서의 기여를 고려, 투자반환금은 위의 부동산매도대금에서 지급된 것으로 원·피고가 공동으로 벌어 저축한 재산이라는 점 등 … 이를 종합할 때 원고의 기여도를 43%로 인정하여 결국 원고인 처의 기여분을 계산하면 2억 7,600만 원(5억 4천만 원 − 2,500만 원 × 0.4 + 6천만 원 × 0.45 + 1억 원 × 0.43)이 되는바 여기에 피고의 의사로서의 장래 수입가능성 및 피고가 사건 본인들에 대한 친권행사 및 양육을 하여야 하고 … 제반사정을 고려하면 피고는 청산적 재산분할로서 원고에게 금 2억 8천만 원을 지급함이 상당하다 할 것이다."[41]

"부동산 I; 원고가 장모로부터 받은 집을 매각한 금원 … 에 융자금을 합하여 위 주택을 산 후 자신의 돈으로 2층을 증축하였고 또한 피고가 가사노동으로 가정과 주택을 유지해온 것을 고려하면 피고의 기여도를 50%로 본다. 부동산 II; 원고가 퇴직금을 받은 돈으로 위 주택을 매수하였고 여기에 피고가 가사노동을 통한 내조로서 그 주택의 유지 등에 기여하였으므로 피고의 기여도를 30%로 본다."[42]

"… 은행대출금 2천만 원 및 전세보증금 5백만 원으로 취득한 부분의 가액증가분은 … 일종의 행운에 따른 재산의 증가로서 원·피고가 공동으로 향유하여야 할 것이므로 원고의 기여도를 50%로 봄이 상당하다. 채무금 또한 같은 비율(50%)로 부담하여야 할 것이다. 종전의 보증금으로 충당한 금 3백만 원과 원고가 개인적으로 차용한 금원 3백만 원으로 취득한 부분의 가액증가분은 원고 친정에서 보태주었던 금 4백만 원이 주요 기초로 되었다던가, 원고가 개인적으로 차용한 금원으로 거의 원고의 투자분이라고 보아야 할 것인바 … 이 부분에 대하여 원고의 기여도는 70% 정도로 봄이 상당하다. 대출금 2백만 원의 채무는 … 가정공동생활을 위하여 사용되었다고 보아 동일한 비율로 공동부담하여야 할 것이다."[43]

---

41) 서울가정법원, 1991. 8. 8, 90드63238.

42) 서울가정법원, 1991. 9. 19, 90드24912 · 90드39372.

43) 서울가정법원, 1991. 9. 12, 90드74375.

2) 일본

일본의 경우도 부부의 기여도를 인정하고 이것에 의하여 청산을 한다. 판례에 의하면 기여도를 몇 분의 1 또는 몇 할 등으로 표시하는 경우가 있지만 무슨 이유로 그렇게 인정하는가에 관해서는 판결문만으로는 알 수 없는 경우가 많다. 이에 대하여, 이것은 법원의 재량행위인 이상 오히려 당연한 것이며, 재량의 내용은 공동재산에 대한 공헌의 내용을 생산적 요소인가 비생산적 요소인가 검약형인가 소비형인가 등 일체의 사정을 고려해서 재량하는 것[44]이라고 한다. 여기에서도 특히 주부의 경우 노동형태에 따라 기여도의 차이를 둔다. 종래 전업주부의 경우 기여도를 3할부터 4할 정도 인정하는 것이 많았다. 그러나 전업주부보다는 공가형(共稼型, 처가 직업노동을 하는 경우)이나 가업형(家業型, 처가 부와 함께 사업에 종사하는 경우)의 경우 더 높은 기여를 인정하고 있다. 최근에는 점차 기여도를 높게 인정하는 것으로 되어 있으나 전업주부의 경우에도 종종 기여도를 5할로 판정하고 있는 사례도 있다.[45]

판례는 전업주부의 경우 기여도를 비율로 표시하는 것이 통례지만 그 판단은 다양하여 일정한 경향이라고 할 만한 것은 보이지 않는다. 여기에서도 처의 가사노동의 평가가 문제되지만 이것을 부부협력의 하나의 형태로 보고 이것과 부의 사회적 활동과를 대응시키는 것에 의해서 혼인 중 공동재산에 대한 실질적 공유권의 근거로 인정하고 있다.

재산형성에 대한 기여를 판단하는 데에 상대방의 특수한 재능을 중시하는 경향도 인정된다. 그러나 일반적으로 당해 부부의 가사노동의 형태에 따라 여성의 평균임금이나 가정부의 임금 등을 참고하여 부의 노동행위와 대비하면서 공동재산에 대한 기여도를 평가하고 있다.

---

44) 大津千明, 《離婚給付に關する實證的硏究》, 日本評論社, 1992, 135면.
45) 鈴木眞次, 前揭書, 37면.

(1) 50%의 기여도를 인정하는 경우

다음의 판례들은 혼인 중 협력재산에 대한 전업주부의 기여도를 2분의 1로 인정하고 있다. 또한 기여를 판단하는 데에 "가정을 지키는 것에 의해서 재산의 형성에 기여한 것"으로 보고 있다.

> "혼인 중 형성된 순재산 2억 5,713만 엔에서 처의 기여도 2분의 1을 곱하고 그 액으로부터 처명의의 부동산 가격을 공제해서 재산분여액을 정한다."[46]
>
> "부부가 형성한 재산은 모두 2백만 엔 상당의 자동차와 예금만이고 처는 그 2분의 1, 즉 1백만 엔을 분여받음."[47]
>
> "부의 퇴직금 잔여가 1천만 엔이고 처는 가정을 지키는 것에 의해서 그 형성에 관하여 공헌한 것으로 인정되어 5백만 엔을 분여받음."[48]
>
> "처가 부가 준 급료에서 5~6백만 엔의 저금을 해놓고 있는 경우 그 반액인 금 250만 엔을 분여받음."[49]
>
> "재산분여대상으로 된 재산의 가액은 혼인 중 취득한 택지 및 거택의 취득가액 4,450만 엔으로부터 원고의 지참금 중 거출금 1백만 엔을 공제하고 다시 현재 피고가 위 토지가옥에 관하여 부담한 채무의 합계금 2,510만 엔을 공제하면 결국 1,840만 엔이고, 원고의 기여분을 2분의 1에 상당한 9백만 엔으로 보면 결국 원고에게 분여되어야 할 금액은 위 9백만 엔에다 지참금으로부터 거출한 1백만 엔을 합쳐서 금 1천만 엔으로 된다."[50]

(2) 40% 정도 기여도를 인정한 경우

"부의 택지와 거택의 시가는 3,500만 엔이고 재산분여는 1,500만 엔이다"[51] 는 사례는 약 40%를 넘는 액수이다. "부가 가지고 있는 재산의 4할 상

46) 東京地方裁判所, 1987. 7. 29, 62-020.
47) 東京地方裁判所, 1988. 12. 12, 62-482.
48) 東京地方裁判所, 1989. 2. 27, 62-564.
49) 東京地方裁判所, 1988. 2. 22, 62-293.
50) 浦和地方裁判所, 1985. 9. 10, 〈判例 タイムズ〉, 614호, 104면.
51) 東京地方裁判所, 1986. 5. 27, 60-286.

당액을 처에게 청산적 재산분여로서 인정한다"[52], 그밖에도 전업주부인 처의 기여도를 4할로 보는 판례들이 있다.[53]

(3) 약 30% 전후의 기여도를 인정한 경우

"청산대상인 부동산 3건의 가격은 합계 5,950만 엔이라는 것을 인정할 수 있고 처분하는 경우의 세금 기타 제반비용 및 … 근저당권 등을 고려해서 원고의 취득비율은 그 중 35% 상당액인 금 2,082만 엔을 가지고 분여해야 할 금액으로 인정한다"[54] 고 하여 35%의 기여도를 인정한다. 그밖에 "처의 연령, 혼인기간, 재산형성에의 기여도 등을 고려해서 대상재산의 3분의 1인 9천만 엔이 청산으로서 상당하다"[55], "공사에 근무하였던 부의 퇴직금 3분의 1을 처의 기여에 의하여 취득된 것으로 인정한다"[56] 는 판례는 약 33%의 기여도를 인정하고 있다.

그러나 처의 기여도를 3분의 1 이하로 인정한 경우도 있다.

> "병원을 경영하는 의사의 처의 기여도를 5분의 1로 본다."[57]
> "부가 혼인 후 취득한 택지 밑을 지하철이 통과하게 되고 지상권 설정으로 인하여 도(都) 로부터 7천만 엔을 받고 그 일부를 사용하여 또다른 택지를 취득하였다. 그 결과 청산대상은 1억 3천만 엔에 가까이 되고 처의 기여는 20%를 하회하지 않는다고 하면 …."[58]

---

52) 東京地方裁判所, 1987. 10. 7, 60-347.
53) 東京地方裁判所, 1981. 11. 30, 55-065, 1985. 3. 19, 55-038.
54) 東京地方裁判所, 1987. 4. 13, 60-465.
55) 東京地方裁判所, 1988. 3. 15, 62-366.
56) 東京地方裁判所, 1983. 9. 8.
57) 福岡高等裁判所, 1969. 12. 24, 〈判例時報〉, 595호, 69면.
58) 東京地方裁判所, 1987. 1. 28, 59-217.

2. 부업형

1) 한 국

부업형이란 처가 가사를 돌보면서 일정 기간 또는 간헐적 경제활동을 하여 가정경제에 도움을 주는 경우를 말한다. 이러한 경우 50%의 기여도를 인정한 경우가 있으나 그 미만의 기여도를 인정한 경우도 있다.

(1) 50%의 기여도를 인정한 경우

"이 사건 부동산의 취득경위, 그 유지에 기여한 정도, 혼인생활 및 그 파탄경위, 혼인계속기간, 당사자들의 연령, 직업, 재산상태, 이혼 후 생활능력, 자의 양육 등 모든 사정을 참작하면 이 사건 부동산의 청구인과 피청구인에게 2분의 1 지분을 분할함이 상당하다 할 것이다."[59] 이 사례에서 처는 부업으로서 2년 정도 양품점을 경영하였다.

"청산적 요소와 부양적 요소를 종합한 재산분할로서 이 사건 부동산에 대한 2분의 1의 지분을 취득하게 함이 상당하다 ⋯."[60] 이 사례에서 처는 보험외판과 행상 등의 경제활동을 하였다.

"⋯ 년경부터 약 2년간 양말에 수놓는 일 등 부업을 하면서 위 아파트 구입에 필요한 자금의 일부와 은행융자금의 변제에 필요한 자금의 일부를 보태기도 하였으나 ⋯ 위 이 사건 변론에 나타난 여러 사정을 참작하면 위 ⋯ 아파트의 소유지분을 2분의 1씩 분할하여 그 2분의 1 지분에 관하여 원고에게 소유권 이전등기를 경료하여 주도록 함이 상당하다 할 것이다."[61] "피고(처)는 혼인기간 중 가사를 전담하고 틈나는 대로 파출부, 과수원일 등 부업을 하여 그 소득을 보태는 외에 1990년경부터는 원고가 경영하는 자동차부품공장의 어음할인, 회계사 사무실 심부름, 은행송금 등 원고의 사업을 도

---

59) 서울고등법원, 1991. 6. 11, 90르1535.

60) 서울가정법원, 1991. 6. 7, 89드58308.

61) 인천지방법원 가사부, 1992. 4. 20, 91드12418.

와 원고의 재산취득에 기여한 바 있다. 원·피고가 혼인기간 중 취득재산으로 시가 금 4천만 원 상당의 아파트가 있으며 이를 담보로 금 3천만 원을 차용하였다. …여러 사정을 고려하면 원고가 피고에게 금 5백만 원을 지급하는 것이 상당하다"[62]는 이 사례 등에서는 양말에 수놓는 일, 파출부, 과수원일 등이 부업의 형태로서 나타나 있다. 후자의 사례에서는 적극재산에서 소극재산으로 공제한 1천만 원 중 50%인 5백만 원의 분할을 인정한다.

"위 분할대상 재산인 전세보증금의 2분의 1에 상당한 금 450만 원으로 정함이 상당하다."[63] 이 경우 처는 부업으로 가내봉제업을 하였다.

"원고(처)의 기여도에 따른 청산적 분할을 살펴보면 그 비율은 2분의 1 정도가 된다고 봄이 상당하고…."[64] 이 경우는 처가 식료품회사 판매원으로 일한 적이 있고 부와 공동으로 가게운영도 하였다.

"원·피고의 공동노력이 바탕이 되어 형성, 유지, 가치가 상승되어왔으며 혼인계속기간, 이혼에 이른 경위, 당사자의 연령, 재산상황, 이혼 후 쌍방의 예상되는 경제적 능력 기타 제반사정을 고려하면 원고의 기여도는 50% …."[65] 이 경우 처는 종업원 등으로 일함으로써 재산형성에 협력하였다.

(2) 약 30% 정도 기여도를 인정한 경우

"이 사건 부동산의 현재 시가인 1억 8,917만 8천여 원에서 위 채무합계금 2천만 원을 공제한 금 1억 6,917만 8천여 원을 원·피고 쌍방의 기여도에 따라 분할하여야 할 것인바, 원·피고가 함께 경제활동을 하면서 축적된 재산으로 이 사건 부동산을 구입한 점, 원고가 가사 및 자녀들의 양육에 힘쓴 점, …여러 가지 사정을 참작하여 원고의 기여도를 평가하면 그 분할액수는 금 5천만 원으로 정함이 상당하다."[66] 이 사건은 처의 유책사유로 이혼한 경우

62) 수원지방법원 가사부, 1992. 7. 16, 91드20386·91드20393.

63) 서울가정법원, 1991. 6. 5, 90드48598.

64) 서울가정법원, 1992. 7. 23, 90드81465.

65) 서울가정법원, 1991. 11. 21, 91드6348.

66) 서울가정법원, 1992. 1. 9, 91드20207·91드41693.

로서 처가 보험외판원, 일수놀이 등 부업을 하여 재산형성에 협력하였으나 약 30% 정도의 분할만을 인정한다. 또한 처가 행상, 외판원 등으로 일한 경우에도 30%의 기여도를 인정한다.[67]

(3) 25% 정도의 기여도를 인정한 경우

"… 적극재산인 이 사건 주택 및 위 상호부금의 적립금 반환채권 합계 금 3,376만 7,500원 상당에서 소극재산인 위 은행대출금 5백만 원을 공제한 나머지 금 2,876만 7,500원 상당의 재산은 … 원고가 위 사실혼기간을 통하여 가사를 돌보면서도 식당의 종업원으로 일하여 얻은 수입을 보태어 생활함으로써 조금씩 돈을 모아온 노력이 뒷받침되어 그 재산이 형성, 유지되었다 할 것이므로 … 이러한 사정과 위 사실혼의 기간, 그동안의 생활 정도, 위 사실혼이 파탄에 이르게 된 경위, … 위 재산의 형성 및 유지에 쌍방이 협력한 정도, 그 명의관계 및 가액, 그밖에 이 사건 변론에 나타난 모든 사정을 참작하면 피고는 원고에게 위 재산가액의 4분의 1 정도인 금 7백만 원을 지급하는 것으로 정함이 상당하다."[68] 이 사례는 사실혼관계에 있는 처가 식당종업원 등의 부업을 하였고 자신이 번 돈으로 생명보험, 정기적금 등에 가입하였으나 해약하고 불입하였던 돈 등을 반환받아 사용한 사실 등이 고려되어 4분의 1 정도의 분할밖에는 인정하지 않는 것으로 보인다.

그밖에 "… 이 사건 트럭(시가 금 2천만 원 정도)과 위 목록기재 연립주택(시가 금 8천만 원)은 피청구인과 청구인의 협력으로 이룩한 재산이라고 보아야 할 것이므로 분할대상재산에 해당하니 … 혼인기간, 혼인 중의 생활 정도, 이혼에 이르게 된 경우, 나이, 직업, 수입, 재산상태, 혼인 중 재산형성에 대하여 쌍방이 협력한 정도, 이혼 후 쌍방의 생활능력 등 여러 사정을 고려하면 재산분할금액은 금 2천만 원으로 정함이 상당하다"[69]는 이 사례는 처가 파출부, 양품점 경영 등 부업을 하였으나 약 20% 정도의 분할만 인정한다.

---

67) 서울가정법원, 91드20511.

68) 서울고등법원, 1993. 4. 23, 92르2370.

69) 서울고등법원, 1992. 2. 11, 90르1922 · 91로1246.

2) 일 본

일본의 경우 가사를 돌보면서 부업 등의 경제활동을 하는 경우 전업주부형으로 분류하는 것으로 보인다. 이러한 경우 40%의 기여도를 인정한다. 즉, 처가 처음에는 점원, 나중에는 전업주부인 경우[70]와 일시는 전업주부이었으나 나중에 부와 함께 음식점을 경영한 경우 "부의 자산으로부터 채무를 제외한 순자산 2억 1,544만 엔 중 4할을 처에게 청산하고 있는" 사례[71]가 있다.

3. 가업협력형

1) 한 국

부부가 공동으로 사업을 하여 재산을 형성한 경우 판례에 의하면 특히 처의 기여도를 85%에서 20%까지 다양하게 인정하고 있다.

(1) 85% 및 50%의 기여도를 인정하는 경우

부부가 공동으로 인테리어업을 경영한 경우 건물 7천만 원, 현금 5천만 원에 대하여 각각 85% 및 50%의 기여를 인정하여 8천만 원의 분할을 하고 있다.[72] 그밖에 부부가 공동으로 상업을 한 경우 2분의 1의 기여를 인정하여 금 6천만 원의 재산에서 3천만 원의 분할을 명하고 있는 사례[73]도 있다.

(2) 40%의 기여도를 인정한 경우

"위에서 인정한 사실을 토대로 하여 살펴볼 때 원고의 위 재산형성에 대한

---

70) 東京地方裁判所, 1985. 3. 19, 58-082.

71) 東京地方裁判所, 1997. 11. 25, 61-673.

72) 서울가정법원, 90드56544.

73) 서울가정법원, 91드13452.

기여도는 40% 정도로 봄이 상당하므로 피고가 원고에게 지급하여야 할 금액은 금 2천만 원이 되고 ….”[74] 이 사례는 처가 바느질, 꽂꽂이 주문제작, 꽃가게, 우유대리점 등을 하다가 부와 공동으로 문구점을 경영한 경우이다. 그밖에 부부가 공동으로 양복점 등을 경영한 경우 처에게 40%의 기여를 인정하여 1억 원 상당의 주택에 대하여 5분의 2의 지분 양도를 명한 판례[75]가 있다.

(3) 약 33%의 기여도를 인정한 경우

부부가 공동으로 상업을 한 경우 주택 4억 원, 예금 1천만 원의 자산에 대하여 3분의 1의 기여도를 인정하고 있다.[76]

(4) 약 20% 정도의 기여도를 인정한 경우

“별지 목록기재 부동산의 현재 시가는 금 2억 5천여만 원 정도이고 … 그 임대보증금의 합계액이 금 9,500만 원 정도인 사실을 인정할 수 있고 … 위 부동산가액 중 임차보증금채무를 공제한 뒤 청구인의 기여비율에 따라 상대방이 재산분할로 청구인에게 지급할 금원은 금 3천만 원으로 정함이 상당하다”.[77] 이 사례는 처가 가사를 돌보면서 부와 함께 쌀가게, 방앗간 등을 운영한 경우로서 약 20%의 기여를 인정한다.

“… 위 대금과 원고명의로 된 위 임야들 및 잡종지 시가 합계금 … 원 및 … 학원에 관한 임차보증금 5천만 원의 반환채권을 합한 금 2억 1,182만 2,630원의 재산은 … 실질상 원·피고 쌍방의 협력으로 이룩한 재산이라 할 것이고 … 원고는 피고(처)에게 재산분할로서 위 재산가액의 4분의 1 정도인 금 5천만 원을 지급하는 것이 상당하다”[78]는 이 경우는 원고인 부가 일식집

74) 서울가정법원, 1992. 8. 20, 91드54873.

75) 서울가정법원, 90드77251.

76) 서울가정법원, 91드23893.

77) 서울가정법원, 1993. 10. 4, 93느2429.

78) 서울고등법원, 1993. 9. 24, 92르2295·92르2301.

을 경영하는 5년 동안 처가 계산을 맡아보는 등의 협력으로 부를 도운 사례로서 25%의 기여도를 인정한다.

그밖에 혼인 초 원고인 처가 타자학원을 경영하다가 처분하고 학원에 취직하였다가 원고의 친정으로부터 보조받은 돈 등을 합하여 학원을 개설하여 부부가 학원에서 함께 생활하며 학원을 운영하여온 사례에서 처에게 6천만 원을 재산분할로서 지급하도록 결정하고 있다.[79] 그러나 이 판례에서는 현재의 재산의 시가는 나타나 있으나 채무보증금액수가 정확히 표시되어 있지 아니하므로 분할대상재산의 몇 %가 되는 것인지 분명하지 아니하다. 다만 원고가 재산분할로서 4천만 원을 청구하였으나 청구액보다 많은 6천만 원을 인정하고 있는 점은 특이하다. 원고의 혼인 초부터의 적극적인 재산형성에 대한 기여를 인정하고 있기 때문이 아닌가 생각된다.

2) 일 본

가업형의 경우 재판소가 인정하는 처의 기여도는 여러 가지이다. 부의 기능이나 창의력을 중시한 판례도 있으나 공헌의 정도에 따라 처의 기여도를 7할, 5할 또는 3분의 1로 판정한 경우도 있다. 이와 같이 가업형의 경우 비율이 각각 다른 것은, 가업협력이라고 하는 것의 내용이 전업주부형에 가까운 것으로부터 공가형에 가까운 것까지 사안에 따라 종류가 다양하고 따라서 구체적으로 검토할 필요성이 강하기 때문이라고 보고[80] 있다.

(1) 70%의 기여도를 인정한 경우

"혼인 중에 부부가 축적한 실질상의 공유재산은 부동산, 영업용 동산, 영업권 등이고 그 가치는 약 3,387만 엔이다. 위 원고가 장기간 인종을 강요당해오면서 부부재산을 축적해온 그 노력의 정도, 자의 양육에 든 비용 등 제반사정을 고려할 때 위 공유재산의 … 7할인 2,371만 1,663엔은 원고에게 분

79) 서울가정법원, 1991. 9. 18, 91드20979.

80) 大津千明, 前揭書, 147면.

여하는 것이 상당하다"[81]는 이 사례는 혼인 후 처가 가계를 돕기 위하여 프로판가스판매를 시작해서 영업이 순조롭게 발전, 부도 자기 일을 그만두고 이 영업에 참여했으나 주색에 빠져 처자에게 폭력을 휘둘러 이혼소송을 제기한 경우이다. 따라서 처의 기여를 높게 평가하여 70%의 분할을 인정한다.

(2) 50%의 기여도를 인정한 경우

"혼인 후에 부부는 수태제조업을 시작하여 처는 가사노동 외에 제조공정 중의 중노동을 반분 부담하여왔다. 따라서 축적된 재산에 관하여 처가 청산 분배받아야 할 기여분은 5할로 인정하는 것이 상당하다"[82]는 판시가 있다. 그밖에도 50%의 기여를 인정하는 판례[83]가 있다.

(3) 40%의 기여도를 인정한 경우

"부의 기술과 신용이 … 공업의 기초가 되었다고 하는 것을 고려해서 집금(集金)배달 등에 종사한 처의 기여도를 4할로 판정"[84]한 경우가 있다.

(4) 30%의 기여도를 인정한 경우

"부의 방수가공업에 협력한 처의 기여도를 3할로 인정"[85], "부가 샹데리아 조립업으로 재산을 축적한 경우 처는 부의 사업을 잘 도왔지만 사업성공의 최대요인은 부의 아이디어와 재능에 있다고 인정, 부가 취득한 부동산 6건 중 3할 정도의 가치인 3건을 처에게 분여"[86]한다는 판례는 처의 기여도를 30% 정도 인정하는 경우이다.

---

81) 松山地方裁判所西條支部, 1975. 6. 30, 〈判例時報〉, 808호, 93면.

82) 大阪家庭裁判所, 1975. 1. 31, 〈家庭裁判月報〉, 28권 3호, 81면.

83) 東京高等裁判所, 1980. 12. 6, 〈判例 タイムズ〉, 437호, 151면; 札幌高等裁判所, 1969. 1. 10, 〈家庭裁判月報〉, 21권 7호, 80면; 名古屋高等裁判所金澤支部, 1985. 9. 5, 〈家庭裁判月報〉, 38권 4호, 76면.

84) 大阪家庭裁判所, 1966. 4. 12, 〈家庭裁判月報〉, 18권 11호, 60면.

85) 東京地方裁判所, 1985. 3. 15, 56-585.

86) 東京地方裁判所, 1988. 11. 21, 62-211.

그밖에도 "혼인 중 1억 7천만 엔의 자산이 형성된 경우 그 절반은 부가 치과의사로서 가동한 것에 의한 것이지만 처도 혼인 초에는 보험사무 등으로 협력한 것을 인정하여 5천만 원의 분여를 명"[87] 한 사례 등에서는 부의 기능을 더 중요한 기여로서 평가하고 있기 때문에 처에게는 30%에 못 미치는 기여만을 인정하고 있다.

4. 맞벌이형

1) 한 국

부부가 함께 경제활동을 한 경우의 사례는 많지 아니하다. 일반적으로 맞벌이의 경우는 처의 수입, 가사 및 육아에 대한 공헌을 고려하여 재산형성에 대한 기여도를 50% 인정해야 한다고 보고 있다.

다음의 사례는, 원고(처)는 약사이고 피고는 부동산 임대업을 하면서 맞벌이한 경우인데 혼인기간이 불과 1년 5개월밖에 되지 않음에도 불구하고 혼인 중 취득재산에 대하여 처에게 50%의 기여도를 인정함으로써 일반론을 뒷받침하고 있다.

> "… 피고는 결혼 전부터 전세보증금 3,600만 원에 아파트를 세내어 살고 있었고 원・피고는 혼인 후 이곳에서 함께 살다가 혼인 중 공동으로 마련한 금 3,400만 원을 더 합하여 전세보증금 7천만 원 상당의 전세로 이사하기로 합의한 후 … 그렇다면 … 위 전세보증금 중 금 3,600만 원 상당은 그 취득에 관하여 원고의 기여한 바 없음이 명백하고 … 그 유지에 관해서도 기여한 바 없다 할 것이므로 결국 피고가 이 사건 이혼에 따라 원고에게 분할하여야 할 대상은 원・피고가 혼인 후 협력하여 형성한 재산인 위 전세보증금 반환채권 증가분 금 3,400만 원 상당이라 할 것인바 … 피고는 청산적 재산분할로서 그 2분의 1인 금 1,700만 원을 원고에게 지급함

87) 東京地方裁判所, 1988. 6. 22, 62-449.

이 상당하다 할 것이고….”[88]

2) 일 본

공가형의 경우 기여도를 판단하는 방법은 두 가지가 있다.

(1) 부부 각각의 수입비율에 의하여 청산하는 방법

부는 자동차판매업에 종사, 처는 전화교환수로 근무한 경우 “혼인 시부터 이혼 시까지의 가동수입의 총액은 신청인(처) 약 82만 엔, 상대방은 약 357만 엔이고 그 비율은 약 1 : 4이고, 상기처럼 이혼판결이 있다는 것과 기타 제반사정을 종합해보면 상기 토지, 건물은 상대방이 취득한 것으로서 이것을 유지한 것에 관해서 신청인의 기여분은 4분의 1로 하는 것이 상당하다”는 판결[89]이 그것이다. 그러나 이 판례에서처럼 수입비율을 청산비율로 인정한다면 통상적으로 부의 수입이 처의 수입보다 높기 때문에 처에 대한 청산액은 낮게 된다. 또한 공가형의 경우 대부분 부는 직업노동을 하고 처는 직업노동과 가사노동을 겸하고 있음에도 판례는 일반적으로 이 점을 고려하지 않거나 고려해도 극히 낮은 평가밖에 하지 않는다. 따라서 이 방법에 의하면 기여도는 낮게 책정될 수밖에 없다[90]는 비판이 있다.

(2) 기본적으로 2분의 1 비율로 청산하는 방법이 있으며 근래에는 이러한 방법으로 청산하는 예가 많다

“원고(처)와 피고는 이른바 공가하는 부부이고 각각 급여수입을 함께 합해서(그 급여에 심한 차이는 없다) 현재의 재산을 형성할 수 있었다고 한다면 혼인기간 중에 행한 재산형성에 대한 원고와 피고와의 기여도는 같은 정도라고 할 수 있다”[91]고 판시하였다(부는 회사원, 처는 교사인 경우이다).

---

88) 서울가정법원, 1991. 5. 16, 90드62624.

89) 福岡家庭裁判所, 1969. 3. 13, 〈家庭裁判月報〉, 21권 8호, 99면.

90) 鈴木眞次, 前揭書, 41면; 大津千明, 前揭書, 141면.

"차지권부건물을 매각하여 구입비인 차입금을 반환하고 명의개서료와 세금을 지불하고 남은 8,710만 엔의 2분의 1인 4,350만 엔을 처에게 분여하도록"[92] 한 판결도 처의 기여를 50%로 인정했다. 이밖에도 50%를 인정한 판례[93]가 있다. 그러나 공가형의 경우에도 처의 기여를 3분의 1로 인정한 판례[94]도 있고 4분의 1로 인정한 사례[95]도 있다. 최근의 판례들은 대체로 공가형에서 부부의 기여를 같은 비율로 인정하는 경향이 있는 것으로 보인다.

IV. 맺는말

이상에서 청산적 재산분할액수의 산정기준에 관하여 한국과 일본의 판례를 중심으로 고찰하여보았다.

청산적 재산분할액수를 산정하는 데에 재산의 취득, 형성, 유지에 관한 부부 각각의 기여도가 중요한 기준이 되며 혼인 중 협력재산은 기여도에 따라 분배한다고 하는 것이 한국과 일본의 판례에서 기본적 골격이 되고 있다는 점은 공통된다. 기여도에 대한 판단, 즉 무엇을 기여로 판단할 것인가에 관하여, 재산취득을 위한 생산적 활동에 종사하거나 금전의 거출 등 유형적, 적극적 기여와 가사노동, 생활비 절약에 의한 저축, 자녀양육 등 무형적, 소극적 기여까지도 기여로 인정한다는 점도 양국에 공통된다.

청산의 비율을 정하는 전제로서 노동형태를 구분하고 이것을 크게 전업주부형, 가사협력형, 맞벌이형으로 나누는 점도 양국간에 별 차이가 없다.

청산의 비율을 인정하는 데에 가사협력형이나 맞벌이형(한국의 경우 부업

91) 東京地方裁判所, 1989. 7. 26, 63-255.

92) 東京地方裁判所, 1989. 3. 29, 62-663.

93) 大阪高等裁判所, 1973. 9. 5, 〈家庭裁判月報〉, 26권 3호, 35면; 名古屋地方裁判所, 1977. 5. 25, 47(タ) 149 등.

94) 大阪地方裁判所, 1976. 11. 11, 49(タ) 88.

95) 福岡家庭裁判所, 1969. 3. 13, 〈家庭裁判月報〉, 21권 8호, 99면.

형을 포함)의 경우 50% 정도의 기여를 인정하여 분배하는 것은 양국이 공통된다.

그러나 전업주부의 경우 기여도를 인정하는 태도가 반드시 동일한 것은 아니다. 일본은 종래 전업주부의 경우 3할에서 4할 정도의 기여를 인정하였지만 최근에는 점차 5할 정도까지도 인정하는 등 기여도를 높게 평가하고 있다. 한국의 경우 전업주부에 대한 기여도를 평가하는 데에 40%에서 많게는 80%까지 인정하는 경우가(개별재산에 대한 기여도를 각각 평가하여 분할액수를 정하는 경우까지 포함한다면) 약 33% 미만의 기여도를 인정하는 경우보다 두 배 정도 많다. 이것은 전업주부의 경우 기여도 인정의 일반적 기준을 50% 내외로 판단하는 결과가 아닌가 생각된다. 그렇다면 한국은 이 제도의 시행기간이 일천함에도 불구하고 일본에 비하여 전업주부에 대한 법원의 배려가 특별한 것이라고 할 수 있다. 물론 모든 사안이 상이한 만큼 판례가 각각의 노동형태에 따라 기여도를 판단할 것이고 그것은 나름대로 구체적 타당성을 가질 것이다. 그러나 가업협력형이나 맞벌이형 등과 전업주부의 기여도를 평가하는 데에 거의 차이가 인정되지 않는다고 한다면 형평이라는 관점에서 볼 때 전혀 문제가 없는 것은 아니다.

현재 일본에서는 재산분여제도(민법 제768조)에 대한 개정논의가 있다. 즉, 현행규정은 분여의 액 및 방법을 정하는 데 있어서 구체적 고려사유가 명확하지 않기 때문에 재산분여에 있어서 청산의 기준을 명확히 하기 위하여 재산형성에 대한 부부 쌍방의 기여도를 고려하여야 한다는 것을 명시하고 그 비율은 원칙적으로 2분의 1로 하는 것으로 개정하자는 내용이다.

일본과 거의 동일한 내용의 재산분할제도를 시행하고 있는 한국으로서 일본의 개정안을 그대로 수용해도 좋을 것인지는 더 고려해보아야 할 문제라고 생각한다. 그러나 위의 결론을 종합해본다면 한국의 실태는 내용적으로는 이미 일본의 개정안에 근접해 있는 것으로 보인다.

제8장

부양적 재산분할의 실태

· 한국과 일본의 판례를 중심으로 ·

I. 머리말

이 논문은 "한국과 일본의 재산분할제도의 비교연구: 판례를 중심으로"라는 논문의 일부이다. 위의 논문은 한국과 일본의 학설·판례를 중심으로 한 재산분할제도의 내용, 판례에 나타난 청산적 재산분할과 부양적 분할의 실태, 재산분할의 방법 등이 주된 내용으로 되어 있다. 이 중 재산분할제도의 내용[1], 청산적 재산분할액수의 산정기준[2], 청산적 재산분할에서 분할대상 재산의 범위[3]는 이미 발표한 바 있다.

이 논문에서는 부양적 재산분할에 관하여 그 성질과 대상이 되는 재산의 범위, 부양적 재산분할의 기준, 부양적 재산분할의 실태, 부양의 정도 및 기간 등을 한국과 일본의 판례를 중심으로 하여 고찰하고자 한다. 이 논문에서는 한국의 판례로서 1991년부터 1995년에 걸쳐 공개된 서울가정법원 판례(34건), 수원·인천 등 지방법원 판결(4건), 서울고등법원 판결(10건) 등 48건

---

* 이 논문은 〈법학논총〉(숭실대학교 법학연구소, 1996), 제9집에 게재된 것임.

1) 〈법학논총〉(숭실대학교 법학연구소, 1995), 제8집 참조.

2) 〈가족법연구〉(한국가족법학회, 1994), 제8호 참조.

3) 〈안암법학〉(안암법학회, 1995), 제3호 참조.

을 인용하였다. 일본의 경우 1970년부터 1989년까지 동경지방재판소 이혼판결 408건을 분석한 자료를 주로 이용하였다.

II. 부양적 재산분할의 성질과 대상재산의 범위

1. 부양적 재산분할의 성질

1) 한 국

재산분할제도의 성질을 혼인 중 협력재산의 청산과 이혼 후의 부양으로 보고 있기 때문에 판례도 부양적 분할을 고려한다.[4] 그러나 판례는 부양적 분할의 성질에 관하여 청산적 분할을 제 1차적인 것으로 보고 부양적 분할은 제 2차적 또는 보충적인 성질을 갖는 것으로 보고 있다. 즉, "민법 제 839조의 2에 규정된 재산분할제도는 부부가 혼인 중에 취득한 실질적인 공동재산을 청산분배하는 것을 주된 목적으로 하는 것이므로 …"[5] 라는 대법원 판례는 청산적 분할을 제 1차적인 성질로 보고 있음을 나타낸다. 서울가정법원도 "이혼에 있어서 재산분할제도는 부부가 혼인 중에 가지고 있던 실질상 공동재산을 청산분배하는 것을 주안으로 하면서 나아가 이혼 후에 있어서 일방 당사자의 생계유지를 꾀하는 것을 목적으로 하는 것이어서 …"[6] 라고 함으로써 부양적 분할이 청산적 분할에 대하여 제 2차적, 보충적인 것임을 밝히고 있다.

실제로 판례에 의하면 부양적 분할을 인정하는 경우보다는 청산적 재산분할의 액수나 위자료 액수 등에 비추어 부양적 분할을 인정하지 않는다고 하는 경우가 더 많다. 제 839조 2의 2항에서 말하는 "기타의 사정" 중에 "이혼

---

4) 서울가정법원, 90드62600 · 63436; 91드20207 기타.

5) 대법원, 1993. 5. 11, 93스6.

6) 서울가정법원, 1991. 5. 16, 90드62624.

후의 생활능력"이라는 사정을 부양적 요소로 해석하여 부양적 분할에 포함시킨다 하더라도 부양적 분할은 자료판례의 25%에 지나지 않는다. 이러한 사실은 부양적 분할을 청산적 분할에 대하여 보충적 요소로 인정하기 때문에 생기는 결과라고 볼 수 있다.

2) 일 본

일본의 판례도 부양적 분여를 재산분여의 목적의 하나로 보고 있다. 즉, "이혼 후에 있어서 일방 당사자의 생계유지를 도모하는 것"[7], "이혼 후의 부양"[8], "이혼 후의 생활부조"[9], "이혼에 의하여 약자를 직면한 생활의 위험에 빠지지 않도록 하는 부양"[10] 이라고 표현하고 있다.

이와 같이 판례는 재산분여에서 부양적 요소를 고려하고 있으나 실제로 청산적 분할 및 위자료 부분과 일괄하여 판단하고 있기 때문에 부양적 분할의 구분이 불가능한 경우가 많다.[11] "부양적 재산분여는 청산적 재산분여 및 유책이혼에서 위자료를 수령하여도 생계가 곤란하다고 하는 경우에 이것을 보충하기 위한 급부로서 해석하는 것이 상당하다"[12] 는 판례 등은 부양적 분할이 청산적 분할에 대한 보충적 요소로 인정되고 있음을 나타내는 것으로 볼 수 있다.

일본에서 부양적 분할에 관하여 소극적인 것은 구미의 전통적인 이혼 후 부양, 즉 처의 생활을 사망까지 유지하는 정기금과는 다르고 또한 이혼 후에 부양의무가 생기는 이론적 근거가 명백하지 않기 때문이라[13] 고 본다. 이와 같이 이혼 후의 부양에 관해서는 결정기준이 막연하기 때문에 처의 필요

7) 最高裁判所, 1971. 7. 23, 〈最高裁判所民事判例集〉, 25권 5호, 805면.
8) 浦和地方裁判所, 1985. 11. 29, 〈判例 タイムズ〉, 596호, 70면.
9) 東京高等裁判所, 1982. 2. 16, 〈判例時報〉, 1041호, 73면.
10) 東京地方裁判所, 1963. 5. 27, 〈判例時報〉, 341호, 33면.
11) 島津一郎 編集, 《註釋民法(21)》, 有斐閣, 1964, 206면.
12) 東京高等裁判所, 1971. 9. 23, 〈高等裁判所民事判例集〉, 24권 3호, 354면.
13) 鈴木眞次, 《離婚給付の決定基準》, 弘文堂, 1992, 4면.

가 간과되거나 과소평가될 수밖에 없는 것으로 보고 있다.

2. 부양적 분할의 대상재산

1) 한 국

부양적 분할에서 대상이 되는 재산은 청산의 경우와는 달리 부부 쌍방의 협력에 의하여 취득한 재산에 한정되지 않는다. 청산적 분할과는 성질이 다르기 때문이다. 따라서 협력재산은 물론 상대방의 특유재산을 포함한 모든 재산이 부양적 분할의 대상재산이 될 수 있다. 여기에 관하여 다음과 같은 서울고등법원의 판결이 있다.

> "… 광주군 오포면 신현리 701 답493평방미터가 재산분할이 됨은 물론 위 … 기재 각 전 및 임야 … 는 피고의 특유재산으로서 재산분할의 대상이 아니라 하겠으나 위에서 본 바와 같이 원고가 피고와의 혼인생활 중 가사노동을 함은 물론 위 (2) 항에서 본 바와 같은 영업활동으로 위 각 부동산의 감소방지와 가치상승에 어느 정도는 기여하였다고 할 것이고 여기에 부양적 의미에서의 재산분할을 함께 고려할 때 이 역시 원·피고의 이혼에 따라 분할하여야 할 대상이라 하겠다."[14]

이 판결은 청산적 분할과 부양적 분할을 함께 인정하고 있다. 즉, "… 광주군 오포면 … 답493평방미터가 재산분할이 됨은 물론 …"이라고 하여 이 재산은 협력재산으로서, 그리고 기타의 재산은 특유재산이지만 청산적 분할과 동시에 부양적 분할의 대상이 될 수 있다고 하였다. 청산적 분할로서 협력재산이 그 대상임은 물론 특유재산일지라도 그 재산의 감소방지와 가치상승에 기여한 경우 분할대상이 된다는 것은 이미 많은 판례가 밝혀온 입장이다.

그러나 이 판례는 청산적 분할과 마찬가지로 부양적 분할을 고려함에 있

---

14) 서울고등법원, 1995. 4. 13, 94르1623.

어서도 협력재산은 물론 상대방의 상속재산인 특유재산까지도 분할대상재산이 된다는 입장을 취하고 있다. 이 판례는 부양적 분할에서 특유재산도 분할대상재산이 된다는 것을 분명히 했다는 점에서 의의가 있는 판결이라고 볼 수 있다. 다만 이 판례에서는 특유재산의 유지에 기여하였기 때문에 부양적 분할을 인정한 것인지 확실하지는 않지만, 그렇지 않은 경우에도 상속·증여재산 등 특유재산이 부양적 분할의 대상재산이 된다고 보아야 할 것이다.

2) 일 본

일본의 경우 상속재산·증여재산도 부양적 분여대상재산임을 나타내는 다음과 같은 판례가 있다.

> "부(夫)가 부친으로부터 상속받은 부동산을 가지고 있다는 것을 고려해서 2백만 엔의 부양적 분여를 명한 경우"[15]
> "부(夫)는 모로부터 토지를 증여받고 그 일부를 매각하여 건물을 건축하고 임대업을 하고 … 상당한 재산을 가지고 있는 것이 인정되기 때문에 처에 대하여 그의 경제상태가 허락하는 범위 내에서 … 부양적 재산분여를 할 의무가 있다."[16]

따라서 상속·증여재산인 특유재산은 물론 "그의 경제상태가 허락하는 범위 내에서 …"라고 함으로써 부양적 분여의 대상범위가 상대방의 모든 재산에 해당된다는 것을 분명히 하고 있다.

---

15) 東京地方裁判所, 1989. 5. 10, 62-277.
16) 札幌地方裁判所, 1969. 7. 14, 〈判例時報〉, 578호, 74면.

III. 부양적 재산분할의 기준

1. 청산적 재산분할의 액수 및 위자료 액수

1) 한 국

부양적 재산분할을 인정하는 기준으로서 청산적 재산분할의 액수 및 위자료 액수가 고려되고 있다. 먼저 청산적 재산분할액수에 비추어 부양적 재산분할의 인정여부를 결정하는 판례들은 다음과 같다.

> "위 인정된 분할액수에 비추어 피고로 하여금 향후 생활을 유지할 수 있도록 하는 부양적 재산분할을 별도로 인정하지 않는다."[17]
> "청산적 분할로서 … 원을 지급함이 상당하고 부양적 재산분할을 고려할 필요까지는 없다."[18]
> "청산적 분할로서 분할될 재산의 정도 및 … 에 비추어 원고가 향후 생활을 유지할 수 있도록 하는 부양적 재산분할을 별도로 고려할 필요는 없는 것으로 인정…."[19]
> "청산적 재산분할을 인정하므로 부양적 재산분할은 별도로 고려하지 않는다."[20]

이상의 판례들은 청산적 재산분할을 인정한다는 사실 자체 또는 그 분할정도에 비추어 부양적 분할을 인정할 필요가 없다고 판시하고 있다. 이러한 사실은 청산적 분할이 없는 경우 또는 청산적 분할액수만으로는 장래의 생계유지에 부족한 경우에만 부양적 분할을 인정한다는 의미로 해석할 수 있

---

17) 서울가정법원, 1991. 9. 19, 90드24912 · 90드39372.

18) 서울가정법원, 1991. 5. 16, 90드62624.

19) 서울가정법원, 1991. 8. 8, 90드63238; 1991. 9. 12, 90드74375; 1991. 12. 12, 91드36646; 91드42238; 1992. 6. 18, 91드60557; 1992. 8. 20, 91드54873.

20) 서울가정법원, 1992. 1. 9, 91드20207 · 91드41693; 1992. 7. 23, 90드81465.

다. 따라서 부양적 분할은 청산적 분할에 대한 보충적 요소로 이해하고 있음을 알 수 있다.

다음으로 위자료 액수에 비추어 부양적 재산분할의 인정여부를 정하는 판례는 다음과 같다. "원고의 직업, 수입, 위 위자료 액수 및 … 정도에 비추어 부양적 재산분할을 인정하지 않는다."[21] 이 사례에서는 원고의 직업, 수입은 물론 위자료 액수까지도 부양적 재산분할을 판단하는 기준으로 삼고 있다. 그러나 판례가 재산분할의 성격과 위자료의 성격을 별개의 것으로 판단하면서도 위자료 액수가 부양적 재산분할에 영향을 준다고 인정하는 것은 고려해볼 문제라고 생각된다.

2) 일 본

청산적 재산분여액수와 위자료 액수에 비추어 부양적 분여를 결정한다. "청산적 재산분여와 위자료의 합계가 3천만 엔이 되는 것을 지적"[22] 하고 부양적 재산분여를 부정하고 있다. 이밖에 "… 위자료 채권(150만 엔)이 있는 것"[23] 을 이유로 부양적 분여를 부인한다.

일본의 경우 재산분여제도의 성질을 청산적, 부양적 분여 및 위자료를 포함하는 포괄적 이혼급부라고 인정하기 때문에 부양적 분여를 판단함에 있어서 청산적 분여와 위자료 액수를 고려하는 것은 타당하다고 볼 수 있다. 이른바 보충성이론으로서 청산액 및 위자료로 생활할 수 있다면 부양료는 인정될 수 없다는 것이다. 따라서 청산액 및 위자료 액수가 장래의 생계유지에 부족한 경우에만 부양적 분여를 인정한다.

---

21) 서울가정법원, 1992. 7. 23, 90드81465; 90드62624; 90드56544; 90드77251; 91드47844.

22) 東京地方裁判所, 1985. 10. 31, 55-142, 〈判例 タイムズ〉, 788호, 14면.

23) 東京地方裁判所, 1988. 8. 29, 62-427, 〈判例 タイムズ〉, 788호, 14면.

2. 생활능력

1) 한 국

청구자의 생활능력도 부양적 분할을 인정하는 기준이 된다. 청구자에게 장래의 생활능력이 인정된다면 부양적 분할은 인정되지 않는다.

> "… 및 원고의 생활능력과 … 등의 사정에 비추어 원고가 향후 생활을 유지할 수 있도록 하는 부양적 재산분할을 별도로 고려할 필요는 없는 것으로 인정된다."[24)]
> "… 원고의 자립능력 등에 비추어 부양적 재산분할을 별도로 인정하지 않는다."[25)]
> "… 피고의 생활능력과 … 에 비추어 … 부양적 재산분할을 별도로 고려할 필요는 없는 것으로 인정된다."[26)]
> "… 원고의 경제력 그리고 … 사정에 비추어 부양적 재산분할을 별도로 고려할 필요는 없는 것으로 인정한다."[27)]

위의 판례에서는 막연히 "생활능력"이라고 표현하지만 여기에는 현재의 자산, 경제적 수입을 얻을 수 있는 직업, 그리고 장래 자활할 수 있는 능력 등이 포함될 것이다.

2) 일 본

장래 독립적으로 생계유지를 할 수 있는 능력이 있는 경우 부양적 분여를 부인한다. 현재 재산이 있기 때문에 부양적 분여를 인정하지 않는 경우로서

24) 서울가정법원, 1992. 6. 18, 91드60557.
25) 서울가정법원, 1992. 8. 20, 91드54873.
26) 서울가정법원, 1991. 12. 12, 91드36646·91드42238.
27) 서울가정법원, 1991. 8. 8, 90드63238.

는 "처는 상속에 의하여 1억 엔의 재산을 가지고 있기 때문에"[28], "처는 토지의 지분 2분의 1을 가지고 있기 때문에 이것을 매각해서 생활비를 얻을 수 있음"[29], "처가 재산을 가지고 있는 것"[30] 이라는 판례가 있다. 처가 현재 직업을 가지고 있기 때문에 부양적 분여를 부인하는 경우이다. "처가 별거 후 부인복 판매원으로서 월 15만 엔부터 20만 엔의 수입이 있기 때문에"[31], "처가 은행에 근무하므로 곤궁하지 않기 때문에"[32], "처가 무역업을 하고 있다는 것 …"[33] 등을 이유로 부양적 분여를 부인하고 있다.

그러나 생활능력이 없는 경우 부양적 분여를 인정한다. 즉, "이혼 후 처자의 생활기반의 확보를 위해서 처가 영업을 계속할 필요가 있다는 것을 고려해서 건물, 차지권 등을 처에게 분여"[34] 한 경우나 "처가 미용사 자격을 얻으려고 노력 중이지만 생활기반이 생기기까지는 수년이 필요하다는 것을 고려하고 있는 경우"[35] 등의 판례는 생활능력이 없는 경우 부양적 분여를 인정하고 있음을 나타낸다. 그밖에 장래의 취업가능성, 건강상태, 재혼가능성 등도 분할기준으로서 고려된다.

또한 부양의무를 지게 되는 상대방의 사정도 고려의 대상이 된다. 즉, 상대방의 현재의 자산, 직업, 수입, 그리고 장래의 재산취득능력, 부채의 유무, 요부양자의 유무 등이 분할여부를 결정하는 기준이 된다. 다시 말하면 상대방에게 부양의 능력이 있지 않으면 안 된다는 것이다. "부(夫)가 현재 아르바이트를 하고 있는 몸으로서 그 정도의 여유가 있다고는 볼 수 없다"[36] 고 하여 처의 부양청구를 인정하지 않는 판례가 그것이다.

---

28) 東京地方裁判所, 1986. 7. 25, 58-267.
29) 東京地方裁判所, 1988. 12. 21, 62-538.
30) 東京地方裁判所, 1989. 11. 15, 62-252.
31) 東京地方裁判所, 1982. 9. 21, 55-407.
32) 東京地方裁判所, 1985. 10. 25, 57-663; 1988. 8. 29, 62-427.
33) 東京地方裁判所, 1985. 6. 21, 58-496.
34) 東京地方裁判所, 1982. 3. 30, 56-592.
35) 東京地方裁判所, 1989. 11. 27, 63-593.
36) 東京地方裁判所, 1986. 9. 27, 59-554.

3. 양육비

1) 한 국

이혼 후 부양은 배우자의 부양이고 배우자가 감호하는 자녀의 양육비는 여기에 포함되는 것이 아니다. 그러나 부양의무자가 양육비 지급의무를 지는 경우에는 부양적 재산분할의 액을 정함에 있어서 영향이 없다고 할 수 없다[37]는 견해가 있다. 이는 부양적 분할을 결정하는 데에 양육비 지급의무까지 포함된다는 것을 의미한다.

판례도 자의 양육비와 부양적 재산분할은 별개의 것임에도 불구하고 부양적 분할을 결정하는 데 있어서 하나의 기준으로서 고려하고 있다. 즉, 처가 자녀를 양육하지 않는 경우 또는 별도의 양육비가 지급되고 있는 경우 부양적 분할이 인정되지 않는다. "… 그리고 자녀들에 대한 양육을 피고(夫)가 맡게 된다는 사정에 비추어 원고로 하여금 향후 생활을 유지할 수 있도록 하는 부양적 재산분할을 별도로 고려할 필요는 없는 것으로 인정"[38], "원고가 사건 본인들의 양육을 맡지 않는다는 사정에 비추어 원고로 하여금 향후 생활을 유지할 수 있도록 하는 부양적 재산분할을 별도로 고려할 필요는 없는 것으로 인정된다"[39]는 판례가 있다. 이러한 판례에 의한다면 양육비 지급의무가 부양료 지급의무에 우선하는 것으로 볼 수 있다.

2) 일 본

일본의 경우 양육비는 친자간의 문제로서, 부부간의 문제인 이혼 후의 부양과는 법적 성질을 달리하는 것이므로 부양료와 별개의 것으로 청구하도록 함으로써 부양적 분여와 관계없는 것으로 보는 판례[40]가 있다. 그러나 대부

37) 황우려, "개정민법상의 이혼", 〈인권과 정의〉(1992), 제186권, 26면.

38) 서울가정법원, 1991. 8. 8, 90드63238; 1991. 11. 12, 91느4431.

39) 서울가정법원, 1991. 9. 12, 90드74375.

분의 판례는 양육비를 고려하여 부양적 분여를 결정한다. 즉, "별거 후 처가 자의 양육비를 부담하고 있는 것 및 금후 자를 양육하면서 생활해야 하는 것"[41], "처가 대학생인 성년인 자의 교육비를 금후 부담해야 하는 것"[42], "처가 세 자녀의 친권자로서 금후의 자녀의 양육비를 부담을 지고 있는 것"[43], "이혼 후 부가 친권자로서 세 자녀를 양육하는 것을 처에 대한 재산분여의 결정에서 고려"[44] 한다는 판례 등이 있다.

또한 "부의 월수는 17만 엔이며 처의 월수는 14만 엔이고 부는 처에게 양육비 3만 엔을 지불하고 있기 때문에 이혼 후의 처 쪽의 생활이 어렵다고 말할 수 없다는 것을 이유"[45] 로 부양적 분여를 부인하는 판례도 있다.

4. 유책성

1) 한 국

부양적 분할을 결정하는 데 있어서 청구자의 유책성이 기준이 되는가에 관하여 혼인파탄에 대한 청구자의 책임이 상대방의 유책성보다 큰 경우에 부양의무를 부인할 수 있다는 견해가 유력하다[46] 고 보고 있다.

여기에 관한 판례는 많지 않으며 그 경향 또한 한마디로 말하기 어렵다. 즉, 처의 악의의 유기로 인하여 이혼한 경우 청산적 재산분할은 인정하지만 부양적 분할에는 언급이 없는 판례[47] 가 있다.

그러나 처의 부정행위로 인하여 이혼한 경우 부양적 재산분할을 고려함에

40) 東京地方裁判所, 1985. 9. 17, 58-125, 〈判例 タイムズ〉, 788호, 15면.
41) 東京地方裁判所, 1985. 3. 15, 56-585.
42) 東京地方裁判所, 1984. 5. 30, 57-436.
43) 東京地方裁判所, 1986. 5. 27, 60-513; 1982. 9. 30, 57-295.
44) 東京地方裁判所, 1983. 3. 28, 53-350.
45) 東京地方裁判所, 1988. 6. 20, 62-287, 〈判例 タイムズ〉, 788호, 14면.
46) 황우려, 전게논문, 26면.
47) 서울가정법원, 1993. 10. 14, 93느2429.

있어서 유책유무를 문제삼지 않고 있는 판례[48]가 있다. 다만 자녀의 양육을 부가 맡고 있는 사정과 재산분할로서 5천만 원을 받은 사실에 비추어 부양적 분할을 고려하지 않는다고 판시하고 있다. 또한 처의 부정행위로 인하여 이혼한 경우 재산분할을 함에 있어서 일반적 산정기준을 제시하면서 "원고는 현재 구속되어 일정한 직업이나 수입이 없는 점"을 고려하는 판례[49]도 있다. 위의 2개의 판례는 혼인파탄책임이 처에게 있음에도 불구하고 부양적 분할을 고려하고 있는 것으로 해석된다.

그렇다면 청구자의 유책여부는 부양적 분할에 크게 영향을 주지 않는다고 하는 것이 현재의 판례의 경향이라고 볼 수 있다.

2) 일본

부양적 재산분여에서 유책성의 문제는 상대방의 유책성을 요건으로 하는 것은 아니며 청구인의 유책성을 요건으로 하는 것에 지나지 않는 것이라고[50] 본다. 따라서 쌍방이 무책인 경우에도 부양의무는 발생한다. 청구인에게 무책을 요구하는 것은 공평의 관점에서 고려한 것이기 때문에 전적으로 무책인 경우뿐만 아니고 상대방의 책임과 비교하여 상대방의 유책성이 크다면 충분하다고 본다. 판례 중에는 정신질환을 이유로 하는 이혼의 경우 부양적 요소의 재산분여를 인정한 사례[51]가 있다.

그러나 부양적 재산분여의 목적은 무책 배우자의 보호이고 자기 책임으로 초래한 위험은 스스로 해결해야 한다는 입장에서는 이혼에 관한 유책성이 부양적 재산분여를 부인하거나 감액하는 요인이 된다.

부양을 청구하는 자에게 혼인파탄에 대하여 주된 책임이 있는 경우 부양

---

48) 서울가정법원, 1991. 11. 12, 91느4431.

49) 서울가정법원, 1992. 1. 9, 91드20207·91드41693.

50) 右近健男, 《離婚扶養の研究：財産分與論その》, 大阪府立大學 經濟研究叢書, 第33冊, 144면.

51) 松山家庭裁判所, 1969. 2. 28, 〈家庭裁判月報〉, 21권 8호, 92면.

적 분여를 부인한다. 즉, "때때로 친정으로 가출하여 가사를 돌보지 않는 피고인 처에게 주된 책임이 있다고 보아 부양적 재산분여를 인정할 수 없다"52), "… 이혼에 의한 생활전환을 위한 생활보장이라고 하는 취지에서는 전술한 바와 같이 피고(처)가 혼인파탄 원인을 자초한 바 있기 때문에 이것을 원고(부)에게 부담시켜야 할 이유는 없지만 …"53) 이라고 하여 부양적 분여는 부인하지만 피고가 원고를 도와 가업에 종사한 것 등을 고려한 청산적 분여로서 80만 엔을 분여하고 있다.

뿐만 아니라 다음과 같이 부양료를 감액하는 경우도 있다. 즉, "피공소인은 공소인의 처이면서 그 배우자로서 동거, 협력, 부조해야 하는 의무의 이행을 정당한 이유 없이 거부하고 있기 때문에 재산분여로서 1백만 엔만 인정하였다. 이것은 청산의 대상으로 되는 재산은 아니기 때문에 부양에 관해서만 판단할 것이다"라는 판례가 그것이다.

그러나 상대방의 유책성은 부양책임을 면할 수 없게 한다. "부(夫)가 전적으로 유책하다는 것을 고려해서 처에게 부양료로서 150만 엔을 지급하는 것이 상당하다"54) 고 판단하고 있다. 따라서 일본의 경우 유책 배우자로부터의 부양료 청구를 인정하지 않는 경우가 많다는 것은 유책성이 부양적 분여를 결정하는 기준이 된다는 것을 나타내는 것으로 볼 수 있다.

5. 주변환경

1) 한 국

부양적 재산분할의 청구인에게 자력이 있는 친족이 있는 경우 이것을 이유로 부양적 분할을 인정할 것인가 여부가 문제된다. 여기에 관하여 청구인에게 의뢰할 친족이 있다 하여도 당연히 부양의무를 면하는 것은 아니라는

52) 東京地方裁判所, 1988. 9. 28, 62-406.

53) 横浜地方裁判所, 1971. 6. 7, 〈判例時報〉, 676호, 77면.

54) 東京地方裁判所, 1985. 3. 19, 55-038, 〈判例 タイムズ〉, 788호, 15면.

견해[55]가 있다.

판례는 특히 처가 친정의 경제적 원조를 받을 수 있는 경우 부양적 분할을 인정하지 않는다. 즉, "… 주변환경 등 사정에 비추어 피고가 향후 생활을 유지할 수 있도록 하는 부양적 재산분할을 별도로 고려할 필요는 없는 것으로 인정된다"[56]고 판시한다. 이 경우 주변환경이란 판례내용을 감안하면 친정의 경제적 원조를 의미하는 것으로 볼 수 있다. 그러나 청구인에게 자력 있는 친족이 있다고 하여 이혼 후의 부양의무를 면제하는 것은 고려해야 할 문제라고 생각된다.

한편 친정의 경제적 도움을 받을 수 없는 경우에는 부양적 분할을 인정하는 판례가 있다. "… 원고는 정신질환을 앓고 있는 자로서 … 원고의 친정 역시 경제력이 없어 원고의 치료와 생계유지에 도움을 줄 수 없다"[57]는 판례가 그것이다.

2) 일본

일본의 경우 부양적 분여는 그 요건이 충족되는 한 청구인에게 자력 있는 친족이 있다 하여도 상대방 배우자에게 부양의무를 면제하지 않는다는 것[58]이 통설적 견해이다. 그러나 판례는 처가 친정에서 부양받고 있는 경우에 이혼 후의 부양의 필요성을 인정한 사례와 이를 인정하지 않는 사례가 있다. 전자의 판례로서는 "처가 친정에서 이발업을 도우면서 잡역에 종사한 경우 이혼 후의 부양의 취지를 포함하여 2백만 엔의 재산분여를 부에게 명"[59]한 경우이다. 이 경우에도 친정의 도움만으로 풍족한 경제생활이 가능했다면 부양적 분여를 인정하지 않았을 여지가 있는 것으로 해석된다. 후자의

---

55) 황우려, 전게논문, 26면.

56) 서울가정법원, 1992. 6. 18, 91드60557; 1991. 12. 12, 91드36646·91드42238.

57) 서울가정법원, 90드12667.

58) 家事審判硏究會 編集, 《判例家事審判法 제2권》, 新日本法規出版, 1974, 1570면.

59) 大阪高等裁判所, 1967. 1. 27, 〈家庭裁判月報〉, 20권 5호, 115면.

경우로서는 친정에서 유복하게 생활하고 있는 처에게 이혼 후의 부양을 부정한다. 즉, “처는 자기와 자녀들을 위해서 부(夫)의 수입의 약 125%에 이르는 생활비를 지출하면서 친정에서 풍족한 경제생활을 하고 있으므로 당면한 생활에 곤궁하다고 말할 수 없으며 … 이혼 후의 부양을 구하는 것은 불가능하다”[60] 고 판시하고 있다. 판례에 의한다면 청구인에게 자력 있는 친족이 있느냐의 여부는 부양적 재산분여를 결정하는 하나의 기준이 된다고 해석할 수 있다.

IV. 부양적 분할의 실태

1. 부양적 분할을 인정한 경우

1) 한 국

청산적 분할과는 별개로 부양적 분할만을 인정한 사례는 자료판례 중 한 건밖에 없는 것으로 보인다. “원고는 정신질환을 앓고 있는 자로서 재혼의 가능성이나 자신의 생계를 스스로 영위할 가능성이 있다고 보여지지 않고 원고의 친정 역시 경제력이 없어 원고의 치료와 생계유지에 도움을 줄 수 없다”[61] 는 판례이다. 이 경우 처가 정신질환을 앓고 있었기 때문에 협력재산에 대한 청산이 행하여질 수는 없을 것이다. 그러나 이 판례는 만약 친정에 경제력이 있다면 부양적 분할을 인정하지 않을 수도 있음을 추론하게 한다. 왜냐하면 친정에 경제력이 있는 경우 “주변환경 등 사정에 비추어 부양적 재산분할을 별도로 고려할 필요가 없다”[62] 는 판례들도 적지 않기 때문이다.

---

60) 東京高等裁判所, 1986. 1. 29.

61) 서울가정법원, 90드12667; 91드6515.

62) 서울가정법원, 1991. 12. 12, 91드36646 · 91드42238; 1992. 6. 18, 91드60557.

2) 일본

청구자에게 부양의 필요성이 인정되므로 부양적 분여를 별개의 것으로 인정하는 사례들이 있다. 특히 재판 시에 처가 무자산 또는 무직이라면 부양의 필요성이 인정되는 것이 통례이다. "처가 병든 모친을 돌보고 취직하는 것도 뜻대로 안되고 이혼 후의 생활에 경제적 불안이 있는 것"으로 지적되어 부양을 인정하고 있다.[63] "처가 병약해서 위십이지장궤양, 갑상선기능저하증을 앓고 있는 것을 이혼 후 생활부조에 관한 사항으로 고려"[64] 하고 있다. "부부 쌍방의 이혼 후의 생활상황은 피고 부의 그것에 비교해서 원고 처 쪽이 곤궁한 생활을 할 수밖에 없다는 것을 부정할 수 없고 피고는 원고에 대하여 이혼 후의 부양이라고 하는 의미에서 재산분여를 해야 한다"[65] 는 판례와 그밖에 "처의 정신병을 이유로"[66], "재혼가능성이 낮은 것, 즉 처가 45세로서 정신분열증을 치료하는 상태에 있음"[67] 등을 이유로 부양적 분여를 인정한다.

2. 청산적 분할과 함께 고려한 경우

1) 한국

부양적 분할을 청산적 재산분할과 함께 고려한 경우는 다음과 같다.

"… 원고명의의 재산이나 저축 등 원고 자신을 위한 노후대책은 전혀 준비하지 못한 사실 … 기거할 곳이 없어 친정에 기거하고 있는 사실 … 이혼 후 원고와 피고 쌍방의 생활능력 그밖에 심리에 나타난 제반사정을 고려하면 청산적 요소 및 부양적 요소를 종합한 재산분할로서 원고에게 이 사건 부동

63) 東京地方裁判所, 1989. 5. 10, 62-277.

64) 東京地方裁判所, 1982. 2. 16, 〈判例時報〉, 1041호, 73면.

65) 東京地方裁判所, 1987. 2. 23, 61-262, 〈判例 タイムズ〉, 362호, 328면.

66) 札幌地方裁判所, 1969. 7. 14, 〈判例時報〉, 578호, 74면.

67) 大阪高等裁判所, 1977. 12. 28, 〈判例 タイムズ〉, 362호, 328면.

산에 대한 2분의 1의 지분을 취득하게 함이 상당하다고 할 것인데"[68], "… 피고로부터 원고에게로 재산을 분할함에 있어서는 … 등 유형적 재산 외에도 … 피고가 취득한 전문의 자격이라는 무형적 재산의 분배라는 청산적 요소, 결혼 후 현재까지 일정한 수입이 없던 원고가 향후 생활을 유지할 수 있도록 하는 부양적 요소를 모두 고려하여야 할 것이다"[69], "재산을 분할함에 있어서는 위 재산의 분배와 피고가 이혼 후 생활을 유지할 수 있도록 하는 부양적 요소를 모두 고려하여야 한다"[70], 그리고 "… 피고 자신도 명시적으로 재산분할의 청구대상에서 제외시켰으므로 청산적 재산분할의 대상에 포함시키지 않고 다만 부양적 재산분할의 액수를 정함에 있어서 참작하고 …"[71] 라는 등의 판례가 있다.

그밖에 처의 유책행위를 이유로 이혼한 경우 "원고는 현재 구속되어 일정한 직업이나 수입이 없는 점"[72] 을 재산분할에서 고려하고 있다. 이 경우 청산적 분할과 함께 부양적 분할의 요소가 포함되는 것으로 해석된다.

2) 일 본

"부가 혼인 후 취득한 택지 밑을 지하철이 통과하게 되자 도(都) 로부터 지상권 설정료로 7천만 엔을 받고 그 일부를 사용하여 또다른 택지를 취득하였다. 그 결과 청산대상재산은 1억 3천만 엔 가까이 되고 처의 기여는 20%를 하회하지 않는다고 하면서 부양을 포함한 3천만 엔의 분여를 명하였다"[73], "부가 혼인 중 건물토지를 취득한 것, 처에게 재산분여의 전도금(前渡金) 을 지불하고 있는 것 외에 피고인 처의 연령, 혼인기간, 기타 제반사정을 고려

68) 서울가정법원, 1991. 6. 7, 89드58308.
69) 서울가정법원, 1991. 5. 16, 91드1220.
70) 서울가정법원, 90드62600 · 63436; 90드74209.
71) 서울가정법원, 90드12667; 91드6515.
72) 서울가정법원, 1992. 1. 9, 91드20207 · 91드41693.
73) 東京地方裁判所, 1987. 1. 28, 59-217.

하면 청산적 및 부양적 재산분여로서 원고 부로부터 피고에 대하여 금… 엔을 분여하는 것이 상당하다"[74], "점포 겸 주택과 차지권을 청산, 부양 및 위자료를 고려해서 처에게 분여 …"[75] 한다는 판례는 청산적 분여 외에 부양적 분여도 함께 고려할 뿐만 아니라 위자료까지도 포함하고 있다.

3. '기타의 사정'으로서 부양적 요소가 포함된 것으로 인정되는 경우

1) 한 국

판례에 의하면 분할액수를 고려함에 있어 청산적 분할액수의 청산기준으로서 열거한 기준[76] 외에 '이혼 후의 생활능력'이라는 기준을 제시하고 있다. 이러한 '이혼 후의 생활능력'을 민법 제839조의 2의 2항에서 말하는 '기타의 사정'으로서의 부양적 요소라고 해석한다면 부양적 분할을 포함하여 인정하는 것으로 볼 수 있는 경우가 있다. 다음과 같은 몇 개의 판례가 있다.[77]

> "… 혼인기간, 혼인 중의 생활 정도, 이혼에 이르게 된 경위, 당사자들의 나이, 직업, 수입, 재산상태, 혼인 중 재산형성에 대하여 쌍방이 협력한 정도, 이혼 후의 생활능력 등 여러 사정을 고려하면 …."[78]
> "… 당사자의 연령, 재산상황, 이혼 후 쌍방의 예상되는 경제적 능력 기타 제반사정을 고려하면 …."[79]
> "… 이혼 후 쌍방의 생활능력, 분할대상인 재산의 성격, … 여러 사정을 고려하면 …."[80]

---

74) 東京地方裁判所, 1988. 3. 23, 61-446.

75) 東京地方裁判所, 1982. 3. 30, 56-592, 〈判例 タイムズ〉, 788호, 18면.

76) 졸고, "청산적 재산분할액수의 산정기준", 〈가족법연구〉(한국가족법학회, 1994), 제8호 참조.

77) 서울가정법원, 1992. 6. 24, 91드70974 · 92드1456.

78) 서울가정법원, 1992. 2. 11, 90르1922 · 91르1264.

79) 서울가정법원, 1991. 11. 21, 91드6348.

2) 일 본

일본의 경우는 부양적 분여를 명백하게 인정하는 경우가 많기 때문에 이러한 해석에 의하여 부양적 분여로 인정할 수 있는 자료를 찾아보기 어렵다.

V. 부양의 정도 및 기간

1. 부양의 정도

1) 한 국

부양의 정도에 관하여는 혼인 중의 생활과 같은 정도라는 견해[81]와 장래 생계를 유지할 정도라는 견해[82]가 주된 것으로 인용된다.

판례에 의하면 부양적 분할의 정도를 장래의 생계를 유지할 수 있는 정도로 보고 있다. 즉, 부양적 분할의 목적 자체를 "… 이혼 후에 있어서 일방 당사자의 생계유지를 꾀하는 것 …"[83]이라고 밝히고 있을 뿐만 아니라 "결혼 후 현재까지 일정한 수입이 없던 원고가 향후 생활을 유지할 수 있도록 하는 부양적 요소를 고려해야 할 …"[84], "피고가 이혼 후 생활을 유지할 수 있도록 하는 부양적 요소를 고려해야 한다"[85], "… 원고로 하여금 향후 생활을 유지할 수 있도록 하는 부양적 재산분할을 별도로 고려할 필요가 없는 것으로 …"[86], "… 원고로 하여금 향후 생활을 유지할 수 있도록 하는 부양적 재산분

80) 수원지방법원, 1992. 7. 16, 91드20386 · 91드20393.

81) 島津一郎, "財産分與請求權の相續", 《家族法大系Ⅲ 離婚》, 有斐閣, 1970, 80면.

82) 家事審判硏究會 編集, 前揭書, 1572면.

83) 서울가정법원, 1991. 5. 16, 90드62624.

84) 서울가정법원, 1991. 5. 16, 91드1220.

85) 서울가정법원, 90드62600 · 63436; 90드74209.

86) 서울가정법원, 1991. 8. 8, 90드63238; 1991. 11. 12, 191느4431.

할을 …"[87] 등의 판례들은 부양의 정도를 장래의 생계유지에 있음을 나타내고 있다.

그러나 이러한 판례는 부양의 정도에 대한 추상적 판단일 뿐 구체적 정도를 알기는 어렵다. 왜냐하면 부양적 분할만을 인정하는 경우는 물론 청산적 분할과 동시에 부양적 분할을 인정하는 경우에도 청산적 분할과 부양적 분할의 액수가 각각 얼마인지에 관하여 구체적으로 밝히고 있지 않기 때문이다. 뿐만 아니라 장래의 생계유지를 위하여 구체적으로 어떠한 명목으로 얼마를 지급하여야 하는지를 적시하는 판례를 찾아보기 어렵기 때문이다.

2) 일본

일반적으로 정신병 등 요부양성이 강한 경우는 처의 의료비, 생활필수품 구입비가 부양료 산정의 기초가 되어[88] 부양의 내용을 이룬다. 그러나 통상적으로 부양의 정도는 이혼 직후의 일시적인 생활원조금 정도에 그치고 있다. 추상적으로는 최고재판소의 판결에서 말하는 "이혼 후의 생계를 유지할 수 있는 정도"[89]의 의무를 부담해야 한다고 본다. 그러나 구체적 내용에 관해서는 표준생활비를 기준으로 해서 구체적 사안에서 공평의 견지에서 판단하는 것이 상당하다[90]고 본다.

실제로 부양적 분여로서 일시적인 생활원조금으로서 금전을 지급한 경우도 있지만 건물과 차지권의 분여[91], 점포 겸 공동주택을 분여하여 그 임대수입에 의하여 입원비를 충당할 수 있도록 한 것[92]은 구체적 사안에서 이혼 후의 생계를 유지할 수 있는 정도의 분여라고 할 수 있다.

---

87) 서울가정법원, 1991. 9. 12, 90드74375.

88) 札幌地方裁判所, 1969. 7. 14, 〈判例時報〉, 578호, 74면.

89) 最高裁判所, 1971. 7. 23, 〈最高裁判所民事判例集〉, 25권 5호, 805면.

90) 大津千明, 《離婚給付に關する實證的研究》, 日本評論社, 1990, 178면.

91) 東京地方裁判所, 1982. 3. 30, 56-592.

92) 東京地方裁判所, 1984. 6. 20, 58-566.

2. 부양의 기간

1) 한 국

부양의 기간에 관하여 혼인기간에 비례한다는 견해[93]와 자활하기 위하여 필요한 기간을 기준으로 한다는 견해[94]가 중심이 된다.

우리의 경우 부양기간에 관하여 구체적으로 명시하는 판결은 아직 찾아보기 어렵다. 다만 부양의 정도와 관련시켜볼 때 추상적으로 장래 생계를 유지할 수 있는 정도의 부양만을 인정한다는 태도를 취하고 있으므로 생계유지를 위한 취업가능성, 건강상태 등 자활에 필요한 기간이 기준이 되어야 할 것이다. 그러나 그 구체적 기간은 일률적으로 정할 수 없고 사안에 따라 달라질 수 있을 것이다.

2) 일 본

일본의 경우 부양기간에 관해 '처가 자활능력을 갖추는 데 필요한 기간'[95], '처의 직업기능 습득에 필요한 기간(… 공소인의 재혼에는 곤란이 따르고 중년부터 시작한 타이프라이터 기술습득에 상당히 장기간의 훈련을 필요로 하기 때문에 …)'[96], '재혼까지 생활보장을 명하는 것'[97], '이혼 직후의 일시적 생활보장을 명하는 것'[98], '청구인의 여명을 10년으로 계산하여 10년간을'[99], '이혼 후 3년간'[100] 등 구체적 사안에 따라 다양하게 인정하고 있다.

---

93) 家事審判硏究會 編集, 前揭書, 1574면.
94) 大津千明, 前揭書, 178면.
95) 東京高等裁判所, 1972. 11. 30, 〈判例時報〉, 688호, 60면.
96) 東京高等裁判所, 1971. 9. 22, 〈高等裁判所民事判例集〉, 24권 3호, 354면.
97) 新潟地方裁判所長岡支部, 1968. 7. 19, 〈判例時報〉, 567호, 63면.
98) 福岡家庭裁判所小倉支部, 1971. 8. 25, 〈家庭裁判月報〉, 25권 1호, 48면.
99) 東京地方裁判所, 1988. 6. 7, 〈判例時報〉, 1281호, 96면.
100) 橫兵地方裁判所川岐支部, 1968. 7. 22, 〈判例 タイムズ〉, 277호, 217면.

VI. 맺는말

이상에서 부양적 재산분할에 관하여 한국과 일본의 판례를 중심으로 하여 비교·검토해보았다.

부양적 재산분할의 성질에 관하여는, 부양적 분할을 청산적 분할에 대하여 제2차적인 또는 보충적인 성질을 갖는 것으로 이해한다는 점, 그리고 대상재산에 관하여 협력재산은 물론 부양의무자의 특유재산을 포함한 모든 재산이 분할대상이 된다는 점은 양국이 공통된다.

부양적 재산분할의 기준으로서 우선 청산적 재산분할의 액수 및 위자료 액수를 참고해서 분할여부를 결정한다는 점에서는 양국이 다르지 아니하다. 그러나 한국의 재산분할제도는 일본의 이혼급부와는 달리 청산 및 부양의 성질을 갖는 것으로서 위자료와는 별개의 것으로 이해하는 것이 일반적 태도이므로 특히 위자료 액수가 부양적 분할을 인정하는 기준으로서 작용한다는 점에는 찬성하기 어렵다. 또한 독립적으로 생계유지를 할 수 있는 생활능력을 하나의 기준으로 한다는 점, 자녀에 대한 양육비는 이혼 후 부양료와는 성질이 다른 것임에도 불구하고 실제로 부양적 분할을 결정하는 기준이 된다는 점도 양국이 공통된다.

혼인파탄에 대한 청구자의 유책성이 부양적 분할을 인정하는 기준이 되는가에 관하여 한국의 판례는 이것에 크게 영향을 받지 않는 것으로 보인다. 그러나 일본의 경우 부양적 재산분여의 목적이 무책 배우자의 보호라는 점에서 이혼에 관한 청구자의 유책성은 부양적 재산분여를 부인하거나 감액하는 요인이 되고 있다. 이러한 점은 양국의 태도가 다르다.

주변환경 특히 처의 경우 이혼 후 친정의 경제적 원조가 가능한가 여부가 부양적 분할을 인정하는 기준이 된다는 점은 양국이 다르지 아니하다.

부양적 분할을 인정하는 실태를 보면 한국의 경우 부양적 분할만을 특별히 인정하는 경우는 거의 없는 실정이며 대부분의 판례는 청산적 분할과 함께 부양적 성질을 갖는 분할을 인정하고 있을 뿐이다. 이에 반하여 일본은 부양의 필요성이 인정되는 한 부양적 분할만을 인정하는 사례가 적지 아니하다. 이와 같이 부양적 분할을 적극적으로 인정하는 것은 그 대상이 주로 주부라는 점에서 특히 처의 보호에 주안을 두고 있는 것으로 생각된다.

부양의 정도에 관하여 기본적으로 장래 생계를 유지할 정도의 부양을 인정한다는 점에서는 양국이 공통된다. 그러나 한국의 경우는 아직 '향후 생활을 유지할 수 있도록 하는 부양적 재산분할…'이라고 하는 추상적 판단에 그칠 뿐 구체적으로 어떠한 경우에 무엇을 어느 정도 지급하여야 할 것인가에 관하여 밝힌 판례는 찾아볼 수 없다. 이에 반하여 일본의 경우는 구체적 사안에서 이혼 후의 생계를 유지할 수 있는 정도가 무엇인지를 알 수 있는 판례가 적지 아니하다. 이러한 점은 한국과 다르다.

부양의 기간에 관하여도 한국의 경우 그 기간을 명시한 판례를 찾기 어려우나 일본의 경우 구체적으로 몇 년 또는 자활하는 데 필요한 기간 등으로 그 기간을 명시하고 있다. 이러한 점은 한국에 비하여 일본의 경우 재산분여제도의 역사가 길고 이에 관한 판례의 축적이 많은 결과라고 볼 수 있다. 부양의 기간은 그 성질상 양국 모두 그렇게 장기간에 걸친 부양을 인정하기는 곤란할 것으로 생각된다.

부양적 재산분할에 관하여 양국은 그 골격에서 큰 차이는 없다. 한국의 경우 재산분할제도의 시행기간이 일천하고 판례의 축적이 많지 않기 때문에 아직 판단하기는 이르지만 부양적 재산분할을 인정하는 데 있어서 법원은 더욱 적극적일 필요가 있다고 생각된다.

제9장

재산분할의 방법

· 한국과 일본의 판례를 중심으로 ·

I. 머리말

이 논문은 "한국과 일본의 재산분할제도의 비교연구: 판례를 중심으로"라는 논문의 일부이다. 위의 논문은 한국과 일본의 학설, 판례를 중심으로 한 재산분할제도의 내용, 판례에 나타난 청산적 재산분할과 부양적 분할의 실태, 재산분할의 방법 등이 주된 내용으로 되어 있다. 이 중 재산분할제도의 내용[1], 청산적 재산분할액수의 산정기준[2], 청산적 재산분할에서 분할대상 재산의 범위[3], 부양적 재산분할의 실태[4]는 이미 발표한 바 있다.

이 논문에서는 재산분할을 하는 데 있어서 분할액수의 산정방법과 분할의 방법에 관하여 한국과 일본의 판례를 중심으로 고찰하고자 한다.

그러나 재산분할의 방법을 논함에 있어서 청산적 분할과 부양적 분할을 따로 나누지 아니하였다. 한국 판례의 경우 재산분할에서 대부분 청산적 요

---

* 이 논문은 〈가족법연구〉(한국가족법학회, 1995), 제9호에 게재된 것임.

1) 〈법학논총〉(숭실대학교 법학연구소, 1995), 제8집 참조.

2) 〈가족법연구〉(한국가족법학회, 1994), 제8호 참조.

3) 〈안암법학〉(안암법학회, 1995), 제3호 참조.

4) 〈법학논총〉(숭실대학교 법학연구소, 1996), 제9집 참조.

소와 부양적 요소를 구별하지 않고 일괄하여 분할액수를 산정하고 있기 때문이다. 실제로 청산적 분할만을 인정할 뿐 부양적 분할을 인정하지 않는 경우도 적지 않다.

이 논문에서는 청산적 분할에 관한 분할방법을 중심으로 고찰하고자 한다. 이 논문에서 인용된 한국의 판례는 1991년부터 1995년 상반기까지에 걸쳐 공개된 서울가정법원의 판결(34건), 수원·인천 등 지방법원 판결(4건), 서울고등법원 판결(10건) 등 48건이다. 일본의 경우 1970년부터 1989년까지 동경지방재판소 이혼판결 408건을 분석한 자료를 주로 이용하였다.

II. 분할액수의 산정방법

1. 한 국

분할액수를 산정하는 방식에는 일괄 산정방식과 개별적 산정방식이라는 두 가지 방법이 있다. 일괄 산정방식은 청산적 요소, 부양적 요소에 영향을 미치는 일체의 사유를 종합하여 분할의 액수와 방법을 일괄하여 심리·판단하는 방법이다. 개별적 산정방식은 청산적 요소, 부양적 요소를 각각 개별적으로 심리하여 개별적으로 산정하는 방법이다.

판례는 위 두 가지 방법을 병용하여 분할액수를 산정하고 있으나 개별적 산정방식을 취하는 경우에도 실제로는 청산적 분할만을 인정하고 있다.

1) 일괄 산정방식

다음의 판례는 일괄 산정방식에 따르고 있다. 청산적 분할과 부양적 분할을 함께 고려하고 있으나 양자의 분할액수를 각각 산정하지 아니하고 일괄하여 산정하고 있는 것이다. 청산적 분할과 부양적 분할을 함께 인정하는 판례의 경우는 대체로 이와 같은 일괄 산정방식을 취하고 있다.

"… 8년 5개월 동안 한결같이 남편을 내조해온 원고의 보이지 않는 노력이 뒷받침되었던 점 … 이른바 조강지처로서 결혼 후 줄곧 가사노동과 육아에만 전념해왔기 때문에 이혼함으로써 장래의 아무런 생활보장책이 없어진 점 등을 고려할 때 … 분할되어야 할 재산분할의 액수는 금 1억 5천만 원으로 정함이 상당하다."[5)]

"… 기거할 곳이 없어 친정에 기거하고 있는 사실 … 이혼 후 … 쌍방의 생활능력 그밖에 심리에 나타난 제반사정을 고려하면 청산적 요소 및 부양적 요소를 종합한 재산분할로서 이 사건 부동산에 대한 2분의 1의 지분을 취득하게 함이 상당하다고 할 것인데 …."[6)]

2) 개별적 산정방식

다음의 판례들은 청산적 요소와 부양적 요소를 각각 판단하고 있지만 분할액수 산정에서는 청산적 분할만을 인정하고 있다.

"혼인 중 재산형성에 대한 원고의 협력 정도, 이혼 후의 쌍방의 생활능력 등 기타 제반사정을 고려하면 피고는 청산적 재산분할로서 그 2분의 1인 금 1,700만 원을 원고에게 지급함이 상당하다 할 것이고 부양적 재산분할을 고려할 필요까지는 없다."[7)]

"… 기타 제반사정을 고려하면 피고는 청산적 재산분할로서 원고에게 금 5천만 원을 지급함이 상당하다 할 것이고 … 부양적 재산분할을 별도로 고려할 필요는 없는 것으로 인정된다."[8)]

대부분의 판례가 위와 같은 태도를 취하기 때문에 청산적 분할 외에 부양적 분할로서 그 액수가 표시된 판례는 자료 중에서 찾아보기가 어렵다.

---

5) 서울가정법원, 1991. 5. 16, 91드1220.

6) 서울가정법원, 1991. 6. 7, 89드58308. 그밖에 90드48598; 91드27947 등이 있다.

7) 서울가정법원, 1991. 5. 16, 90드62624.

8) 서울가정법원, 1991. 9. 12, 90드74375. 그밖에 90드56544; 90드24912·39372 등.

그러나 재산분할의 성격이 청산적 분할과 부양적 분할을 포함하고 있기 때문에 두 개의 성격에 기인한 분할을 각각 적극적으로 인정하여 이를 산정하는 개별적 산정방법이 일괄 산정방법보다 합리적이라고 생각된다.

2. 일본

일본의 경우도 재산분여의 액수를 산정함에 있어서 청산이나 부양에 관한 제반사정을 일괄하여 한 번에 검토하는 일괄형과 청산이나 부양을 나누어 각각에 관한 사정을 검토하는 개별형이 있다. 이 개별형 중에는 다시 청산으로서 몇 만 엔, 부양으로서 몇 만 엔, 합계한 분여액수는 몇 만 엔으로 계산하는 개별적 합산형과 사정은 각각 검토하지만 분여액수는 일괄하여 계산하는 개별적 고려형이 있다.[9]

1) 일괄형

다음의 판례들은 청산적 요소와 부양적 요소를 일괄적으로 고려하여 분할액수를 정하고 있으며 또한 이혼 위자료까지 포함되는 경우가 있다.

> "부가 혼인 중 건물, 토지를 취득한 것, 처에게 재산분여의 전도금을 지불하고 있는 것 외에 피고인 처의 연령, 혼인기간, 기타 제반사정을 고려하면 청산적 및 부양적 재산분여로서 원고 부로부터 피고에 대하여 금 2,500만 엔을 분여하는 것이 상당하다."[10]
>
> "… 그 결과 청산대상은 1억 3천만 엔 가까이 되고 처의 기여는 20%를 하회하지 않는다고 하면 부양을 포함한 3천만 엔의 분여가 상당하다."[11]
>
> "점포 겸 주택과 차지권을 청산, 부양 및 위자료를 고려하여 처에게 분여

---

9) 鈴木眞次, "東京地裁離婚判決にみる離婚給付の額・方法と決定基準", 〈判例タイムズ〉, 788호, 10면.

10) 東京地方裁判所, 1988. 3. 23, 61-446.

11) 東京地方裁判所, 1987. 1. 28, 59-217.

한다."[12]

"부가 상속한 택지와 그 위에 건축한 거택을 청산, 부양 및 위자료를 고려하여 처에게 분여한다."[13]

2) 개별형

이혼급부의 성격이 복합적인 것이라면 각각의 성격에 기한 결정기준이 있어야 하며 특히 개별형 중에서도 개별합산형이 타당하다[14]는 학자들의 견해가 있다. 판례도 1940년대 및 1950년대에는 일괄형이 많았으나 1960년대 이후에는 개별적 고려형이 증가하고 있으며 최근에는 개별적 합산형도 상당수인 것으로 나타나고 있다.[15]

(1) 개별적 합산형

부의 여성관계 때문에 처가 별거하면서 자녀를 양육하다가 협의이혼하고 처가 재산분여심판을 청구한 사안에서 우선 청산적 요소로서 다음과 같이 판단한다. 여기에서는 혼인생활비용을 청산대상으로 하고 있으며 분할액수를 밝히고 있다.

"부는 혼인 후 … 부동산 등 다액의 재산을 취득했지만 이는 신청인과의 혼인이 파탄에 빠진 이후 상대방의 의원 경영상의 수완과 현재의 처(A녀)와의 협력에 의해서 축적된 것으로서 청산대상이 되는 것은 없다. 그러나 부는 의사로서 표준적 가정 이상의 수입을 얻으면서 별거기간 중 신청인의 처지에 필요한 혼인비용에 관하여 무관심한 태도를 계속하고 거의 그

---

12) 東京地方裁判所, 1982. 3. 30, 56-592.

13) 東京地方裁判所, 1983. 12. 26, 58-231.

14) 鈴木眞次, 《婚姻給付の決定基準》, 弘文堂, 1992, 18면; 大津千明, "離婚に伴う慰藉料と財産分與との關係竝びにこれらの算定基準", 沼邊愛一 外 編, 《新家事調停讀本》, 一粒社, 1988, 291면.

15) 鈴木眞次, 前揭書, 17면.

분담의무를 회피하였다. … 재산분여수속에서 그 액은 4,828만 엔이다."

다음 부양적 요소로서 "신청인은 간호부이고 월수 약 9만 엔을 받고 있기 때문에 이혼 후 상대방이 신청인의 생활을 유지하기 위하여 일정한 재산급여를 할 필요가 없다"고 하여 부양적 급여는 인정하지 않는다. 그밖에 위자료적 요소로서 "제반사정을 고려하면 2천만 엔이 상당하다"고 함으로써 부는 처에게 청산적 분여와 위자료와의 합계액 6,828만 엔을 지불하여야 한다고 판결16) 하고 있다.

또한 "우선 청산에 관해서 부가 아파트 두 동을 건축한 것 및 은행예금 9백만여 엔을 가지고 있는 것에 기하여 5백만 엔이 상당하다고 판단한다. 다음 부양에 관해서는 처가 자산도 수입도 없고 부는 자산과 수입이 있는 것 및 혼인기간이 30년에 가까운 것에 기하여 1백만 엔이 상당하다고 판단하고 합해서 6백만 엔의 분여를 명"17) 한 판례도 있다. 이들 판례는 이혼급부에 포함되는 각각의 요소에 관하여 분여액수를 판단하고, 그 액수를 합산하여 분여액으로 정하고 있다.

(2) 개별적 고려형

판례는 우선 "청산에 관하여 부가 혼인 중에 취득한 택지 및 건물의 자금의 절반은 장인이 출연한 것 등을 고려하고", 계속해서 "원고 처 및 두 사람의 자녀의 장래의 부양적 요소, 원·피고의 혼인파탄에 관한 피고 부의 유책성 정도, 기타 일체의 사정을 참작하면 피고로부터 원고에 대하여 본건 토지, 건물을 분여하는 것이 상당하다"18) 고 판시하고 있다. 개별적 고려형은 이혼급부의 세 가지 요소를 구체적으로 고려하여 분여액을 결정한다는 점에서는 일괄형과 같으나 분여액수는 개별적으로 계산하지 않고 일괄하여 계산한다는 점에서 개별적 합산형과 구별된다.

---

16) 東京家庭裁判所, 1973. 8. 1, 〈家庭裁判月報〉, 26권 4호, 62면.

17) 東京地方裁判所, 1971. 6. 22, 54-604, 〈判例 タイムズ〉, 788호, 11면.

18) 東京地方裁判所, 1988. 1. 27, 60-522, 〈判例 タイムズ〉, 788호, 11면.

III. 분할방법

1. 분할방법에 관한 판례의 경향

1) 한 국

재산분할의 방법에 관해서 제839조의 2의 2항은 "… 당사자 쌍방의 협력으로 이룩한 재산의 액수 기타 사정을 참작하여 분할의 액수와 방법을 정한다"고 규정할 뿐 재산분할의 구체적 방법은 규정하고 있지 아니하다. 다만 재산분할의 심판에서 "금전지급, 물건인도, 등기, 기타 의무이행을 동시에 명할 수 있다"(가정소송규칙 제97조), 또한 "공유물분할에 관한 민법 제269조 2항이 준용된다"(가사소송규칙 제98조)고 하는 규정이 있을 뿐이다. 그러나 이러한 규정은 예시규정에 불과하다고 본다.[19]

결국 재산분할방법은 법원의 재량에 맡겨져 있기 때문에 우리는 판례를 통하여 재산분할의 방법을 판단할 수밖에 없다. 판례에 의하면 재산분할방법은 금전분할 및 주택 등 부동산의 현물분할 등이 대부분을 차지한다.

금전분할은 일종의 대가분할로서 분할대상재산을 일방 배우자의 소유로 하고 그 재산의 가액 중 상대방 배우자의 기여분에 상응하는 금액을 산정하여 그 액수만큼의 지급채무를 부담하게 하는 분할방법이다.

보통의 경우 현재의 소유명의인에게 그 재산을 귀속시키고 동시에 금전지급채무를 부담시키는 방법에 의하지만 반대로 상대방 배우자에게 그 재산을 귀속시키는 경우도 있다. 이러한 경우는 대체로 등기명의인에게는 별다른 수입이 없고 상대방 배우자에게 자금능력이 있는 경우이다. 따라서 판례는 "분할대상이 되는 재산의 총평가액을 분할하여 그 상당의 금전으로서 지급하도록 한다"[20] 라고 판시한다. 사실상 상대방 배우자의 단독소유명의로 된 한 개 또는 두세 개의 재산이 분할의 대상이 된 사건에서 그 재산 전체를 상대

---

19) 황우려, "개정민법상의 이혼", 〈인권과 정의〉(1992), 186권, 18면.

20) 서울가정법원, 90드56544; 90드63238.

방 배우자의 소유로 귀속시키는 것을 전제로 하여 그 재산의 가액 중 청구인의 기여분에 상응하는 금전지급채무를 부담시키는 것이다.[21] 특히 주택의 처리에서 이러한 방법으로 분할하는 경우가 많다.

현물분할은 민법 제269조 2항에서 규정하는 공유물분할에 관한 규정을 준용하여 당해 재산을 쌍방의 기여비율에 따라 현실적으로 분할하여 각자에게 분배하는 방법이다. 그러나 대상재산이 여러 개 있을 때는 쌍방의 기여도에 따라 각 재산을 별개로 각각의 배우자에게 귀속시키는 방법도 있다.[22]

한편 현물분할이라고는 하지만 그 실질은 대상재산을 공유로 하는 분할방법도 있다. 즉, 분할대상인 부동산에 대한 기여도를 일부 지분으로 확정하여 명의자에게 그 지분에 대한 소유권 이전등기 절차 이행을 명하는 경우가 여기에 해당한다. 따라서 해당 부동산은 부부 쌍방의 공동재산으로 확정되고 명의도 공유로 된다.[23]

그밖에 재산분할의 대상재산에 용익권을 설정하는 방법도 있다. 즉, 재산분할에 수반하는 일종의 부수처분으로서 이용권이나 저당권 등을 설정하는 것이다. 일방 당사자에게 대지를, 타방 당사자에게는 지상건물을 분할하는 경우에는 상대방의 소유재산에 관하여 지상권이나 임차권 등의 이용권을 설정할 필요가 있기 때문이다.[24] 또한 상대방이 점유하는 부동산을 분할하면서 이전등기와 함께 퇴거, 명도를 명하거나 상대방의 가옥임차권을 임대인의 승낙을 얻는 것을 조건으로 양도를 명하는 것도 가능할 것이다.

이와 같은 분할방법 중 어느 것을 선택할 것인가는 우선 청구자의 의사를 존중한다. "피고가 금전분할을 구하고 있는 점 등… 여러 사정을 참작하면 … 피고에게 금전을 지급하는 방법으로 분할함이 상당하다"[25], "위 부동산에 대해서 … 원고(처)가 … 위 부동산을 현물로 분할받기를 원하고 있는 한

21) 서울가정법원, 91드10620; 부산지방법원, 90드18201 · 91드1422.

22) 서울가정법원, 90드74856 · 91드32286; 부산지방법원, 90드20433.

23) 서울가정법원, 91드67213; 부산지방법원, 90드19310.

24) 황우려, 전게논문, 19면.

25) 서울가정법원, 1993. 9. 24, 92르2295 · 92르3201.

편 피고는… 아무런 재산이 없어 현금지불능력이 없는 점 등 제반사정을 고려할 때 … 위 부동산 자체를 분할하되 …"[26] 라는 판례 등이 그것이다.

그러나 청구자의 의사보다는 법관의 재량에 의하여 분할방법을 정하는 경우도 있다. "청구인은 이 사건 재산분할의 청구취지를 현물분할로 구하고 있으나 재산분할로서 현물분할을 구하는 경우라도 그 청구대상재산의 시가 범위 내에서 현금분할을 명하는 것은 재산분할의 비송사건적 성격에 비추어 적법한 것으로 판단된다"[27] 는 판례는 현물분할을 원하는 청구자의 의사보다는 법관의 판단에 의하여 금전분할의 방법으로 결정하는 경우이다. 재산분할의 방법은 법원의 재량에 의함이 조문상 명백하고 이에 관한 당사자의 주장은 희망의견을 표시한 것에 불과하다고 보기 때문이다. 그러나 가사소송규칙 제 93조 2항에 의하여 청구취지를 초과하여 의무이행을 명할 수는 없다.[28]

2) 일 본

일본의 경우도 재산분여의 방법에 관해서 민법 제 768조가 "… 일체의 사정을 고려하여 분여여부 및 분여액 기타 방법을 정한다"고 규정할 뿐 구체적 방법에 관해서는 재판소의 재량에 맡기고 있다.

금전급부를 명하는 경우는 등기명의인에게 별다른 수입이 없고 특유재산도 없기 때문에 상대방 배우자에 대한 금전지급이 담보되지 않는 반면 상대방 배우자에게는 자금능력이 있고 쌍방이 이에 대하여 별다른 이의를 하지 않는 경우이다.[29] 판례에 의하면 처의 기여분이 2분의 1 이하인 경우 대부분 이 방법을 취하고 있다.[30]

---

26) 서울가정법원, 1992. 6. 18, 91드60557.

27) 서울가정법원, 1991. 11. 12, 91느4431; 90드63238; 91느4431; 91르728; 수원지방법원, 90드6741 · 90드18836 기타.

28) 서울가정법원, 91드48298.

29) 鳥取家庭裁判所, 1964. 3. 25, 家事判例研究會 編集, 《判例家事審判法 제 2 권》, 新日本法規出版, 1974, 1519면.

30) 上揭書, 1546면.

현물분여의 경우 일본의 판례도 해당 재산을 쌍방의 기여비율에 따라 현실적으로 분할하는 방법[31]과 대상재산이 여러 개인 경우 쌍방의 기여도에 따라 재산을 별개로 각각의 배우자에게 귀속시키는 방법을 사용하지만 후자의 경우가 더 일반적이다.[32] 현물분여의 경우 대상재산을 공유로 하는 분여방법도 사용된다. 이러한 분여의 경우 향후 5년간 분할을 금지하고 그동안의 임대료 수입을 각 지분비율에 의하여 취득하는 것을 명한 판례도 있다.[33]

그밖에 분여대상재산에 용익권을 설정하는 방법도 사용한다. 즉, 분여의 대상으로 되는 소유권을 교환가치와 사용가치로 나누어 그것을 각자에게 취득시키는 것도 비송사건에서 법원의 재량범위 내의 사항으로 허용된다[34]는 견해가 다수설이다. 따라서 재산분여로서 임차권의 설정을 명하면서 대상, 기간, 임대료를 정하고 임차권설정등기까지 명한 사례도 있다.[35]

일본에서는 주택의 처리 그 중 특히 차입금(*Loan*)의 처리문제도 재산분여시에 고려하고 있다.

2. 금전분할

1) 한 국

판례에 의하면 금전분할방법이 가장 많이 사용되는 것으로 보인다. 금전분할방법에는 일시분할방법 외에 분할총액을 정하고 상대방의 자력을 고려하여 분할, 지급하도록 하는 분할급, 분할총액을 정하지 않고 분할기간을 정하여 일정액을 지급하도록 하는 정기급이 있다. 현재 판례의 경향은 금전분

31) 東京高等裁判所決定, 1949. 10. 24.

32) 東京高等裁判所, 1979. 9. 25, 〈判例時報〉, 944호, 55면; 福岡地方裁判所, 1971. 5. 27, 〈判例時報〉, 644호, 75면.

33) 大阪高等裁判所決定, 1973. 4. 22, 〈家庭裁判月報〉, 25권 11호, 81면.

34) 石井忠雄, “用益權設定の方法による財産分割の可否”, 〈判例 タイムズ〉, 688호, 244면.

35) 浦和地方裁判所, 1984. 11. 27, 〈判例 タイムズ〉, 548호, 260면.

할을 명하는 경우 일시금으로 분할하도록 하는 경우가 가장 많다.

현재 가정법원에서는 가사소송규칙(제97조)의 금전급부를 부가적으로 동시에 명하도록 한 취지에 따라, 또한 위자료와의 구별을 위하여 "피고는 원고에 대하여 금 … 원을 지급하라"[36], "원고에게 재산분할로서 금 … 원 및 이에 대한 이 사건(이혼) 판결 확정일로부터 완재일까지 연 2할 5분의 비율에 의한 금원을 지급하라"[37]는 주문이 광범위하게 사용되고 있다.

금전분할을 인정하는 판례는 다음과 같다.

> "위 재산의 형성과정, 그 액수와 현황, 명의관계, 피고가 금전분할을 구하고 있는 점 등 … 여러 가지 사정을 참작하면 … 금전을 지급하는 방법으로 분할함이 상당하다."[38]
>
> "원고의 지급능력, 피고가 금전지급을 원하고 있는 점 등을 고려할 때 … 금전분할방법에 의한다."[39]
>
> "… 이 사건 부동산의 이용상황 및 성격 등 제반사정을 고려할 때 이 사건 부동산 자체를 분할하는 것은 적당하지 아니하고 피고가 그 상당의 금전으로서 지급함이 타당하다고 할 것이다."[40]
>
> "피고의 지급능력, 분할대상인 재산의 성격 등 여러 사정을 고려할 때 피고의 재산 자체를 분할하는 것은 적당하지 않고 총재산의 평가액을 분할하여 지급하게 함이 타당하다."[41]

---

36) 서울가정법원, 90드62624; 90드63238 · 90드74207 · 90드74375; 91드13452; 90드56544; 91드12947; 91느4431; 91드23893; 91드20511.

37) 서울가정법원, 90드48598; 91드6348.

38) 서울고등법원, 1993. 9. 24, 92르2295 · 92르2301; 1995. 4. 13, 94르1623.

39) 서울가정법원, 1991. 9. 19, 90드24912 · 90드39372.

40) 서울가정법원, 1992. 6. 24, 90드70974 · 91드1456. 그밖에 1991. 9. 18, 91드20979; 1991. 6. 5, 90드48598.

41) 서울가정법원, 1991. 5. 16, 91드1220; 그밖에 1991. 5. 16, 90드62624; 1993. 10. 4, 93느2429; 1992. 12. 23, 92드38885 · 92드38892; 수원지방법원 가사부, 1991. 12. 3, 90드6741 · 90드18836; 서울고등법원, 1993. 9. 17, 93르883; 서울고등법원, 1992. 6. 16, 92르60 · 92르77; 서울가정법원, 1993. 7. 30, 93드

"아파트는 … 이를 현물분할하는 것은 적당하지 아니하고 … 대지 또한 지목이 전으로 되어 있어 처분이 용이하지 않은 점 및 피고의 지급능력 등을 고려할 때 당사자 쌍방의 의사에 따라 총재산의 평가액을 분할하여 지급하는 금전분할의 방법에 의하는 것이 타당하다."[42)]

"이 사건 건물은 피고가 인테리어업 등의 영업활동을 계속하기 위한 터전이 될 뿐만 아니라 원고도 금전으로 재산을 분할받기를 원하고 있는 점 등을 고려할 때 …."[43)]

"전세보증금채권도 이를 그대로 분할하는 것은 사실상 곤란하므로 … 금전분할의 방법에 의하는 것이 타당하다."[44)]

2) 일본

금전급부의 경우 일시급과 정기급의 판결이 있다.

(1) 일시급

판례는 대부분 혼인 중에 부부의 협력에 의하여 취득한 재산이지만 그 명의가 부로 된 경우 그 재산을 부에게 귀속시키고 처에 대해서는 금전을 지급하도록 하고 있다.[45)] 따라서 "재산청산에는 피고 부가 부담해야 할 세금이 있다는 것 등을 고려해서 처가 청구한 토지, 건물이 아닌 현금으로 2,500만 엔의 분여를 명한 경우"[46)], "처가 선택가능한 하나의 방도로서 상당한 주택을 구입하기에 족한 정도의 금전을 요구하고 있다는 것을 고려해서 … 오히려 본건 토지, 건물은 피고(부)의 단독소유로 하고 피고로부터 원고에게 금전을 지불하는 것에 의해서 부부의 재산을 청산하는 것이 상당하다"[47)] 고 판

14541.

42) 서울가정법원, 1991. 8. 8, 90드63238.

43) 서울가정법원, 90드56544.

44) 서울가정법원, 91드47844; 대구고등법원, 1993. 7. 7, 93브2.

45) 東京高等裁判所, 1982. 1. 18.

46) 東京地方裁判所, 1985. 10. 31, 55-142, 〈判例 タイムズ〉, 788호, 19면.

시하여 2,500만 엔의 분여를 명한 경우, "처가 택지, 거택 및 금전의 분여를 청구한 경우 당해 택지, 건물은 현재 피고 부가 거주에 사용하고 있는 것 등을 고려해서 금전만을 분여하도록 한 경우"[48] 등은 금전급부로서 일시급을 명한 경우이다.

그밖에 처가 정기금의 지불을 청구하였지만 재판소는 일시금의 지불을 명한 경우도 있다. 즉, 처(31세)가 자(3세)의 간질병 때문에 일할 수 없다는 것을 이유로 재산분여로서 자기의 사망 또는 재혼까지 월 9만 엔을 지불하도록 요구한 사안에 대하여 "현재 상태처럼 피고 처가 근무할 수 없는 상태가 영속하는 것으로 해석하는 것은 곤란하기 때문에" 정기급부는 부당하다고 해석하고 부에게 금 250만 엔의 일시금의 지불을 명하였다.[49]

(2) 정기급

정기급의 경우는 분여총액을 결정하지 않고 지급종기를 정해서 그때까지의 기간 동안 일정액을 정기적으로 지불하게 하는 방법이다. 부양적 재산분여처럼 종료시기가 불확정한 경우에는 오히려 합리적인 방법일 수 있다.

처가 정신분열증으로 제 770조 1항 4호에 의하여 이혼이 인정된 경우 "이혼 후 부양의 의미에서 재판확정일로부터 처가 사망하기까지 매월 금 2만 엔을 처에 대하여 지불하도록 부에게 명한 경우" 여명을 40년으로 가정하면 총액은 960만 엔이 된다고 하였다.[50] "본건 이혼 후 3년간 원고는 피고로부터 매월 그 월급액의 약 3분의 1인 1개월에 2만 엔의 부조를 받는 것이 상당하다"[51] 고 하여 일정 기간 내 부양정기금 지급을 명령한 경우 등이 있다.

---

47) 東京地方裁判所, 1985. 12. 3, 58-452, 〈判例 タイムズ〉, 788호, 19면.
48) 東京地方裁判所, 1986. 10. 13, 60-374, 〈判例 タイムズ〉, 788호, 19면.
49) 東京地方裁判所, 1986. 1. 28, 58-402, 〈判例 タイムズ〉, 788호, 19면.
50) 東京地方裁判所, 1982. 4. 27, 56-583.
51) 横浜地方裁判所川崎支部, 1968. 7. 22, 〈判例 タイムズ〉, 227호, 217면.

3. 현물분할

1) 한 국

부동산을 포함한 현물분할을 하는 경우는 대부분 주거용 건물 및 대지로서 신청인의 이혼 후 생활에 필수적인 경우, 상대방의 자력으로서는 금전분할이 곤란한 경우, 해당 부동산의 취득유지에 신청인의 기여도가 큰 경우, 분할대상인 건물의 대지가 신청인의 소유인 경우이다.

다음의 경우는 금전분할이 곤란하므로 부동산을 분할하는 경우이다. 즉, "원고가 혼인생활 중 처음으로 내 집을 마련한 것으로 특별히 애착을 가지고 있으며 피고의 자력상 금전지급이 곤란하다고 보이므로 이 사건 부동산을 직접 분할하도록 함이 상당하다"[52]는 경우이다. 이 경우는 공유물 분할에 해당한다고 볼 수 있다.

또한 부동산 분할이지만 그 부동산 자체에 대한 분할이 아니고 지분에 대한 분할을 인정한 경우이다. 부동산 지분의 2분의 1씩을 공유하도록 분할한 판례는 다음과 같다.

> "청산적 요소와 부양적 요소를 종합한 재산분할로서 원고에게 이 사건 부동산에 대한 2분의 1 지분을 취득하게 함이 상당하다고 할 것인데 … 이 사건 부동산에 대한 2분의 1 지분에 관하여 이 사건 판결확정일자 재산분할을 원인으로 한 소유권 이전등기 절차를 이행할 의무가 있다고 할 것이고 …."[53]
>
> "위 아파트를 제외한 나머지 재산들에 대해서는 모두 피고의 소유로 하는 반면 위 아파트의 소유지분을 2분의 1씩 분할하여 그 2분의 1 지분에 관하여 피고가 원고에게 소유권 이전등기를 경료하여 주도록 함이 재산분할 방법으로서 상당하다고 할 것이다."[54]

---

52) 서울가정법원, 90드77251; 91드47844.

53) 서울가정법원, 1991. 6. 7, 89드58308.

54) 인천지방법원 가사부, 1992. 4. 20, 91드12418.

"… 분할방법은 피고가 위 주택에 거주하고 있지만 … 원고의 기여도가 높고 원고 자신이 그 부동산을 소유하는 방법에 의하여 분할받기를 희망하는 점 등을 고려하여 위 주택을 원·피고의 공유로 하는 방법에 의하여 분할하도록 한다. 그 비율은 2분의 1 정도가 된다고 봄이 상당하고 …."[55]

그러나 분할대상재산을 공유로 하는 분할의 경우 이혼 후 그 공유재산처리를 둘러싸고 당사자들의 원만한 협조를 기대하기가 어려운 경우가 많을 것이므로 당사자가 이러한 방법으로 분할을 원하는 경우에만 인정하는 것이 타당할 것이다.

다음은 제반사정에 비추어 당사자 일방에게 부동산 자체를 분할하고 다른 일방에게는 기여분에 해당하는 가액을 금전으로 분할하는 경우이다. 다음의 판결들이 여기에 해당한다.

"… 원고(처)가 현재 딸들과 함께 위 부동산에 거주하면서 그 일부를 임대하여 생활비 및 교육비에 충당하고 있어 위 부동산을 현물로 분할받기를 원하고 있는 한편 … 피고는 달리 집행할 수 있는 아무런 재산이 없어 현금지불능력이 없는 점 등 제반사정을 고려할 때 금전으로 분할하는 것은 적당하지 아니하고 위 부동산 자체를 분할하되 위 부동산의 취득경위, 이용상황 등에 비추어 이를 지분으로 분할하는 것보다는 원고에게 위 부동산 전체를 분할하고 원고로 하여금 피고에게 위 부동산의 가액 중 적당한 분할액을 초과하는 부분을 상환하여 정산하게 하는 것이 상당하다고 할 것이다."[56]

"… 당심에 이르러 원·피고가 가액분할방법을 원하고 있는 점, 이 사건 … 부동산에는 수많은 임차인들이 있는 점, … 그밖에 여러 가지 사정을 참작하면 현물분할이나 경매분할방법은 적당하지 아니하므로 이 사건 1,

---

55) 서울가정법원, 1992. 7. 23, 90드81465, 이밖에도 서울가정법원, 90드74856; 91드32286; 90드74207·90드77251; 91드27949; 91드47844; 91드20511 등이 있다.

56) 서울가정법원, 1992. 6. 18, 91드60557.

2, 3 부동산의 소유권과 위 각 채무를 피고에게 확정적으로 귀속시키고 원고의 기여분에 해당하는 부분에 관하여는 그 가액에 해당하는 부분만큼의 금전의 지급을 피고에게 명하는 방법이 적당하다고 할 것이다."[57]

"분할대상재산의 형태와 그 이용상황 등에 비추어보면 분할대상재산 중 별지목록 기재 각 임야는 현물분할방법이 적당하고 그외의 재산은 현물분할이나 경매분할방법이 적당하지 않아 현재의 상태대로 유지하여 상대방에게 확정적으로 귀속시키고 그 대신 청구인의 기여분에 해당하는 가액 상당의 금전지급을 상대방에게 명하는 방법이 적당하다고 할 것인바…."[58]

그밖에 위와 같이 현물분할과 금전분할을 병용하여 과부족을 조정함으로써 당사자간의 분할에서 형평을 도모하려는 다음의 판결이 있다.

"피고의 명의로 되어 있는 연립주택과 이에 관한 보증금채무 및 주택은행 대출금채무는 모두 피고에게, 원고의 명의로 되어 있는 문구점의 보증금 등 채권 및 새마을금고 대출금채무는 원고에게 각 귀속시키고 아래의 기여비율에 따른 가액 상당의 재산을 취득하는 당사자에게 그 초과부분만큼 금액을 상대방에게 지급하게 함으로써 과부족을 조정하는 방법에 의하여 분할함이 상당하다."[59]

2) 일 본

현물분여로서 금전이 아닌 부동산 등 현물에 의한 분여가 이루어지는 경우가 많다. 실제로 금전분여에 비하여 약 2배 정도 현물급여판결이 많으며 이러한 부동산 분여의 증가는 이혼급부의 평균액을 상승시키는 요인이 되고 있다.[60]

57) 서울가정법원, 1993. 9. 24, 92르1803.

58) 서울가정법원, 1993. 4. 15, 92느3175.

59) 서울가정법원, 1992. 8. 20, 91드54873.

현물분여에 관해서는 가사심판규칙(제 56조, 제 49조)에서도 "금전지불, 물(物)의 인도, 등기의무이행 기타 급부를 명하는 것이 가능하다"고 함으로써 이것을 뒷받침하고 있다. 현물분여로서 부동산 등을 전부 일방에게 분여하는 경우와 부동산의 지분을 분여하여 공유로 하는 경우가 있다.

먼저 부동산을 일방에게 분여하는 경우로서는 "부는 건축회사를 경영하고 있고 처에게 토지와 건물을 분여한 경우"[61], "부는 양복점을 경영하면서 이른바 등기교환식으로 맨션을 건축하였다. 처의 기여, 위자료 및 부양을 고려하여 맨션의 수호(數戶)를 처에게 분여하도록 명한 경우"[62], "점포 겸 주택과 차지권을 청산 및 부양 위자료를 고려해서 처에게 분여한 경우"[63] 등의 판결이 있다.

부동산의 지분을 분여하여 공유로 하는 경우 지분비율은 일정하지 않으나 2분의 1인 경우가 가장 많다. 즉, "처가 재산분여 7천만 엔을 청구하였지만 재판소는 그 취득의 경위 등 일체의 사정을 고려해서 택지와 거택 겸 공동주택의 지분 각 2분의 1을 처에게 분여"[64], "부동산의 적정한 평가액을 인정하기 위한 자료가 충분하다고 보기가 힘들고 공제해야 할 채무액도 완전히 확정할 수 있다고 말할 수도 없기 때문에 부부가 공동해서 형성한 재산을 금전적으로 평가하는 것은 곤란하다는 것을 고려해서 처에게 맨션 3건과 토지, 건물의 지분의 각 2분의 1을 분여한 경우"[65], "처가 4명의 자와 거주하고 있는 것을 고려해서 택지 및 거택의 각 2분의 1의 지분을 처에게 분여"[66], "처가 재산형성에 기여한 것 및 2명의 자녀를 양육하고 있는 것을 고려해서 처에게 택지 및 거택의 각 2분의 1의 지분을 분여"[67] 하는 경우 등은 2분의 1

60) 鈴木眞次, 前掲論文, 8면.
61) 東京地方裁判所, 1982. 6. 29, 57-014.
62) 東京地方裁判所, 1983. 12. 14, 55-587.
63) 東京地方裁判所, 1982. 3. 30, 56-592.
64) 東京地方裁判所, 1986. 8. 26, 60-507, 〈判例 タイムズ〉, 788호, 19면.
65) 東京地方裁判所, 1989. 11. 6, 63-473, 〈判例 タイムズ〉, 788호, 19면.
66) 東京地方裁判所, 1988. 6. 14, 62-279, 〈判例 タイムズ〉, 788호, 19면.
67) 東京地方裁判所, 1987. 3. 31, 60-225, 〈判例 タイムズ〉, 788호, 19면.

의 지분을 분여하는 판례이다.

그밖에 3분의 1의 지분을 분여한 경우로서 "부부 쌍방의 자산, 수입, 연령, 자산형성에 대한 공헌도, 이혼에 이르기까지 경위 등을 고려해서 토지 및 그 위의 공동주택의 지분의 3분의 1을 처에게 분여한 경우"[68] 가 있고 맨션에 대한 부의 지분 3분의 2를 처에게 준 경우도 있다.[69]

또한 부와 처가 맨션의 지분을 등기부상 2분의 1씩 소유한 경우 부부의 출자비율에 응하여 부에게 5분의 1, 처에게 5분의 4가 되도록 각각 지분을 분여한 판례[70] 가 있으며 처가 "당해 건물에 거주하고 있는 상황"을 감안하여 건물 및 토지의 지분 각 4분의 1을 분여한 경우[71] 도 있다.

그러나 이와 같이 부동산 지분의 분여판결에 대해서는 토지가격의 앙등과 처자의 주거확보라는 것이 주된 원인이기는 하지만 이혼한 남녀간의 공유관계가 성립함으로써 장래 분쟁의 소지가 염려된다[72] 는 견해도 있다.

이밖에 현물분여방법으로서 일방에게 부동산을 전부 분여하고 타방에게 그 지분에 상당하는 금전을 지급하도록 한 판결이 있다. 즉, 부부가 평등하게 맨션의 지분을 공유한 경우 "피고 부는 원고 처에 대하여 원고로부터 … 부동산 지분 2분의 1의 소유권에 관한 재산분여를 등기원인으로 하는 소유권 이전등기 수속을 받는 대신 재산분여로서 금 3백만 엔을 지불하라"[73], "부에게 처의 지분 10분의 1을 이전하는 대신 처에게 7백만 엔을 분여하도록 한"[74] 판결 등이 그것이다.

---

68) 東京地方裁判所, 1981. 4. 27, 48-156, 〈判例 タイムズ〉, 788호, 19면.
69) 東京地方裁判所, 1982. 8. 10, 55-020, 〈判例 タイムズ〉, 788호, 19면.
70) 東京地方裁判所, 1987. 7. 29, 59-126, 〈判例 タイムズ〉, 788호, 19면.
71) 東京地方裁判所, 1986. 8. 26, 59-253, 〈判例 タイムズ〉, 788호, 19면.
72) 鈴木眞次, 前揭論文, 19면.
73) 東京地方裁判所, 1986. 2. 25, 58-276, 〈判例 タイムズ〉, 788호, 19면.
74) 東京地方裁判所, 1987. 5. 26, 61-610, 〈判例 タイムズ〉, 788호, 19면.

4. 주택의 처리

1) 한 국

혼인 중에 취득한 주택은 부동산으로서 분할대상재산 중의 하나가 된다. 그러나 주택은 다른 부동산과는 달리 가족이 살고 있는 장소이고, 특히 경제적 약자인 처자의 이혼 후의 생활근거지 문제와 관련하여 다른 부동산의 분할과는 다른 성격을 갖는다.

판례에 의하면 특히 주택문제를 따로 거론하고 있지는 아니하다. 다만 일방 당사자가 그곳에서 거주하고 있거나 자녀를 양육하고 있는 경우 또는 장래 계속 거주하기를 희망하는 경우에는 주택을 분할하는 대신 금전으로 분할하도록 하고 있다. 일종의 금전분할로 볼 수 있다.

먼저 부에게 주택을 분할한 경우로서는 다음과 같은 판례가 있다.

> "위 재산의 형성과정, 그 액수와 현황, 명의관계, 현재 피고(부)가 이 사건 주택에서 거주하고 있는 점 등 이 사건 변론에 나타난 여러 가지 사정을 참작하면 위 재산 자체를 분할하는 것보다 피고가 원고에게 금전을 지급하는 방법으로 분할함이 상당하다."[75] (이 경우 부가 이 사건 주택에 거주하고 있는 점 등이 고려되어 처에게 주택을 분할하는 대신 7백만 원의 금전을 지급하도록 명하고 있다.)

> "피고(부)가 계속 거주하면서 사건 본인들을 양육하여야 할 장소일 뿐만 아니라 원고(처)가 금전으로 지급받기를 원하고 있는 점 등 제반사정을 고려할 때 … 그 재산의 평가액을 분할하여 그 상당의 금전으로써 지급하는 것이 타당하다 할 것이다."[76]

---

75) 서울고등법원, 1993. 4. 23, 92르2370.

76) 서울고등법원, 1991. 9. 12, 90드74375, 그밖에 1991. 11. 21, 91드6348; 1992. 1. 9, 91드20207 · 91드41693.

"… 아파트는 피고(부)가 그곳에서 거주하면서 두 자녀를 양육하여야 할 장소로서 이를 현물분할하는 것은 적당하지 아니하고, … 총재산의 평가액을 분할하여 지급하는 금전분할방법에 의하는 것이 타당하다."[77)]

"… 분할대상재산 중 위 아파트는 상대방(부)이 그곳에서 거주하면서 자녀를 양육하여야 할 장소로서 이를 현물분할하는 것은 적당하지 아니하고 …."[78)] (이 경우 판례는 부가 현재 거주하고 있는 곳이라는 점과 계속하여 거주하면서 자녀를 양육하여야 할 장소라는 점에서 부에게 주택을 분할한 것으로 볼 수 있다.)

처에게 주택이 분할된 경우로서는 "원고(처)가 현재 딸들과 함께 위 부동산에 거주하면서 … 위 부동산을 현물로 분할받기를 원하고 있는 한편 … 제반사정을 고려할 때 … 원고에게 위 부동산 전체를 분할하고 원고로 하여금 피고에게 … 적정한 분할액을 초과하는 부분을 상환하여 정산하게 하는 것이 상당하다고 할 것이다"[79)] 라고 한 판례가 있다.

이상에서 본 바와 같이 주택 분할에서는 처에게 분할한 경우보다 부에게 분할된 경우가 상대적으로 많다. 그것은 대부분 주택 등의 부동산이 부의 명의로 되어 있고 또한 부가 거기에서 계속 주거하면서 자녀를 양육해야 할 책임을 지는 경우가 많은 반면 처는 대체로 별거하다가 이혼하면서 재산분할을 청구하여 금전분할을 받은 후 자녀에 대한 부담 없이 자립하려는 현실을 반영한 것이 아닌가 생각된다.

이밖에도 주택을 원·피고가 공유하도록 하는 판례도 있다. "비록 현재 피고(부)가 위 주택에 거주하고 있지만 취득에 있어서 원고의 기여도가 높고 자신이 그 부동산의 일부를 소유하는 방법에 의하여 분할받기를 희망하고 있는 점 등을 고려하여 위 주택을 원·피고의 공유로 하는 방법에 의하여 분할하도록 한다"[80)] 는 판례이다.

---

77) 서울고등법원, 1991. 8. 8, 90드63238.

78) 서울고등법원, 1991. 11. 12, 91느4431.

79) 서울고등법원, 1992. 6. 18, 91드60557.

80) 서울고등법원, 1992. 7. 23, 90드81465.

2) 일본

일본의 경우도 부부가 혼인 중에 취득하여 가족이 살고 있는 주택을 이혼급부 결정에서 부부의 협력재산 중의 하나로 취급하고 있다. 대체로 주택은 혼인 중 부의 명의로 취득되고, 이혼 시에는 처에게 일시금 산정의 기초가 되는 것에 불과하였다. 그러나 최근에는 처자의 주택을 보호한다는 입장에서 타당한 해결을 도모하는 판례들이 나오고 있다.

먼저 부에게 주택을 분여한 경우로서는 다음과 같은 판례가 있다.

> "처가 자를 데리고 부와 별거 중이고 현재 부가 가족의 주택을 사용하고 있다는 이유를 설명하는 것만으로 부에게 주택을 주고 처에게는 주택가격의 2분의 1에 해당하는 금전을 분여…."[81]
>
> "처가 가출하고 부가 2명의 자와 가족의 주택에 남아 살고 있는 경우 부가 금후 본건 토지, 건물에 계속해서 2명의 자와 함께 거주하고 생활의 근거로 하는 것이 예상된다는 점 등을 고려하여 처에게 금 7백만 엔을 분여하도록 명령한 경우."[82]
>
> "부부가 이혼하고 처가 2명의 자의 친권자이고 주택가격의 2분의 1과 처의 지참금 중 거출금을 합한 재산분여로서 1천만 엔을 지불하도록 부에게 명령한 경우."[83]

처가 거주하고 있는 것을 고려하여 부로 하여금 처에게 주택을 분여하도록 한 판례도 있다.

> "혼인 중 부는 두 채의 맨션을 취득하고 있고 각각 별거하였다. 처는 살고 있는 맨션의 분여를 청구했고 처자의 거주를 고려에 넣은 이 신청을 인용…."[84]

---

81) 名古屋高等裁判所金澤支部, 1985. 9. 5, 〈家庭裁判月報〉, 38권 4호, 76면.
82) 東京高等裁判所, 1983. 1. 27, 〈判例時報〉, 1069호, 79면.
83) 浦和地方裁判所, 1985. 9. 10, 〈判例 タイムズ〉, 61호 104면.

"혼인기간, 원고인 처가 두 명의 자를 양육하고 원고 및 자가 거주하고 있는 것을 고려해서 맨션 한 채를 처에게 분여…."[85)]

"부도 맨션 두 채를 취득하고 있고 그 중 한 채를 처자가 거주하고 있는 것을 고려해서 처에게 분여한 경우."[86)]

그밖에도 처에게 주택을 분여한 경우 고려사항으로서는 "처가 주택취득대금의 상당액을 출연한 것과 부의 혼인비용 미지불분이 1천만 엔 이상인 경우"[87)], "처가 정신장애인인 장남을 요양·감호하면서 주택에 거주하고 있는 경우"[88)], "처가 자녀와 함께 살 수 있는 거주용의 건물이 필요하다는 것, 건물의 부지는 원고의 소유이고 금후 그 권리관계를 중심으로 원·피고간에 분쟁의 씨를 남기는 것은 타당하지 않다는 것, 그리고 부는 혼인파탄에 주된 책임이 있다는 것"[89)] 등을 이유로 한 판례들이 있다.

주택의 처리와 관련하여 주택구입 또는 건축자금으로서 차입금(*Loan*)이 이용되고 이혼 시에 그 채무의 변제가 끝나지 않은 경우 재판이나 조정에서 어떻게 처리되는지가 문제가 된다.

일반적으로 당해 부동산의 시가로부터 남아 있는 채무액을 공제한 잔액을 분여대상 자산으로 하는 것이 통상적이다.[90)] 그러나 실제로 부가 자신 명의의 주택을 보유하고 차입금의 변제를 계속하며 처는 재산분여로서 주택가격의 일부를 금전으로 취득하는 사례가 많다. 즉, "부를 명의인으로 하는 맨션이 부부의 유일한 재산이고 부가 차입금을 지불하고 있는 경우 처에게 3백만 엔을 지불하도록 부에게 명한 사례"[91)], "처에게는 차입금의 지불능력이

---

84) 東京地方裁判所, 1987. 2. 25, 60-128, 〈判例 タイムズ〉, 788호, 18면.
85) 東京地方裁判所, 1987. 8. 25, 62-196, 〈判例 タイムズ〉, 788호, 18면.
86) 東京地方裁判所, 1987. 11. 17, 62-425, 〈判例 タイムズ〉, 788호, 18면.
87) 東京地方裁判所, 1987. 8. 26, 60-137, 〈判例 タイムズ〉, 788호, 18면.
88) 東京地方裁判所, 1988. 3. 29, 62-346, 〈判例 タイムズ〉, 788호, 18면.
89) 東京地方裁判所, 1987. 1. 28, 60-025, 〈判例 タイムズ〉, 788호, 19면.
90) 福岡家庭裁判所, 1969. 3. 12, 〈家庭裁判月報〉, 21권 8호, 98면; 横浜地方裁判所, 1985. 10. 14, 〈判例月報〉, 1174호, 115면.

없기 때문에 공동명의인 가족의 주택을 부의 단독소유로 하고 처에게는 주택의 순가격의 2분의 1을 금전으로 분여한 경우"[92] 등의 판례가 있다.

한편 부가 처에게 주택의 소유권을 주고 금후 차입금의 지불을 약속한다는 해결이 조정에서 채택된 사례[93]가 있으며, 처에게도 차입금의 지불능력이 있기 때문에 공동명의의 주택을 처의 단독소유로 인정한 심판[94]도 있다. 대체로 차입금의 지불능력이 있는 자에게 주택이 분여되는 것으로 볼 수 있다.

5. 이용권의 설정

1) 한 국

한국의 경우 이용권의 설정이라는 방법으로 재산분할을 인정하는 판례는 아직 찾아보기 어렵다.

2) 일 본

재산분여로서 일방의 소유물에 임차권 등의 이용권을 설정하는 것이 필요한 경우가 있다. 최근처럼 고령자의 이혼이 증가하는 것과 연로한 처에게 이혼 후의 주거용 가옥이나 가옥의 부지의 이용권을 확보해줄 필요가 있는 경우 더욱 그러하다. 임차권 등의 설정은 소유권의 일부인 이용권을 분여하는 것이기 때문에 청산의 하나의 형태로서 허가된다[95]고 해석된다.

재산분여로서 임차권을 설정한 사례는 다음과 같다.

---

91) 東京地方裁判所, 1977. 8. 30, 〈判例月報〉, 872호, 85면.

92) 新潟家庭裁判所, 1967. 11. 14, 〈家庭裁判月報〉, 20권 7호, 49면.

93) 大宮錄郎, 《離婚ケース22からの考察》, 大日本圖書, 1987, 142~150면.

94) 大阪家庭裁判所, 1987. 7. 17, 〈家庭裁判月報〉, 39권 11호, 135면.

95) 大津千明, "財産分與の方法", 〈判例 タイムズ〉, 747호, 139면.

"… 수년간에 걸쳐 원고(처)의 수입으로 일가의 생계를 유지해온 것 등을 고려하여 청산의 의미에서 피고는 원고에게 금 4백만 엔을 지불하고 또한 금후 생활을 위해서 당분간 본건 건물의 이용이 불가피하다는 것을 인정하지 않을 수 없으므로 다음의 약정으로 임차권설정 분여를 하도록 결정, 피고에 대하여 위 금전지불 및 임차권의 등기수속을 명한 경우."[96]

"주택 점포 및 이들 부지는 상속 등에 유래하는 것으로서 어느 정도 공소인(남)의 고유재산이고 청산적 취지에서 분여를 고려할 여지는 없다. 그러나 이혼 후의 부양을 고려에 넣어 자택의 모옥… 및 점포…를 피공소인(여)에게 분여하고 또 건물의 부지에 대한 이용권을 설정하면 충분하다고 할 수 있고… 위 모옥의 부지…에 관해서는 공소인이 거주하는 것을 고려해서 피공소인이 생존 중 이것을 무상으로 이용하는 사용권을 또 점포의 부지에 관해서는… 임차권을 각각 설정하는 것이 상당하다고 할 수 있다."[97] (이 판례는 특유재산에 대하여 이용권을 설정하는 분여의 경우지만 부양적 재산분여의 취지라면 가능하다고 해석된다.)

그밖에 특수한 형태로서 여관의 영업권을 분여한 경우도 있다.[98]

재산분여의 지불을 담보하기 위한 수단으로서 이혼 후 취득한 상대방의 부동산에 대하여 저당권을 설정한 판례[99]가 있다. 실무상 지불확보는 중요한 문제로서 이러한 방법이 그 수단으로서 허용된다면 신청인에게는 유리한 방법이 될 수 있을 것이다.

96) 浦和地方裁判所, 1984. 11. 27, 〈判例 タイムズ〉, 548호, 260면.

97) 東京高等裁判所, 1988. 12. 12, 〈判例時報〉, 1031호, 97면.

98) 福岡地方裁判所, 1971. 5. 27, 〈判例時報〉, 644호, 75면.

99) 新潟家庭裁判所, 1967. 6. 6, 〈家庭裁判月報〉, 19권 12호, 52면.

IV. 맺는말

이상에서 재산분할의 방법에 관하여 한국과 일본의 판례를 중심으로 비교·고찰해보았다. 분할액수를 산정하는 방식으로서 일괄 산정방식과 개별적 산정방식을 취하는 점은 양국이 같다. 한국의 판례는 청산적 분할과 부양적 분할을 함께 고려하지만 분할액수는 각각 산정하지 아니하고 일괄하여 산정하는 방식을 대체로 취하고 있다. 일본의 경우 1940년대 및 1950년대에는 일괄 산정방식이 많았으나 1960년대 이후에는 개별적 산정방식 중 개별적 고려형이 증가하고 있으며 최근에는 개별적 합산형도 상당수에 달한다.

재산분할의 성격이 청산적 분할과 부양적 분할을 포괄하고 있기 때문에 분할액수를 산정하는 방식도 각각의 요소를 고려하고 거기에 상응하는 액수를 각각 산정하여 합산하는 일본의 경우가 보다 합리적이라고 생각된다.

분할방법에서도 양국이 모두 금전분할방법, 현물분할방법, 그리고 현물분할이라고는 하지만 대상재산을 공유로 하는 분할방법 등을 일반적으로 취하고 있다. 특히 주택의 처리문제에 관하여 한국의 판례는 따로 거론하고 있지 아니하지만 일방 당사자가 그곳에 거주하고 있거나 자녀를 양육하는 경우 또는 장래 계속 거주하기를 희망하는 경우 주택을 분할하는 대신 상대방에게 금전으로 분할하게 하는 방법을 취하고 있다. 실제로는 부에게 주택이 분할되는 경우가 처에게 분할되는 경우보다 상대적으로 많은 것으로 나타난다. 그러나 일본의 경우 최근에는 처자의 거주권을 보호한다는 입장에서 처에게 주택을 분여한 판례가 적지 아니하다. 주택의 처리와 관련하여 주택구입 또는 건축자금으로서 채무가 남아 있는 경우 이혼 시에 당해 부동산 시가로부터 남아 있는 채무를 공제한 잔액을 분할대상재산으로 하는 것은 양국이 공통된다.

그밖에 재산분할의 대상재산에 용익권을 설정하는 방법이 있다. 여기에 관한 한국의 판례는 아직 찾아보기 어려우나 일본에서는 재산분여로서 일방 배우자의 소유물에 대하여 임차권 등의 이용권을 설정하는 판례가 적지 아니하다. 한국에서도 앞으로는 재산분할방법의 하나로서 이용권의 설정이라는 방법을 취하는 것이 필요할 것으로 본다.

제10장

영미에 있어서 재산분할의 기준

- 별산제주를 중심으로 -

I. 머리말

한국에서 재산분할제도가 시행된 지 벌써 6년이 되었다. 그동안 이 제도와 관련하여 재산분할제도의 내용[1], 청산적 재산분할의 산정기준[2], 청산적 재산분할 대상재산의 범위[3], 부양적 재산분할의 실태[4], 재산분할의 방법[5] 등에 관하여 한국과 일본의 학설, 판례를 중심으로 하여 양국간의 유사점과 차이점을 비교·고찰하였다.

이혼의 효과로서 인정되는 재산분할의 내용은 대체로 부부재산의 청산과 이혼 후의 부양 등에 관한 것이다. 이에 관하여 한국·일본과 같이 부부재산제로서 별산제를 취하는 영국과 미국의 별산제주에서 이혼 시 부부재산의 청산과 부양 또는 가족주택에 관하여 어떻게 처리하고 있는지 살펴보는 것

* 이 논문은 〈법학논총〉(숭실대학교 법학연구소, 1997), 제10집에 게재된 것임.

1) 〈법학논총〉(숭실대학교 법학연구소, 1995), 제8집 참조.

2) 〈가족법연구〉(한국가족법학회, 1994), 제8호 참조.

3) 〈안암법학〉(안암법학회, 1995), 제3호 참조.

4) 〈법학논총〉(숭실대학교 법학연구소, 1996), 제9집 참조.

5) 〈가족법연구〉(한국가족법학회, 1995), 제9호 참조.

은 장래 우리의 재산분할제도의 운용에 있어 도움이 되리라고 생각한다.

이 논문에서는 영미국가에서 별산제를 취하고 있는 잉글랜드와 뉴욕 주의 재산분할제도에 관하여 청산적 분할과 부양적 분할을 중심으로 고찰하고자 한다.

II. 재산분할제도

1. 잉글랜드

잉글랜드에서는 종래 Common Law상의 부부동체 법리(*Coverture*)에 의하여 혼인하게 되면 부부의 법적 인격은 하나가 되었다. 따라서 부는 처의 토지의 점유를 취득하여 수익할 수 있고 처의 동산을 취득하여 자유로이 처분할 수 있으나 처는 재산을 자유로이 처분할 수 없고 그래서 부는 처를 부양해야 할 의무를 졌다.

그러나 1857년 혼인사건법(Matrimonial Causes Act)에 의하여 부부동체법리는 수정되어 별산제를 취함으로써 처의 재산적 지위의 독립이 인정되었다.[6] 이러한 별산제하에서는 혼인은 부부를 특별한 재산관계에 두지 않으며 이혼을 하여도 부부재산관계에 변동을 주지 않는다. 다만 처가 부의 재산취득에 금전적으로 기여하였다면 신탁의 성립이 인정될 수 있었다.[7]

1960년 말에는 별산제의 문제점이 대두되었다. 즉, 별산제에 의해서는 주부의 기여가 평가되지 않기 때문에 법정재산으로서 부부재산 공유제를 채용해야 한다는 주장이 강하게 대두되었다.[8] 그러나 부부재산 공유제로 개정되지 않았으며 1970년 혼인소송절차 및 재산법(Matrimonial Proceeding and Property Act)이 제정되었고(나중에 1973년 혼인사건법에 통합) 이것에 의하여

6) P. M. Bromley & N. V. Lowe, *Bromley's Family Law*, 1987, pp. 492~501.

7) Ibid., pp. 502~5, 529~530.

8) S. M. Cretney, *Elements of Family Law*, 1987, pp. 82~3.

이혼 시 부부재산의 거의 전부를 분배할 수 있게 되었다.

1973년 혼인사건법(Matrimonial Causes Act) 제 23조, 제 24조는 재산공여명령과 재산조정명령을 차례로 제정하여 법원으로 하여금 재산공여명령 · 재산조정명령에 의하여 부부의 이혼 후의 재산관계를 청산할 수 있는 권한을 부여하였다.

1984년 혼인 및 가족소송절차법(Matrimonial and Family Proceeding Act)을 제정하였으며 이 법에 의하여 1973년 혼인사건법 제 25조가 개정되었다. 이 개정에 의하여 혼인이 종료하여도 부는 처를 부양해야 하는 의무가 잔존한다고 하는 원칙을 폐지하였으며 이혼 후에는 가능한 한 빨리 부도 처도 자활해야 한다는 원리를 채용하였고 자의 복리를 우선적으로 배려해야 한다는 새로운 기준을 도입하였다.[9]

2. 뉴욕 주

뉴욕 주는 영국의 Common Law를 계수하였기 때문에 처음에는 부부동체법리에 의하여 처의 인격의 독립이 인정되지 않았다. 1848년 이래 뉴욕 주는 기혼부인재산법(Married Women's Property Act)을 제정하여 별산제를 확립하였다. 기혼부인재산법은 19세기 초의 법전화운동에 유래한 것으로서 여성해방에 기여하였으나 법원은 기혼부인재산법을 보수적으로 운용하였다는 지적을 받았다.

이러한 별산제하에서 이혼 시에 각 당사자는 각자 명의의 재산을 보유하였으나[10] 가정에서 가사에 종사하는 처는 자기 명의의 재산을 축적하는 기회가 없기 때문에 이혼 시에 불이익을 받게 되었다.[11] 따라서 1980년 형평

---

9) Baldry, "Matrimonial and Family Proceedings Act", *New L. J.*, Sep. 21, 1984, p. 803.

10) 다만 부명의의 재산이 처를 위한 신탁재산이라고 인정되는 경우가 있었다.

11) Foster & Freed, "Marital Property Reform in New York: Partnership of Co-Equitable?", 8, *FAM. L. Q.* (1974), p. 173.

분배법(Equitable Distribution Law)을 제정하여 재산분할제도를 일신하였다. 그것은 1966년 이혼법 개정 후 처의 기여를 평가하지 않은 별산제에 대한 비판과 혼인은 남녀가 역할을 달리하여도 평등하게 기여하는 공동체이기 때문에 혼인 중 부부협력에 의하여 취득한 재산은 평등한 비율로 또는 형평한 비율로 분배되어야 한다는 입법론이 강력히 주장되었던 것에 기인한다.[12]

형평분배법은 가족법 제236조를 개정하는 형식으로 혼인재산을 이혼 시에 형평에 따라 분배하는 제도를 신설하였고 유책성에 의하여 좌우되고 처에게만 인정하였던 이혼 후 부양료(*alimony*)를 필요에 따라 부에게도 인정하는 이혼 후 부양료(*maintenance*)로 개정하였다.

3. 재산분할제도의 변화

영미의 재산분할제도는 20세기 후반에 파탄주의 이혼법을 채택하면서 큰 변화를 겪게 되었다. 그것은 위에서 살펴본 바와 같이 별산제를 취하고 있음에도 불구하고 혼인 중 부가 처의 협력을 얻어 취득한 재산은 이혼 시에 청산해야 하는 것으로 인정되었다는 점이다. 잉글랜드법원은 재산공여명령·재산조정명령에 의하여 부부의 이혼 후의 재산관계를 청산하는 권한을 갖게 되었으며, 뉴욕 주에서는 혼인재산의 형평한 분배제도가 마련되었다.

또한 이혼 후의 부양은 종신에 걸친 생활유지라는 개념으로부터 자활을 돕는 원조의 성격으로 변화되었기 때문에 처가 무책일지라도 장기간의 이혼 후 부양을 기대할 수 없고 단기의 부양을 받는 것에 불과하게 되었다. 또한 청산이나 부양을 결정하는 데에 유책성 여부에 크게 좌우되지 않으며 가족의 주택이 부부의 다른 재산과 달리 취급되어 거주의 필요성이 많은 배우자에게 주택을 주도록 배려하게 되었다.[13]

일반적으로 재산분배가 필요한 배우자는 혼인 중 자기 명의로 재산을 축적하지 못한 처이고 부양료를 필요로 하는 배우자는 가사노동에 종사함으로

---

12) Ibid., pp. 175~8, 184~194, 196~205.

13) M. A. Glendon, *The Transformation of Family Law*, 1989, pp. 207~224.

써 소득이 없는 처이며 주택이 필요한 배우자도 부부의 자를 감호하는 처인 경우가 많다. 현재의 영미의 재산분할제도는 혼인 중 역할분담 때문에 불이익을 받게 되는 처에 대하여 부부재산의 청산이나 이혼 후의 부양, 그리고 주택의 특별처리에 의하여 보상하는 것을 그 주된 목적으로 하고 있다는 점에서 양국간에 공통점을 갖는다.

그러나 청산과 부양을 어떻게 보느냐에 관하여 영국과 미국이 또한 다르다. 영국의 경우 제도상 청산과 부양이 명확히 구분되지 않다. 그러므로 재산분할의 결정에 관한 법원의 재량권이 크다고 할 수 있다. 법원은 부양료로서 기간을 정한 정기금이나 일시금 지불을 명령하지만 무기한의 정기금 지불을 명하는 경우가 아직도 적지 않다. 그러나 미국의 경우 청산과 부양은 별개의 제도이고 별개의 기초에 의하여 결정되고 있다. 즉, 부부는 경제적 공동체를 이룬다고 하는 사상에 의하여 부부공동재산, 연금 등이 청산에 의하여 처리되고 있다. 또한 이혼 후에는 자립해야 한다는 것이 강조되고 사회복귀를 위한 단기간에 걸친 이혼 후 부양이 인정된다.[14] 이것은 각각 다음과 같은 혼인관에 기인한다. 영국의 경우 혼인은 본래 종생의 것이고 이혼이 인정된 후에도 부부의 인연은 일부 남는다고 하는 혼인·이혼관이 아직 남아 있기 때문이라고 보는 반면 미국의 경우 혼인은 애정을 항상 수반해야 하며 이혼은 과거와의 단절이고 미래에의 출발이라고 하는 혼인·이혼관이 강하기 때문[15]이라고 본다.

---

14) Ibid., pp. 227~230.

15) L. J. Weitzman, *The Divorce Revolution*, 1985, pp. 201~4.

III. 부부재산의 청산적 분할

1. 청산대상재산

영미법에서 청산의 대상이 되는 재산은 어떤 면에서는 한정되어 있고 어떤 면에서는 확대되어 있다. 즉, 근래의 제정법에서는 혼인 중 부부 일방 또는 쌍방이 유상으로 취득한 재산만을 청산의 대상으로 하는 것이 많다. 그러나 동시에 혼인 중에 취득한 전통적 재산뿐만 아니라 무형의 재산도 청산의 대상으로 하는 판례가 있다.

이와 같이 혼인 중에 부부 일방 또는 쌍방에 의하여 유상으로 취득한 자력(재산 및 소득능력)이 청산의 대상으로 되어 있다. 혼인 중에 각 배우자의 노동이나 학습에 의해서 취득된 경제력 모두가 이혼 시에 양자에게 분배되어야 한다는 것이다. 이것은 별산제 법역에서 혼인 중 처의 기여를 평가하기 위하여 이혼 시에 한하여 부부공유재산에 유사한 혼인재산 개념을 도입한 것에 기인한다. 경제적으로는 여성이 가사노동으로부터 직업노동에 진출해 있음에도 불구하고 그 수입이 완전한 자립을 허용할 수 있을 만큼 많지 않은 상태에 대응하는 조처이다. 또한 사상적으로는 혼인이란 대등한 배우자가 만드는 경제적 공동체라고 하는 혼인관의 보급이 그 배경으로 되어 있다.[16]

1) 혼인 중 취득재산

(1) 잉글랜드

잉글랜드에서는 제정법상 부부의 모든 재산이 재산조정명령의 대상으로 되지만 판례상으로는 청산의 주된 대상은 혼인 중에 부부가 취득한 재산이다. 즉, 이혼시 재산공여명령(*financial provision orders*) 및 재산조정명령(*financial adjustment orders*)에 의해서 부부의 재산이 청산되고 부양료가 정해진다. 이들 명령의 대상으로서의 재산은 제정법상 한정되어 있지 않다. 재산

---

16) M. A. Glendon, *State, Law and Family*, 1977, pp. 268~271.

공여명령은 정기금에 의하든 일시금에 의하든 금전의 지불을 명하지만 액수의 산정기초로서 일정한 재산이 지정되어 있지 않다는 것이다. 재산조정명령은 재산의 이전이나 신탁의 설정을 명한다. 즉, 재산이전명령의 대상은 "점유권을 갖는 경우이거나 복귀권을 갖는 경우이거나 당사자가 권원을 갖는 재산으로서 특정된 재산"(1973년 혼인사건법 제24조 1항 a호)이고 신탁설정명령의 대상은 "혼인 당사자가 권원을 갖는 재산으로서 특정된 재산"(동항 b호)이다.[17]

판례는 가족의 재산(*Family assets*)이라는 개념을 이용하고 있다. 그것은 부부가 가족을 위하여 취득하고 가족을 위하여 이용하는 재산을 의미한다. 그리고 그 가치의 3분의 1을 처에게 취득시키도록 하는 일시금 지불명령이나 재산이전명령을 한다.

공소원은 1973년 다음과 같은 판결을 하였다.[18]

1954년 혼인한 부부로서 부는 치과의사이고 처는 가사를 돌보면서 병원을 도왔으며 이들은 혼인 중에 부 명의로 5천 파운드의 가족주택을 구입하였는데 처가 1972년 가출하였다. 부부의 주된 재산은 가족주택이고(현시가 약 2만 파운드), 부부는 각각 자를 한 사람씩 감호하고 있다. 고등법원은 부부 쌍방에게 동거를 기대할 수 없는 행동이 있음을 인정하고 쌍방에게 이혼가판결을 내렸다. 처가 재산공여명령 및 재산조정명령을 청구하였고 고등법원은 1만 파운드의 일시금 및 연 1,500파운드의 정기금을 처에게 지불하도록 부에게 명령하였으며 부는 공소하였다. 이에 대하여 공소 일부가 인용되었다. 이 판결은, 가족재산이라는 것은 "양 당사자 일방·타방 또는 쌍방에 의해서 종신에 걸쳐 부부와 부부의 자를 위하여 계속적으로 공여하는 의도하에서 취득되고 또 가족 전체의 이익을 위하여 인용되고 있는 것을 의미한다", "가족의 재산은 2개의 부분으로 나누어져 있다. 하나는 가족주택과 가구 같은 자본적 성질을 갖는 것이고 다른 하나는 부와 처와의 소득능력 같은 수입을 얻는 성질을 갖는 것이다. 혼인이 종료하는 때에는 자본적 재산은 분할되고,

---

17) S. M. Cretney, op. cit., p. 99.

18) Wachtel vs. Wachtel(1973) *FAM.* 72. CA.

각자의 소득능력은 배분되지 않으면 안 된다"고 하였다. 또한 "재산공여명령 및 재산조정명령의 결정 시에는 가족의 주택 등 자본적인 가족재산과 부의 소득을 각각 3분의 1씩 처에게 준다고 하는 3분의 1룰을 출발점으로 하여야 한다"((1973) *FAM.* 94~95)고 하였으며 "1,500파운드의 정기금은 부부 연수입의 합계 중 3분의 1을 처에게 주는 것이 되므로 상당하다. 일시금은 6천파운드가 상당하다"((1973) *FAM.* 97~99)고 하였다.

이 판결은 청산의 대상이 되는 재산은 혼인 중 취득한 자본적 재산은 물론 부부의 소득능력도 포함된다고 하였다.

(2) 뉴욕 주

뉴욕 주의 부부재산제는 별산제이고 혼인 중 부부는 각자의 재산을 관리처분하지만 이혼 시에는 혼인재산(*marital property*)으로 인정되기 때문에 법원은 부부재산 중 혼인재산에 해당하는 재산을 형평한 비율로 부부간에 분배하여야 한다.

가족법 제236조(B) (1)항 (C)에 의하면 혼인재산이라고 하는 것은 "권원을 갖는다고 하는 형식에 무관하게 제236조(B) (3)항에 따른 합의에 의해서 달리 정한 경우를 제외하고, 혼인 중에 또는 별거합의의 작성 또는 혼인소송의 제기 이전에 양 배우자 일방 또는 쌍방에 의해서 취득된 재산"을 의미한다. 그러므로 혼인 전에 취득한 재산, 배우자 이외의 당사자로부터 동산유증, 부동산유증, 상속 또는 증여에 의하여 취득한 재산 등으로 이루어진 특유재산(*separate property*)은 포함되지 않는다. 이러한 혼인재산의 정의는 혼인이라고 하는 파트너십의 성과가 형평한 재산분배의 대상으로 된다고 하는 사고방식에 기인한다.[19]

결국 혼인재산은 혼인 중에 부부 일방 또는 쌍방에 의하여 취득된 재산으로부터 특유재산을 제외한 것이 된다. 현재 미국에서는 혼인 중 부부재산제가 상이함에도 불구하고 대부분의 주에서 혼인 중 부부 일방 또는 쌍방에 의

---

19) Foster, "Commentary on Equitable Distribution", 26 *N.Y.L.SCH. L. REV.* 1(1981), p. 9.

하여 유상으로 취득된 재산이 이혼 시 청산대상 재산이 되고 있다.[20]

2) 연 금

(1) 잉글랜드

1973 혼인사건법 제 5조는 5년간의 별거에 의한 이혼청구를 중대한 경제적 가혹(苛酷)을 이유로 하여 기각하는 권한을 법원에 인정하고 있다. 처가 이혼에 의하여 부의 연금에 대한 유족급부를 받을 수 없게 되는 것은 중대한 경제적 가혹에 해당하는 것이라고 법원은 해석하고 있다. 다만 부가 처의 유족연금의 상실을 보상하는 재산분할을 신청하는 경우에는 이혼청구는 기각되지 않는다.[21]

1973년 혼인사건법 제 25조 2항은 재산공여명령 및 재산조정명령의 기준의 하나로서 "이혼 또는 혼인무효 사건의 경우, 혼인해소 또는 무효 때문에 혼인 당사자의 일방이 취득할 기회를 잃게 되는 급부(예를 들면 연금)의 그 당사자에 대한 가치"를 열거하고 있다. 이 규정에 의하여 법원은 부의 퇴직일시금의 수령까지 심리를 연기한다든지 퇴직일시금의 수령 시에 처에게 일시금 지불을 미리 명령한다든지 처의 연금상실을 보상하는 일시금의 지불을 명한다든지 하고 있다.[22]

(2) 뉴욕 주

1983년 이후 고등법원 상소부는 확정 · 비확정에 상관없이 연금은 혼인재산에 해당한다고 판시하였다. 그 이유는 연금은 급여의 후불이기 때문에 피용자는 연금에 대하여 권리를 가지는 것[23]이라고 하였다.

1984년 주대법원은 마죠스카즈 판결에서 혼인이 부부의 경제적인 공동사

---

20) R. L. Mennell & T. M. Boykoff, *Community Property*, 1988, pp. 3~4.

21) Parker vs. Parker (1972) *FAM.* 116.

22) Moris vs. Moris (1977) 7 *FAM. LAW* 244, CA.

23) Reed vs. Reed, 93 *A.D.* 105. 462 *N.Y.S.* 2d 73 (3rd Dept. 1983).

업이라는 것 및 연금이 급여의 후불이라는 것을 이유로 확정연금을 혼인재산으로 인정하였다.[24] 처가 피용자로서 연금을 갖고 있는 경우에도 처의 연금은 혼인재산으로 된다.[25]

연금의 분배방법은, 연금수급자인 배우자에게 혼인 중에 취득한 연금의 현재가치에 대한 형평한 비율을 일시금으로 타방 배우자에게 지불하게 하거나 또는 연금수급자인 배우자에게 연금의 성숙 후에 매기(每期)에 형평한 비율의 액수를 타방 배우자에게 지불하도록 하는 방법이 인정된다.[26]

3) 전문직 자격의 처리

현대생활에서 부부가 취득한 유형의 재산은 반드시 많은 것은 아니고 부부의 중요한 재산은 오히려 고용관계에서 유래하는 재산, 예컨대 직업상의 지위나 연금의 기대 등 무형재산(*new property*)인 경우가 많다. 따라서 이혼시에 전통적 재산만을 청산하면 공평한 청산으로 되지 않기 때문에 무형재산도 부부의 협력에 의하여 취득되는 경우 청산대상으로 인정하게 되었다.[27]

(1) 잉글랜드

부의 전문직 자격은 1973년 혼인사건법 제25조 2항 a호에 의하여 "혼인당사자 각각이 갖는, 또는 예견되는 장래에 갖게 되는 소득, 소득능력, 재산 및 기타 자력"으로서 재산공여명령 및 재산조정명령의 결정에서 고려되는 것으로 해석되고 있다.

---

24) Majauskas vs. Majauskas, 61 *N.Y.S.* 2d 481, 474 *N.Y.S.* 2d 699(1984).

25) Cohen vs. Cohen, 104 *A.D.* 841, 480 *N.Y.S.* 2d 358, 362(2nd Dept. 1984).

26) Pincus, "How Equitable Is New York's Equitable Distribution Law?" 14 *Colum. Hum. RTS. REV*(1982-83), pp. 433, 443.

27) L. J. Weitzman, op.cit., pp. 110~142.

(2) 뉴욕 주

고등법원 상소부는 전문직 자격은 재산이 아니며 처의 불이익은 이혼 후 부양에 의하여 구제된다는 것을 이유로 전문직 자격에 대한 형평한 재산분배를 부정하였다.[28]

그러나 1985년 최고법원은 오브리엔 사건에서 의사면허는 혼인재산이고 형평한 재산분배의 대상이라고 해석하였다.[29] 즉, 처는 교사로서 활동하며 의대생인 부를 부양하였고 부는 의사면허를 취득하고 2개월 후에 이혼소송을 제기하였다. 고등법원 특별부는 이혼을 인정하고 의사면허를 혼인재산으로 해석하여 형평한 재산분배를 하였다. 고등법원 상소부는 원판결을 취소하였고 처의 상고가 허락되었다. 상소법원은, 형평분배법(Equitable Distribution Law)은 "혼인관계로부터 생긴 가치 있는 재산에 대하여 양 배우자가 형평한 권리를 가진다는 것을 인정하고 취득시점에 관하여 양 당사자의 혼인이라고 하는 지위에 초점을 맞추어 그 가치 있는 재산을 분배의 대상으로 하여 분류하고 있는 것이다"(488 *N. Y. S.* 2d 746)라고 하였으며 또한 "입법부는 일방 배우자의 타방 배우자의 전문직 또는 경력에 대한 기여는 제정법에서 명확하게 되는 것에 의해서 … 이들의 기여가 혼인이라고 하는 경제적 파트너십에 대한 투자이거나 양 당사자의 협력의 성과인 전문직의 면허를 혼인재산이라 해석하여도 지장이 없다"고 하였다.

전문직의 면허는 취득을 위하여 지불된 금전·노력 및 잃어버린 기회나 소지자에게 생긴 높은 소득능력에 비추어볼 때 가치 있는 재산권으로서 면허는 이전될 수 없어도 가치에 의한 분배가 가능하기 때문에 면허를 재산으로 해석하는 것에 문제는 없다는 것이다. 그러나 전문직 자격취득을 위하여 지출된 비용의 상환에 의한 구제는 형평분배법의 취지에 부합하지 않는다. 면허가 혼인재산이지만 노동에 종사한 배우자가 취득해야 하는 것은 형평한 분배이고 지출된 금전의 반환은 아닌 것이기 때문이다.

---

28) Lesman vs. Lesman, 88 *A. D.* 2d 153, 452 *N. Y. S.* 2d 935(4th Dept. 1982).

29) O'Brien vs. O'Brien, 66 *N. Y. S.* 2d 576, 498 *N. Y. S.* 2d 743(1985).

4) 가족의 주택

가족의 주택(*matrimonial home*)이란 혼인 중 가족의 거주에 제공되었던 부부 일방 또는 쌍방 소유인 주택을 말한다. 가족의 주택은 부부의 다른 재산과 마찬가지로 혼인 중 부부노력에 의하여 취득된 것이라면 이혼 시 청산의 대상으로 된다. 영미의 입법이나 판례는 가족주택의 재산적 가치를 부부에게 공평하게 분배할 뿐만 아니라 그 거주의 이익을 처자에게 우선적으로 향수(享受)시키려고 하는 의도를 가지고 있다. 우선적으로 가족의 주택에 거주를 인정하려는 것은 이혼 후 자의 감호를 담당하는 것은 처인 경우가 많기 때문이다.

(1) 잉글랜드

잉글랜드법원은 혼인 중 가족의 주택의 취득은 부부 쌍방의 기여에 기초한다는 것을 인정함으로써 이혼 시 처자가 가능한 한 가족주택에 계속 거주하도록 배려하고 있다.30)

1973년 공소원의 Wachtel 판결은, 가족주택은 "가족재산으로서 중요한 것이고 처의 금전출연뿐만 아니고 가사노동도 또한 그 취득에 대한 기여로서 평가되어야 하므로 법원은 이혼 시 처의 기여를 평가해서 가치의 일부를 처에게 분배하여야 한다"고 판시하였다. 이 판결은 또한 "만약 주택이 부부 쌍방의 공동의 노력에 의해서 취득되고 유지된다고 하는 결론에 법원이 도달한다면 혼인이 파탄한 때에는 명의가 누구에게 있거나 주택은 부부 쌍방의 공동재산으로 보아야 한다"고 판시하였으며, 처가 가족의 주택을 나온 경우에는 처에게 가족의 주택을 주어야 한다고 판시하였다.31)

부부에게 가족의 주택 이외에 다른 재산이 없는 경우에는 부에게 가족의 주택을 보유하도록 하고 처에게 일시금을 지불하도록 명령할 수 있지만 그러한 경우 부가 일시금을 지불할 수 없다든지 처가 그 돈으로 주택을 구입할

---

30) P. M. Bromley & N. V. Lowe, op. cit., p. 699.

31) Wachtel vs. Wachtel(1973) *FAM.* 72, 93A-94A, 95G-96F, CA.

수 없게 되는 경우가 있을 수 있다. 또한 처에게 가족주택의 소유권을 이전시켜버린다면 부의 가족주택 취득에의 기여가 무시될 수도 있다. 가족주택을 매각해서 그 대금을 부부간에 분배한다면 부도 처도 주택을 취득할 수 없게 된다. 1973년 공소원은 Mesher 사건판결에서 가족주택의 매각과 매각대금의 분배를 자의 성장까지 연기하고 그동안에 처자에게 가족주택을 이용하도록 하는 방법을 채택하였다.[32)]

가족주택을 부부 공동명의로 매각신탁(토지를 매각해서 대금을 수익자에게 분배하는 신탁)으로 하지만 자의 성장까지 매각할 수 없다고 하는 재산조정명령은 이후 빈번하게 행해졌으므로 이것을 메사형의 명령(*Mesher order*)이라 부르고 있다(1973년 혼인사건법 제24조 1항 b호(신탁설정명령)).

그러나 메사형의 명령에는 자가 성장해서 주택이 매각된 때 처에게 우선적으로 이전되지 않을 가능성이 있고 이혼 후에 장기간에 걸쳐 양 당사자간에 경제적 관계가 잔존하는 등 단점이 있다. 그래서 법원은 처나 자에 대한 정기금을 감한다든지 처에게 일시금의 지불을 명하는 방법에 의해서 가능한 한 가족주택의 소유권을 이혼 시에 처에게 이전하도록 하였다.[33)]

1977년 공소원의 런던 판결은, 원심의 메사형의 명령에 의하면 자의 성장 후에 부도 처도 주택을 취득할 수 있을 정도의 매각대금을 취득할 수 없다는 것을 지적하고, 가족주택을 처에게 이전하고 그 대신 자의 부양료를 명목액에 그치도록 하였다.[34)]

1987년 공소원의 모티마 판결은 처에게 가족주택을 주었지만 일시금 2,500파운드를 부에게 지불하도록 명령하였다.[35)] 그러나 이 처리는 정기금 없이 생활할 수 있는 소득 있는 처에게 적합하지만 정기금으로 생활하지 않을 수 없는 소득 없는 처에게는 적합하지 않다는 문제점이 있다.[36)]

---

32) Mesher vs. Mesher (1973) (1980) 1 *All E. R.* 126, CA.
33) S. M. Cretney, op. cit., p. 12.
34) Hanlon vs. Hanlon (1978) *W. L. R.* 592, CA.
35) Mortimer vs. Mortimer-Griffin (1986) 2 *F. L. R.* 315. CA.
36) S. M. Cretney, op. cit., p. 122.

가족주택의 처리방법의 하나로서 처의 사망 또는 재혼까지 가족주택의 매각 및 매각대금의 부부간 분배를 연기한다고 하는 방법이 있다. 이것은 1977년 공소원 판결에 의한 것으로서 "마틴형의 명령"(*Martin order*)이라고 부른다. 마틴 판결은 자가 없는 고령의 처에게 가족주택에서 거주하도록 보호하고 있다. 자가 있는 경우에도 공소원은 마틴형의 명령을 내리고 있다. 즉, 1982년 Harvey 판결[37]은 자를 감호하는 처의 사망, 재혼, 퇴거까지 매각을 연기하였다. 다만 자가 성인이 된 후 매각까지의 기간에는 처에게 부에 대하여 임대료를 지불하는 의무를 부과하였다.

(2) 뉴욕 주

1980년까지 뉴욕 주 고등법원은 부부의 재산을 이혼 시에 분배하는 권한을 갖지 않았고 가족주택은 이혼 전후를 불문하고 그 명의인의 소유물이었다.[38] 또한 이혼 시에 가족주택의 점유가 처자에게 인정되는 경우도 있지만 그 요건은 한정적이었다. 배우자 일방이 가족주택을 단독으로 소유하는 경우에는 법원도 타방 배우자에게 가족주택의 점유를 원칙으로 인정하지 않았다. 가족주택이 부부 전부보유(*tenancy by entireties*)로 된 경우에는 처가 무책이고 미성년자와 가족주택에 거주하는 때에는 처에게 점유를 인정할 수 있지만 가족주택에 거주해야 할 자가 없는 때나 처가 유책인 때에는 처에게 점유를 인정하지 않았다.[39]

형평한 분배제도의 채용에 의하여 법원은 비로소 혼인재산에 해당하는 가족의 주택을 형평하게 분배하는 것이 가능하게 되었다. 형평한 재산분배를 정하는 데 고려해야 할 여러 요소 중에는 "감호자인 부모가 가족주택(*marital*

---

37) Harvey vs. Harvey(1982) *FAM*. 83, CA.

38) Wirht vs. Wirth, 38 *A.D.* 2d 611, 326 *N.Y.S.* 2d 308(3rd Dist, 1971). 처의 소득은 가족의 생활비에 충당되고 부의 소득이 가족의 주택구입에 충당되었으나 법원은 가족주택이 부의 명의로 되어 있다는 것을 이유로 처에게 가족주택의 공유지분을 인정하지 않았다.

39) Trushkosky vs. Trushkosky, 83 *A.D.* 2d 986, 443 *N.Y.S.* 2d 16(2nd Dept. 1981).

residence)을 점유 또는 소유하고 또한 그 가재(*household effects*)를 이용 또는 소유할 필요"가 특히 거론되고 있다(가족법 제236조 (B) (5) (d)).

이 규정에 근거하여 법원은 미성년자인 자를 감호하는 배우자가 가족주택을 필요로 하는 경우에 가족주택 이외의 재산을 타방 배우자에게 준다든지 가족주택의 매각을 연기한다든지 하는 것에 의해서 그 배우자에게 가족주택의 소유권이나 점유권을 인정할 수 있게 되었다.[40] 또한 가족법 제236조 (B) (5)항 f호는 형평한 재산분배에 덧붙여 "법원은 가족주택(*marital home*) 및 그 가재의 이용 및 점유에 관하여 당해 재산의 소유형태에 관계없이 234조에 규정된 명령을 할 수 있다"고 규정하고 있다.[41]

법원은 가족주택을 처에게, 가족주택 이외의 재산을 부에게 각각 주고 형평한 재산분배를 실현한 경우가 있다. 예컨대 고등법원 상소부의 Ward 판결은 주택을 감호권자인 처에게, 사업을 부에게 주고 있다.[42]

가족주택의 매각을 자가 성장하기까지 연기하고 그때까지 자의 감호권을 갖는 배우자에게 가족주택의 점유를 인정하는 판결은 많이 나타나 있다. 매각의 연기를 촉진하는 요소로는 자가 가족주택을 필요로 한다는 것, 부가 주택지분을 자본으로서 이용할 긴급한 필요가 없다는 것, 모자가 다른 주거에 이전하는 것보다는 가족주택을 유지하는 쪽이 안정된다고 하는 것이 열거되고 있다. 매각의 연기는 자가 21세까지 인정되는 경우가 많다. 때로는 처를 위해서 가족주택의 매각이 연기되는 경우도 있다. Jolis 사건에서는 자가 모두 자립하고 있음에도 불구하고 호화로운 아파트에 대한 처의 애착이 고려되어 3년간이지만 그 매각이 연기되었다.[43]

---

40) Foster, op. cit., pp. 34~5.

41) 가족법 제234조는 법원에 대하여 부부재산의 점유에 관하여 정의에 합치하는 명령을 하는 권한을 인정한다.

42) Ward vs. Ward, 94 *A.D.* 2d 908, 463 *N.Y.S.* 2d 634(3rd Dept, 1983).

43) Jolis vs. Jolis, 98 *A.D.* 2d 692, 470 *N.Y.S.* 2d 584(1st Dept. 1983).

2. 청산의 기준

1) 잉글랜드

잉글랜드 제도는 청산과 부양을 구별하지 않기 때문에 이 기준은 부부재산분배의 기준이 됨과 동시에 부양료 결정의 기준이 되기도 한다.

1984년 혼인 및 가족소송수속법(Matrimonial and Family Proceedings Act)에 의하여 개정된 1973년 혼인사건법 제25조에 의하면 청산의 기준으로서 고려해야 할 사항을 다음과 같이 규정한다. 법원은 재산공여명령이나 재산조정명령의 권한을 어떻게 행사하는가를 결정할 때에 "당해 가족의 자가 18세에 달하지 못한 동안은 그 자녀의 복지를 첫째로 배려하고 당해 사건의 일체의 사정을 고려할 의무를 진다." 그리고 특히 다음 사항을 고려하지 않으면 안 된다.

ⓐ 혼인 당사자 각각이 갖는 또는 예견하는 장래에 갖게 되는 소득, 소득능력, 재산 및 기타 자격. 소득능력에 관해서는 혼인 당사자에게 취득시키는 조치를 취하는 것이 합리적이라고 판단되는 소득능력의 증가도 포함한다.

ⓑ 당사자 각각이 갖는 또는 예견하는 장래에 갖게 되는 경제적 필요·채무 및 책임.

ⓒ 혼인파탄 이전에 당해 가족이 향유하던 생활수준.

ⓓ 혼인 각 당사자의 연령 및 혼인기간.

ⓔ 혼인 당사자 일방의 신체적 또는 정신적 장애.

ⓕ 가사 및 가족을 돌본 것에 의한 기여를 포함해서 각 당사자에 의한 가족의 복지를 위하여 행한 또는 예견되는 장래에 행하게 될 기여.

ⓖ 당사자의 행위가 그것을 무시한다면 법원의 판단에서 보아 형평에 어긋나는 것이라고 볼 수 있는 경우 양 당사자의 각각의 행위.

ⓗ 이혼 또는 혼인 무효사건의 경우 혼인해소 또는 무효 때문에 혼인 당사자 일방이 취득기회를 상실하게 되는 급부(예컨대 연금)의 각 당사자

에 대한 가치 등이다.

위의 여러 기준 중 ⓐ는 양 당사자의 자력에 대한 고려를 법원에 구하고 있다. 당사자가 어떻게 해서 그 자격을 얻게 되었는가는 묻지 않는 것으로 해석되고 있다.[44] ⓑ의 필요는 합리적인 필요(*reasonable needs or requirement*)라고 실무상 해석되고 있다. 여기에는 최저한의 생존을 위하여 요구되는 금전과 거주해야 할 집이 포함된다. 양 당사자에게 생활의 여유가 있는 경우에는 포함범위가 보다 넓어지게 된다.[45] ⓕ의 주된 목적은 주부의 기여에 대한 평가이다. 공소원은 Wachtel 판결에서 "가족의 재산" 특히 가족주택의 취득에 대하여 처의 금전적 및 비금전적 기여를 이혼 시에 충분히 평가하여야 하는 것으로 판시하고 있다.[46] ⓖ의 행위는 유책성의 문제이다. 유책성은 "무시하면 형평에 어긋나는 경우"만을 고려하고 있다.[47]

2) 뉴욕 주

뉴욕 주 하원의 입법이유서에 의하면 형평한 재산분배제도(*equitable distribution*)는 평등한 동반자의 파트너십이라고 하는 혼인관을 전제로 하여 혼인 중에 축적한 재산의 형평한 분배를 도모하는 것이고, 형평한 분배라는 것은 원칙적으로 평등한 분배라고 한다. 또한 입법에 기여한 학자의 설명에 의하면 주의회가 평등한 재산분배가 아닌 형평한 재산분배를 채용한 것은 유연성이 필요하다고 하는 정책적 판단에 기인한다고 한다.[48]

법원은 이러한 재산분할제도에 의하여 이혼 시 형평한 재산분배를 하기 위하여 근거가 되는 기준으로서 다음과 같은 사항을 고려하여야 한다(가족법 제235조(B) (5) (d)).

44) Daubney vs. Daubney(1976) *FAM.* 267, CA. 처가 사고에 의하여 상해손해배상금을 받고 그것으로 구입한 맨션의 존재를 고려하고 있다.

45) Leadbeater vs. Leadbeater(1985) *F. L. R.* 789.

46) Wachtel vs. Wachtel(1973) *FAM.* 72, 93~94, CA.

47) 유책성에 관한 자세한 설명은 후술 "부양의 기준" 참조.

48) Foster, op. cit., pp. 31~2.

ⓐ 혼인 시와 소송개시 시의 각 당사자의 소득과 재산.

ⓑ 혼인기간과 함께 각 당사자의 연령 및 건강.

ⓒ 감호자인 부모의 가족주택을 점유 또는 소유, 가재를 이용 또는 소유할 필요.

ⓓ 혼인해소일 현재, 혼인해소에 기한 상속권 및 연금권의 상실.

ⓔ (B) (6) 항에 근거한 이혼 후 부양료의 지급.

ⓕ 배우자, 부모, 생활담당자 및 가사담당자로서의 또는 타방 당사자의 경력이나 경력의 기초에 대하여 협력 또는 지출·기여·노역을 포함하여 권원을 갖지 않는 배우자의 혼인재산에 대한 형평법상의 청구권, 혼인재산에 갖는 권리 또는 혼인재산의 취득에 관한 직접 또는 간접기여.

ⓖ 혼인재산 전부가 갖는 유동적 또는 비유동적 성격.

ⓗ 각 당사자의 개연성 있는 장래의 경제상황.

ⓘ 사업·회사 또는 전문직을 구성하는 자산 또는 권리의 평가가 불가능 또는 곤란하다는 것 및 이러한 종류의 재산 또는 권리를 타방 당사자로부터의 청구 또는 간섭 없이 그대로 유지하는 것이 바람직하다는 것.

ⓙ 법원이 명시적으로 정당 또는 적절하다고 인정하는 기타의 요소 등이다.

이 중 ⓐ는 혼인 중에 부부의 자력이 어느 정도 변화하였는가를 조사하여 정한다는 취지이고, ⓑ는 부부의 필요를 고려하는 취지이다.[49] ⓕ는 부 명의의 재산에 대한 처의 금전적 또는 비금전적 기여가 인정되지 않고 불공정한 결과가 발생하는 것을 피하기 위한 규정이다. 이러한 요소는 주로 역할분담을 채택한 전통적인 가족을 상정하고 있지만 그 이외의 가족에도 적용된다. 직접적 기여라는 것은 예컨대 가족 주택대금의 일부를 특유재산으로 출연한다든지 또는 전업주부가 가사를 담당하는 것을 말한다.[50]

재산분배에서 유책성, 즉 혼인상의 과실이 어떠한 역할을 하는가에 관해서는 법원의 판단에 일임한다. 즉, 형평분배법에 의하여 개정된 가족법 제

49) Scheinkman, 1981 Practice Commentary, Mckinney's Consolidated Laws of New York Annotated, Book 14, 1986 Supplementary Pamphlet, p. 219.

50) Ibid., p. 223.

236조 (B) 5항 d) 호에서 ⓙ "법원이 명시적으로 정당 또는 적절하다고 인정하는 기타"의 요소란 혼인상의 과실(*marital fault*), 즉 배우자의 유책여부에 대한 판단을 의미한다.

형평분배법 시행 이후 고등법원 심리부·특별부의 판단이 나누어져 혼인상의 과실을 형평한 재산분배나 이혼 후 부양의 결정 시에 고려되어야 할 요소로 판단한 판결[51], 혼인상의 과실을 재산분배에 무관계하게 판단한 판결[52], 절충적 입장을 취한 판결이 있다.[53]

그후 고등법원 상소부는 형평한 재산분배 및 이혼 후 부양의 결정 시에 매우 중요한 것을 제외하고 혼인상의 과실은 고려되지 않는다고 해석하였다.[54] 즉, 고등법원 특별부는 부의 유기를 원인으로 하는 처의 이혼청구를 인용하고 혼인재산의 내용이나 부부의 직업을 고려하면 혼인재산의 6할을 처에게 분배하여야 하지만 이혼원인은 부의 유기이고 처는 그것에 의하여 받은 손해를 보상받아야 한다는 이유로 혼인재산 모두를 처에게 분여하였다. 부가 이에 대하여 공소하였고 재판부는 원심을 취소하고 다음과 같이 판결하였다.

> "혼인관계는 무엇보다도 경제적 파트너십으로 보아야 한다는 것 및 그 해소 시에 축적된 재산이 사건과 당사자와의 경제적 필요와 제반사정에 근거하여 분배되어야 한다는 것은 강조될 수 있다. … 혼인상 과실이 재산분배에서 고려되어야 한다고 해석하는 것은 우리의 견해에 의하면 이 목적과 합치되지 않는다. … 뿐만 아니라 과실이란 혼인관계에서 평가가 곤란하고

---

51) Giannola vs. Giannola, 109 *Misc.* 2d 985, 441 *N.Y.S.* 2d 341(S. Ct. 1981).

52) M.V.R. vs. M.V.R., 115 *Misc.* 2d 674, 454 *N.Y.S.* 2d 779(S. Ct. 1982).

53) Kobylack vs. Kobylack, 110 *Misc.* 2d 402, 442 *N.Y.S.* 2d 392(S. Ct. 1981).

54) Blickstein vs. Blickstein, 99 *A.D.* 2d 287, 472 *N.Y.S.* 2d 110(2nd Dpt. 1984).

엄격히 분석하면 양 당사자의 행위에 귀착될지도 모른다. 이런 이유 때문에 우리는 일반적 원칙으로서 당사자의 혼인상 과실이 형평분배법에 있어서, 혼인해소 시 혼인재산의 분배와 관련성이 있는 고려사유는 아니라고 결론을 내린다. 그러나 이것은 혼인상의 과실이 그 이상한 성질 때문에 관련성을 갖기에 이르고 고려되어야 할 사건도 존재한다는 것을 부정하는 것은 아니다. … 이 경우에 포함되는 것은, 혼인상의 비행이 혼인관계를 전적으로 무시하고 있다고 말할 정도로 무책임하고 야만적이며 결국 비행이 법원의 '양심에 충격을 줄', 따라서 법원이 당사자간에서 정의를 행하는 형평의 권능에 호소하는 것을 할 수 없을 정도의 상황을 말한다."

결국 본 사건에서 부의 유기라는 유책사유는 혼인재산분배 시에 고려되지 않았다. 그후에도 재산분배나 이혼 후 부양에 관하여 같은 취지의 고등법원 상소부의 판결이 많이 나타나 있다.[55] 1985년 말 최고법원은 O'Brien 판결에서 고등법원의 해석을 지지하고 형평재산분배에서 혼인상의 과실은 법원의 양심에 충격을 줄 정도로 무책임한 것을 제외하고는 고려되지 않는다고 해석하였다.[56]

3. 청산의 비율

청산의 대상이 되는 재산은 어떠한 비율로 부부에게 분할할 것인가에 관하여는, 법원이 사건에 따라 배우자의 기여를 고려해서 재량에 의하여 청산의 비율을 정하는 제도와 입법부가 미리 법률에 의하여 청산비율을 원칙적으로 평등한 것으로 정해놓은 제도가 있다. 영미에서 잉글랜드와 뉴욕 주는 전자에 속하고, 스코틀랜드와 캘리포니아 주는 후자에 속한다.[57]

잉글랜드의 법원은 제반사정을 고려하여 일시금 지불명령이나 재산조정

55) McMahan vs. McMahan, 100 *A.D.* 2d 826. 474. *N.Y.S.* 2d 974(1st Dept. 1984).

56) O'Brien vs. O'Brien, 66 *N.Y.S.* 2d 576, 498 *N.Y.S.* 2d 943. 750(1985).

57) 스코틀랜드 1985년 가족법 제10조 1항, 캘리포니아 주 민법전 제4800조 a항.

명령을 결정하고 부명의의 재산 일부를 처에게 분배한다. 뉴욕 주의 법원은 이혼 시에 제정법이 정해놓은 제반사정을 고려한 후 형평한 비율로 혼인재산을 분배한다.

1) 잉글랜드 (3분의 1 룰)

법원은 재산공여명령 및 재산조정명령의 결정 시에, 3분의 1 룰(*one-third rule*)을 적용하고 있다. 3분의 1 룰이란 양 당사자의 소득합산액의 3분의 1이 처에게 배분되도록 정기금을 정하고 양 당사자의 자산의 합산액의 3분의 1이 처에게 배분되도록 일시금의 지불이나 재산의 조정을 명령한다고 하는 기준이다.

3분의 1 룰은 교회법원이 "식탁과 침상의 분리", 즉 별거 후의 부양료 산정에서 부의 소득의 3분의 1을 목표로 하는 것에 유래한다. 1973년 Wachtel 판결은 위와 같은 의미에서 3분의 1 룰을 재산공여명령 및 재산조정명령의 목표로 이용한다는 것을 명확히 하였다.[58] 이 판결은 혼인이 파탄되면 1세대가 2세대가 되고 부의 세대는 가사를 담당하는 여성을 필요로 하기 때문에 비용이 든다는 것을 이유로 3분의 1 룰이 출발점으로서 합리적이라고 설명하고 가족의 자산인 재산을 평등하게 분할하는 것은 처가 그밖에 부로부터 부양료를 받는 이상 적절한 것은 아니라고 설명한다.

1984년 혼인 및 가족소송수속법에 의하여 법원은 재산공여명령 및 재산조정명령을 할 때 미성년인 자의 복지를 첫째로 고려해야 한다는 것을 정한 후에도 공소원은 3분의 1 룰을 적용하고 있다.[59]

즉, Bullock 사건에서 재산의 3분의 1에 해당하는 1백만 파운드의 일시금을 처에게 지불하도록 명령받은 부가 공소하여, 처의 합리적 필요에 의하지 않는 3분의 1이라고 하는 비율에 의해서 일시금을 산정한 원판결은 근래의 공소원 판결에 비추어 오류가 있다고 주장하였다. 그러나 판결은 공소를 기

---

58) Wachtel vs. Wachtel (1973) *FAM.* 72. 94-95. CA.

59) Bullock vs. Bullock (1986), *F. L. R.* 372, CA.

각하였다. 공소인이 거론한 판결은 3분의 1 룰을 적용한 O'D 판결을 검토한 것이지만 "법원은 그 사건에서 3분의 1 룰의 적용이 이 재판권의 행사에 부적절한 방법이라고 생각한다고 하는 결론에는 도달하지 않는다"고 하였다. 그러나 학설은 이러한 판결에 대하여 청산과 부양을 구별하여 혼인 중에 유상으로 취득한 부부재산을 평등한 비율로 분할해야 한다고 주장한다.[60]

2) 뉴욕 주 (형평한 재산분배)

뉴욕 주는 1980년 형평분배법(Equitable Distribution Law)을 제정하여 이혼 시에 혼인재산을 형평하게 분배하도록 하였다. 이 법은 자의 부양 및 배우자 부양에서 성차별을 철폐하며 부양과 재산분배의 새로운 개념을 확립한다고 하는 목적으로 제정되었다. 이 법은 가족법 제236조를 개정하는 형식으로 혼인재산을 이혼 시에 형평하게 분배하는 제도를 신설하였으며 종래 유책성에 좌우되고 처에게만 인정하였던 이혼 후 부양료(*alimony*)를 필요한 경우 부나 처에게 분배할 수 있는 이혼 후 부양료(*maintenance*)로 개정하였다.

형평한 재산분배는 혼인 당사자가 혼인 전 또는 혼인 중에 체결한 서면에 의한 합의로서 특유재산 및 혼인재산처리를 재판하지 않고 자신들이 결정할 수 있다. 이 합의는 합의시점에서 공정하고 합리적인 것이 아니면 안 될 뿐만 아니라 이혼판결시점에서 비양심적(*unconscionable*)이어서도 안 된다(가족법 제236조 (B)).[61] 합의가 없는 경우에는 이혼소송에서 법원에 의하여 "혼인재산은 사건과 각각 당사자의 제반사정을 고려하여 양 당사자간에 형평하게 분배한다(*be distributed equitably*)"(가족법 제236조 (B) (5) (b))는 규정에 의하여 분배하게 된다.

고등법원 상소부의 판결 중에는 혼인재산을 평등한 비율에 의하여 분배한 경우와 평등하지 않은 비율로 분배한 경우가 있다. 일반적으로 형평한 재산분배는 평등한 재산분배와 같은 의미는 아니라고 하는 상소부 판결이 더 많

60) K. J. Gray, *Reallocation of Property on Divorce*, 1977, p. 115.

61) Foster & Freed, "Family Law", 32 *Syracuse L. Rev*(1981), p. 347.

다.[62] 그러나 혼인이 장기간 계속된 경우에는 형평한 분배라는 것은 평등한 분배라는 견해를 나타내는 판결이 많이 있다. 예컨대 처가 주부인 사안에 관하여 다음과 같은 Perri 판결이 있다.[63]

즉, 부부가 1958년 혼인하여 3명의 자녀를 두었고, 부는 경찰관이고 처는 전업주부였다. 고등법원 심리부는 이혼을 인정하고 혼인재산 중 경찰연금의 분배로서 월 180달러를 60개월간 처에게 지불하도록 부에게 명령하였고 처가 이에 불복하여 공소한 사건에 관하여 다음과 같이 판결하였다.

> "장기간에 걸친 혼인 당사자는 혼인에 대하여 명백하게 평등한 기여를 하였고 또 이혼 시 가정에서도 거의 동등한 경제적 지위를 갖는다. 다만 처는 장기간에 걸쳐 임금노동을 하지 않았기 때문에 그 잠재적 능력은 부의 그것에 비하여 낮다. 이러한 제반사정에 비추어 혼인재산 전부의 분할은 완전히 평등한 것은 아니라고 하여도 평등에 가까운 것이 되지 않으면 안 된다. 부가 경찰로부터 받은 연금 취득액수의 3분의 1 이하를 5년간만 처에게 지급하는 것은 처의 혼인에 대한 기여와 연금자격 전부가 혼인기간 중에 취득된 사실이라는 것에 비추어볼 때 명백하게 불평등하다."

그러나 처에게 혼인재산의 2분의 1 미만을 분배한 고등법원 상소부 판결도 많다. 예컨대 1983년 Duffy 판결은 혼인기간이 짧은 것 및 처가 주택취득에 금전적으로 기여하지 않은 것을 이유로 처에게 주택가격의 25%만을 인정하였다.[64] 같은 해 Kobylack 판결은 공동사업을 하는 부부에 대하여 그 수입의 2.5 대 1의 비율로 혼인재산을 분배하였다.[65] 따라서 처에게 혼인재산의 2분의 1 이상을 분배한 판결은 많지 않다.

---

62) Rodgers vs. Rodgers, 98 *A.D.* 2d 386, 470 *N.Y.S.* 2d 401(2nd Dept. 1983).

63) Perri vs. Perri, 97 *A.D.* 2d 399, 467, *N.Y.S.* 2d 226(2nd Dept. 1983).

64) Duffy vs. Duffy, 94 *A.D.* 2d 711, 462 *N.Y.S.* 2d 240(2nd Dept, 1983).

65) Kobylack vs. Kobylack, 96 *A.D.* 2d 831, 465 *N.Y.S.* 2d 581(2nd Dept. 1983).

이와 같이 법원은 개개의 사안에 대응하여 형평한 재산분배원칙에 의하여 처리하고 있으나 모든 사건을 총괄하여본다면, 재산분배는 평등하다고 하지만 그것은 형평한 재산분배제도의 이상에 불과한 것으로 보인다. 판례를 보면 형평한 재산분배제도는 전체로서, 여성에게 혼인재산의 2분의 1 미만밖에 주지 않는 것으로 나타나 있기 때문이다.[66]

재산분할방법은 현물분할과 가액분할의 방법이 있다. 즉, 혼인재산을 현물로 분할하는 것이 비현실적이거나 곤란한 경우를 대비하여 "가액에 의한 분배"(*distributed award*)가 규정되어 있다(가족법 제236조 (B) (1) (b)). 즉, 가액에 의한 분배라는 것은 "재산의 분할 또는 분배를 돕고 용이하게 실현하기 위해서 양 당사자의 유효한 합의에 의하여 결정되거나 또는 법원에 의하여 부과되는 일시금 또는 일정액의 지불(*payment*)"을 의미한다.

IV. 부양적 분할

Common Law에 의하면 부는 처에 대하여 부양의무를 지고 재판에 의한 별거의 경우도 부는 처를 부양하지 않으면 안 된다.[67] 부의 처에 대한 이러한 부양의무는 이혼 후에도 계속되고 따라서 영구적 이혼 후 부양(*permanent alimony*)으로 인정되었다. 이것은 유책인 부가 무책인 처를 이혼 후에도 처의 사망까지 혼인 중과 동일하게 부양해야 하는 것을 의미한다.[68]

영구적 이혼 후 부양은 이혼에 의한 법률상 부부관계가 소멸된 후에 인정되기 때문에 비논리적으로 보일 수 있지만 여성의 자립이 곤란하였던 시대에는 경제적으로 불가피하였고 또한 혼인은 종생의 결합이라고 하는 종교도덕에 의해서 지지를 받았다. 그러나 사회여건이나 경제구조의 변화에 따라 영구적 이혼 후 부양에 대해서는 다음과 같은 비판이 강하게 제기되었다. 즉,

---

66) L. J. Weitzman, op. cit., pp. 106~7.

67) P. J. Pace, *Family Law*, 4th ed, 1992, p. 176.

68) M. A. Glendon, 1989, op. cit., p. 198.

부에게는 보통 두 가족을 부양할 자력은 없기 때문에 영구적 이혼 후 부양을 명령하면 부의 재혼이 곤란하게 된다는 점, 영구적 이혼 후 부양을 받게 되면 처는 할 일 없이 생활을 하게 된다는 점(시간을 무위로 보내게 된다는 점), 그리고 부부간에 부양관계가 잔존하면 그 변경 등을 중심으로 한 분쟁이 끊이지 않는다는 점 등이다.

20세기 후반 파탄주의 이혼법의 채용을 전후하여 부부재산의 청산제도가 충실하게 정립되는 한편 이혼 후 부양은 처의 일생의 생계유지를 위한 것이 아니고 경제적 자립을 목적으로 한, 종신의 정기금이 아닌 기간이 정해져 있는 정기금이나 일시금의 형태로 변화되고 있다.[69]

1. 부양적 분할의 결정기준

1) 잉글랜드

잉글랜드에서는 종래 부는 무책의 처를 이혼 후에도 사망하기까지 혼인 중과 같은 상태로 부양하지 않으면 안 되었다. 그러나 1973년 재산공여명령 및 재산조정명령제도가 정비되었고 이 제도하에서 재산공여 중의 정기금이 부양의 성격을 갖게 되었다. 1984년 혼인 및 가족소송수속법의 제정에 의하여 혼인종료 후에도 부가 처를 부양해야 하는 의무는 남는다고 하는 원리가 폐지되고 이혼 후에는 빠른 시일 내에 부도 처도 자활해야 한다고 하는 원리가 채택되었다. 즉, 1984년 혼인 및 가족소송수속법에 의하여, 1973년 혼인사건법 제 25조에서 "혼인이 파탄되지 않는다면 누릴 수 있었던 경제적 지위에 양 당사자를 놓는다"고 하는 기준이 삭제되었다.

1984년법에 의하여 1973년 혼인사건법 제 25조는 개정되었으며 제 25조는 법원이 제 23조 재산공여명령 및 제 24조 재산조정명령, 그리고 제 24조의 권한을 어떻게 행사하는가를 결정할 때 고려해야 할 사항을 규정하고 있다. 그

69) Weitzaman, *Alimony; Its Premature Demise and Recent Resurgence in the United States, in Economic Consequences of Divorce*, 1992, p. 247.

러나 잉글랜드의 경우 청산과 부양을 구별하지 않으므로 25조의 기준은 청산의 기준이 됨과 동시에 부양의 기준이 되기도 한다.[70]

그리고 제25 A조 1항을 신설하여 재산공여명령 및 재산조정명령의 결정시에 "각 배우자의 타방 배우자에 대한 경제적 의무가, 판결을 받고 난 후 법원이 정당하고 합리적이라고 고려하는 가장 빠른 시기에 종료될 수 있도록 당해 권한을 행사하는 것이 적절한가 아닌가를 법원은 고려하지 않으면 안 된다"고 규정하였다. 또한 2항은 정기금 지불명령을 하는 경우에는 "법원의 판단에서 보아, 정기금을 취득하는 당사자가 타방 배우자에 대한 경제적인 의존관계가 종료하는 경우 그것이 부당하게 가혹하여 적응하는 데 충분한 기간 동안 정기금의 지불 또는 정기금의 지불담보를 요구하는 것이 적절한가 아닌가를 법원은 특히 고려한다"고 규정한다.

3항도 정기금 지불명령의 신청을 하는 경우 "일방 배우자가 타방 배우자를 위해서 정기금 지불을 하거나 정기금을 담보하는 계속적 의무가 부과되어야 하는 것은 아니라고 판단한다면 법원은 신청인에게 당해 혼인에 관한 본법 제23조 1항 a 또는 b호에 의하여 이후 신청할 권리가 없다는 것을 지시하여 신청을 기각할 수 있다"고 규정한다.

이와 같이 제정법은 법원이 이혼 후 빠른 시기에 부부의 경제관계를 소멸시키도록 노력하고 일시금지불명령이나 재산이전명령이 아닌 정기금 지불명령을 하는 경우에는 기간을 정하는 것을 검토해야 한다고 규정하고 있다.

이밖에 재산공여명령 및 재산조정명령의 기준으로서 Clean break 원리가 있다. 1978년에 귀족원은 Minton 판결에서 과거와의 단절이라고 하는 Clean break 원리가 존재한다는 것을 지적하였다.[71] 즉, 부부가 1971년 이혼하고 부가 처에게 주택의 이전을 종료할 때까지 명목액의 정기금을 지불한다고 하는 합의가 성립하고 1973년 이러한 내용의 합의명령(*consent order*)이 행해졌다. 부는 이전을 완료하였으나 공소원은 "법원은 이러한 신청을 심리할 권한이 없다"고 판단하였다. 처가 상고하였으나 상고가 기각되

70) 부양기준으로서 제25조에 관한 설명은 "청산의 기준" 참조.

71) Minton vs. Minton (1979) *A. C.* 593, 608.

고 공소원 판결이 확정되었다. 판결이유는 다음과 같다.

> "현대의 입법(1973년 혼인사건법)에는 두 개의 원리가 있다. 하나는 양 배우자가 자신의 자력이 허용하는 범위에서 스스로 자신과 그 자를 부양해야 한다고 하는 공공의 이익이 있다. 또 하나는 같은 정도 중요한 것으로서 Clean break 원리가 있다. 동법은 현재 배우자에게 혼인파탄 후의 고뇌를 방지하고 자기의 금전 및 재산문제를 해결하도록 장려하고 있다. 현대의 입법목적의 하나는 각자가 과거에 얽매이지 않고 파탄된 관계에 구애됨이 없이 새로운 생활을 시작하도록 장려하는 것이다. 법원이 … 완전하게 최종적인 명령을 할 수 없다고 한다면 그것은 이 원리와 부합하지 않기 때문이다."

법원은 종래 부부에게 자가 있는 경우에는 Clean break를 명할 여지가 적은 것으로 해석하였다.[72] 그러나 1987년 공소원 판결은 제25조 1항의 자의 복지는 유일하고 절대적인 기준은 아니며 제25조 2항의 제반사정과 함께 고려되어야 한다고 판시하고 자가 있는 때에도 Clean break를 명하는 것이 가능하다고 해석하였다.[73] 이와 같이 부양료의 결정기준으로서 과거와 단절하고 파탄된 혼인관계에 구애됨 없이 빠른 시일 안에 새로운 생활을 시작하도록 한다는 Clean break 원리의 적용은 잉글랜드의 혼인 후 부양에서 커다란 변화를 의미한다고 볼 수 있다.

부양의 기준으로서 비행의 존재나 파탄책임의 유무는 유책주의 이혼법에서는 문제가 되었다. 그러나 파탄주의 이혼법이 채용되면서 혼인이 파탄되어 있는 한 유책·무책을 불문하고 이혼판결을 얻을 수 있기 때문에 재산분할과 유책성과의 관계는 그다지 크게 문제가 되지 않는다. 잉글랜드에서는 종래 법원이 이혼 후 부양료 결정에 양 당사자의 행위(*conduct*)를 고려하였다. 즉, 처는 부의 비행(*misconduct*)을 이유로 이혼판결을 받으면 이혼 후에도 혼

---

72) Moore vs. Moore(1981) 11 *FAM. LAW* 109.

73) Suter vs. Suter and Another(1987) 2 *F. L. R.* 232 CA.

인 중과 마찬가지로 부양받을 수가 있지만 반대로 부가 처의 비행을 이유로 이혼판결을 받으면 처는 부양을 부정한다든지 감액한다든지 하였다.

1969년 이혼개혁법은 파탄된 혼인을 이혼원인으로 규정하였다. 1970년 혼인소송수속 및 재산법은 재산공여명령 및 재산조정명령의 결정기준으로서 당사자의 자력 등의 사항을 열거하는 동시에 "… 양 당사자의 행위를 고려해서 정당성이 있는 한 … 권한을 행사한다"고 하는 기준을 규정하였다(제 5조 1항, 나중에 1973년 혼인사건법 제 25조 1항으로 변경).

1973년 혼인사건법 제 25조는 "행위를 고려해서 정당성이 있는 한 당사자를 혼인 중과 동일한 경제상태에 놓는다"고 하는 법원의 의무를 1항에서 삭제하고 "행위가 그것을 무시하는 것이 법원의 판단에서 보아 형평에 어긋나는 것으로 볼 수 있는 경우 각 당사자의 행위"라고 하는 문언을 명령결정 시에 고려되어야 할 사항의 하나로서 2항 g호에 규정하였다.

이러한 개정이 "행위"에 대한 고려를 용이하게 한 것인가 여부에 관하여 법원은 그 이해를 명확하게 하고 있지 않다. 다음과 같은 공소원 판결은 처의 행위에 대한 고려를 인정하고 있지만 개정규정이 "행위"에 대한 고려의 가능성을 확대하는가 여부에 관한 판단은 하지 않고 있다.[74]

즉, 부는 조울증이고 처가 간통한 후 자살을 기도하였다. 처의 이혼청구와 부의 이혼반소가 인용되고 처의 재산분할청구에 대하여 제 25조 2항 g호를 적용하여 처의 행위를 고려해서 처에게 가족주택만을 분할하였다. 처가 불복신청을 한 것에 대하여 법원은 처의 행위를 무시하여도 형평에 어긋나는 것은 아니라고 판단하여 처에게 1만 4천 파운드의 일시금을 분여하도록 하였다. 이에 대하여 부가 공소하였는데 공소가 인용되고 원판결이 변경되었다. 제 25조 2항 g호는 개정 이전에 비하여 법원에 보다 넓은 재량권을 부여한 것으로 볼 수 있다. 그러나 본건에서는 처의 행위가 신·구법 어느 쪽 기준에도 맞는 것이기 때문에 적용여부를 결정할 필요는 없다고 하였다.

Leadbeater 사건의 경우 처의 행위는 피해자가 무책인 때에 한하여 고려된다고 처측에서 주장하였다.[75] 그러나 제정법은 "당사자 각각의 행위"라고

---

74) Kyte vs. Kyte(1988) 18 *FAM. LAW* 86. CA.

정하고 있고 법원은 혼인의 전체 현상을 보지 않을 수 없으며 쌍방 유책성이 불균형하여 무시한다면 형평에 어긋나는 경우가 있으며 이 경우 처의 행위는 중대하고 명백한 동시에 무시하면 형평에 어긋난다고 판결하였다.

이와 같이 잉글랜드 법원은 재산공여명령, 재산조정명령 시에 고려해야 할 행위를 "명백하고 중대한 비행"에 한정하여 해석하고 있다. 그 이유는 보통 부부 쌍방에게 파탄원인이 있다는 점, 처의 기여분을 비행을 이유로 박탈해서는 안 된다는 점 등이다. 결국 "무시한다면 형평에 어긋나는 행위"만을 고려해야 하는 것으로 위와 같이 법규가 개정되었다. 따라서 유책성은 이러한 경우 외에는 청산이나 부양의 결정기준으로서 적용되지 않는다고 볼 수 있다.

2) 뉴욕 주

뉴욕 주는 1980년 형평분배법의 제정에 의하여 종래 유책성에 좌우되고 처에게만 주었던 이혼 후 부양료(*alimony*)를 필요에 따라 부나 처에게 인정하는 이혼 후 부양료(*maintenance*)로 개정하였다.

가족법 제 236조 (B) (1) (a)는 다음과 같이 이혼 후 부양을 정의한다.

이혼 후 부양(*maintenance*)이란 양 당사자간의 유효한 합의에 의해서 정해지거나 또는 법원에 의하여 명령되고 정해진 간격을 두고 일정 또는 부정기적인 기간 동안 혼인소송 당사자의 합리적 필요를 만족시키기 위하여 행한 지불을 의미한고 규정한다. 이혼 후 부양은 당사자 일방의 사망, 수령자의 유효 또는 무효인 혼인 또는 가족법 제 248조에 의한 확정판결의 변경에 의하여 종료한다.

개정된 이혼 후 부양의 목적은 유책인 부를 처벌하여 무책인 처에게 혼인중과 동일한 경제생활을 유지시키려는 것이 아니고 당사자의 합리적 필요를 만족시키려는 것이다. 우선 양 당사자는 서면에 의한 합의에 의하여 이혼 후 부양액 및 기간을 자신들이 결정할 수 있다. 다만 합의는 공정하고 합리적이

75) Leadbeater vs. Leadbeater (1985) *F. L. R.* 789.

어야 하고 비양심적이어서는 안 된다(가족법 제236조 (B) (3)).

합의가 없는 경우 법원이 이혼 후 부양을 결정하며 그 기준은 다음과 같이 규정되어 있다(가족법 제236조 (B) (6) (a)).

양 당사자가 본조 (B) (3)항에 따라 이혼 후 부양에 관한 합의를 한 경우를 제외하고 어떠한 혼인소송에서도 법원은 소송 중 부양 또는 이혼 후 부양을 당해 혼인소송 당사자의 합리적 필요를 만족시키기 위하여 사건과 각 당사자의 제반사정을 고려해서 정당하게 요구되는 액만 명령할 수 있다. 합리적 필요를 결정하는 데에 법원은 이혼 후 부양받을 당사자가 자기의 합리적 필요를 만족시키기에 충분한 재산이나 소득이 있는가 그렇지 않은가 및 타방 당사자가 다른 일방의 합리적 필요를 만족시키는 데 충분한 재산이나 소득을 갖는가 그렇지 않는가를 판단하지 않으면 안 된다.

이혼 후 부양의 액 및 기간의 결정에 법원은 다음 요소를 고려하여야 한다.

ⓐ 본조 (B) (5)항에 따라 분배 전 혼인재산을 포함한 각 당사자의 소득 및 재산.
ⓑ 혼인기간과 양 배우자의 연령 및 건강.
ⓒ 필요로 하는 자의 현재 및 장래의 자활능력.
ⓓ 필요로 하는 자를 자활할 수 있도록 하는 데 필요한 기간 및 훈련.
ⓔ 양 당사자의 각 가정에 당해 혼인에 의한 자의 존재.
ⓕ 실제적 관련성이 있는 한 혼인 중에 확립된 생활수준.
ⓖ 조세의 각 당사자에 대한 효과.
ⓗ 이혼 후 부양을 구하는 당사자의 배우자, 부모, 생활담당자로서의 또는 타방 배우자의 경력 내지 잠재적 경력에 대한 기여 및 역할.
ⓘ 일방 배우자에 의한 가족재산의 낭비.
ⓙ 법원이 정당하고 적절하다고 명시적으로 인정하는 기타의 요소.

이러한 요소 중 ⓐ의 소득, 재산 및 ⓑ의 혼인기간, 연령, 건강은 합리적 필요와 지불능력을 결정하는 하나의 기준이 된다. ⓒ의 자활능력 및 ⓓ의 자활에 필요한 기간, 훈련은 이혼 후 부양이 배우자로 하여금 노동시장에의 참여에 필요한 기간만 급여한다는 일시적 부양이라는 것을 시사하고 있다.

ⓔ의 자의 존재는 ⓒ, ⓓ에도 불구하고 미성년인 자의 모는 가정 외에서 일하는가 아닌가를 선택하는 것이 가능하다고 하는 취지이다. ⓕ의 생활수준은 배우자 일방이 특히 부유한 때에는 그러한 생활수준의 유지가 타방의 필요가 된다고 하는 의미이다.[76]

고등법원 상소부는 합리적 필요의 유무가 이혼 후 부양을 결정하는 데 있어 결정적 역할을 하며 혼인기간, 혼인 중 생활수준 등의 요소는 보조적인 것에 불과하다고 한다.[77] 따라서 재산상의 수익이나 노동수입에 의하여 필요를 만족시키는 처에게는 이혼 후 부양을 인정하지 않는다. 다만 노동에 의하여 최저한의 수준에서 자활할 수 있는 처는 부양의 필요가 있다고 인정될 수 있다. 예컨대 간호학진학사 자격이 있는 처가 학사취득까지 이혼 후 부양을 받을 수 있다고 하는 상소부 판결이 있다.[78]

이혼 후 부양의 결정에서 당사자의 유책여부에 관하여 뉴욕 주는 종래 부를 피고로 하여 이혼판결을 얻은 처에게 이혼 후 부양료를 인정하였고 유책인 처에게는 이혼 후 부양을 인정하지 않았다. 그러나 가족법 제236조 (B) (6) (a) 에서 ⓙ의 "법원이 명시적으로 정당하고 적절하다고 인정하는 기타요소"에 의하여 혼인상의 과실이 고려되는 것으로 하였고 이에 대한 판단은 전적으로 법원에 위임된다. 전술한 바와 같이[79] 최고법원은 형평한 재산분배 시 혼인상의 과실은 법원의 양심에 충격을 줄 정도가 아니면 고려되지 않는다고 해석하고 있으며 이러한 해석은 동시에 이혼 후 부양을 결정하는 기준으로서 작용하고 있다.

---

76) Foster, op. cit., pp. 53~9.

77) Mehrberg vs. Mehrberg, 89 *A.D.* 2d 890, 454 *N.Y.S.* 2d 7 (2nd Dept, 1982).

78) Pederson vs. Pederson, 91 *A.D.* 2d 818, 458 *N.Y.S.* 2d 99 (4th Dept. 1982).

79) "청산적 분할기준" 참조.

2. 부양 정도

영미에서 이혼 후 부양은 혼인 중에 직업노동을 그만두고 가사노동을 하던 처에 대하여 자활할 수 있는 수입을 얻도록 원조하는 단기간의 정기금 또는 일시금으로 되어 있다. 따라서 경제적 자립을 돕기 위한 단기간의 이혼 후 부양은 처의 자활을 경제적으로 돕고 부의 부담을 소멸시켜 재혼을 용이하게 하며 이혼 후 부양관계를 중심으로 하는 분쟁을 감소시킨다고 하는 이점이 있다. 반면 구체적인 경우 처에게 적합한 직업은 어떠한 것인가가 명확하지 않고 법원이 취직에 필요한 시간이나 비용을 과소평가할 수도 있으며 혼인 중에 부에게 부양받았던 처에게 이혼 시에 혼자 자립하도록 하는 것은 무리라고 하는 등의 난점이 있다[80]고 본다.

이와 같이 영구적 부양에서 자립을 위한 단기간의 부양으로 변화한 배경에는 파탄주의 이혼법의 채용, 경제적 요건의 변화로 인하여 여성이 직업노동에 종사할 수 있게 된 점, 혼인의 영구성을 인정하는 기독교의 영향력의 약화 등의 이유가 있다. 그러나 자를 감호하는 여성이나 고령의 여성에 관해서는 육아의 부담이나 연령의 제약이 존재하기 때문에 이들의 경제적 궁핍을 방지할 수 있는 특별한 조치가 필요하다[81]는 견해도 있다.

1) 잉글랜드

잉글랜드에서 부양의 정도는 종신의 정기금으로부터 단기의 정기금 또는 일시금으로 변화하고 있다.

혼인사건법 제25 A조 1항은 Clean break가 가능한가 여부의 검토를 법원이 하도록 규정하고 있다. 부부가 경제적으로 여유 있는 경우에는 경제적 의무가 빠른 시기에 종료하도록 권한을 행사하는 것이 적절한 경우가 많다. 이 경우에는 부가 다액의 일시금을 처에게 주고 처의 필요를 만족시킴으로

80) P. M. Bromley & N. V. Lowe, op. cit., pp. 687~8.
81) M. A. Glendon, 1989, op. cit., pp. 237~8.

써 분쟁을 일회에 해결하는 것이 가능하다.[82)]

고등법원 가사부 판결은, 처는 "가능한 한도에서 능력을 회복하고 자기의 일을 할 수 있으며 그래서 사회에서 자기 지위를 나타낼 수 있도록 도울 수 있는 일정 기간의 재산적 지원을 얻을 수 있는 자격을 갖는다"고 판시하고, 사우디아라비아의 부호인 부로 하여금 스튜어디스였던 처에게 자신의 급여의 2년분인 3만 파운드를 일시금으로 지급하도록 명령하였다.[83)]

부양료로서 정기금을 신청하는 경우 제 25조 A조 2항은 기간을 정한 정기금 지불명령을 우선 검토하도록 규정하고 있으며 동조 3항은 법원에 대하여 정기금신청을 한 경우 신청인의 동의 없이 기각하는 권한을 부여하고 있다. 종래 공소원에 의하여 채택되고 있었던 정기금신청을 신청인의 동의 없이 기각하는 권한은 법원에 없다고 하는 해석을 부정하는 취지이다.[84)]

Clean break 원리의 채용을 전후하여 정기금액은 반드시 충분하지는 않다. 또한 이 원리의 채용 후에 일시금 지불명령이나 재산조정명령이 증가하고, 정기금신청을 기각하는 사례가 증가하고 있다.[85)]

2) 뉴욕 주

뉴욕 주에서 이혼 후 부양의 결정기준은 합리적 필요유무가 결정적인 것이므로 재산수익이나 노동에 의한 수입에 의하여 필요를 만족시키는 처에게는 이혼 후 부양이 인정되지 않는다. 그러나 전술할 바와 같이 사회복귀를 위한 이혼 후 부양을 인정하기 때문에 부양이 필요하지만 장래 자활할 수 있는 정도의 소득을 얻을 수 있는 가능성이 있는 경우에는 부양기간이 단기간이다. 따라서 기간을 정하여 이혼 후 부양을 명령한다.

---

82) S. M. Cretney, op. cit., p. 122.

83) Attar vs. Attar (No. 2) (1985) *F. L. R.* 653.

84) S. M. Cretney, op. cit., p. 126.

85) Edward & Halpern, "Financial Provision, Case Law and Statistical Trends Since 1984 (1987)", *FAM. LAW*, p. 355.

다음의 상소부 판결에서는 처가 노동시장에 다시 참여하는 데에 추가적 훈련이 필요한 것을 고려하여 10년간 부양료를 지불하도록 인정하였다.86) 즉, 1971년에 혼인한 부부로서 처는 임신을 이유로 비서직을 사퇴하였는데 고등법원 특별부는 처에게 무기한의 이혼 후의 부양료를 인정하였고 이에 대하여 부부가 함께 공소하였다. 법원은 일부변경 · 확인판결을 하였고, 판결이유는 다음과 같다.

> "원고(처)는 비교적 젊고 건강하며 장래 자활하는 데 도움이 되는 학력과 경력을 갖추고 있다. 한편 원고가 노동시장으로부터 장기간 멀어져 있었던 점에 비추어 노동력을 다시 갖추는 데에는 약간의 추가적 훈련이 필요하다고 생각하는 것이 합리적이다. 또한 원고는 당해 혼인에서 출생한 자를 감호하는 부모로서의 책임을 부담하기 때문에 수년간은 유급직업을 가질 수 없고 자활할 수 없을 것이다. 이혼 후 부양기간을 10년으로 정함으로써 원고의 합리적 필요를 만족시키고 동시에 원고에게 경제적으로 자립하는 동기를 부여하는 것이 가능하다고 믿는다"(487 *N.Y.S.* 2d 88~89).

자활능력 회복에 필요하다고 판단되는 기간과 액수는 각각이다. 기간에 관해서는 길게는 10년 이상 짧게는 18개월이라고 하는 판례가 있다. 액수에 관해서는 많게는 주당 25만 달러라고 하는 판례가 보인다.87)

처가 자를 감호하고 있어도 처가 자활할 수 있는 가능성이 있다면 기간을 정한 부양을 받을 수 있다. 비교적 많이 보이는 경우는 자의 성년 전후까지 이혼 후 부양을 처에게 인정하는 판결이다.88)

---

86) Hilman vs. Hilman, 109 *A.D.* 2d 777, 486 *N.Y.S.* 2d 87(2nd Dept, 1985).
87) Nolan vs. Nolan, 107 *A.D.* 2d 190, 486 *N.Y.S.* 2d 415(3rd Dept, 1984).
88) Datti vs. Datti, 99 *A.D.* 2d 772, 472 *N.YvS.* 2d 20(2nd Dept, 1984).

V. 맺는말

이상에서 영미의 별산제주인 잉글랜드와 뉴욕 주의 재산분할에서 청산과 부양을 중심으로 살펴보았다.

이들 국가는 부부재산제로서 별산제를 취하고 있으나 처의 가사노동의 평가가 제대로 이루어지지 못한다는 별산제의 문제점을 보완하기 위하여 이혼 시 재산분할에서 혼인 중 부부가 협력하여 취득한 재산을 혼인재산으로 인정하여 공동재산적 성격을 부여하는 점은 한국과 유사하다.

재산분할제도의 내용에서 잉글랜드는 청산과 부양을 구별하지 않으나 뉴욕 주는 양자를 다른 기초에 의하여 구별하고 있다는 점은 서로 다르다. 한국의 경우는 양자를 제도상 구별하지 않는 잉글랜드 제도에 더 가깝다고 할 수 있다.

청산적 분할의 대상재산에 관하여 이들 국가는 혼인 중 취득재산, 연금, 전문직 자격 등 무형재산까지 인정하는 점은 한국과 다르지 않으나 가족주택의 처리문제에 관하여 특별한 취급을 하는 점은 한국과 다르다. 즉, 이들 국가에서는 거주의 이익을 처자에게 우선적으로 향수시키기 위하여 배려하고 있으나 한국에서는 주택을 혼인재산으로 인정할 뿐 거주의 이익이라는 점에서 특별한 조치는 취하지 않고 있다. 앞으로 한국에서도 가족주택의 처리문제는 특별히 배려되어야 할 것이다.

청산의 기준에 관하여 이들 국가는 제정법에 의하여 구체적으로 규정하고 있으나 "한국에서는 당사자 쌍방의 협력으로 이룩한 재산의 액수 기타 사정을 참작하여"라고 하여 포괄적으로 규정하고 있다. 따라서 법원의 재량의 여지가 이들 국가보다 더 크다고 할 수 있다. 특히 청산이나 부양의 기준으로서 유책성의 문제에 관하여 잉글랜드의 경우 "무시하면 형평에 어긋나는 경우", 뉴욕 주의 경우 "법원의 양심에 충격을 줄 정도"가 아니면 고려하지 않는다. 한국의 경우 유책성 문제는 입법적으로 고려되고 있지 않으며 법원도 그 정도를 구체적으로 적시하지 않으나 유책성은 크게 문제삼고 있지 않는 것으로 보인다.

분할비율에 관하여 잉글랜드에서는 3분의 1 룰을 적용하고 뉴욕 주에서는 형평분배법에 의하고 있으나 혼인기간이 장기간인 경우 2분의 1, 단기간인 경우에는 2분의 1 미만을 처에게 분배하는 경우가 많다. 한국의 경우 혼인기간이 단기간인 경우에도 처에게 2분의 1을 인정하는 판결이 있다는 점에서 한국의 경우가 보다 전향적이라고 할 수 있다. 그러나 법원의 재량의 여지가 많다는 점에서는 이들 국가와 한국의 경우가 유사하다.

부양의 정도에 관하여 이들 국가는 이혼 후 영구적 부양으로부터 자활을 위한 단기간의 부양으로 그 성격을 변화시키고 있으나 부양을 적극적으로 인정한다고 하는 점에서는 한국과 다르다. 한국에서는 이혼 후 부양을 청산에 대한 보충적 성격으로 인정하여 청산적 분할액수가 많거나 자녀의 양육비를 받는 경우 부양료를 별도로 인정하지 않는 경향이 많다. 이러한 태도를 지양하고 이혼 후 부양을 인정하는 데에 보다 적극적일 필요가 있다.

부양의 기준에 관하여 이들 국가는 제정법을 두고 있다. 이 기준의 적용에서 잉글랜드에서는 “Clean break 원리”를, 뉴욕 주에서는 “합리적 필요” 유무를 가지고 부양의 액수나 기간을 정한다. 이러한 기준은 자활능력의 회복에 필요한 단기간의 정기금이나 일시금의 지불을 명령하는 기준으로서 작용한다는 점에서는 양국간에 별 차이가 없다.

제11장

인지제도 정비를 위한 검토

I. 머리말

인지제도는 혼인관계 없는 남녀 사이에서 출생한 자와 그 부모와의 친자관계 특히 부와의 간에 혼인외 자로서의 친자관계를 인정하는 제도이다. 친생자 중에서도 혼인 중의 자와 혼인외 자를 구별하는 것은 국가가 일정한 남녀의 결합, 즉 법률혼만을 합법적인 것으로 인정하여 이를 유지하기 위한 것으로서 이외의 남녀의 결합으로부터 출생한 자를 차별하여 취급하는 것에 근거하고 있다. 이것은 단지 호칭의 문제만이 아니고 실제로 친자관계의 발생요건에 차이가 있으며 친자관계에서 발생하는 효과를 어떻게 규정하는가에 관해서도 차이가 있다.

현재 친생자관계에서 혼인외 자를 인정하는 법체계에서는 혼인외 자에 대한 법적 보호로서, 친자관계 특히 부자관계의 확정에서 혈연주의적 원리를 관철시키면서 다른 한편으로는 혼인외 자의 법적 지위를 혼인 중의 자와 동일한 것으로 하려고 노력하고 있다.

이 논문에서는 우리 민법이 혼인외 자에 관하여 인정하고 있는 인지규정

* 이 논문은 〈가족법연구〉(한국가족법학회, 2002), 제16권 1호(통권 제17호)에 게재된 것임.

들과(개정안 포함) 인지제도를 인정하고 있는 몇 개의 입법례를 중심으로 하여 입법론적 관점에서 정비되어야 할 점들을 검토하고자 한다.

II. 인지제도의 의의

인지란 혼인외 자에 대하여 법률상의 부 또는 모를 정하는 제도로서 혼인외의 출생자와 그 부와의 법률상 부자관계는 인지에 의하여 생기고 인지가 없는 한 혼인외의 출생자는 부를 가질 수 없다. 그러나 모자관계는 보통 임신과 출산이라는 사실에 의하여 명백하기 때문에 특히 모가 인지할 필요없이 모자의 법률관계가 생긴다. 다만 모자관계가 분명하지 않은 기아와 같은 경우에는 모의 인지가 필요할 수도 있다.

혼인외 자에 관하여는 법률상 친자관계 특히 부자관계를 어떻게 성립 또는 확정시키는가 하는 문제와 혼인외 자와 부모와의 친자관계에 어떠한 법적 효과를 부여할 것인가 하는 점이 문제가 된다.

우리 민법은 혼인외 자의 친자관계를 성립시키는 데 있어서 임의인지(제855조 1항)와 인지청구의 소에 의한 강제인지(제863조)의 방법을 취하고 있다. 강제인지의 경우에는 조정전치주의를 취하고 있으므로(가사소송법 제2조 1항 나류 9호, 제50조) 조정에 의하여 합의가 성립되면 인지는 성립한다(가사소송법 제59조, 민소 제206조). 이러한 의미에서 이것을 조정인지라고 한다.

임의인지나 강제인지에 의하여 혼인외 자와 그 부 간에 친자관계가 성립하면 그 자의 출생 시에 소급하여 친자관계로서 효력이 발생하게 된다(제859조, 제860조). 우리 민법은 혼인외 자에 대하여 친자관계의 효력이나 재산상속에서 혼인 중의 자와 차등을 두고 있지 않으나[1] 호주승계순위에 서는

---

1) 일본민법 제900조 4호 단서는 "비적출자의 상속분은 적출자의 2분의 1로 한다"고 규정하여 상속분에 차별을 두고 있다. 그러나 개정안은 "적출이 아닌 자의 상속분은 적출인 자의 상속분과 동등한 것으로 한다"라고 하여 평등한 것으로 규정한다(1996. 2. 26. 民法の一部を改正する法律案綱要 제I 相續の效力).

혼인 중의 자가 혼인외 자에 우선하도록 규정하고 있다(제 985조 1항).

다만 자의 입적, 성과 본 등에 관하여는 따로 규정을 두고 있으며(제 781조), 친권자, 양육자 등에 관하여는 이혼의 경우와 같이 규정하고 있으나 이러한 규정들은 혼인외 자와 그 부모와의 공동생활이 가능하지 않다는 점에서 배려한 규정들인 것이며 혼인 중의 자와 그 효과를 차별하기 위한 규정은 아닌 것이다.

인지의 법적 성격이 어떠한 것인가에 관하여는 주관주의(의사주의)와 객관주의(사실주의 또는 혈연주의)의 대립이 있다.

주관주의는 종래의 다수설로서, 인지는 진실한 혼인외 자를 자기의 자라고 승인하고 그것에 의해서 법적 부자관계를 성립시키려는 것을 목적으로 하는 의사표시로서 부가 이러한 의사표시를 하는 것이 임의인지이고, 부의 의사에 의하지 않더라도 재판으로 부자관계를 확정시키는 경우가 강제인지라는 것이다. 이에 대하여 객관주의는 근래의 통설이다. 즉, 임의인지는 자연적 혈연에 의한 부자관계의 존재에 관한 관념의 통지로서 이것은 혼인외 자와 부자관계의 추정방법에 지나지 않으며, 강제인지는 자연적 혈연에 근거한 혼인외 자와 부자관계의 확정방법이라는 것이다.[2)]

우리나라에서도 부모가 임의로 인지하는 경우 자기의 자로서 승인하는 단독의 요식행위라고 할 수 있지만 민법은 객관적 사실에 의거하는 재판상 인지도 인정하고 있기 때문에 인지는 어떠한 경우에도 그 성격은 사실의 확정, 즉 객관주의에 의거하고 있다고 보는 것이 타당하다[3)]는 견해가 있다. 또한 임의인지는 자연적 혈연에 의한 부자관계의 존재에 대한 관념의 통지로서 혼인외 부자관계의 추정방법에 불과하며 강제인지, 즉 재판상 인지는 자연적 혈연에 기한 혼인외 부자관계의 확정방법이라고 함으로써[4)] 객관주의를 취

---

2) 石川 稔, "意思主義と寫實主義との對立を中心として", 子ども法の課題と展望(2000. 3), 102면.

3) 김용한, 《신친족상속법론》, 박영사, 2002, 177면.

4) 박병호, 《가족법》, 한국방송통신대학출판부, 1994, 165면; 이경희, 《가족법》, 법원사, 1999, 150면.

하는 견해가 많다.

인지제도는 혼인외 자와 그 부 사이에 부자관계를 확정하는 방법이기 때문에 객관주의 입장에서 임의인지 등을 이해한다고 하는 편이 논리의 일관성을 갖는다고 할 수 있다.

III. 현행 인지제도에서 검토되어야 할 사항

1. 인지권자로서의 모 (제 855조 1항)

민법 제 855조 1항은 혼인외의 출생자에 대하여 그 생부나 생모만이 이를 인지할 수 있다고 규정한다.

혼인외의 출생자는 부가 인지하는 경우 외에는 법률상 부자관계는 존재하지 않는다. 사실상의 부의 존재가 아무리 명백하더라도 친자관계의 효과로서 부자간의 부양, 상속 등의 문제는 발생하지 않는다. 그러나 혼인외의 출생자와 그 모와의 관계는 임신, 출산이라는 외관상 명백한 사실에 의하여 당연히 발생하는 것으로 인정하기 때문에 원칙적으로 인지를 필요로 하지 않는다고 본다. 즉, 기아와 같은 경우 모의 인지가 필요하거나 모에 대한 인지청구가 필요한 경우가 있을 수 있으나 이러한 경우를 제외하고는 모의 인지나 출생신고를 기다리지 않고 출생과 동시에 당연히 법적 모자관계가 발생한다고 보는 것이 통설이다.[5]

그러나 모의 인지에 관한 제 855조 1항의 규정에 관해서는 해석상 문제의 소지가 전혀 없는 것은 아니다. 즉, 원칙적으로 모자관계가 당연히 발생한다는 설을 취한다 하더라도 기아의 경우는 모의 인지에 의해서 비로소 법적 모자관계가 성립하기 때문이다.[6] 이 학설은 논리적으로 법적 모자관계는 출산

---

5) 정광현, 《신친족상속법》, 법문사, 1962, 204면; 박병호, 전게서, 165면; 김주수, 《주석친족상속법》, 법문사, 1984, 260면; 김용한, 전게서, 177면; 일본의 경우 最高裁判所, 1962. 4. 27. 〈最高裁判所民事判例集〉, 16권 7호, 1247면.

이라는 사실에 의해서만이 아니고 출산한 자를 모로 하는 출생신고를 하여야만 모의 인지로서의 의미를 갖는 것이고 비로소 모자관계가 발생한다고 해석하는 것이다. 이 점에서는 모의 인지가 필요하다고 하는 입장을 취하고 있기 때문에 법조문과 완전히 동떨어진 해석은 아니라고 볼 수 있다.

그러나 이러한 학설에 대해서, 출산사실의 판정곤란은 기아의 경우에 한하지 않고 그 자를 출산하지 않은 자를 모로 하여 출생신고를 하는 경우에도 생길 수 있다는 점, 또한 기아의 경우 모를 식별하는 것이 사실상 곤란한 것은 혼인외 자인 기아뿐만 아니고 혼인 중의 자인 기아에 관해서도 생길 수 있는 문제지만 이 경우에 그 모의 인지가 필요하다고 주장하는 자는 없다[7]는 점에서 비판이 있다.

또한 위와 같은 해석에 대하여는, 예외적인 특수한 사례에 대한 조치에 불과함에도 불구하고 이것을 부당하게 일반화함으로써 임신과 출산이라고 하는 객관적으로 명백한 사실에 의하여 모자관계의 존재에 분쟁의 여지가 없는 대다수의 사례에서도 모의 인지가 없는 동안은 법적 모자관계가 발생하지 않는다고 하는 이상한 사태를 용인한다[8]고 하는 비판이 있다.

원칙적으로 인지가 불필요하다는 입장을 취하는 경우에도 기아의 경우나 출산 후 모자의 공동생활의 중단 등으로 인하여 그 자의 출산사실이 객관적으로 분명하지 않은 특별한 경우에는 모의 인지가 필요할 수 있다. 그러나 이러한 예외적 경우라 하더라도 인지에 의하여 모자관계가 성립된다기보다는 단지 모자관계를 확인하는 것에 불과한 것이라고 볼 수 있을 것이다. 이렇게 본다면 인지 이전에도 모자관계의 존재를 주장하는 것을 인정할 수 있기 때문에 실제적으로 인지를 필요로 하지 않는다는 원칙론과 다르지 않다. 다르다면 단지 인지라고 하는 용어를 사용하느냐 여부에 있는 것이다.

우리의 판례도 제 855조 1항의 모가 인지할 수 있다는 의미는 모자관계의 확인의 의미라고 보고 있다.[9] 그러므로 모의 인지가 예외적으로 필요한 경

6) 谷口知平, 《親子法の研究》, 96면.

7) 鈴木祿弥, 《親族法講義》, 創文社, 1990, 105면.

8) 久貴忠彦・右近建男 等, 《民法講義 7》, 有斐閣, 1977, 176면.

우 인지청구는 확인의 소로서의 의미를 갖는 것으로 볼 수 있을 것이다.

외국 입법례로서 스위스민법은 제252조 친자관계발생의 통칙에서 “자와 모의 친자관계는 출생에 의하여 발생한다”(1항) (구민법 제302조 1항) 고 하여 모자관계의 당연발생주의를 취한다. 그러나 준정을 제외하면 혼인외 자와 부자관계는 “… 인지 또는 재판관에 의하여 확정된다”(2항) 고 하여 부와의 친자관계만 인지에 의하여 발생한다고 규정하고 있다.

모자관계의 당연발생주의를 취함에 있어서 만약 모성의 확정에 관하여 분쟁이 있는 경우에는 신분등록의 정정을 청구하는 소(제45조)에 의하여 언제라도 이해관계인이 이것을 청구할 수 있고, 신분등록을 하지 않은 때는 그 확정을 구하는 독립의 소에 의해서 이것을 하는 것도 가능하다(통설, 판례). 그렇기 때문에 그것에 관한 특별한 규정이 필요하지 않다는 것이다.[10]

이러한 모자관계의 존재는 부가 인지하기 위한 전제조건이 된다. 제260조 1항이 친자관계가 모에 대해서 존재하는 때에 부는 자를 인지할 수 있다고 함으로써 이러한 점을 명백히 하고 있다. 즉, 모자관계의 존재는 자와 부와의 관계를 특정하는 기능을 하는 것이라고 본다. 그러나 자를 버린 경우 등 모가 불명한 경우 부의 인지가 불가능할 수도 있지만 친자 감정기술의 발달 때문에 이것이 크게 문제되지는 않을 것이다.

프랑스민법은 혼인외 자와 그 부 또는 모와의 친자관계는 인지, 신분점유[11], 법원의 판결에 의하여 설정된다고 규정한다(제334조의 8, 제334~제

9) 대법원, 1967. 10. 4, 67다1791.

10) 松倉耕作, 《概說スイス親子法》, 信山社, 1995, 46면, 55면.

11) 신분점유에 관하여 제311조의 1은 1항에서 신분점유는 당사자와 그가 속하고 있다고 자칭하는 가족 사이의 친자관계 및 혈족관계를 나타내는 사실들의 충분한 종합에 의하여 설정된다고 규정하고 제311조의 2에서 전조 제1항에서 규정하는 사실로서 중요한 것은 다음과 같다고 하여 이러한 사실이 있는 경우 신분점유로 인정한다. 즉, 당사자가 일반인이 친생부모라고 여기는 자의 성씨를 항상 사용할 것, 일반인이 친생부모라고 여기는 자가 자녀로서 대우하고 당사자 역시 이들을 부모로서 대우할 것, 일반인이 친생부모라고 여기는 자가 친생부모의 자격으로 당사자의 교육, 양육 및 거주장소를 제공할 것, 당사자가 사회와 가족에 의하여 일

341조의 1). 그러나 모를 표시한 출생증서는 그것이 신분점유에 의하여 확증되는 때에는 인지로서의 효력이 있다(제 337조)고 규정함으로써 출생증서와 신분점유만으로 인지의 효력을 인정한다. 이것은 혼인 중의 자의 경우에 인정되는 친자관계의 증거방법인 출생증서(제 319조)와 신분점유(제 320조, 332조)가 혼인외의 자에게도 인정됨으로써 혼인 중의 자와 혼인외 자의 지위가 대등하게 되었다는 것을 의미한다.[12] 그러나 인지의 경우에는 출생증서 외에 신분점유를 요구함으로써 모자관계에서 당연발생주의를 약간 강화하는 것으로 볼 수 있다.

일본민법도 우리 민법의 경우와 같이 인지권자로서 부와 모를 규정하고 있으며(제 779조) 인지의 소(강제인지)의 경우에도 부 또는 모가 그 대상이 된다고 규정한다(제 787조). 이에 대하여 입법론으로서 모자관계 당연발생주의 제도를 취하는 방향으로 개정을 검토하자는 의견이 있으며[13] 또한 한때 개정안으로서 "제 779조부터 제 787조까지 관해서는 모자관계는 출생의 사실에 의하여 당연히 발생하는 것으로 한다"(제 22조)라고 하여 모의 인지불요설을 취하는 제안도 있었다.[14]

우리 민법이 인지권자로서 부와 더불어 모를 함께 규정하고(제 855조 1항) 또한 인지청구의 소에서도 부와 모를 동일하게 규정하지만(제 863조) 이러한 규정들은 학설이나 판례가 인정하는 바와 같이 모자관계의 발생은 자의 출생에 의하여 당연히 발생한다는 전제하에서 이해되지 않으면 안 될 것이다.

우리 민법도 혼인외 자와 모와의 친자관계의 발생은 출생에 의한다는 것을 명문화하고 인지권자와 인지청구의 소의 상대방으로서 부만을 규정하는 것을 검토해볼 필요가 있을 것이다.

반인이 친생부모라고 여기는 자의 자녀로 인정될 것, 공공기관에서도 당사자가 일반인이 친생부모라고 여기는 자의 자녀로 볼 것.

12) 稻本洋之助,《フラソスの家族法》, 東京大學出版部, 1985, 74면.

13) 松倉耕作, 前揭書, 55면.

14) 法制審議會民法部會 身分法小委員會, "親族編 假決定及び留保事項"(その2), 婚外子親子關係の 成立(1962) (그러나 개정요강으로 채택되지 못함).

2. 무능력자의 임의인지 (제 856조)

임의인지에 관하여 제 856조는 부가 금치산자인 때에는 후견인의 동의를 얻어 인지할 수 있다고 규정한다.

우리 민법의 경우 행위무능력자로서 미성년자와 금치산자의 신분행위에 관하여 부모, 법정대리인 또는 후견인의 동의를 얻도록 규정하고 있다. 즉, 약혼(제 801조, 제 802조), 혼인(제 808조 1항, 제 808조 2항), 협의이혼(구법 제 835조 1항, 제 835조), 인지(제 856조), 친생부인의 소(제 848조), 입양(제 871조, 제 873조), 파양(제 900조, 제 902조) 등의 규정이 그것이다.

가족법상 행위능력은 특별한 규정이 없는 한 의사능력만으로 충분하다. 신분관계의 창설, 변동을 목적으로 하는 형성적 신분행위를 하는 데에 타인의 동의가 필요하다 하더라도 그것은 재산법상의 경우와 같이 행위능력을 보충하는 것은 아니다. 미성년자나 금치산자에 대한 법정대리인의 동의는 친자 또는 가족공동체에 대한 파탄, 자녀의 양육의 문제 등과 같은 실질적, 정책적인 고려에서 나온 규정으로 해석[15] 되고 있다.

따라서 인지를 하는 경우에도 의사능력만 필요하며 행위능력은 필요치 않다. 자의 사실상의 부가 미성년자나 한정치산자라 하더라도 의사능력만 있으면 법정대리인의 동의 없이 인지할 수 있다. 금치산자의 경우에도 의사능력이 회복되어 있는 한 자신의 혼인외 자를 인지할 수 있다.

그러나 인지의 경우 미성년자의 인지에 관해서는 규정이 없고 금치산자의 경우에만 후견인의 동의를 얻도록 하고 있다(제 856조). 이것은 인지에 의하여 법률상 부로서의 권리를 취득하거나 의무를 부담하는 등 그 효과가 크기 때문에 금치산자의 경우 후견인의 동의를 얻도록 하여 후견인을 관여시키는 것[16] 이라고 해석하고 있다.

이와 같이 무능력자의 신분행위에서 의사능력만 필요한 것으로 이론상 인정하면서도 실제로 타인의 동의를 요구하는 것은 다분히 정책적 고려 때문

---

15) 김용한, 전게서, 18~9면.

16) 김주수, 전게서, 262면.

인 것으로 볼 수 있다. 특히 금치산자의 경우는 더욱 그러하다. 금치산자의 경우 의사능력이 회복되어 있는 동안은 인지가 가능하도록 하여야만 이론과 실제가 부합하는 것이 될 것이다.

스위스민법 제260조 (A) 2항은 인지자가 미성년자 또는 금치산자인 때는 그 부모 또는 후견인의 동의를 얻지 않으면 인지할 수 없다고 규정한다. 구 민법의 경우 인지는 이른바 일신전속권에 속하고 부만이 이것을 할 수 있기 때문에 이들의 법정대리인에 의해서 의사표시를 할 수 없다고 하였다. 이러한 논리의 귀결로서 예컨대 인지자가 미성년자나 금치산자 등 무능력자라 하더라도 판단능력을 갖는 한 인지를 하는 데 있어서 그 법정대리인의 동의를 필요로 하지 않고 단독으로 인지가 가능하다는 것이 통설로서 인정되었다.[17]

그러나 개정법은 무능력자의 인지에 있어서 일정한 자의 동의를 필요로 한다고 규정한다. 그것은 인지는 성년선고(제 15조 1항), 약혼(제 90조 2항), 혼인적령선고(제 96조 2항), 혼인체결(제 98~9조) 등과 같은 신분관계의 형성행위로서 미성년자, 금치산자가 경솔하게 행위하는 것을 보호해야 할 필요성이 적지 않기 때문이라고 한다. 즉, 인지자에게는 판단능력이 필요하며(제 16조) 여기에서 판단능력이라는 것은 동침과 포태와의 관계 및 인지라고 하는 행위의 법적 의의를 이해할 수 있는 능력을 의미한다. 따라서 판단능력이 있다고 하더라도 미성년자 또는 금치산자인 때에는 그 부모 또는 후견인의 동의가 필요하다고 보는 것이다.[18]

프랑스민법의 경우는 인지에 있어서 무능력자의 행위능력에 관한 규정이 없으므로 이들의 인지행위에 제한이 없는 것으로 볼 수 있다.

일본민법은 무능력자라 하더라도 미성년자와 금치산자의 신분행위능력을 달리 규정하고 있다. 즉, 미성년자의 경우 혼인(제 737조), 입양(제 798조) 등에

---

17) 松倉耕作, 前揭書, 30면, 42면, 49면, 56면 등.

18) 만약 미성년자가 동의를 얻지 못하는 경우 여기에 관한 구제수단은 없기 때문에 18세에 달한 후에 단독으로 인지할 수 있고 자 자신이 부성확정의 소를 제기할 수도 있으며 금치산자의 경우 제 420조에 의하여 이의신청을 할 수도 있다.

서 부모나 가정법원의 동의 등이 필요하지만 인지의 경우에는 인지하려는 부 또는 모가 무능력자인 때에도 그 법정대리인의 동의를 요하지 않는다(제780조)고 규정하여 미성년자나 금치산자도 자유롭게 인지하도록 규정한다.

금치산자의 경우는 미성년자와는 달리 인지는 물론 혼인(제738조), 협의이혼(제764조), 입양(제799조), 협의파양(제812조) 등에서 후견인의 동의 없이 행위할 수 있도록 명문의 규정을 두고 있다.

즉, 혼인, 협의이혼, 입양, 협의파양, 임의인지 등은 형성적 신분행위로서 이러한 신분행위는 그 자체가 목적인 것이고 재산행위처럼 이해타산적 고려에 기초하여 성립되는 것은 아니기 때문에 이러한 행위를 하기 위해서는 신분행위, 그것이 무엇인가를 인식할 수 있는 능력이 있는 것만으로 충분하다[19]는 것이다. 이러한 형성적 신분행위능력은 의사능력과 일치하는 것이다. 신분법 관계는 일반적으로 정형화되어 있고 신분행위의 효과도 일정하게 법정되어 있으므로 임의로 변경하는 것이 허락되지 않기 때문에 이러한 점에서 재산상 법률행위처럼 고도의 능력을 필요로 하지 않는다. 이 점을 가장 명백하게 나타내는 것이 금치산자의 경우로서 혼인에 관하여 후견인의 동의가 필요하지 않다는 제738조의 규정을 두고 그것을 협의이혼(제764조), 입양(제799조), 협의파양(제812조)에서 준용하고 있으며 인지에 관해서는 따로 법정대리인의 동의가 필요치 않다(제780조)는 규정을 두고 있다.

또한 인지는 일종의 신분행위이기 때문에 의사능력이 있으면 단독으로 할 수 있다[20]는 것이다. 인지는 자연적 혈연에 의한 친자관계를 법적 친자관계로서 확인하는 방법이고 그것은 혼인외 자의 부가 그 사실을 가장 잘 알고 있다고 하는 입장에 있기 때문에 부가 자기의 자라고 승인한 혼인외 자를 부의 자라고 인정하는 것이다. 따라서 승인이라고 하는 의사적 행위를 하는데 있어 혼인외 자가 자기의 혈연상의 자인가 아닌가를 판단하고 인지가 무엇을 의미하는가를 이해하는 능력을 필요로 하는 것은 아니다. 이것이 인지능력인 것이며 통상의 의사능력과 동일한 것이라고 이해할 수 있다. 그러므

19) 島津一郎・久貴忠彦,《民法(12) 親族(3)》, 三省堂, 1992, 77면.

20) 久貴忠彦・右近建男 等, 前揭書, 179면.

로 미성년자는 물론 금치산자의 경우도 인지를 함에는 법정대리인의 동의가 필요치 않다는 것이다.

우리 민법은 신분행위에서 미성년자와 금치산자는 거의 동일기준에서 동의를 얻도록 규정한다는 점에서 스위스민법과 유사한 체계를 갖는 것으로 볼 수 있다. 그러나 인지의 경우에만 미성년자에 관해서는 규정을 두지 않고 금치산자에 관한 규정만을 두고 있는데 이것은 우리 조문의 체계나 내용면에서 볼 때 입법의 불비가 아닌가 생각된다. 만약 입법의 불비라면 미성년자의 경우에도 인지에 있어서 부모 또는 법정대리인의 동의를 얻도록 하여야 할 것이다. 그러나 입법의 불비가 아니고 일본민법의 경우처럼 미성년자와 금치산자의 신분행위능력의 범위를 다르게 규정하려는 의도에 의한 것이고 또한 그렇게 하려는 이론적 근거가 일본민법의 근거와 다르지 않은 것이라면 금치산자의 경우 현행규정처럼 신분행위능력을 제한하기보다는 의사능력이 회복되는 동안은 신분행위를 자유롭게 할 수 있도록 명문으로 규정하여야 할 것이다. 그렇게 할 경우 금치산자의 신분행위에 후견인의 동의를 얻도록 하는 현행규정들은 모두 삭제하여야 할 것이다.

3. 피인지자의 동의

인지를 받는 자는 혼인외의 출생자로서 자가 미성년자이거나 성년자이거나 불문하고 인지할 수 있다. 다만 혼인외의 자가 자기의 자라 하더라도 타인이 이미 그 혼인 중의 자로 신고하였거나 또는 타인이 인지하고 있는 경우에는 친자관계부존재가 확정되거나(제 865조), 기존의 인지가 무효로 확정된 후가 아니면(제 862조) 인지할 수 없다.

그러나 피인지자의 동의에 관하여는 몇 가지 문제점이 있다.

첫째, 인지자가, 피인지자인 자신의 혼인외 자가 미성년자이거나 성년자임을 불문하고 이들의 의사를 전혀 고려하지 않고 임의로 인지하는 것에 관한 문제이다.

왜냐하면 인지로 인하여 친생자관계가 발생하게 되고 그로 인하여 부자간에 여러 가지 권리의무가 부여되기 때문이다. 특히 성년자의 경우는 그 의사를 존중하여 승낙을 얻을 필요가 있을 것이다. 이것은 혼인외 자가 미성년자인 때에는 부양책임을 지지 않고 있다가 자가 성년자가 된 후 그 부양을 받기 위한 전제로서 일방적으로 인지하여 부모로서의 권리를 주장하는 것을 무조건 인정할 수만은 없다는 이유에 근거한다. 따라서 인지자의 이기적 행위를 배척하고 피인지자의 의사를 존중하며 또 때로는 모의 명예를 고려하여 적어도 피인지자가 성년자인 경우에는 그 승낙을 얻어야 하는 것이 타당할 것이다[21) 라는 견해에는 공감한다. 구민법에서 자가 성년자인 경우에는 그 승낙을 얻도록 하였던 것은(제830조) 이러한 의미를 가진 것이었지만 현행법이 오히려 이를 인정하지 않고 있는 것은 문제라고 생각한다.

둘째, 사망한 자를 인지하는 경우의 문제이다.

사망한 자를 인지하는 것은 인지를 남용하여 인지자가 상속의 이익을 얻고자 하는 경우도 있으므로 원칙적으로 피인지자는 생존하고 있어야 한다. 다만 예외적으로 사망한 자에게 직계비속이 있는 경우에는 인지할 수 있도록(제857조) 규정하고 있다. 그러나 이 경우에도 사망자의 직계비속이 성년자인 경우에는 그 승낙을 얻도록 하는 것이 필요하다(구민법 제851조 2항). 이것은 부가 사망자를 인지하면 그 직계비속 사이에 직계혈족관계가 발생하고 그 결과 부양 기타 직계혈족으로서의 관계에 부합하는 의무를 부담해야 할 가능성이 있기 때문이다.

셋째, 포태 중인 자에 대하여 부가 인지할 수 있다(제858조)는 규정에 관한 문제이다.

이 규정은 해산 전에 그 부가 빈사상태에 있는 경우라 하더라도 태아의 출생 후 신분상 이익이 있기 때문에 인정하는 것이다.[22) 태아에 대한 인지는 부가 자의 출생 전에 사망한 때 혹은 사망위험이 많은 경우 등 자의 출생 후 임의인지가 불가능하게 되는 경우에 자와 부자관계를 확실하게 하여 부가 사망한 때에도 상속권이나 불법행위에 의한 손해배상청구권 등을 자가

21) 김주수, 《친족상속법》, 법문사, 1997, 259면; 김용한, 전게서, 178면.
22) 김주수, 전게서, 1997, 259면; 김용한, 전게서, 178면.

확보할 수 있도록 한다는 취지에서 인정되고 있는 것이다. 또한 부가 사망한 후에도 강제인지가 인정되기 때문에 태아인지는 절대불가결한 제도라고 말할 수 없지만 자의 출생 후 인지의 소를 제기하여야 한다는 것을 생각한다면 임의인지를 하는 편이 자나 그 모에게 유리하다는 점에서도 그러하다.

그러나 태아의 인지를 규정하면서 그 모의 승낙이 필요한가에 관하여는 규정되어 있지 않다. 그 부가 태아를 인지하는 데 있어서 모의 승낙을 얻도록 하는 것은 그것이 모의 명예나 이해에 관계되는 것일 뿐만 아니라 태아의 부를 알고 있는 것은 모이기 때문에 인지의 정확성이나 진실성을 확보하기 위하여 필요한 것으로 볼 수 있다.[23]

스위스민법은 피인지자의 동의에 관하여, 인지를 신분등록관에 대한 의사표시 또는 유언에 의하여 또는 부성확정의 소가 제기된 경우에는 재판관에 대한 의사표시에 의해서 이것을 행한다(제 260조 A 3항)고 하여 부의 일방적 의사표시에 의한 법률행위라고 보고 있다. 따라서 피인지자의 동의를 필요로 하지 않는다. 태아의 경우는 살아서 출생할 것, 그리고 모자관계가 확실할 것 등만을 요건으로 하여 인지된다(제 32조 2항). 자가 사망한 경우 그 직계비속이 없어도 인지의 이익이 있는 한 인지할 수 있다는 것이 통설이므로 그 직계비속의 동의여부는 문제될 여지가 없다.[24]

프랑스민법 제 33조도 인지는 민적관에 의하여 수리되는 증서 또는 기타 모든 공정증서에 따라 출생증서에 이를 행한다고 규정한다. 인지는 자나 모 등 누구의 동의도 필요하지 않은 일방적 법률행위로 인정한다.

일본민법의 경우 앞에서 설명한 바와 같은 이유로 피인지자가 성년자인 경우 그 승낙이 없으면 인지할 수 없도록 규정하고 있으며(제 782조) 사망한 자의 직계비속이 성년자인 경우에도 그의 승낙을 얻도록 규정한다(제 783조 2항). 또한 태아의 경우에도 모의 승낙을 얻도록 규정하고 있다(제 783조 1항). 그러나 혈연주의 입장에서 보아 친자감정이 용이하게 된 현재 이러한 제약을 가하는 것의 합리성에 관하여 의문은 나타내는 견해도 있다.[25]

---

23) 青木 傳, 《家族法要論》, 博文社, 1994, 130면.

24) 松倉耕作, 前揭書, 48면, 54면.

우리 민법의 인지규정체계는 스위스나 프랑스민법과는 다르고 일본민법과 같이 피인지자의 동의를 규정하고 있는 것도 아니다. 그러나 피인지자의 보호라는 관점에서 성년자인 피인지자의 동의문제 등을 검토해볼 필요가 있다고 생각한다.

4. 인지취소 (제 861조)

인지취소에 관한 제 861조는 사기, 강박 또는 중대한 착오로 인하여 인지한 때에는 사기나 착오를 안 날 또는 강박을 면한 날로부터 6월내에 법원의 허가를 얻어 이를 취소할 수 있다고 규정하고 있다. 이 규정은 진실한 친자관계가 있거나 없거나를 불문하고 사기, 강박, 중대한 착오 등 인지의 의사표시에 하자가 있는 경우 인지의 취소를 인정하고 있다. 따라서 진실한 친자관계가 있는 경우에도 사기, 강박, 중대한 착오로 인지하였다면 그 인지를 취소할 수 있게 된다.

그러나 이 규정은 과연 인지제도의 취지에 합당한 것인지 의문이다. 왜냐하면 이러한 이유로 인지가 취소되었다 하더라도 진실한 친자관계가 존재한다면 자 편에서 인지청구의 소를 제기할 수 있고 강제적으로 인지효력이 발생하기 때문이다.

인지취소를 인정하는 입법이유는 "인지가 사실에 반한다는 것이 명백하여도 인지자가 어떻게 할 수 없는 것은 심히 부당한 일이라 아니할 수 없고 도리어 그것은 인지제도의 근본정신에 반한다"는 것[26]에 근거한다. 그러나 만약 인지가 사실에 반하는 것이 명백한 경우, 즉 인지자와 피인지자 간에 자연적 혈연관계가 존재하지 않는 경우라면 그 인지는 무효인 것이며 이 경우에는 인지무효소송에 의하여 친자관계를 해소시킬 수 있는 것이다. 따라서 이러한 경우에 대비하기 위하여 위와 같은 근거를 인지취소규정의 입법이유로 하는 것은 부당하고 볼 수 있다.

---

25) 上揭書, 55면.

26) 〈民法案 審議錄(下卷)〉, 民法案審議議事小委員會, 13면.

인지취소 문제는 사실상 친자관계가 존재하는 것을 전제로 하고 인지의 의사표시에 하자가 있는 경우 이것을 이유로 취소를 인정하는 것을 말한다. 그러나 이러한 전제하에서 인지취소를 인정한다는 것도 법률상 강제인지를 인정하여 혼인외 자를 보호하려는 인지제도의 취지에는 반한다.[27] 또한 소송경제상으로도 불필요한 절차를 밟게 함으로써 피인지자의 보호 면에서 볼 때는 불합리한 것이다.

스위스민법은 인지취소를 제 260조 a, 제 260조 b, 제 260조 c에서 명문으로 규정하고 있다. 즉, 인지취소를 청구할 수 있는 자로서 이해관계인, 특히 모, 자, 자의 사망 후에는 그 직계비속 등이며(제 260조 a 1항), 취소가 인정되는 경우는 인지자가 그 자신 또는 그 근친자의 생명, 건강, 명예, 재산에 대하여 급박하고 현저한 위험을 수반한 강박에 의해서 또는 자기의 부성에 관한 착오에 의하여 자를 인지한 때에 한한다(2항). 또한 취소의 경우 원고는 인지자가 자의 부가 아니라는 것을 증명하지 않으면 안 된다(제 260조 b 1항). 제소기간은 부가 아니라는 사실을 안 때, 포태기간에 제 3자가 모와 동침한 것을 안 때, 착오를 발견하거나 강박을 면한 날로부터 1년 내에 제기해야 하며 인지한 때로부터 5년을 경과할 수 없다. 자가 성년에 달한 때로부터 1년을 경과하는 경우도 동일하다(제 260조 c 1항, 2항).

위의 규정에 의하면 인지취소의 원인으로서 인지자에 대한 강박, 인지자 자신의 착오를 규정하고 있는데 이것은 사실에 반하는 인지를 의미하는 것으로 볼 수 있다. 인지취소청구를 하는 자는 반드시 인지자가 자의 부가 아니라는 것을 증명하지 않으면 안 된다(제 260조 b의 1항)고 규정하고 있기 때문이다. 따라서 인지취소의 소는 인지무효의 소와 그 성질이 다르지 않은 것으로 볼 수 있고, 인지자인 부 자신도 이해관계인에 포함되어 소의 당사자가 될 수 있는 것으로 해석된다.

일본민법 제 785조는 인지를 한 부 또는 모는 그 인지를 취소할 수 없다고 규정한다. 종래의 판례는 의사주의적 입장에서 인지를 한 부는 그 자가 자기

27) 정광현, 전게서, 209면(정일형 의원은 임의인지취소를 금지하는 수정안을 제안하였다).

의 자가 아닌 진실에 반한 경우에도 그것을 이유로 인지를 철회할 수 없다는 취지로 해석하는 한편 인지는 의사표시이기 때문에 그것이 사기, 강박에 의하여 행해진 경우에는 민법총칙규정에 의하여 취소할 수 있다고 하였다.[28) 현재의 통설, 판례는 객관주의적 입장에서 현행규정은 적어도 친자관계가 존재하여 인지한 이상 그 인지가 사기, 강박에 의한 것이라 하더라도 취소할 수 없다는 취지로 규정한 것[29)]이라고 본다. 만약 인지가 사실에 반한 경우라면 인지자는 인지무효의 소에 의하여 인지의 무효를 주장할 수 있다는 것[30)]이다.

우리 가족법개정안(법무부, 최영희 의원대표 발의안, 이하 '의원입법안'으로 표기함)은 인지취소규정 중 종래 "법원의 허가를 얻어 취소할 수 있다"로 되어 있던 것을 "가정법원에 취소청구할 수 있다"로 규정하고 있다. 인지취소는 가사소송법 규정에 의하여 소로써 하도록 규정된 것(가사소송법 제26조)과 또한 조정, 재판사항으로 되어 있는 것(가사소송법 2조 1항 나류사건 7호, 50조, 21조)으로 보아 민법규정의 "법원의 허가를 얻어"라는 표현은 잘못된 것이므로 가정법원에 취소청구를 하도록 개정한다는 것이다.[31)]

28) 大審院判決, 1923. 3. 27, 〈大審院民事判例集〉, 1권, 137면.

29) 石川 稔, 前揭論文, 101면; 名古屋地方裁判所, 1965. 2. 26, 下級裁判所民事判例集, 16권 2호 362면.

30) 통설 중에서도, 취소를 인정하지 않는 편이 혼인외 자를 보호하는 데 유리하다는 등의 이유로 인지신고가 수리되었다면 유효한 것이 되고 인지가 사실에 반하지 않는 이상 취소할 수 없으며 무효주장도 허락되지 않는다고 해석하는 견해가 있다. 다만 인지에 승낙이 필요한 경우에 승낙을 얻지 못한 경우, 이러한 경우 취소를 인정한다는 민법규정은 없지만 가사심판법 등에서 인지취소를 인정하기 때문에 승낙권자가 취소할 수 있다고 해석하고 판결 또는 심판에 의해서 취소되면 인지는 소급적으로 무효가 될 수 있다고 본다. 특히 태아인지의 경우 모의 승낙에 있어서 모의 이익보다는 자의 이익이 우선되어야 하고 성년자인 자나 그 직계비속의 경우 그들의 의사 내지 이익보호가 혈연주의 관철보다 중요시되어야 하기 때문에 이러한 경우 인지취소가 인정되어야 한다는 것이다(我妻榮·有泉亨, 《親族法·相續法》, 一粒社, 1994, 136면).

31) 김주수, 전게서, 1997, 262면; 김주수, "각종 제척기간의 합리적 조정에 관한 발

그러나 인지취소를 인정하면서 이 규정을 존치시키려면 "사기, 강박 또는 중대한 착오로 인하여 사실에 반하는 인지를 한 때에는 … 가정법원에 취소를 청구할 수 있다"로 개정하여 진실한 친자관계가 있는 경우에는 인지의 의사표시에 하자가 있는 경우에도 취소할 수 없도록 하여 취소를 제한적으로 인정하는 것이 바람직하다고 생각한다.

5. 인지이의의 소와 인지무효의 소

인지이의의 소에 관한 제862조는 "자 기타 이해관계인은 인지신고 있음을 안 날로부터 1년 이내에 인지이의의 소를 제기할 수 있다"고 규정하고 있으며 가사소송법 제2조 1항(가사소송사건) (2) 나류사건 8호에서 인지에 대한 이의를 규정하고 있다.

그러나 인지무효의 소에 관하여는 민법에는 규정이 없고 가사소송법 제2조 1항 가(가사소송사건) (1) 가류사건 3호에서만 인지무효를 규정하고 있다.

인지이의의 소에 관한 제862조는 인지에 대한 이의의 소를 "자 기타 이해관계인이 제기할 수 있다"며 규정하고 있다. 이 규정만으로는 인지에 대한 이의의 내용이 무엇인지 정확히 알 수 없다. 판례는 인지심판의 효력을 인지이의의 소로 다툴 수 없다고 함으로써[32] 인지이의의 소의 내용 중에는 인지심판의 효력을 다투는 것은 포함되지 않는 것으로 볼 수 있다. 또한 인지이의를 한 경우 그 효력이 어떻게 되는가에 관하여도 정확히 알 수 없다.

다만 이의의 소를 제기할 수 있는 이해관계인이란 "진실에 반하는 인지가 존재함으로" 신분상 불이익을 입는 자라고 해석함으로써[33] 이의의 소를 제기할 수 있는 경우는 부 또는 모가 고의 또는 착오로 인하여 자기의 진실의 자가 아닌 자를 인지한 경우, 즉 사실에 반하는 인지를 한 경우라고 보고 있다. 이와 같이 부 또는 모가 자기의 진실한 자가 아닌 자를 혼인외 자로 인

표의견", 〈가족법개정 공청회 자료집〉(법무부, 1998), 84면.

32) 대법원, 1981. 6. 23, 80므109.

33) 김주수, 전게서, 1997, 261면; 박병호, 전게서, 167면.

지한 경우에는 인지는 있으나 사실상 친자간의 혈연관계는 없는 것이고 부모에게는 자기의 자가 아닌 자와 간에 혼인외 자로서 친자관계를 발생시킬 권리도 없는 것이다. 따라서 진실에 반한 인지는 그 효력이 처음부터 부정되어야 하는 것이고 그것은 곧 무효가 된다고 볼 수 있을 것이다.

그렇다면 인지이의의 소의 법적 성질은 무효에 대한 확인의 소로서의 성질을 갖는 것이라고 볼 수 있다.

인지이의의 소를 제기할 수 있는 자는 인지자를 제외한 자 기타 이해관계인이며 여기에는 자의 모, 인지자의 처, 인지자의 형제자매, 그 자를 인지하려는 자, 자의 직계비속 등이 포함된다.

인지이의의 소에서 인지자 본인을 제외한다고 해석하는 것은, 가사소송법이 인지이의의 소 외에 따로 무효의 소를 규정하고 있으며 인지자 자신은 인지무효를 주장할 수 있다고 규정한 것으로 보아(가사소송법 제28조에 의한 제23조 준용) 인지자 자신은 이해관계인에 포함된다고 보기 어렵기 때문이라[34]고 한다. 또한 판례도 "민법 제862조에 규정한 이의의 소는 인지할 수 있는 자가 그의 의사에 따라 인지하였을 경우에 그 인지자 이외의 피인지자를 비롯한 다른 이해관계인이 그 인지의 효력을 다투는 이의의 소를 말하는 것이고 …"[35] 라고 하여 인지자 본인은 인지이의의 소를 제기할 수 없다고 한다.

한편 인지무효의 경우에 가사소송법 제2조 1항 가류 가사소송사건으로만 규정되어 있을 뿐 달리 규정하는 바가 없다. 따라서 인지무효의 소를 제기하는 경우는 가족법 일반론에 따라 인지자가 의사능력을 결하는 경우, 인지자의 의사에 의하지 아니하고 타인이 인지신고한 경우, 사실에 반하는 인지를 한 경우 등을 들 수 있다.

인지무효의 경우 법률관계에 관하여는 형성의 소로 보는 견해[36]와 확인의 소로 보는 견해[37]가 있다. 형성의 소로 보는 경우 법원에 의하여 무효가

34) 김주수, 전게서, 1997, 261면.

35) 대법원, 1969. 1. 21, 68므41.

36) 정광현, 전게서, 552면; 이경희, 전게서, 152면.

37) 김주수, 전게서, 1997, 260면; 김용한, 전게서, 179면.

확정되지 않는 한 누구도 그 무효를 주장할 수 없다고 한다. 반면 확인의 소로 보는 경우 인지가 진실에 반하는 때에는 실체법상 당연히 무효가 되는 것으로서 인지무효의 소를 제기할 수 있는 것은 물론이고 그외 상속회복청구나 친자관계존부확인 청구 등의 소송에서 선결문제로서 인지무효를 주장할 수 있다고 한다. 특히 임의인지의 경우는 친자관계의 존재를 절대적 전제조건으로 하는 것이고 인지는 그것을 승인하는 행위에 지나지 않기 때문에 친자관계의 존재가 전제되지 않은 때에는 인지는 당연히 무효인 것이고 인지무효판결까지를 요구하는 것은 아니라고[38] 본다. 인지무효의 소는 확인의 소로서 성격을 갖는다고 보는 것이 타당할 것이다.

인지무효의 소를 제기할 수 있는 자는 인지자 자신을 포함한 당사자, 법정대리인, 4촌 이내의 친족이다(가사소송법 제28조에 의한 23조, 24조 준용).

민법은 이와 같이 인지에 대한 이의의 소만을 규정하고 있으나(제862조) 가사소송법은 인지에 대한 이의의 소뿐만 아니라 인지무효에 관하여 규정하고 있으므로 양 소의 차이에 관하여 혼동이 생길 여지가 있다.

양 소는 법문과 해석에 따르면 다음과 같은 점에서 차이가 있는 것으로 볼 수 있다.

첫째, 인지에 대한 이의의 소는 자 기타 이해관계인만이 제기할 수 있고 인지자 자신은 제기할 수 없다(가사소송법 제28조의 24조 준용)고 해석하는데[39] 반하여 인지무효의 소에서는 인지자 자신도 제기할 수 있다(가사소송법 제28조에 의한 23조, 24조 준용)고 규정하고 있는 점, 둘째, 가사소송법이 인지무효를 재판사항으로 하고 있는 데(가사소송법 제2조 1항 가류사건 3호) 반하여 인지에 대한 이의의 소를 조정사항으로 하여 조정전치주의를 취하는 점(가사소송법 제2조 2항 나류사건 8호, 제50조), 셋째, 인지이의의 소의 제기에는 1년이라는 제척기간이 있지만 인지무효의 소의 제기에는 제한기간이 없다는 점 등이다.

그러나 소를 제기할 수 있는 자에 관하여 양 소에 차이가 있다는 점은 의

38) 久貴忠彦・右近建男 等, 前揭書, 183면.
39) 김주수, 전계서, 1997, 261~2면.

문이다. 인지이의의 소를 인지자 본인은 제기할 수 없다고 하지만 인지이의의 소에서 가사소송법 제28조에 의하여 "제24조 규정을 준용한다"는 규정을 해석한다면 인지자 자신이 인지이의의 소를 제기할 수 없는 것으로 볼 수는 없다. 왜냐하면 제28조 규정의 "혼인무효의 소 등을 제기할 수 있는 부부"는 곧 혼인무효의 소를 제기할 수 있는 당사자를 의미하고 있는 것이다. 따라서 인지이의의 소에서 제23조 혼인무효의 소 등을 제기할 수 있는 제기권자 규정을 준용하지 않았다고 하여 제24조만에 의하여 인지 당사자인 인지자가 인지이의의 소를 제기할 수 없다고 볼 수 없기 때문이다. 제24조는 제23조의 소 제기권자가 전제된 규정이고 당사자 일방이 누구를 상대로 소를 제기할 것이냐, 즉 소의 상대방에 관한 규정이기 때문에 제24조에 의한다 하더라도 인지자는 인지이의의 소를 제기할 수 있는 것으로 해석될 수 있는 것이다.

1998년 법무부 개정안에는 인지이의의 소와 가사소송법상 인지무효의 소를 인지무효의 소로 통합하고 제척기간을 삭제하자는 제안이 있었다. 즉, 당사자, 법정대리인, 4촌 이내의 친족 기타 이해관계인은 인지무효의 소를 제기할 수 있다는 개정안이 그것이다. 당시 개정이유는 다음과 같다.

> "현행법 규정은 인지에 대한 이의의 소로서 인지신고 있음을 안 날로부터 1년 내에 인지에 대한 이의의 소를 제기할 수 있도록 함으로써 자 기타 이해관계인이 인지이의를 주장한 때에는 제척기간의 적용을 받는 데 반하여 가사소송법상의 인지무효의 소를 제기할 때에는 제척기간이 없어서 형평을 잃고 있다. 인지에 대한 이의의 소나 인지무효의 소는 모두 무효를 주장하는 것으로 보아야 하므로 구별할 실익이 없다고 본다. 따라서 양 소를 합쳐서 인지무효의 소로 하고 제척기간을 삭제한다."[40]

한편 이와는 달리 두 개의 소를 그대로 존치해야 한다는 의견도 있다.[41]

---

40) 김주수, 전게논문, 84면.

41) 최진섭, "인지무효의 소와 인지에 대한 이의의 소", 〈법률신문〉(1997. 12. 4),

즉, 인지이의의 소와 인지무효의 소는 각각 존재의의가 다르기 때문에 현행대로 두는 것이 타당하다는 견해가 그것이다. 이 견해에 의하면 인지무효의 소의 당사자는 인지자만을 의미하는 것으로 보고 피인지자는 포함되지 않는 것으로 보는 반면 인지에 대한 이의의 소의 자는 피인지자를 말하는 것이므로 양 소는 다르다고 보고 있다. 또한 4촌 이내의 친족과 기타 그 법정대리인의 의미도 다른 것으로 본다. 인지무효의 경우에 당사자 및 그 법정대리인이 인지무효의 소를 제기하지 않는 때에는 사실에 반하는 인지를 한 인지자의 4촌 이내의 친족이 혈연관계를 바로잡을 수 있도록 규정한 것이라고 본다. 인지자와 피인지자 사이에 자연적 혈연관계가 없는데도 불구하고 인지가 되면 이러한 친족의 이해관계에 영향을 미치므로 이들을 제기권자로 규정한 것이라는 것이다. 이에 반하여 인지에 대한 이의의 소의 기타 이해관계인은 피인지자의 생부 또는 생모, 그리고 인지자의 5촌 이상의 친족으로서 이해관계를 가지는 자와 피인지자의 친족 등을 의미하는 것으로 보아야 한다고 한다. 이러한 기타 이해관계인은 인지신고 있음을 안 때로부터 1년 내에만 소를 제기할 수 있도록 한 것은 인지에 대하여 무효를 주장할 수 있는 자들 사이에 입법적으로 달리 취급하겠다는 입법의사가 숨어 있는 것으로 해석하여야 한다고 한다. 따라서 자와 기타 이해관계인은 제척기간의 경과로 허위의 인지를 바로잡을 수 없고 인지무효의 소의 제기권자의 소제기에 의하여 승소판결이 확정되지 않는 한 자연적 혈연관계는 없지만 법적으로 친자관계가 형성될 수 있다는 것이다.

현재 개정안(법무부, 의원입법안)에는 양 소의 통합안이 포함되어 있지 아니하다.

외국 입법례로서 프랑스민법은 제 339조에서 인지이의의 소를 규정하고 있다. 즉, 제 1항에서 인지에 관하여 이해관계를 가진 모든 자, 심지어는 인지자 자신도 인지이의의 소를 제기할 수 있다고 규정한다. 2항은 증서 자체의 내용요소로 볼 때 이것이 선언된 친자관계에 관한 사실과 다른 때에는 검사도 인지이의의 소를 제기할 수 있다. 입양에 관한 규정에 반하여 인지가

제 2652호, 14면.

행해진 때에도 검사는 인지이의의 소를 제기할 수 있다고 규정한다. 3항은 인지와 일치하는 신분점유가 존재하고 인지 후 10년이 경과한 때에는 이의청구가 부모 중 인지하지 않는 일방, 아이 자신 또는 실부모라고 여겨지는 자에 의한 것이 아니라면 어떠한 이의청구도 허용되지 않는다고 규정한다.

이 규정의 내용에 의하면 친자관계에 관한 사실과 다른 때라는 규정은 진실에 반하는 인지를 의미하는 것으로서 무효인 경우도 포함되는 것으로 해석할 수 있다. 또한 제소권자로서 인지자 자신과 검사도 포함된다.

일본민법 제786조는 "인지에 대한 반대사실의 주장"이라는 표제하에 "자 기타 이해관계인은 인지에 대하여 반대의 사실을 주장할 수 있다"고 규정하고 있다. 여기에서 말하는 "반대의 사실을 주장"한다는 내용에는 임의인지가 진실에 반하는 경우, 인지능력을 결하는 경우, 인지자의 의사에 의하지 않는 인지신고 등이 포함된다. 또한 이 소는 확인의 소로서 당연무효이고 소를 제기할 수 있는 자는 "자 기타 이해관계인"으로 규정되어 있으므로 자는 물론 이해관계인으로서 자의 모, 인지자의 처, 인지자의 형제자매, 자의 직계비속 등이 포함되는 것은 물론이다. 그러나 여기에서도 이해관계인 중에 인지자 자신이 포함되는가에 관하여는 논란이 있다. 판례는 "민법 제785조에 의해서 인지자는 인지를 철회할 수 없기 때문에 당연히 이해관계인으로서 무효를 주장할 수 없다"고 한다.[42]

현재의 통설적 견해는 혈연주의 입장에서 인지가 사실에 반한 때에는 인지자도 인지무효의 소를 제기할 수 있는 이해관계인 중에 포함된다고 하며[43] 이 견해를 지지하는 판례도 있다.[44]

일본의 경우 제786조는 한국민법 제862조와 유사한 구조와 내용을 가지고 있다. 그러나 이 규정은 인지무효의 규정으로서 임의인지가 진실에 반하는 경우에 인지무효를 주장할 수 있다는 것을 인정하기 위한 규정이라고 해석하고 있다.

---

42) 大審院判決, 1923. 3. 27, 〈大審院民事判例集〉, 1권, 137면.

43) 水野紀子, "認知無效について"(2), 〈法學〉, 64권 2호(2000. 6), 146면.

44) 名古屋地方裁判所, 1965. 2. 26, 〈下級裁判所民事判例集〉, 16권 2호, 362면.

위에서 살펴본 바와 같이 우리 민법상 인지이의의 소와 가사소송법상 인지무효의 소는 용어나 소송절차, 제척기간 등에만 차이가 있을 뿐 본질적으로 동일한 것으로 볼 수 있다. 즉, 양 소의 내용은 진실에 반하는 인지를 하는 경우에 인정된다는 점, 그 효력을 무효로 한다는 점, 양 소의 법률적 성질은 확인의 소라는 점, 소의 제기권자도 다르지 않다는 점, 그리고 판례도 "인지에 대한 이의의 소 또는 인지무효의 소는 … 의하여 생부 또는 생모가 … 혼인외 자를 인지한 경우에 그 효력을 다투기 위한 소송이며 …"[45] 라고 하여 인지이의의 소와 인지무효의 소를 구분하지 않고 있으며 또한 양 소의 목적이 모두 인지의 효력을 다투기 위한 소송이라는 것을 분명히 하고 있다는 점에서도 그러하다.

따라서 양 소가 본질에서 다른 것이 아니라면 이 두 개의 소를 통합하여 인지무효의 소를 신설하고 이에 부수되는 문제, 즉 소송당사자나 제척기간의 문제 등도 아울러 검토하여 이론상 다툼이 없도록 또 이 제도를 이용하려는 사람들에게 혼동이 없도록 명확한 규정을 제정하여야 할 필요성이 있다고 생각한다.

6. 인지청구의 소 (제 863조)

민법 제 863조는 "자와 그 직계비속 또는 그 법정대리인은 부 또는 모를 상대로 인지청구의 소를 제기할 수 있다"고 규정한다.

이 규정은 부 또는 모가 임의로 인지하지 않는 경우에 자측에서 부 또는 모의 의사와 관계없이 재판에 의하여 인지를 강제할 수 있다(가사소송법 제 2조 1항, 나9호, 제 50조)는 것을 의미한다. 이 규정에 의하여 소를 제기할 수 있는 자는 혼인외의 자, 그 직계비속 또는 법정대리인이다. 혼인외 자의 경우 의사능력만 있으면 가능하지만 미성년자의 경우 실제로는 모가 자의 친권자로서 대리하여 부를 상대로 인지를 청구하는 경우가 많을 것이다.

이러한 인지청구의 소에서는 몇 가지 문제가 제기될 수 있다.

---

45) 대법원, 1993. 7. 27, 91므306.

첫째, 태아의 경우이다.

포태 중인 자에 대하여 부가 인지할 수 있으나(제858조) 태아에게는 인지청구권이 없다. 우리 민법은 태아의 능력을 규정하면서 인지청구에 관하여 태아는 출생한 것으로 본다고 규정하고 있지 않기 때문에 법정대리인이 있을 수 없고 따라서 모가 법정대리인으로서 대리하여 인지청구를 할 수도 없다. 그러나 태아의 이익을 위해서 태아에게도 인지청구에 관하여 출생한 것으로 보는 입법론적 배려가 필요하지 않을까 생각된다.

둘째, 인지청구권을 포기할 수 있느냐의 문제다.

인지청구권의 포기는 사실상 부와 그 자 또는 그 자의 모 사이에 금전 기타 경제적 급여를 대가로 하여 체결되는 인지소권의 포기계약을 의미한다.[46] 이러한 계약은 유효인가 하는 것이 문제가 된다. 일반적으로 인지청구권은 포기할 수 없다고 해석한다. 왜냐하면 신분상의 권리포기는 인정되지 않는 것이며, 만약 그 포기를 인정한다면 불우한 지위에 있는 혼인외 출생자가 근소한 금전 때문에 그것을 포기하게 될 염려가 있고 그렇게 하게 되면 혼인외 자를 보호할 수 없고 도리어 불이익이 되기 때문이다.[47] 판례도 인지청구권은 신분관계상의 권리이며 일신전속권이라 하여, 모가 한 인지청구권의 포기는 본인인 자에 미칠 수 없으며[48] 생모가 포기하기로 한 이상 화해가 이루어졌더라도 그 효력이 없다[49]고 한다.

여기에 대한 반론도 있다. 즉, 혼외 자에게 중요한 것은 단순히 인지청구권이 아니고 그 자신이 안전하게 성장하는 것이며 그것을 위해서는 충분한 금전적 이익을 받아야 하기 때문에 그것을 대가로 해서 인지청구권을 포기하는 것이 허락될 수 있으며 그렇게 하는 것이 오히려 혼인을 존중하는 것이 된다[50]는 것이다.

---

46) 김주수, 전게서, 1984, 271면.
47) 김용한, 전게서, 180면.
48) 대법원, 1982. 3. 9, 81므10.
49) 대법원, 1987. 1. 20, 85므70.
50) 高木多喜男·松倉耕作 編, 《條解民法Ⅲ(親族相續法)》, 三省堂, 1991, 179면.

결국 무엇이 자의 이익을 보호하는 것이 되는가 하는 것이지만 부자관계라는 신분을 확정하여 부모로서 또한 경제적으로 혼인외 자에 대한 보호를 하는 것이 혼인외 자에 대한 실질적 도움이 되기 때문에 인지청구권은 포기할 수 없는 권리라고 보아야 할 것이다. 혼인외 자의 보호를 위해서 인지청구권의 포기를 금지하는 명문규정이 필요하다고 생각된다.

셋째, 인지청구의 소에서 부의 생존 중에는 제소기한의 제한이 없다는 점이다.

우선 부의 생존 중에는 자의 출생 후 몇 년을 경과하더라도 자는 인지청구의 소를 제기할 수 있다. 이것은 부로부터 임의인지를 받는 것이 언제까지라도 가능하다는 것과 대응되는 규정이기도 하다. 따라서 자가 일찍부터 진실한 부의 존재를 알고 있고 또 소를 제기하는 데 특별히 중대한 장애가 없음에도 불구하고 오랜 기간을 경과하여 소를 제기하였다고 하여도 권리남용이 되는 것은 아니다. 이와 같이 부모의 생존 중에는 제소기간의 제한을 두지 않고 언제라도 친자관계를 확인할 수 있도록 하는 것은 어느 면에서 혼인외 자를 보호하기 위한 제도인 것으로 볼 수 있다.[51]

그러나 친자관계 특히 부자관계가 확인되지 않은 채 장기간이 흐르게 한다는 것은 신분관계의 조속한 확정이라는 가족법의 원리에 반한다는 점 또한 형성의 소의 성격을 갖는 친자법 관계의 소에서 제척기간을 두고 있는 여러 규정(제 847조, 제 848조, 제 851조, 제 861조, 제 864조 등)과 비교하여볼 때 형평에 맞지 않는 것으로 보인다.

한편 인지청구소송에서 소제기 기간의 제약이 있느냐는 혈연진실을 가리는 중요한 요소라고 보는 입장도 있다.[52] 즉, 소제기 기간이 길수록 진실에

51) 인지의 소가 형성의 소인가 확인의 소인가에 관하여 판례는 부의 인지는 형성의 소로(인지판결을 얻어야만 비로소 친자관계의 존재를 주장할 수 있기 때문에), 모의 인지는 확인의 소로 본다(대법원, 1967. 10. 4, 67다1791); 일본의 판례도 부의 인지는 형성의 소로 본다(最高裁判所, 1954. 4. 30, 〈最高裁判所民事判例集〉, 8권 4호, 861면).

52) 이경희, "DNA감정기술의 발달과 친자관계결정 법리의 변천", 〈연세법학연구〉, (2000), 제 7집 1권, 55~6면.

접근하는 시간적 여유가 있기 때문에 혈연진실주의적 경향이 강하다고 볼 수 있다는 것이다. 원래 인지청구소송의 소제기 기간을 짧게 규정하는 취지는 신분관계의 조기안정이라는 측면이 있지만 소제기 기간을 연장시키는 최근의 입법동향은 자의 지위향상과 친자감정기술의 발달로 인한 것이며 결과적으로 혈연진실주의적 경향을 강화하는 쪽으로 이행하고 있는 것으로 볼 수 있다는 것이다.

태아의 소제기 문제에 관하여 스위스민법은 태아의 경우 부성확정의 소를 제기할 수 있다고 규정한다. 즉, 제263조 III 1항에 의하여 자의 출생 전 또는 출생 후 1년 이내에 이 소를 제기할 수 있다(구법 제308조). 출생 전의 제소는 포태가 확인된 때로부터 소의 제기가 가능한 것으로 된다.

인지청구권의 포기문제에 관하여 이를 명문으로 인정하는 입법례는 없는 것으로 보인다. 스위스의 경우 친자관계의 확정을 구하는 권리, 즉 소권은 인격권의 일부라는 이유로 포기가 가능하지 않은 것으로 본다. 따라서 인지 또는 판결에 의한 친자관계의 확정을 구하지 않고 자의 양육비에 관한 합의만으로는 소권의 존속에 영향을 미치지 않는다고 보며 인지청구권의 포기는 무효로 인정된다(구법 제319조 3항).

일본민법의 경우도 인지청구권의 포기를 인정할 것이냐에 관하여 인정하는 견해와 이를 부인하는 견해가 있으나 통설, 판례는 인지청구권은 포기할 수 없다고 한다. 모가 상당한 금전을 받고 인지를 청구하지 않기로 약속한 경우에도 인지청구의 포기를 인정할 수 없다[53]고 본다.

제소기간의 문제에 관해서 스위스민법은 인지청구의 소에서 부모의 생존 중 제소기간의 제한규정을 두고 있다(제263조 III). 즉, 자의 출생 후 1년 이내, 성년에 달한 때로부터 1년 이내(1항), 다른 남성과 사이에 친자관계가 존재하는 때에는 그 친자관계가 배제된 날로부터 1년 이내(2항), 전 2항의 기간경과 후에도 소를 태만히 한 것이 중대한 사유에 기한 때는 언제든지 소를 제기할 수 있다(3항)고 규정한다.

프랑스민법은 제340조의 4에서 자의 출생일로부터 2년 이내(1항), 사실혼

53) 高木多喜男・松倉耕作 編, 前掲書, 179면.

관계 종료일로부터 2년 이내(2항), 자가 성년에 달한 때로부터 2년 이내로(3항) 규정한다. 이러한 제한은, 친생부인의 소를 제한하는 것이(제316조) 혼인 중의 자의 가족관계를 유지하기 위한 기능을 하기 때문인 것과 마찬가지로 혼인외 자를 포함하는 새로운 가족관계를 유지하기 위한 기능을 하는 것으로 해석된다.

일본의 경우 제소기간의 제한이 없으나 입법론으로 제소기간의 제한을 고려해볼 여지가 있다[54]는 견해가 있다.

우리 민법 제863조도 지금보다 더 자세한 내용으로 규정되어야 할 필요가 있다고 생각한다. 태아에게도 인지청구권을 인정할 것이냐의 문제, 제소기한의 설정문제, 예컨대 다른 친자법 관계는 물론 사후인지에 있어서 2년이라는 제척기간을 둔다는 점에서(개정안 제864조) 또한 신분관계의 안정이라는 점에서 생전인지의 경우도 고려되어야 할 것이다.

7. 부의 사망과 인지청구의 소(제864조)

민법 제864조는 인지에 대한 이의의 소나 인지청구의 소의 경우에 부 또는 모가 사망한 때에는 그 사망을 안 날로부터 1년 내에 검사를 상대로 하여 인지에 대한 이의 또는 인지청구의 소를 제기할 수 있도록 규정하고 있다. 이것은 부 또는 모의 사후 장기간에 걸쳐서 신분관계를 불안정한 상태에 두게 되면 신분관계에 따르는 법적 안정성을 해치기 때문에 그것을 피하고자 하는 입법취지에 의한 것이다.

위의 양 소에서 피청구인인 부 또는 모가 사망함으로써 검사를 상대로 하는 경우에는 부 또는 모가 사망한 것을 안 날로부터 1년 내에 소를 제기하여야 한다. 판례는 "사망을 안 날로부터 1년 내라는 것"은 "… 그 사망사실을 알고서 인지청구 등 자기의 신분행위를 할 수 있는 의사능력이 있는 자가 사망사실을 안 때로부터 1년 내에 인지청구 등의 소를 제기할 수 있다는 뜻으로 해석함이 타당하다"[55]고 한다.

54) 久貴忠彦·右近建男 等, 前揭書, 189면.

그러나 소의 제기기간이 그 사망을 안 날로부터 1년 내라고 하는 것은 그 기간이 제척기간으로서 지나치게 단기간이라는 비판이 있다. 즉, 인지를 사실의 확정을 목적으로 하는 것이라고 본다면 부 또는 모가 사망한 경우 1년의 기간에 한하여 인지청구를 할 수 있게 한다는 것은 부당하다는 것이다.[56]

여기에는 다른 견해도 있다. 사후인지에 있어서 제소기한이 없다는 것은 생전인지의 경우와 마찬가지로 혈연진실주의를 강화하기 위한 것이지만 부 사후 몇십 년이 지난 후에 친자관계가 인정된다면 상속재산을 둘러싼 갈등을 초래할 수도 있다. 그러나 이러한 재산관계에 혼란이 생기는 것을 우려하여 혈연의 진실을 포기해서는 안 된다고 하며 사후인지에 관한 제척기간을 두는 제864조는 불합리하다고 주장함으로써[57] 제척기간을 두는 것 자체를 비판하고 있다.

입법례를 보면 생전인지와 사후인지의 제소기간을 동일하게 하는 것이 추세인 것으로 보인다. 이것을 인정하여 기간제한을 두는 것은 부자관계 내지 법률관계의 조기안정을 의도한 것으로 볼 수 있는 것이며 이것을 인정할 것인가의 문제는 입법정책의 문제이다. 스위스, 프랑스의 경우 인지청구의 소에서와 동일한 제한을 사후인지의 경우에도 인정하고 있다.

일본민법은 생전인지의 경우 제한이 없으나 사후인지의 경우 제878조 단서에서 3년이라는 제한을 두고 있다. 즉, 부모의 사후 3년을 경과하면 제기할 수 없도록 하는 것은 부가 사망한 후 오랜 기간이 경과한 후 소제기를 인정하면 증거가 불명확하게 되어 입증이 곤란할 뿐만 아니라 남용에 의한 폐해도 생길 수 있다는 것, 그리고 신분관계의 법적 안정성 등을 고려하기 때문이라고 한다.[58]

---

55) 대법원, 1977. 3. 22, 76므261.

56) 김용한, 전게서, 180면.

57) 이경희, 전게논문, 57면; 일본의 경우도 사후인지에서 3년의 제척기간에 대하여 폐지를 주장하는 학설이 있다(松倉耕作, "トイシ·スイスの認知法と眞實志向度", 〈ジュリスト〉(1999), 제1099호, 39면).

우리 민법 제 864조의 제척기간에 관하여 개정안(법무부, 의원입법안)은 이 기간을 2년으로 연장하고 있다. 친자법 관계에서 일방이 사망한 경우에 개정안이 모두 2년의 제척기간을 두고 있다는 것과 관련하여(제 847조 2항과 제 848조 3항(의원입법안), 제 847조 2항(법무부안), 제 865조 2항(법무부안 등)) 이러한 조문과의 형평을 취한다는 점에서 또한 신분관계의 확정을 목적으로 한다는 취지에서 보더라도 1년이라는 기간은 제척기간으로서 지나치게 단기간이라는 점에서 이 기간을 2년으로 연장하는 개정안이 타당하다고 생각한다.

8. 인지와 자의 양육 (제 864조의 2)

개정안(법무부안, 의원입법안)은 인지와 자의 양육책임에 관한 제 864조의 2를 신설하여 제 837조(이혼과 자의 양육책임)와 제 837조의 2(면접교섭권)를 준용한다고 규정하고 있다.

인지는 신고함으로써 그 효력이 생기고(제 859조) 따라서 부와 혼인외 출생자 사이의 법률상 친자관계는 그 자의 출생 시에 소급하여 발생한다(제 860조 본문). 이렇게 되면 부모는 자가 출생한 때부터 자에 대하여 부양의무를 지는 것이 되고 그 부양은 부모의 자력에 따라 분담하게 된다. 상속상의 권리가 부자간에 발생하는 것은 물론이며 자는 부의 성과 본을 따르게 되고 부가에 입적하게 된다(제 781조 1항 본문). 또한 혈족, 인척 등 친족관계도 발생한다.

위와 같은 인지의 효과 외에 혼인외 자와 그 부모 간에는 공동생활이 가능하지 않다는 점에서 친권자에 관해서는 부모가 이혼한 경우와 같이 규정하고 있다. 즉, 개정안(법무부, 의원입법안) 제 909조 4항은 "혼인외 자가 인지된 경우에는 부모가 협의로 친권자를 정하여야 하고 … 당사자는 가정법원에

58) 青木 博, 前揭書, 135면. 이러한 제척기간의 설정이 위헌인가에 관하여 논란이 있으나 판례는 위헌이 아니라고 판시하였다(最高裁判所, 1955. 7. 20, 〈最高裁判所民事判例集〉, 9권, 9면); 헌법재판소 전원재판부, 2001. 5. 31, 98헌바9 결정은 민법 제 864조가 위헌이 아니라고 하였다.

그 지정을 청구하여야 한다"고 규정하며 제5항에서는 "재판상 이혼, 인지청구의 소의 경우 직권으로 친권자를 정한다"고 규정하고 있다. 이 개정안은 혼인외 자를 보호하려는 의지의 표현이라고 볼 수 있다. 또한 개정안은 제864조의 2를 신설하여 "제837조 및 제837조의 2의 규정은 자가 인지된 경우에 자의 양육책임과 면접교섭권에 관하여 이를 준용한다"고 규정하고 있다. 이 규정은 혼외 자의 양육 등에 관하여 이혼의 경우에 준하여 인정함으로써 혼외 자 권익보호를 더욱 강화하고자 하는 것이므로 이 규정의 신설은 타당하다고 볼 수 있다.

스위스민법은 제7절에서 친자관계의 발생규정을 두고 혼인 중의 자, 혼인외의 자, 양자관계의 발생에 관하여 상세하게 규정한다(제259조~269조). 그리고 제8절에서 친자관계의 효력을 규정한다. 즉, 씨에 관한 규정, 면접교섭, 부양의무, 친권 등에 관한 규정을 두고 각각의 효과에서 혼인 중의 자, 혼인외의 자, 양자에 관하여 한 조문에 항을 달리하여 규정하는 경우(씨에 관한 제270조, 제271조 등)가 있고 또는 조문을 달리하여 친자관계의 종류에 따른 효과를 규정하는 경우〔친권에 관하여 부모가 혼인한 경우(제297조), 혼인하지 않은 경우(제298조), 계친(제299조), 양육친(제300조) 등〕가 있다. 스위스민법은 혼인 중의 자에 관한 규정을 혼인외 자에게 준용하는 규정을 두지 않고 모든 종류의 친자관계의 효과에 관하여 각각 독립하여 규정하는 형식을 취하고 있다.

프랑스민법은 제3장 비혼생 친자관계의 장에서 혼인외 자의 친자관계의 효과에 관하여 먼저 규정하고 그 다음에 혼인외 자의 친자관계 설정방법에 관하여 규정한다. 즉, 효과규정에서 혼인외 자는 그 부 또는 모와의 관계에서 혼인 중의 자와 원칙적으로 동일한 권리의무를 가진다(제334조 1항)는 규정을 두고 성씨, 양육 등에 관하여는 제334조에서 제334조의 7까지 8개의 조항에서 규정하고 있다. 그리고 인지, 판결 등에 의한 친자관계의 설정방법에 관하여는 제334조의 8에서 제341조의 1까지의 조문에서 규정하고 있다. 이 중 특별한 규정은 부자관계가 적법하게 설정되지 않은 경우 혼인외 자는 법정 포태기간 중 그 모와 관계를 가졌던 남자에 대하여 원조금청구의 소를 제기할 수 있다는 점이다. 이것은 모와 관계를 가진 자는 부(父)일 것이라는 개연성만으로 부양료 의무를 부과하는 것이며, 피고는 물리적 불가능이나 혈액검사 결과를 원용하는 등 모든 방법을 동원하여 자기가 아이의 부가 될 수 없음을 항변할 수 있다(제 342조의 4). 실제로 친자관계소송의 15~20%가 원조금청구소송이라[59]고 한다. 인지받지 못한 혼인외 자를 보호하기 위한 전향적 제도라고 할 수 있다.

일본민법의 경우 혼인외 자에 대하여 친생자와 같은 효과가 발생한다는 것을 원칙으로 규정한다(제 784조). 친권자에 관해서는 이혼 및 인지된 경우의 규정(제 819조 4항, 5항)이 있고, 감호자에 관해서는 인지규정 중 제 788조에 의하여 제 766조를 준용하고 있다. 일본에서도 자의 감호자에 관한 규정인 제 788조를 인지의 소(제 787조) 다음에 규정하고 있으나 제 788조는 인지의 효과로서 설명되고 있다.[60]

우리 민법의 경우 인지의 효과에 관한 규정의 체계는 일본민법과 유사하지만 스위스, 프랑스민법과는 전혀 다르다. 우리 민법도 이러한 입법례를 참고하여 혼인외 자와 친자 간의 법률상 효과를 각각 호주와 가족의 규정, 친권자 규정, 양육자 규정에서 따로 규정하기보다는 혼인외 자의 장에서 함께 규정하는 방법을 검토해보아야 할 것이다. 현행체계를 유지하는 경우라면, 인지된 자에 대한 양육의무 등의 규정은 인지효력에 관한 규정이므로 제 864조 사후인지 규정에 연이어 제 864조의 2로 신설하는 것보다는 인지의 효력규정인 제 860조에 계속하여 제 860조의 2로 신설하는 것이 조문내용의 일관성 등을 고려할 때 타당하다고 생각된다.

9. 혼인외 자의 성(제 781조 2항)

혼인외의 자가 부의 인지를 받게 되면 부의 성과 본을 따르고 부가에 입적하게 된다(제 781조 1항). 그러나 혼인외의 출생자로서 부의 인지를 받지

59) 稻本洋之助, 前掲書, 73~4면.

60) 我妻 榮・有泉 亨, 前掲書, 137~8면.

못하고 모만 있는 자는 "부를 알 수 없는 자"로서 모의 성과 본을 따르고 모가에 입적하게 되어 있다(제 781조 2항). 이러한 규정들은 부의 인지가 없으면 비록 생물학적인 부라 하더라도 법률상 부자관계가 발생하지 않으며 또한 자가 부계혈통을 따를 수 없음을 의미한다. 따라서 부가 사실상 명백하더라도 인지를 받지 않는 한 "부를 알 수 없는 자"가 된다. 그러나 호적예규는 이에 관하여 "민법 제 781조 2항의 부를 알 수 없는 자라 함은 모가 부라고 인정할 자를 알 수 없는 자를 의미하는 것이므로 혼인외의 자라 할지라도 부의 성과 본을 알 수 있는 경우에는 부의 성과 본을 따를 것이며 부의 인지가 없는 한 부를 알 수 없는 자로서 그의 입적은 민법 제 782조 2항에 의할 것이다"[61] 라고 규정한다.

성은 부계의 혈통을 표시하는 것으로서 부자관계가 법률상 성립되어야 부의 성과 본을 따를 수 있는 것이며 부자관계가 법률상 안정되지 않는 한 모의 성과 본을 따를 수밖에 없을 것이다. 그럼에도 불구하고 호적예규가 부자관계가 성립되지 않은 경우, 즉 부로부터 인지받지 못한 경우에도 부의 성과 본을 따르도록 하고 있는데 이것은 부계의 혈통을 표시하는 성의 본래의 의의를 망각한 것이며 민법규정의 취지를 보아서도 부당한 유권해석이다[62] 라는 비판을 받을 수 있다. 뿐만 아니라 혼인외 자에 있어서 단지 모가 부라고 인정되는 자가 누구인가를 알고 있다는 사실만에 의하여 부의 성과 본을 따르도록 하는 것은 문제가 있다[63] 는 비판도 있다.

성(姓)의 개념에 관하여 외국의 경우는 우리와 다르기 때문에 동일선상에서 비교할 수는 없다. 그러나 혼인외 자에 대한 외국입법의 동향을 알 수 있다는 점에서 간단히 살펴보고자 한다.

스위스민법은 제 270조 (A) 2항에서 부모가 혼인하지 않은 때는 자는 원칙적으로 모의 씨를 칭하는 것으로 규정한다. 제 271조 3항에서는 혼인하지

61) 호적예규 제467호(1991. 7. 9. 개정).

62) 김주수, 전게서, 1984, 75면.

63) 이경희, "친생자관계법의 문제점과 개선방향", 〈친생자법 정비를 위한 검토〉, 한국가족법학회 하계학술대회자료집(2002), 9면.

않은 부모의 자가 부의 친권하에서 양육되고 있다는 것을 이유로 부의 씨로 씨를 변경한 때는 자는 부의 시민권을 취득한다고 규정함으로써 혼인외 자는 원칙적으로 모의 씨를 따르나 부의 씨로 변경이 가능한 경우도 있음을 규정하고 있다.

프랑스민법은 혼인외 자는 그와 먼저 친자관계가 설정된 부 또는 모의 성씨를 따른다. 친자관계가 동시에 설정된 때에는 부의 성씨를 따른다(제 334조의 1) 고 규정하고, 성씨의 대체, 성씨의 변경 등에 관하여 5개의 조항(제 334조의 2~제 334조의 6) 을 두고 있다.

일본민법의 경우 혼인외 자는 모의 씨를 사용하는 것으로 규정하고 있다(제 790조 2항). 부가 인지한 경우에도 씨는 당연히 변경되는 것은 아니고 씨 변경 수속에 의하여 또는 협의나 심판에 의해서 부를 친권자로 변경한 경우에 부의 씨를 사용하고 부의 호적에 입적하게 된다(제 791조).

우리 민법의 경우 현재 부계혈통의 표시로서 부성을 추종하는 것에 대하여 여성단체 등에서는 양성평등 입장에서 많은 문제를 제기하고 있다. 따라서 성의 문제는 혼인외 자에 관한 문제만은 아닌 것이며 부계혈통주의에 관련된 가족법의 다른 규정들과 함께 변화될 수밖에 없을 것이다.

10. 준정 (제 855조 2항)

민법 제 855조는 "인지"라는 표제하에 1항은 인지에 관한 규정을 두고 2항은 "혼인외의 출생자는 그 부모가 혼인한 때에는 그때부터 혼인 중의 출생자로 본다"고 하여 준정을 규정한다.

인지와 준정은 혼인외 자에 관한 규정이라는 점에서는 같다고 할 수 있지만 그 효과는 서로 다른 것이다. 인지는 이것으로 인하여 특히 그 부와의 사이에 혼인외 자로서 법률상 친자관계가 발생하는 것이고, 준정은 이미 그 부모로부터 인지받고 있던 자가 부모의 혼인에 의하여 혼인 중의 자로서의 신분을 취득하는 것이다(혼인에 의한 준정). 민법 제 855조에서 문제되는 것은 법률상 취득되는 신분이 다른 두 개의 규정을 "인지"라는 표제하에 하나의 조문에 함께 규정하는 불합리성과 인지규정 자체가 지나치게 단순하다는 점이다.

스위스민법은 친생자(혼인 중의 자)에 관하여 제255조부터 제258조까지 규정하고 그 다음 제259조에 준정규정을 두어 부모혼인이라는 표제를 붙여 규정하고 있다. 즉, 부모가 혼인한 때는 그 이전에 출생한 자에 대해서는 부(夫)의 부성(父性)이 인지 또는 판결에 의하여 확정된 때부터 혼인 중의 출생자에 관한 규정을 준용한다(1항)고 규정한다. 스위스민법은 혼인에 의한 준정만을 인정하나 그 규정의 위치는 혼인 중의 자와 혼인외 자 중간에 두고 있다. 즉, 준정규정 다음에 인지규정을 둠으로써 준정과 인지의 체계를 달리하고 있다.

프랑스민법은 혼인 중의 자 규정 다음에 절을 달리하여 제3절로서 준정을 규정한다. 준정으로 인하여 혼인외 자는 혼인 중의 자로서의 자격을 얻게 되며(제329조) 준정은 부모의 혼인 또는 법원의 판결에 의한다(제330조)는 2개의 통칙규정을 두고 있다. 이어서 혼인에 의한 준정(제331조에서 제332조의 1)과 재판에 의한 준정(제333조에서 제333조의 6)을 인정하고 있으며 여기에 자세한 규정을 두고 있다. 통계에 의하면 재판에 의한 준정보다는 혼인에 의한 준정이 약 2배가량 더 많은 것으로 나타나 있다.[64]

일본민법의 경우 제779조에서 "인지"라는 표제하에 적출 아닌 자는 그 부 또는 모가 이를 인지할 수 있다고 규정하는 한편, 제789조는 "준정"이라는 표제하에 1항은 부가 인지한 자는 그 부모의 혼인에 의하여 적출자인 신분을 취득한다(혼인에 의한 준정). 2항은 혼인 중 부모가 인지한 자는 그 인지의 때로부터 적출자인 신분을 취득한다(인지에 의한 준정). 3항은 전 2항의 규정은 자가 이미 사망한 경우에 이를 준용한다(자의 사망 후 준정)고 규정한다. 일본의 경우 이와 같이 인지와 준정을 조문을 달리하여 각각 규정할 뿐 아니라 준정에 관하여 혼인이나 인지의 선후에 따라 자세한 규정을 두고 있다.

외국 입법례에 의하면 준정을 인정하는 형태는 동일하지 않지만 인지와 준정을 각각 다른 규정으로 혹은 다른 절로 하여 독립된 형태로 규정하고 있

64) 稻本洋之助, 前揭書, 70~1면.

는 점은 공통된다.

우리 민법도 준정과 인지를 각각 별개의 조문으로 독립하여 규정하여야 할 필요가 있으며 준정의 내용도 혼인 또는 인지의 선후 등에 따라 보다 자세하게 규정하는 것이 혼인외 자 보호를 위한 다른 하나의 방법이 될 수 있을 것이다.

IV. 맺는말

이상에서 우리 민법의 인지제도에 관한 문제점을 검토해보았다. 이러한 검토는 인지규정의 문제점을 제시하는 기초자료로서 의미를 갖는 것으로서 앞으로 더 깊은 연구가 필요할 것으로 생각된다.

입법론적 검토가 필요한 사항을 정리하면 다음과 같다.

1. 혼인외 자와 친자관계의 성립에서 "모자관계는 출생에 의하여 발생한다"는 규정을 신설하고 여기에 부수하여 제 855조 1항의 인지권자로서의 모와 제 863조의 인지청구의 상대방으로서의 모를 삭제하는 방안.
2. 제 856조의 금치산자의 임의인지와 관련하여 미성년자에 관한 규정이 없는 것이 입법의 불비라면 미성년자의 임의인지에 관한 규정을 신설하여야 할 것이다. 그렇지 않고 금치산자의 신분행위능력을 확대하여야 할 필요가 있다면 인지의 경우는 물론 다른 신분행위에 관해서도 자유롭게 행위할 수 있다는 것을 명문화해야 할 필요성.
3. 인지를 함에 있어서 피인지자의 동의에 관한 규정이 없으나 피인지자가 성년인 경우, 사망한 자를 인지하는 경우에 그 직계비속이 성년인 경우 이들의 동의, 그리고 태아인 경우에 그 모의 동의 등의 규정을 신설할 필요성.
4. 제 861조 인지취소의 경우 사실에 반하는 인지를 한 경우에만 취소할 수 있도록 취소를 제한해야 할 필요성.
5. 제 862조 인지이의의 소와 가사소송법상 인지무효의 소를 통합하여

"인지무효의 소"를 신설하고 이를 민법에 규정해야 할 필요성.

6. 제863조 인지청구의 소와 관련하여 태아도 소를 제기할 수 있도록 하는 규정, 인지청구권의 포기금지, 부모의 생존 중 제소기한의 설정 등의 규정을 신설해야 할 필요성.
7. 제864조 사후인지의 경우 제소기간을 2년으로 연장한 것에 관한 개정안의 검토(타당성 인정).
8. 제864조의 2(개정안)는 인지규정들의 내용과 관련하여볼 때 인지의 효력규정인 제860조에 계속하여 제860조의 2로 규정해야 할 필요성.
9. 혼인외 자의 성에 관한 제781조 2항의 적용에서 호적예규의 적용의 타당성 문제.
10. 제855조 2항 준정규정을 인지규정인 제855조 1항과 분리하여 각각 별개의 독립된 조문으로 규정해야 할 필요성.
11. 호주승계 순위에서 혼인외 자보다 혼인 중의 자를 선순위로 하는 규정(제985조 1항)은 연장순으로 승계하는 것으로 개정되어야 할 필요성.

〈후기〉

2005. 3. 31 가족법개정에 의하여

1. 인지취소에 관한 제861조 후단 "… 법원의 허가를 얻어 이를 취소할 수 있다"는 규정은 "… 가정법원에 그 취소를 청구할 수 있다"로 개정되었다.
2. 사후인지 청구에 관한 제864조의 "… 사망을 안 날로부터 1년 내에 … 소를 제기할 수 있다 …"는 "… 2년 내에 … 제기할 수 있다"로 개정되었다.
3. 인지와 자의 양육책임에 관한 개정안 제864조의 2는 그대로 확정, 신설되었다.
4. 호주제도 폐지에 의하여 혼외 자의 호주승계순위는 문제되지 않는다.

제12장

한정치산·금치산제도의 문제점

I. 머리말

우리 민법에서 무능력자는 미성년자, 한정치산자, 금치산자를 의미한다. 이 중 정신능력이 불충분한 것을 무능력으로 규정하는 것은 각국의 입법례에서 거의 공통된 형태다. 우리 민법은 이를 두 개의 경우로 나누어 규정하고 있다. 즉, 정신능력이 불충분한 자를 "심신박약자"라고 표현하고 여기에 "낭비자로서 자기나 가족의 생계를 궁박하게 할 염려가 있는 자"를 아울러 한정치산자라 규정하고(제9조), 정신능력이 불충분한 정도가 강한 자를 "심신상실의 상태에 있는 자"라고 표현하여 이를 금치산자로 규정하고 있다(제12조).

이와 같이 우리 민법은 의사능력이 감퇴하거나 이를 상실한 자를 형식적, 획일적으로 심신박약자와 심신상실의 상태에 있는 자로 구분하고 있다. 행위무능력자 제도가 의사무능력자를 정형화함으로써 무능력자 보호와 거래안전을 도모하려고 한 것인 이상 이러한 법제도가 존재하는 것은 필연적이라고 할 수 있다.

그러나 근래 평균수명의 연장으로 고령화사회가 되고 정신장애자의 형태

---

* 이 논문은 〈법학논총〉(숭실대학교 법학연구소, 1998), 제11집에 게재된 것임.

나 정도가 다양해지고 있는 현실에서 정신능력이 불충분한 것을 이유로 무능력자를 규정함에 있어서 양자택일식으로만 정형화하는 것은 문제라고 할 수 있다. 따라서 현재의 무능력자 제도가 고령자나 정신장애자 등에 대하여 유효적절하게 기능하고 있는가에 관하여 비판이 있으며, 무능력자 제도는 개개인의 능력 정도에 따라 운용이 가능한 법제도로 전환되어야 한다는 논의도 있다. 이 논문에서는 현재의 한정치산·금치산제도를 중심으로 하여 이러한 제도 자체가 변화하는 사회에 대처하는 데에 어떠한 문제점이 있으며 또한 이들에 대한 후견제도의 불합리한 점은 무엇인가에 관하여 중점적으로 고찰하고자 한다.

II. 한정치산제도의 문제점

1. 제도의 의의

한정치산제도는 금치산자의 경우와 같이 행위능력을 전면적으로 박탈해 버릴 필요는 없지만 그렇다고 하여 완전한 행위능력을 인정하는 것도 적당하지 않다고 판단되는 사람에 대하여 그 행위능력을 제한하는 제도이다.

구민법상 준금치산 선고는 본인이 심신박약자, 농자(聾者), 아자(啞者), 맹자(盲者) 및 낭비자 중 어느 하나에 해당한 경우에 할 수 있었으나 현행법에서는 심신박약자와 낭비자로서 자기나 가족의 생계를 궁박하게 할 염려가 있는 자에 한하여 한정치산 선고를 할 수 있다. 또한 한정치산자의 능력의 범위는 구민법상 준금치산자의 능력보다 좁다. 즉, 한정치산자는 미성년자와 같은 능력을 가지나 준금치산자는 중요한 재산상 행위에 한하여 보호기관인 "보좌인"의 동의를 요하는 것이어서 미성년자의 능력보다 광범위한 능력을 가졌다.[1] 구민법상 준금치산자는 일반적 법률행위는 단독으로 유효하게 할 수 있고 다만 차재(借財) 또는 부동산의 처분 등 중요한 재산행위에 한하여

1) 김증한·주재황 편집, 《주석 민법총칙(상)》, 한국사법행정학회, 1980, 186면.

보좌인의 동의가 있어야 유효한 행위를 할 수 있었다. 이에 반하여 현행법상 한정치산자의 능력은 미성년자의 능력에 관한 규정을 준용하므로(민법 제10조), 그 능력은 미성년자의 능력과 같이 예외규정(제5조 1항 단서)이 없는 한 모든 행위를 단독으로 하면 취소할 수 있고 후견인의 동의를 얻어야 유효한 행위가 된다.

민법제정 시에, 한정치산제도는 이를 폐지하는 것이 좋다는 의견[2]이 있었다. 그 이유로서 후기자본주의 사회에서 부의 축적보다는 부의 분배가 더 중요한 사회적 과제가 되었고 법률도 정적 안전보다는 동적 안전을 중요시하지 않으면 안 되게 되었으므로 거래의 안전을 해치는 무능력 제도는 그 범위가 축소되어야 할 것이며, 이러한 의미에서 초안이 무능력자로서는 미성년자와 금치산자만을 인정하면 족할 것이며 따로 한정치산자를 인정할 필요는 없다고 하였다. 또한 구법상 준금치산자에게는 보좌인을 두고 그 보좌인의 동의를 얻는 행위를 열거적으로 규정하였으며 기타의 행위는 준금치산자가 단독으로 하여도 유효하도록 되어 있었다. 그러나 초안에서는 한정치산자가 단독으로 할 수 있는 행위를 열거적으로 규정하고 기타의 행위는 모두 법정대리인의 동의를 얻도록 하였다. 이러한 초안의 규정은 한정치산자의 보호에 너무 치우친 감이 있다는 비판도 있었다.

이와 같은 반대의견에도 불구하고 민법은 한정치산제도를 두었으며 능력범위를 구법에 비하여 축소시켜서 미성년자의 능력범위와 동일하게 규정하고 있다. 현행법에 대하여도 입법추세에 어긋나는 법제정[3]이라는 비판과 현재의 한정치산제도는 찬성할 만한 것이 못 되는 것으로서 한정치산제도를 따로 둘 것이 아니라 금치산제도와 통합해서 규정하되 거래안전을 위한 배려를 하는 것이 보다 좋은 입법일 것[4]이라는 등의 비판이 있다.

---

2) 민사법연구회 편, 《민법안 의견서》, 일조각, 1957, 28면.
3) 이희봉, "무능력제도", 《법학과 민사법의 제문제》, 나남출판, 1986, 273~4면.
4) 곽윤직, 《민법총칙》, 박영사, 1993, 169면.

2. 실질적 요건

한정치산 선고의 실질적 요건은 심신이 박약하거나 재산의 낭비로 인하여 자기나 가족의 생계를 궁박하게 할 염려가 있는 경우이다(제9조).

1) 심신박약

심신박약이라 함은 정신장애의 정도가 금치산 선고의 요건인 심신상실의 경우와 같이 의사능력을 완전히 상실한 정도에는 이르지 않으나 통상인보다 불완전한 판단능력을 가진 경우를 말한다.

가사소송규칙 제33조에 의하면 가정법원은 한정치산 및 금치산 선고에 관한 사건을 심판할 경우 반드시 본인의 심신상태에 관하여 의사에게 감정을 시켜야 한다고 규정하고 있다. 그러나 이 감정에 의하여 심신박약, 심신상실 또는 정상여부를 결정하는 것은 아니며 법원이 선고하는 경우 판단자료가 되는 것에 불과하다고 보아야 한다. 즉, 심신박약과 심신상실은 정신장애의 정도의 차이에 불과하기 때문에 이러한 자료를 기초로 하여 법원은 심신박약이냐 심신상실이냐를 결정하게 되고 한정치산자로서 보호하는 것이 타당한가 또는 금치산자로 보호하는 것이 타당한가 그렇지 않으면 어느 쪽으로도 보호할 필요가 없는가를 판단하게 된다. 따라서 금치산 선고의 청구가 있어도 한정치산을 선고할 수 있고, 한정치산 선고를 청구한 경우에도 금치산 선고를 할 수 있다[5]고 해석하고 있다.

그러나 이러한 해석에 대하여 다음과 같은 반론이 있다.

즉, "심신박약"과 "심신상실"은 정도의 차이에 지나지 않는다고 하여도 법률적으로 볼 때 일방은 제한적이나마 의사능력이 인정되고 타방은 의사무능력 상태에 있기 때문에 이 차이는 무시할 수 없으며 한정치산과 금치산 선고

---

5) 곽윤직, 전게서, 170면; 장경학, 《민법총칙》, 법문사, 1989, 219면; 김증한·김학동, 《민법총칙》, 박영사, 1995, 125면; 이영준, 《민법총칙》, 박영사, 1987, 817면; 고상용, 《민법총칙》, 법문사, 1990, 123면.

의 효과에도 질적인 차이가 있으므로 심신박약의 정도의 차이라고 하여 안이하게 양자를 이해하는 것에는 문제가 있다[6]는 것이다.

또한 심신상실과 심신박약은 정도의 차에 불과하고 확연히 구별하기가 곤란하므로 이것에 대하여 구태여 두 가지 제도를 둘 필요는 없고 하나로 통일하여 치산능력이 없는 자는 금치산 선고를 받게 하는 것으로 일원화하여도 무방할 것[7]이라는 의견도 있다. 입법례로서 스위스민법이 양자를 동일하게 취급하고 있다(제 17조). 우리 민법도 두 개의 제도를 금치산제도로 일원화하고 그 요건으로서 심신상실을 규정하되 심신상실의 정도에 따라 행위능력의 차이를 인정하는 것이 합리적이라고 생각한다.

2) 낭비자

낭비자의 행위능력을 제한하는 것은 "낭비자가 사려 분별없이 재산을 낭비하는 것을 방지"함으로써 낭비자의 재산을 보호하는 데 있다. 현행법은 구법보다 요건을 엄격하게 하여 "재산의 낭비로 자기나 가족의 생계를 궁박하게 할 염려가 있는 자"라고 하였다. 이러한 제도가 위헌인가에 관하여 일본의 판례는 헌법상 국민의 기본적 인권보장, 재산권의 보장과 저촉되는 것은 아니라[8]고 하여 합헌으로 인정하였다.

한정치산 선고의 요건으로서 "낭비자"라는 것은 전후사정에 대한 고려 없이 재산을 탕진하는 성벽이 있는 자를 말한다. 낭비의 정도는 본인의 지위, 구체적인 경우 재산 등 제반사정을 고려하여 결정해야 하므로 일률적 표준을 정할 수는 없다. 따라서 낭비의 목적이나 금액의 다소는 문제가 되지 않는다. 또한 반드시 비도덕적 목적에 소비하는 것만이 낭비인 것은 아니며 교육, 종교, 자선 등을 위하여 소비하는 경우라도 낭비가 될 수 있다.

한정치산 선고의 요건으로서의 낭비자는 그 낭비로 인하여 자기나 가족의

6) 〈私法判例リヌークス〉, 1992, 9면.
7) 민사법연구회 편, 전게서, 28면; 곽윤직, 전게서, 169면.
8) 大審院判決, 1961. 12. 13, 〈大審院民事判例集〉, 15권 11호, 2795면.

생활을 궁박하게 할 염려가 있는 자이며 그러한 염려의 유무도 본인과 가족의 생활상태, 재산, 지위 등을 고려하여 판단되어야 한다.[9] 그러나 어떤 경우에 낭비자로서 한정치산 선고를 할 것인가는 본인의 경제적 활동의 자유 내지 기본적 인권, 가족의 보호, 청구권의 남용 등과 관련하여 문제가 많다고 볼 수 있다.

낭비를 이유로 하는 한정치산제도는 원칙적으로는 무능력 제도 일반에 공통되는 본인보호를 목적으로 하는 것이지만 실제로는 이와 다른 각종의 목적을 위하여 이용되는 경우가 많다. 우선 이 제도가 본인의 재산보호가 아니고 가족의 생활기반으로서 재산보호나 가족원의 생존보장을 위해서 이용되는 경우가 적지 않으며[10] 한정치산 선고청구는 낭비자에 대한 징벌적 의미를 갖는 경우도 있다. 또한 이 제도에는 가족 등 청구권자의 본인에 대한 예방적, 교육적 효과가 기대되므로 한정치산 선고 후 개전의 정이 보인다면 가족 등도 납득하고 선고취소를 청구하게 되는 경우도 있다. 낭비를 이유로 하는 한정치산 선고청구에 취소가 많은 것은 이러한 사정 때문인 것이다.[11]

한정치산제도는 형식상 하나의 제도이지만 심신박약자에 대한 것과 낭비자에 대한 것과는 제도의 취지나 실제 취급기능에서 상당한 차이가 있으며, 특히 낭비자의 경우 다른 한정치산자와 성질이 다르다. 따라서 낭비자에게는 정신장애도 없고 신체의 결함도 없기 때문에 정신장애자 등과 동렬에서 이것을 보호한다고 하는 것은 의문의 여지가 있다[12]는 비판이 있다.

한정치산 선고의 요건으로서 "낭비자"는 심신박약자와 각각 규정할 것이 아니고 심신박약자로서 낭비자일 때만 한정치산 선고를 할 수 있도록 하는 것이 합리적이라고 생각한다.

---

9) 김증한·주재황 편집, 전게서, 189면.

10) 東京高等裁判所判決, 1951. 4. 30, 〈家庭裁判月報〉, 3권 6호, 29면.

11) 김증한·주재황 편집, 전게서, 191면.

12) 米倉 明, 〈最高裁判所 判例研究〉(1980. 6), 159~162면.

3. 선고절차

한정치산 선고의 절차는 가정법원의 심판사건으로서 가정소송법에 의하여 처리된다(가사소송법 제45조, 가사소송규칙 제32조 이하).

가정법원은 한정치산 선고의 실질적·형식적 요건을 갖추었다고 인정할 때에는 반드시 한정치산 선고를 하여야 한다(제9조). 선고는 법문상 필연적인 것으로 되어 있다. 그러나 심신박약을 이유로 하는 한정치산 선고는 재산소유자의 정신능력이 약간 미약함을 이유로 하여 근친자가 재산을 탈취할 목적으로 이용하는 경우가 적지 않기 때문에[13] 이러한 문제점을 예방하기 위해서 사안에 따라서는 청구를 기각할 수도 있다고 해석하여야 할 것이다.

한정치산제도는 제도 자체에 악용될 약점이 내포되어 있어 남용될 염려가 있기 때문에 그 선고의 요건이 한번 구비된 다음에 그 필연성 여부를 논할 것이 아니라 법원은 그 요건의 충족여부를 판단할 때에 무능력자 제도의 시대적인 성격에서 일탈되지 않도록 각별한 주의를 할 필요가 있다[14]고 하는 견해는 일리가 있는 것으로 생각된다.

4. 거래안전

한정치산 선고가 확정되면 후견인은 그 취임일로부터 1월 이내 후견개시의 신고를 하여야 한다(호적법 제83조). 이 신고에 의해서 한정치산자 등이 호적에 기재된다(가사소송규칙 제37조). 만일 후견인이 이 신고를 하지 않을 때는 시·읍·면장은 신고의 최고를 한 후(호적법 제43조 1항) 감독법원의 허가를 얻어 직권으로 기재한다(호적법 제43조 3항).

그러나 한정치산자는 외견상 통상인과 다를 바 없을 뿐만 아니라 사실상으로도 보통 거래하는 것이 가능한 경우가 많다. 따라서 한정치산 선고의 존재는 호적을 조사해볼 기회가 없는 거래 상대방으로 하여금 불측의 손해를

---

13) 서울가정법원, 1995. 6. 4, 95느1321.

14) 이영섭, 《신민법총칙강의》, 1959, 122면.

받을 위험성을 안겨준다.[15] 특히 낭비자인 경우 외견상 한정치산자로서 행위무능력자라는 것을 인정하기는 대단히 곤란한 경우가 많고 거래안전을 해칠 여지는 그만큼 더 많아지게 된다.

또한 한정치산 선고를 받은 경우 그 취지가 호적에 기재되고 호적은 혼인시 상대방이 조사할 수 있기 때문에 이를 가정 내에서 비밀로 하려고 할 것이다. 특히 낭비자의 경우 선고받은 사실을 호적에 기재한다든지 표면화하는 것을 혐오하는 감정이 친족에게 있는 것은 물론 가족에게 주는 영향이 다른 것에 비하여 클 수 있다. 이와 같이 이 제도가 거래안전을 해치면서 본인보호보다는 오히려 가족·친족을 위하여 이용되는 경우가 적지 않을 뿐만 아니라[16] 호적에 기재하는 공시방법이 개인의 인격침해의 측면도 있다는 점에서 문제라고 할 수 있다.

한정치산 선고는 거래안전을 도모하기 위하여 필요불가결한 경우 제한적으로 이를 인정하여야 할 것이다.

5. 행위능력

한정치산자의 행위능력은 미성년자의 행위능력과 동일하다(제10조에 의한, 제5~8조 준용). 원칙적으로 재산행위에서 한정치산자는 법정대리인인 후견인의 동의가 없으면 단독으로 법률행위를 하지 못하며 이에 위반한 법률행위는 취소할 수 있다(제10조, 제5조 2항). 다만 예외적으로 권리만을 얻거나 의무만을 면하는 행위는 단독으로 할 수 있다(제5조 1항 단서). 그러나 미성년자의 근로계약과 임금의 청구에 관한 근로기준법 규정들(근로기준법 제53조 1항, 제54조)이 한정치산자에게 적용되는지에 관하여는 적용되지 않는다는 설[17]과 유추적용되어야 한다는 설[18]이 있다. 근로계약과 임금청구에서

15) 김증한·주재황 편집, 전게서, 187면.

16) 서울가정법원, 1994. 12. 8, 94느4403.

17) 김증한·주재황 편집, 전게서, 193면.

18) 곽윤직, 전게서, 172면.

한정치산자를 보호하지 않을 이유는 없으므로 후설이 타당하다고 생각된다.

신분행위에 관하여 미성년자, 금치산자에게는 특칙을 두고 있지만 한정치산자에 대해서는 제한이 없다. 따라서 분가(제 788조), 약혼(제 801조, 제 802조), 혼인(제 807조, 제 808조), 협의이혼(제 835조), 입양(제 871조, 제 873조), 협의파양(제 900조, 제 902조) 등에 있어 한정치산자는 완전한 능력자로 인정된다고 하는 견해[19] 와 위와 같은 행위에 관해서 규정이 없는 것은 입법적 불비라고 보아 미성년자와 같이 다루어야 한다는 견해[20] 가 있다.

한정치산자의 신분행위에 관하여 규정하지 않은 것은 한정치산자의 재산상 행위능력에 관하여 미성년자와 동일하게 규정한 것과 대비하면 균형을 잃은 감이 있다. 그러나 신분상의 행위에 관해서도 재산상의 행위에서와 동일하게 다루어야 할 필요는 없을 것이며 오히려 신분행위의 특수성에 비추어 본인의 의사를 존중한다는 점에서 한정치산자는 가족법상 인정되는 모든 신분행위를 어떠한 제한 없이 자유롭게 할 수 있는 것으로 보아야 할 것이다.

III. 금치산제도의 문제점

1. 제도의 의의

금치산제도는 심신상실의 상태에 있는 자에 대하여 그 행위능력을 전면적으로 제한하는 제도이다.

심신상실 중에 있는 자는 의사능력이 없기 때문에 그 행위는 당연히 무효이지만 이를 주장하는 자는 행위 당시에 행위자가 심신상실 중에 있었다는 사실을 적극적으로 입증하지 않으면 안 된다. 그러나 이러한 입증은 특히 심신상실의 상태가 끊임없이 계속하는 것이 아니고 때로는 정상상태로 되돌아

19) 김증한 · 김학동, 전게서, 127면; 김주수, 《민법총칙》, 삼영사, 1996, 153면; 장경학, 전게서, 220면.

20) 곽윤직, 전게서, 173면; 이영섭, 전게서, 125면.

오는 자에 있어서는 더욱 곤란하다. 따라서 금치산 선고는, "심신상실의 상태에 있는 자"에 대하여는 개괄적 상시적으로 행위능력이 없는 것으로 하여야 할 필요성 때문에[21] 인정되는 것이다.

금치산자의 재산행위는 후견인이 대리하도록 되어 있다(제949조). 그만큼 금치산자의 행위능력은 제한되며 만일 행위를 한다면 그 행위는 금치산자 또는 법정대리인이 무조건적으로 취소할 수 있다(제13조, 제140조). 따라서 의사능력의 유무라고 하는 점에 대한 입증 내지 사실인정의 곤란한 문제를 회피하여 손쉽게 금치산자의 재산을 보전하는 일이 가능하게 될 것이다. 동시에 일반인도 이러한 법률관계를 예측하는 것이 보다 확실하게 되고 나아가 소송경제라고 하는 공통의 이익을 촉진하는 기능을 할 수 있다.[22]

2. 형식적 요건

1) 청구인

금치산 선고에 관해서 본인, 배우자, 4촌 이내의 친족, 후견인 또는 검사의 청구가 있어야 하는 것이 형식적 요건으로 되어 있으며(제12조), 법원의 직권에 의한 선고는 인정되지 않는다.

본인은 의사능력의 회복 중에 신청할 수 있으나 신청하는 사례는 거의 없으며 검사에 의한 신청도 거의 없다[23]고 한다. 신청권자가 있어도 고도의 필요성이 없는 한 신청하지 않으며 오히려 조정, 소송절차진행을 위하여 신청하는 경우가 압도적으로 많다. 즉, 청구는 대부분 심신상실자가 상당한 재산을 가지고 있는 경우에 행하여지고 더구나 그 재산에 관하여 소송, 등기신청, 주권의 명의개서 등 어떤 의미에서 공적 절차가 필요한 경우에 비

---

21) 김증한 · 주재황 편집, 전게서, 203면.

22) 상게서, 208면.

23) 近幾辯護士會 人權擁護委員會 編, "高齡者 · 障碍者の權利擁護制度の確立をめざして"(1996), 43면.

로소 청구하는 일이 많다.[24] 따라서 직권에 의한 선고를 인정하지 않는 현행제도는 본인보호의 관점에서 보면 불충분하다는 비판을 면할 수 없다.

2) 심신감정

사건관할은 사건 본인의 주소지 가정법원이다(가사소송법 제44조 1항). 청구가 있게 되면 가정법원은 심판을 함에 있어서 사건 본인의 심신상태에 관하여 의사에게 감정을 시켜야 한다(가사소송규칙 제33조). 이것은 필요적 감정으로 규정하고 있으나 다른 재판절차에서 최근에 한 감정결과 등이 나타나 있을 때는 별도의 감정을 거치지 않는다[25]고 한다.

한정치산·금치산 선고에서 심신감정은 비용과 시간이 많이 소요된다. 심신박약자인지 아니면 심신상실의 상태에 있는지를 판단하기 위해서는 상당한 기간 입원하여 정신과 전문의의 진단을 받아야 하기 때문이다. 금치산 선고의 필요성이 있는 경우에도 고액의 감정비용 문제로 주저하게 되며 청구에서 선고까지도 많은 시간이 소요된다.

이와 같이 심신상태에 대한 감정을 하기 위해서는 장기간의 입원이 필요하며, 그로 인한 감정비용이 고액인 점, 그리고 가정법원이 정신의학상의 판단에 구속되지 아니하지만, 사건 본인을 직접 심문하지 않고 심판하게 됨을 고려할 때, 허위의 사실에 기하여 선고가 내려질 위험성[26] 등도 문제점으로 지적될 수 있다.

24) 서울가정법원, 1995. 11. 20, 95느2202.

25) 법원행정처, 〈법원실무제요, 가사〉(1994), 581면.

26) 신영호, "고령화 사회에서의 후견제도", 한국가족법학회, 1997 하계학술발표회 자료집, 101면.

3) 선고의 필연성

현행법은 "선고하여야 한다"라고 규정하고 있으므로(제 12조) 요건이 갖추어져 있으면 반드시 선고하지 않으면 안 된다. 그 결과 예컨대 친족이 본인의 재산을 자유롭게 처분할 목적으로 청구하였다 할지라도 "심신상실의 상태"에 있다면 금치산 선고를 하지 않을 수 없게 된다. 후견인을 가정법원이 선임하는 경우(제 936조) 후견인 선임에 관하여 신중을 기함으로써 청구권의 남용을 어느 정도 저지할 수 있을 것이다. 그러나 청구인이 법정후견인인 경우(제 933조 이하)에는 당연히 후견인이 될 자가 정해지기 때문에 남용의 정도가 심각할 수 있으며 후견인 해임사유가 되는 경우를 제외하고는 남용을 방지할 방법이 없다[27] 고 하는 문제점이 있다.

또한 본인이 의사능력상실 전에 임의대리, 신탁 등을 설정한 경우, 의사능력상실 후의 재산관리에 관하여 불만이 없으며 신상감호에 관해서 후견인이 없어도 친족, 복지기관 등에 의한 감호가 사실상 충분히 기대될 수 있다면, 심신상실 상태에 있고 청구가 있다고 하여 필요한 보호의 정도에 관계없이 금치산 선고를 필연적으로 하는 것은 대단히 기계적・획일적이며 또한 폐해를 수반하는 것[28] 이라고 볼 수 있다.

3. 선고절차

선고절차는 한정치산의 경우와 같다(가사소송법 제 2조 라류 1호, 제 45조, 가사소송규칙 제 32조 이하). 즉, 선고절차에서는 라류 가사비송사건이기 때문에, 본인은 물론 사건 관계인을 심문할 필요는 없지만(가사소송법 제 45조) 신중을 기하여 위하여 청구인이나 사건 본인의 가족을 참고인으로 심문하고 있다.[29]

---

27) 김증한・주재황 편집, 전게서, 205면.

28) 新井 誠, "成年後見法の課題", 《家族法改正の課題》, 加除出版, 1993, 449면.

29) 법원행정처, 전게서, 581면.

그러나 사건 본인이 어느 정도 자신의 의사를 표명할 수 있는 경우에도 일률적으로 본인의 의사는 전혀 고려하지 않고 있다는 것이 문제점으로 지적될 수 있다. 왜냐하면 금치산 선고는 본인보호를 위한 제도이지만 행위능력의 전면적 박탈이라고 하는 효력을 수반하는 것 외에 많은 법령상의 자격제한 사유로 된 것에 비추어보면 결과적으로 불이익 처분으로서의 성질을 갖는다는 사실을 부정할 수 없기 때문이다. 따라서 본인 심문이나 면접을 필요적 사항으로 규정하지 않는 현행법 제도는 적정절차에 의하여 처분을 받을 권리를 보장하여야 한다는 점에서 문제가 있다고 할 수 있다.

이러한 문제점이 있기 때문에, 가정법원이 금치산을 선고하기 위해서는 본인의 심신의 상태에 관해서 반드시 의사 기타 적당한 자에게 감정시키지 않으면 안 된다고 하는 규정(가사소송규칙 제 33조)은, 감정이 있으면 선고가 적법하다는 취지는 아니고 가정법원이 본인을 심문한 후에 다시 심신감정을 필요로 한다는 취지의 규정이라고 해석하여야 한다[30]고 보고 있다.

4. 공시방법

한정치산 · 금치산 선고의 심판이 확정된 때는 가정법원의 사무관 등은 지체없이 그 사실을 공고하고(가사소송규칙 제 37조) 사건 본인의 호적사무를 관장하는 자에게 통지하여야 한다(동 제 7조 2호). 이 통지에 의하여 본인의 호적에 한정치산자 또는 금치산자로 기재된다(호적법 시행규칙 제 20조 1항 6호).

이것은 본인의 행위능력이 제한되거나 박탈되었음을 공시하는 것이지만 호적이라는 공부에 무능력자라는 표지를 남기게 됨으로써 본인이나 그 가족에게 사회적 수치심을 느끼게 만든다는 문제점이 있다. 또한 호적은 현재 누구라도 자유로 열람할 수 있는 것은 아니기 때문에 그러한 방법은 공시방법으로서 적절하다고 말할 수 없다. 특히 호적에 그러한 사항을 기재한다는 것은 국민 일반의 저항감이 강하고 이것이 금치산제도 이용의 심리적 장애로 된다[31]는 견해는 일리가 있는 것으로 생각된다.

---

30) 新井 誠, 前揭書, 457면.

또한 한정치산자의 경우와 마찬가지로 호적열람의 기회를 갖기 어려운 상대방에 대하여 거래안전을 해친다는 문제점도 있다.

5. 행위능력

1) 자기결정권 존중

민법 제13조는 취소의 대상이 되는 금치산자의 행위를 한정하고 있지는 아니하다. 그러나 금치산자는 미성년자나 한정치산자에 관한 제5조 1항과 같은 재산상 법률행위를 스스로 하는 것이 금지되어 있다.

그 이외의 행위에 대하여는 많은 특칙이 설정되어 있다.

민법의 특칙은 다음과 같다. 불법행위(제753조, 제754조), 약혼(제802조), 혼인(제808조), 협의이혼(제835조), 친생부인의 소(제848조), 인지(제856조), 입양(제873조), 협의파양(제902조) 등의 신분행위 및 유언(제1063조)이다. 이들은 대리에 친하지 않는 행위일 뿐만 아니라 본인의 의사 내지 그 태용(態容)이 결정적 중요성을 갖는 행위이기 때문이다. 또한 금치산자는 의사표시의 수령능력이 없다(제112조). 그밖에 보증인(제431조 1항), 후견인(제937조 2호), 유언의 증인(제1072조 2항), 유언집행자(제1098조)에 관해서 금치산자의 결격을 규정하고 있다.

이와 같이 금치산자는 재산행위가 금지되고 신분행위가 제한되고 있다. 그러나 심신상실의 상태에 있는 자라고 하여도 의사능력의 감퇴 정도에 따라서는 일정한 의사표명이 가능한 경우도 있을 수 있기 때문에 특히 재산행위에 관하여 일률적으로 본인의 의사를 무시하는 현행제도는 자기결정권 존중의 견지에서 본다면 문제가 있다고 할 수 있다.

본인의 자기결정권 존중의 관점에서 보면 본인의 능력에 따라서 특정한 행위에 관해서만 행위능력을 박탈 내지 제한한다든지 반대로 행위능력을 전면적으로 인정한다든지 하는 탄력적 운용이 가능한 법제도가 바람직스럽

---

31) 近幾辯護士會 人權擁護委員會 編, 前揭論文, 45면.

다[32]는 의견은 타당한 것으로 생각된다.

2) 의사무능력과의 관계

금치산자는 심신상실의 상태에 있으므로 그 행위가 동시에 의사무능력자의 행위라고 할 수도 있다. 이 경우 금치산자에 관한 제규정이 우선적으로 적용될 것인가 아니면 의사무능력의 법리가 선행할 것인가 하는 것은 이른바 이중효(*Doppelwirkung*)[33]로서 문제가 된다. 취소란 일단 유효하게 성립한 법률행위를 무효로 하는 의사표시이다(제 141조, 143조). 따라서 의사무능력에 의한 무효라면 취소의 여지는 없게 된다. 이러한 사고를 전제로 하여 민사소송법상 변론주의적 구조를 고려한다면 당사자는 일정한 행위에 대하여 무효나 취소를 주장하는 것이 가능하지만 심신상실 중의 행위인 것이 증명된 때에는 취소를 기다릴 것 없이 그 행위는 무효가 된다.[34]

금치산제도가 의사무능력의 법리를 전제로 하여 이를 수정하는 제도로서 역사적으로 등장했다는 점을 중시한다면 이러한 경우 금치산자에 관한 규정이 우선적으로 적용되어야 한다[35]는 견해가 타당하다고 생각된다.

3) 후견인의 동의를 얻은 행위

금치산자의 재산상 법률행위에 관하여 후견인에게 동의권이 있는가, 있다면 후견인의 동의를 얻은 금치산자의 재산적 법률행위를 취소할 수 있을 것인가. 여기에 대하여는 취소부정설[36]과 취소긍정설이 있으나 취소긍정설[37]

---

32) 近幾辯護士會 人權擁護委員會 編, 前揭論文, 43~4면.

33) 奧田昌近 編輯, 《民法學 I》, 有斐閣双書, 1976, 60면.

34) 法曹會 編, 《民法總則(上)》, 1988, 36면.

35) 고상용, "민법상 이른바 이중효의 의미", 〈고시연구〉, 10-11, 105면.

36) 정범석, 《신민법총칙》, 52면; 梅謙次郎, 《民法要義 1卷》, 30면; 中島玉吉, 《民法講義 1卷》, 103면; 기타 스위스민법 제 19조 1항은 금치산자가 후견인의 동의를 얻어서 한 행위는 유효하다고 규정하고 있다.

이 통설이다. 즉, 통설에 의하면 금치산자의 후견인에 관해서는 미성년자의 법정대리인이나 한정치산자의 후견인과 달라서 동의권을 갖는다는 규정이 없다. 또 실질적으로 금치산자의 정신상태는 불안정하며 장래의 행위를 예측하기 어렵기 때문에 이와 같은 자에게 동의를 주어서 법률행위를 하게 하는 것은 금치산자의 재산보전이라고 하는 제도의 주목적이나 후견인의 직무에 비추어볼 때 부당하다. 뿐만 아니라 동의에 의하여 취소권이 소멸된다고 하여도 행위 시의 심신상실 문제가 될 수 있기 때문에 상대방도 안심할 수 없고 또 그와 같은 문제를 회피하려고 하는 본조의 취지에도 어긋나기 때문이다라는 것이 통설의 입장이다.

이와 같이 거래안전과 관련하여 통설은 금치산자의 행위는 후견인의 동의 유무와 관계없이 항상 취소할 수 있는 것으로 해석하고 있다. 그러나 거래의 안전을 특히 강조하는 입장에서는 오히려 통설의 견해에 대하여 의문을 나타내고 있다. 즉, 후견인이 본인에게 법률행위를 하여도 위험이 없는 것으로 동의한 이상 그 취소를 인정할 필요는 없으며 이렇게 해석하는 것이 거래의 안전에도 도움이 된다는 것이다. 또 이렇게 해석하지 않으면 동의권을 포함한 포괄적인 재산관리권을 후견인에게 부여한 의의가 몰각되는 것으로 된다[38]고 한다.

4) 이익만을 얻는 행위

권리만을 얻고 의무를 면하는 행위를 취소할 수 있는가에 관하여 미성년자나 한정치산자에 관하여는 명문이 있다(제5조, 제10조).

그러나 금치산자에 관해서는 이러한 규정이 없기 때문에 이러한 행위에

---

37) 김증한·김학동, 전게서, 129면; 김용한, 《민법총칙》, 박영사, 1981, 133면; 이영섭, 전게서, 117면; 곽윤직, 전게서, 175면; 我妻 榮, 《民法總則(民法講義I)》, 68면; 末川 博, 《民法總則》, 72면; 四宮和夫, 《民法總則》, 弘文堂, 1993, 53면; 遠藤 浩·川井 健 編輯, 《民法(I)總則》, 有斐閣双書, 1993, 47면 등.

38) 新井 誠, 前揭論文, 458면.

대하여 어떻게 해석할 것인가가 문제된다. 이것은 일단 유리·불리의 판정을 취소권자에게 일임하는 취지라고 볼 수 있지만 타면 무능력제도가 재산보전을 목적으로 하고 있는 점을 감안한다면 유리한 행위의 취소까지 인정할 필요는 없다[39]고 할 수 있다.

IV. 후견제도의 문제점

1. 후견제도의 기능

후견이란 친권에 의하여 보호를 받을 수 없는 미성년자와 한정치산자·금치산자를 보호하기 위하여 제도화된 민법상의 직무이다. 현행법상 후견제도는 법정후견제도로서 미성년자를 위한 경우와 한정치산자, 금치산자를 위한 경우 두 가지이다. 미성년자의 경우 친권자가 후견인을 지정할 수 있고(제928조) 후견의 내용도 친권의 연장으로 볼 수 있다(제945조). 한정치산과 금치산의 경우 선고를 받으면 후견인을 두도록 되어 있다(제929조). 그러나 미성년자에 대하여도 본인보호를 위한 금치산 선고의 필요성을 인정하고 있으므로[40] 미성년자도 금치산자가 될 수 있다. 따라서 한정치산자·금치산자를 위한 후견을 성년후견이라고 하여 미성년후견과 구별하여 부르기는 어렵다.

구법에서는 형식상 호주의 보호·감독 외에 친권의 연장인 미성년후견과 금치산자의 보호기관으로서의 후견을 인정하여 근대적 후견제도의 모습을 갖추고 있었다. 그러나 실질적으로는 호주를 제2차적인 후견인으로 하고, 친족회에 후견감독기관으로서의 지위를 인정하는 등 가부장적 가족제도와 연관이 있는 후견제도를 취하고 있었다(구법 제901조~제904조, 제944조, 제945조). 또한 한정치산자(구법상 준금치산자)의 보호를 위하여 후견제도와는

39) 이희봉, "미성년자, 한정치산자 및 금치산자의 능력의 비교", 《법학과 민사법의 제문제》, 나남출판, 1986, 278면.

40) 곽윤직, 전게서, 174면; 김증한·주재황 편집, 전게서, 206면.

별도로 보좌제도를 채용하고 있었으나(구법 제909조), 보좌제도는 약자의 보호제도라는 점에서는 후견제도와 동일하지만 한정치산자에 대한 보충적 보호제도라는 점에서 달랐다.

현행법은 구법의 후견제도가 그 규정의 번잡성에 비하여 실효가 적었고 보호제도의 내용이 후견제도를 거의 그대로 준용하여 그 존재의의가 없는 점을 고려하여 별도로 보좌제도를 두지 않는 한편 후견감독인 제도를 폐지하고 감독기관으로서는 친족회와 가정법원만을 인정하게 되었다. 특히 현행법이 국가후견 이론에 의거하여 법원에 적극적 감독권을 준 것은 후견제도의 사회화를 위하여 과거의 후견제도에 질적 변화를 일으킨 것으로서 주목되는 점이다.[41]

한정치산자와 금치산자를 위한 후견인은 법률규정에 의하여(제933조 이하) 임명되는 법정후견인과 이들이 없는 경우 "친족 기타 이해관계인"의 청구에 의하여 선임하는 선임후견인이 있다(제936조). 후견인의 권한은 법정되어 있다. 그러나 한정치산자·금치산자를 위한 후견제도는 그 기능과 관련하여 다음과 같은 문제점이 지적될 수 있다.

2. 한정치산자의 후견인의 권한

한정치산자의 후견인은 미성년자의 경우와 같이 한정치산자의 행위에 대하여 동의권과 대리권이 있다(제10조, 제5조, 제938조). 뿐만 아니라 법문상으로는 한정치산자에 관하여 미성년자에 관한 민법 제8조도 준용되므로 한정치산자의 후견인은 한정치산자의 영업에 대하여 허락할 수 있는 권한도 가지고 있으며 동의 없이 행한 법률행위에 대하여 취소권이 있다.

이와 같이 한정치산자의 후견인은 재산에 관한 관리권과 대리권(제949조), 동의권(제5조, 제10조)이 있으나 심신박약자를 위한 신체상 보호에 관한 권리의무는 규정되어 있지 않다. 물론 후견인은 피후견인의 법정대리인의 지위를 가지므로(제938조), 한정치산자의 후견인이 대리권을 행사하여 정신병원

41) 김용한, "후견", 〈사법행정〉(1974. 8), 62면.

이나 요양기관과 피후견인의 입원계약을 체결할 수 있을 것이다. 한정치산 선고의 실질적 요건의 하나가 심신박약인 점을 감안한다면 금치산의 경우에서와 같이 후견인의 요양감호 의무를 명시하지 않고 있음은 문제라고 본다.[42]

이 문제에 대하여는, 금치산자의 후견인이 금치산자를 요양감호하는 규정인 제947조를 한정치산자의 후견인에게도 준용하고, 만일 후견인이 한정치산자의 신상감호의 필요성을 전적으로 무시하여 동의권·취소권·대리권을 행사한다면 이를 허락하지 않는 것으로 해석함으로써 이러한 문제점을 다소간 해소할 수 있다[43]고 보는 견해는 일리가 있는 것으로 생각된다.

3. 미성년자에게 금치산 선고를 한 경우의 후견인

금치산 선고를 받은 미성년자가 있는 경우 그에게 금치산 후견개시를 인정할 필요가 있는가가 문제된다. 이 문제에 관하여 우선 그에게는 이미 친권자 내지 후견인이 존재하기 때문에 여기에 새롭게 금치산 후견개시를 인정할 필요가 없다[44]는 견해가 있다. 그러나 친권에 따르는 미성년자에 관하여 금치산 선고가 있는 때에는 금치산 후견이 개시되며 이러한 경우에는 당연히 친권자가 후견의 직무를 행하는 것이 아니고 별도로 금치산 후견에 관한 규정에 의하여 후견인이 취임하게 된다(제933조, 제935조)고[45] 보는 견해도 있다. 이러한 경우 금치산 후견개시를 인정하지 않고 그대로 두고 있으면 미성년자가 성년도달과 함께 친권, 미성년후견으로부터 해방되게 되므로 이때에 새로운 후견에 복종하게 하는 것보다는 미리 금치산 후견에 복종하도록 하는 편이 미성년자를 위하여 이익이 된다는 점, 미성년자와 금치산자는 행위능력의 제한 정도에 차이가 있기 때문에 금치산자를 통상의 친권 내

42) 신영호, 전게논문, 98면.

43) 新井 誠, 前揭論文, 456~7면.

44) 於保不二雄 編輯, 《註釋民法 23 親族(4)》, 有斐閣, 1969, 211면.

45) 김용한, 전게논문, 63면.

지 후견에 두는 것만으로는 그 보호가 충분하다고 볼 수 없다는 점 등을 그 이유로 들고 있다.

이러한 경우 사실상 친권자가 후견인이 되는 경우가 보통이지만 후견인의 권한은 금치산자의 경우가 더 넓기 때문에 선고를 받은 미성년인 금치산자를 보호하기 위해서는 금치산 후견개시를 인정하는 것이 타당하다고 생각된다. 그러나 동일인에게 무능력규정을 중복하여 인정함으로써 어떤 효과를 기대할 수 있을 것인가에 관하여는 입법론적으로 고려의 여지가 있다고 하겠다.

4. 후견인의 수

현행법에 의하면 후견인은 1인으로 되어 있다(제930조). 이 의미는 1인의 후견인이 수인의 피후견인의 후견인으로 되는 것은 허용되지만 1인의 피후견인에 대하여는 1인의 후견인이 있을 뿐이라는 것을 뜻한다. 후견인을 1인으로 하는 것은 후견인을 복수로 할 경우 후견인간의 의견대립 또는 충돌, 책임의 불명확 등이 발생하기 때문에 이것들을 피하여 후견사무의 원활한 진행과 피후견인의 이익을 도모하기 위한 것이다.[46]

후견인은 1인이 아니면 안 된다고 하는 것은 후견사무를 모두 후견인이 혼자서 해야 한다는 것은 아니다. 후견사무가 번잡, 다양한 때에는 복대리인을 선임하여 여기에 위임해도 좋다. 그러나 타인을 사용한 경우 후견인은 이러한 자의 행위 또는 과실에 관하여 그 책임을 지지 않으면 안 된다[47]고 해석한다.

후견인을 1인으로 한다는 규정에 대해서는 다음과 같은 문제점이 제기된다. 먼저 후견사무는 대체로 재산에 관한 사항과 신분에 관한 사항으로 구분되고, 신상이나 요양·감호사항에 관하여는 피후견인의 배우자나 근친자가 담당하는 것이 적절할 것이다. 그러나 재산에 관한 사항에는 일종의 전문성이 요구되므로 1인인 후견인이 복잡하고 다양한 후견사무를 전부 감당하기

---

46) 近畿辯護士會 人權擁護委員會 編, 前揭論文, 44면.

47) 於保不二雄 編輯, 前揭書, 249면.

에는 무리가 있다고 볼 수 있다.

따라서 재산후견과 신상감호권이 분리되는 때에는 성질상 후견인이 2인으로 되는 것과 동일한 결과를 일으킬 뿐만 아니라 실제에서도 피후견인의 재산이 분산되고 있는 경우 후견인을 복수로 할 수 있도록 하는 것이 타당할 것이다.[48] 외국 입법례도 거의 공동후견을 인정하고 있다.[49]

후견인 수를 복수로 정하는 제도를 취한다면, 복수의 후견인에게 직무를 분담시킴으로써 효율적인 사무처리를 도모할 수 있다는 점, 복수의 후견인이 상호감시하는 것에 의해서 후견인의 권리남용을 방지할 수 있다는 점, 복수의 후견인을 선임한다면 1인의 후견인의 직무수행이 불가능하게 되어도 다른 후견인에게 인계하여 후견사무의 지속성을 보장할 수 있다는 점 등이[50] 유리한 점으로 지적되고 있다.

후견인의 권리의무가 본인의 신상감호로부터 재산관리, 법률행위의 대리까지 미치는 광범위한 것이라는 점을 고려한다면 복수의 후견인선임을 인정하는 것이 본인의 이익을 위해서도 좋을 것이다.

5. 법정후견인

누가 후견인이 되는가는 미성년자와는 달리 법정 · 선임후견인에 의한다. 금치산 · 한정치산자 선고를 받은 경우 법정후견인으로서는 선고받은 자의 직계혈족, 3촌 이내의 방계혈족 순으로 후견인이 된다(제 933조). 여기에서의 직계혈족에는 모계혈족도 포함된다고 판례는 해석해왔으며[51] 현행법의 경우에도 직계혈족과 방계혈족에는 부계 · 모계혈족 모두가 포함된다고 해석된다. 직계혈족, 방계혈족이 수인인 때에는 최근친을 선순위로 하고 동순위자가 수인인 때는 연장자를 선순위로 한다(제 935조 1항).

---

48) 김용한, 전게논문, 63면.

49) 독일민법 제 1788조, 스위스민법 제 379조, 프랑스민법 제 417조.

50) 近幾辯護士會 人權擁護委員會 編, 前揭論文, 44면.

51) 대법원결정, 1992. 1. 19, 81스25-29.

그러나 정신장애자의 보호·복리를 위한 것이 근대적 후견제도의 근본정신이라면 민법이 법률규정에 의하여 일률적으로 후견인의 취임을 강요하는 법정후견인 제도를 인정하는 것은 입법론으로서 부당하다[52]는 지적이 있다.

또한 선고를 받은 자의 직계혈족이나 방계혈족이 후견인으로 되는 경우 연장자가 선순위로 되는데 이는 연령만을 고려하여 순위를 법정하고 있기 때문이지만 본인보다도 후견의 필요성이 클 수도 있는 최고령자가 후견인으로 되는 것은 문제라고 본다.[53]

현행법상 법정후견인은 자연인에 한정된다(제930조)고 볼 수 있으므로 가정법원이 제936조에 의하여 후견인을 선임할 때도 사회복지기관과 같은 법인을 후견인으로 선임할 수 없다. 그러나 자연인만이 아닌 법인에 의한 후견에 관해서도 검토의 여지가 있다고 본다.

6. 선임후견인

법정후견인이 없는 경우 가정법원은 제777조에 의한 피후견인의 친족 기타 이해관계인의 청구에 의하여 후견인을 선임하여야 한다(제936조, 가사소송법 제2조 라류 1호). 이 선임은 "친족 기타 이해관계인"의 청구에 의하여만 할 수 있는 것이기 때문에 가정법원이 직권으로 할 수 없다. 만약 한정치산 선고의 청구가 있음에도 법정후견인이 될 자가 없는 경우에는 가정법원은 청구인을 권고하여 후견인선임 청구를 하도록 하여야 할 것이다. 그러나 이론적으로는 한정치산 선고의 청구만 있고 후견인선임 청구가 없다면 한정치산 선고가 되었음에도 불구하고 후견인은 존재하지 않는다고 하는 경우가 생길 수 있다. 입법론으로서 한정치산 선고의 청구가 있고 법정후견인이 될 자가 없는 경우에는 가정법원이 직권으로 후견인을 선임할 수 있도록 제도화하는 것이 바람직하다.[54]

52) 김용한, 전게논문, 63면.
53) 신영호, 전게논문, 97면.
54) 김증한·주재황 편집, 전게서, 195~6면.

본인이 의사능력이 있는 경우 후견인선임에 관해서 희망을 표명한 때에는 그것이 고려될 수 있는가. 법정후견인에 관해서는 민법 제 933조에서 후견인이 될 자를 특정하고 있고 또한 제 930조에 의하여 후견인은 1인이어야 한다고 되어 있기 때문에 본인이 그 이외의 희망을 표명한다고 하여도 해석론으로서는 그것을 인정할 수가 없다. 다만 선임후견인(제 936조)에 관해서는 만일 본인이 명확한 희망을 표명하는 경우 그것이 본인보호의 견지에서 현저하게 불합리한 것이 아니라면 후견인선임을 청구한 때 친족 기타 이해관계인의 의향보다는 오히려 본인의 희망을 존중하여 후견인을 선임하는 것도 고려할 수 있다[55]는 의견이 있다.

이와 같이 본인의 희망을 존중하여 후견인을 선임할 수 있다면 법정후견인 우선제도가 갖는 불합리한 점을 보충할 수 있다는 점에서 합리적이라고 생각된다.

7. 배우자 후견인

금치산·한정치산 선고를 받은 자가 기혼자인 때에는 배우자가 후견인이 되고 배우자가 없거나 배우자도 한정치산 또는 금치산 선고를 받은 때에는 그 선고를 받은 자의 직계혈족, 3촌 이내의 방계혈족의 순위로 후견인이 된다(제 934조). 여기에서의 배우자는 혼인관계에 있는 법률상 배우자를 의미하며 사실혼관계는 포함되지 않는다는 것은 명백하다. 배우자가 미성년자이어도 혼인에 의하여 성년으로 보기 때문에(제 826조의 2) 후견결격(제 937조)의 문제는 생기지 않고 당연히 법정후견인이 된다. 부부관계가 사실상 파탄된 경우에도 제 939조에 의한 후견인 사퇴나 제 940조에 의한 후견인 해임절차가 없는 한 법률상 배우자가 당연히 후견인이 된다.

당사자가 이혼에 의하여 배우자로서의 지위를 상실한 때는 후견인으로서의 자격도 당연히 상실한 것으로 된다. 이 경우에는 후견인이 흠결된 것으로서 가정법원은 후임후견인을 선임하지 않으면 안 된다.[56]

---

55) 新井 誠, 前揭論文, 449면.

부부관계가 사실상 파탄된 경우나 본인과의 연령차로 보아 본인의 감호를 할 만한 여력이 없는 경우 등, 배우자가 당연히 후견인으로서 적임이라고는 할 수 없는 경우도 있을 수 있다. 또한 사실혼관계에 있는 등 법률상 배우자가 아닌 자도 후견인으로서 적임인 자라고 생각할 수 있는 경우도 있을 수 있기 때문에 배우자를 후견인으로 법정하는 제도는 본인보호라는 입장에서 볼 때 바람직한 제도는 아니라고 할 수 있다.

8. 감독기관

후견감독기관으로서 친족회와 가정법원을 두고 있다. 즉, 친족회는 언제든지 후견인에 대하여 그 임무수행에 관한 보고와 재산목록의 제출을 요구할 수 있고, 피후견인의 재산상황을 조사할 수 있다(제953조). 또한 가정법원은 피후견인 또는 제777조의 규정에 의한 친족 기타 이해관계인의 청구에 의하여 피후견인의 재산상황을 조사하고, 그 재산관리 기타 후견임무 수행에 관하여 필요한 처분을 명할 수 있다(제954조, 제947조 2항 가사소송법 제2조 1항 라류사건 17호).

그러나 친족회가 후견감독을 제대로 해낼 것인가가 의문이며 오히려 근친간의 불화를 조성하는 면도 없지 않다고 보며, 가정법원이 실효적인 후견감독을 수행할 수 있는 것으로 기대할 수도 없다[57]고 보는 견해가 있다.

일본의 경우 후견감독기관의 하나로서 가정재판소의 역할에 대하여 의문을 나타내고 있다. 즉, 가정재판소는 최종적으로 후견감독기관으로서 역할이 있고 따라서 실효를 기대하고 있지만 기대에 부응할 만큼의 실적을 쌓는가에 관하여 의문이라는 것이다. 그것은 선임과정에서 기록이 불충분하기 때문에 처음부터 여기에 관해서 행해져야 할 후견사무감독이 유효하게 행하여지지 않고 있다는 점, 재판소 내에서의 직무 분장 때문에 후견감독 실행까지에 시간을 요하고 따라서 감독이 지연되는 점, 후견인의 부정행위에 의하여

56) 於保不二雄 編輯, 前揭書, 239면.

57) 신영호, 전게논문, 98면.

피후견인의 재산에 손해가 있는 경우 배상청구권(제 873조 2항)이 거의 실현되지 않는 점, 그리고 재판소에 의한 직권해임제도가 없는 점 등[58]을 문제점으로 지적하고 있다.

V. 맺는말

이상에서 한정치산·금치산제도를 중심으로 하여 이 제도 자체의 문제점과 그들에 대한 후견제도의 문제점을 살펴보았다.

한정치산·금치산제도의 문제점으로서 다음과 같은 점을 지적할 수 있다.

정신장애상태를 한정치산·금치산제도로 나누어 이원적으로만 구성하기 때문에 이 범주에 들지 못하는 정신장애자나 치매를 포함한 고령자들에게는 적용하기 어려운 제도라는 점, 한정치산자·금치산자에 대한 선고의 요건인 심신박약과 심신상실의 구별이 현실적으로는 엄격하지 못하기 때문에 양 제도의 요건에 대한 구별이 사실상 형식적인 것에 불과하다는 점, 낭비자를 한정치산자에 포함시킴으로 발생하는 거래안전상의 문제점, 요건을 갖춘 이상 선고는 필연적인 것이므로 청구권의 남용이 우려된다는 점, 본인의 정신능력의 불충분을 이유로 친족간의 재산분쟁에 선고가 악용된다는 점, 선고를 받은 경우 공시방법으로서 호적에 기재하도록 하는 것은 거래안전은 물론 개인의 이력에 대한 수치심을 유발할 수도 있다는 점, 행위능력에서 금치산자의 경우 재산상 행위능력을 전면적으로 박탈해버리는 것은 심신상실의 상태라고 하여도 정도에 따라서는 일정한 의사표명이 가능한 경우까지도 무시해버리는 것으로서 자기결정권 존중이라는 면에서 문제가 된다는 점 등이다.

이러한 문제점을 개선하기 위해서는, 현재 한정치산·금치산으로 이원화된 제도를 금치산으로 일원화하는 것에 대한 검토, 한정치산제도를 그대로 인정하는 경우 낭비자는 심신박약인 경우에만 해당하는 것으로 규정하는 것에 대한 검토, 한정치산자의 신분행위에 관한 명문규정을 둘 필요성, 공시방

---

58) 於保不二雄 編輯, 前揭書, 228면.

법에 관한 검토, 그리고 능력을 제한, 박탈당하지 않고 자기결정권이 존중되는 제도로의 전환 필요성 등이 검토되어야 할 것이다.

또한 한정치산자, 금치산자에 대한 현행 후견제도는 다음과 같은 문제점이 있다. 즉, 한정치산자의 경우 후견인에게 신상감호에 관한 권한을 명시하고 있지 않는다는 점, 후견인 수를 1인으로 한정함으로써 효율적으로 후견사무를 처리할 수 없다는 점, 후견인의 권리남용이 우려된다는 점, 법률규정에 의하여 일률적으로 후견인 취임을 강요하는 법정후견인제도를 우선적으로 취함으로써 오히려 후견의 필요성이 클 수도 있는 최고령자가 후견인이 될 수밖에 없는 점, 선임후견인의 경우 친족이나 이해관계인의 청구의사만 인정할 뿐 본인이 의사능력이 있는 경우 후견인선임에 관한 의견을 표시하더라도 이 의견이 존중되지 못한다는 점, 배우자 후견인의 경우 부부관계가 사실상 파탄된 경우나 본인과의 연령차로 보아 후견인으로서의 역할을 다할 수 없는 경우의 문제점, 감독기관으로서 친족회나 가정법원이 제대로 기능할 수 있는지에 대한 의문 등 적지 않은 문제점을 가지고 있다.

현행 후견제도의 이러한 문제점을 보완하고 개선하기 위해서는, 후견인이 선임되었다 하더라도 행위능력이 자동적으로 박탈되거나 제한되지 않으며 개개의 사례에 있어서 필요한 경우에 한해서 후견인에게 동의권 등을 부여하는 것에 대한 검토, 복수의 후견인을 인정하여 공동후견인제도를 취하는 것에 대한 검토, 후견인의 자격은 자연인을 원칙으로 하되 예외적으로 법인에게도 그 자격을 부여하는 것에 대한 검토 등이 필요하다고 생각된다. 특히 이들에 대한 적극적 보호제도를 도입하고 있는 외국 입법례, 즉 영국의 지속적 대리권수여법과 독일의 성년자후견법 등을 참고하여 현행 한정치산·금치산제도와 그들에 대한 후견제도를 개선할 필요가 있을 것이다.

〈후 기〉

2005. 3. 31 가족법개정에 의하여 후견인의 변경에 관한 제940조가 개정되었다.

즉, 제940조 1항은 "피후견인의 복리를 위하여 후견인을 변경할 필요가 있다고 인정되는 경우에는 피후견인의 친족이나 검사의 청구 또는 직권에 의하여 후견인을 변경할 수 있다"고 규정한다.

구법상 변경사유는 후견인에게 "현저한 비행 등의 사유가 있을 때"라고 한정적, 소극적으로 규정하였으나 현행법은 이를 "피후견인의 복리를 위하여"라고 하여 포괄적, 적극적으로 규정하고 있다. 또한 청구권자도 구법상 피후견인 또는 친족(제 777조) 이었으나 피후견인을 제외한 피후견인의 친족, 검사의 청구 또는 "직권"에 의하여 변경이 가능하도록 규정함으로써 가정법원의 간여를 강조하고 있다.

제 2항은 "제 1항의 경우에는 제 932조 내지 제 935조에 규정된 후견인의 순위에 불구하고 4촌 이내의 친족 그밖에 적합자를 후견인으로 정할 수 있다"고 규정한다. 법정후견인제도를 취함으로 인하여 발생할 수 있는 고령후견인의 문제, 배우자 후견인의 경우 부부관계의 파탄, 심한 연령차 등의 문제점 등을 완화, 개선할 수 있는 여지를 두고 있다.

제13장

혈족과 인척규정의 문제점

I. 머리말

친족이란 혈연과 혼인을 중심으로 한 인간의 연결관계를 말한다. 이러한 연결관계는 무한할 수 있고 또 시대에 따라 그 개념이 다를 수 있다. 대부분의 법제는 혈연과 혼인으로 인한 일정한 범위의 자만을 친족으로 인정하고 이들에게 친족이라는 신분에 의하여 혼인장애, 부양관계, 상속관계 등 가족법상의 권리의무를 부여하고 있다.

우리 민법은 배우자, 혈족 및 인척을 친족으로 규정하고 있다. 그러나 친족관계규정은 입법체계 및 그 내용에서 불비되거나 모순된 조문이 적지 않았다. 따라서 가족법 중 해석상 논란이 가장 많았던 규정들이기도 하였다. 종래 문제점으로 지적되던 이러한 친족관계규정들은 1990년 1월 13일 법률 제1499호에 의하여 개정 내지 폐지되었다.

이 논문에서는 친족 중 혈족 및 인척의 개념과 범위 등을 중심으로 하여 현행법[1]과 구법[2]을 비교하여 고찰하고자 한다.

---

* 이 논문은 《가족법학논총》, 박병호 교수 환갑기념(1), (박영사, 1991)에 게재된 것임.

1) 1991. 1. 1부터 시행된 법.

2) 1990. 1. 13 법률 제4199호에 의하여 폐지되거나 개정된 법.

II. 혈 족

혈족이란 친족개념에서 중심이 되는 것으로서 혈연관계가 있는 자 상호간을 말한다. 혈족은 사실상 혈연연락관계의 유무에 따라 자연혈족과 법정혈족으로 나눈다. 현행법상 자연혈족은 혈족의 정의규정인 제 768조의 구법상 내용을 개정한 개념을 포함하는 것이며 법정혈족은 구법상 계모자관계(繼母子關係) (제 773조)와 적모서자관계(嫡母庶子關係) (제 774조)를 폐지하였기 때문에 양친자관계만 인정된다.

1. 자연혈족

1) 개 념

자연혈족이란 사실상 혈연의 연락이 있는 자를 말하며 여기에는 부계혈족과 모계혈족이 포함된다.

현행법은 "혈족의 정의"라고 하여 "자기의 직계존속과 직계비속을 직계혈족이라 하고 자기의 형제자매와 형제자매의 직계비속, 직계존속의 형제자매 및 그 형제자매의 직계비속을 방계혈족이라 한다"(제 768조) 고 규정하고 있다. 이 규정은 구법이 "자매의 직계비속과 직계존속의 자매의 직계비속"을 방계혈족의 개념에서 제외하여 인척의 촌수계산규정(제 771조)에 포함시켰던 것을 개정하여 방계혈족에 포함시킨 것이다.

혈족의 정의규정인 제 768조에 관하여 구법에서는 직계혈족의 개념에 모계혈족이 포함되는가, 그리고 방계혈족에 여계혈족(女系血族)이 포함되는가 하는 것이 문제점으로 지적되어왔다. 현행법은 이러한 점들을 해석 또는 입법에 의하여 해결하고 있다.

(1) 직계혈족

현행법 제 768조 전단은 직계혈족에 관하여 "자기의 직계존속과 직계비속을 직계혈족이라 한다"라고 규정하고 있으며 이 규정은 구법규정과 동일하다. 그러나 구법에서는 직계혈족의 개념에 부계혈족만 포함되는가, 부모양계혈족이 모두 포함되는가에 관하여 해석상 논란이 있었다. 그것은 구법 제 777조가 친족의 범위를 규정하면서 혈족을 부계와 모계로 구별하였으나(1호, 2호), 혈족의 정의규정인 제 768조에는 그러한 구별이 없었던 것에 연유한다. 뿐만 아니라 인척의 계원(系源) (제 769조)과 인척의 촌수규정(제 771조)은 모계혈족을 인척에 포함하는 것으로 해석할 수 있는 여지를 주었기 때문이다. 이로 인하여 직계혈족에는 부계혈족만 포함된다는 견해와 모계혈족도 포함된다는 견해의 대립이 있었다.

먼저 직계혈족은 부계혈족만을 의미한다[3] 고 보는 견해이다. 한국의 구관습에서 친족의 분류는 부계사회를 강조하여 부계혈족을 중심으로 한 분류이므로 제 768조의 혈족의 정의는 부계혈족에 한하며 모계혈족은 제 769조와 관련하여 혈족의 배우자의 혈족으로서 인척에 포함시켜야 한다는 것이다. 그러나 모계혈족은 제 768조와 제 769조에 의하면 인척이 되고 제 777조에 의하면 혈족이 되는 모순이 있다는 것을 인정한다.

또한 우리 민법이 부계혈족주의에 입각해 있고 친족관계는 모계나 처계를 배제한 남계혈통만의 집단인 종(宗) 개념을 중심으로 하여 이루어졌기 때문에 직계혈족에는 부계의 존속과 비속만이 포함되어야 한다는 견해도[4] 같은 맥락에 속한다. 이 견해에 의하면 생물학적으로 자기와 수직적 혈연관계가 있음이 명백한 외조부모, 외손자녀는 직계혈족을 정의함에 있어서 전제되는 직계존속, 직계비속의 개념에 해당되지 않는 것으로 본다.

이러한 견해를 뒷받침하는 판례로서 외조부가 직계존속이 아님을 전제로 하는 판례[5] 와 외할머니의 친동생이 민법소정의 친족이라 할 수 없다는 판

---

3) 이희봉, 《한국가족법상의 제문제》, 일신사, 1976, 234~5면.
4) 정귀호, "민법상 친족의 정의와 친족의 범위", 〈사법논집〉(1983), 13집, 223면.
5) 대법원, 1967. 12. 26, 67다2460(생명침해로 인한 위자료 청구권).

례[6] 가 있다.

다음으로 직계혈족에는 모계혈족도 포함된다는 견해이다.[7] 직계존속이란 자기의 부모 및 부모와 동일한 항렬 이상에 속하는 직계혈족을 말하며 직계비속이란 자기의 자 및 자와 동일한 항렬 이하에 속하는 직계혈족을 말한다는 것이다. 따라서 직계존속에는 부모와 부의 부모, 모의 부모 등이 포함되어 직계비속에는 외손자녀 등도 포함된다고 해석한다.

특히 외손자녀는 혈족의 혈족이기 때문에 제 769조에 의한 인척에 해당되지 않는다[8] 고 보는 견해가 있다. 즉, 제 771조가 혈족녀의 직계비속을 인척으로 규정하고 있지만 외손자녀를 인척으로 해석한다면 인척의 계원을 정한 제 769조의 규정과 배치되는 해석이 되기 때문이라는 것이다. 따라서 제 768조는 직계혈족의 예시규정에 불과한 것이라는 견해이다. 결국 부모가 직계존속이고 자녀가 직계비속임을 인정한다면 조부모, 외조부모는 직계존속인 부, 모의 각 직계존속이고 외손자녀는 직계비속인 딸의 직계비속이므로 외조부모와 외손자녀는 자기의 직계존속, 직계비속이 된다고 보는 것이다.

또한 제 777조에서 모계혈족을 인정하면서 제 768조에서 혈족을 정의한 것은 양계혈족의 정의라고 보고 모계혈족의 정의는 여기에 포함되어 있다고 보는 것이 무난하다[9] 는 견해도 위와 같은 논리에 해당된다.

이러한 견해를 뒷받침하는 판례도 있다. 대법원은 미성년자의 후견인 순위(제 932조)에 관하여 "… 미성년자의 직계혈족이라 함은 특히 부계혈족으로 제한한 바가 없고 또 이를 부계직계혈족에 한한다고 해석할 이유도 없으므로 직계혈족은 부계이거나 모계이거나 상관없이 2순위의 법정후견인이 된다고 볼 것이고 …"[10] 라고 판시하고 있다. 이 판결은 민법의 각 규정에서 직계혈족이란 특히 부계라는 제한이 없는 한 부계와 모계의 직계혈족을 다 포함

---

6) 대법원, 1980. 4. 22, 80도485(형법 제 328조 2항 관련).

7) 김주수, 《주석 친족상속법》, 법문사, 1980, 38면.

8) 정광현, 《한국가족법 연구》, 서울대학교출판부, 1967, 475면.

9) 박병호, "친족의 개념과 범위에 관한 해석시론", 《현대민법론》, 고시원, 1982, 618면.

10) 대법원 결정, 1982. 1. 19, 81스25-29.

하는 것으로 보고 있다.

이상에서 살펴본 바와 같이 직계혈족의 개념에 관하여 어느 쪽의 해석도 가능한 것은 입법체계의 불비 때문이라고 볼 수 있다. 즉, 친족의 분류에 관한 법체계가 부계혈족 중심의 구관습상 친족의 분류(제 777조)와 부계, 모계를 구별하지 않는, 원인에 의한 분류(제 767) 방식을 혼합하여 함께 규정하는 형식을 취하였기 때문이다.[11)]

현행법에서 직계혈족의 개념에 관한 규정 자체는 구법규정과 다르지 아니하다. 그러나 구법과는 달리 친족범위를 규정하는 데 있어서 부계, 모계라는 친계개념을 사용하지 않고 혈족의 범위를 정하고 있으며(제 777조 1호), 직계존속의 자매의 직계비속을 인척으로 보았던 규정도 삭제하였고(제 771조 후단 삭제) 인척의 계원규정 중 모계혈족을 인척으로 해석할 수 있는 근거가 되었던 "혈족의 배우자의 혈족"을 삭제하였다(제 769조).

그 결과 조문의 체계에서는 직계혈족의 개념에 모계혈족이 포함되는 것으로 해석하는 데 문제점은 없는 것으로 볼 수 있다. 직계혈족을 부계혈족으로 제한하여 해석할 근거규정이 없으므로 모계의 직계혈족도 민법에 규정된 직계존비속에 포함되는 것으로 보아야 한다[12)]는 견해도 같은 취지의 것으로 생각된다. 따라서 직계존속에는 부모, 조부모, 증조부모 등은 물론 외조부모, 외증조부모 등이 포함되며 직계비속에는 자녀, 손자녀, 증손자녀 등은 물론 외손자녀, 외증손자녀 등도 포함된다.

한편 양계혈족주의로 전환되었다 하더라도 부계혈족, 모계혈족이라는 제도개념이 부정된 것은 아니기 때문에 양계혈족주의에 입각하여 구체적 법률관계에서 친계를 해석하여야 할 것[13)]이라는 견해가 있다. 이러한 견해에 의하면 부계혈통주의에 입각한 가계계승 내지 제사승계에 관한 호주승계제도의 경우에는 모계혈족은 해당되지 않는다고 본다. 따라서 호주승계권자로서

---

11) 이희봉, 전게서, 234면.

12) 임재연, "개정가족법에 대한 의견", 〈사법행정〉(1990. 6), 42면.

13) 박병호, "개정친족관계의 제문제", 〈가족법연구〉(한국가족법학회, 1990), 제 4호, 32~5면; 임재연, 전게논문, 42면.

의(제 994조) 직계비속과 호주승계결격사유(제 992조) 중의 직계존속은 부계혈족만을 의미한다고 본다. 다만 피승계인이 분가 또는 일가창립한 여호주의 경우에는 예외지만(제 993조 단서), 이러한 가도 일단 남자가 승계한 이상 그 남자인 피승계인을 기준으로 하여 부계혈통의 원칙이 적용되어야 한다는 것이다.

그러나 재산상속권자로서의 직계비속(제 1000조 1호)에는 외손자녀, 외증손자녀 등이 포함되며 제 2순위의 상속인으로서 직계존속(제 1000조 2호)에는 외조부모, 외증조부모 등도 포함되는 것으로 해석할 수 있다. 또한 생명침해로 인한 위자료청구권자인 직계존·비속에는(제 752조) 모계의 직계존속과 비속이 포함된다고 볼 수 있다.

(2) 방계혈족

현행법은 제 768조 후단에서 "자기의 형제자매와 형제자매의 직계비속, 직계존속의 형제자매 및 형제자매의 직계비속을 방계혈족이라 한다"라고 규정하고 있다. 구법이 자매의 직계비속과 직계존속의 자매의 직계비속 등 혈족녀의 직계비속을 방계혈족 개념에서 제외시켰던 것을 개정하여 현행법은 이들을 방계혈족에 포함시키고 있다.

방계혈족을 정의하는 데 있어서 구법에서는 몇 가지 점이 논란이 되었다. 즉, 형제자매의 개념에는 동모이부(同母異父)의 형제자매도 포함되는가, 직계존속의 형제자매에는 부계의 형제자매만 포함되는가, 그리고 혈족녀의 직계비속을 방계혈족으로 볼 것인가, 인척으로 볼 것인가 하는 점 등이다.

① 형제자매의 개념

구법에서 방계혈족 중 형제자매는 부계의 형제자매인 동부동모(同父同母) 형제자매만을 의미하는가, 모계의 형제자매인 동모이부 형제자매도 포함되는가에 관한 문제이다. 이에 대하여는 부계의 형제자매만을 의미한다는 견해와 모계의 형제자매도 포함된다는 견해가 있다.

전자의 견해에 의하면, 형제자매에 관하여 민법은 정의규정을 두고 있지 않으나 부계혈통주의 이념에 의하면 동모이부 형제자매는 생물학적으로는 혈족이나 법률적으로는 혈족이 아니라고 본다. 역사적으로 보더라도 이들을 본종으로 다루지 않았다[14]는 것이다. 따라서 형제자매란 부계의 형제자매만을 의미하므로 동모이부 형제자매는 제 777조 2호의 모계혈족에 해당되지 않으며 제 769조 인척의 계원 중 어느 것에도 포함될 수 없으므로 민법상 친족이 아니라고 한다. 이러한 취지와 같은 판례로서 "민법 제 1000조 1항 3호의 이른바 피상속인의 형제자매라고 함은 피상속인의 부계혈족만을 의미한다고 할 것"이라고 하며 "동모이부 자매관계에 있는 자는 재산상속에서 상속인이 될 수 있는 자매가 아니라"고 한 판례[15]와 "재산상속의 순위에 관한 규정에서 피상속인의 형제자매란 피상속인의 부계 방계혈족만을 의미한다는 취지로서 …"라고 한 판례[16]가 있다.

이에 반하여 동모이부 형제자매는 2촌의 모계혈족에 해당된다[17]고 보는 견해가 있다. 즉, 동모이부 형제자매는 모계혈족 2촌의 형제자매이며 각각 부성을 따르는 이부 형제자매들에게 있어서 모는 공통의 직계존속이므로 그 자식들이 직계비속이 아닐 수 없으며 그들 상호간에 친족관계를 부인할 수 없다는 것이다. 따라서 현행법도 구법과 마찬가지로 형제자매에 관한 정의규정이 없지만 동부동모 형제자매는 물론 모계혈족인 동모이부 형제자매도 당연히 형제자매의 개념에 포함된다[18]고 보고 있다.

현행법의 해석에서 직계혈족의 개념에 모계를 인정하는 한 방계혈족에서도 모계를 인정해야 하는 것은 당연한 태도일 것이다.

따라서 동모이부 형제자매의 직계비속과 이들의 직계존속인 부모, 조부모,

---

14) 정귀호, 전게논문, 227면; 경국대전 예전 오복조에서는 소공친에 해당되었고, 형법대전 제 62조에서도 소공친으로 규정하였으나 1921. 8. 6 및 17의 구관급제도조사위원회 결의와 1920. 11. 19 판례조사회 결의에서 이들을 친족범위에서 제외하였음.

15) 대법원, 1975. 1. 14, 74다1503.

16) 대법원 결정, 1982. 1. 19, 81스25-29.

17) 박병호, 전게논문, 1982, 615~7면.

18) 박병호, 전게논문, 1990, 34면.

외조부모 등의 동모이부 형제자매, 그리고 이들 직계존속의 동모이부 형제자매의 직계비속도 모계혈족이 되며 8촌 이내이면 법률상 친족이 된다(제777조 1호). 또한 이들은 개별적 구체적 법률관계에서 3촌 또는 4촌 이내의 방계혈족으로서 친족관계를 갖게 된다. 뿐만 아니라 이들은 재산상속권자로서의 형제자매에 해당하며(제1000조 1항 3호) 그 직계비속들은 4촌 이내의 방계혈족으로서(제1000조 1항 4호) 상속권을 갖는다고 볼 수 있다.

다음으로 직계존속의 형제자매에는 부계의 형제자매만 포함되는가 모계의 형제자매도 포함되는가 하는 문제이다.

이에 대하여 구법에서는 직계존속의 형제자매에는 부계의 형제자매인 백숙부, 고모만 해당된다[19] 고 보는 견해가 있다. 즉, 직계존속의 형제자매란 부나 조부의 형제자매를 말하며 모나 조모 등의 형제자매는 포함되지 않는다는 것이다.

혈족개념에 모계도 포함된다[20] 고 보는 견해에 의하면 제768조의 경우에 모도 직계존속이므로 직계존속의 형제자매에는 모의 형제자매인 외숙과 이모가 해당되며 조모의 경우도 조모의 형제자매인 진외종조부(陳外從祖父), 진외대고모(陳外大姑母)가 여기에 해당될 수 있다고 본다. 판례도 "자기의 자매의 직계비속, 즉 생질(甥姪)이나 이질(姨姪)은 혈족이 아닌 것 같으나 생질 또는 이질측에서 볼 때 자기는 그들의 직계존속의 형제자매에 해당되므로 혈족관계에 있다고 할 것이며 …"[21] 라고 하여 직계존속의 형제자매에는 모의 형제자매인 외숙과 이모가 포함되는 것을 전제하여 판시하고 있다.

현행법에서 모계의 형제자매를 인정하는 것과 같은 기준에서 직계존속의 형제자매에는 모의 형제자매가 포함된다고 해석될 수 있다.

---

19) 정귀호, 전게논문, 229면.

20) 박병호, 전게논문, 1982, 612면.

21) 대법원, 1980. 9. 9, 80도1335.

② 혈족녀의 직계비속

구법에서는 방계혈족을 규정하면서 자매의 직계비속과 직계존속의 자매의 직계비속을 제외하고(제 768조 후단) 이들을 인척의 촌수계산규정(제 771조 후단)에 포함시켰다. 따라서 이들을 조문의 규정대로 인척으로 볼 것인가 아니면 방계혈족으로 해석할 것인가에 관하여 논란이 있었다.

이들을 인척으로 보는 견해[22]에 의하면 제 768조가 이들을 방계혈족에서 명백히 제외하고 있고 제 771조의 규정도 혈족녀의 직계비속을 인척으로 보고 있기 때문에 이들은 방계혈족이 아닌 인척이라는 것이다.

그러나 이들을 방계혈족으로 보는 견해가 더 많다. 즉, 혈족녀의 직계비속을 인척의 촌수계산에 관한 제 771조에 규정한 것은 입법과정의 착오로 생긴 것에 불과하며 혈족녀의 직계비속은 혈족의 배우자의 혈족이 아닌 혈족의 혈족으로서 제 769조의 인척에 해당되지 않는다는 것이다. 또한 제 768조는 혈족의 정의에 관한 규정이 아니고 직계혈족과 방계혈족을 예시한 규정이며 이들을 혈족으로 보는 것이 구관습법상의 혈족의 개념과도 일치된다고 본다. 인척의 촌수계산에 관한 제 771조 중 "혈족녀의 직계비속"이란 문구는 무용문구로 보아야 할 것이며 이들은 혈족으로서 혈족의 촌수계산규정인 제 770조에 의하여야 한다[23]는 것이다.

또한 이들을 방계혈족에서 제외한 것은 여계혈족을 완전히 무시하는 것으로서 부당하며 구관습법에서도 생질과 내종(內從) 형제자매는 본종유복친(本宗有服親)이며 이종형제자매는 모족유복친이었다는 점에서 당연히 방계혈족으로 보아야 한다는 견해[24], 그리고 조문의 형식상으로는 인척으로 되어 있지만 이는 친족의 분류개념상 문제가 있는 것이며 남녀평등원리, 구법의 전통을 고려하더라도 제 768조, 제 771조는 입법의 결함으로 보고 이들을 혈족으로 다루는 것이 타당하다[25]는 견해 등이 있다.

---

22) 정귀호, 전게논문, 229면.

23) 정광현, 전게서, 1967, 474~6면.

24) 김주수, 전게서, 1980, 38면.

25) 김용한, 《친족상속법론》, 박영사, 1981, 79면.

판례는 "자기의 직계존속의 자매의 직계비속 중 고종 4촌은 위의 경우와 같이 고종 4촌측에서 볼 때 자기는 그들의 직계존속의 형제의 직계비속에 해당되어 혈족관계가 있다고 할 것이나, 이종 4촌의 경우는 어느 쪽에서 보아도 그들의 직계존속의 자매의 직계비속밖에 되지 아니하니 혈족관계에 있다고 인정되지 아니하므로 이들을 민법 제777조 2호에 규정된 4촌 이내의 모계혈족이라 할 수 없다"[26] 고 판시하고 있다. 이 판결에 의하면 부의 자매의 직계비속인 고종 4촌은 방계혈족으로 인정하나 모의 자매의 직계비속인 이종 4촌은 혈족으로 인정하지 않는다.[27]

현행법은 이상과 같이 구법의 해석에서 논란이 되었던 점을 입법적으로 해결하였다. 즉, 혈족의 정의에서, 자기의 형제자매와 형제자매의 직계비속, 직계존속의 형제자매 및 그 형제자매의 직계비속을 방계혈족으로 규정(제768조) 함으로써 자매의 직계비속과 직계존속의 자매의 직계비속을 방계혈족에 포함시킨 것이다. 따라서 인척의 촌수계산에 규정되어 있던 "혈족녀의 직계비속"에 관한 규정은 삭제되었다(제771조). 현행법에 의하면 자기의 자매의 직계비속인 생질과 이질, 자기의 직계존속의 자매로서 부의 자매의 직계비속인 고종형제자매, 그리고 모의 자매의 직계비속인 이종형제자매도 방계혈족에 포함된다.

2. 법정혈족

법정혈족이란 사실상 혈연관계가 없으나 법률에 의하여 혈연이 존재하는 것으로 의제된 혈족을 말한다.

민법은 법정혈족에 관한 일반적 정의규정을 두고 있지 아니하나 현행법은 다른 외국 입법례와 같이 양친자관계만을 법정혈족으로 인정한다. 구법은 양

---

26) 대법원, 1980. 9. 9, 80도1335.

27) 이종형제자매는 경국대전 예전 오복조에서는 외친(外親) 이었으나 대전회통에서는 유복친 범위에서 제외하였고, 형법대전 제62조 5항은 이들을 시마친(緦麻親) 으로 규정하였다.

친자관계 외에 계모자관계, 적모서자관계를 법정혈족으로 인정하였다.

1) 양친자관계

양친자관계란 양친과 양자 및 그 혈족, 인척 사이의 친족관계를 말한다. 양친자관계는 입양신고에 의한 입양의 성립에 의하여 발생한다. 양자는 입양일로부터 양친의 혼인 중 출생자와 동일한 신분을 취득하며, 양자의 배우자, 직계비속과 그 배우자는 양자의 양가에 대한 친계를 기준으로 하여 친족관계가 발생한다(제 772조). 그러나 양자는 생가의 부모, 그밖의 혈족에 대한 친족관계가 여전히 유지되므로 양가는 물론 생가에 대한 부양관계를 가지며(제 974조), 상속관계(제 1000조 이하)도 인정된다. 또한 양가와 생가에 걸쳐 양면적인 혼인장애를 갖는다. 다만 양자가 미성년자인 경우에는 양부모의 친권에 복종한다(제 909조 5항).

양친자관계는 당사자 일방의 사망, 입양의 취소, 파양에 의하여 소멸한다(제 776조).

구법에서는 가계계승을 목적으로 하는 사후양자(제 867조, 제 868조)와, 유언양자(제 880조) 등이 인정되었다. 그러나 이러한 규정이 삭제됨으로써 현행법은 양자의 보호, 양육이라는 현대적 개념의 양친자관계의 성립만 인정하고 있다.

2) 계모자관계와 적모서자관계의 폐지

구법은 계모자관계와 적모서자관계를 법정혈족관계로 인정하였다.

계모자관계란 계자와 계모 및 그 혈족, 인척 사이의 법정친족관계로서 이들 사이의 친계와 촌수는 출생자와 동일한 것으로 규정하였다(제 773조). 적모서자관계는 서자와 적모 및 그 혈족, 인척 사이의 법정친족관계를 말한다. 혼인외 출생자와 부(父)의 배우자 및 그 혈족, 인척 사이의 친계와 촌수는 그 배우자의 출생자와 동일한 것으로 보았다(제 774조). 또한 이들 사이에는 법정혈족으로서 모자관계가 인정되었으므로 계모와 적모는 계자와 서자의 신분행위에 대한 동의권(제 801조, 제 808조, 제 869조, 제 870조 등), 친권행사(제 909조 1항, 제 912조), 부양의무(제 974조 1호), 재산상속권(제 1000조 1호, 2호) 등이 인정되었다. 이들의 관계는 당사자 일방의 사망, 혼인의 취소, 이혼, 그리고 부가 사망한 경우 계모나 적모가 친가에 복적하거나 재혼한 때에 소멸되었다(제 775조).

그러나 이러한 법정혈족관계에 대해서는 다음과 같은 문제점들이 지적되었다. 즉, 이 제도는 가부장제도 가족제도의 잔재이며 특히 적모서자관계는 첩제도의 잔존물로서 부권, 부계적 색채가 짙고, 헌법상 보장된 혼인의 순결을 저해하며 일부다처제를 간접적으로 조장한다는 점[28], 당사자의 의사에 관계없이 혼인 또는 인지에 의한 친자관계의 강제는 신분행위의 의사주의에 역행하며[29], 특히 처의 의사가 무시된다는 것은 남녀평등에 반한다는 점[30], 계모자간은 인정하면서 계부자간을 인정하지 않는 것은 남계혈통 본위사상에 치우친 것으로서 형평에 반한다는 점[31], 연장양자(年長養子)는 인정하지 않으면서(제 877조 1항, 제 883조 2호) 장유의 질서를 무시하고 연장계자(年長繼子)를 인정하는 것은 모 또는 자로서의 은의, 명분이란 윤리적 요청에 그 우위를 인정하는 것으로서 부당하다는 점[32], 이들을 모자관계로 인정하면서 친권행사 등에 관하여 제한을 가하는 점(제 912조, 제 869조 단서), 재산상속에서 친생자와 전혀 차등을 두지 않는 것은 역사성이 없다는 점[33] 등이다.

이상과 같은 이유로서 이러한 법정혈족관계의 폐지를 주장하였으며 이들을 단지 인척관계로 하는 것이 타당하다는 견해가 지배적이었다.

---

28) 정광현, 《친족상속법 강의(상)》, 위성문화사, 1956, 85면; 김용한, 전게서, 1981, 78면; 박병호, "친족관계에 대한 검토", 〈사법행정〉(1974. 9), 59면.

29) 김용한, "민법상의 혈족관계", 〈법정〉(1962. 6), 41면.

30) 박병호, 전게논문, 1974, 59면.

31) 김용한, 전게서, 1981, 77~8면.

32) 상게서, 77면.

33) 박병호, 전게논문, 1974, 60면; 김용한, 전게논문, 1962, 44면.

즉, 이들은 배우자의 혈족 또는 혈족의 배우자로서 인척 1촌의 관계에 불과하므로 이들 상호간에 혼인장애만을 인정하거나[34] 특히 원하는 경우에는 입양의 방법에 의하여 친생모자와 같은 관계를 인정하는 것이 타당하고 합리적이라는 것이다.[35]

그러나 이들을 인척관계로만 인정한다는 것은 현실적인 가족생활 특히 미성년자의 보호를 위해서 오히려 차질을 일으킬 수 있다[36]는 우려가 있었고 이들간에 친자관계를 인정하지 않더라도 미성년자 보호를 위하여 부양의무만 인정하는 것이 합리적이라는 견해[37]도 있었다. 또한 친자와 법정모자 간의 상속분의 비율을 2 : 1 정도 차등을 두는 것이 타당하다는 견해[38]도 이 제도의 개선방향으로 제시되었다.

이 제도는 1990년 1월 가족법의 개정에 의하여 폐지되었고(제 773조, 제 774조 삭제) 이에 따라 관련조문인 제 775조 1항에서 "전 2조의 친족관계"라는 구절이 삭제되었다. 또한 대락입양(代諾入養) 규정인 제 869조에서 계모·적모의 대락입양 승낙의 제한규정인 단서조항이 삭제되었으며 계모 등의 친권행사 규정인 제 912조가 삭제되었다.

이상과 같은 법정혈족관계의 폐지에 대하여 타당한 조치였다[39]는 견해가 많다. 그러나 이러한 개혁에 대한 반대의 의견 내지 의문을 표시하는 견해도 있다. 즉, 계모, 적모의 친권행사에서의 문제점과 상속상의 불합리한 점

---

34) 정광현, 전게서, 1967, 477면; 김주수, "친족편 총칙규정에 있어서의 문제점(二)", 〈법조〉(1965), 14권 1호, 16면.

35) 박병호, 전게논문, 1974, 60면; 범여성가족법개정추진회, 〈민법 제 4편 친족·제 5편 상속개정법안 및 이유서〉(1974), 11면.

36) 김용한, 전게논문, 1962, 42면.

37) 졸고, "가족법개정의 방향", 여성정책세미나 결과보고서, 정무 제 2장관실(1988), 59면.

38) 김용한, 전게논문, 1962, 44면.

39) 김주수, "개정가족법의 개정경위와 과제", 〈가족법연구〉(한국가족법학회, 1990), 제 4호, 7면; 박병호, 전게논문, 1990, 37면; 임재연, 전게논문, 43면; 이경희, "친족의 범위", 〈월간고시〉(1990. 2), 91면.

만을 제거하고 이 제도를 존치시킬 수 있다는 점[40], 법정혈족관계로서의 전환을 위한 입양관계와 계모자 관계는 같지 않으며 또 실제로 법적 절차를 취하는 일이 용이하지도 않다는 점, 부양문제에 있어서 이들간의 부양의무는 친족간의 제 이차적 부양의무에 지나지 않으므로 미성년자 보호에 미흡하다는 점[41], 상속에서 부의 사망 시 상속된 부분이 계모 등의 사망과 함께 계모의 친가 쪽으로 상속되는 것에 대한 합리성 문제[42], 그리고 이러한 관계를 개정민법이 시행되는 1991. 1. 1부터 일률적으로 소멸하도록 규정한 개정민법 부칙 제4조의 규정[43] 등이 문제점으로 지적되었다.

부칙 제4조의 문제점에 대해서는 당사자가 원하는 경우에만 이러한 관계를 해소할 수 있도록 부칙 제4조를 개정하여 입양관계로 전환하거나[44], 기왕에 성립된 관계는 그대로 인정하고 1991. 1. 1 이후부터 이들 관계의 성립을 인정하지 않는 것이 합리적이라는 의견[45] 등이 제기되었다. 이러한 지적들에 대해서는 다시 계모자, 적모서자 제도는 우리의 전통적 제도가 아니라는 점, 이러한 관계를 인정하게 되면 혼인외 자의 친권자 규정인 현행법 제909조 4항과 관련하여 친권자에 혼란이 생길 수 있다는 점, 이러한 관계를 폐지한 것은 많은 문제점과 구조적 이유 때문이므로 이미 형성된 관계라 해서 달리 취급할 이유가 없다는 점[46] 등을 들어 반론이 제기되었다.

현행법에서 이들은 인척 1촌의 관계에 지나지 않으며 특히 구법상 계부자

40) 서정우, "개정민법의 문제점", 〈고시계〉(1990. 4), 171면. 친권행사에서 생모 등의 권리를 계모 등의 친권행사에 우선시키고, 상속인의 범위에서 계자, 서자를 제외하여 상속순위를 조정함으로써 불합리한 점을 제거할 수 있다는 견해다.

41) 서정우, "개정민법의 몇 가지 문제점", 〈사법행정〉(1990. 6), 21~2면; 졸고, "개정가족법의 내용과 문제점", 〈여성연구〉(한국여성개발원, 1994), 제8권 1호, 123~4면.

42) 구연창, "가족법개정 의의와 문제점", 〈사법행정〉(1990. 6), 38면.

43) 배경숙, "개정민법상 친자관계에 관한 소고", 〈월간고시〉(1990. 3), 45면; 구연창, 전게논문, 38면; 졸고, 전게논문, 1994, 124면.

44) 박병호, 전게논문, 1990, 37면.

45) 졸고, 전게논문, 1994, 124면.

46) 김주수, 《친족상속법》, 법문사, 1991, 418~420면.

관계는 인척이었지만 친족범위에 해당하는 친족관계는 아니었다. 그러나 현행법에 의하면 인척 1촌으로서 친족이 된다(제 777조 2호). 계모자, 적모자 간이 인척관계로 전환됨에 따라 구법상 이들에게 인정되었던 신분행위에 대한 동의권과 친권, 상속권 등은 인정되지 않는다. 따라서 계자나 서자는 계모, 적모의 유산에 대한 상속권이 없으며, 계모, 적모의 유산은 자기의 친자나 친족에게 상속될 것이다.

그러나 부양관계만은 인정된다. 구법에서 계모자, 적모서자 간은 이들이 미성년자인 동안은 법정모자로서 제 일차적인 부양의무가 있는 것으로 보았으며, 성년자인 경우는 직계혈족간의 생활부조적인 부양의무(제 974조 1호)가 상호간에 인정되는 것으로 해석되었다.[47] 현행법에 의하면 이들은 직계혈족간이 아닌 직계혈족의 배우자인 인척으로서 상호간에 부양의무를 부담하게 된다(제 974조 1호). 이러한 부양의무는 계모자간, 계부자간에도 인정된다. 그러나 이들간의 부양의무를 성년자 사이에만 해당되는 생활부조적인 부양의무로 해석한다면[48] 미성년자와 직계인척인 계모 사이에는 제 일차적인 부양의무가 없게 된다.[49] 현행법은 부모와 미성년자 간의 부양의무를 특별히 규정하고 있지 않으므로[50] 제 974조 1호를 전적으로 제 이차적인 부양의무로만 해석할 수는 없다. 따라서 성년자인 경우는 물론 미성년자와 직계인척인 계모 사이에도 이 규정에 의한 부양의무가 인정되는 것으로 해석하는 것이 미성년자 보호를 위한 방법이 될 것이다.

이들은 원한다면 입양에 의하여 양친자관계를 설정함으로써 직계인척간의 관계를 법정친자관계로 전환할 수 있다. 다만 이러한 경우 부부공동 입양규정에 따라 그 부도 입양당사자로서 양친이 되어야 하는가가 문제될 수 있다. 그러나 부자간에는 이미 친자관계가 존재하기 때문에 계모와 자만 입양당사자가 되고 이들간에만 양친자관계가 발생하는 것으로 볼 수 있다. 계부

---

47) 박병호, 전게논문, 1974, 59면.

48) 김주수, 전게서, 1991, 438면.

49) 졸고, 전게논문, 1994, 123면.

50) 김주수, 전게서, 1991, 436면.

와 자 간의 입양에서도 동일하다고 본다. 그러나 부부 일방의 혼외 자를 입양하는 경우에는 일종의 준정적 효과가 발생하는 것으로 보아 부부공동으로 입양해야 한다[51] 고 해석된다.

3. 친족으로서 혈족의 범위

현행법은 친족관계로 인한 법률상 효력은 8촌 이내의 혈족에 미치는 것으로 규정하고 있다(제 777조 1호).

구법이 친족으로서 혈족의 범위를 부계 8촌, 모계 4촌으로 규정하였던 것을(제 777조 1호, 2호) 개정한 것이다. 현행법은 구법과 달리 혈족의 범위를 정하는 데 있어서 친계를 구별하지 않으며 조문의 형식도 2호에서 1호로 축소하였다. 그러나 내용에서는 구법보다 모계혈족이 4촌 정도 확대되었다.

1) 구 법

(1) 혈족의 범위

구법은 친족으로서 혈족의 범위를 8촌 이내의 부계혈족, 4촌 이내의 모계혈족으로 규정하였다(제 777조 1호, 2호).

8촌 이내의 부계혈족에 해당하는 자는 직계존속으로 부, 조부모, 증조부모, 고조부모, 5대조부모, 6대조부모, 7대조부모, 8대조부모가 있고, 직계비속에는 자녀, 손자녀, 증손자녀, 현손자녀, 5대손자녀, 6대손자녀, 7대손자녀, 8대손자녀 등이 포함된다. 방계혈족으로는 형제자매(2촌), 백숙부, 고모, 질(姪, 3촌), 증조부, 대고, 종형자매, 내종형자매(4촌), 종증조부, 증대고, 종백숙부, 종고, 종질, 내종질, 종증손(5촌), 종고조부, 고대고, 재종조부, 재종대고, 재종형제자매(6촌), 종5대조, 5대조의 자매, 재종증조부, 재종백숙부, 재종고, 재종질(7촌), 종6대조, 6대조의 자매, 재종고조부, 삼종조부, 삼종형제자매, 삼종손(8촌) 등이 포함된다.

---

51) 박병호, "개정양자제도관견", 〈월간고시〉(1990. 3), 68면.

구관습상 본종유복친으로서 직계존속 4촌, 직계비속 4촌, 그리고 방계혈족은 8촌까지 포함되었다. 또한 직계비속의 처와 형제의 처, 질부, 백숙모 등 방계혈족의 처도 본종유복친으로서 친족에 해당되었다.[52]

구법은 구관습에 비하여 직계혈족의 범위가 8촌까지로 확대되었으며 직계비속의 처나 방계혈족의 처가 부계혈족에서 제외되었다. 견해에 따라서는 백숙모, 종조모 등을 8촌 이내에 포함시키지만 직계비속의 처나 형제의 처 등은 범위에 해당되지 않는 것으로 보기도 하고 본종유복친이 그대로 8촌 이내의 관습법의 범위에 가감 없이 포함되는 것으로 보아[53] 직계비속이나 형제의 처도 여기에 해당되는 것[54]으로 해석하기도 한다. 특히 이들을 8촌 이내의 부계혈족에서 제외하는 견해[55]에 의하면, 백숙모의 입장에서는 자기는 부(夫)의 8촌 이내의 부계(父系)혈족에 해당되는 인척으로서 친족이 되지만 자기 입장에서 볼 때 그들은 혈족의 배우자에 불과하며 따라서 친족이 아니라는 것이다.

4촌 이내의 모계혈족에 해당하는 자는 직계혈족으로서 외조부모(2촌), 외증조부모(3촌), 외고조부모(4촌) 등이 있고 방계혈족으로는 외숙, 이모(3촌), 외종, 내종형제자매(4촌) 등이 포함된다.

구관습상으로 직계는 2촌인 외조부모까지, 방계는 4촌까지 외친으로서 모족유복친이었으며 외숙모, 생질처, 동모이부 형제자매도 포함되었다.[56]

구법에서 모계혈족의 범위는 구관습법보다 넓기 때문에 구관습에 포함되지 않았던 외증조부모, 외고조부모, 외종조부모나 외대고모 등도 4촌 이내의 모계혈족에 포함된다. 이밖에 여계친으로서 외손자녀, 생질, 생질녀, 이질, 이질녀 등도 포함된다. 이들은 외조부모, 외숙, 이모의 입장에서 보면 여계혈족

---

52) 舊慣及制度調査委員會 決議(1921. 8. 6 및 17), 박병호, 《판례교재 친족상속법》, 법문사, 1975, 21면.

53) 박병호, 전게논문, 1982, 614면.

54) 김주수, 전게서, 1980, 51면; 김용한, 전게서, 1981, 71면.

55) 정귀호, 전게논문, 236면.

56) 경국대전 예전 오복조; 형법대전 62조 4항.

이고 생질 등의 입장에서 보면 그들은 모를 통하여 혈연이 연결된 모계혈족인 것이다.

이와 같이 친족의 범위에 속하는 혈족 중에는 모계혈족이 포함되지만 혈족의 정의규정(제768조)에는 언급이 없기 때문에 해석상 혼란이 생기며 그 결과 모계혈족을 인정하지 않는 것을 전제한 몇 개의 판례가 나오게 되었음은 전술한 바와 같다.[57] 그 중 외조모의 형제자매는 민법소정의 친족이라 할 수 없다는 판례에 대해서는 찬반양론이 있었다. 즉, 외조모의 형제자매는 직계존속의 형제자매에 해당하고(제768조) 4촌 이내의 모계혈족에 포함되므로(제777조 2호), 친족으로 보아야 한다는 점에서 이 판결에 찬성하지 않는다[58]는 견해가 있다. 반면 모계혈족의 지나친 외연확장을 방지하기 위해서는 모계혈족의 모계를 모에 한정하고 모계혈족의 혈족도 모계의 부계혈족에 한정하여 해석하는 것이 타당하다[59]고 함으로써 판례의 취지에 동조하는 견해도 있다.

(2) 문제점

구법에서는 구관습에 비하여 부계의 직계혈족은 4촌 정도, 모계의 직계혈족은 2촌 정도 그 범위가 확대되었다. 그러나 혈족범위의 확대라는 문제보다는 부계와 모계혈족범위의 차별이라는 점이 더욱 문제되었다. 즉, 부계와 모계의 혈족범위에 차별을 두는 것은 상복제도를 답습했기 때문이지만 이 제도 자체가 전근대적이고 봉건적인 남존여비사상에 근거한 것이므로 남녀평등이념에 반한다[60]는 것이다. 뿐만 아니라 이러한 친족범위 규정은 비역사적이며 현실에 반하는 것으로써 조선시대에는 법전에 유복친을 규정하고 있지만 구체적인 법률관계에서는 근친의 범위가 대단히 좁고 부계, 모계 사

57) 각주 5, 6, 16, 26 참조.

58) 김주수, 《친족상속법》, 법문사, 1990, 384면.

59) 박병호, 전게논문, 1982, 619면.

60) 정광현, 《신친족상속법 요론》, 법문사, 1962, 91면; 김주수, 전게서, 1990, 382면; 김용한, 전게서, 1981, 74면; 박병호, 전게논문, 1974, 58면.

이에 큰 차별이 없었다[61]는 것이다.

그러나 이러한 비판에 대하여 다음과 같은 반론[62]도 있다. 즉, 친족법은 친족적 공동생활형태를 규율하는 실체법이므로 친족간의 공동생활실태에 의하여 친족의 범위가 정하여지는 것은 불가피한 일이고 그것은 남녀평등의 원칙과는 무관한 것이다. 한국은 부계사회이고 가취혼의 형식을 취하므로 모계혈족보다는 부계혈족간에 공동생활이 이루어지고 부계친은 모계친보다 광범위할 수 있다. 따라서 친족의 범위에 관한 구관습은 반드시 남녀평등원칙에 저촉되는 것은 아니며 그것을 그대로 답습하여도 무관하다는 것이다.

결국 이러한 문제점에 대한 대안으로서 혈족의 범위는 구체적 관계에서 개별적으로 규정하는 것이 바람직하지만 그래도 친족범위에 관한 총괄적 규정을 두어야 한다면 혈족은 부계, 모계 구별 없이 4촌 이내의 혈족으로 규정하는 것이 타당하다는 의견[63]이 제시되었다. 실제로 1974년 범여성가족법개정추진회는 이상과 같은 이유 외에 법률에 의하여 권리의무를 과할 친족의 범위는 최소한에 그쳐야 한다는 점 등을 들어 4촌 이내의 혈족만을 친족범위에 규정하도록 제안한 바 있다.[64]

2) 현행법

(1) 혈족의 범위

현행법은 구법과는 달리 친족의 범위에 해당하는 혈족은 부계, 모계의 구별 없이 8촌 이내의 혈족으로 규정하고 있다(제 777조 1호).

8촌 이내의 부계혈족의 범위는 구법과 동일하다. 그러나 모계혈족은 구법에 비하여 4촌 정도 확대되었으며 여기에 포함된 사람은 다음과 같다.

---

61) 재산상속인의 범위는 부계혈족 4촌, 상피제도에서 상피범위는 부계, 모계, 처계 4촌, 분경금령은 부계 8촌, 모계, 처계 6촌, 소송이 금지되는 근친의 범위는 4촌 이내 친족(박병호, 《한국법제사》, 한국방송통신대학, 1987, 128면).

62) 이희봉, 전게서, 230~1면.

63) 박병호, 전게논문, 1974, 58면.

64) 범여성가족법개정추진회, 전게서, 12~3면.

직계존속으로는 모를 비롯한 외8대조부모 등과 직계비속으로는 외손자녀를 비롯하여 7대외손자녀의 자녀와 7대손녀의 자녀 등이 포함된다. 방계혈족으로는 동모이부 형제자매(2촌), 외숙, 이모, 생질, 이질 등(3촌), 외종조부, 외대고, 외종형제자매, 이종형제자매(4촌), 외종증조부, 외증대고, 외종숙, 외종고(5촌), 외종고조부, 외고대고, 종고의 자녀, 종질녀의 자녀(6촌), 외종5대조, 외재종증조부, 재종자매의 자녀, 재종손녀의 자녀(7촌), 외종6대조, 재종질녀의 자녀, 재종증손녀의 자녀(8촌) 등이 여기에 해당한다.

구법의 해석상 문제되었던 동모이부 형제자매는 모계혈족 2촌으로서 제777조 1호에 해당하며, 4촌 이내의 친족, 직계비속, 방계혈족, 형제자매라고 되어 있는 민법 기타 법령에 포함되는 것은 당연하다. 이종 4촌 형제자매도 모계혈족으로서 방계 4촌의 친족이 되며 외조모의 형제자매도 8촌 이내의 모계혈족에 포함된다. 그러나 외조모의 형제자매는 모계혈족에 포함되지 않는 것으로 해석하는 것이 타당하다[65]는 견해가 있다.

(2) 문제점

현행법은 혈족의 범위를 정하는 데 있어서 구법과 마찬가지로 총괄적 한정주의를 취하고 있다는 점이 우선 문제점으로 지적된다. 또한 혈족의 범위를 부계, 모계 8촌으로 규정함으로써 혈족범위의 부모계 평등을 실현한 점은 긍정적으로 평가되나 혈족의 범위가 실질적으로 확대된 점에 대해서는 비판의견[66]도 적지 아니하다.

우선 혈족의 범위를 총괄적으로 규정하는 것은 친족적 공동생활형태가 붕괴된 현대에 있어서 불합리하고 부적당하다.[67] 다만 민법 기타 법령에서 제

65) 박병호, 전게논문, 1990, 35면. 현행법에서도 구법과 동일하게 해석함; 김주수, 전게서, 1991, 428면. 종전의 견해와는 달리 모계혈족은 모계의 부계혈족에 한정되므로 이들은 친족범위에 포함되지 않는다고 해석함.

66) 김주수, 전게서, 1991, 426면; 한봉희, 《개정 가족법론》, 대왕사, 1990, 24면; 서정우, 전게논문, 1990. 4, 102면; 임재연, 전게논문, 43~4면; 졸고, "개정가족법의 내용", 〈고시계〉(1990. 2), 174면.

67) 박병호, 전게논문, 1974, 56면.

777조를 적용하고 있기 때문에 그 필요성이 인정될 뿐이다. 현행법상 혈족의 범위가 구법에 비하여 확대되었고 따라서 제 777조의 적용을 받게 되는 사람이 많아지게 된다는 효과를 고려한다면[68] 번거로운 작업일지라도 구체적 법률관계에서 현실에 맞는 적당한 범위의 사람에게 혈족으로서의 효과를 인정하는 방향으로의 개정이 바람직한 것이었다고 생각된다.

또한 현행법상 모계혈족의 범위가 구법에 비하여 4촌 정도 확대되었다는 것도 문제점으로 지적된다. 부계와 모계의 혈족범위가 평등한 것은 바람직하지만 과연 모계를 8촌까지로 확대하여야 할 타당한 근거와 필요성이 있었는지 의문이다. 이에 대하여 "남성들의 반발을 우려"[69] 또는 "우리나라 사람들의 친족관념이 강하다는 점"[70] 등을 감안하여 이와 같이 조정된 것으로 보는 견해도 있다.

모계혈족범위의 확대에 대해서, 기계적 평등논리에 따른 무성의한 개정[71], 국민의 법감정과 일치되는 것인지 의문이라는 의견[72], 현재의 친족범위가 넓다는 지금까지의 논의와는 역행하는 기현상[73], 친족범위를 되도록 축소하는 현대법 추세에 비추어볼 때 타당성이 없다[74]는 등의 비판적 견해가 많다.

한편 이러한 문제점에 대하여 해석에 의하여 이를 제한하고자 하는 견해가 있다. 즉, 모계혈족의 지나친 외연확장을 방지하기 위해서 모계혈족의 모계는 자기 모로, 혈족은 모의 부계혈족으로 한정하여 해석하자[75]는 것이다. 그러나 이러한 해석에 대하여, 전통적인 유복친 개념을 도입하여 현행법상 친족범위를 줄여 해석할 수 있다고 하나 구법과는 달리 부계, 모계를

---

68) 형법 제 151조 2항, 제 155조 4항 등에서 형벌감면의 범위를 현저하게 확장하게 된다.
69) 이태영, "이번 가족법개정의 분석 · 평가", 〈판례월보〉(1990. 3), 234호, 6면.
70) 김주수, 전게서, 1991, 426면.
71) 박병호, "친족관계의 개정과 제문제", 〈사법행정〉(1990. 2), 32면.
72) 한봉희, 전게서, 24면.
73) 구연창, 전게논문, 38면.
74) 졸고, 전게논문, 1994, 123면.
75) 각주 65 참조.

전혀 구별하지 않는 현행법 아래서는 이러한 해석은 법의 규정을 넘어서는 해석이 된다는 반론[76]이 있다. 또한 현행법이 친족범위에 관하여 부계, 모계라는 구분을 하지 않고 있으므로 모계의 부계혈족뿐만 아니라 모계혈족도 자기 혈족에 포함되는 것으로 해석하여야 한다는 견해[77]도 같은 맥락에 속한다.

혈족개념을 양계혈족으로 전환한 개정취지에 따른다면 혈족의 범위에 부계와 모계를 함께 포함시키지 않을 수 없고 그것은 모계혈족에 대해서도 예외일 수 없다. 따라서 모의 부계혈족은 물론 모계혈족도 촌수에 따라 해석하지 않을 수 없으나 그렇게 되면 모계혈족 개념의 외연확장은 필연적일 수밖에 없다. 민법에 명문의 규정을 두고 있음에도 불구하고 이와 같이 축소해석을 하지 않을 수 없다면 그것은 처음부터 모계혈족의 범위를 확대하여 규정해야 할 필요가 없었다는 논리가 될 것이다.

모계혈족 범위의 확대는 현실적으로 금혼범위의 확대를 초래한다. 즉, 혼인무효사유인 8촌 이내의 방계혈족 및 그 배우자간의 혼인에는 8촌 이내의 부계혈족은 물론 8촌 이내의 모계혈족도 포함된다. 따라서 모계의 8촌 이내의 방계혈족간은 물론 그들의 배우자였던 자와의 혼인도 무효가 될 수밖에 없다(구법에서는 모계 4촌으로 해석). 모계혈족간 금혼범위는 유사 이래 가장 넓은 것으로 역사성도 찾을 수 없으며[78] 금혼범위를 축소하여 혼인의 자유를 보장하는 것이 현대법 정신임을 감안할 때 금혼범위의 확대는 시대역행적 태도라고밖에 볼 수 없다.[79]

입법론으로 부계혈족의 범위도 축소하는 것이 바람직하나 그것이 불가능하다면 모계혈족은 구법대로 4촌으로 두는 것이 현실적이고 합리적이라는 의견[80]이 제시된다.

76) 서정우, 전게논문, 1990. 6, 19면.

77) 임재연, 전게논문, 42면.

78) 박병호, 전게논문, 1990. 2, 32면.

79) 졸고, 전게논문, 1994, 122면.

80) 박병호, 전게논문, 1990. 2, 32면; 졸고, 상게논문, 122면.

III. 인 척

1. 개 념

인척이란 배우자 일방과 타방 배우자의 혈족 상호간에 발생하는 일정 범위의 친족관계를 말한다.

현행법은 인척의 일반적 범위규정으로서 인척의 계원에 관한 규정을 두고 혈족의 배우자, 배우자의 혈족, 배우자의 혈족의 배우자를 인척으로 규정한다(제 769조). 구법은 이상의 범위 외에 "혈족의 배우자의 혈족"을 인척의 계원에 포함시켰지만 개정에 의하여 이를 삭제하였다. 구법의 규정은 대만민법(제 969조)을 모방하면서 거기에 혈족의 배우자의 혈족을 더 보탠 것이다. 이들은 관습상 사돈간으로서 인척에 넣을 수 없으므로 이 규정은 삭제하는 것이 타당하다[81]고 종래 주장되어왔다. 현행법은 이들을 인척에서 제외하였고 이러한 개정에 대하여 타당하다[82]는 견해가 대부분이다.

그러나 인척관계란 실질적 의미가 없는 친족관계에 불과한 것임에도 제 809조 2항의 인척간 금혼규정은 그냥 두었기 때문에 혈족의 배우자의 혈족과 혼인이 가능하다는 점에서 전통윤리에 어긋난다는 비판[83]이 있다. 이에 대하여 구법에서도 인척의 촌수계산규정인 제 771조가 혈족의 배우자의 혈족에 관해서 규정한 바가 없기 때문에 이들이 제 809조 2항에서 말하는 8촌 이내의 인척에 포함되는 것인가가 문제였으며, 관습상 사돈간의 혼인이 가능해서 겹사돈이 있었다는 점에서 사돈을 인척에서 제외시킨 것은 타당하다[84]는 반론도 있다.

현행법이 인척의 정의규정에서 혈족의 배우자의 혈족을 삭제한 것은 타당하다고 본다. 그러나 인척이란 배우자 일방과 타방 배우자의 혈족 상호간을

---

81) 범여성가족법개정추진회, 전게서, 9면.

82) 김주수, 전게서, 1991, 421면; 박병호, 전게논문, 1990. 3, 37~8면.

83) 서정우, 전게논문, 1990. 4, 168~9면.

84) 김주수, 전게서, 1991, 421면.

의미하는 것이 통례임에 비추어볼 때 "배우자의 혈족의 배우자"까지 인척의 계원에 포함시키는 것은 친족개념의 지나친 확대라고 생각된다. 대만민법에서도 "배우자의 혈족의 배우자"를 인척범위에 포함시키는 것은 외국 입법례에 비하여 지나치게 넓은 것[85]이라는 비판이 있다.

우리의 관습법과 의식에 비추어 이들을 친족으로서 인척에 포함되는 것으로 보아야 한다는 견해[86]도 있다. 그러나 관습이라 하여 이를 모두 현대법에 구현할 수는 없는 것이며 친족으로서 법률상 효과를 받는 범위를 축소시키는 입법추세에 비추어 보더라도 그러하다. 외국 입법례도 혈족의 배우자와 배우자의 혈족만을 인척으로 규정하고 있다.[87] 우리 민법도 배우자의 혈족의 배우자는 인척의 개념에서 제외하는 것이 타당하다고 본다.

또한 인척의 정의규정인 제769조와 친족범위 규정인 제777조와의 관계도 문제될 수 있다. 제769조가 인척의 계원 내지 범위를 규정하고 있으나 실제로 친족범위에 속하는 인척(제777조 2호)에는 이들 모두가 해당되느냐 하는 문제가 생길 수 있기 때문이다.

구법에서는 인척의 계원 중 특히 "배우자의 혈족"만을 친족범위에 해당하는 것으로 하여 처의 경우 부(夫)의 8촌 이내의 부계혈족, 4촌 이내의 모계혈족, 부의 경우 처의 부모만을 친족으로 규정하였던 것이다(제777조 3호, 4호, 5호).

이와 같이 구법상 친족으로서 인척의 범위는 인척의 계원규정에 해당하는 자의 일부분에 국한하고 있다는 점에서 친족범위에 속하지 않는 인척에 대

---

85) 陳棋炎, 《民法親屬》, 三民書局, 1973, 36면.

86) 정광현, 전게서, 1967, 484면.

87) 독일민법 제1590조(배우자 일방의 혈족은 배우자 타방의 인척으로 한다), 이태리민법 제78조 1항(인척은 배우자와 타방 배우자의 혈족간의 연쇄이다), 희랍민법 제1464조(배우자 일방의 혈족은 동일 친계와 촌수로서 배우자 타방의 인척이 된다), 일본민법 제725조에는 인척의 정의에 관한 규정은 없으나 3촌 이내의 인척을 친족범위에 해당하는 것으로 규정한다. 여기에 해당하는 인척은 혈족의 배우자와 배우자의 혈족으로 해석한다(青山道夫, 《註釋民法 20, 親族 I》, 有斐閣, 1966, 113면).

한 규정은 불필요하고, 그러한 규정으로 인하여 다른 규정과의 해석상 혼란만을 야기시키는 원인이 되므로 이 규정은 무의미한 규정으로 해석하는 것이 타당하다[88]는 비판이 있었다. 또한 민법전편을 통하여 제 769조가 적용되는 경우는 거의 없고 금혼범위에 관한 제 809조 2항의 경우에만 해당될 뿐이므로 인척의 정의는 그 계원을 규정하는 제 769조에서보다 오히려 그 범위를 규정하는 제 777조에 의거하여 정립하는 것이 합리적이고 그렇게 하는 것이 사회통념에 비추어 적합할 것[89]이라는 견해도 있었다.

현행법은 구법규정과는 달리 4촌 이내의 인척을 친족범위에 해당하는 것으로 규정하고 있다(제 777조 2호). 따라서 제 769조가 규정하는 인척의 모든 계원, 즉 혈족의 배우자, 배우자의 혈족, 배우자의 혈족의 배우자가 모두 여기에 해당하는 인척이 되는지에 관하여는 해석상 의문이 있다. 만일 인척의 계원에서 규정하는 모든 종류의 인척이 제 777조 2호의 친족범위에 해당한다면[90] 구법 제 769조와 현행법 제 769조는 그 의미를 달리할 것이다. 왜냐하면 구법 제 769조는 구법 제 777조 3·4·5호와 연관하여 볼 때 앞서 설명한 바와 같은 이유에서 무의미한 규정이란 해석이 가능하지만 현행법 제 769조는 제 777조 2호에서 규정하는 친족으로서 인척의 범위를 밝히는 규정으로서의 의미를 지니고 있기 때문이다.

그러나 인척의 범위를 축소시킨다는 점에서 또한 후술하는 바와 같이 인척의 촌수계산규정(제 771조)에 "배우자의 혈족의 배우자"가 포함되어 있지 않다는 점에서 이들은 제 777조 2호의 인척범위에 포함되지 않는다고 해석하는 것이 타당하다고 생각된다.

---

88) 정광현, 전게서, 1967, 484면.

89) 김용한, "친족의 의의와 종류", 〈사법행정〉(1972. 12), 60면.

90) 박병호, 전게논문, 1990. 2, 33면.

2. 인척의 촌수계산

현행법은 인척의 촌수에 관하여 "배우자의 혈족에 대하여는 배우자의 그 혈족에 대한 촌수에 따르고 혈족의 배우자에 대하여는 그 혈족에 대한 촌수에 따른다"고 규정한다(제771조). 구법은 혈족녀의 직계비속을 인척으로 분류하여 "혈족녀의 직계비속에 대하여는 자기의 그 혈족에 대한 촌수와 그 혈족으로부터 그 직계비속에 이르는 세수를 통산하여 그 촌수를 정한다"(제771조 후단)고 규정하였으나 개정에 의하여 이를 삭제하였다. 현행법은 혈족녀의 직계비속을 방계혈족에 포함시키고 있으므로(제768조) 이 규정은 불필요한 것이 되었기 때문이다.

우리 민법의 인척에 관한 규정은 대만민법을 모방하였지만 구법상 인척의 정의규정은 대만민법과는 달리 혈족의 배우자의 혈족이 더 포함된 것이었다. 그러나 이를 삭제함으로써 현행법상 인척의 정의규정(제769조)은 대만민법의 규정과 동일하게 되었다(제969조). 다만 촌수계산에 관하여는 대만민법과 같지 아니하다. 즉, 현행법은 배우자의 혈족과 혈족의 배우자에 관한 촌수만을 규정할 뿐 배우자의 혈족의 배우자에 관한 촌수는 규정하고 있지 않다(제771조). 대만민법은 혈족의 배우자, 배우자의 혈족 외에 배우자의 혈족의 배우자에 관한 촌수도 규정하여 "배우자의 혈족의 배우자는 배우자와 그 혈족의 친계 및 친등(親等)에 따른다"고 규정한다(제970조).

우리 민법이 이와 같이 배우자의 혈족의 배우자에 대한 촌수를 규정하고 있지 않은 것에 대하여는 해석상 논란이 있다. 즉, 배우자간에는 촌수가 없기 때문에 배우자의 혈족의 배우자는 배우자의 그 혈족간의 촌수에 따라 촌수계산이 가능하며 현행법은 이러한 것을 전제로 인척의 촌수를 계산하여야 한다는 것을 규정한 것이므로 배우자의 혈족의 배우자에 대한 촌수계산방법은 규정할 필요가 없다[91]는 견해가 있다. 한편 구법에서 혈족의 배우자의 혈족을 인척에 포함시키면서(제769조) 인척의 촌수계산에서는 이를 규정하고 있지 않기 때문에(제771조) 제809조 2항에서 말하는 8촌 이내의 인척에

---

91) 박병호, 전게논문, 1990. 3, 38면.

이들이 포함되는가가 문제였다[92] 는 지적도 있다. 이러한 지적이 촌수계산에서 누락된 인척의 계원도 구체적 규정의 적용에 해당되는가에 관한 것이라면 이러한 문제는 구법에서는 물론 현행법에서도 "배우자의 혈족의 배우자"에 대한 관계에서 제기될 수 있을 것이다. 따라서 배우자의 혈족의 배우자에 대한 촌수계산이 해석상 가능하다고 할지라도 명문의 규정이 없기 때문에 다른 규정과의 관계(제 777조 2호, 제 809조 2항)에서 해석상 의문이 생길 수 있다는 점은 부인할 수 없다.

우리 민법이 배우자의 혈족의 배우자를 인척으로 규정하면서 이들에 대한 촌수규정을 두고 있지 않은 것은 대만민법과 비교해볼 때 입법의 불비라고 생각된다. 혈족의 정의(제 768조)와 그들에 대한 촌수계산방법(제 770조)을 종류에 따라 각각 규정하고 있는 것처럼 인척의 정의에 관한 규정을 두었다면 이들의 계원에 따라 촌수계산방법을 각각 규정하는 것이 타당한 입법태도라고 생각된다.

3. 인척관계의 발생과 소멸

1) 발 생

인척관계는 혼인, 입양, 출생, 인지 등에 의하여 발생한다.

혼인에 의하여 배우자의 혈족과 배우자의 혈족의 배우자간에 인척관계가 발생한다. 입양에 의하여 양자는 양친의 인척 사이에 인척관계가 성립하며(제 772조 1항) 이는 법정혈족관계에 의한 인척관계의 발생에 해당되므로 법정인척이라고도 할 수 있다.[93] 구법에서는 계모자, 적모서자 간은 법정혈족관계이었고 따라서 계모 및 적모의 인척 사이에 법정인척관계가 발생하였다(제 773조, 제 774조). 그러나 현행법에 의하면 계모는 혼인에 의하여 부의 전처의 자 사이에 배우자의 혈족으로서, 계자에 있어서 계모는 혈족의 배우

92) 김주수, 전게서, 1991, 421면.

93) 김용한, 전게서, 1981, 79면.

자로서 인척관계가 있음은 전술한 바와 같다. 또한 계부와 계자 간에도 인척관계가 발생한다.

부가 혼인외 자를 인지한 경우 적모와 서자 간에도 인척관계가 발생한다. 따라서 계자는 계모, 계부, 서자는 적모 사이에만 혈족의 배우자로서 인척관계가 발생할 뿐 그들의 혈족 사이에는 법정인척관계는 발생하지 않는다. 계모, 계부, 적모는 계자 또는 서자 사이에 배우자의 혈족으로서 인척관계가 발생하며 또한 그들의 배우자 사이에는 배우자의 혈족의 배우자로서 인척관계에 있게 된다.

2) 소 멸

일반적으로 인척관계는 그 발생원인이 해소된 경우에 소멸한다.

입양에 의하여 발생했던 법정인척관계는 입양의 취소 또는 파양으로 인하여 소멸한다(제 776조). 혼인에 의하여 발생한 인척관계는 혼인의 취소 또는 이혼으로 인하여 소멸한다(제 775조 1항). 현행법의 이 규정은 구법이 규정했던 계모자, 적모서자관계 등의 소멸에 관한 부분만을 삭제한 것일 뿐 혼인에 의한 인척관계의 소멸사유는 구법과 동일하다.

그러나 부부 일방이 사망한 경우의 소멸사유는 구법과는 다르다. 구법은 "부가 사망한 경우 처가 친가에 복적하거나 재혼한 때에도 소멸한다"고 규정(제 775조 2항)하였지만 현행법은 이러한 경우 생존배우자가 재혼한 때에 한하여 인척관계가 소멸한다고 규정하고 있다(제 775조 2항). 즉, 누가 사망한 경우 인척관계가 소멸하는가, 그리고 그러한 경우 소멸사유는 어떤 것인가에 관하여 현행법과 구법은 달리 규정하고 있는 것이다.

먼저 누가 사망한 경우에 인척관계가 소멸하는가에 관하여 구법은 "부가 사망한 경우"에 한정하고 있다. 즉, 부가 사망한 경우 처가 친가복적하거나 재혼한 때에는 인척관계가 소멸하지만, 처가 사망한 경우 부가 재혼하더라도 망처의 혈족과의 인척관계는 소멸하지 않게 되는 것이다. 구법의 이러한 문제점에 대하여, 이 규정은 종래의 관습법을 답습했기 때문이지만 부가 이중의 처족인척관계가 있음은 불합리하므로 부의 경우에도 역시 소멸하도록 하는 것이 타당하다[94]는 견해가 있었다. 또한 이러한 불합리를 시정하기 위하여 부부 다 같이 재혼하면 인척관계가 소멸하도록 개정하자[95]는 주장도 있었다.

현행법은 구법상 이러한 문제점을 명문으로 해결하여 부, 처 구별 없이 부부 일방이 사망한 경우 생존배우자가 재혼하면 인척관계가 소멸하도록 규정하고 있다. 그러나 인척관계의 소멸사유에 관하여 구법은 처가 친가복적(일가창립도 포함된다)하거나 재혼한 경우에 소멸하는 것으로 규정하였음에 반하여 현행법은 생존배우자가 재혼한 경우에 한정하고 있다.

따라서 현행법이 인척관계의 소멸사유를 재혼의 경우에 한정함으로써 다음과 같은 문제가 생길 수 있다. 즉, 부 또는 처가 법률상 재혼하지 않으면 부족인척관계나 처족인척관계가 소멸되지 않으므로 인척관계를 소멸시키기 위해서는 반드시 재혼하지 않으면 안 된다는 것이다. 뿐만 아니라 부 사망 후 처가 친가에 복적하거나 복적할 수 없기 때문에 일가창립하는 경우에 관하여 현행법은 구법과 달리 아무런 규정을 두고 있지 아니하다. 이러한 경우 부족인척관계는 소멸되지 않는 것으로 해석할 수밖에 없다.

이러한 현행법의 규정에 대하여, 처가 친가에 복적하더라도 시가와의 인척관계가 소멸하지 않기 때문에 호적의 기재만으로는 혼인으로 인한 인척관계를 잘 알 수 없게 되어버렸다[96]는 지적이 있으며 입법론으로서 재혼하지 않더라도 인척관계 소멸의 의사표시가 있는 경우 소멸하도록 하는 것이 바람직하다[97]는 의견도 있다.

그러나 현행법 규정에 문제점은 없다[98]는 반론도 있다. 즉, 인척관계의 소멸에서 부가 사망한 경우와 처가 사망한 경우를 차별할 이유가 없으며,

---

94) 박병호, 전게논문, 1974, 60면.

95) 범여성가족법개정추진회, 전게서, 12면.

96) 서정우, 전게논문, 1990. 6, 20면.

97) 박병호, 전게논문, 1990. 2, 33면; 일본민법 제 728조 2항.

98) 김주수, 전게서, 1991, 422면.

처가 재혼하지 않고 친가에 복적한 경우에 인척관계가 소멸된다고 보아야 할 필요도 없고 인척이라고 모두 같은 호적에 있는 것은 아니기 때문에 호적에 혼란이 생길 여지도 없다는 것이다.

인척관계의 소멸에서 부가 사망한 경우와 처가 사망한 경우를 차별할 이유는 물론 없다. 따라서 현행법이 부, 처 구별 없이 "부부 일방이 사망한 경우"로 규정한 것은 타당한 태도라고 할 수 있다. 현행법은 혼인에서 가취혼의 형식을 취하고 있기 때문에(제 826조 3항 본문) 부가 사망한 후 재혼하지 않은 처가 친가에 복적하거나 일가를 창립하는 일은 자연스럽고 당연한 일일 수 있으며 법률도 그것을 보장하고 있다(제 787조 2항). 그러나 이러한 경우 인척관계의 소멸여부에 관한 규정이 있어야 함은 반드시 필요한 일이라고 생각된다.

입법례에 따라서는 혼인의 해소[99] 나 사망[100] 또는 무효선고[101] 를 받은 후에도 인척관계가 존속하는 경우도 있고 이혼 등으로 인하여 소멸하는 경우[102] 도 있다. 혼인관계 종료 후에도 인척관계가 존속되는 입법례는 직계인척간에 혼인장애만 인정할 뿐[103] 부양의무 같은 효과를 부여하지 않는다. 인척관계가 혼인해소 후에 잔존한다 하여도 실질적으로는 중대한 권리의무가 생기지 않도록 하는 법률관계에 있는 것이 보통이다. 혼인해소에 의하여 인척관계가 소멸하는 입장을 취하는 입법례[104] 도 직계인척간에는 혼인장애가 남도록 하고 있다.

우리 민법의 경우 직계인척간은 물론 부의 8촌 이내의 부계혈족(제 815조 3호) 및 기타 8촌 이내의 인척간의 혼인장애가 인정되고(제 809조 2항 및 제 816조 1호) 이러한 혼인장애는 인척관계 종료 후에도 계속된다. 또한 직계인

---

99) 독일민법 제 1590조 2항; 스위스민법 제 21조 2항.

100) 이태리민법 제 78조 3항.

101) 희랍민법 제 1464조.

102) 대만민법 제 971조; 일본민법 제 728조 1항.

103) 독일신혼인법 제 7조 1항; 스위스민법 제 100조 1항.

104) 대만민법 제 983조; 일본민법 제 735조.

척간에는 부양의무도 인정된다(제 974조 1호). 따라서 인척관계가 소멸하면 혼인장애는 계속되지만 부양의무는 소멸하게 된다. 부부 일방이 사망한 경우 재혼하지 않는 한 인척관계가 소멸하지 않는다고 한다면 이들간에는 혼인장애는 물론 부양의무까지도 계속되게 된다. 부의 사망 후에도 재혼하지 않은 처가 친가에 복적하거나 일가창립한 경우 망부의 부모에 대하여 부양의무를 지거나 처가 사망한 후 재혼하지 않은 부가 망처의 부모에 대하여 부양의무를 부담한다는 것은 현실성이 결여된 것으로 볼 수 있다.

따라서 배우자가 사망한 경우 재혼한 때에 한하여 인척관계가 소멸되는 것으로 하기 위해서는 다른 입법례처럼 직계인척간에 부양의무를 인정하지 말아야 할 것이며, 이들간에 부양의무를 인정한다면 인척관계의 소멸사유를 재혼에 한정하지 말고 친가복적, 일가창립 등의 경우에도 소멸되는 것으로 하여야 할 것이다.

입부혼의 경우 인척관계의 소멸에 관한 규정은 없다. 구법에서는 처가 사망한 경우 부가 친가에 복적하거나 재혼하면 인척관계가 종료하는 반면 부가 사망한 경우에 처가 재혼하면 부족인척관계는 종료되지 않는다[105]고 해석되었다. 현행법에서는 배우자 일방의 사망 후 생존배우자가 재혼하면 인척관계가 소멸하기 때문에 처가 사망한 후 부가 재혼하지 않고 친가에 복적하는 경우에는 처족인척관계는 소멸하지 않는 것으로 해석할 수 있다.

4. 친족으로서의 인척의 범위

현행법은 친족으로서 인척의 범위를 "4촌 이내의 인척"이라고 규정한다(제 777조 2호). 구법은 부의 8촌 이내의 부계혈족(제 777조 3호), 4촌 이내의 모계혈족(제 777조 4호), 처의 부모(제 777조 5호)를 친족범위에 해당하는 인척으로 규정하였으나 이것을 개정한 것이다.

현행법은 구법에 비하여 조문의 형식을 1호로 축소하였다. 그러나 내용은 구법이 인척의 계원 중 "배우자의 혈족"에 한하여 구체적으로 규정하였음에

105) 정광현, 전게서, 1967, 485면; 김용한, 전게서, 1981, 79면.

반하여 현행법은 “4촌 이내의 인척”이라고 포괄적으로 규정을 함으로써 실질적으로는 인척의 범위를 확대하였다.

1) 구법

(1) 인척의 범위

구법은 친족으로서 인척의 범위에 해당하는 자는 배우자의 혈족에 한정하였다. 부의 혈족으로는 8촌 이내의 부계혈족, 4촌 이내의 모계혈족, 처의 혈족으로는 처의 부모만 해당된다.

① 부의 8촌 이내의 부계혈족 (제777조 3호)

부의 혈족으로서 8촌 이내의 부계혈족에 포함되는 사람이 여기에 해당된다.[106] 구관습상 부의 부계혈족은 직계 4촌, 방계 7촌으로서 구법은 관습법보다 범위가 넓다. 구관습상 부의 혈족의 배우자는 부족유복친이었으나(부의 형제의 처, 부의 종형제의 처, 부의 질부, 부의 백숙모 등)[107] 구법에서는 부의 8촌 이내의 부계혈족인 남녀에 한하며 부의 혈족의 배우자는 포함되지 않는다. 이에 대하여 시백숙모와 질부간, 친동서간은 “부의 3촌 이내의 혈족남의 배우자”로서 친족범위에 넣는 것이 바람직하다는 견해[108]도 있다.

② 부의 4촌 이내의 모계혈족 (제777조 4호)

부의 혈족으로서 4촌 이내의 모계혈족이 여기에 포함된다.[109] 구관습상 부의 모계혈족으로서 직계는 외조부모(2촌), 방계는 외숙, 이모(3촌)에 한정되었다. 그러나 구관 및 제도 조사위원회 결의는 여기에서 부의 이모를 제외하였다.[110] 구법에서의 부의 4촌 이내의 모계혈족은 구관습상 범위에

106) 혈족의 범위 중 부계혈족의 범위 참조.

107) 舊慣及制度調査委員會決議(1921. 8. 6 및 17), 박병호, 전게서, 1975, 21~2면.

108) 박병호, 전게논문, 1982, 614면.

109) 혈족의 범위 중 구법상 모계혈족의 범위 참조.

110) 박병호, 전게서, 1975, 22면.

비하여 확대된 것이며 구관습의 성문화는 아닌 것이다.

③ 처의 부모(제777조 5호)

처족 인척의 범위는 처의 부모에 한정된다. 경국대전은 처족 인척을 처부모와 사위에 국한하였으나 형법대전은 처부모와 사위, 처조부모, 처외조부모, 처백숙부모, 처고모, 처형제, 처형제의 처, 처질, 처자매 등으로 규정하였다(제62조 5항·6항). 구관습은 처의 부모만을 처족유복친으로 하였다.[111] 구법은 구관습을 계승한 것이다.

(2) 문제점

구법은 인척의 범위를 정하는 데에 부족과 처족 간에 불평등하다는 점이 문제점으로 지적되었다. 이에 대하여 혈족의 범위에서와 같은 이유로 비판되었고[112] 한편으로는 친족적 공동생활의 실태에 따라 부족은 친족이라 할 수 있으나 처족은 친족으로 규정하지 않는다[113]는 반론도 제기되었다.

이러한 비판은 배우자의 혈족 중 부족과 처족 간 그 범위에 차별이 있다는 점에 있을 뿐 인척의 계원 중 배우자의 혈족만을 인척의 범위에 포함시킨 것에 있지 않았다. 배우자의 혈족만을 인척으로 규정한 것은 다른 입법례[114]에 비추어볼 때 타당한 태도였다고 생각된다.

개정론으로서 혈족의 범위에 관한 것과 마찬가지로 인척의 범위도 획일적으로 규정할 것이 아니고 구체적 관계에서 개별적으로 규정하는 것이 타당하다는 견해[115]와 친족범위에 관한 규정을 두어야 한다면 3촌 이내의 인척만을 친족으로 하도록 하자는 주장[116]이 있었다.

---

111) 舊慣及制度調査委員會決議(1921. 8. 6 및 17), 박병호, 전게서, 1975, 21면.
112) 각주 60~61 참조.
113) 이희봉, 전게서, 230~1면.
114) 각주 87 참조.
115) 김주수, 전게서, 1990, 381면.
116) 박병호, 전게논문, 1974, 58면.

2) 현행법

(1) 인척의 범위

현행법은 4촌 이내의 인척을 친족으로 규정한다. 여기에 해당하는 자는 제769조의 인척의 계원에 따라 부계, 모계, 그리고 부족, 처족의 개념을 사용하여 따져볼 수 있다. 인척의 모든 계원에 해당하는 자가 친족이 되느냐의 문제는 인척의 촌수계산에 관한 제771조와 관련하여 해석상 의문이 있음은 전술한 바와 같으나 일단 모든 계원에 따라 기술해보면 다음과 같다.

① 4촌 이내의 혈족의 배우자

▪ 4촌 이내의 부계혈족의 배우자 : 며느리, 사위, 계모, 적모, 손자며느리, 손자사위, 형제의 처, 자매의 부(2촌), 증손부, 증손서, 백숙모, 고모부, 질부, 질서, 생질부(3촌), 현손부, 현손서, 종형제의 처, 내종형제의 처, 종자매의 부, 내종자매의 부, 대고모부, 종손부, 종손서(4촌).

▪ 4촌 이내의 모계혈족의 배우자 : 계부(1촌), 외손부, 외손서, 동모이부형제의 처, 동모이부자매의 부(2촌), 외증손부, 외증손서, 외숙모, 이모부, 이질부, 이질서(3촌), 외현손부, 외현손서, 외종형제의 처, 외종자매의 부, 이종형제의 처, 이종자매의 부, 외대고모부(4촌).

② 배우자의 4촌 이내의 혈족

▪ 부족 : 부의 전처의 소생자와 혼외 자(1촌)를 비롯하여 부의 부계혈족과 모계혈족으로 나누어볼 수 있다.

— 부의 4촌 이내의 부계혈족 : 시부(1촌), 시형제자매, 시조부모(2촌), 시백숙부, 시고모, 시증조부, 시질(3촌), 시종형제자매, 시내종형제자매, 시종조부모, 시대고모, 시종손(4촌).

— 부의 4촌 이내의 모계혈족 : 시모(1촌), 시외조부모, 부(夫의) 동모이부 형제자매(2촌), 시외숙, 시이모, 부의 동모이부 형제자매의 자녀(3촌), 시외종형제자매, 시이종형제자매, 시외종조부, 시외대고모(4촌).

▪ 처족 : 처의 혼외 자와 전부소생자(1촌)를 비롯하여 처의 4촌 이내의 부계혈족과 모계혈족은 다음과 같다.

— 처의 4촌 이내의 부계혈족 : 장인(1촌), 처조부모, 처형제자매(2촌), 처백숙부, 처고모, 처질, 처증조부모(3촌), 처의 종형제자매, 처의 내종형제자매, 처의 종조모부, 처대고모, 처종손(4촌).

— 처의 4촌 이내의 모계혈족 : 장모(1촌), 처외조부모, 처의 동모이부 형제자매(2촌), 처외증조부모, 처외숙, 처이모, 처이질, 처의 동모이부 형제자매의 자녀(3촌), 처외종조부모, 처외대고모, 처의 외종형제자매, 처의 이종형제자매(4촌).

③ 배우자의 4촌 이내의 혈족의 배우자

▪ 부족 : 부의 전처소생자와 혼외 자의 배우자를 비롯하여

— 부의 4촌 이내의 부계혈족의 배우자 : 부의 계모(1촌), 부의 형제의 처, 부의 자매의 부(2촌), 부의 백숙모, 고모부, 질부, 질서, 생질부, 생질서(3촌), 부의 종형제의 처, 종자매의 부, 내종형제의 처, 내종자매의 부, 대고모부, 종손부, 종손서(4촌).

— 부의 4촌 이내의 모계혈족의 배우자 : 부의 계부(1촌), 부의 동모이부 형제의 처와 동모이부자매의 부(2촌), 부의 외숙모, 이모부와 동모이부 형제자매의 자녀의 배우자(3촌), 부의 외대고모부, 외종형제의 처, 외종자매의 부, 이종형제의 처와 이종자매의 부(4촌).

▪ 처족 : 처의 전부소생자와 혼외 자의 배우자(1촌) 외에

— 처의 4촌 이내의 부계혈족의 배우자 : 처의 계모(1촌), 처의 형제의 처, 처의 자매의 부(2촌), 처의 백숙모, 고모부, 질부(3촌), 처의 종형제의 처, 종자매의 부, 처의 내종형제의 처, 내종자매의 부, 처의 대고모부, 처의 종손부, 종손서(4촌).

— 처의 4촌 이내의 모계혈족의 배우자 : 처의 계부(1촌), 처의 동모이부형제의 처와 동모이부자매의 부(2촌), 처의 외숙모, 이모부, 동모이부 형제자매의 자녀의 배우자, 처이질부와 이질서(3촌), 처의 외대고모부,

외종형제의 처, 외종자매의 부, 이종형제의 처와 이종자매의 부(4촌).

(2) 문제점

현행법이 친족범위에 관하여 총괄적 한정주의를 취함으로써 인척의 범위도 획일적으로 규정한 점, 부족인척과 처족인척 간에 형식적 평등을 이루었으나 실질적으로 그 범위가 지나치게 확대되었다는 점[117] 등에 대한 비판은 혈족의 범위에 있어서와 같다.

현행법은 구법이 인척의 범위를 배우자의 혈족에 한정하였던 것과는 달리 4촌 이내의 인척이라고 규정하고 있다. 제769조가 규정한 인척의 계원에 따라 4촌 이내의 인척을 따져보면 그 범위는 위에서 본 바와 같이 대단히 넓다. 다만 배우자의 혈족 중 부의 부계혈족의 범위가 구법상 8촌에서 4촌으로 축소되었을 뿐이다.

또한 인척범위의 조정, 확대로 인하여 인척간 금혼범위에도 변화가 있게 되었다. 우선 제809조의 2항의 8촌 이내의 인척 중에는 인척의 계원 중 혈족의 배우자의 혈족이 제외되므로 금혼범위가 다소 축소된다. 그러나 제815조 3호의 직계인척간 금혼범위가 확대되어 계부녀간은 물론 계모자간, 계조모간의 혼인은 무효가 된다.

한편 제815조 2호의 8촌 이내의 방계혈족의 배우자로서 친족이 되는 자는 제777조 2호의 4촌 이내의 인척의 범위와 관련하여 볼 때 4촌이 넘는 경우는 어떻게 해석해야 할 것인지 또한 제815조 3호의 부의 8촌 이내의 혈족의 범위란 제777조 2호와 관련하여 어떠한 범위로 해석해야 할 것인지 의문이다.

이와 같이 인척의 범위가 넓기 때문에 부족 인척은 부계와 모계를 포함하지만, 처족 인척은 처의 부계혈족만을 의미하는 것으로 제한하여 해석하여야 한다[118]는 해석론이 있다. 그러나 처족 인척을 해석하는 데에 부계혈족만 해석한다면 구법에서와 다름없이 부족, 처족 간의 불평등이란 문제가 제

117) 각주 67, 68, 71~74 참조.

118) 김주수, 전게서, 1991, 425면.

기될 것이며 그렇게 된다면 현행법과 같은 입법태도는 역시 불합리한 것이었다는 증거가 될 것이다. 또한 입법론으로서 인척범위는 3촌으로 한정하는 것이 타당하다[119] 는 견해도 있다. 그렇더라도 현행법상 범위에서 단지 1촌이 줄어드는 것에 불과할 것이다. 이런 문제점을 해결하기 위해서는 인척의 모든 계원을 친족범위에 포함시키지 말고 구법대로 배우자의 혈족만을 친족으로 하되, 그 범위는 합리적인 선에서 부족과 처족 간에 평등하게 규정하는 것이 타당한 태도라고 생각된다.

IV. 맺는말

이상에서 살펴본 바와 같이 혈족, 인척에 관한 현행법 규정은 구법규정을 대부분 개정한 것으로서 구법에 비하여 개선된 점이 많다.

즉, 혈족의 개념을 부계혈족 중심주의에서 부모양계 혈족주의로 전환한 점, 혈족녀의 직계비속을 방계혈족으로 규정한 점, 계모자, 적모서자 등의 법정혈족관계를 폐지한 점, 혈족범위를 부계와 모계 평등하게 규정한 점, 인척범위를 부족과 처족 간에 평등하게 규정한 점 등이다.

그러나 이러한 개선에도 불구하고 다음 같은 사항은 문제점으로 지적된다. 즉, 계모자, 적모서자 관계의 일률적 소멸이 가져오는 문제점과 이들과 미성년자 간의 부양관계, 친족범위를 규정함에 있어 총괄적 한정주의를 취한 점, 혈족범위에서 부모계의 형식적 평등이 실질적으로 모계혈족의 확대를 초래한 점, 인척관계 소멸사유를 재혼에 한정하고 친가복적, 일가창립의 경우에 관한 규정이 없는 점, 인척의 범위에서 부족, 처족 간에 형식적 평등은 실현하였으나 실질적으로 인척의 범위가 지나치게 확대된 점 등이다.

이 중 혈족범위에서 모계혈족의 범위, 배우자 사망 이외의 인척관계 소멸사유 규정, 인척의 범위를 배우자의 혈족에 한정시킨 점 등은 구법이 오히려 합리적이고 현실적인 측면이 있다고 생각된다.

---

119) 박병호, 전게논문, 1990. 2, 33면.

입법론으로서 친족범위 규정은 개별적 한정주의를 취하는 것이 타당하나 만일 총괄적 한정주의를 취하지 않을 수 없다면 친족의 범위는 축소되어야 할 것이다.

즉, 혈족의 범위에서 부계, 모계 모두 축소시켜야 하지만 부계혈족의 경우 축소시키는 것이 현실적으로 불가능하다면 모계혈족의 범위는 구법규정대로 4촌으로 축소하는 것이 타당하다고 본다. 또한 인척의 범위도 "배우자의 혈족의 배우자"를 삭제하는 것이 바람직하며 만약 이들을 인척의 개념에 포함시켜야 한다면 이들에 관한 촌수계산규정이 있어야 할 것이다. 인척관계의 소멸사유에 처가 친가복적하거나 일가창립하는 경우에 관한 규정도 필요하다고 생각된다.

제14장

무권대리와 상속

I. 머리말

무권대리 행위(표현대리가 성립하는 경우는 제외) 후 본인과 무권대리인 상호간에 상속이 개시되면 상속에 의하여 본인의 자격과 무권대리인의 자격이 동일인에게 귀속하게 된다. 이 경우 무권대리인의 상대방 사이에 행하여진 해당 무권대리 행위를 계기로 하여 상호간에 어떠한 법률관계가 생기는가가 문제된다.

이들간의 법률관계를 고찰하기 위해서 우선 무권대리인이 본인을 상속하는 경우와 본인이 무권대리인을 상속한 경우로 크게 나눌 수 있으며, 이 두 개의 경우를 더 구체적으로 단독상속의 경우와 공동상속의 경우로 각각 나누어볼 필요가 있다.

무권대리 행위는 본인의 이익보호와 거래안전에 기여하기 위한 상대방 보호라는 두 개의 요건이 충족되어야 한다. 상속에 의하여 본인의 자격과 무권대리인의 자격이 동일인에게 귀속되는 경우에도 마찬가지이다. 따라서 본인이 갖는 추인권, 추인거절권과 무권대리인이 부담하는 이행 또는 손해배상책임을 중심으로 하여 어떠한 법리를 적용할 것인가가 문제된다. 무권대리 규

---

* 이 논문은 〈법학논총〉(숭실대학교 법학연구소, 1994), 제7집에 게재된 것임.

정에 의하면 무권대리 행위가 행하여진 경우 본인은 이를 추인하여 효력을 생기게 할 수도 있고 혹은 추인을 거절하여 그로부터 생긴 일체의 책임을 지지 않을 수도 있다(제130조). 이 경우 무권대리인은 원칙적으로 상대방에 대한 이행 또는 손해배상책임을 부담하여야 한다(제135조 1항). 한편 상속법에 의하면 상속인은 상속이 개시된 때부터 피상속인의 재산에 속한 일체의 권리의무를 승계하는 것으로 되어 있다(제1005조). 상속에 의하여 본인이거나 무권대리인의 자격을 승계 취득한 경우 피상속인이 상대방에 대하여 부담하였던 권리 또는 의무의 이행문제 등을 상속인이 상대방과의 관계에서 해결하여야 한다.

이러한 문제들은 무권대리라는 재산법상 규정과 상속이라는 가족법상 규정이 상호 관련되어 있다. 따라서 재산법과 가족법 규정이 상호 교차되는 부분이라는 점에서 연구의 필요성이 있다고 생각된다.

이 논문에서는 그동안에 발표된 국내외의 학설 및 판례 등을 정리, 검토함으로써 이러한 경우 실제로 어떠한 해석과 적용이 가장 합리적인 것인지 고찰하여 보고자 한다.

II. 무권대리인이 본인을 상속한 경우

무권대리인이 본인을 상속한 경우 예컨대 자가 부의 대리인이라 사칭하여 부의 재산을 처분한 후 부의 사망으로 부를 상속한 경우에 자는 무권대리인으로서 상대방에 대하여 이행 또는 손해배상의 의무를 지는 지위(제135조)[1]와 부의 상속인으로서 공동상속을 추인하거나 거절할 수 있는 본인으로서의

---

1) 민법 제135조 1항, "타인의 대리인으로 계약을 한 자가 그 대리권을 증명하지 못하고 또 본인의 추인을 얻지 못한 때에는 상대방의 선택에 좇아 계약의 이행 또는 손해배상의 책임이 있다." 2항, "상대방이 대리권 없음을 알았거나 알 수 있었을 때 또는 대리인으로 계약한 자가 행위능력이 없는 때에는 전항의 규정을 적용하지 아니한다."

지위를 동시에 갖게 된다. 이러한 경우 자는 상속인의 지위에서 이행 또는 손해배상의 책임을 지는가 그렇지 않으면 추인을 거절할 수 없는 지위에 있게 되는가. 이 문제는 다시 그 상속이 단독상속인가 공동상속인가에 따라 해석이 달라질 수 있다.

1. 단독상속

1) 국내의 학설 및 판례

(1) 학 설

① 당연유효설

상속에 의하여 무권대리인이 본인의 지위를 승계하게 되면 그가 한 무권대리 행위는 당연히 유효하다는 것이 당연유효설이며 우리나라의 다수설이다. 이에 관하여 다음과 같은 견해가 있다. 즉, "무권대리인이 본인을 상속한 경우에는 그 무권대리 행위는 당연히 유효하게 되고 본인으로서의 지위에서 추인을 거절하지 못한다고 해석하는 것이 타당할 것이다. 왜냐하면 설사 무권대리인이 본인의 승계인으로서의 추인을 거절할 수 있다고 하더라도 그 무권대리인은 제 135조에 의하여 이행 또는 손해배상의 책임을 져야 하므로 처음부터 대리권 있는 자가 행위를 한 것과 마찬가지로 보는 것이 알기 쉬운 해결이기 때문이다"[2], "무권대리인이 본인을 상속한 때에는 무권대리 행위는 완전히 유효하게 되며 본인의 자격으로 추인을 거절할 수 없다고 해석하여야 한다"[3], "양 자격을 분리 행사하여 형식적, 이원적으로 파악하여 문제를 복잡하게 만들기보다 본인과 무권대리인의 지위가 혼동되어 하나로 융합된 이상 이때에는 진정 본인 자신이 한 것과 동일한 효과가 발생하는 것으로 보아 자의 무권대리 행위는 무권대리인인 자에 대하여 당연히 완전 유효한

2) 곽윤직, 《민법총칙》, 박영사, 1993, 497면.
3) 김증한, 《민법총칙》, 박영사, 1981, 393면.

것으로 인정하고 본인인 부와 동일한 책임을 지게 하는 것이 문제를 간단히 해결할 수 있다는 점에서 다수설인 당연유효설이 타당하다"[4], "무권대리인이 본인을 상속하는 경우 무권대리 행위는 완전히 유효하다고 생각된다. 그것은 단독행위의 경우 자신이 한 무권대리 행위에 대해서 본인의 자격으로 추인을 거절하는 여지를 인정하는 것은 신의칙에 반하기 때문이다"[5], "단독상속의 경우 무권대리인이 본인을 상속하여 본인과 대리인의 자격이 동일인에게 귀속하게 된 경우 상대방 보호라는 측면에서 본인 스스로 법률행위를 한 것과 동일한 법률상 지위가 생긴 것으로 풀이하는 것이 타당할 것이므로 이러한 인격승계를 기초로 하여 무권대리인이 그러한 추인을 거절한다는 것은 신의칙에 반한다고 하는 이론구성을 하여야 할 것이다"[6], "이 경우에는 본인과 무권대리인의 지위의 혼동에 의하여 본인 자신이 행한 것과 동일한 효과가 발생하므로 이 경우의 무권대리 행위는 완전히 유효하다고 해석함이 타당하다"[7], "무권대리인이 본인의 법률상 지위를 승계함으로써 두 자격이 융합되는 것으로 보아야 하기 때문에 그 무권대리 행위는 당연히 유권대리화한다고 해석하여야 한다. 신의성실의 원칙에 비추어서도 이러한 해석이 타당할 것이다"[8]는 등의 견해는 당연유효설의 입장을 나타내고 있다.

이상에서 살펴본 학설들은 단독상속의 경우 무권대리인의 행위가 당연히 유효하다는 점에서는 견해가 일치되지만, 그 근거에 관해서는 약간 상이하다. 즉, "무권대리인이 제135조의 책임을 지는 한 처음부터 대리권이 있는 자의 행위와 동일하기 때문에"[9], "본인의 지위와 무권대리인의 지위가 혼동되어 융합되었기 때문에"[10], "본인의 자격으로 추인을 거절하는 것은 신의

---

4) 장경학, 《민법총칙》, 법문사, 1985, 610면.

5) 김주수, 《민법총칙》, 삼영사, 1988, 379~90면; 김주수, 《친족상속법》, 법문사, 1991, 521면.

6) 고상룡, 《민법총칙》, 법문사, 1990, 602~3면.

7) 정광현, 《신친족상속법 요론》, 법문사, 1962, 352면.

8) 김용한, 《민법총칙론》, 박영사, 1986, 368면.

9) 곽윤직, 전게서, 297면.

10) 장경학, 전게서, 610면.

칙에 반하기 때문에"[11], 그리고 "자격의 융합과 신의칙에 근거하여"[12] 라고 함으로써 무권대리인이 추인을 거절할 수 없는 근거를 각각 설명하고 있다.

그러나 이 중 "무권대리인이 제 135조의 책임을 지는 한 처음부터 대리권이 있는 자의 행위와 동일하기 때문"이라는 논거에 대해서는, "무권대리인이 본인의 승계인으로서 추인을 거절할 수 있다고 하면, 상대방이 제 135조에 의하여 계약의 이행책임을 추구하여도 결국 이행불능이 될 것이요 손해배상 책임밖에 없게 되는 것이니 이를 처음부터 대리권 있는 자가 행위를 한 것과 마찬가지로 볼 수 있는지 의문이다"[13] 라는 반론이 있다.

② 병존설

무권대리 행위는 상속에 의하여 당연히 유효로 된다고 보지 않는다. 무권대리인은 본인으로부터 추인권과 추인거절권을 승계하지만 신의칙상 추인거절은 할 수 없으며 또한 자신의 무권대리인으로서의 이행 또는 손해배상책임도 병존한다고 보는 학설이 병존설이다.

즉, "무권대리인의 지위와 본인의 지위는 혼동되지 않고 각각 분리되어 병존한다고 이해하는 것이 타당하다. 다만 무권대리인이 본인을 상속한 경우 본인의 자격에서 추인을 거절하는 것이 신의칙에 반하는 경우도 있을 것이다. 이러한 경우에는 추인거절의 항변은 허용되지 않는다고 할 것이다. 이 경우에는 본인의 지위가 혼동으로 인하여 소멸되었기 때문이 아니라 본인의 지위를 주장하는 것이 권리남용으로 되기 때문이다"[14] 라고 하여 신의칙상 추인을 거절할 수 없다고 본다.

병존설을 주장하는 입장에서는 무권대리인은 신의칙상 추인을 거절할 수 없을 뿐만 아니라 "상대방에게 철회권을 행사할 기회를 부여하여 상대방이 선의 무과실인 경우에는 그의 선택에 따라 본인에 대하여 손해배상 또는 이

11) 김주수, 전게서, 1988, 379~90면.

12) 김용한, 전게서, 368면.

13) 고상룡, "무권대리와 상속", 〈월간고시〉(1983. 1), 27면.

14) 이영준, 《민법총칙》, 박영사, 1987, 620~1면.

행을 청구할 수 있다"[15] 고 한다.

또한, 당연유효설의 단점을 지적함으로써 병존설의 타당성을 주장하기도 한다. 즉, 당연유효설을 취했을 때 상대방은 철회권과 손해배상청구권이 박탈된다는 불이익이 있으나 병존설의 경우에는 이러한 문제점이 없으며 또한 단독상속이나 공동상속의 경우, 무권대리인이 공동상속의 목적물을 취득한 경우 등에서도 통일된 논리를 적용할 수 있다[16] 는 것이다.

(2) 판 례

① 판례 I

"무권리자가 처분한 권리를 후일 취득한 때에는 이에 그 처분행위는 당연히 효력을 발생한다. 피상속인의 생존 중 그 소유토지를 상속인이 자의로 처분한 후 피상속인 또한 동일 토지를 타에 유증하고 사망한 때에는 상속인으로부터 처분을 받은 자와 수유자와는 민사령 제 13조[17] 의 제 3자의 관계에 있는 것이다"는 조선고등법원 판례[18] 가 있다.

이 판례는 무권대리인이 본인을 단독상속하는 경우 그 무권대리 행위를 당연히 유효한 것으로 보고 있다. 이와 같이 당연유효를 전제로 하였기 때문에 상속인이 본인으로서의 지위를 취득한 경우 그가 무권대리인으로서 행한 처분행위가 유효한 것이 되고 따라서 상대방도 소유토지에 관한 권리를 갖게 되는 것으로 해석된다. 따라서 피상속인으로부터 유증을 받은 자는 무권대리인으로부터 소유권을 취득한 자가 등기까지 갖추었다면 그에 대하여 제 3자로서의 지위를 갖는 것에 불과한 것으로 보인다.

---

15) 김증한 · 주재황 편집, 《주석민총(하)》, 한국사법행정학회, 1979, 444면.

16) 곽윤직 편집, 《민법주해 III, 총칙(3)》, 박영사, 1992, 220면; 이영준, 전게서, 620면; 김증한 · 주재황 편집, 전게서, 444면.

17) 조선민사령 제 13조, "부동산에 관한 물권의 득상 및 변경에 관하여 조선부동산등기령에서 등기규정을 제정함에 의하여 등기를 하지 아니하면 이를 가지고 제 3자에게 대항할 수 없다."

18) 조선고등법원, 1932. 3. 25, 〈민사판례집〉, 19권, 73면.

② 판례 II

"친족회의 동의를 얻지 아니하고 피후견인인 본인이 후견인의 동의만 얻어 토지를 처분한 후 후견인이 본인의 상속인이 된 경우에는 후견인의 지위에서 동의를 한 이상 신의성실의 원칙상 위 법률행위를 취소할 수 없다"고 하는 대법원의 판결[19]이 있다. 이 판례는 무권대리인이 본인을 상속한 경우에 직접적으로 해당하는 판례라고는 볼 수 없다. 여기에서의 후견인은 무권대리인으로서 행위를 한 것은 아니기 때문이다. 다만 후견인은 친족회의 동의를 얻어야만 피후견인의 재산상 법률행위에 동의할 수 있음에도 불구하고 (제 950조 1항) 친족회의 동의 없이 자신의 동의만으로 피후견인으로 하여금 피후견인 자신의 토지를 처분할 수 있도록 하였던 것이다. 이러한 행위는 피후견인이나 친족회가 취소할 수 있으며(제 950조 2항), 만일 후견인이 피후견인의 상속인이 되었다면 피후견인이 갖는 취소권까지 승계하게 된다. 따라서 후견인은 상속인으로서 취소권을 행사할 수 있게 된다.

그러나 이 판례는 후견인의 지위에서 동의를 하였기 때문에 상속인인 본인으로서 취소권을 갖는다고 하더라도 신의칙상 피후견인이 행한 법률행위를 취소할 수 없다고 하였다. 이 판례는 취소의 원인을 제공한 자는 나중에 취소권을 본인이 직접 취득한 경우라 할지라도 신의칙상 그 취소권을 행사할 수 없음을 밝히고 있다. 이 판례를 통하여 무권대리인이 본인의 지위를 상속한 경우 자신이 행한 무권대리 행위의 효력을 부인하지 못한다고 하는 입장, 즉 당연유효설의 입장을 추론해볼 수 있다.

2) 일본의 학설 및 판례

(1) 학 설

① 당연유효설

일본의 다수설은 무권대리인이 본인을 상속하는 경우 무권대리인과 상대

---

19) 대법원, 1965. 5. 20, 65다296, 297.

방과의 행위는 상속을 계기로 하여 당연히 유효하다고 하는 입장이다. 그러나 그 근거에 대해서는 일치하고 있지 아니하다.

- 인격승계설 : 상속의 효과는 개개의 권리의무의 승계만이 아니고 인격 내지 법률상 지위의 승계이므로 피상속인과 상속인이 법률상 동일인이 되고 따라서 무권대리인의 행위는 당연히 유효로 된다[20] 고 보는 학설이다.

- 대리권추완설 : 무권대리 행위는 대리권의 존재를 법정조건으로 한 행위이기 때문에 무권대리인이 본인을 상속하여 상속재산을 처분할 수 있는 권한을 취득한 때에는 대리권의 흠결은 치유되고 본인이 스스로 행한 것과 같은 효력을 발생하게 한다[21] 는 학설이다.

- 신의칙설 : 무권대리인이 본인을 상속하여 추인권을 승계 취득한 후 추인을 거절할 수 있게 한다면 이것은 실질적으로 무권대리인으로 하여금 자신이 원했던 법률행위의 효력발생을 스스로 저지하게 하는 것이 된다. 이렇게 하는 것은 사적 자치의 정신에 반하며 신의칙에도 위반되기 때문에 추인거절권을 부인하고 추인을 기다릴 것도 없이 당연히 유효하다[22] 고 보는 학설이다.

- 자격융합설 : 무권대리인이 본인을 상속하여 본인인 자격과 무권대리인 자격이 동일 인격으로 융합하게 된다면 본인과 대리인과는 이미 타인은 아니다. 따라서 대리권의 매개를 필요로 하지 않고 이론상 당연히 법률행위의 효과가 그 인격에 귀속되는 것으로 확정되고 통상 자기를 위해서 한 법률행위로 된다[23] 고 보는 학설이다.

② 비당연유효설

무권대리 행위는 상속에 의해서 당연히 유효로 된다고 해석할 수 없고 무권대리인에게는 무권대리인인 지위와 본인인 지위가 병존하여 인정된다[24]

---

20) 穗積重遠, 《判例民事法》, 1927, 87면.

21) 於保不二雄, 〈民商法雜誌〉, 1권 4호, 154면 이하.

22) 杉之原舜一, "無權代理行爲と代理人の相續", 〈民商法雜誌〉, 9권 5호, 98면 이하.

23) 高木多喜男 編, 《條解民法 IV〔相續〕》, 三省堂, 1981, 66면.

24) 品川孝次, "無權代理人か本人を相續した場合", 島津一郎・安倍正三 外編, 《相續法の基礎》, 青林書院新社, 1977, 67면.

고 하는 설이 비당연유효설이다. 비당연유효설은 기본적 구성으로서 무권대리인과 상대방 간에 있어서 본인 및 무권대리인의 각 자격에 기한 권리의무, 즉 본인의 추인권, 추인거절권, 선의의 상대방의 철회권, 일정한 요건하의 무권대리인의 책임이 병존한다는 것, 그리고 그러한 자격의 분리주장을 인정한다는 입장을 취한다.

비당연유효설은 다음과 같은 두 가지 견해로 분류된다.

첫째, 무권대리인이 본인을 단독상속하고 목적재산을 취득한 경우에 무권대리 행위가 당연히 유효로 되지는 않으나 신의칙상 상대방의 이행청구에 대하여 무권대리인은 응하지 않으면 안 된다고 해석한다. 즉, 자격병존을 인정하면서 무권대리인의 추인거절권의 행사만은 부정하는 견해[25]이다.

둘째, 자격병존, 자격의 분리행사를 주장하는 견해에 의하면 무권대리인은 본인으로부터 승계한 본인의 자격으로 추인 또는 추인거절을 할 수 있으며 무권대리인이 추인을 거절한 경우 상대방은 무권대리인에 대하여 철회권을 행사하든가 무권대리인의 책임을 추급할 수 있다는 것이다. 따라서 상대방이 선의, 무과실이며 무권대리인이 무능력자가 아니라면 이행 또는 손해배상책임을 물을 수 있게 된다는 것이다.

(2) 판 례

무권대리인이 본인을 단독상속하는 경우 및 이것에 준하는 경우(무권대리인을 제외한 다른 공동상속인이 상속을 포기한 경우 등)에는 무권대리인과 상대방 간의 행위는 상속을 계기로 하여 당연히 유효로 된다고 해석하는 것이 확정된 판례이론이다.

① 판례 I

"무권대리인이 본인을 상속하고 본인과 대리인과의 자격이 동일인에게 귀속하기에 이른 경우에는 본인 스스로 법률행위를 한 것과 같은 법률상 지위를 생기게 하는 것으로 해석하는 것이 상당하다".[26] 이 판례는 이른바 인격

25) 泉久雄, "無權代理と相續", 《民法 I (判例と學說 2)》, 日本評論社, 1977, 117면.

승계설의 입장을 취하였고 그 이후 무권대리인이 본인을 상속한 경우 "본인 스스로 법률행위를 한 경우와 동일한 지위가 생긴다"고 하는 입장으로 일관되었다.

② 판례 II

"무권대리인이 행한 무권대리 행위에 관하여 본인의 자격으로서 추인을 거절하는 것은 신의칙상 허용되지 않기 때문에 무권대리 행위는 상속과 동시에 당연유효로 된다".[27] 이 판결은 이른바 신의칙설을 취하고 추인거절 금지의 근거를 신의칙에 두고 있다.

③ 판례 III

"… 본인 스스로 법률행위를 한 것과 같은 지위에 서게 된다. 이 이치는 무권대리인이 본인의 공동상속인 중의 한 사람이었으나 다른 공동상속인의 상속포기에 의하여 단독으로 본인을 상속한 경우에 있어서도 타당할 것이다"[28]는 판례는 1927년 대심원 판결을 그대로 답습하여 인격승계설의 입장을 취하고 있다. 현재까지도 이러한 입장에 서서, 무권대리인이 본인을 상속한 경우 본인 스스로 법률행위를 한 것과 동일한 지위에 있는 것으로 인정되기 때문에 무권대리 행위는 당연히 유효하다고 판단한다.

3) 검 토

무권대리인이 본인을 상속함에 있어서 단독상속의 경우 당연히 유효하다는 견해가 우리나라와 일본의 다수설이다. 우리나라와 일본의 판례도 당연유효설을 뒷받침해주고 있다.

그러나 당연유효설은 다음과 같은 점이 문제점으로 지적될 수 있다.

---

26) 大審院判決, 1927. 3. 22, 〈大審院 民事判例集〉, 6권 3호, 106면.

27) 大審院判決, 1942. 2. 25, 〈大審院 民事判例集〉, 21권 4호, 164면.

28) 最高裁判所, 1965. 6. 18, 〈最高裁判所 民事判例集〉, 19권 4호, 987면.

첫째, 무권대리인이 무권대리인으로서 책임을 지지 않는 경우도 있을 수 있다. 그러나 이러한 경우에도 우연히 나중에 본인을 상속하였다는 사실로 인하여 무권대리인에게 당연히 책임을 지게 한다는 것은 문제가 있다. 둘째, 무권대리 행위는 일종의 불확실, 부동적 효력의 상태에 있는 것이며 그것을 확정시키는 권리는 본인에게도 인정되지만(추인권) 동시에 상대방인 제3자에게도 인정되므로(철회권, 손해배상청구권) 이러한 권리 내지 이익이 무권대리인이 본인을 상속했다는 우연한 사실에 의하여 당연히 상실된다고 해석하는 것은 부당하다[29]고 볼 수 있다. 셋째, 공동상속의 경우도 당연유효라고 한다면 다른 공동상속인이 추인거절권을 행사할 여지가 없게 됨으로써 그 이익이 부당하게 침해되는 결과가 생긴다는 점[30] 등이다.

그러나 병존설에 의하더라도 문제는 있다. 즉, 양 자격의 병존을 인정할 수 있다 하더라도 무권대리인, 곧 본인이 추인을 거절하는 경우 상대방은 제135조의 무권대리인의 책임을 추급하여 이행청구 등을 할 수 있게 된다. 이러한 경우 무권대리인은 이행의무를 부담하여야 하며, 상대방에게는 권리이전의 효과가 생기기 때문에 결국 본인으로서 효과귀속을 받는 것과 실질적으로 동일한 결과가 된다. 이러한 점에서 볼 때 병존설도 당연유효설과 실제상 다르지 않다[31]는 점이 난점으로 지적될 수 있다.

다수설인 당연유효설을 취한다면 본인의 사망으로 인하여 무권대리 행위가 당연히 유효로 되기 때문에 본인으로서는 추인을 거절할 수 없게 되고 상대방으로서는 추인을 받게 되는 것과 같은 효과가 발생하게 된다. 물론 무권대리인은 무권대리 행위가 유효하게 되기를 바라고 행위한 것이므로 그러한 행위의 대상이 되었던 목적재산 내지 자력을 취득한 이상 계약을 이행해야 할 지위에 있다는 것[32]은 당연하다.

---

29) 김증한·주재황 편집, 전게서, 444면; 곽윤직 편집, 전게서, 220면; 谷口知平, "本人か無權代理人を相續した場合における無權代理行爲の效力", 〈民商法雜誌〉, 47권 6호, 115면.

30) 中川 淳, "無權代理人か本人を相續した場合の無權代理行爲の效力", 〈民商法雜誌〉, 54권 2호, 46면.

31) 幾代通, 《民法總則》, 1984, 363면.

그러나 거래안전에 기여하기 위한 상대방 보호라는 또다른 측면에서 본다면 당연유효설은 상대방 보호를 위한 합리적 해결책이라고 할 수 없다. 당연유효로 말미암아 상대방은 제134조에 의한 철회권을 행사할 수 없게 되고 또한 제135조에 의한 이행 또는 손해배상청구권을 선택적으로 행사할 수 없게 되는 불이익을 당하게 되기 때문이다.

따라서 문제가 없는 것은 아니지만 소수설인 병존설(비당연유효설)을 취하여 자격의 병존을 인정하되, 무권대리인의 추인거절권의 행사는 인정하지 않는 반면 상대방에게는 철회권과 그가 선의 무과실이며 무권대리인이 무능력자가 아닌 경우 갖게 되는 이행 또는 손해배상청구권 등을 선택적으로 행사할 수 있는 기회를 부여하는 것이 합리적일 것이다. 이렇게 하는 것이 무권대리인인 본인이나 상대방에 대하여 구체적 타당성이 있는 해결책이 될 수 있을 것으로 생각된다.

2. 공동상속

무권대리인이 본인을 상속하는 경우 단독상속이 아니고 다른 상속인과 함께 공동상속을 하는 경우, 예컨대 자가 무권대리인으로서 부 소유의 부동산을 처분한 후 부가 사망함으로써 모와 함께 그 부동산을 공동상속한 경우의 법률관계는 어떻게 되는가.

1) 국내의 학설

(1) 병존설

무권대리인이 다른 상속인과 공동으로 본인을 상속하는 경우 단독상속의 경우와 달리 당연유효설을 취하는 견해는 없는 것으로 보인다. 이러한 경우에도 당연유효설을 취한다면 다른 공동상속인의 추인거절권을 박탈하게 되기 때문이다.

32) 고상룡, 전게논문, 28면.

병존설은 본인의 지위와 대리인의 지위가 혼동되지 않고 각각 분리되어 병존한다고 해석한다. 즉, 본인으로서의 지위가 무권대리인, 공동상속인에 불분할적으로 승계되고 무권대리인은 무권대리인인 동시에 본인의 지위의 공동승계자의 한 사람이며 이 두 개의 지위는 병존한다[33] 고 보는 견해이다. 공동상속의 경우 본인이 가지고 있던 추인권, 추인거절권이 공동상속인 전원에게 승계되므로 전원의 추인 없이는 공동상속은 유효한 것으로 되지 않기 때문이다. 따라서 무권대리 행위를 당연히 유효한 것으로 의제한다고 하면 법률관계는 복잡하게 될 것이고 이론적으로 본다 하더라도 무권대리인의 지위와 본인의 지위는 지상권, 소유권 관계에서와는 달리 전자가 후자에 혼동되는 것이라고 볼 수도 없기 때문에 양자의 지위는 혼동되지 않고 각각 분리되어 병존한다고 이해하는 것이 타당하다는 입장이다.

이와 같이 공동상속의 경우 추인권과 추인거절권은 무권대리인을 포함한 공동상속인에게 공유적으로 귀속되고 이러한 권리는 형성권으로서 준공유관계(제 278조)에 있게 되기 때문에[34] 무권대리인과 다른 공동상속인은 공동으로 본인의 자격에 기한 추인권, 추인거절권을 갖게 되는 것이다. 따라서 상대방은 무권대리인과 다른 공동상속인의 추인이 없을 때는 철회권의 행사 또는 무권대리인에 대한 이행 또는 손해배상책임을 추급할 수 있게 된다.[35]

그러나 여기에는 다음과 같은 점들이 문제된다.

먼저 공동상속인으로서 무권대리인과 다른 공동상속인이 추인 내지 추인거절권을 공동으로, 불분할적으로 승계 취득한 경우 이러한 권리의 행사에 관하여 무권대리인과 다른 공동상속인은 공동으로만 이를 행사할 수 있는가 아니면 각자가 이를 단독으로 행사할 수 있는가 하는 점이다.

이 경우 추인행위는 미확정 무효를 유효로 한다고 하는 처분적 효과를 생기게 하는 행위이므로 전원의 동의를 필요로 한다고 해석한다(제 264조). 그러나 추인거절은 미확정 무효를 확정적 무효로 한다고 하는 이른바 현상유

---

33) 김주수, 전게서, 1988, 380면.

34) 김증한·주재황 편집, 전게서, 445면.

35) 장경학, "무권대리와 상속", 〈월간고시〉(1982. 6), 146면.

지적 행위라 할 것이므로 각자가 단독으로 할 수 있다고 해석할 수 있다(제 265조의 보존행위에 해당).[36] 결국 무권대리인과 다른 공동상속인 중 한 사람이라도 추인할 의사가 없는 한 이 행위를 유효로 할 수 없게 된다.

다음으로 선의 무과실의 상대방이 이행을 선택한 경우 무권대리인의 책임은 어떠한가에 관한 점이다. 무권대리인은 추인은 거절할 수 없지만 다른 공동상속인의 추인거절권까지 부정할 수 없기 때문에 다른 공동상속인이 추인을 거절하면 무권대리인은 법정상속분에 응하는 지분권을 갖는 것에 지나지 않게 된다. 그러나 여기에서는 유산분할 전의 유산의 공유관계를 어떻게 해석할 것이냐에 따라 무권대리인에 대한 상대방의 추급이 달라질 수 있다고 본다. 상속법은 "재산상속인이 수인인 때에는 상속재산은 그 공유로 한다"(제 1006조)고 규정하고 있으나 공유의 성질에 관하여는 견해가 나뉘어져 있기 때문이다. 즉, 합유설에 의하면 유산은 한 개의 독립된 특별재산으로 되어 무권대리인에게 지분은 있지만 그것은 관념적, 잠재적인 것이기 때문에 상대방에 대한 이행책임은 유산분할 후에만 가능하다. 유산분할 전에 상대방이 무권대리인에 대하여 계약의 이행을 선택한 때에는 무권대리인은 유산분할 시 당해 부동산의 단독소유권을 취득하여 상대방에게 이전해야 할 의무를 지게 된다. 유산분할 결과 무권대리인이 위 부동산의 소유권을 취득하지 못하면 이행불능에 의한 손해배상책임을 지게 된다.[37]

공유설에 의하면 지분의 처분은 가능하지만(제 263조) 무권대리인이 처분할 수 있는 것은 자기 지분뿐이므로 상대방은 무권대리인의 지분만으로는 완전히 만족할 수 없을 것이다. 상대방이 계약이행을 선택한다면 무권대리인은 유산분할 전 다른 공동상속인들로부터 지분권을 취득하여 이행할 의무를 지게 된다.[38] 이러한 경우 공동상속인이 지분의 양도를 거절한다면 이행불능에 의한 손해배상의무가 발생할 수 있다.

---

36) 상게논문, 147면.

37) 고상룡, 전게서, 603~4면.

38) 장경학, 전게논문, 147면; 고상룡, 전게서, 604면; 김증한·주재황 편집, 전게서, 445면.

만일 다른 상속인들이 그들의 공유지분을 포기하였다거나 유산이 분할된 후 그 권리의 전부를 무권대리인이 취득하였다면 단독상속의 경우와 같은 결론에 도달하게 될 것이다.[39] 즉, 무권대리인에게 추인권, 추인거절권이 귀속되지만 무권대리인은 추인거절권을 행사할 수 없기 때문에 상대방은 계약의 유효를 전제로 권리를 주장할 수 있게 된다.

그러나 유산이 분할된 경우 유산분할에 의하여 다른 공동상속인이 목적물의 단독소유권을 취득한 경우에는 추인권, 추인거절권은 다른 공동상속인에게만 귀속하게 된다. 결국 단독소유권을 취득하게 된 다른 상속인이 본인으로서의 지위를 갖게 되고 무권대리인은 다시 무권대리인으로서의 지위를 갖게 되는 것에 불과하다. 따라서 상대방과는 무권대리의 삼면관계가 성립하게 된다. 이렇게 되면 무권대리의 일반법리에 의하여 처리되어야 할 것이다.

만일 유산분할의 결과 목적물이 무권대리인과 다른 공동상속인의 공유가 된다면 위에 설명한 공유설에 의한 해석과 동일하게 될 것이다.

2) 일본의 학설

(1) 당연유효설

공동상속의 경우 상속에 의해서 무권대리 행위가 당연히 유효하게 된다[40]고 해석하는 견해이다. 그 근거로서 추인거절권의 불가분성을 전제로 무권대리인의 추인거절이 신의칙상 허락되지 않는 때에는 공동상속인도 추인거절권을 행사할 수 없다는 것을 들고 있다.

그러나 상속에 의해서 피상속인인 본인이 갖고 있던 추인권 및 추인거절권은 무권대리인이 아닌 공동상속인에게도 승계되는 것이기 때문에 이러한 권리는 공동상속인의 준공유로 되고 공동상속인 전원의 동의 없이는 추인도 추인거절도 할 수 없게 된다.[41] 따라서 무권대리인이 본인을 상속함에 의해

---

39) 고상룡, 전게서, 604면; 김증한 · 주재황 편집, 전게서, 445면.

40) 品川孝次, 前掲論文, 68면.

41) 官井忠夫, 〈法律時報〉, 38권 3호, 71면.

서 무권대리 행위가 당연히 유효로 된다고 하는 견해는 다른 공동상속인이 갖는 추인거절권을 부정하는 것이 되고 그 이익을 부당하게 해치는 것이 될 수 있다[42]는 비판이 있다.

(2) 일부당연유효설

무권대리인이 본인을 상속하는 경우 그것이 공동상속의 경우라면 무권대리인의 상속분에 상응하는 범위에서 상속을 계기로 하여 유효하다[43]고 해석하는 견해이다. 그 근거로서 본인인 지위가 상속분에 응하여 공동상속인에게 분속되고 따라서 무권대리인의 지분에 상응하는 몫에 관해서는 무권대리인인 지위와 본인의 지위가 동일인에게 귀속되기 때문에 그 한도에서 무권대리인이 행한 무권대리 행위는 유효하다는 것이다. 즉, 공동상속인의 지분에 상응하는 몫에 관해서는 공동상속인이 본인의 지위에서 추인 또는 추인거절을 할 수 있다고 설명한다. 이 견해에 의하면 다른 공동상속인이 추인을 거절하면 목적부동산은 공동상속인과 상대방의 공유로 되고 상대방은 무권대리인에 대하여 제117조[44]에 의한 손해배상청구를 할 수 있다고 본다.

이러한 견해에 대하여는 다음과 같은 반론이 있다. 즉, 무권대리 행위를 지분에 응해서 분할하고 그 일부를 당연히 유효로 하는 것은 법률관계를 복잡하게 만드는 것이고 또한 공동상속인간의 내부적 지분의 분할로 인하여 거래행위에 의한 무권대리 행위의 효력이 좌우되는 것은 의문이라는 점, 본인의 지위 내지 추인권에 관해서는 분할적 귀속을 인정할 수 없다는 점[45]에

---

42) 辻朗, "無權代理と相續", 中川 淳 編著, 《財産法と家族法の交錯》, 立花書房, 1984, 26면.

43) 島津一郎·安倍正三 外編, 前揭書, 68면.

44) 일본민법 제117조 1항, "타인의 대리인으로서 계약을 한 자가 그 대리권을 증명할 수 없거나 또는 본인의 추인을 얻지 못한 때에는 상대방의 선택에 따라 이행 또는 손해배상의 책임을 진다." 2항, "전항의 규정에서 상대방이 대리권 없음을 알았거나 과실로 인하여 알지 못한 때 또는 대리인으로서 계약을 한 자가 능력을 갖지 못한 때에는 이를 적용하지 않는다."

45) 品川孝次, 前揭論文, 69면.

서 비판이 가해지고 있다.

(3) 비당연유효설

무권대리인을 포함한 공동상속인이 본인을 상속하는 것에 의해서 무권대리인의 행위가 상대방과의 사이에서 당연히 유효로 되는 것은 아니라[46]는 견해이다.

무권대리 행위는 상속 자체에 의해서는 당연히 유효로도 무효로도 되는 것은 아니고 그후 법률관계는 상대방의 주장과 관련하여 공동상속인이 공동으로 승계한 추인권 혹은 추인거절권을 어떻게 행사할 것인가에 달려 있다는 것이다. 즉, 공동상속인이 승계한 추인권, 추인거절권은 그 전원에게 공동으로 행사되지 않으면 안 된다. 따라서 상대방이 무권대리 행위의 유효를 주장하는 경우에 그것이 유효로 되기 위해서는 공동상속인 전원의 추인 혹은 무권대리인의 추인에 대하여 다른 공동상속인 전원의 동의가 있어야 한다. 만일 다른 공동상속인이 추인을 거절하거나 무권대리인의 추인에 동의하지 않는 경우에는 상대방은 제 115조[47]에 의하여 해당 계약을 취소하든지 또는 제 117조 1항에 의하여 무권대리인에게 그 이행 또는 손해배상을 청구할 수 있게 된다.

(4) 병존설

무권대리인이 행한 행위는 그 일부에 관해서도 상속을 계기로 하여 유효로 되는 것은 아니며 무권대리로서의 효과가 생기지 않는다[48]고 하는 견해이다. 그 이론구성으로서, 본인인 지위가 무권대리인과 공동상속인에게 불가분적으로 승계되고 무권대리인은 일면으로는 무권대리인이면서 타면으로

---

46) 辻朗, 前掲論文, 27면.

47) 일본민법 제 115조, "대리권 없는 자가 한 계약은 본인의 추인이 없는 동안 상대방이 이를 취소할 수 있다. 단 계약 당시 상대방이 대리권 없음을 안 때에는 그러하지 아니하다."

48) 品川孝次, 前掲論文, 68~9면.

는 본인인 지위의 공동귀속자의 한 사람이기 때문에 이 두 개의 지위는 병존한다는 입장이다.

이 이론에 의하면, 첫째, 상대방은 무권대리인과 공동상속인들의 추인이 없는 동안 무권대리 행위를 취소할 수 있고, 둘째, 무권대리인과 공동상속인은 본인으로서 추인권 또는 추인거절권을 가지며(이들 권리의 준공유 내지 준합유가 생긴다고 볼 수 있다), 셋째, 추인을 거절한 때 상대방은 무권대리인에 대하여 제117조의 책임을 물을 수 있다고 한다.

이 설은 이론구성상 간명하고 실제적으로도 구체적인 상황에 대응하여 처리하기에 적당하다는 점에서 다수 학자들의 지지를 받는다.[49]

그러나 여기에는 다음과 같은 문제점들이 있다. 즉, 공동상속인들이 본인이 갖는 추인권 내지 추인거절권을 비분할적, 불가분적으로 승계 취득한다고 해석하는 경우 공동상속인들은 권리를 공동으로 행사하여야 하는가 단독으로 행사할 수 있는가, 공동상속한 물권에 관해서는 공유인가 합유인가, 채권에 관해서는 가분채권, 불가분채권, 채권의 준공유 어느 쪽으로 해석할 것인가, 추인권, 추인거절권에 관해서는 준공유관계가 생기지만 불가분채권적 관계로 해석할 수 없는가 하는 문제[50] 등이다.

특히 무권대리 행위의 추인에 관하여, 추인은 미확정 무효를 유효로 한다고 하는 처분적 효과를 생기게 하는 것이기 때문에 전원의 동의가 없으면 안된다고 하는 것(제251조), 즉 모든 공동상속인이 합동해서만 유효로 할 수 있는 행위이고 한 사람이라도 동의가 없으면 추인의 효력은 생기지 않는다고 한다. 그러나 추인거절은 미확정 무효를 확정시킨다고 하는, 말하자면 현상유지적 행위이기 때문에 각자가 단독해서 할 수 있다(제252조의 보존행위에 해당)고 본다. 다만 추인의 대상인 무권대리 행위가 불가분적인 것이라면 각자가 전원을 위하여 무권대리 행위 전부에 관하여 추인거절을 할 수 있다(한 사람이라도 추인거절을 하다면 무효가 확정된다). 따라서 추인거절권은 공동상속인에게 불가분채권으로 승계된다[51]고 해석되고 있다.

---

49) 上揭論文, 69면.

50) 島津一郎・安倍正三 外編, 前揭書, 69면.

3) 검 토

무권대리인이 본인을 상속함에 있어서 다른 상속인과 공동상속하게 되는 경우 국내는 물론 일본에서도 병존설이 다수설인 것으로 보인다. 즉, 무권대리인으로서 지위와 공동상속인 중의 한사람으로서 본인인 지위를 함께 갖게 된다고 보는 입장이다. 일본에서는 당연유효설을 취하는 입장도 있으나 다른 공동상속인의 권리를 침해한다는 점 등에서 비판을 받고 있다. 또한 비당연유효설은 무권대리인의 행위가 상속에 의하여 당연히 유효로 되는 것은 아니라는 점에서 병존설과 크게 다르지 아니하다고 볼 수 있다.

그러나 병존설에 의하면 다음과 같은 문제점이 있다.

먼저, 공동상속인으로서 무권대리인과 다른 공동상속인이 추인 내지 추인거절권을 공동으로 승계 취득한 경우 이러한 권리행사의 공동여부에 관한 문제이다. 이에 관하여 추인행위는 처분적 효과를 생기게 하기 때문에 공동상속인 전원의 동의가 필요하지만 추인거절은 현상유지적 행위이기 때문에 각자가 단독으로 행사할 수 있다고 보는 것이 국내나 일본 학설의 공통된 입장이다.

다음으로, 선의 무과실의 상대방이 이행을 선택한 경우 무권대리인의 책임문제이다. 다른 공동상속인이 추인을 거절한다면 무권대리인은 자기의 법정상속분에 응하는 지분권을 갖는 것에 불과하기 때문이다. 이러한 경우 특히 유산분할 전의 공동재산의 공유(제 1006조)관계의 성질이 문제가 된다. 상속재산 분할의 소급효를 규정한 제 1015조의 규정은 합유설, 공유설 어느 쪽의 해석도 가능하게 한다. 그러나 상속제도의 이념이나 거래의 안전이라는 견지에서 공유설을 취하는 입장이 다수설[52]이다. 따라서 공유설에 입각하여 상대방이 이행을 선택한 경우 유산분할 전이라면 무권대리인은 다른 공동상속인들의 지분권을 취득하여 이행할 의무를 지게 될 것이다. 그러나 유산분할에 의하여 무권대리인이 그 권리 전부를 취득하였다면 단독상속의

51) 上揭書, 69~70면.

52) 김주수, 전게서, 1991, 527면; 김용한, 《친족상속법론》, 박영사, 1979, 353면.

경우와 같게 될 것이다. 반면 다른 공동상속인이 단독소유권을 취득하게 된다면 그가 본인으로서 지위를 갖게 되고 무권대리인은 다시 무권대리인으로서의 지위를 갖는 것에 불과하게 된다. 만일 유산분할 결과 무권대리인과 다른 공동상속인의 공동소유가 된다면 유산분할 전의 경우와 같이 무권대리인은 다른 상속인의 지분을 취득하여 이행하든지 그렇게 되지 못한다면 손해배상책임을 부담하는 것으로 해석하는 것이 합리적이라고 생각된다.

III. 본인이 무권대리인을 상속한 경우

1. 단독상속

본인이 무권대리인을 상속한 경우 예컨대 부가 자의 대리인이라 칭하여 자의 재산을 처분한 후 부의 사망으로 인하여 자가 부의 지위를 상속한 경우에도 자는 본인으로서의 지위와 무권대리인의 지위를 동시에 갖게 된다. 이 경우 자인 본인은 어떠한 책임을 지게 되느냐에 관하여 학설의 대립이 있다.

1) 국내 학설 및 판례

(1) 학 설

① 당연유효설

본인의 상속에 의하여 피상속인의 무권대리 행위는 당연히 유효하게 된다[53]는 견해이다. 즉, 무권대리인의 사망에 의하여 상속인은 본인으로서의 지위를 갖게 된다. 이러한 경우 상속인이 본인으로서의 지위에서 추인을 거절한다 하더라도 그것이 신의칙에 반한다고 할 수 없다는 것이다. 그러나 본인은 무권대리인의 책임을 상속한다는 점을 생각한다면(무권대리인이 제

53) 곽윤직, 전게서, 497면.

135조 1항의 책임을 지는 경우에 한하여) 이때에도 그 무권대리 행위는 유효하게 되고 추인을 거절하지 못한다고 해석하는 것이 타당하다는 입장이다. 또한 무권대리인이 본인을 상속한 경우와 마찬가지로 본인이 무권대리인을 상속한 경우에도 그 무권대리 행위는 당연히 유권대리화 한다[54]는 견해도 같은 입장이다.

그러나 이 학설에 대하여는 다음과 같은 비판이 있다. 즉, 당연유효설은 공동상속의 경우를 고려하지 않고 있으며 무권대리인이 본인을 상속한 때와(이때는 무권대리인이 본인의 입장에 선다 하여도 무권대리 행위는 무권대리인 스스로가 한 것임), 본인이 무권대리인을 상속한 때(이때는 무권대리 행위는 타인이 한 것임)에 아무런 차이를 두지 아니함으로써 본인의 권리를 부당하게 박탈하게 되고 결과적으로 상속인에게 가혹하게 된다는 것[55]이다.

② 병존설

본인 고유의 권리와 무권대리인의 의무의 병존을 인정하는 견해이다.[56] 즉, 본인이 무권대리인을 상속한 경우 상속인인 본인이 피상속인의 무권대리 행위의 추인을 거절하더라도 신의칙에 반하지 않으므로 무권대리 행위는 당연히 유효로 되지 않는다고 보아야 한다는 것이다. 이 경우 상속인은 본인으로서 추인권과 추인거절권을 갖게 됨과 동시에 추인을 거절하면 지게 될 이행 또는 배상의무를 승계한다. 또한 공동상속인의 한 사람인 본인이 추인을 거절하더라도 그것으로 말미암아 무권대리인인 피상속인이 지는 이행 또는 손해배상의무에 영향을 주지 않는다는 입장이다.

본인이 무권대리인을 상속한 경우에도 무권대리인이 본인을 상속한 경우와 같이 양자의 지위는 혼동되지 않고 각각 분리되어 병존한다고 이해하는 것이 타당하다[57]는 견해도 같은 입장이다.

---

54) 김용한, 전게서, 361면.

55) 김증한 · 주재황 편집, 전게서, 446면; 고상룡, 전게논문, 34~5면.

56) 김주수, 전게서, 1988, 380면; 장경학, 전게서, 611~2면.

57) 이영준, 전게서, 620면.

병존설을 취하면서도 무권대리인을 상속한 본인이 상대방에 대하여 부담하여야 할 책임의 내용에 관해서는 제한적으로 해석하는 견해[58]도 있다. 즉, 본인이 추인을 거절할 수 있다 하여도 무권대리인의 상속인으로서 이행의무를 진다면 추인을 거절한다는 의미가 없어지기 때문에 본인의 추인거절권을 특정물 이전채무에 한정해서 인정하자는 견해이다. 이행의무가 특정물의 이전을 목적으로 하는 경우 추인을 거절할 수 있으나 불특정물 또는 금전채무의 경우에는 상속인은 추인을 거절할 수 없다고 본다. 결국 상속인은 특정물의 이전을 목적으로 하는 이행의무만을 면할 수 있다고 풀이하는 것이 타당하다는 것이다. 따라서 어떠한 경우에도 제135조의 책임의 승계를 인정한다면 추인거절에 의한 본인보호라는 이익을 박탈하는 결과가 된다는 것이다.

결국 상속인과 상대방의 이익교량이라는 관점에서 볼 때 목적물의 소유자인 상속인으로서는 상속이 개시되었기 때문에 이행의무를 지게 된다는 것은 가혹한 일이고, 상대방으로서는 무권대리인의 사망에 의하여 상속인 중의 한 사람이 목적물의 소유자인 때에는 이행을 받을 수 있다는 것은 타당하지 않다는 점에서 상속인은 특정물의 이전을 목적으로 하는 이행의무만을 면할 수 있다고 풀이하는 것이 타당하다는 것이다.

(2) 판 례

본인이 무권대리인을 상속한 사례에 관하여 다음과 같은 판례가 있다. 즉, “부가 자와 공동상속한 거주가옥의 부지를 자의 대리권 없이 매도하고 사망한 후 자가 매수인에게 그 매매대금 상당액을 지급하기로 약정한 것만으로 망부의 무권대리 행위를 추인한 것으로 볼 수 없다”[59]고 한 판례가 그것이다.

이 판례는 무권대리인인 부를 상속한 자의 행위가 본인으로서 추인을 한 것으로 볼 수 있느냐에 관한 것이다. 이 경우 부가 무권대리인으로서 매도하

58) 고상룡, 전게서, 605~7면.

59) 대법원, 1991. 7. 9, 91다261, 〈법원공보〉, 903호, 2117면.

고 지급받은 매매대금 상당액을 자가 반환하기로 상대방과 약정한 행위는 추인으로 볼 수 없다는 것이다. 왜냐하면 사건 부동산이 현재 상속인인 본인이 거주하는 가옥의 부지이고 또한 매매대금 상당액의 반환약정은 무권대리인과의 매매계약을 없었던 것으로 하자는 취지에 불과하기 때문에 이러한 약정만으로서는 무권대리 행위를 추인한 것으로 볼 수 없다는 것이다. 이 판례만으로는 무권대리인을 상속한 본인의 책임에 관하여 명백히 알 수 없으나 추인여부를 판단할 수 있는 자료로서의 의미를 갖는다고 할 수 있다.

2) 일본의 학설 및 판례

(1) 학 설

① 당연유효설

본인이 무권대리인을 상속한 경우에도 무권대리인의 지위와 본인의 지위가 동일인에게 귀속한 결과 무권대리 행위는 당연히 유효로 된다고 해석할 여지가 있고, 여기에 무권대리인이 제 117조의 책임을 부담하는 경우에는 더욱더 당연하게 유효로 된다[60] 고 하는 견해이다.

② 책임승계설

본인은 무권대리인을 상속함에 의해서 본인으로서 갖는 추인권이나 추인거절권을 상실하지 않음과 동시에 상속의 효과로서 피상속인인 무권대리인이 상대방에 대하여 부담하였던 제 117조의 책임을 승계하기 때문에 본인은 그 책임을 지지 않을 수 없다[61] 고 하는 견해이다.

책임승계설은 상속이라고 하는 우연한 사유에 의해서 본인의 추인권, 추인거절권이 상실되는 것은 아니라고 함으로써 본인의 권리를 보호하는 한편 상대방도 무권대리인의 사망이라고 하는 사실이 있을지라도 무권대리인에

---

60) 島津一郎 · 安倍正三 外編, 前揭書, 71면.

61) 中川 淳 編著, 前揭書, 20면.

대해서 갖는 권리를 그대로 상속인에게 주장할 수 있게 함으로써 상대방의 이익을 보호할 수 있는 방법이 된다[62] 고 한다.

③ 책임비승계설

본인에게 추인거절권이 인정된다고 하는 것을 이유로 본인에 대한 책임의 승계를 부인하는 견해[63] 이다. 즉, 본인이 본인의 자격으로 추인을 거절하여도 결국 무권대리인의 상속인으로서 그 책임을 부담하지 않을 수 없다. 이렇게 되면 본인에게 추인거절권을 인정함으로써 본인을 보호한다는 의미가 없어지기 때문에 무권대리인으로서의 책임은 상속인인 본인에게 승계되지 않는다고 한다. 따라서 이렇게 해석을 한다고 할지라도 상속인은 본인으로서 공동상속인은 아니기 때문에 신의칙에 반하는 것은 아니라고 주장한다.

이러한 견해에 대해서, 상속인의 추인거절은 신의칙에 반하지 않는다고 하더라도 상대방이 무권대리인, 즉 피상속인에 대해서 취득하게 된 이행청구권 또는 손해배상청구권이 말소된다는 것은 상대방 보호를 위한 제 117조 규정을 경시하는 것이며, 또한 공동상속의 경우 본인이 추인을 거절하면 본인은 무권대리인의 책임을 부담하지 않는 반면 다른 공동상속인만이 이행 또는 손해배상책임을 부담하는 것으로 되어 명백히 타당성을 결여한다[64] 는 비판도 있다.

④ 병존설

본인으로서 지위와 무권대리인으로서의 지위의 병존을 인정하여도 양자에게 불합리한 결과를 도출하지 않는다[65] 고 해석하는 견해이다. 즉, 상속인은 처음부터 본인이기 때문에 당연히 추인권과 추인거절권이 있고 이러한 입장에서 피상속인이 행한 무권대리 행위의 추인을 거절할 수 있다. 따라서

62) 辻朗, 前揭論文, 28면.

63) 中川善之助・泉 久雄, 《相續法》, 有斐閣, 1977, 170면.

64) 辻朗, 前揭論文, 28면.

65) 上揭論文, 29면.

상속인으로서 무권대리인의 지위를 승계할지라도 추인을 거절하는 것은 신의칙에 반하지 않는다[66]고 한다.

한편 본인은 무권대리인의 상속인으로서 피상속인이 부담하게 되는 이행 또는 손해배상책임을 승계하게 된다. 본인이 무권대리 행위의 추인을 거절하는 경우에도 상속인으로서 제 117조의 책임이 당연히 발생한다. 이것은 거래 안전을 위하여 본인에게 인정되는 책임이라고 한다.

이러한 경우 본인에게 어떠한 책임이 인정되어야 할 것인가 하는 책임의 내용에 관해서는 견해가 다르다. 먼저, 이러한 경우 본인은 상대방의 이행청구를 거부하여 손해배상책임만을 부담하도록 하여야 한다[67]는 견해이다. 또다른 견해는 특히 선의 무과실의 상대방이 유효를 주장하는 경우에는 제 117조의 이행의 청구를 선택한 것으로 해석되며 무권대리인의 지위를 상속한 본인은 이행의무를 부담하여야 한다[68]는 것이다. 상대방이 이행을 청구한 때에는 본인은 이를 거절할 수 없으므로 결과적으로 무권대리인이 행한 행위는 당연히 유효한 것으로 된다. 이것을 인정하더라도 상대방의 선의 무과실을 요건으로 하고 있으므로 본인에게 추인거절권을 인정한 실효성을 상실하게 하는 것은 아니라[69]고 한다. 그러나 본인의 추인거절이 인정되는 이상 실질적으로는 이것과 모순되는 이행책임의 승계를 본인에게 인정한다는 것은 곤란하다[70]는 주장도 있다. 즉, 금전채무나 종류채무 등 본인이 아니더라도 일반적으로 이행가능한 것, 다시 말하면 무권대리인의 생전에 본인이 추인을 거절할 경우 무권대리인 자신이 이행책임을 질 수 있는 내용의 것에 관해서는 이행책임의 승계를 인정하여도 무방하다는 것이다. 다만 특정물의 이전을 목적으로 하는 채무와 같이 본인의 의사에 기하지 않는 한 이행

---

66) 中川善之助・泉 久雄, 前揭書, 170면.

67) 有地 亨・依田精一, 〈判批法定硏究〉, 29권 4호, 479면.

68) 谷口知平, 〈民商法雜誌〉, 47권 6호, 967면.

69) 谷口知平, 《家族法判例硏究》, 有斐閣, 1981, 288면.

70) 品川孝次, "無權代理人を本人か相續した場合", 島津一郎・安倍正三 外編, 前揭書, 72면.

할 수 없는 것에 관해서는 본인은 책임을 지지 않는다고 보고 있다.

(2) 판 례

① 판례 I

"본인이 무권대리인을 상속한 경우에는 상속인인 본인이 피상속인의 무권대리 행위의 추인을 거절하여도 전혀 신의에 반하는 것이 아니기 때문에 피상속인의 무권대리 행위는 일반적으로 본인의 상속에 의해서 당연유효로 되는 것은 아니라고 해석하는 것이 상당하다".[71] 이 판례는, 상속인인 본인도 이른바 피해자적 입장에 있으므로 무권대리인이 본인을 상속하는 경우처럼 신의칙상 추인을 거절할 수 없도록 금지할 이유는 없다고 한다. 그러나 무권대리인이 제117조에 의하여 상대방에게 채무를 부담하고 있는 경우 무권대리인을 상속한 본인의 책임에 관해서는 명시하고 있지 아니하다.

또한 이 판시 중 다음과 같은 부분은 의미가 명확하지 아니하다고 하여 이 판례의 이유에 관한 해석에는 논란이 있다. 즉, "당연유효가 되는 것이 아니다"라는 의미에 관하여는, 피상속인이 제117조 1항의 책임을 지는 경우에 한하여 본인의 상속에 의하여 피상속인의 무권대리 행위가 당연유효로 되기 때문에 무권대리인에게 이러한 책임이 있는지 여부를 심리하여야 한다는 논의가 있다. 또한 "신의에 반하지 않는다"라는 의미에 대하여는 본인은 추인을 거절할 수 있지만 상대방이 선의 무과실인 경우에는 무권대리인의 책임을 본인인 상속인에게 추급할 수 있기 때문에 상대방이 선의 무과실인지 여부를 심리하여야 한다[72]는 논의도 있다.

② 판례 II

"민법 제117조에 의한 무권대리인의 채무가 상속의 대상이 된다는 것은 명확한 것이며 이것은 본인이 무권대리인을 상속한 경우에도 다름이 없다.

71) 最高裁判所, 1962. 4. 20, 〈最高裁判所民事判例集〉, 16권 4호, 955면.
72) 高野竹三郎, "無權代理と相續", 〈ジュリスト增刊〉(1978), 384면.

따라서 본인은 상속에 의하여 무권대리인의 위 채무를 승계하려는 것이며 본인으로서 공동상속의 추인을 거절할 수 있는 지위에 있다고 하여 위 채무를 면할 수 있는 것은 아니다. 더구나 무권대리인을 상속한 공동상속인의 한 사람이 본인이라고 해서 본인 이외의 상속인이 무권대리인의 채무를 상속하지 않는다든지 채무를 면할 수 있다고 풀이해야 할 이유가 없다."[73]

이 판결은 무권대리인의 채무가 상속의 대상이 된다는 것을 분명히 함으로써 판례 I의 불명확한 점을 명확히 하였다. 뿐만 아니라 본인 아닌 공동상속인에게도 무권대리인의 채무를 승계하여야 할 책임이 있음을 명백히 하고 있다. 그러나 이 판례의 경우 공동상속에 의하여 발생한 채무의 내용이 금전채무였지만 특정물의 이전을 목적으로 하는 채무까지도 이러한 판례이론에 의하여 해결될 수 있을 것인지는 분명하지 아니하다.

3) 검 토

본인이 무권대리인을 단독상속하는 경우 본인으로서 또한 상속인으로서의 지위에서 어떠한 권리의무를 갖게 되는가에 관하여 한국과 일본의 학설, 판례 등을 검토하여보았다.

먼저 본인은 본인의 권리로서 추인권과 추인거절권을 가지며 추인을 거절한다 하더라도 신의칙에 반하지 않는다는 점에서는 모든 학설이 동일하다. 또한 상속인의 의무로서 상대방이 선의 무과실이고 피상속인인 무권대리인이 이행책임을 부담하였다면 상속인은 이 책임을 승계하여야 하며 따라서 추인을 거절할 수 없다는 것은 당연유효설, 책임승계설, 병존설에서 동일하다. 다만 서로 다른 점은 이러한 경우 책임의 성격이나 내용에서 차이가 있다는 것이다. 즉, 당연유효설은 본인과 상속인이라는 두 개의 지위가 동일인에게 귀속하기 때문에 상대방의 선택에 따라 이행책임을 당연히 부담하여야 한다는 것이다. 이에 반하여 병존설은 추인거절권을 인정하면서 동시에 이행책임의 승계를 인정한다는 것은 모순이며 따라서 추인거절의 의미가 없어지

---

73) 最高裁判所, 1973. 7. 3, 〈最高裁判所 民事判例集〉, 16권 4호, 955면.

기 때문에 상대방이 이행을 선택한 경우 이를 거부하고 손해배상책임을 진다든지 또는 피상속인이 부담한 채무의 내용에 따라 특정물 이전채무이면 이행을 거부하고 손해배상책임을 부담하며 금전채무나 종류채무 등 불특정 채무이면 이를 이행하도록 하는 것이 타당하다는 입장이다. 일본의 판례도 피상속인인 무권대리인의 행위가 상속에 의하여 당연유효가 되는 것은 아니며 금전채권의 경우에는 이행책임을 승계하도록 함으로써 병존설의 주장을 뒷받침하고 있다.

본인이 무권대리인을 단독상속하는 경우, 본인으로서의 추인거절권을 인정하면서 한편으로 상속인으로서 이행책임의 승계를 인정한다는 것은 모순일 수밖에 없다. 서로 충돌되는 이 두 개의 지위를 조화롭게 병존시키기 위해서는 피상속인이 부담하는 채무의 내용에 따라 이행 또는 손해배상책임을 선택적으로 부담하도록 하는 병존설의 입장이 합리적이라고 생각된다.

2. 공동상속

상대방으로부터 무권대리인의 책임을 추급당하던 무권대리인이 사망한 경우 그의 상속인이 본인을 포함한 두 사람 이상의 공동상속인이라면 이들은 상속에 의하여 무권대리인의 책임을 승계하게 되는가 하는 것이 문제될 수 있다.

1) 일본의 학설

상대방이 무권대리인에 대하여 민법 제117조에 의한 이행청구를 한다면 무권대리인과 상대방 간에 계약이 발생한 것과 같은 관계가 생긴다. 무권대리인은 계약상의 채무를 이행하지 않으면 안 되지만 만약 무권대리인이 사망한다면 위 채무는 공동상속인들에게 승계된다.

이러한 경우 다음과 같은 문제점이 생긴다. 첫째, 공동상속인들이 제117조의 책임을 승계한다면 상대방은 공동상속인들에 대하여 이행 또는 손해배상청구를 할 수 있는가, 둘째, 상대방이 공동상속인들에 대하여 이행청구나 손해배상청구를 한다면 공동상속인 전원을 상대로 하여야 할 것인가 그렇지 않으면 공동상속인 중 한사람에 대해서 전부 또는 일부만의 청구를 할 수 있는가 하는 점 등이다.[74]

무권대리인의 책임을 공동상속한 경우에 관한 일반적 해석은 다음과 같다. 즉, 공동상속인들이 공동으로 상속한 채무에 관하여 채무의 목적인 급부가 불가분한 것이라면 공동상속인들은 불가분채무를 부담하게 된다. 그러나 급부가 가분인 경우에는 학설상 분할책임설, 불가분채무설, 합수채무설 등 견해의 대립이 있다.[75]

그러나 이러한 일반적 해석론에 의해서는 모든 경우에 구체적인 해결책이 될 수가 없다. 즉, 첫 번째 문제점의 경우 무권대리인과 상대방 간에 특정물 이전계약과 같은 행위가 있었다면 일반적 해석론을 그대로 적용할 수 없다. 왜냐하면 이러한 경우 본인은 추인을 거절하여 이행을 거부할 수 있는 지위에 있고 다른 공동상속인은 특정물 매매 등에서는 이행할 수 없는 입장에 있기 때문이다. 그럼에도 불구하고 위의 해석을 그대로 적용한다면 공동상속인들은 상대방에 대하여 목적부동산의 인도의무 및 소유권 이전등기 수속의무에 관한 불가분채무를 부담하게 된다. 또한 본인에 의해서 위 의무이행이 가능한 이상 본인은 상대방으로부터의 위 의무이행청구에 응하지 않으면 안 된다. 그러나 이것은 본인이 갖는 추인거절의 자유와 모순된다. 뿐만 아니라 상대방 입장에서 보더라도 무권대리인에 대하여 청구할 수 있는 것 이상의 청구를 할 수 있게 되고 이렇게 되면 무권대리인의 사망에 의해서 과대한 보호를 받는다고 하는 불합리한 결과가 생기게 된다. 따라서 상대방은 본인에 대하여 이행청구를 할 수 없다[76]고 해석하는 것이 타당하다.

최고재판소 판결은 "타인의 물건을 판 매주를 그 권리자가 상속하여 매주로서의 이행의무를 승계한 경우에도 권리자는 신의칙에 반한다고 인정될 만

74) 島津一郎・安倍正三 外編, 前揭書, 71면.

75) 上揭書, 72면.

76) 上揭書, 72면.

한 특단의 사정이 없는 한 위 이행의무를 거부할 수 있다"는 취지의 판시[77]를 하고 있다. 이 이론은 무권대리인을 본인이 상속한 법률관계에서도 타당하다고 본다.

결국 본인과 공동상속인에 대한 상대방의 이행청구는 본인이 행한 추인거절과 모순되지 않는 한 본인과 공동상속인들에 있어서 이행가능한 것으로 인정될 수 있을 뿐이며 그외의 경우는 손해배상청구를 할 수 있는 것에 지나지 않는다고 해석할 수 있다. 다시 말하면 무권대리인이 행한 채무가 특정물매매계약이고 제 117조의 책임을 부담하고 있는 경우라면 상대방은 본인, 공동상속인들에게 특정물 인도채무의 이행을 청구할 수 없다. 본인은 이를 거부할 수 있고 공동상속인은 이행할 수 없는 입장이기 때문이다. 그러나 무권대리인이 행한 무권대리 행위가 불특정물의 매매, 소비대차계약, 무권대리인 또는 제 3자가 금융을 받는 경우의 연대채무계약 등의 경우로서 무권대리인의 채무가 금전채무나 종류채무라면 상대방은 본인, 공동상속인들에 대하여 이행청구를 할 수 있고 따라서 본인, 공동상속인들은 이를 거부할 수 없다[78]고 해석된다.

2) 검 토

본인이 무권대리인을 상속한 경우 그것이 단독상속이 아니고 본인을 포함한 다른 상속인과 공동으로 상속한 경우에 관하여 국내에서는 아직 체계적인 연구가 행해지고 있지 않는 것 같다. 따라서 일본의 학설만을 검토해보는 정도에 그칠 수밖에 없다.

본인이 무권대리인을 상속한 경우 본인은 본인으로서 추인권과 추인거절권을 가지고 있으면서 다른 상속인과 공동으로 무권대리인의 책임을 승계한다고 하는 관계에 있게 된다. 그러나 이들이 어떠한 형태로 무권대리인의 책임을 승계하느냐에 관해서는 일률적으로 말할 수 없으며 무권대리인의 책임

77) 最高裁判所, 1974. 9. 4, 〈最高裁判所 民事判例集〉, 28권 6호, 1169면.

78) 品川孝次, 前揭論文, 72면.

의 내용에 따라 다를 수밖에 없다. 즉, 승계된 책임이 특정물 이전채무인 경우 본인이 추인한다면 문제가 없겠지만 추인을 거절한다면 상대방은 본인, 공동상속인에 대하여 이행을 청구할 수 없으며 이행에 갈음하는 손해배상을 청구할 수밖에 없을 것이다. 그리고 이들의 손해배상의무는 분할채무로 인정될 수 있을 것이다. 무권대리인의 채무가 불특정채무라면 상대방은 본인, 공동상속인에 대하여 이행청구를 할 수 있을 것이고 이들은 이를 거부할 수 없다고 본다.

IV. 맺는말

지금까지 무권대리와 상속에 관하여 무권대리인이 본인을 상속한 경우와 본인이 무권대리인을 상속한 경우로 크게 나누고 각각의 경우 단독상속의 경우와 공동상속의 경우로 세분하여 검토해보았다.

상속에 의하여 무권대리인과 본인의 지위가 동일인에게 귀속된 경우의 법률관계의 처리에 관한 직접적인 규정은 없다. 다만 무권대리에 관한 제130조, 134조, 135조와 상속에 관한 제1005조, 1006조 등의 규정을 근거로 하여 해석론에 의존할 수밖에 없다.

결론적으로 각각의 경우에 다음과 같이 정리해볼 수 있다.

무권대리인이 본인을 상속한 경우, 단독상속이라면 무권대리인의 추인거절권의 행사는 부인하지만 상대방에게는 철회권과 이행 또는 손해배상청구권 등을 선택적으로 행사할 수 있도록 하는 것이다. 공동상속의 경우 추인행위는 공동상속인 전원의 동의가 필요하지만 추인거절권은 각자가 단독으로 행사할 수 있는 것으로 해석하고자 한다. 선의 무과실의 상대방이 이행을 선택한 경우에는 공유설에 입각하여 유산분할 전후로 나누어 해석하는 것이 합리적이라 생각한다.

본인이 무권대리인을 상속한 경우, 단독상속이라면 본인의 지위에서 추인을 거절할 수는 있으나 상속인으로서 무권대리인이 부담한 이행책임을 승계하여야 한다. 다만 이 책임의 내용에서 특정물 이전의무이면 이행을 거부하고 손해배상책임을 부담할 수 있으나 불특정채무이면 이를 이행하도록 하는 것이 타당하다고 본다. 공동상속의 경우에도 승계된 책임이 특정물 이전채무이고 본인이 추인을 거절한다면 상대방은 본인, 공동상속인에 대하여 이행에 갈음하는 손해배상청구를 할 수 있다. 그러나 무권대리인의 채무가 불특정채무라면 본인, 공동상속인은 상대방의 이행청구를 거부할 수 없다고 보아야 할 것이다.

결국 상속에 의하여 본인과 무권대리인의 지위가 동일인에게 귀속된 경우의 법률관계는 그 두 개의 지위를 합리적으로 해결할 수 있는 병존설의 입장에서 보는 것이 타당하다고 생각된다.

제15장

특별연고자에 대한 상속재산분여제도

I. 머리말

1990년 1월 13일 가족법 개정에 의하여 상속법 중 "특별연고자에 대한 재산분여제도"가 제 1057조의 2로 신설되었다.

이 제도는 상속인이 존재하지 않는 경우 피상속인과 생계를 같이한 자, 피상속인의 요양·간호에 노력한 자, 기타 피상속인과 특별한 연고가 있던 자의 청구가 있으면 가정법원은 이들에 대하여 상속재산의 전부 또는 일부를 분여해줄 수 있는 제도이다. 이 제도를 신설한 목적이나 취지에 관하여는 명문으로 밝혀진 바가 없다. 우리 제도와 유사한 제도를 규정하고 있는 외국 입법례로서는 일본민법(제 958조의 3)이 있으며, 1962년 특별연고자에 대한 분여제도를 신설한 이래 현재까지 많은 판례와 학설이 축적되어 있다.

이 논문에서는 1991년 1월 1일부터 시행되는 특별연고자에 대한 재산분여제도의 입법취지를 비롯한 내용 및 해석상·운용상 문제점 등을 외국 입법례를 참고하여 고찰하고자 한다.

* 이 논문은 《한국민사법학의 현대적 전개》(박영사, 1991)에 게재된 것임.

II. 입법취지

특별연고자에 대한 상속재산분여제도는 상속재산을 국가에 귀속시키기 전 단계에서 인정되는 제도이다.

개정법은 이 제도를 신설하면서 입법취지를 명확히 밝히고 있지 않으므로 이에 관한 여러 가지 논의가 있을 수 있으나 대체로 다음과 같은 취지나 목적으로 신설된 것으로 추론된다. 즉, 상속인의 범위에 관하여 현행법은 8촌 이내의 방계혈족을 규정하고 있으나 개정법은 이를 축소하여 4촌 이내의 방계혈족으로 규정하고 있다(제1000조 1항 4호). 그 결과 상속인이 존재하지 않는 경우가 많아지게 되고 이에 따라 상속재산의 국가귀속이라는 현상이 나타날 가능성도 많아지게 되었다. 법정상속주의에서 생기는 이러한 불합리한 점은 유증이나 사인증여 등에 의하여 개선될 수도 있을 것이다. 그러나 우리에게 유언의식은 현실적으로 보편화되지 않고, 유언법의 엄격한 요식성 역시 유언의 이용을 활성화시키지 못하는 하나의 요인이 되고 있다.

특별연고자에 대한 재산분여제도는 이러한 경우에 법률상 상속인은 아니지만 피상속인의 재산에 의하여 부양을 받았거나 또는 피상속인을 부양하였거나 사망하기까지 헌신적으로 요양·간호에 노력한 자로서 상속재산을 받을 수 없는 자들에게 상속재산을 분여하는 길을 열어놓은 것이다. 이러한 자들에게 상속재산을 분여하는 것은 피상속인의 유지에도 맞는 일이 될 수 있을 것이다. 특별연고자에 대한 분여제도는 이러한 점에서 유증 내지 사인증여를 보충하는 역할을 한다[1]고 볼 수 있다.

또한 사실상 배우자나 사실상 양자의 경우와 같이 실제로 피상속인과 깊은 연고를 가진 자라 할지라도 법률상 상속인이 아니기 때문에 전혀 상속을 받을 수 없는 경우에 상속재산을 국가에 귀속시키는 것보다는 오히려 이들에게 분여함으로써 법정상속인에 준하여 이들을 보호하는 것이 보다 합리적이라고 할 수 있다. 이러한 점에서 특별연고자에 대한 분여는 법정상속의 보충[2]이라는 취지가 포함되는 것으로 볼 수 있다.

---

1) 高野竹三郎,《相續法要論》, 成文堂, 1982, 247면.

뿐만 아니라 그 효용 면에서도 소액의 유산을 국가에 귀속시키는 것보다는 이러한 사람들에게 귀속시키는 것이 더 바람직하다는 사회적 고려[3]도 이 제도를 신설한 이유가 될 수 있다고 하겠다.

대체로 이상과 같은 취지에서 이 제도가 신설되었다고 볼 수 있지만 그 중에서도 사실상 배우자나 사실상 양자 등을 보호한다는 취지가 주된 것으로 볼 수 있다. 이들을 법률상 배우자나 친자에 준하여 보호하는 것은 신분행위의 엄격한 요식성으로 인하여 발생하는 단점을 어느 정도 보완하는 것이 되기 때문이다.

III. 상속재산분여청구의 성질

1. 상속재산분여청구의 권리성

특별연고자가 상속재산의 분여를 받을 수 있는 지위가 권리인가 아닌가에 관하여 논란이 있다. 이에 관하여 은혜적 성질설, 기대권적 성질설, 한정적 기대권설 등 몇 가지 학설이 있다.

1) 은혜적 성질설

상속재산분여청구는 이혼에 수반하는 재산분할청구권이나 상속권 등과 같이 일정한 기본적 신분에 기인하여 당연히 인정되는 권리는 아니다. 특별연고자가 상속재산에 대한 권리를 취득하기 위해서는 가정법원에 의하여 "특별연고자"로 인정되고 또한 "분여가 상당하다"는 심판이 있어야 한다.

이러한 점에서 분여청구는 은혜적 성질[4]을 갖는다고 본다. 이 설에 의하면

---

2) 遠藤 浩 外 編集,《民法(9) 相續》, 有斐閣双書, 1988, 15면.

3) 泉 久雄·米倉 明 外 編集,《民法講義 8 相續》, 有斐閣, 1978, 263면.

4) 久貴忠彦, "特別緣故者に對する相續財産の分與", 〈民商法雜誌〉(1967), 56권

가정법원에 의하여 권리가 형성되지 않는 한 특별연고자로서 상속재산에 대하여 아무런 실체적 권리를 가질 수 없게 된다. 그렇기 때문에 분여청구를 독립된 청구권으로서 인정할 수 없다는 것이다. 결국 상속재산분여청구의 본질은 국가적, 사회적 견지에서 베푸는 일종의 은혜일 뿐 권리는 아니라는 것이다.

2) 기대권적 성질설

특별연고자가 분여청구를 하는 경우 특별연고자는 가정법원의 재량에 의해서 상속재산의 분여를 받을 수 있는 기대적 입장에 놓이게 된다. 따라서 이러한 기대적 입장을 곧 상속재산에 관하여 분여를 받을 수 있는 법적 기대권이라고 해석하는 것[5]이 기대권적 성질설이다.

한편 분여청구를 기대권으로 보지는 않지만 소송절차상 보호를 받는다는 점에서 넓은 의미에서 권리성을 갖는다[6]고 보는 학설도 있다. 즉, 특별연고자가 청산 후 잔존하는 상속재산에 대하여 그 전부 또는 일부의 분여심판을 청구한 경우 그 기대에 반하여 일부 분여 혹은 기각판결을 받았다면 고등법원에 항소할 수 있을 것이다(가사심판법 제32조). 이와 같이 심판에 불복하는 경우 항소나 상고가 가능하다는 점에서 권리성을 갖는다고 보는 것이다.

그러나 상속재산분여청구를 기대권적 성질이 있는 것으로 보거나 또는 절차상 보호를 받는 권리로 보는 것에 관하여는 다음과 같은 반론이 있다.

즉, 분여의 청구라는 것은 가정법원의 판단을 촉구하는 의미에 지나지 않으며 특별연고자로 인정되어도 상속재산을 분여할 것인가 여부는 전적으로 가정법원의 재량에 달려 있다. 특별연고자로서 분여를 받을 것인가 여부는 법적으로 불확실한 상태에 지나지 않기 때문에 이와 같은 기대적 입장을 곧 확인의 이익을 근거로 하는 것과 같은 실체상 권리로서의 기대권이라고 해석하는 것은 의문이 있다고 본다. 따라서 법률상 권리로서의 청구권을 인정

2호, 199면(일본의 다수설이다).

5) 東京地方裁判所, 1970. 5. 30, 〈判例 タイムズ〉, 253호, 287면.

6) 島津一郎 外, 《相續法の基礎》, 青林書院, 1977, 40면.

할 수 없다[7] 는 것이다.

또한 청구인들이 분여심판에 불복하는 경우 항소나 상고 등의 권리를 인정하는 것은 특별연고자의 개념이 일의적인 것이 아니고 가정법원의 재량의 여지가 크기 때문에 그 재량권이 타당하게 행사될 수 있도록 절차상 보호하는 것에 불과하다는 것이다. 동시에 상급심의 판례에 의한 가사심판의 통일을 기하기 위하여 정책적으로 인정한 것일 뿐 상속재산분여청구의 권리성을 인정하기 위한 것은 아니라고 한다. 특별연고자라고 하여 반드시 어떠한 사법상 청구권이 발생하는 것은 아니며, 상속재산분여청구권의 존부를 민사소송에서 다룰 수 있는 것도 아니라[8] 고 한다.

3) 한정적 기대권설

일반적으로는 은혜적 성질설과 같이 특별연고자의 실체상의 청구권을 부정하지만, 사실상 배우자, 사실상 양자가 분여청구를 하는 경우에는 일종의 재산권상의 기대권으로서 사권을 갖는 것으로 인정할 수 있다[9] 는 설이다. 즉, 이러한 자들이 분여청구를 하는 경우 가정법원은 잔존재산이 있고 상속결격자에 준하는 사유가 없을 때에는 이들에게 전혀 재산을 분여하지 않는다고 하는 심판을 할 수 없고 그러한 한도 내에서 특별연고자에게 기대권이 인정될 수 있다고 본다. 이러한 유형에 속하는 특별연고자에 한하여, 비록 가정법원에 대한 분여청구와 가정법원의 재량적 결정이라고 하는 과정은 거치는 것이기는 하지만, 일종의 재산권상의 기대권으로서 사권을 갖는 것으로 인정할 수 있다는 것이다. 따라서 이 학설에 의하면[10] 일정한 범위의 자에게는 상속재산을 분여받을 수 있는 권리가 있게 된다.

---

7) 岡垣 學 外, 《逐條民法特別法講座(10) 親族・相續》, ぎょうせい, 1988, 573면.

8) 沼辺愛一, "相續財産分與請求權 の相續性について", 〈ジュリスト〉, 477호, 143면.

9) 김주수, 《친족상속법》, 법문사, 1990, 67면; 한봉희, 《개정가족법론》, 대왕사, 1990, 69면; 久貴忠彦, 前揭論文, 26면.

10) 田中 實・人見康子, "特別緣故者に對する殘存相續財産の分與制度をめぐゐ若干問題", 〈法學硏究〉(慶應大學, 1976), 40권 9호, 59면.

그러나 이러한 유형의 특별연고자에 대하여 한정적인 기대권을 인정할 법적 근거는 없다[11]고 하는 비판이 있다. 우선 그 권리성에 관하여 사실상 부부 등을 특별히 보호해야 할 이유는 없다는 것이다. 실제로 이러한 자들에게는 여러 가지 유형이 있고 사안에 따라서는 이들보다 우선하여 다른 특별연고자에게 분여하는 것이 합리적인 경우도 있을 수 있기 때문에 이들에게만 특별히 권리적 성격을 인정하는 것은 타당하지 않다는 것이다.

또한 특별연고자 중에 이러한 구별을 하게 되면, 예를 들어 사실혼 처인가 아닌가를 구별하는 것이 경우에 따라서는 인정하기가 대단히 곤란한 경우도 예상될 수 있다[12]는 것이다. 실제로 소송에서 사실상 처라고 주장하지만 조사 결과 사실상의 처는 아니지만 "피상속인의 요양, 간호에 노력한 자"라고 인정될 수 있는 경우도 있기 때문이다. 이러한 경우 "피상속인의 요양, 간호에 노력한 자"는 권리성을 갖지 않는 연고자에 지나지 않으므로 청구를 기각하지 않을 수 없게 된다. 이렇게 되면 타당성을 결여하는 결과를 초래하게 될 수도 있다는 것이다.

이상에서 살펴본 바와 같이 특별연고자에 대한 상속재산분여의 성질이 국가에 의한 은혜인가 기대권인가 또는 사실상 배우자나 사실상 양자 등에게만 인정되는 권리인가에 관하여 논란이 되고 있다. 그러나 이러한 논의 자체가 전혀 실익이 없는 것으로 보아 배척하는 견해[13]도 없는 것은 아니다.

특별연고자의 상속재산에 대한 분여청구를 권리로 보는 것도 문제가 있지만 그렇다고 전적으로 은혜라고 보는 것도 제도의 취지에 부합하는 것은 아니라고 본다. 특별연고자가 분여청구를 하고, 이 청구가 실질적, 형식적 요건을 구비하였다면 가정법원이 자의적으로 분여를 거부할 수는 없을 것이고 청구요건을 갖추어 청구하는 한 분여를 하지 않을 수 없다는 점에서 본다면 이를 전적으로 은혜적인 성질의 것이라고만 보기 어렵기 때문이다. 특히 사실상 배우자 등의 경우에는 제도의 취지에서 보아 분여가 상당하지 않다고

11) 久貴忠彦, 前揭論文, 205면.

12) 島津一郎 外, 前揭書, 39면.

13) 鈴木祿弥, 《相續法講義》, 創文社, 1987, 85면.

인정할 만한 이유가 없는 한 분여를 인정하지 않을 수 없을 것이다. 결국 분여청구는 구체적인 경우 사안에 따라 판단되어야 한다는 점에서 그 권리성에 관하여 한마디로 정의하기가 어렵다고 생각된다.

2. 상속재산분여청구권의 일신전속성

상속재산분여청구를 할 수 있는 자는 "특별연고자"에 한한다. 이러한 점에서 분여청구는 행사상 일신전속권이다. 또한 분여를 받을 수 있는 자도 분여청구를 한 청구인에 한하며 청구인 이외의 자에게는 분여할 수 없기 때문에 귀속상 일신전속권으로서의 성질도 갖는다고 볼 수 있다. 따라서 상속재산분여청구권은 행사상, 귀속상 일신전속성을 갖는다고 할 수 있다.

3. 상속재산분여청구권의 상속성

상속재산분여청구권이 상속의 대상이 되기 위해서는 분여청구권이 "피상속인"의 "재산에 속한 일체의 권리의무"에 해당하는 것이어야 하며 "피상속인의 일신에 전속한 것" 이외의 것이어야 한다.

분여청구권은 특별연고자의 일신에 전속하는 것으로서 행사상, 귀속상 일신전속성을 갖는다. 또한 상속재산에 대한 청구이기는 하지만 그것의 권리성에 관하여는 논란이 있음은 전술한 바와 같다. 분여청구권은 일반 사법상의 청구권과는 달리 가정법원의 심판에 의하여 발생한다는 성질도 부인할 수 없다. 이러한 점 등으로 미루어볼 때 상속재산분여청구권은 상속의 대상이 될 수 없다[14] 고 해석된다. 이와 같이 분여청구권의 상속성이 인정되지 않는다고 보기 때문에 특별연고자가 사망한 경우에 일반적으로 그 상속인은 특별연고자의 지위를 승계하여 분여청구를 할 수 없다. 다만 경우에 따라서 상속성 유무가 논란이 되기도 하지만 그 점에 관하여서는 후술[15] 하고자 한다.

14) 久貴忠彦, 前揭論文, 26면.

15) IV. 상속재산분여의 요건 중 3. 재산분여의 청구가 있을 것 (2) 재산분여청구권

IV. 상속재산분여의 요건

상속재산을 분여받기 위한 실질적 요건으로서 특별연고관계가 있어야 하고 또한 분여의 상당성이 인정되어야 한다. 형식적 요건으로서는 가정법원에 분여의 청구를 하여야 한다.

1. 특별연고가 있을 것

1) 특별연고의 의의

개정법은 제1057조의 2의 1항에서 특별연고자에 관하여 "피상속인과 생계를 같이하고 있던 자", "피상속인의 요양간호를 한 자", "기타 피상속인과 특별한 연고가 있던 자"라고 규정한다. 이 중 "피상속인과 생계를 같이하고 있던 자", "피상속인의 요양간호를 한 자"는 특별연고자를 예시하는 것으로 볼 수 있다. 그밖에 "기타 피상속인과 특별한 연고가 있던 자"에 어떠한 자가 해당되는가를 결정하는 것은 개개의 사건에서 가정법원의 구체적 판단에 달려 있다.

특별연고관계를 인정하는 하나의 기준으로서 친족관계의 존재나 원근여부도 고려의 대상이 될 수 있다.[16] 그러나 특별연고자로 인정하기 위해서는 생계동일, 요양, 간호라고 하는 예시에서 본 바와 같이 추상적인 친족관계의 원근만은 아닌 구체적, 실질적인 연고관계가 그 판단의 기준이 되어야 할 것이다. 즉, 피상속인과 청구인 간에 단순히 혈족이나 인척관계가 있다는 것만으로는 특별연고자로 인정될 수 없고 현실적, 구체적 관계가 양자간에 존재한다고 하는 사실이 필요하다.[17] 따라서 특별연고자는 정신적, 물질적으로 밀접한 관계에 있는 자로서 상속재산을 그 자에게 분여하는 것이

의 승계 참조.

16) 大阪高等裁判所, 1969. 12. 14, 〈家庭裁判月報〉, 22권 6호, 59면.

17) 谷口知平 外, 《新版 註釋民法(27) 相續(2)》, 有斐閣, 1989, 697면.

피상속인의 의사에 합치하는 것으로 볼 수 있을 정도로 특별한 관계에 있던 자를 말한다[18]고 할 수 있다.

특별연고자는 상속인과는 달리 처음부터 법정된 것은 아니며, 분여청구에 의하여 가정법원이 심판한 후 그 청구인을 "특별연고자"로 인정한 때 비로소 특별연고자가 존재하게 된다. 특별연고자의 지위는 가정법원의 재량에 의한 심판에 의하여 형성되는 것이며, 이러한 점에서 상속인이 갖는 상속권이 일정한 기본적 신분에 의하여 당연한 권리로서 인정되는 것과는 근본적으로 다르다.

2) 특별연고자의 유형

(1) 피상속인과 생계를 같이한 자

여기에 해당되는 유형은 그 대부분이 친족 내지 사실상 그들과 같이 취급될 수 있는 자이다. 사실상 배우자나 사실상 양친자, 계친자로서 가족적 공동생계를 누리고 있는 자가 전형적인 예라 할 수 있다.

사실상의 부나 처 등은 오랜 기간에 걸쳐 피상속인과 같이 생활을 해왔더라도 법정상속인은 아니기 때문에 상속권은 없다. 그러나 이 제도를 신설한 취지로 볼 때 사실혼 배우자에 대한 보호도 배려되고 있으므로 이들에게도 실질적으로 상속권에 유사한 구제를 줄 수 있을 것이다. 다만 이 규정은 상속인이 존재하지 않는 경우에만 문제되기 때문에 그러한 점에서 본다면, 사실혼 보호라는 것은 한정적인 것에 불과하다. 따라서 법정상속인이 존재하는 경우에도 일정한 경우에는 사실혼 배우자가 분여의 대상이 될 수 있도록 하여 이들을 보호하는 것이 바람직하다는 견해[19]도 있다.

법률상 양친자관계는 아니지만 사실상 생계를 같이하는 양자나 양친 등도 여기에 해당될 수 있다. 현행법에 의하면 계모자, 적모서자는 법정친자관계

---

18) 岡垣 學 外, 前揭書, 572~3면.

19) 임재연, "개정가족법에 대한 의견", 〈사법행정〉(1990. 6), 47면(본처가 상속개시 전에 이미 사망한 경우의 사실혼 처를 예로 들고 있다).

이지만(제773조, 제774조) 개정법에 의하면 이들은 인척관계에 불과하게 된다. 계모자간은 물론 계부자, 적모서자 간에 상속권은 없으나 가족적 공동생활을 하게 될 기회는 많기 때문에 이들도 생계를 같이하는 자로서 특별연고자에 해당될 수 있을 것이다.

이러한 자들이 피상속인과 어떠한 동기에 의해서, 어떠한 형태로 생계를 같이하게 되었는지는 문제삼지 않는다. 이 중에는 혈연이나 인척관계 때문에 생계를 같이하게 되는 경우가 있을 수 있지만 타인이라 하여도 상관없다.

생계동일에는 상호부조적인 것도 있을 수 있고 일방이 타방에 의존하는 형태도 있을 수 있다. 어떠한 경우일지라도 생계를 같이한 자에게 상속재산을 분여하는 것은 피상속인의 유지에 적합한 것이 될 수 있을 것이다. 상속재산이 생존의 기초가 될 만큼 상속재산에 의지하여 생계를 같이한 자라면 재산분여는 이러한 자에 대한 보호도 될 수 있을 것이다.[20]

(2) 피상속인의 요양, 간호를 한 자

피상속인의 요양, 간호를 한 자로서는, 예컨대 상속인이 아닌 피상속인의 친족, 친지, 이웃사람, 친구의 자녀 등으로서 생계를 같이하지 않으나 피상속인을 돌보고 그 요양, 간호에 특별히 노력한 자를 들 수 있다.

이러한 자를 특별연고자로 인정하는 것은 피상속인에 대한 헌신적 봉사에 대하여 상속재산의 분여로서 보답하는 것이 피상속인의 유지에도 맞고 형평의 관점에서도 바람직하기 때문이다.[21]

그러나 현실적으로 피상속인과 생계를 같이한 자가 피상속인을 요양, 간호하는 것이 보통이므로 요양, 간호만이 특별히 표면에 나타나 특별연고자가 되는 사례는 많지 않을 것으로 생각된다. 요양, 간호에 이르게 된 동기는 묻지 않기 때문에 가정부나 간호원으로서 정당한 보수를 받고 있는 경우라 할지라도 간호에 특별히 노력하였다면 특별연고자로서 분여를 청구할 수 있을 것이다.[22] 이와 같이 정당한 보수를 받는 자가 특별연고자로 인정되기 위해

20) 泉 久雄 · 米倉 明 外編集, 前掲書, 265~6면.

21) 한봉희, 전게서, 70면.

서는 예외적으로 "특별한 사정"이 있는 경우에 한하는 것으로 하여 엄격히 해석되어야 할 것이다. 특별한 사정이란 단순히 금전적 대가에 상응하는 기계적 서비스를 할 뿐만 아니라 거기에 더하여 육친에 가까운 애정을 가지고 하는 헌신적 서비스를 필요로 하는 것[23]이라고 해석되기 때문이다.

(3) 기타 피상속인과 특별한 연고가 있던 자

어떠한 자가 "기타 피상속인과 특별한 연고가 있던 자"에 해당되는가를 결정하는 것은 단순히 특별연고자의 범위문제만이 아니고 특별연고자제도의 신설목적이 무엇인가 하는 근본문제와 관계된다고 할 수 있다. 이 내용이 어떻게 구성되는가에 의해서 특별연고제도의 성격이 결정된다고 해도 지나친 것은 아닐 것이다. 왜냐하면 "기타 피상속인과 특별한 연고가 있던 자"라고 하는 것은 추상적인 표현인 것이고, 따라서 생계동일, 요양, 간호 이외의 어떠한 구체적 연고가 여기에 해당되는가에 관한 판단이 대단히 곤란하기 때문이다. 또한 특별연고자에 해당되는가 여부는 전적으로 가정법원의 결정사항이고 가정법원의 자유로운 판단에 위임되어 있을 뿐만 아니라 이 제도의 운용방법 여하에 따라서는 법원에 의한 남용도 우려되기 때문이다.

실제로 여기에 해당되는 특별연고자가 되기 위해서는 전술한 두 개의 예시와 관련하여 볼 때 피상속인과 구체적, 실질적으로 깊은 연고관계가 인정되어야 할 것이다. 즉, 피상속인에게 유언을 시켰더라면 그 사람에게 유증을 하였을 것이라고 생각되는 생활관계에 있던 자, 혈족관계나 인척관계로서 가까운 자, 깊은 교제가 있었던 자 등은 특별연고자로 인정하는 하나의 기준이 될 수 있을 것[24]이다. 구체적인 예로서는 피상속인과 친족관계에 있는 자로서 경제적 도움을 준 자, 장기간에 걸쳐 피상속인의 상담역이 되어 물

22) 神戸家庭裁判所, 1976. 4. 24, 〈判例時報〉, 822호, 17면. 상속인이 의뢰한 간호부로서 2년 이상 성심성의껏 간호에 노력하고 그 간호나 보수액으로 보아 대가로서 얻을 수 있는 보수 이상으로 피상속인의 간호에 노력한 자.

23) 阿川清道, "民法の一部を 改正する法律について", 〈法曹時報〉(1962), 14권 4호, 64면.

24) 高野竹三郎, 前掲書, 354면.

심양면으로 피상속인을 돌본 자, 피상속인과 일심동체가 되어 공동으로 사업에 종사한 자 등이 여기에 포함될 수 있을 것이다. 또한 재산분여는 엄밀한 의미에서 상속이 아니므로 법인이나 권리능력이 없는 사단도 이를 받을 수 있기 때문에 피상속인이 장기간에 걸쳐서 신세를 진 요양원이나 양로원 등도 특별연고자가 될 수 있을 것이다.[25]

3) 특별연고관계의 인정에 있어서의 문제점

(1) 과거의 연고

과거 어떤 시기에 피상속인과 긴밀한 실질적, 구체적 생활관계를 가졌던 자가 특별연고자로 될 수 있는가. 조문의 해석상 피상속인의 사망 시에 현실적으로 생계동일, 요양, 간호 등의 연고가 있지 않으면 안 된다고 좁게 해석할 필요는 없을 것이다. 따라서 과거 어느 시기에 연고가 있던 자도 특별연고자로 인정 될 수 있다[26] 고 본다. 그러나 현실적으로 사람은 매일 새로운 관계를 맺고 생활하며, 이 관계를 더욱 깊게 하면서 생활하기 때문에 과거의 인연이란 희박해지기 쉽다. 과거 어느 시기에 존재하였던 연고가 피상속인 사망일에 가까운 시기의 다른 연고를 크게 상회할 만큼 강한 평가를 받기는 어려울 것이다. 결국 과거의 연고가 있다 할지라도 그 연고를 가지고 특별연고자로 인정되는 예는 많지 않을 것으로 생각된다.

(2) 동시존재원칙과 사후연고

피상속인의 사망 시에 청구인이 존재하는 것을 요건으로 하는가, 다시 말하면 피상속인의 사후에 출생한 자가 특별연고자로서 분여를 청구할 수 있는가 하는 문제가 피상속인과 청구인의 동시존재의 문제이다. 동시존재의 원칙을 요구한다면, 피상속인의 사후에 출생한 자는 특별연고자로서 분여를

---

25) 김주수, 전게서, 675면.

26) 東京家庭裁判所, 1966. 5. 13, 〈家庭裁判月報〉, 16권 12호, 41면; 高野竹三郎, 前掲書, 355면.

청구할 자격이 없게 된다.[27]

또한 사후연고를 인정하여 피상속인이 사망한 후 유산을 관리하거나 제사를 주제하는 자 등을 특별연고자에 포함시킬 것인가도 문제된다.[28] 생각건대 제 1057조의 2의 1항의 "… 특별한 연고가 있던 자"라는 규정은 피상속인과 청구인 간에 피상속인의 생존 중의 연고가 존재하는 것을 예정하고 있는 것이며, 이 제도의 취지 중의 하나가 유증의 보충에 있다는 점에서 볼 때 동시존재의 원칙은 인정되어야 할 것으로 해석된다.

결국 피상속인의 사망 시에 특별연고자로서 청구인이 존재하여야 하며, 이들간의 연고는 피상속인의 생전의 연고에 한정되어야 할 것이다. 따라서 피상속인의 사후에 장례를 치르거나 상속재산을 사실상 관리하거나 피상속인의 제사를 지내는 자 등은 특별연고자에 포함되지 않는다고 할 수 있다. 특별연고란 구체적, 실질적 연고가 있다는 것에 의하여 판단되어야 하기 때문에 사후의 연고를 인정하는 것은 타당하지 않다[29]는 견해는 일리가 있는 것으로 생각된다.

---

27) 일본의 판례 중에는 동시존재의 원칙을 요구하지 않는 것이 많기 때문에 피상속인의 사후에 출생한 자일지라도 특별연고자로 인정하고 있다(大阪家庭裁判所, 1964. 7. 22, 〈家庭裁判月報〉, 16권 12호, 41면 등). 그밖에 신청인이 피상속인의 생존 중 존재하지 않았다고 하는 것은 본인이 피상속인의 특별연고자로 되는 것을 방해하는 것은 아니라는 판례도 있다(態本家庭裁判所 天草支部, 1967. 8. 4, 〈家庭裁判月報〉, 20권 3호, 88면).

28) 일본 판례 중에는 사후연고를 인정하는 것도 있고(福島家庭裁判所, 1971. 3. 18, 〈家庭裁判月報〉, 24권 4호, 210면), 이를 부정하는 것도 있다(松山家庭裁判所, 1966. 5. 30, 〈家庭裁判月報〉, 19권 1호, 59면; 東京高等裁判所, 1972. 8. 22, 〈判例時報〉, 909호, 54면).

29) 中川善之助・島津一郎 編, 《新版親族・相續》, 日本評論社, 1981, 309면.

2. 재산분여의 상당성이 인정될 것

특별연고자에게 상속재산을 분여하기 위해서는 우선 청구인이 특별연고자로 인정되어야 하며 또한 가정법원이 재산분여를 상당하다고 인정한 경우가 아니면 안 된다. 일단 특별연고가 있는 것으로 인정된 자라 할지라도 가정법원에 의하여 분여가 상당하지 않다고 인정된다면 분여를 받을 수 없다. 개정법은 일본민법[30] 과는 달리 "상당하다고 인정된 때"라는 상당성에 관한 명문의 규정을 두고 있지 아니하다.

그러나 연고관계에도 여러 가지 유형이 있고 연고의 내용이나 정도에도 차이가 많기 때문에 사실상 특별연고관계의 존부 자체도 상당한가를 판단하지 않으면 안 될 뿐만 아니라 재산분여도 그것이 상당한 경우에 한하여 인정되어야 할 것이다. 따라서 특별연고관계가 있다 할지라도 재산분여의 상당성이 인정되는 경우에 한하여 분여를 받을 수 있으며 이러한 점에서 상당성은 분여를 위한 실질적 요건이 된다고 해석할 수 있다.

상당성을 판단하는 기준이 무엇인가에 관해서 역시 규정하는 바가 없기 때문에 상당성 여부의 판단도 가정법원의 재량에 달려 있다고 하겠다. 그러나 일반적으로 상당성을 판단하는 기준으로서는 연고관계의 내용, 후박(厚薄), 농담(濃淡), 특별연고자의 성별, 연령, 직업, 교육 정도, 잔존하는 상속재산의 종류, 액수, 상황, 소재 기타 일체의 사정 등을 들 수 있다.[31] 가정법원은 상당성을 판단하는 데 이런 점을 참작하여 결정하여야 할 것이다.

분여의 상당성을 인정하는 데에 특히 다음과 같은 점이 문제될 수 있다. 여러 명의 특별연고자가 있는 경우 누구에게, 무엇을, 어느 정도 분여할 것인가, 어떠한 경우에 상속재산을 전부 분여하고 어떠한 경우에 일부 분여하

---

30) 일본민법 제958조의 3, 제1항 "전조의 경우에 상당하다고 인정된 때에는 가정재판소는 피상속인과 생계를 같이한 자, 피상속인의 요양·간호에 노력한 자, 기타 피상속인과 특별한 연고가 있던 자의 청구에 의하여 이들에게 청산한 후 잔존하는 상속재산의 전부 또는 일부를 분여할 수 있다."

31) 泉 久雄·米倉 明 外 編集, 前揭書, 269면.

는가, 무엇을 분여하고 무엇을 남길 것인가 하는 점이다. 이러한 문제도 결국 가정법원이 상당성을 판단하여 결정할 수밖에 없다고 본다.

3. 재산분여의 청구가 있을 것

재산분여를 원하는 자는 제 1057조의 2 제 2항에 의하여 제 1056조의 기간이 만료된 후 2월 이내에 가정법원에 재산분여의 청구를 하여야 한다.

1) 청구권자

(1) 특별연고자

가정법원에 대하여 재산의 분여를 청구할 수 있는 자는 자신을 특별연고자라고 주장하는 자이다(제 1057조의 2 제 1항). 전술한 바와 같은 특별연고자의 범위에 해당하는 자만이 분여청구를 할 수 있으며, 자신을 특별연고자라 생각하고 청구를 할지라도 자타가 인정할 수 있는 결정적인 연고, 즉 연고관계의 상당성이 인정되지 않는 자의 청구라면 그 청구는 기각될 것이다. 또한 자기가 특별연고자에 해당한다고 생각하더라도 분여청구를 하지 않는다면 재산분여를 받을 수 없는 것은 분명하다. 분여청구를 하지 않는 자에 대한 분여는 인정될 수 없기 때문이다. "… 특별한 연고가 있던 자의 청구에 의하여 … 분여할 수 있다"는 규정은 이러한 의미로 해석할 수 있다.

이러한 청구는 청구권자 자신에게 재산을 분여하라는 의미의 청구이며 다른 특별연고자에게 분여해도 좋다는 의미는 아닌 것이므로 분여의 대상은 분여청구를 한 자에 한정된다고 할 수 있다.

한편 상속인의 존부가 분명하지 않은 경우 분여청구를 하고자 하는 특별연고자는 제 1053조 1항 전단의 이해관계인으로서 상속재산관리인 선임을 가정법원에 청구할 수 있는지 의문이다. 그러나 재산분여의 청구는 상속인 수색공고기간이 만료되어 상속인 부존재가 확정된 후에 할 수 있는 것이고, 또한 청구자인 특별연고자는 "상속재산의 전부 또는 일부를 분여받는 것"이기 때문에 상속채권자 등과 마찬가지로 상속재산관리인 선임청구를 할 수 있는 이해관계인에 포함된다고 해석할 수 있다. 그러므로 특별연고자는 재산분여를 청구하기 전에 이러한 청구를 함으로써 상속재산에 관한 법적 처리를 신속하게 하도록 할 수 있으며 결과적으로 상속인 존재여부를 확인하는 기간도 단축될 수 있을 것이다.

(2) 재산분여청구권의 승계

재산분여청구권이 있는 특별연고자가 사망한 경우 그 상속인이 특별연고자의 지위를 승계하여 분여를 청구할 수 있는가가 문제된다. 앞에서 설명한 바와 같이 재산분여청구권의 상속성은 일반적으로 부인된다고 보지만 구체적으로 다음과 같이 경우를 나누어 고찰해볼 수 있다. 즉, 특별연고자가 분여청구를 하지 않고 사망한 경우와 분여청구를 한 후에 사망한 경우이다.

① 분여청구를 하지 않고 사망한 경우

특별연고자가 분여청구를 하지 않고 사망한 경우 그 상속인이 특별연고자의 지위를 승계하여 분여청구를 할 수 있는가? 특별연고자로서의 지위는 본인의 청구가 있는 경우 가정법원의 심판에 의하여 형성되는 것이며, 상속인과 같이 일정한 신분관계에 기하여 당연히 정해지는 것은 아니다. 또한 분여청구여부도 본인의 자유의사에 달려 있다. 특별연고자 본인의 청구가 없는 한 특별연고자로서의 지위가 인정될 수 없으며, 승계의 대상인 지위나 권리가 존재하지 않는 한 승계라는 것은 고려될 여지가 없는 것이다. 따라서 특별연고자의 상속인은 특별연고자가 분여청구를 하지 않고 사망한 경우 그 지위를 승계하여 분여청구를 할 수 없다[32)]고 본다.

② 분여청구를 한 후 사망한 경우

이 경우에는 일단 청구가 있으면 그 청구자는 분여에 대한 일종의 기대권을 갖게 되고 이 기대권은 상속의 대상이 될 수 있다[33)]고 하는 견해가 있

---

32) 島津一郎 外, 前掲書, 41면.

다. 즉, 분여청구를 한 후 사망하면 그 상속인이 그 청구권을 승계하지만 이 경우 상속되는 것은 “특별연고자의 지위”가 아니고 “특별연고관계에 기인한 상속재산 분여청구자의 지위”라는 것이다.

이 견해에 의하면 특별연고자가 정해진 기간 내에 분여의 청구를 하고 이에 대하여 가정법원이 특별연고자라고 인정하면 그 연고의 정도에 따라 상속재산의 전부 또는 일부를 분여받을 수 있는 가능성이 생기게 된다. 따라서 청구에 의하여 적어도 분여를 받을 수 있는 기대권이 생기게 되며, 이 기대권은 재산권적 성질을 갖는 것으로서 상속이 가능한 권리, 즉 재산권적 기대권으로서 상속성을 갖게 된다는 것이다.

그러나 특별연고자가 분여청구를 한 후 사망한 경우에는 특별연고자로서의 지위는 승계될 수 없다[34]고 보는 견해도 있다. 즉, 특별연고자가 분여청구를 하여도 이것에 의해서 특별연고자로 인정될 수 있는가 여부는 분명하지 않다. 또한 특별연고자로 인정된다고 할지라도 분여의 상당성이 인정되지 않으면 현실적으로 재산분여를 받을 수 없게 된다. 결국 분여심판이 확정되어야만 기대권적 권리가 형성될 수 있으며 또한 분여청구권은 귀속상 일신전속권이기 때문에 본래 청구권이 없는 자가 승계한다고 하면 그 일신전속적 지위와 모순된다. 따라서 분여를 청구하는 것만으로는 아직 상속의 대상인 지위도 권리도 발생하지 않는다고 보기 때문에 상속인이 특별연고자의 지위를 승계할 수 없다는 것이다.

특별연고자가 분여청구를 한 경우에도 그 청구에 의해서 곧 분여의 효과가 나타나는 것은 아니기 때문에 특별연고자가 분여청구 후 심판의 확정 전에 사망하였다면 비록 상속인이 있다 할지라도 특별연고자의 지위를 승계할 수는 없다고 본다. 그러나 심판이 확정되면 그것에 의해서 특별연고자는 분여에 대한 확정적 권리를 취득하기 때문에 그후에 특별연고자가 사망한 경우에는 상속인은 분여에 대한 권리를 승계할 수 있을 것이다.

---

33) 久貴忠彦, 前掲論文, 29면.

34) 高野竹三郎, 前掲書, 357면.

2) 청구기간

(1) 법정청구기간

특별연고자가 상속재산의 분여를 청구할 수 있는 기간은 제1056조의 기간만료 후 2월 이내이다(제1057조의 2 제2항). 개정법 제1057조의 2 제2항의 조문에 의하여 해석하면 재산분여를 청구할 수 있는 기간은 상속인 없는 재산의 청산기간(제1056조)이 만료된 후 2월 이내이다. 즉, 상속채권자나 수증자에 대하여 신고하도록 하는 2개월 이상의 최고기간이 만료하면 만료일로부터 2월 이내에 특별연고자는 재산분여를 청구할 수 있게 되는 것이다.

그러나 현행법 제1057조는 상속채권자나 수증자가 없는 경우 2년 이상의 기간을 정하여 상속인을 수색하도록 규정하고 있다. 그렇기 때문에 특별연고자가 개정법 규정에 따라 재산분여를 청구한 경우 나중 상속인 수색공고기간 내에 상속인이 나타나면 어떻게 될 것인가가 문제될 수 있다.

특별연고자에 대한 재산분여제도는 상속인 부존재가 확정된 경우 이들에게 상속재산을 분여하는 것이라는 점에서 볼 때 개정법 제1057조 2에서 규정하는 "… 제1056조의 기간 내에 상속권을 주장하는 자가 없을 때 …" 또는 "… 제1056조의 기간이 만료한 후 …"라는 규정은 논리에 맞지 않는 것이다. 이 규정은 "… 제1057조의 기간 …"으로 정정되어야 할 것이다. 정정된 조문에 따라 해석한다면 특별연고자는 제1057조의 상속인 수색공고기간이 만료된 후 2개월 이내에 재산분여를 청구하여야 한다.

한편 상속인 수색공고기간을 2년 이상으로 한다는 것은 상속관계를 신속히 확정한다는 점에서 보면 불필요하게 긴 기간이라 할 수 있다. 특히 특별연고자에 대한 분여제도의 신설과 관련하여 볼 때 장기에 걸친 수색공고기간의 만료를 기다린다는 것은 분여청구를 원하는 특별연고자에게도 도움이 되지 않을 것이다. 또한 제1056조와의 균형으로 보아도 수색공고기간을 단축하는 것이 합리적일 것이다.

(2) 법정청구기간을 지키지 않는 경우

특별연고자가 제 1057조의 2 제 2항의 규정에 위반하여 법정청구기간인 상속인 수색공고기간의 만료 전이나 또는 그 기간만료 후 2개월 이후에 분여청구를 한 경우 그 청구의 효력은 어떻게 되는가.

먼저 상속인 수색공고기간의 만료 전에 분여청구를 하였더라도 그 기간이 만료되고 상속권을 주장하는 자가 나타나지 않는 경우에는 그 하자가 치유되어 적법한 청구로 인정될 수 있다[35] 고 본다. 즉, 청구기간 전의 청구도 수리된 후 상속인 부존재가 확정되면 적법한 것으로 될 수 있다. 본조 제 2항의 규정은 상속인 수색공고기간 중에 상속인 부존재를 조건으로 하는 청구를 배제하는 취지는 아니라고 해석된다.

그러나 청구기간 경과 후의 청구는 허가되지 않는다고 해석되어야 할 것이다. 재산분여의 청구기간을 2월로 한정한 것은 재산분여청구를 하는 특별연고자의 범위를 확정하기 위한 것이고 이것에 의하여 사건처리의 신속을 도모하기 위한 것이다. 따라서 청구기간 경과 후의 청구자가 1인인 경우는 물론 복수의 청구인이 있는 경우에도 동일하게 해석된다. 복수의 청구인 중 한 사람은 청구기간을 지켜서 청구하고 다른 사람은 기간경과 후에 청구한 경우에도 이것은 제 1057조의 2의 제 2항에 위반하는 청구로서 기각되어야 할 것이다. 복수의 청구인이 있는 이러한 경우에만 예외를 인정하여 그 청구를 용인할 이유는 없다[36] 고 보기 때문이다.

상속인 수색공고기간 내에 상속인이 나타나 상속권 유무를 다투는 경우(예를 들면 사후인지 청구 중) 비록 수색공고기간이 만료되었더라도 재산분여청구기간은 진행되지 않는다고 보아야 할 것이다. 특별연고자에 대한 분여

---

35) 谷口知平 外, 前揭書, 719면; 大阪家庭裁判所, 1965. 11. 25, 〈家庭裁判月報〉, 18권 6호, 13면.

36) 谷口知平 外, 前揭書, 720면; 그러나 수인의 청구인 중 한 사람은 기간을 지키고 다른 사람은 기간경과 후에 신청한 경우 기간경과 후의 신청을 적법한 신청과 병합해서 심리하는 것이 사건의 종결을 지연시키는 것이 아닌 한 기간경과 후의 신청도 허가되는 것으로 해석하는 것이 상당하다는 판례가 있다(神戶家庭裁判所 審判, 1965. 8. 9).

제도는 상속인의 부존재가 확정된 경우에 인정되는 제도이기 때문에 상속권에 관한 분쟁이 종결되고 상속인 부존재가 확정된 후에 비로소 2개월의 분여청구기간이 진행된다고 해석된다.

(3) 상속재산 국가귀속에 관한 제1058조와의 관계

제1058조 1항은 상속재산의 국가귀속에 관하여 "전조의 기간 내에 상속권을 주장하는 자가 없을 때 …"라고 규정하고 있는데 여기에서 전조는 제1057조 상속인 수색공고기간을 의미한다고 볼 수 있다. 해석상 제1058조에서 전조는 제1057조의 2를 의미하지만 제1057조의 2는 이미 상속권을 주장하는 자가 없는 것을 전제로 한 규정이기 때문에 "제1057조의 2의 기간 내 …"라고 하는 것은 의미가 없는 것이다. 따라서 제1058조의 "전조의 기간 내 상속권을 주장하는 자가 없는 때에는 상속재산은 국가에 귀속한다"는 규정은 "제1057조의 2의 규정에 의하여 처분되지 아니한 재산은 국가에 귀속된다"로 개정되어야 할 것이다. 그렇게 해야만 개정법의 내용과 부합되기 때문이다.

V. 재산분여의 효과

재산분여의 청구가 인용되면 청구인에게 상속재산의 전부 또는 일부가 분여된다(제1057조의 2 제1항). 이 경우 분여의 대상이 되는 재산은 어떠한 것이며, 분여의 기준과 분여의 형태는 어떠한 것인지 문제된다.

1. 분여대상이 되는 재산

분여되는 재산은 청산 후 잔존하는 상속재산의 전부 또는 일부이다. 개정법은 "청산 후 잔존하는"이라는 표현을 사용하고 있지 않으나 조문의 취지에서 보아 분여되는 재산은 제1056조의 청산절차를 거치고 남은 상속재산을 의미하는 것으로 볼 수 있다. 특별연고자가 상속재산의 전부 또는 일부를 분여받은 경우일지라도 특별연고자는 상속인은 아니기 때문에 상속채무 등의 의무를 승계하는 것은 아니다.[37]

그러나 재산분여는 상속과는 다른 승계 취득이기 때문에 상속성이 있는 재산이 있는 경우에도 특별연고자에게 분여할 수 있는가 의문인 경우가 있다.

법률상 양도가 금지된 재산인 경우 분여의 대상이 될 수 없다[38]고 해석되며 임차권의 양도에서처럼 동의나 승낙이 필요한 경우(민법 제629조 1항)에 이를 분여받은 자는 별도의 동의나 승낙을 받아야 할 것이다.

공유지분이 분여의 대상이 될 수 있는가? 민법 제267조에 의하면 공유자 중 일인이 상속인이 없이 사망한 때에는 그 지분은 다른 공유자에게 귀속한다고 규정되어 있으므로 공유지분의 이전은 상속인 부존재가 확정된 때 법률상 당연히 발생하고 그 지분은 분여의 대상으로 될 수 없다[39]는 견해가 있다. 즉, 특별연고자에 대한 분여제도는 본래 국가에 귀속되어야 하는 청산 후의 재산을 국가귀속에 앞서 연고자에게 분여하는 것에 불과하기 때문에 국가 이외의 귀속자가 이미 법정된 공유지분은 분여의 대상이 될 수 없다는 것이다. 그러나 공유지분도 분여의 대상이 될 수 있다[40]는 주장도 있다.

민법 제267조는 공유자 중 한 사람이 상속인 없이 사망한 때 그 지분을 국가에 귀속시키는 것보다는 다른 공유자에게 귀속시키는 것이 더 합리적이라고 하는 입법정책에 기인한다. 따라서 특별연고자에 대한 분여제도가 신설된 이상 공유지분은 상속인도 없고 특별연고자도 없는 경우에 한하여 다른 공유자에게 귀속되는 것으로 해석되어야 할 것이다. 민법 제267조는 제1057조의 2가 신설되기 이전의 규정이기 때문이다. 민법 제267조의 "상속인 없이 사망

---

37) 高野竹三郎, 前揭書, 356면.

38) 泉 久雄・米倉 明 外編集, 前揭書, 270~1면.

39) 谷口知平 外, 前揭書, 725면; 東京高等裁判所, 1965. 3. 5, 〈家庭裁判月報〉, 17권 4호, 50면.

40) 有地 亨, "特別緣故者への遺産分與對象としての共有持分權", 《家族法判例百選》四版, 1988, 146면; 東京高等裁判所, 1972. 9. 8, 〈家庭裁判月報〉, 25권 8호, 47면.

한 때"라는 규정은 "상속인의 부존재가 확정되고 또한 특별연고자에 대한 분여도 없는 때"라고 보아야 할 것이다. 결국 공유지분도 분여의 대상이 되는 재산에 속한다고 할 수 있다.

2. 분여의 기준

특별연고자로 인정된 자에게 상속재산을 분여하는 경우, 특히 다수의 청구인을 특별연고자로 인정하는 경우 어떠한 기준에서 분여할 것인가가 문제된다. 이 문제에 관하여 개정법은 아무런 기준을 두고 있지 않지만 분여의 기준은 분여의 상당성에 포함되는 문제로 보아 가정법원의 자유재량적인 판단에 의할 수밖에 없다.

일반적 기준으로서 피상속인과의 밀접 정도, 피상속인을 위하여 요양, 간호에 노력한 정도, 사실혼 배우자나 사실상 양자 등의 경우라면 법률상 배우자나 친자 등의 상속분도 아울러 고려될 수 있을 것이다. 또한 상속재산의 종류, 특별연고자의 연령, 직업, 심신상태 및 생활상태, 기타 일체의 사정 등도 고려하여 분여할 수 있을 것이다. 앞으로 이 제도의 운용에서 법관이 분여를 인정하는 경우 그 판단의 근거를 명시하고 그러한 판례가 축적된다면 판례에 의하여 분여의 기준을 참고할 수 있을 것으로 생각된다.

3. 분여의 형태

1) 전부분여와 일부분여

재산분여청구가 인용되면 상속재산의 전부 또는 일부를 분여할 수 있다. 그러나 어떠한 경우에 전부분여하고 어떠한 경우에 일부분여하는가에 관한 기준이 없기 때문에 가정법원의 판단에 일임할 수밖에 없다.

일본의 예를 참고하면 다음과 같은 경우에 분여청구를 인용하는 비율이 높고 그러한 경우 전부분여가 인정된다. 즉, 사실혼 부부나 사실상 양자로서 생계를 같이하였고 상속재산이 특별연고자의 생존의 기초를 이루는 경우, 상속재산이 많지 않고 특별연고자가 친족인 경우 등에는 전부분여를 인정하는 예가 많다.[41] 이에 비하여 일부분여 사례는 매우 적고 이러한 경우에는 대부분 청구인이 피상속인과 친족관계가 없는 사람이거나 친족관계가 있다고 하여도 원친(遠親)인 경우 등이다.[42]

이러한 예를 보면 전부분여와 일부분여를 결정하는 데에 친족관계가 상당성 판단의 하나의 기준이 된다는 것을 알 수 있다. 그러나 가정법원이 근친이라면 전부분여 심판을 하고, 타인이거나 원친이라면 일부분여 심판밖에 할 수 없다는 일종의 도식을 만든다면, 이것은 이 제도의 취지에 반하는 것[43]이라는 비판도 있다. 특별연고자로 인정되는 한 친족이라는 것과 타인이라는 것은 차별될 수 없는 것이며 근친도 타인도 동등, 동질로 취급되지 않으면 안 된다는 것이다. 특별연고자에 대한 재산분여제도의 입법취지에서 본다면 이러한 비판은 일리있는 것으로 생각된다.

2) 현물분여와 환가분여

특별연고자가 분여청구를 하기 전부터 상속재산을 사실상 지배하고 있거나 또한 현물분여를 원하는 경우에는 현물분여를 할 수 있을 것이다. 그러나 현물분여가 불가능하거나 대금분여를 원한다면 환가분여도 가능하리라고 본다.[44]

---

41) 谷口知平 外, 前揭書, 716면.

42) 大阪家庭裁判所, 1964. 7. 22, 〈家庭裁判月報〉, 16권 5호, 176면.

43) 高野竹三郎, 前揭書, 356면.

44) 김주수, 전게서, 676면.

3) 조건부분여와 부담부분여

특별연고자에 대한 분여는 상속재산의 청산 후 잔여재산으로 하는 것이지만, 상속재산의 청산이 곤란한 경우 또는 상속재산이 특별연고자의 생활의 기초가 된 경우에 채무 등을 부담하는 부담부분여도 할 수 있다.[45] 그밖에 분여에 대하여 조건을 붙이는 조건부분여도 가능하다고 생각된다.

VI. 맺는말

이상에서 특별연고자에 대한 상속재산분여제도에 관하여 개괄적으로 고찰해보았다. 아직 시행되지 않은 제도이기 때문에 이론적 고찰에 그칠 뿐 운용상 야기될 수 있는 구체적 문제점 등은 이 제도가 시행된 후에 나타나게 될 것으로 본다.

개정법 자체와 이와 관련된 규정의 문제점은 다음과 같다.

1. 개정법 제1057조의 2의 제1항과 제2항의 조문 중 "1056조…"라는 규정은 논리에 맞지 않으므로 각각 "제1057조…"로 정정되어야 할 것이다.
2. 개정법 제1057조의 2의 1항 중 "…분여청구가 상당하다고 인정하는 때에는…"라고 하여 청구요건으로서의 "상당성"을 명문화할 필요가 있다.
3. 상속인 수색공고기간에 관한 제1057조는 제1056조와의 균형상, 그리고 제1057조의 2의 신설과 관련하여 그 기간을 단축, 개정하여야 할 것이다.
4. 상속재산 국가귀속에 관한 제1058조 1항은 "제1057조의 2의 규정에 의하여 처분되지 아니한 상속재산은 국가에 귀속된다"로 개정되어야 할 것이다.
5. 분여청구가 가사심판법에 의한 심판사항이 되기 위해서는 심판규정(제2조 1항 갑류, 을류) 중에 "특별연고자에 대한 분여"라는 사항이 신설되

45) 神戶家庭判例所, 1968. 9. 2, 〈家庭裁判月報〉, 21권 3호, 73면.

어야 할 것이다.

운용상 문제점으로서는, 이 제도 자체가 가정법원의 재량권에 의존할 수 밖에 없는 성격을 가졌기 때문에 재량권의 남용 내지 확대운용의 위험이 예상될 수 있다. 특히 상속재산의 국가귀속을 회피하기 위하여 사소한 연고관계를 이용하는 경우와 상속재산을 분여받기 위하여 표면적인 연고관계를 가지고 이를 악용하는 경우도 예상되기 때문에 가정법원은 연고관계의 인정과 분여의 상당성을 판단하는 데 신중을 기해야 할 것이다.

〈후 기〉

2005. 3. 31 법률 제 7427호에 의하여

1. 제 1057조의 2의 제 1항과 제 2항의 조문 중 "제 1056조 …" 규정은 각각 "제 1057조 기간 …"으로 개정되었다.
2. 제 1057조의 상속인 수색공고기간은 "… 1년 이상"으로 단축하여 개정되었다.
3. 상속재산의 국가귀속에 관한 제 1058조 1항은 특별연고자에 대한 분여제도와 관련하여 "제 1057조의 2의 규정에 의하여 분여되지 아니한 때에는 상속재산은 국가에 귀속한다"로 개정되었다.
4. 1991. 1. 1부터 시행된 가사소송법에 의하여 특별연고자에 대한 분여청구 규정은 제 2조 1항 나, (1), 35호에 "민법 제 1057조의 2에 규정된 상속재산의 분여"라고 하여 가사비송사건으로 규정되어 있다.

제16장

유증제도의 변천과정과 현행법의 문제점

I. 머리말

사람은 생전에 자기 소유재산에 대한 처분의 자유를 향유하고 사후에도 이것이 가능하기를 바라는 욕망을 갖는다. 그리고 이 욕망은 법적으로 유언의 방식에 의한 재산처분인 유증을 통하여 실현할 수 있게 된다. 근대법은 포괄 또는 특정명의로 소유재산의 전부 또는 일부를 처분할 수 있도록 하는 유증의 자유를 보편적으로 인정한다. 유증은 유언에 의하여 상속재산을 자유롭게 처분할 수 있도록 인정하는 것이기 때문에 유언의 자유는 곧 유증의 자유를 그 핵심적 요소로 하는 것이라고 할 수 있다.

이 논문에서는 우리나라의 유증규범의 변천과정을 조선시대, 일제시대, 현행법 등 세 시대로 구분하여 고찰하고자 한다. 즉, 조선시대의 유증의 방법과 그 내용, 일제시대를 거치는 동안의 변화 형태와 일본민법에 의한 왜곡정도, 해방 이후 성문화된 민법전의 구관 또는 관습법과의 연관성과 그 내용, 그리고 현행법의 해석상 문제점 등을 검토하고 이에 대한 입법론적 고찰을 하고자 한다.

---

* 이 논문은 〈금산법학〉(금산법문화연구소, 1998), 창간호에 게재된 것임.

Ⅱ. 조선시대

1. 유증의 개념

유증이란 유언자가 유언에 의하여 재산상의 이익을 수유자에게 무상으로 증여하는 단독행위를 말한다. 유증은 사람이 생전에 자기 소유의 재산에 대한 처분의 자유가 허용되는 이상 사후의 재산처분도 역시 자유롭게 인정되어야 한다는 것에 대한 법적 표현이다. 유증은 특히 증여자의 사망에 의하여 효력이 생기는 사인증여와 유사하지만 사인증여는 계약이고 유언과 동일한 방식에 의할 필요가 없다. 사인증여의 경우 증여자의 사후에 상속인이 취소할 수 있으며 수증자의 생사에 의하여 실효되지 않는 등 사인증여는 유증과 그 법적 성질이 다르다.

조선시대에서 유증을 독립적 개념으로 고찰하기에는 어려움이 있다. 우선 유언의 방식에 의한 사인증여의 경우에는 유증과 명백히 구별하기가 어렵다. 즉, 유언이 분재(分財)에 관한 한 제1순위의 법정상속인인 자손을 포함하여 부부, 형제 및 자매 간에까지 그 범위가 확장될 수 있다. 이 경우 유언은 자녀에게는 유명(遺命)[1]이 되고 그외의 자에게는 증여나 유증 또는 사인증여의 의미를 가진다고 볼 수 있다. 이들은 모두 유언자의 사망을 원인으로 하여 당연히 분급을 받게 되기 때문이다.

또한 유언이 분재(分財)에 관한 것이라면 이것을 가지고 사인증여와 구별하기가 곤란하다. 분재는 생전의 상속재산분할을 의미하지만, 증여자가 사망하면 그로 인하여 그 재산이 당연히 수증자에게 이전되는 것이며 따라서 증여자의 사망 전 수증자의 지위는 상속개시 전의 상속인의 지위와 유사하기

1) 유명이란 상속재산의 일부를 타인에게 나누어주도록 자손에게 명령하는 것으로서 유증과 아울러 행하여지는 경우가 많다. 이것은 부담부 유증에서 부담에 상당한 것이지만 부담과 같이 상속인의 지정 혹은 유증에 수반하는 부관은 아니다. 유명은 항상 자 및 손에 대한 것이며 유명이 자 및 손을 구속하는 것은 이것이 부모의 명이고 조부모의 명이기 때문이다(中樞院 調査課 編, 《李朝の 財産相續》, 朝鮮總督府中樞院, 1936, 131~4면).

때문이다. 이 경우 이것을 유증으로 해석하여 유증으로 인하여 수유자는 상속인에 대하여 이행을 청구하는 채권을 취득한다거나 유언은 일방적 의사표시인 데 반하여 사인증여는 계약이므로 이러한 것에 의하여 양자를 구별해야 한다고 할 수가 없다. 사인증여는 재산처분에 관해서는 유언과 그 목적을 같이하며 증여와 함께 전계(傳繼)로서 고려되기 때문이다.[2]

그러나 생전분재의 경우 상속재산분할의 사전지정이라는 의미를 갖는 것으로서 그 효력이 분재 시 발생하면 증여로서, 사망에 의하여 발생하면 유증으로서 이를 관념상으로 구별할 수 있다. 실제로 혼인 시 딸에게 분재하고[3] 중자(衆子)에게 별적(別籍)하여 이재(異財)하는 등 명확히 유증과 구별할 수 있는 것도 적지 않지만 항상 명확한 것은 아니기 때문에 사실상 유증과 구별하기 어렵다.

또한 전재산에 대한 분재의 효과를 피상속인의 사망과 연계시킨다면 그것은 상속재산분할의 지정이 된다. 이때 처첩, 형제처럼 자녀와 함께 공동상속에 참여할 수 없는 자가 분재를 받는다면 그것은 유증이라고도 할 수 있다. 그러나 이러한 경우들은 단순한 재산법상의 처분행위로 보기보다는 상속의 일종이라고 보아야 한다. 상속은 상속재산의 사후의 분할이며 증여는 상속재산의 생전분할이라고 보기 때문이다.[4] 피상속인의 생전의 증여와 유증과 상속이 동일한 개념으로 이해되고 있기 때문에 분재는 증여이기도 하고 유증이기도 하며 상속재산의 분할의 지정이라고 볼 수도 있다.

이와 같이 분재와 사인증여와 유증이 넓은 의미에서 상속의 범주에 속하는 것으로서 이해되기 때문에 개념의 구별이 명확하지 않으나 유증은 원칙적으로 피상속인의 유언에 의한 분재를 의미하며 그 효력은 사망에 의하여 발생한다는 점을 특징적인 것으로 하고 있다. 그러나 실제로 피상속인이 유언에 의하여 분재를 함에 있어서 상속인을 포함시킨다면 그것은 곧 상속이

---

2) 中樞院 調査課 編, 前揭書, 101~2면.

3) 婚嫁時에 "必有 新奴婢 此父母親給奴婢也 雖不可給 不可與 奉祀奴婢也"(成宗實錄 제56권 6年 6月 〈甲辰〉).

4) 中樞院 調査課 編, 前揭書, 136면.

면서 동시에 유증으로 볼 수밖에 없다.

2. 유증자

유증을 할 수 있는 자는 유언을 할 수 있는 자이다. 유언을 할 수 있는 자는 본래 부모와 조부모이다. 즉, 유언은 처음에는 부모의 자에 대한 혹은 조부모의 손에 대한 유명으로 행하여졌다. 경국대전 형전 사천조(經國大典 刑典 私賤條)는 "용조부모이하유서"(用祖父母以下遺書)라고 하여 조부모, 부모의 유서는 유효하다고 하였다. 유언자를 조부모, 부모에 한정시키는 것은 자 및 손에 대해서만 유명의 준수를 요구할 수 있다고 생각하였기 때문이다.

경국대전은 조부모 이하라고만 규정하여 증조 이상의 유언의 효력을 인정하지 않고 있다. 실제로 증조부가 증손에게 분재해준 사실[5]이 없는 것은 아니지만 이것은 증조부모로부터 증손에 대한 유증이라기보다는 전계문기(傳繼文記)[6]에 의한 증여라고 볼 수 있다. 왜냐하면 유증은 증조부모로부터 증손에게 유서에 의해서는 할 수 없지만 전계문기에 의해서는 가능하기 때문이다. 민심언(閔審言)의 분재건에서 심언(審言)은 효손의 증조부에 해당한다.

양부모도 백문문기(白文文記)[7]에 의하여 유언을 할 수 있으므로 유증자가

---

5) 증조로부터 증손에게 행하여진 분재의 예로는 민심언의 분재건을 들 수 있다. 義禁府啓, 閔沖源之父審言, 以家舍財産, 與其孫亨之子孝孫, 沖源親書契券, 及父卒, 沖源, 與孝孫傳其家産, 凡家藏米布, 托以藏祭費用已盡, 强辨不服, 且於卒忌祭日, 以喪杖歐亨, 必有其情, 請拷訊沖源, 從之(端宗實錄 제7권 元年 8月 28日 〈壬子〉). 이 사례에 관한 논의는 그후에도 계속되었다. 端宗實錄 제7권 元年 9月 29日 〈壬午〉, 睿宗實錄 제5권 元年 4月 17日 〈庚午〉, 同 5月 15日 〈戊戌〉, 睿宗實錄 제7권 元年 8月 8日 〈己未〉 참조.

6) 전계문기란 재산을 누구에게 상속시킨다는 뜻을 적은 문권(文券) 내지 상속에 관한 문서를 말한다. 좁은 의미로는 상속재산의 분할의 지정을 뜻하고 분재의 내용을 적은 서면을 말하지만 보통은 여기에 공동상속인이 상속재산의 분할을 협의한 문서 및 근친자에게 재산을 증여(別給)하는 내용을 담은 허여문건(許與文券)을 포함시켜 말한다(최달곤, "조선전기의 전계문기에 관한 법", 김용한 교수 화갑기념논문집, 1990, 517면).

될 수 있다고 본다. 예종조의 수교[8]에 의하면 조부모, 외조부모를 거론하지 않고 있는데 이것은 이들을 제외한다는 취지는 아닌 것이며 또 부모를 친부모, 양부모, 의부모로 구별하고 그들 모두에게 백문문기에 의한 유언을 허락한 것으로 보인다.

또한 유언으로 시양자(侍養子)를 삼을 수 있고 그에 따라 시양자에게 전계할 수 있다는 사실은 양친의 양자녀에 대한 유언도 허용됨을 말하여준다고 볼 수 있다.[9]

의부모 중에 계모에 대해서는 의문이 있으나 계모의 의자녀 및 적모의 첩자녀에 대한 전계문기는 관서문기(官署文記)[10]여야 한다.[11] 계모의 의자녀에 대한 것을 백문에서 제외한 것은 이들간에는 상속법상의 지위가 친자와 현저하게 다르기 때문이다. 따라서 이들 사이에는 유언이 행하여질 수 없다고 보아야 할 것이나 이를 뒷받침할 실록기사나 입법은 없다.

외조부모도 유증자가 될 수 있다. 속대전 형전 문기조(續大典 刑典 文記

---

7) 백문문기라 함은 문기의 성립에 있어 증인이나 집필자를 갖추어야 한다는 요건만을 충족하면 유효하게 성립되는 문기를 말한다(최달곤, 전계논문, 517면).

8) 藝文館典翰崔敬止輪對曰, (中略) 奴婢白文不稅契, 姦僞滋甚, 請告官稅契, (中略) 凡奴婢文券, 皆用白文, 則姦僞或生, 自今親父母義父母養父母許與, 及同生和會分執記外, 竝用經官文券(睿宗實錄 제6권 元年 6月 22日 受敎).

9) 司經安漢英曰, 臺諫以臣父潤德, 服養親喪, 中止云者不然, 臣之從祖父彭壽, 無後病革, 謂臣之祖父曰, 以君之次子潤德, 欲作侍養, 祖父諾之, 使人召臣父, 未至而彭壽死, 祖父謂臣父曰, 死者遺言, 且無喪主, 汝其服喪, 時臣父年二十一, 不識人事, 錯料服喪, 旣而除之, 凡人非三歲前收養及繼後子, 則不服喪禮也. 其後彭壽妻傳繼時, 以侍養成文, 此其明證也, 李偉曰, 君前豈可以父事啓違乎. 自古, 未聞經筵官敢啓私事也, 請治罪(中宗實錄 제5권 3年 3月 1日 〈戊戌〉).

10) 관서문기라 함은 관이 인증하는 증서로서 중요한 재산의 귀속을 명확히 하고 승계와 처분의 효력, 승계의 당부를 심사함으로써 후일의 분쟁을 방지하려는 역할을 한다. 노비, 전답의 승계는 관서문기로 하는 것을 원칙으로 한다(中樞院 調査課 編, 前揭書, 44면).

11) 大典後續錄, 刑典 私賤條 "繼母傳繼文記 用官署 前母庶母同"(嘉靖九年正月二十二日刑曺受敎(中宗25年)).

條) "외조부모유서병계통용"(外祖父母遺書竝皆通用)[12] 규정은 유서의 적용범위를 외조부모에게까지 확장한 것이다. 외조부모의 유서라는 것은 직접 외손에 대해서 행해진 유언만을 의미하는 것은 아니고 모에 대한 유서가 그 자를 구속하는 것을 의미하며, 모에 대한 외조부모의 유언은 유증에 관한 것이 주가 된다. 그것이 유언으로서 효력을 인정받지 않으면 안 되는 것은 출가한 여자도 법정상속인이 되기 때문이다. 만약 외조부모로부터 모에 대한 유서가 효력이 없다고 한다면 출가녀에 대하여 유산의 분급을 할 수 없다고 하는 결과가 될 것이다.[13]

3. 수유자

유증을 받을 수 있는 수유자는 원칙적으로 상속인에 한정된다. 즉, 제1순위의 상속인이 될 수 있는 자인 자녀들만 수유자가 되며 부부, 형제, 숙질 간에는 유증의 효력이 미치지 않는다. 유언은 유명으로서 직계비속만이 이에 복종하고 또한 이들을 구속한다고 하는 점, 증여와 유증 및 사인증여와의 구별이 명확하지 않다는 점, 그리고 유서의 방식이 전계문기의 방식과 거의 차이가 없다고 하는 점 등에 그 원인이 있다.[14]

그러나 유언에 의하여 자녀에게 분재하면서 처첩이나 형제에게도 분재하는 것이 일반적이었다. 때로는 별급(別給)으로서 타인에게 분재하는 경우가 있는데 이 범위에서 유서는 동시에 전계문기라고도 말할 수 있다. 이와 같이 유증과 별급이 명확히 구별되는 개념은 아닌 것이며 또한 분재와 사인증여, 유증은 상속과 동일한 개념으로 인식되기 때문에 유언에 의한 분재가 법정상속인인 직계비속을 포함하여 동순위 상속인이 아닌 부부, 형제, 숙질에 대하여 행하여진다면 이들은 모두 수유자의 개념에 해당될 수 있다.

만약 모의 부모, 즉 외조부모가 모에게 재산을 분급하면서 물급손외(勿給

---

12) 大典續錄, 刑典 私賤條 "外祖父母遺書 竝皆通用".

13) 中樞院 調査課 編, 前揭書, 14면.

14) 上揭書, 14면.

孫外) 혹은 물여타(勿與他)라는 금지문구를 덧붙인다면 이것은 일종의 수유자를 제한하는 개념이 될 것이다. 이러한 금지문구를 덧붙여 분재하거나 유증하는 것은 조업은 혈연을 같이하는 자에게 승계되어야 한다는 사상에 기인한다.[15] 물급손외에서 손외(孫外)라는 것은 타(他)라는 것과 같은 의미를 가지며 타라는 것은 출가녀의 자녀, 즉 외손자녀 이외의 자를 가리킨다. 따라서 상속할 외손자녀가 없는 때에는 타인에게 분급해서는 안 되는 것이며 모의 본족에게만 환급시켜야 하는 것이다.

물급손외에서 계후자, 양자녀, 의자녀 및 첩자녀가 손외에 해당하는가에 관하여 의문이 있다. 먼저 수양자녀의 경우 계후자의 지위를 인정하였던 초기에는 손외로 논하지 않았으나 수양자에게 승계의 자격을 인정하지 않게 되면서부터는 이를 손외로 논하였다.[16] 그러나 그후 경국대전은 수양자녀를 손외에서 제외하고 있기 때문에[17] 수양자녀는 수유자가 될 수 있었다. 또한 손외여부를 승중과 연관지어 파악했으므로 계후자와 승중의자는 손외에 해당되지 않는다.[18]

물급손외에서 물급(勿給)은 물여타(勿余他)라고도 하며 경국대전의 주(註)

---

15) 大典後續錄, 刑典 私賤條 "凡父祖傳來奴婢, 其一般奴婢處, 毋得許與放賣" (嘉靖元年〈中宗 17年〉二月初九日 掌隷院受敎).

16) 議政府據刑曹呈啓, (中略) 且三歲前收養, 雖曰卽同己子, 然於收養父母, 旣不得承重, 而爲本親無降服之例, 宜論以孫外 (下略) (世宗實錄 제 97권 24年 7月 16日〈甲戌〉).

17) 經國大典, 刑典 私賤條 "用祖父母以下遺書" 註: 三歲前養子女, 承重義子, 卽同親子女, 雖遺書有勿與他之語, 勿用.

18) 議政府啓, 續刑典節該, 祖業奴婢, 其子孫不顧祖上遺書, 擅自與他未便, 一從遺書決給, 乙卯年敎旨節亥, 無後婦人奴婢, 分半給其奉祀義子, 今官吏等, 不知立法之意, 眩於處決. 然出家女子, 已去本宗以夫家爲重, 以義子爲己子, 其自己所得奴婢, 分半給其義子, 不背於義, 非擅自與他之比, 當依乙卯年敎旨分半決給, 其無義子者, 當依六典從遺書決給, 且無繼嗣者, 旣以同宗支子, 立以爲後, 一應家事, 皆如己者, 其奴婢財産, 泥於遺書, 不傳於爲後者, 而傳於族人, 則尤乖於義, 一如親子決給爲便. 從之(世宗實錄 제 82권 20年 9月 12日〈癸巳〉).

는 이것을 법정상속분 이외의 증여로 보고 있다.[19] 예컨대 승중의자(承重義子)는 손외에 해당하지 않기 때문에 유서의 금지가 있는 때에도 증여를 받을 수 있으나 승중자 이외의 의자녀는 법정상속분 외의 증여를 받을 수 없다. 법정상속분은 국가의 공법규범이므로 사서(私書)인 유서에 의하여 이를 제한할 수 없기 때문에 손외에 대한 분재는 법정상속분의 한도에서 효력을 갖는 것으로 되어 있다.

4. 유증의 방식

유증은 유언의 방식에 의하여 행하여지는 것이며 유언은 유서라는 서면에 의한 요식행위를 의미한다. 이 문서를 백문문기라고 하며 유서에 의한 유언은 소유재산의 분급에 관한 조부모, 부모, 외조부모의 유언에 국한하고 있다. 재산의 분급 이외의 사항에 관하여는 난명(亂命)[20]이 아닌 한 어떠한 형식의 유언도 유효하다.

경국대전은 유언의 방식에 관하여 그 주에서, 부조의 유언은 반드시 자필증서에 의하여야 하고 조모와 모의 유언에는 반드시 족친(族親) 중 현관(顯官)이 대필하고 증인이 되어야 하며 일반이 자필을 할 수 없는 자라고 모두 알고 있는 자나 질병자의 유언은 부인의 예에 따라야 한다[21]고 규정하고 있다. 즉, 부조의 유언은 수서(手書)이어야 하며 그외에 유언의 진정여부가 문제될 소지가 있는 경우에는 백문문기에서 증필요건을 강화한 것이다. 다시

---

19) 經國大典註解, 刑典 私賤條 "用祖父母以下遺言 註 承重義子, 卽同親子女, 雖遺書有勿與他之語 勿用. 此指贈與而言, 非指分數所得也. 承重義子, 則有所贈與, 不拘遺書之意. 若義衆子女有遺書, 雖不得贈與, 而其分數應得者, 則亦爲祭祀而給之. 此實國家公法, 不可以私書而廢公法也".

20) 난명이란 거의 죽게 되어 정신이 혼미할 때에 하는 유언으로서 그 내용이 상속법규에 위반된 경우, 불공평한 분재, 사기나 강박, 신분에 관한 법규에 위반한 경우에는 유효한 유언으로 인정되지 못한다.

21) 經國大典, 刑典 私賤條 "用祖父母以下遺書"의 註: 祖及父則手書, 祖母及母則須族親中顯官證筆, 衆所共知, 未手書者, 疾病者, 竝依婦人例.

말하면 자필증서에 의한 유언을 인정한 것은 부조에 한하며 그밖에는 친족 중 현관을 증필자로 하여야 한다. 그러한 형식요건은 유언의 효력발생 시기가 유언자의 사망시기이기 때문에 위조, 변조 등의 사위를 방지하기 위한 목적에 기인한다.[22] 이와 같이 유언은 요식행위이지만 특히 엄격한 형식을 채택하지 않고 백문문기에 의하는 것은 이들간에 친자관계라는 신분관계가 인정되기 때문이다.

따라서 경국대전 형전 사천조는[23] 이것 이외의 노비(奴婢), 전택(田宅)의 승계는 관서문기에 의하는 것을 원칙으로 한다고 규정하고 있다. 세조실록의 기록[24]도 같은 의미를 가진다. 여기에서 세계문권(稅契文券)은 관서문기를 말하는 것으로서 조부모, 부모의 허여(許與) 및 동복자중분집기(同腹自中分執記)만은 백문(白文)을 허락한다는 뜻을 분명히 하고 있다. 동복자중분집과 동생화회분집(同生和會分執)이라는 말은 상속을 의미한다. 이전에는 조부모, 부모의 생전의 허여문기뿐만 아니라 상속도 관서문기에 의하도록 하였는데, 이것은 상속이 피상속인의 사후의 허여였기 때문에 관이 죽은 자를 대신하여 허여하는 것이라고 인정했던 것에 기인한다. 그러나 나중에 동복자중분집기와 조부모 부모의 허여문기에 관하여 동일하게 백문문기를 인정한 것은 상속과 피상속인의 생전증여와의 견연(牽聯)관계를 보여주는 것이라고 할 수 있다. 상속은 친족법상 지위에 수반하는 권리이고 그 신분을 갖지 않으면 피상속인의 의사에 의해서도 상속시킬 수 없기 때문이다.

또한 백문을 쓰면 간위(姦僞)가 생기게 되니 이제부터는 친부모, 의부모,

22) 경국대전주해는 이를 단적으로 표현하고 있다. 經國大典註解, 刑典 私賤條 "用祖父母以下遺書 註 祖及父則須手書, 祖母及母則須族親中, 顯官證筆, 遺, 留也. 遺書堂出於財主身後, 恐有詐僞故, 祖及父非手書者不用, 衆所共知, 未手書者, 疾病者, 與祖母及母, 則筆須族親之有顯官者證筆然後, 可用. 無顯官族親證必者, 不可用也. 與前凡文記證筆, 不同".

23) "父母, 祖父母, 外祖父母, 養父母, 夫妻妾及同生和會分執外 用官署文記"라 하고 그 주에 "子之於親亦不須官署, 田宅同".

24) "傳旨禮曹曰 … 祖父母 父母 許與及同腹自中分執記外 不稅契文券 勿許受理 …"(世祖實錄 제 25권 7年 7月 〈丁未〉).

양부모, 처부모의 허여문기와 동생(同生)의 화회문기 이외에는 관서문기를 쓰도록 하라는 입법도 있다. 여기에서는 조부모와 외조부모가 누락되어 있으나 취지로 보아 이들의 허여문기도 백문이었음을 알 수 있다.[25] 그러나 계모나 적모, 서모 등에 관하여서는 백문이 허용되지 않으며 임종 시의 처분에 관하여 대전후속록에서는 관서문기를 사용하도록 하고 있다.[26] 이들간에는 친자관계가 인정되지 않기 때문이다. 이 경우의 문기에도 유언에 상당하는 내용이 포함되어 있을 수 있지만 그 효력이 관서에 의한다는 점에서 유언과 다르다. 그러나 이것도 역시 사인증여 방법 중의 하나이다.[27]

5. 유증의 효과

유언이 유명으로부터 발달되었으므로 유증의 효과가 단지 재산의 이전에 그치는 것이 아니고 그 재산에 관해서 수유자인 자손을 구속하는 경우가 있다. 즉, 수유자가 받은 재산을 어떻게 처리해야 할 것인가를 아울러 명하는 경우이다.

여기에 관하여는 다음과 같은 사례가 있다.

순경 옹주 김씨는 그 양자 서원군(瑞原君)에게 유산을 전해주면서 서원군의 사후는 그 전부를 양손인 계중(繼重)에게 전할 것을 문기에 명기하였다. 그러나 서원군은 김씨의 유의를 따르지 않고 그것을 다른 제자녀(諸子女)에게 분급하였다. 서원군의 사망 후 계중은 그 동생들이 분득한 것의 반환을 관에 청구하였으나 계중은 벌을 받았고 재산은 제자녀에게 분급되는 것으로 끝났다. 그것은 제자녀가 분급을 받은 후 40년을 경과함으로써 출소(出訴)기

25) 藝文館典翰崔敬止輪對曰, (中略) 奴婢白文不稅契, 姦僞滋甚, 請告官稅契. (中略), 凡奴婢文券皆用白文, 則姦僞成生, 自今親父母義父母養父母妻父母許與, 及同腹和會分執記外, 竝用經官文券(睿宗實錄 제6권 元年 6月 20日 〈壬甲〉).

26) 大典後續綠, 刑典 私賤條, "繼母傳繼文記用官署 嫡母庶母同"(中宗 二十五年 正月 二十二日 刑曹受敎).

27) 최달곤, 전게논문, 526면.

간이 지났다는 것과, 자로서 부의 비행을 소구(訴求)하는 것은 허가되지 않는다고 하는 것이 이유였다. 이에 대하여 김씨의 유산은 계중이 승계하여야 하는 것이고 원재주(元財主)의 유의에 따라야 하며 계쟁재산(係爭財産)을 몰수하여 속공하여야 한다는 견해가 많았던 것은 제자녀의 분득(分得)을 무효로 하고자 하였기 때문이다.[28] 이 사례는 유증에 수반된 제 2의 처분을 수유자가 준수하여야 한다는 것을 시사하고 있다.

김소에게는 1남2녀가 있었고, 생전에 분재를 하였다. 아들 김승서가 불순·불효하였으나 분재하여 준 노비를 빼앗지는 않았고, 만일 적자가 없으면 여자손에게 물려주라는 유명을 남겼다. 김소가 죽자 김승서는 수양자 이영번에게 자기의 노비를 물려주고자 하였고 여자손이 위 유명을 들어 소송을 제기하였다. 이에 대하여 유명에 따라 여자손에게 결급(決給)하여야 한다는 주장과 유명에 수양하지 말라는 말은 없었고 수양자에게는 전급하여야 하므로 이영번에게 결급하도록 하여야 한다는 주장이 있었다. 결국 전자의 주장에 따라 여자손에게 결급하라고 판결한 사례[29]이다. 이 사례에서는 분재의 시기와 유언의 시기가 다르고 김소의 유서의 내용은 유명이기 때문에 유명의 효과로 논하여야 하는 것이지만 유명이 유증과 결합된 경우에는 그 결과는 동일하다는 것을 보여주고 있다. 따라서 유증에 수반하여 제 2의 처분을 하게 되면 그 처분의 내용이 수유자를 구속하게 됨을 알 수 있다. 이것은 유명이 부조의 명령이기 때문에 자손을 구속할 수 있다는 데서 비롯된다.

한편 위의 사례들과는 달리 유증자의 제 2의 처분의 효력이 부인되는 사

---

28) 成宗實錄 제 235권 20年 12月 13日 〈丙甲〉.

29) (中略) (李) 克培曰, 金紹者有一子二女, 子名曰承諸. 紹生時, 成文, 數承諸曰, 父母俱存, 年未過四十, 而收養他人子罪一也, 守令赴任時, 不爲造謁罪二也, 怒其奪所奸婢子, 而不順於母罪三也. 子欲告官論罪, 然父子之間, 恐其傷恩, 故隱忍不爲, 至於奴婢亦不奪也. 汝若終無嫡者, 則勿許妾子, 而傳二女子孫, 及紹死, 承諸收養李永蓄於三歲前, 傳給奴婢, 一議以爲, 不命旣曰傳之二女子孫, 決給女孫可也, 一議以爲, 其父遺書, 無今後勿爲收養之言, 收養之子卽同己子, 決給永蓄可也, 二議皆不遠於理, 上曰, 當從其父之命, 決給女孫可也(成宗實錄 제 126권 12年 2月 20日 〈甲子〉).

례도[30] 있는 것으로 보아 유증에 수반된 제2의 처분의 효력에 관해서 일반적인 원칙은 없고 사안에 따라 개별적으로 처리된 것으로 보인다.

6. 유증자유의 제한

유증자유에 제한을 가하는 것은 가산을 혈족간에 유지시킨다고 하는, 다시 말하면 가산은 조업에 의하여 승계되고 이를 자손에게 전하지 않으면 안된다고 하는 조업사상(祖業思想)에 기인한다. 조업사상에 의해서 가산을 승계하는 자는 생전의 분재에 의하거나 유증에 의하거나 불문하고 상속인이 될 수 있는 자에 한한다. 따라서 수증자 또는 수유자가 상속인과 일치하는 이유는 여기에서 비롯된다. 이와 같이 자손 외의 자에게 유증을 금지하는 것은 조업이 혈연관계 없는 자에게 귀속되는 것을 방지하는 것이며 이것은 동시에 유증에 의한 재산처분의 자유를 제한하는 조치가 된다.

대부분의 경우 분재는 자녀나 본족, 부처첩 간에 상속순위와 상속분을 변경할 뿐만 아니라 상속재산의 분할을 지정하는 것을 목적으로 한다. 유서에 의한 분재, 즉 유증도 이 범위를 초과할 수는 없다. 유언의 자유는 법정상속분의 변경, 상속재산분할의 지정 또는 후순위 상속인에 대한 분재에 관한 사항에서만 인정된다고 할 수 있으므로 이러한 제한범위를 넘는 유언은 인정될 수 없다. 유증의 자유도 이 범위를 넘을 수는 없는 것이기 때문에 유증은 무제한의 것으로 볼 수 없고 이러한 의미에서 유증자유가 제한된다고 할 수 있다. 유증의 자유가 인정되는 범위 내에서만 유언에 의한 법정상속분의 변

30) 傳于承政院曰, 盧物載遺書內, 有奴婢勿給妾子之語, 若從父意, 則懷愼妾子盧植等不在 分得之例. 今衣義禁府所啓而分給乎, 抑從父命乎. 其議于領敦寧以上及議政府. 尹弼商洪應議, 臣意, 祖父遺書, 子孫所當遵守, 但此奴婢, 非盧氏家所傳, 依禁府所啓爲便, 尹壕議, 從父願何如. 孫舜孝議, 凡祖業田民, 唯傳得者主之, 主者或傳於甲, 或傳於乙, 惟意所在, 公家不得而奪之. 金氏以己田民, 給其夫盧懷愼, 則是乃懷愼己物, 嫡子妾子收養侍養, 自當依法分得, 唯盧物載所傳田民, 可從遺書區處, 傳曰, 依義禁府所啓分給(成宗實錄 제240권 21年 5月 26日 〈丁丑〉).

경이나 상속순위의 변경이 허용된다고 볼 수 있는 것이다.

따라서 부조가 유언에 의하여 재산상속에 관한 이러한 사항을 임의로 결정하더라도 그것은 유효한 것이 된다. 비록 상속분의 지정이 균분주의에 의하지 않더라도 수유자나 상속인은 그것을 이유로 소송을 제기하거나 무효를 주장할 수 없다. 이것은 "유서가 있으므로 유서를 따름이 진실로 대전(大典)의 법이 된다"[31], "만약에 부모의 유서를 무시하고 드디어 격례(格例)를 만든다면 공평하지 못한 부모를 만난 자식들은 모두 말하기를 "부모가 비록 나에게 공평하지 아니하였더라도 끝내 관청에 고하여 공평하게 재산을 나누어 가질 수 있다"고 한다면 강상이 위태로워질 것이다"[32], "첩자에게 전부 주고 적자에게 주지 아니하였더라도 그 문권이 뚜렷하면 그대로 따라야 하고 부의 사후에 자가 이를 다툴 수 없다"[33]는 등의 기록은 이를 설명하고 있다.

이와 같이 법정상속제의 범위를 넘는 유언의 자유는 인정되지 않는다고 보기 때문에 법정상속인인 자녀가 있음에도 불구하고 타인에게 다수의 재산을 분급하는 유서는 난명이라 하여 그 효력을 부인한다. 유언자가 상속인에 대하여 법정상속분과 다른 비율로 분급할 수 있다 하더라도 상속인 중 특정인에게만 유산을 전부 분급하는 경우 등도 불공평한 분재로서 허용되지 않는다.

어느 정도의 불공평한 분재가 난명으로 취급되는지는 분명하지 않으나 사례에 따라 다르게 나타난다. 즉, 모가 자녀에게 분재해 준 것이 공평하지 않기 때문에 균분으로 고치고 관에 고하여 세계(稅契)를 받았는데 오직 딸 경신옹주만이 여기에 응하지 않았다는 사례가 있다.[34]

그러나 유산의 불공평한 분배를 명한 유언이 난명으로 취급되지 않는 사

31) 成宗實錄 제31권 8年 1月 22日 〈丁巳〉의 受教.

32) 成宗實錄 제31권 8年 8月 22日 〈己巳〉.

33) 中宗實錄 제32권 13年 2月 29日 〈戊戌〉.

34) 敬愼翁主, 傳義君李梡妻也, 其母淑善翁主啓曰, 奴婢已分於子女, 然有不均者, 故更均分, 又盧後有分爭, 告掌隷院稅契, 獨敬愼翁主憤怨, 與其子信忠禮忠等, 飾詐强辯, 母女相訟, 於理大淚, 而司評南泳, 偏聽請辭, 淹延不決, 是以悶之, 命囚禮忠信忠及其奴僕之事知者, 淑善翁主, 太宗後宮也(世宗實錄 제46권, 14年 5月 16日 〈乙亥〉).

례도 있다.[35] 즉, 박팽년이 첩자에게 많이 주고 적자에게 조금 준 경우에 이것이 불공정하고 그 문계가 분명치 않기 때문에 관이 재주가 되어 분급하는 것이 마땅하다고 주장하였다. 이에 대하여 승지들은 분급이 고르지 않다고 해도 마땅히 부모의 명령이니 준수하여야 한다는 의견을 제시하였다. 이 논의를 야기시킨 또 하나의 사례는 왕인의 유증건이다. 즉, 왕인은 비첩 조적을 사랑하여 첩자 왕효손에게 전유산을 주며 처 김씨 소생의 적자인 왕변옥의 친자관계를 부정하는 유서를 작성하였다. 왕인은 왕변옥에게 학자금 명목으로 노비 10구만을 주었다. 왕인의 사후에 왕변옥과 왕효손이 유산을 다투게 된 듯하며 사헌부는 왕효손이 적자의 분수를 무너뜨렸다고 하여 개차(改差)를 주장한 듯하다.

7. 유증의 취소

유증의 취소라는 것은 유언자 사후 상속인, 근친자 또는 이해관계인의 청구에 의하여 유증이 실효되는 것을 말한다.

유증의 취소는 일반적으로 인정되는 것은 아니며 예외적으로 망은(忘恩) 같이 취소를 인정하기에 충분하고 상당한 사유가 있는 경우에 한한다. 유언자는 수증자나 수유자가 될 자가 망은 같은 부도덕한 행위를 하는 경우 생전에 문기의 개정에 의하여 분재나 유증의 효력발생을 저지할 수 있다. 그러나 유증자가 사망한 후에는 수증자나 수유자에게 망은행위가 있을지라도 이를 취소할 수 없게 되어 부당한 결과를 낳게 된다. 이러한 경우 근친자나 이해

---

35) 執義朴彭年啓, 今本府, 分揀妻妾父子之書甚多, 其源, 乃因爭奴婢田土家舍財物而然也. 以此骨肉相殘, 風俗薄惡, 誠非細故, 臣以爲, 嫡室本息, 及妾子息處奴婢分給之法, 國有常典, 其父一時憎愛, 不如國法, 而失序分給, 若有如此而文契不明者, 請依成法, 官作財主分給, 上曰, 不可率爾而答, 予更商量. (中略) 上謂承旨等曰, 官作財主分給之言何如. 都承旨李季甸等曰, 天下無不是底父母, 其奴婢分給, 父母雖以一時主憎愛, 多少不拘, 豈違父母之命, 而官作財主分給乎, 宜從父母之命, 而有司詳辨曲直, 分揀決給也. 上納之, 仍謂曰, 孝孫則宜改差(文宗實錄 제9권 元年 8月 29日 〈甲午〉).

관계인의 청구에 의하여 증여나 유증을 취소할 수 있는 방법이 필요하게 된다. 이것은 수유자의 불효 또는 은의쇠박(恩義衰薄) 등 망은행위에 대하여 근친의 분개를 완화하는 역할을 하는 것으로서 유언자에 대신하여 분급을 취소하는 것이라고 볼 수 있다.36)

다음의 사례는 유증의 취소사례로 볼 수 있다. 즉, 성효원이 계모 최씨에 대하여 단상(短喪)한 잘못을 헌부에서 치죄하도록 하자는 주장을 하자 부 성부는 최씨를 첩이라고 변명하였다. 세종은 전에도 남계영이란 자가 모의 상중에 취첩하였지만 그 부의 변명으로 무죄로 되었던 사례를 예로 들어 성효원의 단상의 죄를 용서하나 최씨가 효원에게 준 노비를 그대로 효원이 사역하는 것은 옳지 않으니, 최씨의 본종에게 돌려주도록 하자는 의견을 내세워 이를 의논하게 하였다. 모아진 의견은 세종의 의견과 일치하였다. 즉, 성부가 최씨를 성례하지 않고 첩으로 취하였으므로 계모로 논할 수 없고 따라서 단상의 죄는 없다. 그러나 "노비를 전득한 자가 본주(本主)에 대하여 은의를 쇠박하게 하면 환탈(還奪)하는 것이 예"이며 최씨가 효원에게 노비를 준 것은 의리로는 친자와 같게 여겨 장차의 봉사(奉祀)를 위한 계책이었는데, 성부가 최씨를 처로 하지 않았으니 효원과 최씨의 의리는 끊어진 것이다. 따라서 최씨가 효원에게 준 노비는 본종에게 되돌려주고 본종이 없으면 속공하게 하자는 것이다.37) 이 중 "노비를 전득한 자가 본주에 대하여 은의를

---

36) 中樞院 調査課 編, 前揭書, 167면.

37) 前判承文院事成薄子孝源, 繼母崔氏, 服喪百日, 憲府請治孝源短喪之罪, 成薄上言曰, 崔本醜行之女, 然臣年老, 故以妾畜之, 孝源服百日喪者, 綠崔給蒼赤故耳, 上曰, 往者南季瑛, 丁母喪娶妻, 予欲罪之, 李瑛之父曰, 臣不之事理, 使之娶妻, 是臣之過也. 且有人啓曰, 李瑛逼於父命, 且有文學, 予不治罪而用之, 夫季瑛當娶妻之曰, 固非幼弱無知, 猶可罪也. 然以父命尙赦其罪, 況成薄以醜行之妾, 而使孝源行百曰喪, 則孝源之罪, 於義當赦. 但崔之生時, 孝源貪其蒼敵, 以母事之. 死則畏其罪責, 播揚崔之過惡, 則使喚崔之蒼赤, 於意不合, 奪其蒼赤, 還崔本宗何如, 其令議政府擬議以聞, 僉議啓曰, 成薄自言, 崔有淫行, 不曾成禮而娶, 以妾畜之, 及其死令子孝源服喪百曰, 則孝源之於崔, 不當論以繼母, 況禮, 親母爲父所出則降服, 且父在則爲母服喪期喪, 今孝源從父之命, 爲崔服百日喪, 不可以短喪歸咎也. 又以父之過, 擧責子之罪, 蔽塞前程, 實爲

쇠박하게 하면 환탈하는 것이 예"이며(… 但奴婢傳得者, 向本主, 恩義衰薄, 則還奪例也 …)라는 말은 수증자나 수유자에게 망은행위가 있을 때는 증여나 유증의 취소원인이 된다는 것을 의미한다. 이 사례는 증여자나 유언자의 사후에 관에서도 이를 취소할 수 있음을 보여준다.

유증의 취소가 있게 되면 해당재산에 대하여 법정상속이 행해지게 된다. "후혹법관작재주분급"(後或法官作財主分給)[38] 이란 말은 상속법을 적용한다는 의미이다. 즉, 유언자의 의사에 대체되는 것은 상속법이기 때문에 이것을 적용함으로써 상속으로 인한 상속재산의 승계에 유언자인 피상속인의 처분을 의제하는 것이다. 유증과 증여와 상속이 모두 전계로서 관념되고 있기 때문이다. 법정상속순위와 상속분은 피상속인의 의사의 보충이므로 그 범위 내에서 유언자에게 유언의 자유가 분급으로서 허용되는 것이다. 유언에 의하여 불효를 이유로 선순위자를 배제하거나[39] 유언에 의하여 폐질(廢疾)을 이유로 폐적(廢嫡)하는 경우가 여기에 해당된다.[40]

부부공동유언에 의한 공동유증의 경우 취소사유가 발생함으로 인하여 부

未便, 但奴婢傳得者, 向本主, 恩義衰薄, 則還奪例也. 且崔之給孝源奴婢者, 乃以義同親者, 將爲奉祀之計也. 成薄歷擧崔之過愆, 絶不爲妻, 則孝源之於崔義絶, 便喚奴婢, 不合於理, 請以崔之奴婢, 竝還本宗若無本孫, 則依六典屬公爲便, 從之(世宗實錄 제95권 24年 2月 28日〈乙未〉).

38) 文宗實錄 제9권 元年 8月 29日〈甲午〉.

39) 李迹, 大提學行之子也, 孜, 迹之同母兄迹之子, 而蒙哥, 迹之孼弟也. 行嘗惡迹以書責之, 迹亦以書答之, 辭甚悖逆, 行怒乃作書, 述迹不孝之事, 及不給田民之意, 以遺其孫孜及庶子蒙哥, 厥後與迹復爲父子如初. 及行卒, 孜以祖遺書, 欲全財産田民, 迹亦出父所書分給財産文券, 欲與孜分之. 孜以爲非祖父所成之書, 乃僞書也, 遂訟于憲司, 孜則據遺書, 訟迹前日不孝之事, 迹亦訟孜平日不祀祖父及燒神主之事. 憲司啓請先治孜不睦燒主之罪, 以正風俗而後, 乃治此事, 遂命義禁府與三省, 同覈李迹李孜蒙哥等(世宗實錄 제82권 20年 8月 14日〈丙寅〉).

40) 尤庚曰, 禮有嫡子廢病, 不得承重之文, 令沈得祥之父, 旣以凶悖之人, 得罪倫常, 則其重於廢病也懸矣, 況其祖父判官公, 及其祖母, 前後有治命至使得祥不得奉祀, 則其絶之也嚴矣, 令祖父母俱歿之後, 乃敢違命奉祀, 似無其理矣(禮疑類輯附錄上宗法條).

부가 공동으로 작성하였던 문기를 개정하는 경우에도 위의 규정에 따른다. 공동유언에서 유언자의 의사는 부부 쌍방이 사망한 때에 쌍방의 유산은 지정된 자에게 승계될 수 있다. 그러나 부부 일방이 사망한 경우에는 생존배우자가 사망한 배우자의 유산까지 포함하여 개정할 수 있는가가 문제가 된다. 이 경우에는 공동유언의 목적물인 유산의 범위에서 생존배우자가 일단 사망한 배우자의 유산을 승계하였다가 잔존배우자가 사망한 때에 비로소 수유자가 양자의 유산을 승계하게 된다. 즉, 부부의 공동유증은 배우자의 일방이 먼저 사망한 경우 그 목적이 된 재산은 일단 생존배우자에게 상속시키고 그도 사망하면 부부의 유산을 함께 수유자에게 승계시키는 것이다. 이렇게 되면 죽은 배우자의 유산에 대하여 생존배우자와 수유자와의 지위는 선순위 상속인과 후순위 상속인과의 관계와 유사하다. 사망한 배우자의 유산에 대한 이러한 관계는 생존배우자가 공동유증을 취소하는 경우에도 변경될 수 없다. 생존배우자는 자기의 유산의 범위에서만 유언을 취소할 수 있다. 이숙번 부부의 공동유증의 경우 공동문기 개정건[41]의 결과에 의하면 유언자 일방의

41) 사건의 개요는 다음과 같다(원문인용 생략). 이숙번과 그의 처 정씨는 공동으로 문기를 작성하고 부의 재산과 처의 재산을 아울러 여러 자녀에게 분재하였다. 당시 장녀는 강순덕에게 출가하였으며 그 이외에 1남1녀가 있었다. 그후 이숙번이 사망하고 뒤이어 장녀도 사망하였다. 강순덕과 장녀 사이에는 자식이 없었으며 이숙번의 생전에 이미 강순덕은 종형제의 자 강희맹을 입후하여 계후자로 삼았다. 정씨는 남편과 장녀가 사망한 뒤에 강순덕에게 분재해 주었던 것의 반환을 요구하였으나 강순덕이 이에 불복하자 소송을 제기하였던 것이다. 이 사건의 해결방안으로서는 여러 의견이 나왔으나 요약하면 다음의 세 가지이다. 첫째, 부의 사후에 처가 이를 변경할 수 없다는 견해, 둘째, 부의 사후에도 처가 이를 변경할 수 있다는 견해, 셋째, 부의 재산에 대하여는 처의 변경을 허용할 수 없으나 처의 재산에 대해서는 이를 허용할 수 있다는 견해가 그것이다. 각각의 견해는 나름대로의 주장근거를 내세웠으나 이 사례는 다수설이었던 둘째와 셋째 견해를 절충하는 내용으로 판결하였다. 즉, 부의 처분과 처의 처분을 구분하여 처의 처분에 대하여는 개폐(改廢)의 자유를 인정하고 부의 처분에서도 처는 자신의 생존 중에는 부의 처분의 효력을 정지시켜 스스로 관리할 수 있으나 처의 사후에는 부의 처분이 효력을 발생하도록 결론지었다(端宗實錄 제4권 卽位年 11月 5日 〈癸亥〉).

사망에 의하여 공동유언의 효력이 즉시 발생하지 않고 다른 일방이 생존하고 있는 동안 사망한 배우자의 처분행위, 즉 유증의 효력발생이 일시적으로 정지된다고 볼 수 있다.[42)]

III. 일제시대

1. 관습가족법의 법원

1910년 한일합병에 의하여 한국은 일본민법을 의용하게 되었고 1912년 3월 일제는 조선민사령을 제정하여 동년 4월 1일부터 시행하였다.

조선민사령 제1조는 "조선인의 민사에 관한 사항은 조선민사령이나 기타 법령에 특별한 규정이 있는 때를 제외하고는 일본민법을 의용한다"고 규정하였다. 조선민사령에 특별규정을 둔 것으로 중요한 것은 조선민사령 제10조, 제11조, 제13조로서 그 중 제11조는 일본민법 중 행위능력에 관한 규정 및 친족상속에 관한 규정이다. 제11조는 "제1조의 법률 중 능력, 친족 및 상속에 관한 규정은 조선인에게 이를 적용하지 아니하고 조선인에 관한 사항에 대하여는 관습에 의한다"라고 규정하여 관습법을 가족법의 법원으로 삼게 되었다.

그후 조선민사령 제11조는 세 차례의 개정을 거쳐 일본민법의 의용범위를 확대하였다. 그 중 상속에 관하여는 상속승인에 관한 규정(제1017조~제1039조)과 재산분리에 관한 규정(제1027조~제1050조)을 1923. 7. 1부터 의용하게 되었으며 이것은 성문법규로서 상속법의 법원이 되었다. 기타의 사항에 관하여는 관습에 의하였기 때문에 일제시대 상속법의 법원은 성문법과 관습법이 병존하는 형태가 되었다.

관습법 규범을 선명 내지 정립한 것으로서는 관습조사보고서, 친족상속실체법에 관한 사법부장 내지 법무국장 또는 정무총감 내지 중추원 의장의 통

---

42) 최달곤, 전게논문, 534면.

첩, 회답, 훈령, 법원장의 회답, 통첩, 사법협회의 결의, 회답, 판례조사회 결의, 조선호적협회 결의, 구관급제도조사위원회 결의, 조선고등법원의 판결 등이 있다.[43] 친족상속법 중 관습법이 지배하는 사항에 관한 위와 같은 회답, 통첩, 결의 등은 관습법을 선명하는 법규범 그 자체인 것이며 법적 해석상의 자료인 유권해석이 아닌 것이다.

이들 중 법무국장, 정무총감의 회답 또는 통첩은 구관급제도조사위원회의 결의를 변경할 수 있는 것으로서 사실상 법령 역할을 하였다. 또한 사법협회, 고등법원 판례조사회의 친족상속에 관한 결의는 종래의 판례를 변경하는 규범이 되었다.[44] 그러나 실제로 관습법 규범이 없는 경우에는 "관습법이 없다"는 것을 이유로 적극적으로 해석하기도 하고 때로는 소극적으로 해석하기도 하였기 때문에 사실상 한국의 관습을 왜곡하는 부분이 있게 되었던 것이다.

유증에 관해서는 성문법규가 없기 때문에 관습에 의할 수밖에 없다. 관습법으로 볼 수 있는 것으로는 유증에 관한 조선고등법원 판결, 사법협회 질의응답, 그리고 관습조사보고서 등에 나타난 자료 등이 있다. 여기에서는 이들 자료를 분석하여 구관규범(舊慣規範)[45]과 비교하고자 한다.

2. 유증에 관한 관습

"조선인의 유언은 민법(民法)을 적용하지 않고 관습에 의한다"[46]라고 하여 유언에 관하여는 의용민법 제5편 제6장의 규정에 의하지 않는다는 것을 분명히 하고 있다.

---

43) 정광현, 《한국친족상속법강의》, 위성문화사, 1956, 32~3면.

44) 상게서, 44~6면.

45) 구관규범은 조선시대의 규범을 의미한다.

46) 사법협회 질의응답, 〈사법협회잡지〉, 10권 4호, 314면.

1) 유언사항

관습조사보고서는 어떠한 것이 유언사항인가에 관하여 다음과 같은 내용을 언급하고 있다. "유언으로 어떠한 것을 정할 수 있는가?, 예컨대 이미 언급한 사항 외에 유언으로 재산을 처분할 수 있는가?, 이에 대해서 전혀 제한이 없는가?, 또 그외에 관습상 유언으로 정하는 사항이 있는가?"라는 질문에 대하여 유언으로 정할 수 있는 사항에는 전혀 제한이 없다고 하면서 다음과 같이 유증의 관습과 유증자유에 제한이 없음을 밝히고 있다.

> "유언은 대개 사망에 임박하여 하는 것이고, 미리 만일의 경우를 예상하여 빨리 유언을 하는 것과 같은 일은 그 예가 많지 않은 것 같다. 그리고 유언을 할 수 있는 사항에는 전혀 제한이 없다고 하더라도 양자를 정하거나 유산분배의 비율과 방법을 정하고 생아(生兒) 또는 태아의 인지 혹은 부인을 하고 후견인을 정하는 것 등은 유언으로 할 수 있는 사항 중 두드러진 것이며, 기타 유언으로 묘지를 선정하고 또 재산의 처분, 예를 들면 사원 기타에 기부를 하고 친족 친우 등에게 유증을 하는 예는 적다고 할 수 없다. 그리고 재산을 처분하는 데는 상속인의 유류분에 관하여 확실한 관습이 없기 때문에 거의 제한이 없다."[47]

위의 관습조사보고서 내용에 의하면 조선에서는 제한 없이 모든 사항을 유언으로 정할 수 있다고 한다. 유언사항 중 신분에 관한 것으로서 유언에 의한 양자지정, 출생자 또는 태아인지, 후견인지정, 재산상속에 관한 것으로서 유산분배의 비율과 방법의 지정, 재산의 처분으로서 친족이나 친우 등에게 하는 유증을 예로 들고 있다. 조선시대 재산에 관한 유언의 자유는 법정상속분의 변경, 상속재산분할의 지정이나 후순위 상속인에 대한 분재에 대해서만 인정되었다.[48] 따라서 유증의 관습이 있다는 것과 수유자로서 친족을

47) 한국법제연구원, 〈국역관습조사보고서〉(1992), 문176, 400면.

48) 신영호, "한국유언법의 역사적 전개", 《정수봉 박사 화갑기념논총》(1988), 539면.

들고 있는 것은 사실이라 할 수 있다. 왜냐하면 수유자의 범위에는 제 1순위의 상속인인 직계비속을 포함하여 동순위자가 아닌 처첩, 형제, 자매 등 친족이 해당될 수 있기 때문이다. 그러나 타인인 친우에게 유증하는 예가 적지 않다는 내용에는 의문이 있다. 물론 타인에게 유증(別給)하는 예가 전혀 없는 것은 아니지만[49] 조업의 법리가 상속법의 기본이 되기 때문에 유언에 의하여 조업(祖業)을 승계받을 수 있는 자는 대체로 상속인으로 될 수 있는 자에 한정되었다. 따라서 유언자는 자손과 상속에 참여할 수 없는 근친자에게 분재, 즉 유증을 할 수 있을 뿐이다. 일반적으로 상속인이 아닌 타인인 "친구에게 유증을 할 수 있고 그 예가 적지 않다"는 보고서의 내용은 구관의 내용을 정확하게 인식하지 못한 결과라고 할 수 있다.

2) 유증자

유증자로서 처의 능력에 관하여 처는 부의 허가를 받을 필요가 없다고 하는 조선고등법원의 판결이 있다. 조선고등법원은 "처가 중요한 법률행위를 하는 데 관하여는 부의 허가를 받아야 하나 유증을 하는 데 관하여는 부의 허가를 받을 필요가 없는 것은 조선에서의 관습이다"[50] 라고 하였다.

구관(舊慣)에 의하면 재산처분에 관한 유언을 할 수 있는 자로서 조부모, 부모, 외조부모를 들고 있다.[51] 이들간에는 유언서를 쓰는 형식에서만 차이가 있을 뿐 처도 부와 동등하게 재산처분에 관한 유언을 할 수 있고 여기에 대하여 부의 허가라는 제한이 있는 것으로는 되어 있지 아니하다. 대표적인 예로 이숙번 부부의 공동유증의 예가 있는데[52] 이숙번과 그의 처 정씨는 협의하여 각자의 재산을 분재하고 부부 공동명의로 문기를 작성한 것으로 되

49) 中樞院 調査課 編, 前揭書, 15면.

50) 조선고등법원, 1916. 3. 14, 〈조선고등법원 판결록〉(1930), 3권, 439면.

51) 經國大典, 刑典 私賤條 "用祖父母以下遺書 …"; 續大典, 刑典 文記條 "外祖父母遺書竝皆通用".

52) 端宗實錄 제 4권 卽位年 11月 5日 〈癸亥〉.

어 있다. 처가 부의 허가를 얻어 유증을 한 것으로 되어 있지 않을 뿐만 아니라 부부 각자는 생존하는 동안 유증을 단독으로 철회할 수도 있다. 따라서 유증자로서 처의 능력에 관한 조선고등법원의 판결은 구관에 충실한 판결이라고 할 수 있다.

3) 수유자

(1) 수유자가 될 수 있는 자

누가 수유자인가에 관한 사법협회의 질의응답에 의하면, 수유자로서 직계비속을 인정하며 출가녀에게도 유증이 가능하지만 유산상속인을 지정할 수는 없다고 하였다. 즉, "출가녀 2인만을 가진 단신 여호주가 병상에서 수인(數人)을 모아놓고 자기의 유산 전부를 출가녀 중의 한 사람에게 유증을 하는 것은 유효하나 유산상속인인 것을 지정할 수는 없다"[53]고 하였다.

우선 출가녀에게 수유능력이 있는가이다. 딸은 직계비속으로서 상속인이 될 수 있고 출가여부는 불문하므로 출가녀는 수유자가 될 수 있다.

그러나 재산처분에 관한 유언임에도 불구하고 병상에서 수인을 모아놓고 유증을 하는 행위는 구관에서 정한 유언의 방식에 의한 것으로 볼 수 없다. 이것은 일종의 강행법규 위반행위로서[54] 그 효력을 인정할 수 없음에도 불구하고 유효라고 한 것은 구관의 명백한 왜곡이라고 할 수 있다.

또한 상속인인 동시에 수유자인 2인 중 한 명에게만 유증을 하는 경우 불공평한 분재로써 난명이 될 수 있다. 유언자는 상속인에 대하여 법정상속분과 다른 비율로 자유롭게 분급할 수 있고 그것은 부모의 명령이기 때문에 자손 등이 준수하여야 하지만 상속인 중 특정한 자만을 편애하여 유산을 전부 주는 행위는 원칙적으로 허용되지 않는다. 어느 정도가 난명인지의 여부에 대한 기준이 분명한 것은 아니지만 원칙적으로 이러한 행위가 유효한 것은 아니다. 그러므로 여기에 관한 사법협회 질의응답은 정확한 것이라고 볼 수

53) 사법협회 질의응답, 〈사법협회잡지〉, 12권 9호, 5면.

54) 中樞院 調査課 編, 前揭書, 160면.

없다.

질의응답내용 중 "유산상속인인 것을 지정할 수 없다"는 의미가 출가녀에 대한 것인지 명확하지는 않으나 출가녀도 상속인이므로 다시 이들을 유산상속인으로 지정할 필요는 없을 것으로 생각된다. 일반적인 경우라면 유언으로 유산상속인을 지정할 수는 없다. 다만 입후를 위한 양자는 유언으로 지정할 수 있고 그 경우 양자는 상속인이 될 수 있다.[55]

(2) 태아의 수유능력

태아의 수유능력에 관하여 "태아의 권리를 인정하는가, 예컨대 태아의 상속권을 인정하는가"라는 질문에 대하여 관습조사보고서는 다음과 같이 설명하고 있다. 우선 태아의 재산상속·제사상속상의 지위에 관하여는 다음과 같다.

> "재산상속은 사자의 유산을 승계하는 것으로 제사상속과 함께 이루어지기도 하고 또 단독으로 이루어지기도 한다. 제사상속과 함께 이루어지는 재산상속에는 장자손이 봉사자로서 부조의 유산을 상속하는 것과 중자손이 부조의 유산을 분배하여 받는 것이 있다. 그런데 장자손의 유산승계는 제사승계에 수반하는 것으로서, 제사승계에 관하여 태아의 출산을 기다리지 않고 바로 입양하는 경우에는 태아의 출생 후 양자를 파양하면 태아는 유산을 승계하는 것이다. 그러나 양자를 파양하지 않을 때에는 다만 중자로서 재산을 분배받는 것에 지나지 않는다. 또한 제사상속에 관하여 태아의 출생을 기다리는 경우에는 피상속인의 모 또는 처가 그 유산을 일시승계하고 태아가 출생한 다음 유산을 승계시키게 되는 것이다. 실제로는 피상속인은 조모 또는 모이지만 관념상으로는 곧바로 태아가 부조의 유산을 승계하는 것으로 된다.
>
> 다음에 중자에 대한 유산의 분배에 관하여는 회태 중의 자는 참여하지 않고 출생 후에 그 상속분을 받는 것을 예로 한다(태아가 있는 것이 분명하면 출생할 경우를 예상하여 상속분을 정한다). 또한 단독으로 이루어지

55) 承政院日記, 英祖 35年 4月 23日條.

는 재산상속은 보통 봉사자가 아닌 자가 사망한 경우에 생긴다. 봉사자가 사망한 경우에도 제사승계인이 없기 때문에 그 모·처 등이 일시 그 유산만을 승계하는 경우도 있다. 그러나 이 경우에 만약 태아가 있으면 그 출생 후 제사승계와 함께 유산을 승계하는 것은 상술한 바와 같다."[56]

이 자료에 의하면 장자손의 제사승계의 경우 태아가 있더라도 입양을 한다면 태아의 출생 후 파양여부에 따라 제사승계자로서 지위가 결정된다. 이러한 경우는 태아의 승계능력이 인정되지 않는다고 볼 수 있다. 그러나 출산을 기다려 제사와 유산을 함께 승계시키는 경우나 중자에 대한 유산분배에서 출생 후 그 상속분을 받는 경우는 태아에게 출생을 정지조건으로 하여 상속분을 정하므로 이러한 경우는 태아에게 제사나 재산상속능력이 인정된다고 볼 수 있다.

또한 태아의 수유능력에 관하여는 다음과 같이 설명한다.

"유증에 관한 태아의 지위에 관하여 태아에 대한 유증은 그 예가 많지는 않으나 결코 절무(絶無)하지는 않다. 그리고 수유자가 태아인 때에는 그 출생을 기다려 유산을 상속한 자가 유언에 따라 이를 분여하는 것이 예이고 유언은 유언자의 사망과 동시에 효력을 발생한다 하더라도 수유자인 태아가 유증재산을 취득하는 것은 언제나 그 출생 후이다."[57]

이 보고서에 의하면 태아에게 수유자로서의 능력은 인정하지만 권리취득은 출생 후에 가능하다는 것이다. 즉, 정지조건부 능력을 인정하는 것이다.

태아의 재산상속, 제사상속, 그리고 수유능력에 관한 구관의 자료는 아직 확인된 바 없지만 태아의 수유능력을 인정하지 않을 이유는 없을 것이다. 태아도 직계비속으로서 상속인 자격이 있으므로 당연히 수유자로서의 자격도 갖게 되기 때문이다. 다만 태아인 경우 출생을 정지조건으로 하여 부 사망

56) 한국법제연구원, 전게서, 75면.

57) 상게서, 76면.

시에 소급하여 상속권을 갖기 때문에 태아의 출생 후 상속인이 유증의무자가 되어 출생한 자에게 유증재산을 분여하게 된다. 태아인 수유자가 유증재산을 취득하게 되는 것은 출생 후이며 이러한 구관이 있다는 위 보고서의 내용에는 구관의 왜곡이 있다고 할 수 없다.

4) 유증방식

유증을 하기 위해서는 유언의 방식에 따라야 하는 것이 구관이다. 그러나 유언의 방식에 관하여는 다음과 같은 관습조사가 있으며 조선고등법원의 판결 또한 동일하다.

> "유언에는 일정한 방식이 있는가, 만약 있다면 방식은 어떠한가, 또 이를 이행하지 않는 유언은 무효인가"라는 질의에 대하여 "유언은 구두 또는 서면으로 하는 것이다. 구두로 하는 경우에는 가족 등 근친을 모아두고 하는 것이 통례이다. 또 서면으로 하는 경우에는 글을 아는 자는 대개 자필로 하고, 자필로 할 수 없는 자는 대필로 한다. 그리고 유언의 방식에 대해서는 일정한 관습이 없고 따라서 아무런 방식으로 하여도 유언자의 임의라고 하나, 적어도 그 유언이 유언자의 진의표시임을 충분히 알 수 있어야 함에 대해서는 이론이 없다. 예컨대 유증을 받거나, 또는 유언으로 이익을 받는 자에 대해 입회인 없이 이러한 자에게 대필을 시킨 유언은 일반적으로 신빙할 수 없는 것으로 효력을 인정하지 않는다. 또 유언서의 보관에 대해서는 이를 문갑(文匣) 속에 감추거나 처자 등 근친에게 위탁하여 보관하는 것이다. 이러한 경우에는 보통 엄밀하게 봉함을 하고 사망 후에 개봉하는 것이다. 유언의 필기, 개봉, 검인 등에 대한 관습은 없다(경국대전, 형전 사천조 참조)."[58)]

> "유언의 방법은 정하여진 방식이 없다. 자필의 서면으로 하거나 혹은 대필의 서면으로 하는 경우가 있고 혹은 구두로서 하는 경우가 있다. 구두

58) 한국법제연구원, 전게서, 문177, 401면.

로 하는 경우에는 가족, 기타 근친의 면전에서 이를 하는 것을 보통으로 하고 자필로 또는 대필의 서면으로 하는 경우에는 그 서면에 날인 또는 화압(花押)을 하고 또 대필의 경우에는 필자 또는 증인의 날인 또는 화압을 갖추는 것을 통례로 한다. 또 유언자에게 근친이 없는 때에는 이장 기타의 자를 증인으로 하여 유언을 하는 경우가 있다."[59]

"유언의 방식은 관습상 특히 규정한 바 없다. 따라서 항상 유언증본의 첨부를 요구하는 것은 어려움을 따르게 하는 결과가 되기 때문에 유언이 있었다는 것을 증명하는 서면을 가지고 족한 것으로 했다."[60]

"특정명의의 유언으로 인한 소유권이전의 경우, 유언의 방식에 의하지 아니하고 다만 구두로 유증을 받았다고 하여 그 부동산 소유권 이전의 증명신청을 한 때에는 증명령 제11조에 의하여 증명원인을 증명하는 서면을 제출할 수 없는 것이라고 하여 수리해야 할 것인가 또는 유언의 방식에 의하지 아니한 것은 권리의 존재를 인정할 수 없는 것이라고 하여 각하하여야 할 것인가 하는데 조선인인 경우에는 서면에 의하지 아니하고 다만 구두로 하는 유증도 관습상 그 효력을 갖는 것으로 인정되기 때문에 그 증명의 신청은 이를 수리하여야 한다."[61]

"서면에 의하지 아니한 유언을 가지고 효력이 없다고 하는 관습은 현존하지 아니한다."[62]

"유언은 고래로 관습법이 인정하는 바이기는 하나 이에 관하여 특별방식이 정하여진 것은 없기 때문에 그 효력의 유무에 관하여는 일반의 요건에 따라 판단함으로써 족하다"[63]는 것 등이다.

59) 총독부 중추원 편집, 〈민사관습회답휘집〉(1933), 420면.
60) 총독부 법무국 편찬, 〈조선호적제도의 개요〉, 77면.
61) 吉田正敏 編纂, 〈不動産證明事例〉(1913. 7. 23), 95면.
62) 조선고등법원, 1935. 4. 5, 〈사법협회잡지〉, 14권 5호, 59면.
63) 조선고등법원, 1930. 2. 25, 〈조선고등법원 판결록〉, 17권, 64면; 〈사법협회잡

구관에 의하면 유산처분에 관한 유언인 경우 법전의 규정방식에 따라야 하는 것임은 전술한 바와 같다. 이것에 관해서는 중추원 조사과의 관습조사 자료가 오히려 구관을 명확하게 설명하고 있다.

> "돌이켜 한국의 기왕의 법제를 통관하건대 이조의 법전 중에 유언의 방식에 대하여 규정한 것은 근근이 조부모가 손자녀에 대하여 부모가 자녀에 대하여 또는 외조부모가 외손자녀에 대하여 그의 소유재산인 노비 또는 이에 준하는 전택의 분급에 관하여 규정하였을 뿐이며 기타 사항에 관한 유언에 대하여는 하등 규정한 바 없다. 즉, 경국대전 형전 사천조[64], "용조부모이하유서"라고 하고 그 주에 "조급부측수수서 조모급모, 측수족친중현관증필, 중소공지미수서자, 병의부인례"라고 규정하였고 이밖에 속대전, 형전 문기조[65]에 "외조부모유서, 병계통용"이라고 규정하였을 뿐이다. 즉, 이 규정에서는 다만 "조부모 이하에 유서를 씀" 또는 "외조부모의 유서 및 계통용"이라고 되어 있을 뿐이며 그 유서라 함은 일반유언에 관한 것인지 혹은 특정사항에 관한 것인지 분명하지 아니하다. 그러나 이 규정이 사천조에 있다는 것 및 대전주석(大典註釋)에 "유서당출어재주신후 … 운운"(遺書當出於財主身後 … 云云)이라고 한 것으로 미루어 보면 이 규정에서 소위 조부모, 부모, 외조부모의 유서라 함은 조부모·부모 또는 외조부모가 그 소유재산인 노비 및 이에 준하는 전택을 자손에게 분급하기 위한 유언이며 일반유언에 관한 것이 아니라는 것은 분명하다. 유언능력자를 조부모·부모·외조부모에 한정하고 그외의 자에게는 미치지 아니하였음은 유산을 자손에게 분급하기 위한 유언이기 때문이다. 그리고 그 방식으로서는 조부, 부, 외조부의 유언서는 자필증서임을 요하며 조모·모 외조모와 같은 부인의 유언자는 친족 중 특히 현관, 즉 문무양반의 정직에 있는 자가 대필하고 증인이 됨을 요하며 또 조부, 부, 외조부일지라도 중지의 무필자인 때 또는 질병자인 때에는 부인과 같이

지〉, 9권 5호, 142면.

64) 經國大典, 刑典 私賤條 "用祖父母以下遺書", 註: "祖及父則須手書 祖母及母, 則須族親中顯官證筆, 衆所公知未手書者, 竝依婦人例".

65) 續大典, 刑典 文記條 "外祖父母遺書, 竝皆通用".

> 친족 중에 현관자가 대필하고 증인이 되지 않으면 유효하지 않은 것으로 되어 있다. 이것은 유언은 유언자의 사망 후에 꺼내게 되는 것이므로 사위(詐僞) 기타 간휼행위(奸譎行爲)가 있을 우려가 있을 때가 있기 때문이다.
>
> 대전주해에도[66] "유언당출어재주신후, 공유사위, 고조급부비수서자불용, 중소공지미수서자·질병자·조모급모측필수, 족친지유현관자증필, 연후가용, 무현관족친증필자, 불가용"이라고 말하고 있다. 그리고 이러한 방식은 전술한 바와 같이 조부모·부모·외조부모 등이 그 소유재산을 자손에게 분급하기 위한 유언에 관한 것이며 그밖의 유언에 대하여는 적용되지 않는다."[67]

이상과 같이 구관은 유언에 의한 상속재산의 처분, 즉 유증에 관하여 일정한 유언방식에 따라야 한다는 것을 규정하고 있다. 그러나 관습조사와 판결은, 유증을 받는 경우 "입회인 없이 한 유언 또는 입회인 없이 이러한 자에게 대필시킨 유언", 또는 "유언방식에 의하지 않고 구두로 유증받았다고 하더라도…서면에 의하지 아니하고 구두로 하는 유증도 관습상 그 효력을 갖는 것으로 인정되기 때문에"라고 하여 유증의 효력을 인정하고 있다. 이것은 명백하게 구관에 대한 왜곡이라고 할 수 있다.

그밖의 사항에 관한 유언의 경우 그 방식을 규정하는 바가 없다. 즉, 사자(死者)의 원망(願望)이 내용에서는 유명(遺命)과 유사하여 자손에게 유언으로 혼동될 수 있는 경우가 있으며 법률행위가 아닌 단순한 사실 또는 의견에 관한 문서가 유서라 불리고 일정한 효과를 발생하는 경우도 있다.[68]

---

66) 大典註解, "遺言當出於財主身後, 恐有詐僞, 故祖及父非手書者不用, 衆所共知未手書者·疾病者·祖母及母則必須, 族親之有顯官者證筆, 然後可用, 無顯官族親證筆者, 不可用".

67) 정광현, 《한국가족법연구》, 서울대학교출판부, 1967, 255~6면.

68) 예컨대 成宗實錄 제144권 13년 8월 4일 〈庚子〉의 오정이 작성하였다는 첩자의 불효를 적은 유서, 中宗實錄 제10권 5년 2월 5일 〈辛卯〉의 관성군이 평성정의 불효를 논하였다는 유서 등(이것들은 대체로 폐적(廢嫡)에 의한 봉사자의 변경 또는 분재 시의 차별을 정당화하는 효력을 발생시킨 경우이다).

이에 관하여는 중추원 조사과의 관습조사자료가 정확하게 다음과 같이 기록하고 있다.

"전술한 바와 같이 한국의 법제에서는 조부모·부모 또는 외조부모가 자손에게 그 소유재산을 분급하기 위한 유언에 대하여만 방식을 정하고 그 밖의 사항에 대하여는 하등 규정한 바 없기 때문에 유학자간에도 당의 개원례에 "유질병유언서지, 차불문자서여대필 … 운운"(有疾病遺言書之, 此不問自書與代筆 … 云云)이라고 있음을 금과옥조로 삼고 어떠한 방식의 것일지라도 난명(신심상실 중인 존속이 그 비속에게 하는 유언)이 아닌 한 이를 유효로 하였다. 우암 송시열도 "유서소명, 부지심패어의, 측하감불종야"(遺書所命, 不至甚悖於義, 則何敢不從耶)라고 말하고 있다. 그러므로 그 형식 같은 것도 구구하며 유언자가 건강할 때 친히 유언서를 작성하고 서명착함(날인과 같음) 후에 이를 엄봉하여 비밀증서로 하여 이를 광저에 소장하는 일도 있으며 혹은 유언자 자신이 유언서를 작성하고 서명착함 후 이를 엄봉하여 수유자에게 교부하는 일도 있고 혹은 임종에 앞서 그 가장 친밀한 자를 머리맡에 초치하여 유언의 취지를 구수하여 이를 대필시키고 유언자 및 대필자가 같이 서명착함한 후 이를 사자에게 교부하는 일도 있으나 유언자가 임종 시에 근친을 초치하여 이들의 면전에서 유언을 신술하는 일도 적지 않다. 따라서 분묘의 흙이 채 마르기도 전에 벌써 유언에 관하여 분쟁을 야기하고 골육상식함과 같은 추태를 폭로하는 일도 적지 않다. 이는 결국 유언의 방식이 정하여져 있지 않음에 기인하는 것이다.

그러나 조선에서는 일반세속의 소위 유언 중에는 법률행위가 아닌 단순한 사실행위를 지칭하는 일이 있다. 예컨대 부·조가 임종 시 자손에게 훈회 또는 기원의 뜻에서 일정한 행위를 하거나 또는 하지 않을 것을 유언하는 일이 있다. 이것도 유명 또는 유서라 칭하며 자손은 이를 준수하지 않으면 안 된다고 하지만 이는 표의상 자손이 존봉하여야 할 사자의 유훈 또는 유지에 불과하며 이는 소위 유언으로서 법적 가치가 있는 것이 아니기 때문에 특히 법으로써 그 방식을 정할 필요가 없다 할지라도 이러한 사실행위를 제외한 법률행위에 대하여는 유언의 방식에 대하여 일본민법 제1067조 내지 제1086조와 같은 규정을 설정함으로써 법률관계를 명확히 할 필요가 있다."[69]

위와 같이 구관에 의하면 상속재산처분과 같은 특정사항에 관한 유언과 그밖의 일반사항에 관한 유언으로 크게 나누어 전자에 대해서는 요식행위로 후자에 대해서는 불요식행위로 하였다는 것을 알 수 있다.

그러나 관습조사보고서, 민사관습회답, 그리고 조선고등법원 판결 등은 이러한 구별 없이 일반적으로 유언에는 방식이 필요치 않는 것으로서, 구두, 서면 등 어떠한 경우도 가능하다고 함으로써 구관과 합치하지 않는 내용을 관습법으로서 인정하고 있다.

3. 포괄유증

포괄유증에 관해서는 다음과 같은 조선고등법원의 판결이 있다.

"포괄유증에 이르러서는 포괄수유자는 유산상속인과 동일한 권리의무를 갖기 때문에 유언이 효력을 발생하는 동시에 당연히 상속개시 시에 소급하여 유산을 승계한다. 따라서 유언자의 의사를 실현하기 위하여서는 아무런 행위도 필요로 하지 아니한다. 유언집행자를 정한 때에도 유언집행의 임무가 없기 때문에 그 효력이 발생하지 아니하는 것이다."[70]

유증에서 포괄유증이나 특정유증이라는 용어는 조선시대의 법전이나 실록기사에서 찾아볼 수 없다. 그러나 유언에 의하여 상속재산의 분할 또는 상속분을 지정하는 데 있어서 상속재산의 전부 또는 분수적 부분에 대한 유증이 가능할 뿐만 아니라 상속재산 중 특정재산에 대한 유증도 가능하였을 것이다. 자료에 의하면 상속재산을 여러 자녀에게 분재한 경우[71]가 많다는

69) 정광현, 전게서, 1967, 256~7면.

70) 조선고등법원, 1932. 9. 30, 〈사법협회잡지〉, 11권 11호, 65면.

점에서 특정유증의 경우가 더 많은 것으로 볼 수 있다.

또한 태아에게 수유능력을 인정하는 경우 출생 후 유증의무자인 상속인이 태아의 취득분을 분여한다는 전술한 관습조사보고서의 경우도 특정유증임을 추론할 수 있다.

포괄유증이 인정되는 경우 포괄적 수유자에게는 상속인과 같은 권리의무가 인정되므로 유언의 효력이 발생한 후 상속재산이 물권적으로 수유자에게 귀속한다는 위 고등법원 판결의 근대법적 해석에는 문제가 없는 것으로 볼 수 있다.

4. 유증의 효력발생시기와 유증의 포기

유증의 효력발생시기와 유증의 포기에 관하여 관습조사보고서는 다음과 같이 설명하고 있다.

> "유언의 효력은 어떠한가. 예컨대 유언은 언제부터 효력을 발생하는가. 유언으로 재산을 받은 자는 이를 포기할 수 있는가. 만약 포기할 수 있다면 그 자가 아무런 의사표시를 하지 않으면 그 재산은 당연히 수유자에게 귀속하는가. 또 수유자와 상속인 간의 차이가 있는가. 이에 대해서 포괄수유자(유산의 전부 또는 분수적 일부를 받은 자)와 특정수유자 간에 차이가 없는가"라는 질의에 대하여 "유언은 유언자가 사망한 때부터 그 효력을 발생한다. 그리고 유증을 받은 자가 이를 포기할 수 있는지 여부에 대해서는 유증을 포기하는 사례가 적으므로 관습으로 볼 만한 것이 적지만, 일반관념으로 포기할 수 있다. 또 유증을 받을 자가 이를 알고 있음에도 불구하고, 이를 포기하지 않는다면 그 재산은 당연히 수유자에게 귀속하는지 여부에 대해서는 명백한 관습은 없으나, 유언의 집행이 있은 후에 비로소 수유자의 소유로 귀속한다고 보는 것이 온당할 것이다. 그리고 포괄수유자와 특정수유자 간에는 구별이 없다"[72] 고 하였다.

---

71) 端宗實錄 제4권 卽位年 11월 5일 〈癸亥〉 등.

72) 한국법제연구원, 전게서, 문178, 402면.

구관에 의하면 유증은 유언자의 사망에 의하여 그 효력이 생기기 때문에 이것을 가지고 생전분재와 관념상으로는 구별할 수 있었다.[73] 유증의 효력은 유언자가 사망한 때부터 발생한다는 관습조사보고서의 내용은 일단 구관과 일치하는 것이라고 볼 수 있다. 또한 유증의 포기에 관한 구관의 자료는 분명하지 않으나 이론상은 포기할 수 있을 것이다. 수유자가 포기하지 않으면 유증재산은 수유자에게 귀속하는 것이지만 그 귀속시기에 관하여 포괄수유자와 특정수유자 간에 구별이 있다고 하는 관습이 있는지 여부는 확실하지 아니하다.

5. 유증의 취소

유증의 취소에 관한 관습조사보고서는 다음과 같이 설명하고 있다.

> "유언자는 언제라도 이를 취소할 수 있는가. 일단은 유언을 한 후 다른 유언 또는 계약 등으로 재산을 처분하는 등 이와 저촉되는 행위를 한다면 이를 취소한 것으로 보지 않는가. 또 수유자에게 의무를 부담시킨 경우에 수유자가 그 의무를 이행하지 않으면 상속인은 유증을 취소할 수 있는가" 라는 질문에 대하여 "유언은 사망한 때로부터 효력이 발생하는 것이므로, 유언자는 언제라도 그 유언을 취소할 수 있다. 그러나 이를 취소함에는 유언서를 폐기하거나, 유언을 한 것과 동일한 방식으로 그 취소의 의사를 표시하는 것이다. 또 유언을 한 후 유언자가 다른 유언 또는 계약으로 이에 저촉되는 행위를 하면 앞의 유언을 취소한 것으로 간주한다. 다만 유언은 대개 임종 시에 하는 것이므로 유언의 취소 또는 유언에 저촉되는 유언이나 계약을 하는 사례는 아주 드물다. 부담부 유증의 경우에 수유자가 부담한 의무를 이행하지 않으면 상속인(제사상속인이면 제사상속인, 재산상속인이 1인이면 그 상속인, 제사상속인이 아닌 봉사자도 같음)이 유증을 취소할 수 있다"[74] 라고 하였다.

---

73) 中樞院 調査課 編, 前揭書, 136면.

74) 한국법제연구원, 전게서, 문179, 402~3면.

위 관습조사보고서에서 유언의 취소라는 것은 개념의 구별에서 문제가 있다. 유언은 사망할 때에 효력이 발생하기 때문에 유언자는 그 전에 언제라도 철회할 수 있다. 유언은 유언자의 최후의 의사표시로서 그 효력을 인정하여야 하므로 유언의 취소가 아닌 유언의 철회로 표현하는 것이 타당하다. 구관에서 유언서의 폐기나 유언과 동일한 방식에 의한 철회의 의사표시가 있거나 전, 후의 유언의 내용이 서로 저촉된 경우에는 전의 유언을 철회한 것으로 간주되었다.[75]

구관(舊慣)에서 유언의 취소는 불공평한 분재, 신분질서위반, 사기나 강박, 상속법규위반 등 난명으로서 유언자의 진의로 볼 수 없는 경우에 인정되었다.[76] 또한 유증은 취소할 수 있으나 그것은 유언자가 사망한 후 수유자에게 망은행위와 같은 부도덕한 행위가 있을 때 상속인, 근친자 또는 이해관계인의 청구에 의하여 유증이 실효되는 것을 말한다.[77]

따라서 유언의 취소에 관한 관습조사보고서의 내용은 구관의 규범과 명확하게 일치하는 것이라고 보기 어렵다.

6. 유류분

유류분과 유류분의 감쇄(減殺)에 관하여 다음과 같은 관습조사보고서의 보고내용과 조선고등법원의 판결 등이 있다.

> "피상속인은 반드시 그 유산의 전부 또는 일부를 상속인에게 남겨야 할 의무가 있는가, 만약 있다면 유류하여야 할 재산의 가액은 어떠한가, 가독상속인(家督相續人)과 사이에 차이가 있는가, 또 각종 상속인 사이에 구별이 있는가, 만약 피상속인이 유류분을 침해하여 재산을 처분하면 어떻게 하여야 하는가, 예컨대 유증을 감쇄(減殺)하여야 하는가, 증여는

75) 世宗實錄 제 82권 20년 8월 14일 〈丙寅〉.
76) 世宗實錄 제 49권 12년 9월 18일 〈丙辰〉; 中宗實錄 제 86권 32년 12월 5일 〈庚戌〉.
77) 世宗實錄 제 95권 24년 2월 28일 〈乙未〉.

어떻게 하는가, 그 감쇄의 순서와 방법, 효력은 어떠한가"라는 질의에 대하여 "조선시대에서는 상속인이 받아야 할 유류분에 대하여 확실한 관습이 없다. 그러므로 피상속인이 증여 또는 유증으로 그 유산을 감소시킨 경우에 실제 상속인이 승계하는 가액이 유산의 총액에 대하여 극히 근소한 경우라 하더라도 상속인은 그 증여 또는 유증의 감쇄를 청구할 수 없다"[78)]

"상속인이 받아야 할 유류분에 관하여 확연한 관습이 없다. 즉, 전호주인 피상속인은 자기의 의사에 의하여 유산의 일부를 그 상속인에게 승계시키지 않을 수 있다고 하나 전부를 승계시키지 아니하는 것은 관습이 인정하지 않은 바이다. 다만 유류분에 관하여 확연한 관습이 없기 때문에 가령 전부를 승계시키지 아니한 경우라고 하더라도 상속인은 어떻게 할 방법이 없다. 그리고 호주의 본가상속의 경우에는 호주는 그 재산의 전부를 상속인을 위하여 남겨두어야 하고 그 전부 또는 일부를 상속인에게 승계시키지 아니함과 같은 처치는 할 수 없다(단 상속인이 없는 때에는 이를 유보함)."[79)]

"피상속인이 유언 없이 사망한 경우의 유산의 분배에 관하여는 관습이 있다고 하나 일정한 것이 없고 따라서 피상속인의 유증으로 인하여 유류분이 침해된 경우에 그 부분을 무효로 하거나 또는 그 감쇄의 청구를 인정함과 같은 관습은 있을 수 없다"[80)], "상속인이 적서남(嫡庶男) 각 1인인 경우 호주가 사망한 때에는 적남은 3분의 2 이상 서남은 3분의 1 이하로 상속하는 것이 관습이나 만약 호주가 생전증여 등으로 재산을 처분한 경우에는 조선에는 유류분에 관한 확연한 관습이 존재하지 않으므로 실제 상속인이 승계한 재산액이 우(右) 이하로 감소하더라도 감쇄를 주장할 수 없다."[81)]

이상과 같은 관습조사보고서나 조선고등법원 판결에 의하면 구관규범에

78) 한국법제연구원, 전게서, 문180, 403면.

79) 상게서, 문166, 391면.

80) 조선고등법원, 1930. 2. 25, 〈사법협회잡지〉, 9권 5호, 142면.

81) 사법협회 질의응답, 〈사법협회잡지〉(1939), 18권 5호, 77면.

는 유류분제도가 없으며 유증으로 인하여 상속인의 유류분이 침해되는 경우에도 그 감쇄를 청구할 수 있는 관습이 없다고 하여 유언의 자유가 무제한으로 인정되는 것으로 보고 있다.

그러나 전술한 바와 같이 구관에서 상속은 조업을 자손에게 승계한다는 법리에 의하여 구속되며 유증 또한 이 범위를 넘지 못한다. 그러므로 유언에 의하여 법정상속분과 상속순위의 변경이 가능하다고 할지라도 직계비속 중 특정한 자에게 유산을 전부 준다든지 자녀가 있는데도 불구하고 다른 사람에게 유산의 대부분을 분여하는 행위는 제한되었다. 유증을 하는 데 있어서 물급손외의 제한 등[82]은 조업이 혈연관계 없는 자에게 귀속되는 것을 방지하기 위한 법리이다. 따라서 이러한 제한을 무시한 불공평한 분재 등은 난명의 원인이 되어 원칙적으로 허용되지 않는다.[83] "관작재주"(官作財主), "고관평분"(告官平分) 등의 용어는 법정상속분을 초과하는 지나친 유증의 경우 구제수단이 되고 있음을 나타내는 것이다.

따라서 유언자가 유산 전부를 법정상속인 이외의 자에게 유증하더라도 그 유증은 무효가 아니며 또 감액을 청구할 수 없다는 견해는 우리의 구관이라고 볼 수 없다. 그럼에도 불구하고 일정(日政) 당국의 견해는 "관습이 없다"고 하여 부당한 유언에 대하여도 효력을 인정하려고 하는 또 하나의 예에 속한다. "유류분의 관습이 없다"는 것을 이유로 유류분제도를 인정하지 않는 일정 당국의 견해는 부당하다[84]는 견해는 타당하다.

---

82) 成宗實錄 제 240권 21년 5월 26일 〈丁丑〉.

83) 中樞院 調査課 編, 前揭書, 15면, 160~170면.

84) 정광현, 전게서, 1967, 422면.

IV. 현행법

1. 성문화 과정

한국은 1945년 일제로부터 해방되었으며 1948년 7월 17일 헌법을 공포하였다. 헌법 제100조는 "현행 법령은 이 헌법에 저촉되지 않는 한 효력을 가진다"고 규정하여 종래의 친족상속관계의 관습법 내지 성문법규 중 헌법에 저촉되는 실정법은 무효가 되었다. 또한 헌법에 저촉되지 않으나 종래의 관습법 특히 친족상속에 관한 관습법 중 일정 당국이 동화정책의 입장에서 우리나라의 관습으로 인정한 관제관습은 무효가 된 것으로 해석되었다.[85]

현행 민법전은 1958년 2월 22일 법률 제471호로 공포되었으며 조선민사령 제11조에 의하여 시작된 친족상속법의 관습법원시대는 끝나게 되었다. 친족상속법을 성문화하는 과정에서 정부안은 관습법 존중론에 입각하였으나 법제사법위원회의 입법방침은 점진적 개혁론에 입각한 것이었다.

이 중 유언에 관한 입법방침은 종래의 관습법 내용을 수용하는 것이었다. 즉, 유언의 방식에 관하여는 규정하지 않으며, 유류분제도 역시 인정하지 않는다는 입법방침이 선언되고 그에 따라 초안이 작성되고 심의되었던 것이다. 유류분을 규정하지 않는 이유는 "상속인이 받아야 할 유류분에 관해서는 확연한 관습이 없으며 이를 특히 입법하여야 할 필요도 없다고 인정됨으로써 본항은 이에 관하여 규정하지 않기로 하였다"고 하였다.[86] 그러나 1958년 공포된 민법의 내용에는 유언이 종의처분(終意處分)인 점을 감안하여, 유언의 요식성과(제1060조 참조), 유언의 방식에 관한 규정(제1065조)이 포함되어 있다.

1958년 민법의 유언제도가 갖고 있는 가장 큰 특색은, 무제한의 유언의 자유를 인정하고 있는 점이다. 이 점은 단순히 유언의 자유를 제한하는 유류분제도와 같은 관습이 없다는 것을 이유로 무제한의 유언의 자유를 인정하였

85) 정광현, 《신친족상속법 요론》, 법문사, 1962, 35면.

86) 민법안 친족상속편심의 요강, 심의록 상속편, 제6항.

던 관습법의 태도와 일치하지만, 한편으로는 사실상 근대법이 표방하고 있는 사적 자치의 원칙을 상속법 분야에서 구현한 것이라고 볼 수도 있다. 왜냐하면 "유류분제도를 인정함으로써 소유자 처분의 자유를 억제함은 시대의 추세를 역행하는 것이므로 유류분제도를 채택하지 않은 초안의 태도는 타당하다"[87]고 본 입법자의 의도가 드러나기 때문이다.

즉, 1958년 민법에서의 상속법은 호주상속을 인정하고, 남녀차별적인 법정상속분을 규정하는 등 전근대적 요소를 많이 간직하고 있음에도 불구하고 이 점에서는 근대법이 확립한 소유권의 자유를 가장 철저하게 유지한 것이다. 따라서 피상속인은 법률행위에 관한 일반적인 제한인 제 103조 · 제 104조 또는 민법의 지도원리를 담고 있는 제 2조에 반하지 아니하는 한, 유언을 통하여 얼마든지 자유롭게 상속재산에 대하여 자신의 의사를 관철할 수 있는 지위를 보장받았던 것이다.

근대법이 유언의 자유를 확립하면서도, 전근대법에서의 가산공유사상(家產共有思想)의 유제라고 할 수 있는 유류분이나 의무분을 인정하였던 일반적 태도와는 달리, 1958년 민법에서의 상속법은 시민적 자유주의 정신을 극단적으로 반영하고 있으며, 상속인을 배제하는 부당한 처분을 제한 없이 승인하고, 그와 같은 위험의 방지를 단순히 피상속인의 공정성의 윤리에 맡겨놓고 있었던 것이다.[88]

1958년 민법전은 1960년 1월 1일부터 시행되었으나 시행 직후부터 개정 논의가 계속되었고 드디어 1977년 12월 31일 제 5차 개정을 하게 되었다. 1977년 개정상속법의 가장 큰 의의는 유류분제도를 신설한 것에서 찾을 수 있다. 1958년 상속법은 무제약의 유언의 자유를 인정하여 절대적 유언상속주의를 취하고 있었으나, 개정상속법은 유류분제도를 신설하여 이에 대한 본질적 변경을 가하여 유언자의 지위를 제한하고 있는 것이다.

유류분에 관한 형식적 체계는 독일민법의 유류분제도와 유사하다고 볼 수 있으나 입법취지로 볼 때 기본적으로는 게르만-프랑스형의 유류분제도를 채

---

87) 민의원 법제사법위원회 민법안 심의소위원회, 〈민법안 심의자료집〉(1958), 167면.
88) 신영호, 전게논문, 554면.

택한 것이라고 이해할 수 있다.

현행법은 유류분에 관하여 제1112조에서 제1118조에 걸친 7개의 조문에 의하여 규율하고 있다. 이러한 유류분제도는 개인재산처분의 자유와 거래의 안정과 가족생활의 안정, 가족재산의 공평한 분배라고 하는 서로 대립하는 요구의 타협, 조정 위에 성립하고 있다.[89]

2. 유증법의 성문화와 관습법과의 관계

1960년부터 1977. 12 개정 이전까지 시행되었던 성문화된 유증법은 대체로 근대화된 일본구민법의 내용을 그대로 답습한 것이라고 할 수 있다. 다만 몇 가지 사항은 그 형식이나 내용에서 구관 및 관습법과 관계가 있는 것으로 볼 수 있다.

1) 유언의 방식

유언의 방식에 관하여 성문법은 이것을 요식화하였다. 구관에서는 유언에 의한 상속재산의 처분에 관해서만 문기에 정의하도록 하였고 기타 사항에 관해서는 무방식의 유언이 가능하였다는 것[90]은 이미 고찰한 바와 같다.

또한 관습법시대의 유언은 요식행위가 아니었다. 즉, 특정한 사항에 따른 구별이 없었고 구두, 서면 등 어떠한 방식으로도 가능하다고 하였다.

그러나 성문법은 유언의 방식을 자필증서, 녹음에 의한 유언, 공정증서, 비밀증서, 구수증서(제1066조~제1070조)로 한정하고 유언사항에 관해서도 유증(제1073조~제1090조)을 포함한 재단법인의 설립(제47조 2항), 친생부인(제850조), 인지(제895조 2항), 후견인지정(제931조), 상속재산분할방법의 지정 또는 위탁(제1012조 전단), 상속재산분할금지(제1012조 후단), 유언집행자의 지정 또는 위탁(제1093조) 등으로 한정하였다. 이것은 구관의 일부

---

89) 김주수, 《친족상속법》, 법문사, 1997, 659면.

90) II. 조선시대 4. 유증의 방식 참조.

수용이나 관습법의 부인이라기보다는 유언이 종의처분이라는 점에서 유언자의 진의를 확인하고 타인의 위조, 변조를 방지하며 유언에 의한 법률관계를 명확하게 하기 위한 근대법 정신의 표현이라고 할 수 있을 것이다.[91]

2) 유언의 효력발생시기

유언은 유언자가 사망한 때부터 그 효력이 생긴다(제 1073조)는 규정은 구관이나 관습법 규범과 다르지 아니하다. 구관에서는 유언자의 사망에 의하여 분재의 효력이 발생하면 유증인 것으로 관념적으로 구분하였으며[92] 관습법에서도 유언은 유언자가 사망한 때부터 효력이 생긴다[93]고 하였다.

3) 포괄적 수유자의 권리의무

포괄적 수유자의 권리의무에 관한 제 1078조는 "포괄적 유증을 받는 자는 상속인과 동일한 권리의무가 있다"고 규정한다. 이 규정은 관습법 규범을 정립한 것으로 인정되는 조선고등법원 판결과 같은 내용을 규정한 것이다.[94]

4) 유증의 승인, 포기

유증의 승인, 포기에 관한 제 1074조 제 1항은 "유증을 받은 자는 유언자의 사망 후에 언제든지 유증을 승인, 포기할 수 있고," 제 2항은 "전항의 승인이나 포기는 유언자의 사망한 때에 소급하여 그 효력이 있다"고 규정한다. 이 규정은 유증의 포기에 관한 관습법 규범[95]과 그 내용이 같다.

---

91) 정광현, 전게서, 1962, 418면.

92) II. 조선시대 1. 유증의 개념 참조.

93) 한국법제연구원, 전게서, 문178, 402면; 조선고등법원, 1939. 7. 4, 〈사법협회잡지〉, 18권 8호, 73면.

94) 조선고등법원, 1932. 9. 30, 〈사법협회잡지〉, 11권, 65면.

95) 한국법제연구원, 전게서, 문178, 402면.

5) 수유결격사유(受遺缺格事由)

상속결격사유는 곧 수유결격의 원인(제1064조에 의한 제1004조의 준용)이 되며 여기에는 피상속인에 대한 부정행위(제1004조 1호, 2호), 피상속인의 유언에 관한 부정행위(제1004조 3호, 4호, 5호) 등이 포함된다. 결격사유가 발생하면 수유자로서 자격을 상실하게 된다.

구관에 의하면 수유자에게 불효 또는 은의쇠박(恩義衰薄)이 있는 경우 유증의 효력이 발생한 후에도 취소할 수 있었다.[96] 취소라는 것은 유증의 효력을 부인하는 것이고 취소권자는 근친자나 이해관계인 등이었다.

수유자의 유증자에 대한 부도덕한 행위는 구관에서는 취소사유로서 그 효력이 부인되었지만 성문법에서는 수유자로서의 자격을 상실하게 하였다. 양자는 규정의 형식만 다를 뿐 수유자의 부도덕한 행위에 대한 제재라는 점에서는 그 기본정신을 같이한다.

6) 부담부 유증

부담부 유증에서 수유자가 부담한 의무를 이행하지 않는 경우 상속인 등이 이를 취소할 수 있다는 제1111조의 규정은 유증의 취소를 규정한 관습조사보고서의 내용[97]과 동일하다.

7) 유증의 자유

성문법은 유증의 자유를 제한하는 것과 같은 의미를 갖는, 유언의 자유를 제한하는 어떠한 규정도 입법화하지 않았다. 관습법은 구관에 유류분 규정이 없다고 하였고 정부수립 후에도 대법원 판결은 "소외 망 황의준의 원고에 대한 본건 부동산 유증이 공서양속에 반하여 효력이 없는 것이라고는 할 수 없

96) II. 조선시대 7. 유증의 취소 참조.

97) 한국법제연구원, 전게서, 문179, 402~3면.

고, 아국(我國)에는 유류분 관습이 없으며 또 서면에 의하지 않은 유증일지라도 이를 취소할 수 없는 것이므로 소론 피고의 주장에 대한 판결여하에 따라 원판결의 결과에 영향을 미칠 바 없다"[98] 고 판시하여 일제시대의 유류분 관습 부인론의 입장에서 벗어나지 못하고 있었다. 성문법은 외형상 구관을 왜곡한 관습법을 답습한 것이라고 볼 수 있으나 전술한 바와 같이 사적 자치의 원칙을 상속법 분야에서 구현한 근대법 정신의 표현이라는 일면도 있다.

3. 유류분제도의 신설

1977년 12월 31일 제5차 민법전 개정에 의하여 유류분제도를 신설하였다. 이것은 종래 인정되었던 유언의 자유에 대한 제한으로서 곧 유증자유에 대한 제한을 의미한다.

유류분제도를 인정하여야 할 이유로서 다음과 같은 점들이 주장되었다.

첫째, 현행 민법은 유증의 절대자유를 인정하고 있기 때문에(1060조 이하 참조), 피상속인의 사려 없는 무제한의 유증행위로 말미암아 재산을 방산할 염려가 있고, 그러한 경우에는 그 사후에 생계를 잃은 부양가족을 노두(路頭)에 방황케 함으로써 사회적 병폐를 일으킬 가능성이 있다는 점, 둘째, 엄밀한 의미에서는 상속재산이란 피상속인의 소유이기는 하지만 그밖에는 가까운 가족들의 유형·무형의 공헌으로써 이룩된 산물이라고도 할 수 있으므로 일정한 범위의 상속인으로 하여금 당연히, 그리고 불가침적으로 상속재산의 일부를 취득하게 할 권리가 인정되어야 한다는 점, 셋째, 사회정책적인 입장에서도 피상속인의 자력으로만 생계를 유지하고 있었던 생계능력이 없는 유족에 대해서는 재산상속으로 인한 경제적 도움이 어떠한 방해를 배제하더라도 확보되어야 한다는 점[99] 등을 들고 있다.

이러한 관점에서 일정한 범위의 상속인에 대하여 상속재산의 취득을 법적

98) 대법원, 1958. 4. 3.

99) 범여성가족법개정추진회 편, 〈민법 제4편 친족·제5편 상속 개정법안 및 이유서〉(1973), 69면.

으로 보장하면서 동시에 보장되는 것은 법정상속분의 일정액으로 한정함으로써 피상속인의 재산처분의 자유도 전적으로 제한하지 않는 유류분제도를 신설한 것이다.

현행법상 유류분제도는 다음과 같은 특성을 가지고 있다.

첫째, 피상속인이 자유롭게 처분할 수 있는 재산(자유분)과 그렇지 않은 재산이 미리 구분되어 있지 않으며 자유롭게 처분할 수 있는 재산의 비율이 미리 정해져 있는 것도 아니다. 따라서 피상속인은 생전에 자기의 재산을 아무런 제한 없이 처분할 수 있으며 유류분 권리자에게는 다만 상속개시 시를 기준으로 하여 피상속인이 한 유증이나 증여를 일정한 범위에서 반환청구할 수 있는 권리를 인정할 뿐이다.

둘째, 유류분 권리자의 유류분이 침해되면 유류분 반환청구를 할 수 있으나, 유류분 침해여부는 상속개시 시를 기준으로 결정된다. 따라서 피상속인이 생전에 한 재산처분이 상속개시 시에 유류분을 침해한다는 것이 명백히 예상되더라도, 피상속인은 이에 아무런 구속을 받지 않는다. 피상속인의 생전의 재산처분은 제한 없이 인정되기 때문이다. 그리고 유류분 권리자도 상속개시 전에는 유류분을 보전할 수 있는 아무런 수단도 없다.

셋째, 상속이 개시되더라도 유류분을 침해하는 피상속인의 처분이 당연히 무효로 되는 것은 아니다. 유류분을 침해당한 유류분 권리자가 원한다면 자기의 유류분의 범위 내에서 그 반환을 청구할 수 있을 뿐이다. 만약 반환을 청구하지 않고 일정한 기간이 지나면 그 유류분 권리자의 권리는 소멸한다.[100]

그러나 현행법은 유류분에 관하여 제1112조에서부터 제1118조까지 7개의 조문만을 규정하고 있기 때문에 해석상 여러 가지 문제가 있다. 먼저 유류분 권리자인 상속인이 상속결격자이거나 상속포기자인 경우 유류분도 상실하여 유류분 권리자가 될 수 없는가 하는 문제, 유류분 산정의 기초재산 평가기준 시에 관한 명문이 없기 때문에 상속개시 시를 기준으로 하여야 하는가 반환청구 시를 기준으로 하여야 하는가 문제, 유류분 반환청구권의 법

---

100) 김주수 편집대표, 《주석 상속법(하)》, 한국사법행정학회, 1996, 476~7면.

적 성질은 수유자 또는 수증자에게 행위를 청구하는 청구권인가 일방적 의사표시에 의해서 유증이나 증여의 전부 또는 일부의 효력을 상실하게 하는 형성권인가 하는 문제, 유류분 반환청구권의 대상이 현물인가 가액인가에 관하여 직접적 규정이 없고 제 1115조 1항에서는 "재산의 반환", 2항에서는 "가액의 비례"라고만 표현되어 있으므로 현물반환주의인가 가액반환주의인가의 문제, 반환청구의 대상으로서 사인증여는 증여에 포함되는가 아니면 유증에 포함되는 것인가 하는 문제, 그리고 제 1117조의 기간의 법적 성질이 소멸시효인가 제척기간인가 하는 것 등이 문제점으로 지적될 수 있다.

4. 현행법의 해석상 문제점

현행법은 유증의 방법으로서 유언방식을 요식행위(제 1065조~제 1070조)로 규정하고 있지만 유증자격에 대하여는 제한이 없다. 또한 수유자도 수유결격자가 아닌 한(제 1064조에 의한 제 1004조 준용) 상속인에 한정하지 않으므로 상속인이 아닌 타인에 대한 유증이 가능하며 법인이나 태아에게도 유증할 수 있다(제 1064조에 의한 제 1000조 3항의 준용).

다음에서는 유증에 관한 현행법의 해석상 문제점을 살펴보고자 한다.

1) 용어의 문제

유언에 의하여 증여를 받는 자나 증여계약에 의하여 증여를 받는 자는 다 같이 광의의 수증자에 속한다. 종래의 용어사용법에 의하면 유증자 내지 유언자에 대응하는 상대방을 수유자라 하고 증여자에 대응하는 상대방을 수증자라 구별하여 사용하였다.[101] 그러나 민법조문에서는 양자를 구별하지 않고 유증에 의한 수유자의 경우도 수증자라는 용어를 사용하고 있다(제 1064조, 제 1076조, 제 1079조 기타). 대법원 판례도 이와 같은 용어를 사용하고 있는데 이러한 용어법은 개념상 불필요한 혼란을 야기할 위험이 있고 다른

101) 정광현, 전게서, 1962, 412면.

실정법규(파산법 제25조, 제27조, 제34~36조, 제73조, 제119조, 제121조, 제126조, 제199조, 제261조: 국세기본법 제24조: 상속세법 제18조, 제20조 등)와도 부합하지 않는다. 구법이었던 일본민법에서도 구별되던 용어가 어떠한 이유에서 단일화되었는지 알 수 없으나 실정법 용어의 통일이라는 관점에서도 하루 빨리 시정되는 것이 바람직할 것이다[102] 라는 견해는 타당성이 있다.

이상과 같이 용어상 구별이 없다는 것은 유증과 증여 간에 혼동을 일으킬 염려가 있기 때문에 유증의 경우는 수유자로 법전의 용어를 개정하는 것이 바람직할 것이다.

이 논문에서는 유증을 받은 자를 수유자로 표기하고 있으며 이밖에도 수유자라는 용어를 사용하고 있는 다른 논문들이 있다.[103]

2) 유언에 의한 재산출연행위

유언으로 재산을 출연하여 재단법인을 설립하는 경우 유언집행자가 주무관청으로부터 설립허가를 얻고 설립등기를 하여야 설립이 된다. 따라서 법인격은 그때부터 발생하는 것이고 유언자의 사망 시로 소급되지 않는다. 그 결과 출연 재산은 재단법인 설립 시까지는 유언자의 상속인에게 귀속하게 되고 그로 인하여 불합리한 결과가 생길 수 있다. 이러한 이유 때문에 유언으로 인한 출연재산은 유언의 효력발생 시에 소급하여 법인의 재산으로 귀속하도록 규정하고 있다(제48조 2항).

이 경우 특히 출연재산이 물권인 경우에는 민법이 채용한 물권변동에 관한 형식주의와 관련하여 유언자의 사망 시에 당연히 법인에 귀속하지 않고 등기나 인도를 갖추었을 때에 비로소 법인에 귀속한다는 견해[104] 와 제48조

102) 최병조, "포괄적 유증의 효과", 〈민사판례연구 IX〉(1987), 190면.

103) 신영호, 전게논문; 최병조, 전게논문; 이경희, "우리 민법상 포괄적 수유자의 법적 지위", 〈가족법학논총〉(1991); 박병호, "상속분에 관한 제문제", 김주수 교수 화갑기념논문집(1988) 등.

는 제 187조에 규정한 "기타의 법률의 규정"에 해당되기 때문에 등기나 인도 없이 유언자의 사망 시에 법인에게 귀속한다는 견해[105]로 나누어져 있다. 이에 대하여 판례는 처음에 등기나 인도에 의하여 귀속된다는 다수설에 따랐으나[106], 그후 태도를 바꾸어 출연자와 법인과의 사이에는 등기 없이도 출연부동산은 법인설립과 동시에 법인에게 귀속하지만, 법인이 취득한 부동산으로써 제 3자에게 대항하려면 제 186조의 원칙에 따라 등기를 요한다는 요지의 이론을 제시하고 있다.[107] 이러한 해석상의 대립이 있게 된 것은 제 48조의 규정이 물권변동에 관하여 대항요건주의를 취했던 구민법 제 42조의 내용과 대체로 같기 때문이다. 물권변동에 관하여 성립요건주의로 변경한 현행법에서 제 48조도 여기에 적합하게 내용을 변경하여 규정하였다면 이러한 문제는 발생하지 않았을 것이다.

입법론으로서는 제 48조를 개정하여 물권변동에서 성립요건주의에 상응하는 내용으로 규정하여야 할 것이다. 여기에 관하여는 "재단법인이 성립되면 설립자는 설립행위에서 약속한 재산을 재단에 이전할 의무를 진다"는 독일 민법 제 82조를 모델로 하는 것이 바람직하다는 견해[108]가 있다.

3) 포괄유증의 승인, 포기에 관한 상속규정의 적용

포괄적 수유자의 상속채무에 대한 변제책임에 관해서는 대체로 민법 제 1078조를 근거로 하여 상속인과 마찬가지로 무한책임을 지는 것으로 이해하고 있다. 이에 따라 포괄적 수유자에게는 제 1078조를 근거로 하여 당연히

---

104) 김증한 · 김학동, 《민법총칙》, 박영사, 1995, 181면; 이영준, 《민법총칙》, 박영사, 1993, 865면.

105) 곽윤직, 《민법총칙》, 법문사, 1994, 243면; 고상룡, 《민법총칙》, 법문사, 1992, 187면; 김용한, 《민법총칙론》, 박영사, 1986, 165면; 김주수, 《민법총칙》, 삼영사, 1994, 163면.

106) 대법원, 1973. 2. 28, 72다2344 · 2345; 대법원, 1976. 5. 11, 76다1656.

107) 대법원, 1979. 12. 11, 78다481 · 482.

108) 곽윤직, 전게서, 245면.

법정상속인과 같은 선택권을 인정하고 있다. 즉, 포괄적 유증의 승인과 포기에는 상속의 승인 또는 포기에 관한 제1019조 내지 제1044조의 규정이 적용되는 것이며, 유증의 승인, 포기에 관한 제1074조 내지 제1077조는 특정적 유증에만 적용되는 것이라고 해석하고 있다.[109] 즉, 포괄적 수유자는 유증의 효력이 발생한 것을 안 날로부터 3월 내에 단순승인이나 한정승인 또는 포기를 하여야 하며, 3월 내에 한정승인 또는 포기를 하지 않을 때에는 포괄적 유증의 단순승인이 있는 것으로 보게 된다.[110] 법정상속인의 경우와 같은 무한책임을 인정하는 것은 상속의 경우와 동일하다. 포괄적 유증이 채무초과인 경우에는 유증에 의한 것이기는 하지만 상속의 경우와 마찬가지로 한정승인을 할 수 있다고 본다.

그러나 포괄적 수유자가 자기를 위하여 유증이 있었음을 알고 3월 내에 가정법원에 한정승인 또는 포기의 신고를 하지 않으면 단순승인한 것으로 보아 무한책임을 부담하게 하는 것은 불합리하다는 견해[111]가 있다. 즉, 유증에 의하여 이익을 받을 포괄적 수유자가 한정승인 또는 포기를 게을리 했다는 이유만으로 오히려 불이익을 입는 결과로 되는 것은 불합리하기 때문에, 입법론적으로 포기를 한 것으로 보아야 한다는 것이다.

포괄적 수유자의 법률상 지위가 상속인과 동일하다고 하더라도 수유자는 어디까지나 유증에 의하여 재산상 이득을 얻을 수 있는 신분을 갖는 자에 불과하다. 이러한 경우에도 상속법리를 일률적으로 적용함으로써 수유자에게 불이익을 주는 것은 타당하지 못하다. 따라서 유증의 승인, 포기에 관한 제1074조에서 제1077조까지의 규정은 특정유증은 물론 포괄유증의 경우에도 적용되는 것으로 해석함으로써 포괄적 수유자가 단순승인한 것으로 의제되어 받게 되는 불이익을 구제해주어야 할 필요가 있다고 본다.

---

109) 김주수, 전게서, 1997, 631면; 이근식·한봉희, 《친족상속법》, 일조각, 1969, 296면; 김용한, 《친족상속법론》, 박영사, 1981, 442면.

110) 박병호, 《가족법》, 한국방송통신대학교, 1994, 454면.

111) 김주수, 전게서, 1997, 631~2면; 이경희, 전게논문, 643면.

4) 수유자의 과실취득권 (제 1079조)

수유자의 과실취득권을 규정한 제 1079조의 규정은 명문은 없으나 포괄적 수유자가 아닌 특정적 수유자의 과실취득의 시기에 관한 규정이라 할 수 있다. 물권적 효력을 인정하는 포괄적 유증의 경우에는 필요없는 규정이기 때문이다.

여기에서는 유증의 목적인 물건 또는 권리로부터 현재 발생하고 있는 과실 외에 발생할 수 있었을 과실도 포함하고 있느냐에 관해 의문이 있을 수 있다.

원칙적으로 유언자는 특별한 의사표시가 없는 한 유증의 목적인 재산을 유언의 효력이 발생할 당시의 상태대로 수유자에게 유증하기를 원했다고 추정할 수 있다. 따라서 현재 과실이 발생하고 있다면 과실도 함께 수유자에게 인도할 것이고, 과실이 발생하지 않고 있으면 유증의 목적인 재산을 그대로 수유자에게 인도하면 될 것이다. 그러나 원칙은 그렇다 하더라도 수유자 및 유증의무자 간의 공평이라는 측면에서 보면, 유증의무자가 유증의 존재를 알았던 때 내지는 늦어도 유증의무의 이행청구를 받은 이후에는, 수유자는 발생할 수 있었을 과실 내지는 지연배상을 청구할 수 있어야 할 것이다. 그렇지 않으면 유증의무의 이행을 지연시킴으로써 유증의무자가 수유자의 희생을 바탕으로 사실상의 이익을 얻을 수가 있기 때문이다. 반면에 유증의무자가 유증의 존재를 알지 못하고 취득한 과실은, 그것이 현재 발생하고 있는 이익이라도 반환할 필요는 없을 것이다.[112] 그러나 수유자가 유증이 있었음을 알고도 청구하지 않은 경우에는 채권자의 과실을 고려하여 현존이익의 인도로써 족하다[113]고 해석하는 견해가 있다.

수유자가 유증이 있었음을 알고도 청구하지 않은 경우에 유증의무자가 유증의 존재를 알지 못하고 과실을 취득하였다면 선의 점유자의 과실수취권을 인정하는 제 201조 1항의 취지로 보아 수유자는 과실여부에 관계없이 과실

112) 中川善之助 編輯, 《註釋民法 26 相續(3)》, 有斐閣, 1964, 172면.

113) 김주수, 전게서, 1997, 634면.

의 반환을 청구할 수 없다고 보아야 할 것이다.

5) 부담 있는 유증에서 부담의 무효 (제 1088조)

부담 있는 유증이란 유언자가 유언으로 수유자에게 본인 또는 제 3자를 위하여 일정한 법률상의 의무를 부담시키는 유증을 말한다. 부담은 유증자에 의하여 수유자에게 부과된 법률상의 의무 내지 채무이기 때문에 그 내용은 수유자의 행위, 즉 작위 또는 부작위이다. 만약 부담의 내용이 불능이거나 선량한 풍속 기타 사회질서에 반하는 사항을 목적으로 하는 것이라면 그 부담은 무효가 된다.

부담 있는 유증에서 부담이 무효인 경우에 유증의 효력은 어떻게 되느냐에 관하여 아무런 규정이 없다. 독일민법 제 2195조는 "부담의 무효는 피상속인이 부담 없이는 출연을 하지 않겠다는 것을 인정할 수 있는 경우에 한하여 부담부로 행하여진 출연을 무효로 한다"고 규정하고 있다. 프랑스민법 제 900조는 "불능, 위법조건의 무효"라는 표제하에 "모든 생전처분 또는 유언처분에서 불능조건 및 법률 또는 선량한 풍속에 반하는 조건을 내용으로 하는 약정은 무효라고 본다"고 규정하고 있다.

우리나라에서는 부담이 없으면 유증하지 않았을 것이라는 유언자의 의사가 추정되는 경우에는 유증 자체가 무효가 된다고 보는 것이 타당하다[114)]는 견해가 있다. 부담부 유증에서 부담의 내용이 불능이거나 공서양속에 위반한 사항을 목적으로 하는 경우 그 부담이 무효인 것은 당연하며, 부담이 무효라면 유증을 하지 않았을 것이라는 유언자의 의사가 추정된 경우 그 유증을 무효로 한다는 해석은 타당하다고 볼 수 있다. 그러나 부담의 무효에 관하여 또는 그러한 경우 유증의 효력에 관하여 해석론으로서 무효여부를 판단하기보다는 프랑스민법이나 독일민법의 경우처럼 명문화하는 것이 필요하다. 이에 관하여 입법론으로서 검토해볼 필요가 있다고 생각된다.

---

114) 김주수, 전게서, 1997, 644면; 박병호, 전게서, 458면.

6) 부담부 유증에서 부담의 이행청구권자

부담 있는 유증에서 부담의 이행청구권자는 상속인(제 1111조 본문)과 유언집행자이며 유언자가 유언에 의하여 부담의 이행을 청구할 자를 지정한 때에는 그 자가 부담의 이행에 관한 유언집행자라 할 수 있다.

그러나 부담의 이익을 받는 수익자가 부담의 이행청구권자가 될 수 있느냐에 관하여는 이견이 있다.

먼저 수익자는 반사적 이익을 갖는 것에 그치고 채권을 취득하는 것은 아니기 때문에 직접 수유자에 대해서 부담이행의 청구권을 갖는 것은 아니라[115] 고 하는 견해가 있다. 이것은 일본의 통설이기도 하다.[116] 그 이유는 수익자가 채권을 취득하는 경우는 그 자는 단순히 수익자가 아니고 수유자라고 할 수 있기 때문이다. 예컨대 부담의 내용이 유증재산의 일부분을 특정인에게 분여하는 취지인 때에는 부담부 유증의 수유자를 유증의무자로 하는 제 2의 유증이 있다고 볼 수 있고 그러한 경우 수익자로서가 아닌 제 2의 수유자로서 인정될 수 있다는 것이다. 또한 민법 제 1111조에서 부담의 이행청구권자를 상속인과 유언집행자로 한정하는 것도 그 이유가 될 수 있다. 수익자에게 부담의 이행청구권을 인정하지 않는 경우에도 수익자는 유언집행자를 통하여 간접적으로 이행청구를 하는 것은 가능하다[117] 는 입장이다.

한편 수익자에게 전적으로 부담의 이행을 청구할 수 있는 권리를 인정하는 견해[118] 도 있다. 즉, 부담 있는 유증에서 수유자의 의무는 유언자가 원하기 때문에 발생하는 의사표시상의 효과에 기초하는 점, 그리고 유언자는 이 의무가 수익자에 대하여 직접 발생하는 것을 원할 것이라는 것은 마치 제 3자를 위한 계약에서 낙약자(諾約者)의 의무가 수익자에 직접 발생하는 것을 당사자가 원하는 것과 동일하다는 점에 비추어 유언자의 다른 의사표시

115) 김용한, 전게서, 446면; 박병호, 전게서, 458면.

116) 中川善之助 編輯, 前揭書, 214면.

117) 上揭書, 214면.

118) 김주수, 전게서, 1997, 645면; 김주수 편집대표, 전게서, 333면.

가 없는 한 수익자는 수유자에 대하여 직접 부담의 이행을 청구할 수 있는 권리가 있다고 보아야 한다는 것이다.

상속인이 수익자인 경우에는 별 문제가 없지만 제3자가 수익자인 경우 수유자가 부담의 이행을 하지 않고 상속인도 이행청구를 하지 않으면 수익자는 받아야 할 이익을 취득할 수 없게 된다. 이렇게 되면 부담부 유증은 유언자가 의도한 목적을 달성할 수 없게 되므로 부담부 증여와 마찬가지로 부담부 유증에서도 수익자는 이익향수(利益享受)의 의사표시를 함으로써 수유자에 대하여 이행청구권을 취득하는 것으로 해석하는 것이 타당할 것이다.

7) 유증의 무효, 실효의 경우와 목적재산의 귀속 (제1090조)

유증의 효력이 발생하지 않는 경우는 주로 수유자가 유언의 효력발생 시에 수유결격자이거나 수유자가 유언자의 사망 전 또는 정지조건 성취 전에 사망한 경우이다. 수유자가 유증을 포기한 경우에도 효력이 발생하지 않는다. 이러한 경우에 유증의 목적인 재산은 상속인에게 귀속하게 되는데 여기에서 특히 문제가 되는 것은 포기한 수유자 이외의 다른 포괄적 수유자가 있거나 또는 상속인과 다른 포괄적 수유자가 있는 경우 재산의 귀속문제이다.

이에 대하여 통설적 견해와 이와는 다른 견해가 있다.

통설에 의하면 상속인과 다른 포괄적 수유자가 있는 경우 포기한 수유자의 수유분은 다른 포괄적 수유자의 수유분이나 상속인의 상속분에 따라 이들에게 귀속시켜야 한다[119]는 것이다. 또한 포괄적 유증과 특정적 유증이 병존한 경우 특정적 유증만 무효가 된 때에는 그 목적물은 포괄적 수유자에게 귀속하며, 포괄적 유증만 있는 경우 그 중의 하나가 무효가 된 때에는 다른 포괄적 수유자에게 귀속한다고 보아야 한다[120]는 것이다. 이러한 견해들은 포괄적 유증은 실질적으로는 상속인의 지정과 같은 것이고 포괄적 수유자는 상속인과 동일한 권리의무를 가지고 있기 때문에 민법 제1043조를 적

---

119) 김주수, 전게서, 1997, 632면; 김용한, 전게서, 442면.

120) 김주수, 《주석친족상속법》, 법문사, 1984, 603~4면.

용하여야 한다는 것에 근거하고 있다.

이에 대하여 유증자의 의사를 존중하는 입장에서나 법정상속을 원칙으로 하는 우리 민법의 입장에서 볼 때, 상속인이나 포괄적 수유자가 포기한 상속분은 다른 포괄적 수유자의 수유분에 첨증(添增)하지 않는 것이 좋을 것이다[121] 라는 견해가 있다(물론 유언자가 유언으로 다른 의사표시를 한 때에는 첨증(添增)이 인정된다(민법 1090조 단서)). 이 견해에 대하여 다음과 같은 이유로 동조하는 견해도 있다.[122] 즉, 유증은 유언자의 의사에 그 근거를 가진 것이기 때문에 그 의사에 의해 확정된 일정한 비율은 존중되어야 할 것이며 이는 또한 포괄적 수유자와 상속인이 있고 상속인이 상속을 포기한 경우에까지 포기자의 상속분을 수유분에 따라 포괄적 수유자에게 귀속시키는 것은 타당성이 없다고 보고 있다. 따라서 포괄적 수유자가 상속인과 동일한 권리의무를 가지는 것은 원래 수유분의 범위 내에서라고 해석하는 것이 타당하다고 본다. 그러므로 상속인이나 포괄적 수유자가 포기한 포기분은 다른 포괄적 수유자의 수유분에 첨증하지 않는 것이 좋다는 것이다. 물론 유언의 해석에 의하여 상속인이나 수유자의 포기분이 다른 포괄적 수유자에게 첨증된다면 그 첨증은 인정되는 것이 당연하지만 이러한 의사표시가 없음에도 불구하고 상속인이나 수유자의 포기분이 당연히 포괄적 수유자에게 귀속된다는 견해는 부정되어야 한다는 것이다.

민법 제1090조는 유증이 그 효력을 발생하지 않는 때는 유증 목적물은 원칙적으로 상속인에게 귀속한다는 취지를 규정하고 있다. 유증이 그 효력을 발생하지 않는 때는 그 목적물은 상속재산에서 일탈되는 것이 아니기 때문에 그것이 상속인에게 귀속하는 것은 당연하다고 볼 수 있다.

특정유증만 있거나 또는 포괄유증만 있는 경우 그것이 모두 효력을 발생하지 않는 때는 유증 목적물은 상속인에게만 귀속하며 상속인 중에는 포괄수유자는 포함하지 않는다. 복수의 특정유증이 있는 경우에 그 중 1인의 유증이 효력발생하지 않는 때이거나 포괄유증과 특정유증이 있는 경우에 포괄

121) 박병호, 전게서, 454면.

122) 이경희, 전게논문, 647면.

유증이 효력을 발생하지 않는 때에는 본래의 의미에서 상속인에게 귀속하고 유효한 특정유증에는 어떠한 변동도 없다고 볼 수 있다.

따라서 수유자가 포기한 수유분이나 유증의 효력이 발생하지 않는 경우 수유분은 다른 포괄적 수유자에게 첨증되지 않고 상속인에게 귀속된다는 견해가 타당하다고 생각된다.

V. 맺는말

이상에서 유증규범의 변천과정과 현행법의 문제점을 살펴보았다.

조선시대에는 유증과 사인증여 등이 근대법에서와 같이 명확히 구분되는 개념이 아니고 모두 넓은 의미의 상속에 포괄되는 개념이라는 점, 유증자는 조부모·부모·외조부모에 한정되고 수유자는 상속인을 포함한 근친자라는 점, 유증은 유언의 방법에 의하며 이것은 서면에 의한 요식행위였다는 점, 재산상속에서 법정상속을 주된 것으로 하였기 때문에 유증의 자유가 인정된다 하더라도 상속인간에 지나치게 불공평한 분재나 타인에 대한 유증은 원칙적으로 인정되지 않았다는 점 등을 그 중요한 내용으로 들 수 있다.

일제시대에는 유증에 관하여 성문법이 아닌 관습법 형태로 적용되었다. 즉, 유증의 방식에 제한이 없고 구두나 서면에 의한 유증이 가능하다고 한 점, 유류분제도가 없기 때문에 제한 없이 유증이 가능하다는 점 등이 주요한 것들이지만 이것은 구관규범의 왜곡 내지 불일치라고 볼 수 있다. 태아의 수유능력이나 포괄유증, 유증의 포기 등의 개념이나 해석에서 일본민법을 의용하였고 이것이 관습법의 형태로 우리에게 적용되었던 것으로 볼 수 있다.

1958년 제정된 민법은 유증에 관한 성문규정을 두었으며 유언을 요식행위로 규정하고 유증의 자유를 인정한 점을 그 특징으로 하였으며, 1977년 개정에 의하여 유증자유를 제한하는 유류분제도를 신설하였다.

성문화된 유증규정 중 유언의 효력발생시기나 포괄적 수유자의 권리의무, 유증의 승인, 포기 등은 관습법 규범과 그 내용을 같이하는 부분이라 할 수 있다.

그러나 현행법 중 다음과 같은 규정들은 해석상 논란이 있으며 또한 입법론적으로 검토되어야 할 필요성이 있다.

해석상 이견이 있는 사항으로서, 수유자의 과실취득권(제 1079조) 규정에서 수유자와 유증의무자 간의 과실취득 문제, 부담부 유증에서 부담의 이행청구권자로서 수익자가 포함되는가의 문제, 유증의 무효, 실효의 경우와 목적재산의 귀속(제 1090조)에서 포괄적 수유자에 대한 재산귀속 문제, 포괄유증의 승인포기에 관한 상속규정의 적용에서의 문제점 등이 있다. 해석상 이견이 있는 이러한 규정들은 더 연구, 논의되어 논란이 없는 명확한 규정으로 개정되어야 할 것이다.

이밖에 입법론적으로 검토되어야 할 규정들은 다음과 같다.

현행법은 유증을 받는 자를 수증자로 표기하고 있으나 증여를 받는 자와 구별하기 위하여 수유자로 개정되어야 할 필요성, 유언에 의한 재산출연행위(제 49조)에서 그 귀속시기를 명문으로 규정할 필요성, 부담부 유증에서 부담이 무효가 되는 경우와 그러한 경우 유증의 효력에 관하여 명문으로 규정할 필요성 등이 검토되어야 할 것이다.

제17장

1990년 개정가족법의 내용과 문제점

I. 머리말

현행 가족법은 1958년 제정되어 1960년부터 시행된 것으로서 전통적 가부장제 가족제도의 원리에 근거하고 있다. 특히 호주제도, 가족관계, 친자법, 상속법 등에는 개인의 존엄과 양성평등정신에 위배되는 많은 규정들이 있다. 그러나 농업경제에서 산업경제로 경제구조가 개편되고 여성의 사회적 지위의 향상과 일반적 문화수준의 발전으로 인하여 전통적 가족규범에 대한 비판과 이에 대한 개정이 필요한 것으로 인식되어왔다.

그 결과 1977년 12월 가족법이 부분적으로 개정되었다. 혼인법에서 성년자의 혼인에 대한 부모의 동의 불필요(제 808조), 성년의제제도(제 826조의 2), 귀속불명재산에 대한 부부공유추정(제 837조 2항), 협의이혼에서 가정법원의 확인제도(제 836조 1항), 친자법에서 친권의 공동행사(제 909조 1, 2항), 그리고 상속법에서 상속분의 조정(제 1009조), 유류분제도(제 1112~1118조) 등의 규정이 개정 또는 신설되었다.

그 이후에도 가족법 개정논의는 계속되었으며 1990년 1월 대폭적인 가족법의 개정이 있게 되었다. 개정가족법의 특징은 가족법의 근간을 이루고 있

* 이 논문은 〈여성연구〉(한국여성개발원, 1990), 제 8권에 게재된 것임.

는 호주제도와 동성동본불혼제도를 폐지하지 않고 존치시켰다는 점이다. 다만 호주제도를 강제적인 호주상속제도에서 임의적인 호주승계제도로 그 성격을 바꾸어 제 4편 친족법에 규정하고, 제 5편 상속법에서는 재산상속만을 규정하는 형식을 취하였다.

개정가족법에서는 몇 개의 새로운 제도를 신설하였다. 면접교섭권(제 837조의 2), 재산분할청구권(제 839조의 2) 등의 신설이 그것이다. 이밖에 혼인법, 친자법, 상속법 등에서 종래 문제점으로 지적되었던 불합리한 많은 규정 등이 개정됨으로써 부부평등, 남녀평등 이념의 실현에 기여할 수 있게 되었다.

그러나 이번 개정에 의하여 가족법의 문제점이 완전히 해결되었다고 볼 수는 없으며 개정법 자체에도 적지 않은 문제점이 발견된다. 이 논문에서는 개정가족법의 내용과 문제점을 사항별로 검토해보고자 한다.

II. 친족관계

친족관계에서는 적지 않은 규정이 삭제 또는 개정되었다. 친족관계에 관한 개정법의 특징은 부계혈족주의에서 부모양계혈족주의로 전환하였다는 점, 친족범위가 확대되었다는 점 그리고 법정친자관계로서 계모자, 적모서자관계가 폐지되었다는 점 등을 들 수 있다.

1. 친족범위의 조정(제 777조)

친족범위에 관하여 구법은 혈족에서의 부계와 모계의 불평등, 인척에서의 부족과 처족의 불평등이란 비난을 받아왔다.[1)]

개정법은 조문의 형식에 있어서 구법상 제 1호에서 6호까지 규정하던 것을 3호까지로 축소하고 친족의 범위를 다음과 같이 조정하였다.

1) 김주수, 《친족상속법》, 법문사, 1987, 381~3면; 김용한, 《친족상속법론》, 박영사, 1984, 74면.

구법에 의하면 혈족의 범위는 8촌 이내의 부계혈족(1호), 4촌 이내의 모계혈족(2호)이었으나 개정법은 "8촌 이내의 혈족"(1호)으로만 규정하고 있다. 개정법은 부계 또는 모계라는 친계개념은 사용하지 않으나 여기에는 8촌 이내의 부계혈족은 물론 8촌 이내의 모계혈족이 포함된다. 결과적으로 모계혈족은 그 범위가 4촌에서 8촌으로 확대됨으로써 형식적으로는 부계혈족의 범위와 평등하게 되었다.

인척의 범위에 관하여 구법은 인척의 계원 중 배우자의 혈족만을 친족범위에 포함시키고 있었다. 즉, 부(夫)의 혈족으로서는 8촌 이내의 부계혈족(3호), 4촌 이내의 모계혈족(4호), 그리고 처의 혈족으로는 처의 부모(5호)만 여기에 포함되었다. 그러나 개정법은 "4촌 이내의 인척"(2호)을 친족범위에 해당하는 것으로 규정하였다. 구법이 배우자의 혈족만을 친족으로 규정함에 반하여 개정법은 혈족의 배우자는 물론 배우자의 혈족의 배우자까지도 친족으로 보고 있다. 따라서 인척의 범위를 계원에 따라 문리적으로 해석한다면, 혈족의 배우자에는 4촌 이내의 부계혈족의 배우자와 4촌 이내의 모계혈족의 배우자가 포함된다. 배우자의 혈족에는 부(夫)의 4촌 이내 부계(父系)혈족과 4촌 이내의 모계혈족, 처의 4촌 이내의 부계혈족과 4촌 이내의 모계혈족, 또한 부(夫)의 4촌 이내의 부계혈족의 배우자, 부의 4촌 이내의 모계혈족의 배우자, 처의 4촌 이내의 부계혈족의 배우자, 처의 4촌 이내의 모계혈족의 배우자가 포함된다. 또한 개정법은 촌수에서 "4촌 이내"라고 규정함으로써 종래 부의 혈족의 범위 중 8촌 이내의 부계혈족은 4촌으로 축소되었고 대신 처의 혈족의 범위 등에서도 4촌으로 확대함으로써 인척의 범위를 부부간에 평등하게 조정하였다.

배우자를 친족의 범위에 포함시킨 점은 동일하며 다만 구법 6호에서 개정법 3호로 변경하였을 뿐이다.

개정법이 이상과 같이 친족범위를 조정하였으나 여기에는 다음과 같은 문제점이 있다.

첫째, 친족범위(제 777조)를 총괄적, 획일적으로 규정할 필요성이 있는지에 관한 점이다. 가족법은 대부분 개별적인 경우에 구체적인 친족범위를 규정하고 있기 때문이다. 또한 형식적, 기계적 평등논리에 입각하여 친족범위를 조정하였을지라도 실질적으로는 혈족과 인척의 범위가 현행법에 비하여 확대되는 결과를 초래하였다는 점이다. 이러한 친족범위는 우리의 관습에서도 인정하는 바가 아니었으며[2] 국민의 생활감정과 합치되는 것으로 보기도 어렵다. 또한 친족범위를 되도록 축소하는 현대법 추세에 비추어보아도 타당성을 갖는다고 볼 수 없다.

둘째, 혈족의 범위를 부계·모계 평등논리에 의하여 8촌까지로 확대하였는데 이것은 동시에 금혼범위의 확대를 의미한다. 혼인무효규정에 의하면 8촌 이내의 방계혈족간의 혼인을 무효로 하고 있다(제815조 2호). 이 경우 구법에 의하면 8촌 이내의 방계혈족이란 친족범위규정(제777조 1호, 2호)에 따라 8촌 이내의 부계혈족을 의미하여 모계혈족은 4촌 이내의 방계혈족만 여기에 해당된다[3] 고 해석하였다. 그러나 개정법(제777조 1호)에 의하면 모계혈족도 부계혈족의 경우와 같이 8촌 이내의 방계혈족간의 혼인이 무효로 된다는 것은 분명하다. 금혼범위를 축소하여 혼인의 자유를 보장하는 것이 현대법의 정신임에도 불구하고 평등논리에 치우쳐 금혼범위를 현행보다 더 확대한 것은 시대역행적 태도라 아니할 수 없다. 부계혈족의 범위를 축소 조정하는 것이 불가능하다면 모계혈족의 범위는 구법대로 4촌으로 하는 것이 오히려 현실적이고 합리적이었을 것이다.

셋째, 인척의 범위를 조정하는 데 있어서 배우자의 혈족으로서 부족과 처족 간의 평등은 바람직하다. 그러나 인척의 계원에 따른다면 배우자의 혈족 외에 혈족의 배우자, 그리고 배우자의 혈족의 배우자[4] 까지도 친족의 범위에

---

2) 박병호, 《한국법제사》, 한국방송통신대학출판부, 1987, 129면.

3) 김주수, 《주석친족상속법》, 법문사, 1984, 149면.

4) 박병호, "친족관계의 개정과 문제점", 〈사법행정〉(1990. 2), 34면(인척의 계원으로서 배우자의 혈족의 배우자도 4촌 이내의 인척으로서 친족범위에 해당된다고 하나 인척의 촌수계산에 관한 규정인 제771조가 혈족의 배우자와 배우자의 혈족에 대한 촌수만을 규정하고 있다는 점에서, 그리고 배우자의 혈족의 배우자까지도 친족범위에 해당된다고 하면 친족으로서 인척의 범위가 지나치게 넓어진다는 점에서 이들을 제외하여 가능한 한 범위를 축소 해석하는 것이 합리적이라고 한다).

포함시키게 되며 또한 촌수도 4촌까지 인정함으로써 구법에 비하여 지나치게 인척의 범위가 확대되었다. 구법에서 문제되었던 점은 단지 배우자의 혈족으로서 부족과 처족 간의 불평등에 관한 것이었다(제 777조 3호, 4호, 5호). 개정법이 친족범위로서 인척을 구법과 같이 배우자의 혈족에 한정시키되 부족과 처족 간의 차별이 없도록 배우자의 4촌 이내의 혈족으로만 규정하였다면 보다 더 합리적인 조정이 되었을 것이다.

넷째, 배우자를 친족으로 인정하는 나라는 우리나라와 일본밖에 없다.[5] 배우자는 친족으로서 법률상 효과가 발생하는 일이 없기 때문에 친족으로서 규정할 실익이 없다. 입법론으로서 배우자는 친족범위에서 삭제하여야 할 것이다.

2. 법정혈족관계 개선

구법상 법정혈족으로서 친자관계가 인정되는 계모자관계(제 773조), 적모서자관계(제 774조)가 폐지되었다. 따라서 이들의 관계는 혈족의 배우자 또는 배우자의 혈족으로서 인척 1촌의 관계가 되며, 4촌 이내의 인척에 해당됨으로써 친족이 될 뿐이다(제 777조 2호). 또한 이들간에는 구법에서와 같이 친권(제 912조, 제 869조 단서 삭제)이나 상속 등의 문제가 발생할 여지가 없다. 당사자간에 법정혈족으로서 친자관계의 성립을 원한다면 입양의 방법에 의하여야 한다.

구법상 계모자관계는 본인들의 의사에 의하지 않는다는 점, 미성년자에 대한 인권침해가 우려된다는 점, 경우에 따라서는 연장의 계자까지도 인정되어 자연스럽지 않다는 점, 계부자관계는 인정하지 않으면서 계모자관계만 인정하는 것은 가부장제 가족제도의 잔재라는 점, 그리고 적모서자관계는 첩제도의 잔존물로서 부첩관계가 묵인되는 결과를 초래한다는 점[6] 등에서 그 부당성이 지적되었다.

---

5) 일본민법 제 725조 2호.

6) 김주수, 전게서, 1987, 307면; 김용한, 전게서, 78면.

개정법에 의하여 계모자관계 등이 법정친자관계에서 인척관계로 전환됨에 따라 다음과 같은 점이 문제될 수 있다.

첫째, 인척인 계모(호칭상)와 미성년인 자 사이의 부양문제이다. 직계혈족 및 그 배우자 간의 부양의무(제974조 1호)를 성년인 자 사이에만 해당되는 생활부조적인 부양의무로 해석한다면[7] 미성년인 자와 혈족의 배우자로서 직계인척인 계모 사이에는 부양의무가 없다고 할 수 있다. 민법이 친자간 특히 미성년자에 대한 부양관계를 특별히 규정하고 있지 않기 때문에 제974조 1호를 전적으로 생활부조적인 부양으로만 보기는 어렵다. 따라서 이 규정이 갖는 생활유지적인 성격을 전적으로 배제할 수는 없기 때문에 미성년인 자와 직계인척인 계모 사이에도 이 규정에 따라 부양의무가 인정되는 것으로 해석하여야 할 것이다.

둘째, 개정법에 의하여 직계인척간이 된 계모자관계를 법정친자관계로 전환하기 위하여는 입양의 방법을 취하여야 한다. 이러한 경우 부부공동입양의 규정(제874조 1항)에 따라 그 부(父)도 입양당사자로서 양친이 되어야 하느냐 하는 문제이다. 부자간에는 이미 친자관계가 존재하기 때문에 계모와 자만 입양당사자가 되고 이들간에는 양친자관계가 발생하는 것으로 해석하여야 할 것이다.

셋째, 계모자관계를 일정 시점에서 획일적으로 폐지하는 것은 우리의 전통적 윤리관에 어긋난다고 볼 수도 있다는 점이다.

개정법 부칙 제4조는 구법에 따라 성립된 계모자관계와 적모서자관계를 이 법 시행일인 1991년 1월 1일부터 소멸하는 것으로 규정함으로써 이러한 비난을 면하기 어렵게 되었다. 비록 문제점이 많아서 폐지한 제도라 할지라도 또한 의제된 관계라 할지라도, 그것이 근원적 인간관계인 친자관계이고 친족관계인 이상 어느 시점에서 단번에 소멸시켜버린다는 것은 사실상 불가능하며 인륜에도 반한다고 보기 때문이다. 뿐만 아니라 기왕에 형성된 친자관계로 인하여 생긴 친권, 상속 등에 관한 기득권도 함께 상실될 수 있기 때문이다.[8] 이것은 기득권을 보호함으로써 법적 안정성을 유지한다는 입법정

7) 김주수, 《친족상속법》, 법문사, 1990, 394면.

신에도 반한다고 볼 수 있다. 물론 원하는 경우 이들이 양친자관계를 맺는다면 이들의 관계는 지속될 수 있겠지만 그러한 관계로 전환하기 위하여 법적 절차를 취하는 일도 실제로 용이하지 않을 것이다.

이미 성립된 계모자관계와 적모서자관계는 그대로 인정하고 1991년 1월 1일 이후부터 계모자, 적모서자관계의 성립을 인정하지 않는 것이 합리적이며 또한 친자간의 정서에도 부합하는 태도일 것이다.

3. 혈족의 정의 (제 768조) 등에 관한 규정의 개정

구법은 혈족을 정의함에 있어서 혈족녀의 직계비속을 방계혈족에 포함시키지 않고 인척의 촌수계산에 관한 규정(제 771조)에 포함시킴으로써 이들을 인척으로 다루어왔다. 이들은 성질상 인척이 될 수 없으며 남계혈족 중심사상으로 인하여 여계혈족을 배제시킨 결과에 불과한 것이다. 개정법은 이러한 불합리한 점을 시정하여 "자매의 직계비속"과 "직계존속의 자매의 직계비속"을 방계혈족에 포함시켰다(제 768조). 따라서 혈족녀의 촌수계산에 관한 규정은 필요없게 되었으므로 제 771조 하단을 삭제하였다.

또한 개정법은 인척의 계원에 관한 구법규정 중에서 "혈족의 배우자의 혈족"을 삭제하였다(제 769조). 인척의 범위를 지나치게 광범위하게 인정할 필요가 없기 때문이다. 따라서 인척의 계원은 혈족의 배우자, 배우자의 혈족, 배우자의 혈족의 배우자에 한정된다.

인척관계의 소멸에 관하여 구법은 혼인의 취소, 이혼의 경우 외에 "부가 사망한 경우"에 소멸하는 것으로 규정했다(제 775조 2항). 따라서 처가 사망한 경우는 부가 재혼하더라도 처족인척관계는 소멸되지 않는 것으로 해석되었다. 개정법은 이 규정을 "부부 일방이 사망한 경우"로 개정하여 부와 처 구분 없이 생존배우자가 재혼하는 경우 인척관계가 소멸하도록 하였다.

그러나 일방이 사망한 경우의 소멸사유를 재혼에 한정시킴으로써 다음과 같은 문제가 발생할 수 있다. 즉, 부 또는 처가 법률상 재혼하지 않는 한 부

8) 배경숙, "개정민법상의 친자관계에 관한 소고", 〈월간고시〉(1990. 3), 45면.

족인척이나 처족인척관계가 소멸되지 않는다는 점이다. 또한 부가 사망한 경우 처가 친가에 복적하거나 일가창립한 경우에 관하여 개정법은 구법과 달리 아무런 규정을 두고 있지 않으므로 이러한 경우에는 부족인척관계가 소멸되지 않는다고 해석된다. 이와 같이 처가 친가에 복적하는 경우에도 부족과의 인척관계가 소멸되지 않는다는 것은 현실과의 괴리를 단적으로 나타내는 것으로 볼 수 있다.

이러한 문제점을 해결하기 위해서는 재혼하지 않더라도 인척관계의 소멸을 원하는 경우 소멸의 의사표시에 의해서 소멸될 수 있도록 하는 조치가 필요하다[9] 고 본다.

III. 호주제도

호주제도는 가족구성원간의 불평등만을 조장할 뿐 현실적으로 실효성이 없는 제도로서 많은 학자들이 그 불합리성을 지적하고 폐지를 주장하여왔다. 그러나 개정법은, 호주제도는 가족법의 근간을 이루는 제도로서 이를 폐지하는 경우 법률체계와 가족관계를 중심으로 하는 사회전반에 미치는 영향이 크다[10] 는 이유로 계속 존치시켰다. 다만 구법상 강제적인 호주상속에서 포기가 가능한 임의적인 호주승계제도로 그 성격을 변경하였으며 호주의 권리의무에 관한 구법규정을 대폭 삭제, 개정함으로써 호주권을 보다 더 유명무실한 것으로 만들었을 뿐이다. 또한 가의 계승을 뒷받침하는 친자법규정 등을 폐지함으로써 호주제도는 다만 존재 자체에 의의를 두는 형식적 제도에 불과하게 되었다.

이 항목에서는 호주권과 분가규정, 그리고 호주승계제도만을 살펴보고 그 밖에 호주제도와 관계되는 규정은 관계항목에서 다루고자 한다.

9) 일본민법 제 728조 2항.

10) 국회 법안심사소위원회, 민법등 개정법률안(대안), 2면.

1. 호주권과 분가규정

1) 호주의 권리의무규정의 삭제

구법상 호주의 권리의무로 인정되었던 다음과 같은 규정들이 삭제되었다. 가족의 한정치산, 금치산선고청구권(제 9조), 부의 혈족 아닌 처의 직계비속 입적 시 부가의 호주로서의 동의권(제 784조 1항), 가족에 대한 강제분가권(제 789조 2항), 가족에 대한 거소지정권(제 798조), 호주권의 대행규정(제 799조), 미성년자, 금치산자, 기혼자의 후견인이 될 권리(제 932조, 제 933조, 제 934조) 등이 삭제되었다. 또한 호주 또는 가족 누구에게 속한 것인지 분명하지 않은 재산에 대한 호주추정규정을 삭제하고 가족공유추정(제 796조 2항)으로 개정하였다. 부양관계에서 가족에 대한 호주의 부양의무규정(제 797조)과 호주와 가족 상호간의 부양의무(제 974조 2호)를 삭제함으로써 호주의 가족에 대한 절대적 부양의무는 물론 호주에 대한 가족의 부양의무도 없어지게 되었다.

특히 구법이 부의 혈족 아닌 처의 직계비속의 부가입적(가봉자입적)에서 부의 동의 외에 부가의 호주의 동의까지 필요로 하였던 것은(제 784조 2항) 가부장제 가족제도의 잔재로서 그 부당성이 지적되어왔다. 개정법에 의하여 가봉자입적의 경우 부의 동의만으로 가능하게 되었다. 그러나 부의 경우, 처의 혈족 아닌 자기의 직계비속을 처의 동의 없이 자신의 가에 입적시키면서 처의 경우에만 가봉자입적에 부의 동의를 얻도록 하는 것은 인간의 존엄이나 남녀평등의 원칙에서 볼 때 부당하다고 아니할 수 없다.

또한 호주의 상속상의 특권도 상실되어, 호주상속인에게 인정되던 분묘 등의 승계권(제 966조)[11]과 재산상속분의 가급규정(제 1009조 1항 단서)도 삭제되었다. 다만 호주권으로 남게 된 규정은 가족의 분가에 대한 동의권(제 784조 2항), 타가의 호주 아닌 자기의 직계존속과 비속을 입적하게 할 수 있

---

11) 분묘 등의 승계권은 상속법 제 1008조의 3에 의하여 제사주제자가 상속하도록 개정되었다.

는 권리(제785조), 그리고 현실적으로 거의 기능을 하지 않은 친족회에 관한 권리 등이 있다(제966조, 제968조, 제969조 등).

개정법에 의하여 이와 같이 호주권이 유명무실하게 됨으로써 호주와 가족간의 관계가 수평적 관계로 전환되었고 따라서 호적상 호주로 기재된 자가 갖는 법률적 의미는 거의 상실된 것으로 볼 수 있다.

2) 여호주의 지위보장 등에 관한 규정의 개정

구법에 의하면 여호주의 가에 그 가의 계통을 계승할 남자가 입적한 때에는 호주의 변경으로 인하여 여호주는 가족이 되었다(제792조). 개정법은 이 규정을 삭제하고 이것과 관련하여 여호주의 가에 계통을 계승할 남자가 입적하더라도 호주승계가 개시되지 않도록 하였다(제980조 4호 삭제). 종래 잠정적이고 일시적인 것으로 인정되던 여호주의 지위가 영구적이고 확정적인 것으로 보장받게 되었다. 그밖에 처와 부의 혈족 아닌 직계비속의 복적과 일가창립에 관한 규정(제787조)을 개정하였고, 타가에 입적한 호주와 그 가족에 관한 규정(제795조 2항)도 개정함으로써 처를 비롯한 가족원의 가적을 정함에 있어서 개인의 의사를 보다 더 존중하도록 하였다.

3) 분가규정 등의 개정

구법은 분가에서 호주의 직계비속 장남자는 임의분가를 할 수 없도록 금지하고 있었으며(제788조 1항 단서), 본가상속과 직계존속에 수반하는 경우외에는 거가(去家)할 수 없도록 규정하였다(제790조). 호주의 직계비속 장남자는 임의분가 금지규정을 유추하여 법정분가나 강제분가가 당연히 금지되는 것으로 해석되었다.[12] 호주의 직계비속 장남자는 어떠한 종류의 분가도 할 수 없게 되어 있었던 것이다.

개정법은 현실성이 없는 강제분가규정(제789조 2항)을 삭제하고 임의분가

---

12) 김용한, 전게서, 133~6면.

규정에서 단서규정(제 788조 1항 단서)도 삭제하였다. 그 대신 법정분가규정에 단서를 신설하여 호주의 직계비속 장남자는 법정분가를 할 수 없도록 규정하고 있다(제 789조 단서). 직계비속 장남자의 거가금지규정(제 790조)도 삭제하였다.

개정법에 의하면 호주의 직계비속 장남자는 법정분가는 할 수 없다. 그러나 임의분가는 가능하며 또한 본가상속이나 직계존속을 수반하는 외에도 타가에 입양하는 등의 거가도 가능하게 되었다. 호주승계를 포기할 수도 있다(제 991조). 그러나 호주의 직계비속 장남자에게 임의분가, 거가, 호주승계의 포기를 인정하면서 법정분가만을 금지하는 것은 입법체계에서 일관성을 상실한 것으로 볼 수 있다. 만일 호주의 직계비속 장남자가 호주승계권을 포기한다면, 호주승계는 하지 않으면서 법정분가는 할 수 없는 경우도 생길 수 있을 것이다. 개정법 제 789조 단서규정은 해석상 문제점이 있다고 생각된다. 그밖에 임의분가에서 미성년자만 법정대리인의 동의를 얻도록 하는 현행규정(제 788조 2항)은 입법의 불비로서 금치산자도 여기에 포함시켜야 할 것이다.

2. 호주승계

개정법은 호주권을 사실상 유명무실한 것으로 만들었음에도 불구하고 호주권의 승계제도를 인정하고 있다. 다만 신분상속으로서의 강제상속의 성격을 바꾸어 포기가 가능한 임의적인 승계제도로 대치하였다. 또한 상속법에서 호주상속 규정을 삭제하고 제 4편 친족법 중 제 8장 호주승계로 규정함으로써 그 편제를 변경하였다. 호주상속이라는 용어도 모두 호주승계로 개정하였고 구법상 호주상속규정 중 일부 규정을 삭제하거나 변경하여 그 내용을 수정하였다.

1) 호주승계권의 포기 (제 991조)

구법은 호주상속권의 포기를 금지함으로써(제 991조) 당사자의 의사여하에 상관없이 호주권의 상속을 강제하고 있었다. 개정법은 이 규정을 "호주승계권은 이를 포기할 수 있다"라고 개정하여 호주권의 상속성과 그것의 강제성을 배제하였다. 따라서 호주의 직계비속 장남자라 하더라도 호주승계를 포기할 수 있게 되었으며 이러한 경우 호주승계순위규정(제 984조)에 따라 차순위 승계인이 그 지위를 승계할 수 있도록 하였다.

호주승계권의 포기규정은 구법상의 호주상속제도와 개정법상의 호주승계제도의 성격을 구분 짓는 관건이 되는 규정이라 할 수 있다.

2) 호주승계 개시원인 중 일부 규정의 삭제

구법상 호주상속 개시원인의 하나인 "여호주의 가에 그 가의 계통을 계승할 남자가 입적한 때"(제 980조 4호)라는 규정을 개정법은 삭제하였다. 이와 관련하여 호주의 변경과 여호주에 관한 규정(제 792조)도 삭제하였으므로 여호주의 지위가 확정적인 것으로 보장받게 되었다는 것은 전술한 바와 같다.

3) 대습상속 등의 삭제

개정법은 호주승계와 관련된 다음과 같은 구법규정들을 삭제하였다. 호주상속비용규정(제 983조)과 호주상속에서 태아의 지위규정(제 988조)을 삭제한 것이다. 따라서 태아는 호주승계 순위에서 이미 출생한 것으로 볼 수 없으며 출생에 의하여 비로소 승계권자가 될 수 있다. 또한 대습상속규정(제 990조)도 삭제되었으므로 적장손의 호주승계권이 없어지고 승계순위규정(제 984조)에 따라 차순위자가 승계인이 된다.

구법이 호주상속의 효과로서 호주상속인에게 인정하였던 분묘 등의 승계권(제 996조)이 호주승계의 장에서 삭제되고 재산상속의 효과로서 제사주제자가 승계하도록 하였다(제 1008조의 3). 호주승계인이 동시에 제사주제자가 되는 경우에만 이러한 특권을 누릴 수 있게 되었다.

또한 구법상 양부와 동성동본인 양자만이 호주상속을 할 수 있는 규정(제 877조 2항)을 삭제하였으므로 이성(異姓)인 양자도 호주승계가 가능한 것으로 해석할 수 있다.

이상 개정되거나 구법과 동일하게 존치되는 여러 규정들은 용어만 "승계"로 변경되었을 뿐 그대로 호주제도에 관한 규정으로 적용된다. 특히 구법상 호주상속순위가 개정법의 호주승계순위로서 그대로 적용된다는 것은 비록 승계의 포기를 인정한다 하더라도 승계가 남자 우선이라는 사실을 부인할 수 없게 한다.

이상에서 살펴본 바와 같이 개정법의 호주승계제도는 구법의 호주상속제도와 그 성격이 다른 것은 분명하다. 그러나 개정법의 승계제도가 구법의 상속제도와 다른 효력을 곧바로 나타낼 수 있을지는 의문이다. 지난 30년 동안 호주상속은 당연한 것으로 강제되었기 때문에 호주승계를 하지 않을 수도 있다는 의식으로의 전환이 그렇게 쉽지 않으리라 생각된다. 실제로 지금까지의 제도가 하나의 관행으로 굳어져 호주승계를 포기하는 자가 많지 않을 것이다. 만약 포기한다고 하여도 구법에서와 같은 남자 우선 승계순위가 유지되는 한 그 실질에서는 호주상속제도와 크게 다르지 않을 것이다.

다만 시대의 변화에 따라 대도시의 핵가족을 중심으로 호주권이란 포기가 가능하다는 점이 인식되고, 포기하는 자가 많아지게 되면서 점차로 의식의 전환이 이루어지게 될 것이며 그것이 확산될 때에 비로소 개정법의 승계제도가 정착되리라고 본다. 그러나 이 제도 역시 장차 호주제도 폐지를 위한 과도기적 역할을 하는 것에 지나지 않은 것으로 보아야 할 것이다.

IV. 혼인법

혼인법에서는 약혼과 혼인취소, 혼인의 일반적 효과에 관한 규정이 부분적으로 개정되었으며 이혼효과로서 두 개의 규정이 신설되었다.

1. 약혼해제사유의 일부 개정

구법의 약혼해제사유 중 "폐병"을 삭제하고 불치의 정신병으로 대체하였다(제 804조 3호). 현대의학의 발달로 인하여 폐병은 불치의 악질의 예시로서 적절하지 못하기 때문이다. 그러나 제 804조 3호는 "성병, 불치의 정신병 기타 불치의 악질이 있는 때"라고 하여 하나의 조문에 "불치"라는 용어가 반복 사용됨으로써 다듬어지지 못한 조문이라는 인상을 준다.

또한 약혼 후 "2년 이상의 생사불명"을 "1년 이상의 생사불명"으로 그 기간을 단축하였다(제 804조 5호). 정보화시대에 맞게 그 기간을 조정한 것은 합리적이라고 생각된다.

2. 혼인취소사유의 개정

구법에 의하면 연령위반 혼인(제 807조)은 취소할 수 있는 혼인으로서, 취소청구권자는 규정되어 있었으나(제 817조) 취소사유에는 규정되어 있지 않았다(제 816조). 개정법은 이러한 입법의 미비점을 시정하여 취소사유에 제 807조를 추가하였다(제 816조).

또한 구법은 부모 등의 동의를 얻지 않은 혼인은 그 당사자가 혼인연령에 달한 후에는 취소할 수 없도록 규정하고 있었다(제 819조). 그러나 이들이 혼인연령에 도달하여도 아직 미성년자인 한 부모 등의 동의가 필요한 것이기 때문에(제 808조) 개정법은 "혼인연령에 달한 후"를 "성년에 달한 후"로 개정하였다(제 819조).

한편 혼인연령에 위반한 혼인에 대한 취소청구권의 소멸에 관한 규정이 없으나 해석상 이들도 혼인연령에 도달한 후가 아니고 성년에 도달하게 되면 취소청구권이 소멸되는 것으로 보아야 할 것이다. 입법론으로서 제 807조도 개정법 제 819조에 포함시켜 규정하는 것이 타당할 것이다.

3. 부부의 동거장소규정의 개정

구법에 의하면 부부의 동거장소는 가취혼의 경우는 부의 주소나 거소에서, 입부혼의 경우는 처의 주소나 거소로 되어 있었다(제 826조 2항). 그러나 실질적으로 부부가 협의하여 동거장소를 정하기 때문에 이 규정은 현실성을 결여한 것으로 지적되었다. 개정법은 이러한 점을 고려하여 어떠한 형태의 혼인인가에 관계없이 동거장소는 부부의 협의에 의하여 정하도록 하였다(제 826조 2항 본문). 다만 협의가 이루어지지 않는 경우에는 당사자의 청구에 의하여 가정법원이 이를 정하도록 하였다(제 826조 2항 단서). 가정법원이 부부의 동거장소 문제에 간여하여 조정역할을 하는 것이 과연 바람직한 일인지는 의문이다. 부부 당사자에게 일임하여도 큰 문제는 없으리라 생각된다.

한편 입부혼인제도는 개정법에서도 그대로 존치되고 있다(제 826조 3항 단서). 입부혼이란 가계계승을 목적으로 하는 것이므로 개정법이 임의적 승계제도를 도입하면서 입부혼인제도를 그대로 둔 것은 타당하지 못하다[13]는 의견이 있다. 그러나 승계의 포기란 말 그대로 임의적인 것이기 때문에 만일 딸이 친가를 계승하고자 하는 경우에는 입부혼을 해야 할 필요성도 없지는 않을 것이다. 호주승계제도가 존속하는 한 입부혼제도는 이러한 점에서 존재의의가 있다고 본다.[14]

---

13) 한봉희, "개정혼인법상의 제문제", 〈월간고시〉(1990. 3), 28면.

14) 대만민법(제 1002조)도 부가 처가에 입적하는 췌부혼(贅夫婚)을 인정한다. 그러나 가의 승계제도는 인정하지 않기 때문에 가의 계승과는 관계없으며 다만 가적의 변동이 있고 처의 주소에서 동거할 뿐이다.

4. 생활비용의 부담

구법에 의하면 부부의 공동생활에 필요한 비용은 특별한 약정이 없는 한 부가 부담하도록 되어 있었다(제833조). 개정법은 부부 당사자간에 특별한 약정이 없는 한 부부가 공동으로 부담하도록 하였다(제833조). 우리 가족법이 부부재산제로서 별산제를 취하고 있다는 점, 현실적으로 경제적 수입이 있는 여자의 수가 증가하고 있다는 점 그리고 부부평등의 입장이라는 점에서 생활비용의 부부공동 부담은 합리적이라 생각된다. 처가 전적으로 가사노동에 종사하는 것도 실질적으로는 생활비용 부담의 한 형태가 될 수 있을 것이다.[15]

5. 금치산자의 협의상 이혼

구법에 의하면 미성년자는 부모 또는 후견인의 동의를 얻어 협의이혼할 수 있도록 규정되었다(제855조 1항). 그러나 이 규정은 미성년자의 경우 성년의제제도의 신설로 인하여(제862조 2) 적용할 여지가 없게 되었다. 개정법은 이 규정을 금치산자에게만 적용하여 "금치산자의 협의상 이혼"으로 고치고 그 내용도 "제808조 2항 및 3항의 규정은 금치산자의 협의상 이혼에 이를 준용한다"(제835조)로 개정하였다.

6. 이혼과 자의 양육책임규정의 개정

구법은 이혼 시 당사자간에 그 자의 양육에 관한 사항을 협정하지 아니한 때에는 그 양육의 책임은 부에게 있다(제837조 1항)고 규정하여 부에게 일차적 양육책임을 부여하였다. 이와 같이 부에게 당연히 양육책임을 부담하게 하는 것은 부권우선주의의 표현으로서 부모평등의 원리나 자의 복리라는 측면에서 볼 때 문제의 소지가 있었던 것이다.

---

15) 김주수, "개정혼인법", 〈사법행정〉(1990. 2), 36면.

개정법은 이러한 논리에 근거하여 당사자는 그 자의 양육에 관한 사항을 협의에 의하여 정하도록(제837조 1항) 규정하였다. 즉, 부모는 협의에 의하여 양육자 및 양육에 관한 사항을 결정하여야 하며, 협의가 되지 않거나 할 수 없을 때에는 가정법원은 당사자의 청구에 의하여 그 자의 연령, 부모의 재산상태, 기타 사정을 참작하여 양육에 필요한 사항을 정한다. 또한 언제든지 그 사항을 변경하거나 다른 처분을 할 수 있도록 하였다.

7. 면접교섭권의 신설

개정법은 면접교섭권을 신설하였다(제837조 2). 면접교섭권이란 이혼 후 또는 별거하는 경우 친권자나 양육자가 아닌 부 또는 모가 미성년인 자에 대하여 면접, 서신교환 또는 접촉하는 권리를 말한다. 현대의 친자법은 자녀의 복리증진에 그 이념을 두고 있으므로 면접교섭권은 부모의 기본권으로서 많은 외국의 입법례[16]가 이를 인정하고 있다.

개정법은 이러한 취지에 입각하여 자를 직접 양육하지 아니하는 부모 중 일방은 면접교섭권을 가지며(제837조 2의 1항), 가정법원은 자의 복리를 위하여 필요한 때에는 당사자의 청구에 의하여 면접교섭권을 제한하거나 배제할 수 있도록 하였다(제837조 2의 2항). 면접교섭권의 행사방법과 범위에 관하여는 부모가 협의하여 정하여야 하며 만약 협의가 되지 않거나 협의할 수 없을 때에는 가정법원이 간여하여 면접교섭권의 행사방법과 범위를 정할 수 있을 것이다.

8. 재산분할청구권의 신설

이혼에서 가장 현실적인 문제로 지적되었던 재산분할청구권이 신설되었다. 재산분할청구권이란 이혼을 한 당사자 일방이 다른 일방에 대하여 혼인 중 협력하여 모은 재산의 분할을 청구하는 것을 말한다.

---

16) 독일민법 제1634조, 프랑스민법 제288조 등.

구법은 이혼 시에 과실 있는 배우자에 대하여 재산상, 정신상 손해로 인한 손해배상청구만을 인정하였다(제 843조, 제 806조). 그러나 이러한 제도만으로는 이혼배우자를 보호할 수 없기 때문에 많은 입법례[17]는 이혼배우자에게 부양료지급이나 재산분할청구를 인정하고 있다.

개정법은 재산분할청구권을 신설하고 이것을 이혼의 효과로서 이혼법에서 규정하고 있다. 즉, 협의상 이혼한 자의 일방은 다른 일방에 대하여 재산분할을 청구할 수 있도록 하였고(제 839조의 2의 1항), 재산분할에 관하여 협의가 되지 아니하거나 협의할 수 없는 때에는 가정법원이 당사자 쌍방의 협력으로 이룩한 재산의 액수 기타 사정을 참작하여 분할의 액수와 방법을 정하도록 하였다(제 839조의 2의 3항). 재산분할청구권은 이혼한 날로부터 2년을 경과하면 소멸하며(제 839조의 2의 3항), 이 규정을 재판상 이혼에 준용하고 있다(제 843조).

이 제도 운용에서의 선결과제는 "재산분할청구권의 성질을 어떻게 보아야 하는 것인가" 하는 점이다. 재산분할청구권이 갖는 위자료적 성질, 부양적 성질, 부부재산의 청산 내지 잠재적 지분의 반환적 성질[18] 등에서 어느 것을 인정하느냐에 따라서 재산분할 여부나 액수 등이 문제될 수 있기 때문이다. 우리나라의 경우 재산분할의 성질을 혼인 중 협력재산에 대한 청산적 성질 내지는 부양적 성질로 보는 것이 합리적이라고 생각된다.

가정법원이 재산분할에 간여하는 경우 분할의 기준을 정하는 데 있어서 당사자 쌍방의 협력의 정도나 형태, 협력재산의 범위 등이 참작되어야 할 것이다. 재산분할청구권에 관한 학설이나 판례의 정립이 필요하다고 본다.

이밖에 준용규정인 제 834조는 면접교섭권과 재산분할청구권의 신설로 인하여 다음과 같이 개정되었다. 즉, "제 806조, 제 837조, 제 837조의 2 및 제 839조의 규정은 재판상 이혼의 경우에 준용한다"로 되었다.

이상에서 살펴본 바와 같이 혼인법에서 불합리하고 불평등한 규정들이 대

---

17) 일본민법 제 768조, 독일민법 제 1363조, 프랑스민법 제 1401조 이하, 스위스민법 제 181조 등.

18) 遠藤 浩 外 編集, 《民法(8) 親族》, 有斐閣, 1989, 129~130면.

부분 개정되고 또한 필요한 규정이 신설되었다. 그러나 종법제의 근간이 되는 동성동본불혼제도를 그대로 존치함으로써 혼인의 자유를 저해하며 동시에 불필요하게 광범위한 금혼범위를 인정하고 있다는 것은 우리 혼인법의 낙후성을 드러낸다. 또한 민법에 약혼규정을 두면서도 예물반환청구권이나 손해배상청구권의 소멸기간에 관한 규정 등을 두지 않는 것은 입법의 미비라 할 수 있다.

V. 친자법

친자법에서는 양자에 관한 규정 중 삭제, 개정된 부분이 많으며 친자관계규정도 일부 개정되었다.

1. 가를 위한 양자제도의 폐지

구법에서 양자법은 자의 복리를 목적으로 하는 현대적 양자법을 그 이상으로 하면서도 한편으로는 가의 계승을 위한 양자제도를 인정하고 있었다. 개정법은 사후양자제도를 비롯하여 가본위적인 양자규정들을 모두 삭제함으로써 양자법의 성격을 완전히 현대적인 것으로 변경하였다. 즉, 사후양자(제 867조)와 여기에 관련된 사후양자 선정권자(제 868조), 사후양자의 신고(제 879조)와 입양취소청구권의 소멸(제 890조), 유언양자(제 880조) 규정을 삭제하였다. 또한 호주의 직계비속 장남자의 입양금지(제 875조)와 입양취소청구권의 소멸(제 895조), 양부와 동성동본인 양자의 호주상속(제 877조 2항), 호주가 된 양자의 파양금지(제 898조 2항)와 이 규정의 재판상 파양에의 준용규정(제 906조) 등을 삭제하였다.

개정법이 가의 계승제도를 뒷받침하고 있는 양자관계규정들을 대폭 삭제하고 호주상속제도를 임의적 호주승계제도로 변경하였기 때문에 구법에서와 같은 가의 계승이라는 의미는 그 제도적 의의를 상실한 것으로 볼 수 있다.

그 결과 직계비속이 전혀 없는 경우에도 가의 계승을 위하여 사후에 또는 유언에 의하여 양자를 취할 수 없게 되었다. 또한 호주의 직계비속 장남자라 할지라도 본가에 입양하는 경우는 물론 타가에도 자유롭게 입양할 수 있으며 양부와 동성동본이 아닌 이성양자도 호주의 지위를 승계할 수 있게 되었다. 호주가 된 양자도 협의나 재판에 의하여 자유롭게 파양할 수 있도록 함으로써 호주승계의 임의성을 뒷받침하고 있다.

그러나 개정법이 이성양자로 하여금 호주승계를 할 수 있도록 함으로써 (제 877조 2항 삭제) 혈족주의에 입각한 가의 계승제도를 인정하지 않으면서 특히 승계여호주의 경우에만 그 가(부가)의 계통을 계승할 혈족인 직계비속이 승계하여야 한다(제 933조)는 규정을 두고 있는 것은 해석상 이론의 여지가 있다.[19] 승계여호주의 경우에만 혈족주의를 인정한다는 것은 전통적인 가계계승의 원리를 개정법에서도 인정한다는 취지라기보다는 이 규정을 삭제하지 못했던 것 자체가 개정과정에서의 논의의 부족 때문이었다고 생각된다. 호주승계의 임의성과 가계계승을 위한 양자규정의 대폭적 삭제, 그리고 이성양자의 승계를 인정하는 등 호주승계제도의 전 체계에 비추어볼 때 승계여호주의 경우에만 혈족주의를 강조할 필요성은 없기 때문이다.

그밖에 특수 양자제도로서 인정되었던 서양자(제 876조)도 삭제되었다. 서양자제도는 우리의 고유한 제도가 아니며[20] 또한 이성양자가 가능하기 때문에 종래 그 실효성이 의문시되었다.

2. 입양성립요건 규정 등의 개정

입양의 성립요건과 취소, 파양에 관한 규정들은 다음과 같이 개정되었다.

1) 대락입양(代諾入養)에서 구법상 대락입양인인 "부모 또는 후견인"을 개정법은 "법정대리인"으로 바꾸었으며, 계모자, 적모서자관계의 폐지로 인하

19) 박병호, 전게논문, 1990. 3, 62~4면.

20) 정광현, 《한국가족법연구》, 서울대학교출판부, 1967, 534면.

여 단서규정을 삭제하였다. 따라서 대락입양규정은 "양자가 될 자가 15세 미만인 때에는 법정대리인이 그에 갈음하여 입양의 승낙을 한다"(제 869조)로 개정되었다. 그러나 법정대리인 중 후견인이 입양의 승낙을 하는 경우에는 가정법원의 허가를 얻도록 하는 것이 자의 복리를 위하여 바람직하다[21]고 본다.

2) 입양의 동의에 관한 구법 제 870조 2항은 사후양자제도의 폐지로 인하여 삭제되고 그 대신 "제 1항의 경우에 직계존속이 수인인 때는 최근친을 선순위로 하고 동순위자가 수인인 때에는 연장자를 선순위로 한다"(제 870조 2항)로 개정하였다. 또한 미성년자 입양동의에 관한 구법 제 871조에 단서규정을 신설하였다. 즉, "다만 후견인이 동의를 함에 있어서는 가정법원의 허가를 얻어야 한다"라고 하였다. 후견인이 입양의 동의를 하는 경우 가정법원의 허가를 얻도록 한 것은 후견인의 자의(恣意)를 방지하고 입양의 신중을 기하기 위하여 국가기관이 간여하도록 한 것이다. 위와 같은 취지에서 후견인과 피후견인 간의 입양에 관한 제 872조도 개정하여 친족회의 동의가 아닌 가정법원의 동의를 얻어야만 피후견인을 입양할 수 있도록 하였다.

3) 부부 공동입양에 관하여 구법은 "처가 있는 자는…"(제 874조 1항)이라고 규정함으로써 형식상 부부 공동입양제도를 인정하면서도 실질적으로는 부 중심의 입양제도라는 비난을 받았다.[22] 개정법은 이 점을 시정하여 "배우자 있는 자"가 양자를 할 때는 배우자와 공동으로 하도록 하여(제 874조 1항) 명실상부하게 부부 중심의 입양제도로 전환하였다.

구법에서 양자가 되는 경우 부부가 공동으로 양자가 되느냐 하는 점도 해석상 문제가 되었다. 이에 대하여 부부가 함께 양자가 된다[23]는 견해도 있으나 구법조문의 체계가 전술한 바와 같이 부 중심이고 양자와 그 배우자 등의 입적에 관한 규정(제 783조) 등으로 미루어보아 양자가 되는 경우 공동입

---

21) 배경숙, 전게논문, 57면.

22) 김용한, 전게서, 234면.

23) 정광현, 《신친족상속법 요론》, 법문사, 1962, 525면.

양이란 실질적으로 처의 동의라고 해석되었다. 개정법은 이러한 논란에 대하여 "배우자 있는 자가 양자가 될 때에는 다른 일방의 동의를 얻어야 한다" (제 874조 2항) 라고 규정함으로써 해석상의 문제점을 명문으로 해결하였다. 그러나 개정법은 구법 제 874조 2항과 같은 취지의 규정을 두지 않았으므로 부부 일방이 행방불명 기타 사유가 있는 경우에는 타방은 단독으로 양친자 관계를 창설할 수 없다고 해석된다.

4) 입양취소원인에 관한 제 884조 1호와 2호가 개정되었다. 즉, 제 884조 1호는 "입양이 제 866조 및 제 870조 내지 제 874조의 규정에 위반한 때"로 변경되었다. 사후양자에 관한 규정 (제 867조, 제 868조) 과 직계비속 장남자의 입양금지규정 (제 875조) 이 삭제되었으므로 이 조문을 정리한 것이다. 제 2호는, "입양 당시 양친자 일방에게 악질 기타 중대한 사유 있음을 알지 못한 때"로 개정되었다. 호주상속제도가 없어졌기 때문에 "양가의 계통을 계승할 수 없는"이라는 문구를 삭제하였고, "양자"에게만 적용되던 취소사유를 "양친자 일방"으로 개정하여 양친자 쌍방에게 적용하도록 한 것이다.

5) 입양취소청구권자에 관한 규정도 개정되었다. 구법 제 885조 후단은 사후양자제도의 폐지로 인하여 삭제되었다. 제 886조에서는 "양자 또는 동의권자 …"를 "양자, 법정대리인 또는 동의권자 …"로 개정하였다. 제 888조도 구법상 "… 처가"로 되어 있는 것을 "… 배우자가 …"로 개정하였고, 그 후단은 제 875조의 폐지로 인하여 삭제되었다. 제 896조는 개정법 제 884조 2호와의 균형상 "양친"을 "양친자의 일방"으로 개정하였다. 또한 준용규정인 제 901조를 제 889조 및 제 900조의 경우 "직계존속이 수인인 때에 제 870조 제 2항을 준용한다"로 개정하였다.

6) 재판상 파양원인 (제 905조) 에 관하여 개정법은 제 1호를 "가족의 명예를 오독하거나 재산을 경도한 중대한 과실이 있을 때"라고 용어를 수정하여 구법 제 1호가 갖는 가부장제 가족제도적 성격을 불식하려고 하였다.

3. 친권규정의 개정

1) 친권자에 관한 구법(제 909조)의 내용이 개정됨으로써 실질적으로 자를 위한 부모공동 친권개념으로 변화하게 되었다.

개정법은 구법과 달리 제 1항에 친권에 복종하는 자로서 미성년자를 규정하고 있다. 이 규정은 친권을 행사하는 자와 복종하는 자를 분명하게 구별하는 의미를 갖는다고 하겠다.

구법은 부모가 공동으로 친권을 행사하는 데 있어서 부모의 의견이 일치하지 않는 경우 부가 우선하여 친권을 행사하도록 규정하고 있었다(제 909조 1항). 개정법은 부모의 의견이 일치하지 않는 경우 당사자의 청구에 의하여 가정법원이 이를 정하도록 함으로써(제 909조 2항 단서 신설) 구법과는 달리 친권에서 부권적 요소를 배제하였다.[24)]

구법에 의하면 혼외 자에 대한 친권행사에서 부나 적모 등 친권을 행사할 자가 없는 경우 생모가 친권자가 되었다(제 909조 3항). 개정법은 이러한 경우 부모의 협의로 친권자를 정하고 협의할 수 없거나 협의가 이루어지지 않는 경우 당사자의 청구에 의하여 가정법원이 결정하도록 하였다(제 909조 4항).

구법에 의하면 부모가 이혼한 경우 모는 전혼 중의 출생자에 대하여 친권자가 되지 못하였다(제 909조 5항). 개정법은 이러한 경우 부모가 협의로 친권을 행사할 자를 정하고 협의할 수 없거나 협의가 이루어지지 않는 경우 당사자의 청구에 의하여 가정법원이 결정하며 친권자를 변경할 필요가 있는 경우에도 동일하다(제 909조 4항)고 규정한다. 이혼모에게 지금까지 친권을 인정하지 않음으로 인하여 발생하였던 불합리한 점들이 개선되었다.

또한 구법에 의하면 부의 사망 후 모가 친가에 복적하거나 재혼한 때에도 전혼 중에 출생한 자의 친권자가 되지 못하였다(제 909조 5항). 개정법은 이러한 경우에 관한 규정이 없기 때문에 모가 친권자가 될 수 있느냐에 관한 의문이 있다. 그러나 친자법은 혼인법과는 관계없이 자의 복리를 위한다는 원리에 기초하고 있고, 또한 배우자가 없기 때문에 친권에 대한 분쟁이 없다

---

24) 프랑스민법 제 372조의 1, 독일민법 제 1628조 1항.

는 점에서 이러한 경우의 모도 친권자가 될 수 있다고 해석된다.

2) 계모와 그 친권행사규정(제 912조)은 계모자관계의 폐지로 인하여 삭제되었고, 미성년자의 처의 재산관리규정(제 917조)은 성년의제규정으로 인하여 적용의 여지가 없게 되어 삭제되었다.

3) 친권의 효력으로서 공동친권자의 일방이 공동명의로 한 행위의 효력에 관하여 제 920조의 2가 신설되었다. 즉, "부모가 공동으로 친권을 행사하는 경우 부모의 일방이 공동명의로 자를 대리하거나 자의 법률행위에 동의한 때에는 다른 일방의 의사에 반하는 때에도 그 효력이 있다. 그러나 상대방이 악의인 때에는 그러하지 아니하다"고 규정하고 있다. 이 제도는 표현적 공동대리 또는 표현적 공동동의로서 공동친권행사의 원칙과 상대방 보호, 즉 거래안전이라는 두 가지 이념을 조정하기 위한 목적으로 제정되었다. 공동친권행사를 규정하고 있는 한 친권자의 공동대리가 아니면 일방만의 대리에 불과하게 되고 따라서 적법한 추인이 없으면 그 행위는 무효가 된다. 그러므로 선의의 상대방을 보호하기 위하여 공동명의에 의한 대리행위를 유효로 인정하는 것이다.[25]

VI. 후견 및 부양

후견법에서는 1977년 개정 당시 정리되지 않은 조문과 이번 개정법의 내용과 일치되지 않는 관련조문을 정리하였으며 부양법에서는 하나의 조문만이 개정되었다.

1. 미성년자의 후견인의 순위는 "제 931조의 규정에 의한 후견인의 지정이 없는 때에는 미성년자의 직계혈족, 3촌 이내의 방계혈족의 순위로 후견

25) 中川善之助 外 編集, 《注釋民法(23) 親族(4)》, 有斐閣, 1969, 113면.

인이 된다"로 개정되었다(제 932조). 구법에서 규정되었던 미성년자의 배우자와 호주가 삭제된 것이다.

2. 금치산자 등의 후견인의 순위는 "금치산 또는 한정치산의 선고가 있는 때에는 그 선고를 받은 자의 직계혈족, 3촌 이내의 방계혈족의 순위로 후견인이 된다"로 개정되었다(제 933조). 구법조문의 배우자와 호주가 삭제된 것이다.

3. 기혼자의 후견인의 순위는 기혼자가 금치산 또는 한정치산의 선고를 받은 때에는 제 933조의 순위에 따르는 것으로 개정되었다(제 934조). 구법 제 934조는 성년의제제도의 채택으로 인하여 불필요한 규정이 되었으므로 개정법에서는 이를 "기혼자의 후견인의 순위"로 그 표제를 변경하였다. 기혼자의 경우 배우자가 후견인이 되는 것이 타당하다.

4. 후견인간의 순위는 다음과 같이 조정되었다. 제 932조 내지 제 934조의 규정에 의한 직계혈족 또는 방계혈족이 수인인 때에는 최근친을 선순위로 하고 동순위자가 수인인 때에는 연장자를 선순위로 한다(제 935조). 구법이 남자를 선순위로 하였던 것을 삭제함으로써 남녀평등하게 조정하였다.

5. 부양의무규정 중 제 2호의 호주와 가족 간의 부양의무규정이 삭제되었다(제 974조). 호주의 가족에 대한 부양의무규정(제 797조)의 삭제와 더불어 호주와 가족상호간의 부양의무도 없어지게 되었다.

VII. 상속법

구법상 상속법은 호주상속과 재산상속을 인정하는 복합상속제도를 취하고 있었으나 개정법은 호주상속제도를 삭제함으로써 재산상속만을 규율하게 되었다. 개정법은 구조 면에서 현대적 상속법체계를 갖추게 된 것이다. 상속법의 편제도 제1장 상속, 제2장 유언, 제3장 유류분으로 변경되었고, 전 조문에 걸쳐 "재산상속"은 "상속"으로 그 용어가 수정되었다.

또한 내용에서 상속순위와 상속분을 남녀평등, 부부평등의 방향으로 합리적으로 조정하였으며 기여분제도를 신설하여 공동상속인간의 형평을 기하도록 하였다. 특별연고자에 대한 분여제도도 신설된 규정이다.

1. 상속순위의 조정

구법은 상속인의 범위를 8촌 이내의 방계혈족으로 규정하고 있었으나(제1000조 1항 4호) 이는 상속인의 범위가 지나치게 넓어서 현실성이 없으며 근친자에 대한 상속이라는 현대 상속법의 추세에 어긋난다는 지적을 받았다. 개정법은 이러한 점을 고려하여 4촌 이내의 방계혈족으로 상속인의 범위를 축소, 조정하였다(제1000조 1항 4호). 세계 각국의 입법례도 상속인의 범위를 직계비속, 직계존속, 배우자, 형제자매 등 근친에 한정하고 있다.[26)]

구법은 배우자의 상속순위에 관하여 부부 사이에 차등을 두고 있었다. 즉, 처가 피상속인인 경우 부(夫)는 그 직계비속과 동순위로 상속인이 되고, 그 직계비속이 없는 때에는 단독상속인이 되었다(제1002조). 그러나 부(夫)가 피상속인인 경우에는 처는 직계비속과 공동상속인이 되고 직계비속이 없는 경우에는 피상속인의 직계존속과 동순위로 공동상속인이 되었다. 이들도 없는 경우에 한하여 처는 단독상속인이 될 수 있었다(제1003조 1항).

개정법은 부의 상속순위에 관한 구법 제1002조를 삭제하고 "처의 상속순위"에 관한 규정을 "배우자의 상속순위"에 관한 규정으로 개정하였다(제1003조 1항). 따라서 처뿐만 아니라 부도 직계비속 또는 배우자의 직계존속이 있는 경우 그들과 동순위로 공동상속인이 되어야 하며 그들도 없는 경우에 비로소 단독상속인이 될 수 있다. 구법상 처에게만 인정하였던 이중상속의 제

26) 프랑스민법 제745조, 제746조, 제750조, 독일민법 제1924조~제1931조, 스위스민법 제457조~제466조, 일본민법 제887조~890조.

한을 부에게도 인정함으로써 상속순위에서 부부간의 지위가 동등한 것으로 되었다.

또한 구법상 처에게만 인정되던 대습상속규정이 다음과 같이 개정되어 부에게도 대습상속권이 주어지게 되었다. 즉, 제1001조의 경우에 상속개시 전에 사망 또는 결격된 자의 배우자는 동조의 규정에 의한 상속인과 동순위로 공동상속인이 되고 그 상속인이 없는 때에는 단독상속인이 된다는 규정(제1003조 2항)이 그것이다. 부도 처가 먼저 사망한 경우 직계비속과 더불어 처부모의 재산에 대하여 대습상속인으로서 상속권을 갖게 된 것이다.

2. 상속인의 결격사유

구법은 재산상속인의 결격사유에 관하여 호주상속인의 결격사유에 관한 제992조 2호 내지 5호를 준용하고 있었다(제1004조 2호). 그러나 개정법은 호주승계인의 결격사유로서 구법 제1호와 2호만을 규정할 뿐 제3호 내지 5호는 삭제하였다. 따라서 개정법은 상속인의 결격사유로서 종래 준용되던 제1004조 2호, 3호, 4호, 5호를 재산상속편에 직접 규정하지 않을 수 없게 되었다. 그 내용은 다음과 같다. 제2호, 고의로 직계존속, 피상속인과 그 배우자에게 상해를 가하여 사망에 이르게 한 자, 제3호, 사기 또는 강박으로 피상속인의 양자 기타 상속에 관한 유언 또는 유언의 철회를 방해한 자, 제4호, 사기 또는 강박으로 피상속인의 양자 기타 상속에 관한 유언을 하게 한 자, 제5호, 피상속인의 양자 기타 상속에 관한 유언서를 위조, 변조, 파기 또는 은닉한 자라는 규정이다. 그러나 이 중 3호 내지 5호의 "양자"에 관한 유언은 유언양자에 관한 것이므로 유언양자규정(제880조)이 삭제된 개정법에 의하면 "양자 기타"라는 규정은 불필요한 것이다. 이 규정을 삭제하지 않고 간과한 것은 개정과정에서 실수라고 할 수 있다.

3. 기여분제도의 신설

상속의 효력으로서 기여분제도가 신설되었다(제 1008조의 2). 기여분이란 상속인 중에 피상속인의 재산의 유지 또는 증가에 참여하는 등 특별한 공헌을 하거나 피상속인을 특별히 부양한 자가 있는 경우 이것을 상속분의 산정에서 고려하는 제도이다. 특별한 공헌이나 부양을 한 배우자나 자녀에게 그 공헌 정도에 따라 법정상속분 이외에 그 기여액을 가산하는 것이 상속인간의 형평을 유지할 수 있기 때문이다.[27] 이 제도는 상속인간의 공평을 기하기 위하여 특별수익자의 상속분을 감액하는 규정(제 1008조)과 맥락을 같이 하는 것으로서 그동안 여러 학자들이 그 필요성을 주장하여왔다.[28]

기여분의 산정은 우선 공동상속인이 상속개시 당시의 피상속인의 재산가액에서 협의하여 기여분을 결정한다(제 1008조의 2의 1항). 그러나 협의가 되지 않거나 협의할 수 없는 때에는 가정법원은 기여자의 청구에 의하여 기여의 시기, 방법 및 정도와 상속재산의 액 기타의 사정을 참작하여 기여분을 정한다(제 1008조의 2의 2항). 이것은 기여분이 독립적으로 산정될 수 있는 절대적인 성질의 것이 아니라 다른 상속인과의 관계에서 상대적으로 결정된다는 것을 의미한다. 또한 기여분은 상속개시 당시의 피상속인의 재산가액에서 유증의 가액을 공제한 액을 넘지 못한다(제 1008조의 2의 3항)고 제한을 하고 있다. 이것은 유증이 기여분보다 우선한다는 취지를 밝힌 것으로서 기여분을 상속채권과 같이 절대적인 것으로 생각하여 다른 해석을 할 수 있는 가능성을 배제하기 위한 것[29]으로 볼 수 있다.

---

27) 泉 久雄 · 米倉 明 外 編集, 《民法講義(8) 相續》, 有斐閣, 1978, 120~1면.

28) 김용한, 전게서, 362면; 배경숙, "기여분제도의 입법론", 《현대가족법과 가족정책》, 삼영사, 1988, 569~592면.

29) 한봉희, "개정상속법 개요", 〈사법행정〉(1990. 2), 26면.

4. 상속분의 조정

유언에 의한 상속분의 지정이 없는 경우에는 법정상속분에 의하게 된다. 구법은 동순위의 공동상속인간의 상속분은 균분으로 하는 것을 원칙으로 하였다(제 1009조 1항 본문). 그러나 예외규정을 두어 재산상속인이 동시에 호주상속을 하는 경우 상속분은 그 고유의 상속분에 5할을 가산하는 것으로 하였다(제 1009조 1항 단서). 개정법에서는 호주상속제도를 폐지하였으므로 이 규정도 삭제되었다. 개정법에 의한 호주승계인이라 할지라도 재산상속에서 상속분을 가급받을 수 없다.

또한 구법상 예외규정으로서 동일 가적 내에 없는 여자(출가녀 등)의 상속분은 남자의 상속분의 4분의 1에 불과하였다(제 1009조 2항). 개정법은 이러한 차별규정을 폐지하여 직계비속간의 상속분은 남자, 여자, 기혼, 미혼을 불문하고 완전히 균등하게 하였다(제 1009조 1항).

배우자의 상속분에 관하여 구법은 처의 상속분만을 규정하였다(제 1009조 3항). 즉, 처의 상속분은 직계비속과 공동으로 상속하는 때에는 직계비속의 상속분의 5할을 가산하고 직계존속과 공동으로 상속하는 때에는 직계존속의 상속분의 5할을 가산한다는 규정이 그것이다. 개정법은 "처의 상속분"을 "배우자의 상속분"으로 변경하고 처는 물론 부도 직계비속 또는 직계존속과 공동으로 상속하는 때에는 직계비속 또는 직계존속의 상속분의 5할을 가산하도록 하였다(제 1009조 2항). 배우자는 상속순위에서뿐만 아니고 상속분에서 차등 없이 평등하게 되었다.

5. 특별연고자에 대한 분여제도의 신설

개정법은 특별연고자에 대한 상속재산의 분여제도를 신설하였다(제 1057조의 2). 이 제도는 상속권을 주장하는 자가 없는 경우 상속재산을 국가에 귀속시키기 전 단계에서 인정되는 제도이다. 우리나라는 서구사회와 달리 유언의 관행이 보편화되어 있지 않으며 상속인의 범위도 개정법에 의하여 대폭 축소되었다. 그 결과 상속재산의 국가귀속이라는 현상이 나타날 가능성은 많아지게 된다. 또한 사실혼 배우자나 사실상의 양자 등은 실질적으로 피상속인의 근친이면서도 법정상속인이 아니기 때문에 전혀 상속받지 못한다.[30]

이러한 점을 고려하여 개정법은 "제 1056조의 기간 내에 상속권을 주장하는 자가 없는 때에는 가정법원은 피상속인과 생계를 같이하고 있던 자, 피상속인의 요양, 간호를 한 자, 기타 피상속인과 특별한 연고가 있던 자의 청구에 의하여 상속재산의 전부 또는 일부를 분여할 수 있다"고 규정하고 있다(제 1057조의 2의 1항). 따라서 사실혼의 배우자, 사실상의 양자 또는 계친자로서 가족적인 공동생계를 누린 자, 피상속인의 친족, 친지, 이웃 등으로서 생계를 같이하지는 않으나 피상속인의 요양, 간호에 특별히 헌신적인 봉사를 한 자, 그밖에 피상속인과 공동으로 사업에 종사한 자나 생활의 상담역이 되어온 자 등은 특별연고자로서 가정법원에 상속재산의 분여를 청구할 수 있게 되었다. 청구기간은 상속인 수색공고기간 만료 후 2월 이내이다(제 1057조의 2의 2항). 가정법원은 이러한 청구가 있는 경우 특별연고자의 종류, 성별, 직업과 상속재산의 종류, 액수, 내용 등을 고려하여 그 청구의 상당성이 인정된다면 피상속인의 재산 중 일부나 전부를 특별연고자에게 분여하여야 한다.

그러나 개정법 규정 중 "제 1056조의 기간 내 …"는 "제 1057조의 기간 내 …"로 정정되어야 할 것이다. 특별연고자가 상속재산의 분여를 청구할 수 있는 기간은 "상속채권자와 수증자의 신고"를 규정한 제 1056조의 기간이 아니고 "상속인 수색공고"에 관한 제 1057조의 기간이 지난 후에야 할 수 있기 때문이다. 이 수색공고는 상속인 수색의 최후공고인 동시에 제 1056조의 기간 내에 신고하지 않았던 일반 상속채권자와 수증자의 이익을 고려한 채권행사의 마지막 기회이기도 한 것이다.[31] 따라서 상속인 수색공고를 하여도 상속권을 주장하는 자가 없는 때에 비로소 특별연고자에게 상속재산의 전부

30) 泉久雄·米倉明 外 著, 前揭書, 263면.

31) 김용한, 전게서, 401면.

또는 일부를 귀속시킨다는 점에서 볼 때 "제 1056조의 기간"은 "제 1057조의 기간"으로 정정되어야 하는 것이다. 제 1058조 1항의 "전조의 기간 내에 상속권을 주장하는 자가 없는 때에는 상속재산은…"이라는 규정도 "제 1057조의 2의 규정에 의하여 처분되지 아니한 상속재산은 국가에 귀속된다"로 개정되어야 할 것이다. 그래야만 개정법의 내용과 부합될 수 있기 때문이다.

VIII. 맺는말

이상에서 개정가족법의 내용과 문제점을 살펴보았다.

이번 가족법 개정을 통하여 종래 문제점으로 지적되었던 많은 규정들이 합리적 방향으로 개정됨으로써 남녀평등, 부부평등의 실현에 기여할 수 있게 되었다. 이는 우리 가족법의 발전을 뜻한다고 볼 수 있다. 특히 법정혈족관계, 재산분할청구권, 친권규정, 상속순위, 상속분, 기여분규정 등의 삭제, 조정, 신설은 부부관계, 친자관계 등에 실질적 영향을 주는 중요한 규정들인 것이다.

그러나 호주승계제도가 존치되고 동성동본불혼제도 등이 존재한다는 것은 가부장제 가족제도적인 요인을 불식하지 못한 것으로 볼 수 있다.

또한 개정가족법 자체가 갖는 문제점도 적지 아니하다.

조문의 체계상 문제되는 규정은 분가규정에 금치산자가 포함되지 않은 제 788조 2항, 제 807조가 포함되지 않은 혼인취소청구권의 소멸규정인 제 819조 등이 있다.

개정과정에서 간과된 규정은 여호주와 그 승계인(제 993조), 특별연고자에 대한 상속재산분여 규정인 제 1057조의 2의 1항, 2항에서 "제 1056조의 기간 내"라는 규정과 이와 관련된 제 1058조 등의 규정이 있다.

구법보다 불합리한 규정은 친족범위(제 777조), 인척관계 소멸(제 775조), 호주의 직계비속 장남자의 법정분가 금지(제 789조 단서) 규정 등이 있다.

이러한 것들은 개정여부에 관한 논의는 오랫동안 계속되었지만 개정안 자체에 대한 심의, 토의는 국회나 학계에서 충분히 이루어지지 못한 결과라고 할 수 있다.

따라서 우리 가족법이 갖는 가족제도적인 규정을 비롯한 개정법에서 문제가 된 규정들은 결국 다시 개정되어야 할 것이다. 이러한 개정을 위해서 앞으로는 상설심의기구를 설치하여 오랜 시간에 걸쳐 충분히 연구, 검토되는 과정을 거쳐야 할 것으로 생각된다.

제18장

2005년 개정가족법의 내용과 문제점

I. 머리말

1990. 1. 13 가족법 개정 이후 15년 만에 가족법 일부의 개정안이 2005. 3. 31 법률 제7427호로 공포되었다. 그리고 2007. 12. 21 공포된 법률 제8720호에 의하여 혼인법 중 일부가 또다시 개정되었다.

2005년 가족법 개정에 의하여 우리 가족법의 근간으로서 그동안 그 존폐에 관하여 논란이 되었던 호주제도와 동성동본금혼제도가 폐지되었다. 따라서 비록 전통법으로서의 성격은 있었지만 현대 가족생활에서는 불합리하고 불편했던 제도를 개선하게 된 것이다. 또한 완전양자 제도로서 친양자 제도를 신설함으로써 양자법에 있어서 전향적 제도를 갖추게 되었다.

이밖에 가족규정 중 자녀의 성과 본의 변경, 이혼 후 자녀양육과 면접교섭권, 친권자지정에서의 가정법원의 '직권'의 개입, 재혼금지기간의 삭제, 친자법에서의 '자의 복리' 개념을 천명하고 친생부인의 소에서 처에게도 제기권을 인정하는 등 이번 개정을 통하여 종래 소외되고 차별적이었던 자녀와 처 또는 모의 가족법상의 위치가 격상되었고 가정법원의 후견적 지위가 강

* 이 논문은 〈법학논총〉(숭실대학교 법학연구소, 2006), 제15집에 게재된 것으로서 2008. 3 그 내용을 보완한 것임.

화된 점 등을 개정의 특징으로 하고 있다. 또한 친족, 상속규정 중 불합리한 규정을 삭제하거나 개정, 보완함으로써 우리 가족법은 한 걸음 더 현대적인 규범으로 발전되었다고 볼 수 있다.

2007년 개정된 혼인법 중 중심이 되는 것은 협의이혼절차의 개선이다. 즉, 협의이혼의 절차에서 숙려기간제도를 도입하고, 이혼에 따른 자녀양육사항 및 친권자지정 협의를 의무사항으로 하였으며, 이와 관련하여 가정법원의 직권개입을 강화함으로써 신중하지 못한 이혼을 방지하고 자녀의 양육환경을 개선하려고 하였다.

이 논문에서는 2005년, 2007년 개정가족법 중 중요한 사항을 중심으로 그 내용과 문제점을 살펴보고자 한다.

II. 개정가족법의 주요내용과 문제점

1. 가족관계규정

1) 호주제도 폐지와 관련규정

2005년 개정에 의하여 호주제도를 폐지함으로써 민법 제4편 제2장 "호주와 가족"에 관한 규정은 거의 전부 삭제되었다. 그리고 제2장의 표제를 "가족의 범위와 자의 성과 본"으로 변경하고 제2장에는 가족의 범위에 관한 제779조와 자의 성과 본에 관한 제781조, 두 개의 조문만 규정하고 있으며 이 규정은 2008. 1. 1부터 시행되고 있다. 가족법 제정 이후 계속되었던 호주제도 존폐에 관한 논란이 종식된 것이다.

호주제도 폐지의 가장 큰 의의는, 가부장적이며 여성차별적인 규정이 민법에서 삭제됨으로써 개인의 존엄과 양성평등이라는 헌법상 평등원리가 가족법에서 실현될 수 있게 된 점이라 할 수 있다.

이 논문에서는 호주제도의 의의와 문제점 등에 관한 설명은 생략하기로

한다.[1)]

2) 가족의 범위

구법 제 779조는 가족의 범위에 관하여 "호주의 배우자, 혈족과 그 배우자 기타 본법의 규정에 의하여 그 가에 입적한 자는 가족이 된다"고 규정하였다. 이 규정에 의한 가족의 범위는 일가의 구성원으로서 호주가 아닌 호주의 배우자, 혈족과 그 배우자, 그리고 민법규정에 의하여 그 가에 입적한 자, 즉 부의 혈족 아닌 처의 직계비속(제 784조), 호주의 직계혈족(제 785조), 분가한 호주에 따라서 입적한 가족(제 791조), 그리고 폐가하고 타가에 입적한 호주에 수반하여 입적한 가족(제 795조) 등을 말한다. 이러한 가족은 가족신분으로서 자기의 특유재산의 소유권이 있으며(제 796조 1항), 가족 누구에게 속한 것인지 분명하지 않은 재산에 대하여는 공유추정을 받을 수 있는(제 796조 2항) 권리를 갖는다.

구법 제 2장 "호주와 가족"의 장은 대부분 가족신분의 취득과 상실에 관한 규정이었다. 그리고 이러한 가족규범은 법률상 가적(家籍)에 의한 개념으로서 호주제도와 관련하여 호주 중심의 추상적인 가를 설정하고 그 가에 입적 여부에 따라 가족여부를 판단하는 것이었기 때문에 직계혈족이라도 호주의 가에서 법률상 분가하면 가족의 범위에 포함되지 않는다. 또한 이러한 가족규정에 의하여 구성된 가족을 순수한 혈연공동체라고 말할 수도 없었다.

현행법은 제 779조의 "가족의 범위"를 다음과 같이 규정하고 있다. 제 1항 1호, 배우자, 직계혈족 및 형제자매, 2호, 직계혈족의 배우자, 배우자의 직계혈족 및 배우자의 형제자매, 제 2항, 제 1항 제 2호의 경우에는 생계를 같이하는 경우에 한한다.

이 규정에 의하면 가족의 범위를 혈연관계와 인척관계로 나누고 있다. 즉, 개인을 기준으로 하여 혈연에 기인하는 당연가족으로서는 배우자, 직계혈족, 형제자매까지를 인정하며 인척은 동거하며 공동생계를 유지하는 것을 조건

1) 졸고, "호주제도란 무엇인가", 법무부, 2007 참조.

으로 하여 직계혈족의 배우자, 배우자의 직계혈족, 배우자의 형제자매까지를 가족에 포함시키고 있다. 현행법상 가족의 범위에 해당되는 혈족이나 인척의 범위는 구법과 비교하더라도 대단히 넓은 것이다. 특히 혈족의 배우자로서 며느리나 사위 등이 공동생계를 유지하는가 여부에 따라 가족에 포함될 수도 있고 안 될 수도 있다는 규정형식은 문제라고 할 수 있다. 또한 가족으로서 부양, 상속 등의 효과는 물론 구법이 규정하였던 가족으로서의 권리조차 이들간에 전혀 발생하지 않음에도 불구하고 가족의 범위에 관한 이러한 규정을 존치할 이유가 있는가 하는 점도 문제가 된다.

현행법상 가족은 더 이상 가적(家籍)에 의한 법률상 가족의 개념은 아닌 것이다. 구법상 호적을 대체하는 가족관계등록부[2]에 기재된 사람들은 개인을 기준으로 하여 이 사람과 배우자, 부모, 그리고 자녀 등의 신분관계에 있다는 것을 단순히 공시하는 것에 불과하다. 여기에 기재된 사람들을 법률상 가족으로 인정하는 것은 아니며 또한 이들에게 어떠한 법적 효과를 부여하는 것도 아니다. 따라서 현행법상 가족개념은 혈연이나 동거관계를 전제로 하는 그야말로 현실적인 개념에 불과한 것이다.

가족범위에 관한 규정을, 일반인의 법감정과 가족해체에 대한 우려 때문에 또는 형법 기타 다른 법률과의 관계 때문에 민법에 기본규정으로서 반드시 존치시켜야 하는 것이라면 현행 제779조는 다음과 같이 개정하는 것이 바람직하다고 생각된다. 즉, 제779조 제1항은 혈연에 의한 가족으로서 "배우자, 직계혈족 및 그 배우자"로 한정하여 규정할 필요가 있다. 가족으로서 혈족의 범위를 확대할 이유가 없기 때문이다. 제2항은 혈족, 인척 등 친족관계 여부를 불문하고 어떠한 자라도 "일정 기간 동거하며 생계를 같이하는 자"를 가족으로 규정하는 것이다. 호주제도를 폐지한 현행법 이념을 바탕으로 한다면 가족개념은 이러한 현실적인 가족범위에 국한되어야 할 것이다.

---

2) 호주제도 폐지와 관련하여 신분공시방법으로 종래의 호적제도에 대체되는 새로운 신분등록법인 가족관계의 등록에 관한 법률이 2005. 5. 17 공포되어 2008. 1. 1부터 시행되고 있다.

3) 자의 성과 본

구법 제 781조는 "자의 입적, 성과 본"에 관하여 자는 원칙적으로 부가에 입적하고 부성을 따르며(제 1항), 부를 알 수 없는 자는 모의 성과 본을 따르고(제 2항), 부모를 알 수 없는 자는 법원의 허가를 얻어 성과 본을 창설한다(제 3항)고 규정하였다.

이 규정은 특히 자의 성과 본의 경우 부계혈통의 표시로서의 부성(父姓)을 원칙적으로 따르게 하는 부성추종주의와 함께 부성을 함부로 변경할 수 없다고 하는 성불변의 원칙을 그 근거로 하고 있었다. 따라서 부가 외국인인 경우와 부를 알 수 없는 경우 그리고 부모를 알 수 없는 자에 한하여 모성을 취하거나 또는 성과 본을 창설하도록 함으로써 부성추종주의와 성불변의 원칙에 대한 예외를 인정하였을 뿐이다.

현행법 제 781조는 그 표제를 "자의 성과 본"으로 바꾸고 조문의 체계도 종래 1항에서 3항까지의 규정을 6항까지로 늘리면서, 제 1항에서는 자의 성과 본은 부를 따른다고 하여 부성추종주의를 원칙으로 하면서 다만 혼인신고 시 부모협의에 따라 모성을 따를 수 있는 예외규정을 신설하였다. 제 2항은 구법의 1항 단서를 독립된 항으로 분류하였으며 3항, 4항은 구법과 동일하다. 5항은 인지된 혼인외 자의 경우 부모협의에 따라 종전의 성과 본을 계속 사용할 수 있도록 신설하였으며 6항은 자의 복리를 위한 경우 법원의 허가를 얻어 자의 성과 본을 변경할 수 있도록 하는 규정을 신설하였다.

현행법은 부성추종주의를 원칙으로 하면서 모성을 따를 수 있는 경우를 구법보다 더 넓게 규정하고 있으며 또한 성변경이 가능하도록 규정함으로써 구법상 부성추종주의와 성불변의 원칙을 많이 완화하고 있다.

즉, 현행법 제 781조의 1항은 "자는 부의 성과 본을 따른다"고 하여 부성추종주의를 원칙으로 한다는 것을 밝히고 있다. 그러나 예외적으로 모성을 따를 수 있는 경우로서, 구법과 같은 경우(제 2항, 제 3항, 제 4항) 외에 부모가 혼인신고 시[3] 모의 성과 본을 따르기로 협의한 경우(1항 단서), 인지된 혼인

3) 혼인신고서 양식에 자녀의 성과 본을 쓸 수 있는 란이 있음.

외의 자의 경우 만약 모성을 사용하고 있었다면 부모의 협의나 법원의 허가를 얻어 모성을 계속 사용할 수 있으며(제5항) 더 적극적으로 자의 복리를 위하여 법원의 허가를 얻으면 자의 성을 모성으로 또는 부성으로, 모가 재혼한 경우 계부의 성으로도 변경할 수 있도록 규정하고 있다. 이러한 예외가 인정되기 위해서는 부모의 협의나 가정법원의 허가라는 것이 전제조건이 되지만, 그렇다 하더라도 모성의 사용을 폭넓게 인정함으로써 우리 가족법이 철저한 부계혈통주의 원칙에서 벗어나고 있음을 보여주고 있다.

그러나 자의 성과 본을 규정한 제781조는 가족법체계 면에서 보면 문제가 있다. 즉, 구법에서는 호주제도와 관련하여 가족의 범위와 가족의 입적 등의 문제 때문에 제2장 호주와 가족의 장에 규정되어 있었지만 현재는 이러한 제도 자체가 삭제되었기 때문에 자의 성과 본에 관한 규정을 제2장에 존치시킬 필요성은 없다고 볼 수 있다. 따라서 제781조는 삭제하고 친자법 중 제1절 친생자 부분에, 예컨대 제865조의 2로 "자의 성과 본"을, 그리고 제865조의 3으로 "자의 성의 변경"에 관한 규정을 두는 것[4]을 입법론적으로 검토할 필요가 있다고 생각된다.

2. 혼인법

혼인법에서는 2005년 개정에 의하여 동성혼 등의 금지(제809조), 재혼금지기간(제811조), 부부간의 의무규정(제826조 제3항, 제4항) 등이 삭제되었으며 혼인무효사유(제815조)와 혼인취소사유(제816조, 제817조, 제818조, 제819조, 제820조) 등에서 삭제된 조문의 정리와 이와 관련하여 자의 양육에 관한 제824조의 2가 신설되는 등의 개정이 있었다.

그리고 2007년 개정에 의하여 약혼연령(제801조), 혼인연령(제807조) 등의 개정이 있었고 협의이혼절차에서 숙려기간규정(제836조의 2)과 자의 양육에 관한 규정(제837조 제4항에서 6항까지)을 신설하였다. 또한 재산분할청구권

4) 일본민법은 준정 다음에 각각 자의 씨(氏) (제790조)와 자의 씨(氏)의 변경(제791조)에 관하여 규정하고 있다.

보전을 위한 사해행위취소권 규정(제 839조의 3)을 신설하였다.

1) 약혼연령, 혼인적령의 개정

2007년 개정에 의하여 제 801조, 제 807조는 다음과 같이 개정되었다. 즉, 구법 제 801조 중 "남자 만 18세, 여자 만 16세에 달한 자는 약혼할 수 있다 …"는 규정과 제 807조 "남자 만 18세, 여자 만 16세에 달한 때에는 혼인할 수 있다"는 규정은 각각 "만 18세가 된 사람은 약혼할 수 있다", "만 18세가 된 사람은 혼인할 수 있다"로 개정하였다. 구법이 약혼연령과 혼인적령을 남녀에 따라 달리 규정하고 있는 것은 불합리한 차별로서 남녀평등에 반한다는 점[5]에서 남녀 동일하게 18세로 조정하였다.

2) 근친혼 금지규정

구법에서 "동성혼 등의 금지"라는 표제로 규정되었던 제 809조는 "근친혼 등의 금지"로 표제가 변경되었다. 그 내용도 제 1항에서 동성동본인 부계혈족간 혼인금지규정을 삭제하고 혈족간 금혼범위를 규정하고 있으며 제 2항에서는 인척간 금혼범위를 보다 구체적으로 규정하고 있다. 제 3항에서는 양부모계의 혈족과 인척간 금혼범위를 신설하였다.

구법상 제 809조 1항은 이른바 동성동본 금혼규정으로서 동성불취(同姓不娶)는 우리 혼인법의 근간이 되는 원칙이었다. 그러나 이 규정은 시대에 맞지 않을 뿐만 아니라 헌법상 보장되는 혼인의 순결과 자유를 해친다는 비난을 받았고 꾸준히 개정의 필요성이 제기되었다.

현행법은 구법상 근친간 금혼범위를 넘는 개념인 동성불혼제도 대신 근친간의 금혼범위에 관하여 다음과 같이 규정하고 있다.

즉, 제 1항은 8촌 이내의 혈족(친양자의 입양 전의 혈족을 포함한다) 사이에서는 혼인하지 못한다고 규정한다. 8촌 이내의 혈족에는(친양자의 경우도 동

5) 법제사법위원회, 민법 일부개정법률안(대안) 제안이유(2007. 11. 22), 2면.

일) 부계와 모계의 8촌 이내의 혈족이 포함된다. 이를 위반한 경우에는 혼인무효규정인 제815조의 2호에 의하여 무효가 된다. 구법에 비하면 현행법상 모계혈족간 금혼범위는 확대된 것이며[6] 이것은 연혁적인 면이나, 현실적인 면에서 대단히 불합리한 개정이라고 할 수 있다.

제809조 2항은 인척간 금혼범위를 규정한다. 구법에 비하면 보다 명확하고 구체적으로 또한 체계적으로 이를 규정하고 있다. 구법에서 인척간 금혼범위규정은 해석상 어려움이 있었으나 현행법은 인척의 모든 계원을 금혼범위에 포함시키고 그 구체적 범위를 혈족의 배우자는 6촌 이내, 배우자의 혈족도 6촌 이내, 배우자의 혈족의 배우자는 4촌 이내로 규정한다.

그러나 이 규정은 어떠한 근거에서 인척을 계원을 따라 6촌 또는 4촌으로 그 범위를 달리하고 있는지 분명하지 않다는 점[7], 혈족의 배우자를 부계, 모계로 나누고 또한 배우자의 혈족도 부(夫)의 부계와 모계, 처의 부계와 모계로 나누어 이들의 촌수에 따라 금혼하게 한다면 인척간의 금혼범위도 구법에 비하여 지나치게 확대된다는 점을 문제점으로 지적할 수 있다. 인척간 금혼범위는 현대적 금혼추세에 맞도록 그 범위가 대폭 축소되어야 할 것이다.[8]

제809조 3항은 양친자간 금혼범위를 규정하고 있으며 개정에 의하여 신설된 조항이다. 종래 구법은 양친자간 금혼범위에 관하여 명문의 규정이 없었으나 이들이 법정혈족이라는 점에 근거하여 제809조와 제815조 2호 등의 적용을 받는 것으로 해석되었다.

현행법은 이들간의 금혼범위를 명문화하여 양부계, 양모계의 혈족으로서 6촌 이내, 양부계, 양모계의 인척으로서 4촌 이내의 친족이었던 자 사이에서는 혼인할 수 없도록 규정한다. 이 규정은 양친자관계가 입양의 취소 또는

---

6) 졸고, "혼인의 무효와 취소규정의 정비를 위한 검토", 〈가족법연구〉(한국가족법학회, 2004), 제18권 2호 참조.

7) 윤진수, "혼인성립에 관한 민법의 개정방향", 〈가족법연구〉(한국가족법학회, 2001), 제15권 1호, 88면.

8) 인척간 금혼범위를 제777조의 규정에 따라 4촌 이내로 하는 것이 바람직하다는 견해가 있다(김주수, 《친족상속법》, 법문사, 2006, 107~8면).

파양에 의하여 해소된 경우에 적용된다. 양친자관계가 존속되는 동안은 친생자와 같은 자연혈족관계가 의제되기 때문에 제 809조 1항과 2항의 적용을 받게 된다.

그러나 양자의 경우 입양관계가 종료된 후 금혼범위를, 혈족은 6촌, 인척은 4촌 이내로 규정하고 있으나 친자의 경우 혈족은 8촌 이내인 것에 비하면 그 범위가 좁은 것으로 규정되어 있다. 그 이유가 "과거에 양친자관계에 있었다"는 사실에 근거한 것인지는 명확하지 않다.

3) 혼인무효규정

제 809조가 동성혼 등의 금지규정에서 근친혼금지규정으로 개정되면서 혼인의 무효(제 815조)와 혼인취소(제 816조) 규정도 함께 개정되었다.

구법 제 815조는 제 809조와 관련하여 제 2호 전단에서 직계혈족, 8촌 이내의 방계혈족간 혼인을 무효로 하고 후단에서 인척으로서 8촌 이내 혈족의 배우자간의 혼인을 무효로 하였다. 제 3호에서는 직계인척간, 배우자의 혈족으로서 부(夫)의 8촌 이내의 혈족간 혼인을 무효로 하였다. 따라서 이외에 제 809조 2항에서 금지한 기타의 인척간 혼인은 취소규정에 해당되었다(제 816조 1호).

구법 제 815조는 조문의 체계상 하나의 호, 즉 제 2호에 무효인 혈족간 금혼범위와 무효인 인척간 금혼범위를 함께 규정함으로써 혈족, 인척간을 명확하게 구분하여 규정하지 못한 점, 제 3호의 인척간 금혼범위에서는 특히 배우자 중 부(夫)의 혈족간의 혼인만을 무효로 하고 또한 그 범위가 8촌 이내로서 지나치게 광범위하다는 점이 문제점으로 지적되었다.

현행법은 이러한 구법상 무효규정을 정비한 것으로 볼 수 있다. 즉, 제 815조 제 2호는 혈족간 금혼범위인 제 809조 1항을 위반한 경우, 제 3호는 인척간 금혼범위에 해당하는 직계인척간 혼인, 제 4호는 양친자간에서 양부모계의 직계혈족관계가 있었던 때에는 그 혼인은 무효라고 하여 각각 호를 달리하여 혈족과 인척간 무효범위를 독립적으로 규정하고 있다. 또한 인척간 금혼범위 중 직계인척간 혼인만을 무효로 규정하는 점 등은 구법에 비하여 그 체계나 내용이 합리적이라고 할 수 있다.

그러나 혼인의 취소사유를 규정한 제816조는 제809조와 관련하여 규정형식은 구법과 동일하다. 즉, 구법은 제816조 1호에서 "혼인이 제807조 내지 제811조 규정에 위반한 때"라고만 하였기 때문에 이 중 제809조 위반으로 인하여 제815조 2호에서 3호에 걸쳐 무효로 된 범위 이외의 혈족, 인척간 혼인은 취소할 수 있는 것으로 해석, 적용하였다. 현행법도 제816조 1호에서 "혼인이 제807조 내지 제809조에(제815조의 규정에 의하여 혼인의 무효사유에 해당하는 경우를 제외한다. 이하 제817조 및 제820조에서 같다) 또는 제 810조의 규정에 위반한 때"라고 규정한다. 구법과 동일한 규정형식을 취하지만 제809조에 괄호를 두고 무효인 경우를 제외한다는 설명을 부연하고 있다.

현행법 규정은 혼인취소사유 중 금혼범위를 규정한 제809조와 관련하여 구법보다 조금은 명확하게 규정하고 있다. 그러나 이러한 규정형식은 지양할 필요가 있다. 즉, 제816조 중 한 호를 독립한 것으로 하여, 제809조의 제2항 중 직계인척을 제외한 인척간 혼인, 제3항 중 양부모계의 직계혈족을 제외한 혈족과 인척간 혼인 등을 취소사유로 각각 구분하여 규정하는 형식을 취한다면 체계나 해석에서 보다 명확한 규정이 될 수 있을 것이다.

4) 이혼숙려기간 도입

2007년 개정에 의하여 협의이혼절차에 관한 제836조의 2를 신설하였다. 현행법은 협의이혼절차에 관한 제836조에서 당사자의 이혼의사의 합치, 가정법원의 확인 그리고 호적법에 의한 신고만으로 이혼의 성립을 인정하고 있다. 이와 같이 간편한 이혼절차에 의한 협의이혼은 2006년 통계에 의하면 전체 이혼 중 86.7%를 차지하여 재판이혼 13.1%보다 6.6배가 많은 것으로 나타나 있다.[9] 현행법이 혼인의 보호보다는 자유로운 혼인의 해소에 중점을

9) 통계청, 2006년 이혼통계 결과(2006. 4), 13면(1996년부터 2006년까지 협의이혼율은 80.6%에서 86.7%까지의 분포를 보이고 있다).

두고 있기 때문에 어쩔 수 없이 나타나는 현상으로 볼 수 있다.

서울가정법원은 경솔한 이혼을 방지하고 이혼결정에 대하여 다시 한번 재고할 기회를 준다는 취지에서 2004. 12. 27 가사소년제도개혁위원회에서 협의이혼의사확인절차와 관련하여 숙려기간제도 및 상담제도를 도입하기로 의결하고 2005. 3. 2부터 숙려기간 및 상담을 시범적으로 실시하였다. 즉, 협의이혼의사확인 신청을 한 때부터 1주일이라는 숙려기간을 거친 후에 협의이혼의사확인을 받도록 하였고 2006. 3. 2부터는 그 기간을 3주일로 연장하였다. 그 결과 2005년 3월부터 12월까지 5,958건의 협의이혼 신청사건 중 이혼취하율이 2004년 9.99%에 비해 17.24%로 증가하여 약 다섯 쌍 중 한 쌍이 이혼을 취하하였다.[10]

이러한 숙려기간제도의 장점 때문에 개정법은 협의이혼을 신중히 하도록 하는 다른 장치들과 더불어 정식으로 이 제도를 도입하고 제 836조의 2를 신설하게 된 것이다.

개정법 제 836조의 2는, 협의상 이혼하려는 자는 먼저 이혼에 관한 안내를 받아야 하며 가정법원은 필요한 경우 전문상담인의 상담을 받도록 권고할 수 있다(제 1항). 그리고 이혼의사의 확인은 숙려기간을 지난 후에 받을 수 있는 것으로 규정한다. 숙려기간은 양육하여야 할 자가 있는 경우는 3개월, 그렇지 않은 경우는 1개월이지만(제 2항) 폭력 등 이혼해야 할 급박한 사정이 있는 경우는 이 기간을 단축 또는 면제할 수 있는 것으로 규정한다(제 3항).

이혼의사의 확인을 받기 위해서는 숙려기간의 경과와 더불어 양육할 자가 있는 경우에는 제 837조에 의한 "자의 양육사항"이나 제 909조 제 4항에 의한 "자의 친권자 결정에 관한 협의서" 또는 직권에 의한 경우에는 "가정법원의 심판정본"을 반드시 제출하도록 의무적인 것으로 규정하고 있다. 숙려기간의 경과와 더불어 양육사항 등 여러 가지 절차를 의무적인 것으로 요구함으로써 경솔한 이혼의 양산을 방지하는 데 기여할 수 있을 것으로 생각된다.

---

10) 〈국민일보〉, 2006. 1. 23.

5) 이혼과 자의 양육책임규정의 개정

이혼과 자의 양육책임에 관한 제837조는 2005년 개정에 의하여 제2항 중, 양육에 관한 사항을 당사자의 청구뿐만 아니라 "가정법원의 직권"에 의하여 정할 수 있는 것으로 변경되었다.

그러나 2007년 개정법은 제837조의 제2항 및 제3항을 다음과 같이 개정하고 제4항, 제5항, 제6항을 신설하였다.

즉, 구법 제2항 중 부모의 협의는 단지 "양육에 관한 사항"이라고만 규정하여 양육사항에 무엇이 포함되는지 정확히 표현되지 않았다. 그러나 개정법은 양육사항을 구체적으로 적시하여 여기에는 "양육자 결정", "양육비 부담", "면접교섭권의 행사여부와 그 방법"이 포함되는 것으로 규정하고 있다. 제3항은 부모의 협의가 있는 경우에도 자의 복리에 반하는 경우에는 보정명령이나 직권에 의하여 양육사항을 정할 수 있는 것으로 개정하였다. 신설된 제4항은 부모의 협의가 이루어지지 않는 경우 등에는 가정법원의 직권에 의하여 이를 결정한다는 것, 제5항은 일정한 자의 청구나 직권에 의한 양육사항의 변경 또는 다른 처분을 할 수 있다는 것, 그리고 제6항은 구법 제3항의 내용을 그대로 규정하고 있다. 자녀의 양육에 관한 이러한 사항은 "협의서"의 형식으로 이혼의사확인 시에 반드시 법원에 의무적으로 제출하도록 규정하고 있다(제836조의 2 제4항).

현행 협의이혼제도에 의하면 당사자간에 자녀양육 및 친권자지정에 관한 합의가 없어도 이혼이 가능하였기 때문에 이혼 후 자녀의 양육환경이 열악해지는 문제가 있었다. 개정법이 양육사항을 구체적으로 적시하여 규정하고 양육사항에 관한 협의서를 제출하도록 한 점 또한 이를 심사하여 보정명령을 하거나 또는 직권으로 정할 수 있도록 한 점, 협의가 되지 않는 경우에는 직권으로 양육사항을 정할 수 있도록 규정한 점 등은 자녀의 양육환경 개선을 위한 매우 적절한 태도라고 할 수 있다.

6) 재산분할청구권 보전을 위한 사해행위취소권 규정

2007년 개정법은 재산분할청구권에 관한 제 839조의 3을 신설하여 재산분할청구권 보전을 위한 사해행위취소권을 인정하고 있다.

즉, 제 1항은 "부부 일방이 다른 일방의 재산분할청구권 행사를 해치는 것을 알면서도 재산권을 목적으로 하는 법률행위를 한 때에는 다른 일방은 제 406조 채권자취소권 규정을 준용하여 그 취소 및 원상회복을 가정법원에 청구할 수 있는 것"으로, 제 2항은 "제 1항의 소는 제 406조 제 2항의 기간 내에 제기하여야 한다"고 규정한다.

종래 재산분할청구권이 구체적으로 확정되기 전에 재산분할청구권을 피보전권리로 하는 사해행위취소권이 인정되는지 여부에 관하여 다툼이 있었으나[11] 2007년 개정을 통하여 이 문제를 명문으로 해결한 것이다. 재산분할의 대상이 되는 재산은 실질적으로 부부공동재산으로 볼 수 있는 것이므로 이 규정에 의하여 재산명의자가 아닌 배우자의, 부부공동재산에 대한 잠재적 권리보호가 강화될 수 있다는 점에서 타당한 개정이라 할 수 있다.

7) 기타 개정 규정

(1) 혼인취소와 자의 양육 등에 관한 제 824조의 2 신설

혼인취소와 관련하여 "제 824조의 2"를 신설하여, 이혼과 자의 양육책임에 관한 제 837조, 면접교섭권에 관한 제 837조의 2를 혼인취소의 경우에도 준용하도록 규정하고 있다. 혼인의 취소와 이혼의 효력은 소급되지 않으며 장래에 향하여 효력이 있다는 점에서는 동일하기 때문에 이혼 후 자의 양육책임이나 면접교섭에 관한 규정을 혼인취소의 경우에 준용하는 것은 적절하다고 할 수 있다.

---

11) 김주수, 전게서, 235~6면.

(2) 재혼금지기간규정의 삭제와 법원에 의한 부의 결정 규정의 개정

구법은 제811조에서 "여자는 혼인관계가 종료한 날로부터 6월을 경과하지 않으면 혼인하지 못한다. 그러나 혼인관계의 종료 후 해산한 때에는 그러하지 아니하다"고 규정하여 부성추정의 충돌을 우려한 이른바 대혼기간(待婚期間)을 두고 있었다.

이 규정은 개정이유에서 "부성추정의 충돌을 피할 목적으로 여성에 대하여 6월의 재혼금지기간을 두고 있는 것은 여성에 대한 처벌적 규정으로 비춰질 수 있고, 친자관계확인법의 발달로 이러한 제한규정을 둘 필요성이 없어졌다"[12]고 함으로써 삭제되었다.

그러나 제811조를 삭제하였지만 전혼종료 후 곧바로 재혼하는 경우 제844조에 의한 부성추정의 충돌이 생길 여지는 남아 있게 된다. 과학의 발달로 친자관계의 확인이 용이해졌다고 할지라도 법원에 의한 부의 결정이 필요한 경우는 제845조를 적용할 필요가 있게 된 것이다. 따라서 제845조는 제811조가 삭제되었기 때문에 "재혼한 여자가 해산한 경우에 제844조의 …" 라고 하여 용어를 정리하는 것으로 개정되었다.

(3) 자녀의 면접교섭권 인정

2005년 개정에 의하여 면접교섭권 규정인 제837조의 2의 2항이 개정되었다. 즉, 면접교섭권을 제한하거나 배제하는 경우 당사자의 청구 외에 "직권"에 의해서도 가능하도록 하였다. 자의 복리를 위한다는 측면에서 가정법원의 후견적 기능을 강화한 것이다.

그러나 2007년 개정을 통하여 다시 제837조의 1항은 "자를 직접 양육하지 아니하는 부모의 일방과 "자"는 상호 면접교섭할 수 있는 권리를 가진다"로 개정되었다. 종래 자녀는 면접교섭권의 객체로만 인식되었으나 이제는 자녀에게도 주체적으로 면접교섭을 할 수 있는 권리가 인정된 것이다. 자녀의 이익 또는 권리가 두 번의 개정을 통하여 한층 강화된 것으로 볼 수 있다.

---

12) 법제처, 민법 일부개정법률 개정이유(2005. 3. 31), 2면.

3. 친자법

친자법은 개정에 의하여 친양자 제도를 도입하고(제 908조의 2 내지 제 908조의 8), 친생부인의 소와 관련하여 소 제기권자로서 처를 인정하며(제 846조 내지 제 848조, 제 850조 내지 제 852조) 친생부인의 소나 인지의 소 등에서 제소기간을 종래 1년에서 2년으로 연장하였다(제 847조의 1항, 제 848조의 2항, 제 851조, 제 865조 2항). 또한 친권자에 관한 제 909조에 관하여 그 내용, 항목들을 정리, 확장하였다.

1) 친양자 제도 신설

친양자 제도의 도입으로 우리 가족법상 양자제도는 일반양자와 친양자로 구별되는 이원적 구조를 갖게 되었다. 친양자 제도는 입양제도의 현실을 반영하고 양자의 복리를 증진시키기 위하여 양친과 양자에게 친족관계를 인정하기 위한 목적으로 도입한 것이다.[13] 종래 우리 사회에서는 입양사실을 공공연하게 밝히기를 꺼려하여 양자를 데려다 친자로 호적에 기재하는 등의 형식으로 처리하는 것이 일반적 관행이었다. 따라서 이러한 의식과 관행을 법적 행위로 연결시키고자 한 의도의 법률상 표현이 친양자 제도 신설 이유 중의 하나인 것으로 볼 수 있다.

2008. 1. 1부터 시행되는 친양자 제도는 다음과 같은 내용으로 규정되어 있다. 즉, 제 908조의 2는 입양요건으로서 양친은 원칙적으로 3년 이상 혼인 중인 부부이어야 하며 양자는 15세 미만일 것, 그리고 가정법원의 허가에 의하여 성립한다는 것을 규정한다. 입양의 효력으로서 제 908조의 3은 친양자는 혼인 중의 출생자로서 본다는 것, 그리고 입양 전의 친족관계는 종료한다고 규정한다. 입양의 취소는 제 908조의 4에 의하여 친생부모의 책임 없는 사유로 동의할 수 없었던 경우에만 인정하며, 파양은 제 908조의 5에 규정된 사유에 의한 재판상 파양만 인정한다. 따라서 일반양자의 취소규

13) 법제처, 전게 개정이유, 2005, 1면.

정이나 일반양자의 협의파양, 재판상 파양사유를 적용하지 않는다는 특별규정을 두고 있다(제908조의 5의 2항). 다만 이러한 특별규정이 있는 경우 외에는 그 성질에 반하지 않는 범위 내에서 일반양자 규정을 준용한다(제908조의 8).

친양자 제도는 이와 같이 친양자를 입양한 때부터 양친의 혼인 중의 친생자로 인정하며, 친생가와의 모든 친족관계가 단절되는 효과를 인정하기 때문에 법적으로나 실생활에서 양친자간의 유대가 강화될 수 있다. 또한 가정법원의 허가를 얻는 것이 입양의 요건이기 때문에 입양계약에 의한 일반양자의 경우보다 아동의 복리가 침해될 소지는 감소될 것이다.

그러나 친양자규정 중 다음과 같은 문제는 해석상 논란의 여지가 있다.

첫째, 친양자의 연령에 관한 문제이다.

친양자입양의 요건으로서 제908조의 2의 제1항 2호는 친양자가 될 자가 15세 미만일 것으로 규정한다. 친양자로 되기 위한 연령이 15세 미만이어야 한다는 제한이 과연 적합한 것인가에 관하여는 우리 현실과 관련하여 고려해볼 필요가 있다.

외국 입법례가 완전양자 연령을 미성년자이면 가능하게 하고(스위스민법 제264조), 프랑스민법은 15세 미만을 입양연령으로 규정(제345조 1항)하고 있다. 이것은 입양에 대한 그들의 의식이 자연스럽고 합리적이며 공공연한 것에 근거한다. 그러나 우리의 경우는 양자를 데려다 친생자로 하기 위한 목적이 있고 그것을 위해서 되도록 어릴 때에 데려오는 것이 보편적인 현실이다. 이렇게 하는 것이 친생부모와 자로서 유대감이나 친밀감을 더 강화하는 것이라는 의식이 있기 때문이다. 이러한 현실을 감안한다면 서구국가의 입법례와 비교하는 것은 큰 의미가 없는 것이라고 할 수 있다. 일본의 경우 특별양자의 연령은 특별양자연조의 청구 시에 6세 미만일 것이 요건이다(일본민법 제817조의 5). 일본의 경우도 이 제도 도입 시에 특별양자의 연령을 프랑스민법처럼 15세 미만으로 하는 것을 검토하였으나 이 제도가 양친과 양자 간에 친생자에 준하는 긴밀한 친자관계를 창설한다고 하는 취지인 것이므로 이것에 합치될 수 있도록 양자가 되는 자는 원칙적으로 취학 전의 자를 대상으로 하는 것으로 규정하게 된 것이다.[14] 따라서 양자를 친자로서 양친의 가정에서 받아들이고 양자도 친자와 다름없는 생활을 할 수 있다는 관점에서 연령요건이 필요하다고 본다면 현행법이 친양자로 되는 자의 연령을 15세 미만으로 규정한 것은 다시 검토해볼 여지가 있다.

이에 대하여 현행규정인 제 908조의 2의 제 1항 2호를 그냥 두고 거기에 "자의 복리를 위하여 특별히 필요하다고 인정되는 경우에는 그러하지 아니하다"는 단서를 붙인다면 연령제한에 융통성을 허용한다는 점에서 바람직하다[15] 는 견해가 있다. 그러나 이 규정을 개정한다면 단서를 붙이기보다는 한국적 현실을 감안하여 친양자의 연령요건을 6세 내지 8세 정도 낮추는 것으로 본문을 개정하는 것이 타당하다고 본다.

둘째, 친양자의 성과 본에 관한 문제이다.

친양자 제도의 입법이유에서는 "… 양친의 성과 본을 따르게 하는 친양자 제도를 도입하려는 것임"[16] 이라고 밝히고 있으나 현행법은 친양자의 성(姓)에 관한 규정을 두고 있지 아니하다.

이에 대하여 친양자는 양친의 성을 따라야 한다[17] 는 견해가 있다. 친양자는 부부의 혼인 중 출생자로 본다는 제 908조의 3의 1항에 따라 양친의 성을 따르게 되는 것이며, 현행법 제 781조의 자의 성과 본에 관한 규정이 그대로 친양자에게도 적용되므로 이와 같이 해석하는 것은 당연하다는 것이다. 친양자 제도가 법적으로, 현실적으로 양친자간에 친생부모와 같은 유대감을 갖는 공동체를 형성하도록 하기 위한 것이라는 입법이유에서 본다면 타당한 해석일 수도 있다.

그러나 이에 관하여 명문의 규정이 없고 일반양자 규정 중에도 양자의 성과 본에 관한 규정이 없기 때문에 제 908조의 8에 의하여 일반양자규정을 준용하여 해석할 수도 없다. 따라서 일반양자에서도 이성양자의 경우 양자의

---

14) 山川一陽, 《親族法・相續法》, 加除出版, 2000, 141면.

15) 김주수, 전게서, 341면.

16) 법제처, 전게 개정이유, 2005, 1면.

17) 김주수, 전게서, 344면.

성에 관하여 양부의 성을 따른다는 견해[18]와 변경되지 않는다는 견해[19]로 나누어지고 있는 것이다.

일반양자의 경우 신고한 날로부터 양친의 혼인 중의 자로서의 신분을 취득하며(제878조) 여기에 근거하여 양부모 및 그 혈족, 인척 사이의 친계와 촌수가 혼인 중의 출생자와 동일한 것으로 인정된다(제772조). 따라서 일반양자와 친양자의 입양효력이 혼인 중의 출생자와 동일하다는 것에는 차이가 없다. 그러나 "혼인 중의 출생자와 동일하다"는 규정에 의해서 양친의 성을 따르는 것을 당연한 것으로 해석할 수 있다면 일반양자의 경우에도 같은 해석이 가능할 것이다.

친양자 제도를 신설하게 된 입법목적에 의한 해석이라면 양친의 성을 따른다는 해석이 당연한 것일 수도 있다. 그러나 친양자규정 중에 "양자의 성과 본"에 관한 명문의 규정이 없는 한 무엇을 근거로 양친의 성을 따르느냐에 대해서는 해석상 논란의 여지가 있다. 이와 같이 일반양자와 친양자규정 어디에도 양자의 성과 본에 관한 규정이 없다는 것은 일단은 입법의 미비로 볼 수 있다.

이로 인하여 생기는 해석상의 논란을 해소하기 위해서는 입법론적 해결이 필요하다고 본다. 현행 일반양자규정이 제1관 "입양의 요건", 제2관 "입양의 무효와 취소"로 되어 있는데 여기에 제3관을 신설하여 "입양의 효력"이라 하고, 예컨대 "제897조의 1"을 신설하여 혼인 중의 출생자로서 신분취득을 규정하고, 제897조의 2에서 양자의 성과 본에 관한 규정을 두고 이를 친양자 제도에서 준용하게 한다면[20] 현재 논란이 되는 일반양자의 성과 본의 문제와 친양자의 성과 본의 문제가 명문에 의하여 해결될 수 있을 것이다.

이와 관련하여, 현행 일반양자의 성립요건 중 "입양의 효력발생"을 규정

---

18) 김용한, 《친족상속법》, 박영사, 2003, 201면.

19) 김주수, 전게서, 323면; 이경희, 《가족법》, 법원사, 2004, 208면.

20) 일본의 경우 보통양자의 효력으로서 민법 제810조에 "양자는 양친의 씨(氏)를 칭한다"는 명문의 규정을 두고 있기 때문에 특별양자의 경우에도 양친의 씨(氏)를 칭한다는 해석에 이론의 여지가 없다.

하는 제 878조는, 조문의 체계나 내용으로 볼 때 제 1항은 입양의 형식적 성립요건으로 "신고"를 필요로 한다는 것, 제 2항은 신고의 방식을 규정한 것에 불과하다. 따라서 제 878조는 "입양의 형식적 요건"으로 그 표제를 바꾸어 규정할 필요가 있을 것이다.

2) 친생부인의 소 제기권자로서의 처

현행법은 종래 자의 친생부인권을 부(夫)에게만 인정하였던 태도에서 벗어나 처에게도 소 제기권자로서의 자격을 인정하고 있다. 즉, 자의 친생자임을 부인하는 소를 제기할 수 있음은 물론(제 846조, 제 847조) 금치산자인 경우와(제 848조 1항), 유언에 의한 친생부인의 경우(제 850조)에도 처에게 제소권이 있다. 또한 자의 출생 전 부가 사망한 경우 등에서 부와 마찬가지로 처의 직계존속이나 직계비속에 한하여 친생부인의 소를 제기할 수 있으며(제 851조), 친생부인권의 소멸에서 부와 마찬가지로 처도 "친생자임을 승인한 자"에 포함되어 다시 친생부인의 소를 제기할 수 없도록 규정한다(제 852조).

일반적으로 정상적인 혼인관계에 있는 부부 사이에서 출생한 자는 그 부(夫)가 그 자의 부(父)일 개연성이 높다는 점에서 또 혼인의 순결을 보호한다는 차원에서 친생추정규정(제 844조)을 두고 있다. 그러나 친생추정을 받는 자가 현실적으로 그 부의 자가 아닐 수 있는 가능성도 또한 배제할 수 없다. 따라서 이러한 경우 그 자의 친생을 부인할 수 있는 권리가 필요한 것이고 이 권리를 누구에게 인정할 것이냐가 문제가 된다. 구법은 이러한 권리를 부(夫)에게만 인정하였다(구법 제 846조 이하). 이러한 태도는 특히 부자관계 여부를 문제삼을 수 있는 것은 부에게만 주어지는 특권으로 인식하였던 부권주의적 친자관계에서 비롯된 것으로 볼 수 있다.

그러나 비록 외형상 친생추정을 받는 자라 할지라도 실제로 그 부(夫)의 자가 아닌 타인의 자인 경우에는 처에게도 그 부의 친생자임을 부인할 필요성이 있게 된다. 구법상 친생부인의 소와 관련된 여러 규정에서 처에게 인정하지 않았던 제소권을 현행법이 인정한 것은 혈연진실주의와 부부평등이념의 실현은[21] 물론 자의 복리를 위해서도 필요한 개정이었다라고 볼 수 있다.

3) 친생부인의 소의 제소기간의 기산일

친생부인의 소에서 제소기간의 기산일에 관한 규정이 개정되었다. 구법은 제847조 1항에서 "그 출생을 안 날로부터 …" 1년 내에 소를 제기할 수 있다고 규정하였다. 그러나 헌법재판소는 자의 출생을 안 날로부터 1년 내라는 것은 "부(夫)의 인격권 및 행복추구권을 침해한다"는 이유로 헌법불합치결정을 내렸다.[22] 이에 따라 이 규정은 "그 사유 있음을 안 날", 즉 그 자가 그 부의 친생자가 아니라는 사실을 안 날로부터 제소기간을 기산하는 것으로 개정되었다. 타당한 개정이라 할 수 있다.

4) 친생부인의 소와 인지의 소 등의 제척기간의 연장

구법은 친생부인의 소(제847조 1항), 금치산자의 친생부인의 소(제848조 2항), 부의 자 출생 전 사망 등과 친생부인(제851조), 부모의 사망과 인지청구의 소(제864조), 그리고 다른 사유를 원인으로 한 친생자관계 존부확인의 소(제865조 2항) 등에서 제척기간을 기산일로부터 "1년 내"로 규정하고 있었다.

이 중 친생부인의 소에서 "1년이라는 제척기간도 변화된 사회여건과 혈통을 중시하는 전통관습 등 여러 사정을 고려하면 현저히 짧은 것이다. …"라는 헌법재판소의 결정[23]은 1년이라는 단기간의 제척기간의 불합리함을 말해주고 있다. 이밖의 소에서도 1년이라는 기간이 지나치게 단기간이라는 것이 문제점으로 지적되었다.[24] 따라서 친생부인의 소를 비롯한 위에 열거한 여

---

21) 법제처, 전게 개정이유, 2005, 2면.

22) 헌법재판소 결정, 1997. 3. 27, 95헌가14(병합).

23) 상게결정.

24) 졸고, "인지제도 정비를 위한 검토", 〈가족법연구〉(한국가족법학회, 2002), 제16권 1호 참조.

러 소에서 1년의 제척기간을 모두 2년으로 연장한 것은 타당한 입법태도라고 할 수 있다.

5) 친권자규정의 개정

2005년 개정에 의하여 현행법 제909조는 구법에 비하여 그 체계나 내용이 다음과 같이 신설되거나 정리되었다.

(1) 구법은 조문의 체계에서 제5항까지만 규정하였으나 현행법은 6항을 신설하여 제909조는 제1항에서 제6항까지로 구성된다.

(2) 구법은 친권에 복종하는 자는 누구인가라는 규정형식으로 제1항에서는 미성년자를, 제5항에서는 양자를 규정하였다. 그러나 현행법은 제1항에서 친권자가 누구인가, 친권에 따르는 자는 누구인가라는 규정형식을 취하고 있다. 즉, 친권주체는 부모와 양부모이며 그 대상은 자녀와 양자임을 명확하게 규정하고 있다. 이에 따라 구법상 제5항의 양자를 제1항으로 가져오고, 친자관계에서 권위주의를 표현하는 "복종하는"이라는 용어를 "따르는" 것으로 개정하였다.

(3) 구법 제4항의 "부모가 이혼한 경우"에는 협의이혼, 재판이혼이 모두 포함되었다. 이 경우 친권을 행사할 자는 부모가 협의로 정하고 협의가 불가능한 경우에는 당사자의 청구에 의하여 가정법원이 이를 정한다고 하였으며 후단에는 친권자변경의 경우를 규정하였다. 그러나 현행법은 4항에서 "부모가 이혼한 경우"는 "협의이혼의 경우"만을 의미하는 것으로 규정한다. 또한 구법상 "친권을 행사할 자"라는 용어 대신 "친권자를 정한다"고 규정한다. 친권을 행사할 자라는 용어는 한편으로 친권을 보유한 자라는 것을 의미하였고 이에 기하여 해석상 논란이 있었다. 현행법은 "친권자를 정한다"고 규정하여 해석상 문제는 없으나 친권자로 지정된 일방이 사망한 경우 다른

일방이 친권자가 될 수 있는 방법에 관하여 문제가 있을 수 있다. 또한 혼인 외 자가 인지된 경우는 임의인지만을 의미한다. 따라서 4항의 인지의 경우 친권자를 정하는 방법은 협의이혼의 경우와 동일하다.

⑷ 친권자 지정에서의 직권개입

2007년 개정법은 제 909조 제 4항을 다시 개정하였다. 즉, 부모가 "이혼한"을 "이혼하는"으로, "당사자는 가정법원에 그 지정을 청구하여야 한다"를 "가정법원은 직권으로 또는 당사자의 청구에 따라 친권자를 지정하여야 한다"로 개정한 것이다. 그리고 단서를 신설하여 "다만 부모의 협의가 자의 복리에 반하는 경우에는 가정법원은 보정을 명하거나 직권으로 친권자를 정한다"고 규정하고 있다. 친권자를 지정해야 할 필요성은 "이혼한" 후가 아니고 "이혼하는" 경우에 자의 양육과 관련하여 발생하게 된다. 이혼절차에 관하여 신설된 제 836조의 2의 제 4항 중 친권자결정에 관한 협의서 제출과 관련하여 본다면 이혼하려는 자, 즉 "이혼하는" 자라는 용어로 개정한 것은 정확한 표현이라고 할 수 있다.

또한 재판이혼의 경우와 마찬가지로 협의이혼에서도 직권에 의한 친권자 지정이 가능한 것으로 개정하였다. 특히 부모의 협의에 의하여 친권자를 지정한 경우에도 그것이 자의 복리에 반하는 경우에는 보정명령이나 직권으로 친권자를 지정할 수 있도록 하였다. 협의이혼의 경우 친권자 지정에서 "직권"개입을 먼저 규정하고 또한 단서를 신설하여 부모의 협의가 일정한 경우에 묵살될 수 있는 것으로 규정한 것은 이혼에서 특별히 자녀의 복리를 강조, 강화하는 것으로 볼 수 있다. 또한 그것을 위하여 국가가 적극적으로 후견적 간여를 하고자 하는 의지의 표현으로 볼 수 있다.

그러나 제 909조 제 5항의 경우와 마찬가지로 가정법원의 직권에 의한 친권자지정이 언제나 자녀의 복리에 합당한 것으로 인정될 수 있는가 하는 점은 고려해볼 필요가 있다.

⑸ 현행법 제 5항은 구법 제 4항의 이혼 중에서 재판상 이혼만을 독립적

으로 규정한다. 즉, 혼인취소, "재판상 이혼", 인지청구의 소의 경우에는 직권으로 친권자를 정한다고 규정하고 있기 때문이다. 따라서 재판상 이혼의 경우는 물론 혼인취소, 인지청구의 소(강제인지)의 경우에도 친권자는 가정법원의 직권에 의하여 결정된다. 특히 재판상 이혼의 경우 친권자결정이 전적으로 가정법원의 직권에 의하여 가능하게 된 것은 이번 개정에 의하여 신설된 사항이다. 이혼 후에도 친권자가 지정되지 않으므로 생길 수 있는 법의 공백을 메울 수 있도록 하는 가정법원의 후견적 기능을 고려한다면 바람직한 방향이라 할 수 있다. 그러나 가정법원의 직권에 의한 친권자지정이 자의 복리에 합당한 것으로 볼 수 없는 경우에 이를 보완할 수 있는 방법에 관하여는 검토해볼 필요가 있다.

(6) 현행법 제 6항은 구법 제 4항 후단의 친권자 변경규정을 독립된 항으로 하였으며 친권자변경청구를 할 수 있는 자를 명시적으로 규정하고 있다. 즉, 구법 제 4항은 친권자를 변경할 필요가 있는 경우에는 우선 당사자 협의에 의하고 그것이 불가능한 경우 당사자의 청구에 의하여 가정법원이 정한다고 규정하였다. 그러나 현행법은 친권자 변경의 기준으로서 "자의 복리를 위하여 필요한 경우"임을 명문으로 전제하고 구법과 달리 협의에 의한 변경을 인정하지 않으며, 당사자 일방을 포함한 4촌 이내의 친족의 청구에 의하여 기왕에 정해진 친권자를 다른 일방으로 변경할 수 있는 것으로 규정한다.

4. 상속법

상속법개정 중 중요한 개정들은 다음과 같다. 한정승인의 방식에 관한 제 1030조 2항을 비롯하여 이와 관련한 배당변제(제 1034조 2항), 부당변제 등으로 인한 책임(제 1038조 1항 후단과 2항) 등의 신설, 특별연고자의 재산분여청구권 규정(제 1057조의 2)의 개정과 이에 관련한 상속인 수색공고(제 1057조), 상속재산의 국가귀속 규정(제 1058조)의 개정, 그리고 기여분에 관한 제 1008조의 2의 1항의 개정 등이다.

1) 한정승인의 방식과 관련된 규정들의 신설

상속의 승인·포기의 기간에 관한 제1019조 1항은 상속개시 있음을 안 날로부터 3월 이내에 단순승인, 한정승인 또는 포기를 할 수 있도록 규정하고, 이 기간 내에 포기, 한정승인을 하지 않으면 구법 제1026조 2호에 의하여 법정 단순승인으로 인정하게 되고 따라서 상속인은 상속채무에 대하여 무한책임을 지도록 하였다. 이 규정의 불합리함 때문에 구법 제1026조 2항에 대한 헌법불합치결정이 내려졌고[25] 이에 따라 2000. 1. 개정에 의하여 제1019조 3항으로 특별한정승인제도를 신설[26]하였고 제1026조 2호를 다시 부활시켰다.

특별한정승인을 규정한 제1019조 3항에 의하면 상속인이 상속채무가 상속재산을 초과하는 사실을 중대한 과실 없이 3월의 고려기간 동안 알지 못하고 단순승인한 경우(여기에는 상속인이 상속재산에 대한 처분행위를 함으로 인하여(제1026조 1호), 3월의 고려기간 내에 한정승인이나 포기를 하지 아니함으로 인하여(제1026조 2호) 단순승인으로 의제된 경우를 포함한다) 그 사실을 안 날로부터 3월 내에 한정승인을 할 수 있도록 하였다.

2005년 개정에 의하여 이러한 경우 한정승인을 하기 위한 방식으로서 제1030조의 2항을 신설하였다. 즉, 제1019조 1항과 제3항의 기간 내에 재산목록을 첨부하여 법원에 신고하여야 하며(제1030조 1항), 이때에는 특별한정승인을 하는 자는 상속재산목록 외에 이미 처분해버린 재산의 목록과 가액도 함께 제출하도록 하였다(제1030조 2항). 재산목록의 작성은 상속재산의 내용을 명확히 하여 상속채권자를 보호하기 위한 것이다.

이와 관련하여 제1034조 2항을 신설하여, 상속인은 남아 있는 상속재산에 처분한 재산의 가액을 합하여 각 채권액의 비율로 변제하도록 규정하고 있다. 다만 한정승인을 하기 전에 상속채권자나 유증받은 자에 대하여 변제한 가액은 이미 처분한 재산의 가액에서 제외한다고 하여 그들에 대한 변제는

25) 헌법재판소 결정, 1998. 8. 27, 98헌바25.

26) 2002. 1. 14. 법률 제6591호.

유효한 것으로 인정하고 있다.

또한 1038조 1항 후단과 2항을 신설하여 부당변제 등으로 인한 책임을 인정하고 있다. 즉, 특별한정승인을 한 경우 그 이전에 상속채무가 상속재산을 초과함을 알지 못한 데 과실이 있는 상속인이 상속채권자나 유증받은 자에게 변제한 때에는 변제받지 못한 다른 채권자나 유증받은 자에게 손해를 배상하도록 규정한다. 제 1038조 2항 후단은 특별한정승인을 한 경우 그 이전에 상속채무가 상속재산을 초과함을 알고 변제받은 상속채권자나 유증받은 자에 대하여 변제받지 못한 상속채권자나 유증받은 자는 구상권을 행사하도록 하여 상속채권자간의 형평을 도모하도록 하였다.

2) 특별연고자의 분여청구권에 관한 제 1057조의 2 개정 및 관련규정의 개정

(1) 특별연고자의 분여청구권에 관한 제 1057조의 2의 개정

구법은 특별연고자에 대한 분여청구권 규정인 제 1057조의 2의 제 1항에서 "제 1056조의 기간 내에 …", 그리고 제 2항에서 "제 1항의 청구는 제 1056조의 기간 …"이라고 규정하였다. 그러나 제 1항, 제 2항에서 말하는 제 1056조는 상속인 없는 재산의 청산에 관한 규정인 것이며 이 기간이 경과하여도 상속채권자나 유증받은 자가 나타나지 않으면 제 1057조에 의하여 상속인 수색공고를 하게 된다. 상속인 수색공고기간이 경과하여도 상속권을 주장하는 자가 없을 때 비로소 특별연고자가 상속재산의 분여를 청구할 수 있게 되는 것이다. 따라서 경과되어야 할 기간은 제 1056조의 기간이 아닌 제 1057조의 상속인 수색공고기간이 되어야 하는 것이다.[27]

구법이 제 1항, 제 2항에서 "제 1056조 …"라고 규정한 것은 명백히 잘못된 것이었기 때문에 개정에 의하여 제 1항, 제 2항에서 각각 "제 1057조 …"로 정정된 것이다.

27) 졸고, "특별연고자에 대한 분여청구권", 《한국민사법학의 현대적 전개》, 박영사, 1991 참조.

(2) 상속재산의 국가귀속에 관한 제 1058조 개정

구법 제 1058조 1항은 상속재산의 국가귀속에서 "전조의 기간 내에 상속권을 주장하는 자기 없을 때 …"라고 규정하였는데 여기에서 전조는 제 1057조 상속인 수색공고기간을 의미한다 볼 수 있다. 해석상 제 1058조에서 전조는 제 1057조의 2를 의미하지만, 제 1057조의 2는 이미 상속권을 주장하는 자가 없는 것을 전제로 한 규정이기 때문에 "1057조의 2의 기간 내에"라고 하는 것은 무의미한 것이 될 수밖에 없다. 이번 개정에 의하여 제 1058조의 "전조의 기간 내에 …"라는 규정을 "제 1057조의 2의 규정에 의하여 분여되지 아니한 때 …"라고 하여 오류를 바로잡았다. 상속재산은 특별연고자에게 분여되지 아니하거나 분여되고 남는 재산이 있는 경우 비로소 국가에 귀속되는 것이기 때문이다.

(3) 상속인 수색공고기간에 관한 제 1057조 개정

구법은 제 1057조에서 상속인 수색공고기간을 "2년 이상"으로 규정하고 있었다. 특별연고자가 분여청구를 하기 위하여 2년 이상의 상속인 수색공고기간을 기다려야 하고 이 기간 만료 후 2월 이내에 청구를 할 수 있기 때문에 (제 1057조의 2의 2항), 이 기간은 특별연고자에게 지나치게 장기간이 되었던 것이다. 이 규정은 제 1057조의 2가 신설되기 이전부터 있었던 규정이고 그 당시에는 상속인 수색공고기간이 2년 이상의 장기간이라 할지라도 그로 인하여 불이익을 받는 자가 없었기 때문에 별다른 문제는 없었을 것이다. 따라서 수색공고기간을 "1년 이상"으로 단축한 것은 특별연고자제도를 신설한 취지로 보아 합리적인 개정으로 볼 수 있다.

3) 기여분규정의 개정

구법은 기여분에 관한 제 1008조 2의 1항에서 "공동상속인 중에 피상속인의 재산의 유지 또는 증가에 관하여 특별히 기여한 자(피상속인을 특별히 부양한 자를 포함한다)가 있을 때에는 …"이라고 규정하였다. 이 규정은 기여분을 인정하기 위한 기여의 형태 또는 내용으로서 재산의 유지, 증가라는 것에 중점을 두고 피상속인의 부양은 부수적인 것으로 인정하였다.

현행법은 부양에 의한 기여를 구체적으로 명문화함으로써 재산의 유지, 증가에 의한 기여와 함께 기여의 형태 또는 내용이 두 가지 종류임을 분명히 하고 있다. 즉, 제 1008조의 2의 1항의 개정을 통하여 "… 상당한 기간 동거, 간호 그밖의 방법으로 피상속인을 부양하거나 피상속인의 재산의 유지 또는 증가에 특별히 기여한 자 …"(제 1008조의 2의 1항) 라고 규정함으로써 구법에서 부수적인 것으로 인정되었던 부양에 의한 기여를 재산의 유지 · 증가에 의한 기여와 동등한 기여로 인정하고 있다. 또한 구법상 "피상속인을 특별히 부양한 자"라는 추상적인 표현을 "상당한 기간 동거, 간호 그밖의 방법으로 피상속인을 특별히 부양하거나…"라고 하여 특별한 부양의 형태나 방법을 구체적으로 예시하고 있다. 따라서 상당한 기간 동안 동거하거나 간호하거나 다른 형태로 특별하게 부양했다면 그것만으로 기여분을 인정받을 수 있게 된 것이다. 가족관계에서 현실적으로 나타나는 각박한 여러 현상들을 감안할 때 시의에 맞는 개정사항이라 할 수 있다.

III. 맺는말

이상에서 2005년 개정법과 2007년 개정법의 주요내용과 문제점에 관하여 살펴보았다.

2005년 개정 중 가족의 장에서는 호주제도를 폐지하고 혼인법에서 동성동본제도를 폐지한 점, 친자법에서 친양자 제도를 도입하고 친생부인의 소에서 처를 소 제기권자로 인정한 점, 친생부인의 소 등을 비롯한 인지의 소 등에서 제척기간을 2년으로 연장한 점, 친권자규정에서 가정법원의 직권개입, 그리고 상속법에서 한정승인방식과 관련하여 상속채권자 등을 보호하기 위한 규정들의 신설, 특별연고자의 분여청구권 및 이와 관련된 규정들 중 잘못된 규정의 개정, 기여분에서 특별부양을 재산유지 · 증가에 의한 기여와 동일하게 인정한 점 등은 2005년 개정에 의한 큰 성과라고 할 수 있다.

2007년 개정은 주로 혼인법 부분에 관한 것이다. 특히 협의이혼절차와 관련하여 숙려기간의 도입으로 신중하지 못한 이혼을 방지하려고 한 점, 이혼 후 자의 양육에 관한 사항을 구체적으로 규정하며 친권자지정과 더불어 가정법원의 직권개입을 가능하게 한 점 등은 이혼과 이에 따른 자녀보호에 국가가 적극적으로 후견적 간여를 한다는 측면에서 대단히 유익한 개정이라고 할 수 있다.

그러나 2005년 개정법 중 다음과 같은 점은 입법론적으로 검토할 필요가 있다고 본다.

즉, 가족관계규정에서, 가족의 범위를 현실적인 가족개념에 적합하도록 제779조의 1항은 "배우자, 직계혈족 및 그 배우자"로 한정하고 제2항은 "동거하며 생계를 같이하는 자"로 조정해야 할 필요성과 자의 성과 본에 관한 제781조를 친자법 중 친생자 부분에서 규정해야 할 필요성,

혼인법에서는 금혼범위에 관한 제809조 중 혈족간, 인척간 금혼범위를 현실적인 금혼범위로 조정해야 할 필요성과 혼인취소사유인 제816조 1항 중 제809조와 관련된 취소사유를 항을 구분하여 명확하게 규정해야 할 필요성,

친자법에서는 친양자의 연령을 취학 전 연령으로 낮추어야 할 필요성과 친양자의 성과 본의 문제를 입법적으로 해결해야 할 필요성, 즉 일반양자규정에 효력규정을 두어 성과 본을 규정하고 이것을 친양자에게 준용하는 등의 방법을 검토해야 할 필요성 등이다.

찾아보기

ㄴ

ㅅ

ㅇ

ㅈ

ㅊ~ㅋ

ㅌ